문화해석학

문화교육의 조건

문화해석학

문화교육의 조건

이 상 오 지음

한국문화사

4년이라는 시계가 이제 멈췄다. 해방이다. 누가 가둔 것도 아닌데. 그냥
갇혔었다. 그래도 다행이다. 이제 풀려났으니. 지난번 『지식의 탄생』(2016)
은 숨도 제대로 못 쉬고 5년이라는 시간을 보내게 했었다. 미쳤다. 미치지
않고는 아무도 이 짓거리를 하지는 않을 것이다. 너무나 어렵다고 하는 전
문지식을 쉽게 쉽게 풀어쓰고자 살피고 또 살폈지만 그래도 어렵단다. 잘
모르겠다. 지금도 왜 그런지.

이건 더 어려울지 모른다. 『문화해석학 : 문화교육의 조건』, 진짜 내 전공
이다. 이국만리 낯선 땅 독일로 30여 년 전 유학을 떠나기 전에도 내 전공이
었고 유학시절 내내도 내 전공이었고 또 20여 년 교수 생활을 하면서도 내
전공이었다. 그런데 한 번도 제대로 못 가르쳤다. 그리고 아무도 배우지 않
았다. 일단 독한마음으로 독한사전을 앞에 놓고 독일어로 원서를 읽어내야
하니... 논문으로는 두서너 편 정도 낸 것 같기는 하다. 아무도 모른다. 그러
니 아직도 나만 알고 있다. 그래서 지금 대학에서 은퇴를 얼마 앞둔 이 시점
에 할 수 없이 책으로 꾸며 내기로 했다. 다행스럽게도 한국연구재단에서
지원해 준 덕택이다. 그것도 3년씩이나. 만약 재단의 지원이 없었으면 이
글은 아마 세상에 흔적도 없을 것이다. 그냥 한 인간의 품속에서 잊혀지고
말았을지 모른다. 한번 읽어 보라. 재미는 모르겠지만 그냥 피가 되고 살이
된다고 믿고 읽어 보라. 탈고 1년을 앞당기는 바람에 내용에는 썩 만족하지
는 않는다. 그러나 하고 싶은 이야기는 모두 다 했다.

실증주의 시대를 가장 심하게 욕하면서 나도 모르게 증거들을 찾고 있었
다. 세상에 나와 있는 그렇게 많은 책을 다시 펼쳐놓고 내 논리를 입증할만
한 증거들을 찾고 있었다. 1년을 더 뒤져보려고 했다. 어느 날 잠에서 깨는
순간 갑자기 내가 싫어졌다. 정말 미워졌다. 그래서 멈췄다. 그게 다다. 그래
서 이제 해방이다.

이 책도 반드시 한국문화사에서 내야 한다고 끈질기게 달려든 조정흠 차

장과 일을 내기로 했다. 『지식의 탄생』(이상오, 2017 세종도서 학술부문)이
전편이라면 이 책『문화해석학』은 후편이라고 할 수 있다. 아마 중간쯤에
다른 출판사에서 나온『학습혁명』(이상오, 2017 대한민국학술원 우수학술
도서)이라는 책이 해당될지 모른다. 하여간 고맙다. 모든 이들에게 고맙다.
만약 이 3권의 책을 읽어 낼 수만 있다면 여러분은 무조건 교육전문가다.
그렇지 않으면 영원히 선무당 교육자, 선무당 지식인으로 남고 말 것이다.
선무당은 교육을 논하면 안 된다. 그건 민폐民弊다. 왜냐하면 선무당이 사람
을 잡기 때문이다. 선택은 자유. 물론 선택은 여러분 개인의 몫이다. 인간은
자유의 형벌을 받는 존재다. 그리고 진리가 너희를 자유케 하리라.

2019. 4.
신촌골 안산 아래에서
저자 이 상오 識

▌차례 ▌

제III부
문화교육의 성립조건 문화해석학

프롤로그

우리는 지금 문화위기의 시대를 살고 있다. 중요한 것은 문화위기가 바로 삶의 위기로 직결된다는 사실이다. 물론 과거에도 그랬고 지금도 문화위기는 여전하다. 위기의 내용과 강도만 달라졌을 뿐이지, 예나 지금이나 우리는 문화위기의 끝없는 중병을 앓고 있다. 과거의 문화위기가 근대모던사회가 형성되는 과정에서 파생된 사회적-정신적-도덕적 위기였다면, 지금의 문화위기는 포스트모던과 함께 찾아온 복잡하고 다양한 차원의 융복합적 위기이다. 이에 사이버문화의 위기까지 부가되면서 위기의 범위와 차원은 실로 상상을 초월할만한 수준으로 확대 재생산되고 있다.

문화위기의 역사는 매우 오래되었다고 할 수 있다. 왜냐하면 인류가 삶의 위기를 감지하는 순간 누구나 문화위기를 직감할 수 있었기 때문이다. 그러나 문화위기cultural crisis의 개념이 본격적으로 학문과 연구의 대상으로 된 것은 "문화연구culture studies"라는 개념이 세간에 등장하면서부터였다고 할 수 있다. "문화연구"의 학문적 성립은 1964년 호가트Richard Hoggart(1919-2014)에 의해 설립되고 나중에 홀Stuart Hall(1932-2014)에 의해 운영된 <버밍험 현대문화센터>에서 비롯되었다.

물론 문화위기에 대한 최초의 학문적 연구는 "문화란 무엇인가"라는 질문부터였다고 할 수 있다. 아마도 이는 무엇보다도 문화의 본질, 정체성, 특성 등에 대하여 연구한 소위 "문화과학science of culture" 내지 "문화이론culture theory, culturology"의 아버지로 불리는 타일러Edward Burnett Tylor(1831-1917)[1]를 위시해서 보아스Franz Boas(1858-1942), 말리노프스키Bronisław Kasper

Malinowsky(1884-1942), 레드크리프-브라운Alfred Reginald Radcliffe-Brown(1881-1955) 등 소위 초기 구조주의 문화연구자들의 공으로 돌려야 할 것이다.[2] 이들이 시작한 문화이론은 비록 한계는 있었지만, 훗날 문화비판, 문화연구의 초석이 될 수 있었다.

> "문화이론은 스스로 제약을 받는다. 문화이론은 중층적 기술이 제공하는 직접성과 분리될 수 없기 때문에 자체의 내부논리로서 이론화될 수 있는 자유는 다소 제한적이다. 문화이론이 이룩하려는 일반성은 미묘한 차별성으로부터 나오는 것이지 추상화로만 되는 것은 아니다."(클리퍼드 기어츠, 1973/ 문옥표 옮김, 2009: 40)

한편, 최근까지 우리에게 깊은 영향을 주었던 "문화연구culture studies"는 주로 '문화비판culture critics'에 편중되어 왔다. 한마디로 "비판이론으로서의 문화연구cultural studies as critical theory"(Ben Agger, 1992)였다고 할 수 있다. 특히 비판연구의 대명사격인 마르크스주의가 득세하면서 문화비판은 "마르크스주의적 사회비판"의 맥락에서 이루어져 왔다. 물론 문화위기에 대한 문화비판은 소위 '사회비판'과 맥을 달리할 수는 없다. 이런 차원에서 본다면, 사회진화론적 관점을 가진 마르크스주의자들에 의해 주도된 문화비판은 한편으로는 문화에 대한 연구를 비판적 안목에서 바라볼 수 있는 세상을 열어주었지만, 여전히 아쉬운 점은 문화위기에 대한 비판이 "문화 자체에 대한 명암"을 조명하는 가운데서 이루어지지 않았다는 사실이다.

---

[1] 타일러에 의하면, "문화란 지식, 믿음, 예술, 도덕, 법률, 관습, 삶의 능력, 습관을 포함하는 복합체이다."(Tylor, 1871) 따라서 이는 문화에 대한 인류 최초의 정의에 해당된다.

[2] 미국의 보아스Boas와 그 뒤 영국의 말리노프스키Malinowsky 및 래드클리프-브라운 Radcliffe-Brown의 작업에 힘입어 인류학에서는 생활방식을 문화로 보는 시각이 지배적이게 되었지만, 이들의 문화 개념은 문화를 절연되고 불연속적이며 독립적으로 기능하면서 총체들로 통합되어 조직되는 것으로 간주하여 문화들의 다원성을 주장하고 간주한다는 점에서, 그리고 인간관계들을 관통하는 진화라는 통념을 버린다는 점에서 타일러의 문화 개념과 다르다(크리스 젠크스, 1993/ 김윤용 옮김, 1996: 55).

"전통적 마르크스주의 문화론이 이후의 문화론들에 자리를 내주고 비판받는 이유가 몇 가지 있다. 첫째, 문화에 대해 지나치게 기계적인 도식을 견지했다는 점이다.... 토대/상부 구조라는 도식으로 상부 구조에 해당하는 문화가 토대의 반영물로 나타난다는 단순화를 범한 것은 두고두고 비판의 대상이 된다. 둘째, 그 기계적인 도식을 따르다 보니 자연히 마르크스주의에서 알파요 오메가인 것처럼 여겨지던 경제적 구조만 각광을 받게 되었고, 문화는 부수적인 것으로 여겨졌다. 셋째, 문화를 단순히 (사회) 계급의 수단으로만 간주했다는 점이다. 지배 계급은 지배 수단으로 피지배 계급은 저항과 혁명의 수단으로 문화를 이용하거나 이용할 수 있다고 밝힌다."(원용진, 1996: 105-106)

결국 사회비판과 문화비판은 동일한 것이 아니라는 점이다. 물론 사회비판과 문화비판은 동일한 맥락에서 접근이 가능하다. 왜냐하면 사회(또는 사회구조)와 문화는 빛과 그림자와 같이 상호불가분의 개념이기 때문이다. 사회가 있는 한 문화가 존재하며, 문화가 있는 한 사회가 발생한다. 물론 사회는 있지만 문화가 소멸된 경우도 있으며, 문화는 남아 있지만 사회가 없어진 경우도 있다. 이럴 경우 우리는 역사연구를 통하여 당시의 사회와 문화의 상관관계를 규명해 내고 있다.

"문화와 사회 구조의 관계는 무엇인가? 여기에 답하기 위해서는 우선 문화와 사회 구조를 명확히 구별해야 하고, 그런 다음 종래의 이론들이 이 둘의 관계를 결합시켜 왔던 다양한 방법들을 기술해야 한다. 그러나 문화 개념에 포함된 그 어떤 것도 분명하게 재단할 수는 없다. 요컨대 문화/문명을 서로 바꿔 사용하는 여러 담론에서와 마찬가지로, 문화/사회/사회구조도 반드시 혼동해서 사용하는 것은 아니지만, 서로 대체해서 사용되기도 한다."(크리스 젠크스, 1993/ 김윤용 옮김, 1996: 44)

그러나 엄밀히 말하면 '사회'라는 개념과 '문화'라는 개념은 결코 동일하지 않다. 따라서 마르크스 식의 사회비판의 논리를 가지고 일상적인 '문화비판'의 영역에 직접 뛰어드는 것은 지나친 무리다. 물론 마르크스가 사회와 문화를 구별했다는 시각도 있다. 그러나 마르크스에게서 문화는 사회 구조에서 발생하는 이데올로기와 동일시된다(크리스 젠크스, 1993/ 김윤용 옮김, 1996: 101). 따라서 마르크스와 그의 사상적 토대에 근거하는 네오 마르크스주의자들에게 사회와 문화의 관계는 거의 동일선상에서 다루어지고 있다고 할 수 있다: "문화 자체는 그 사회의 특정한 이해관계의 집합과 연관된 복잡한 것이다."(크리스 젠크스, 1993/ 김윤용 옮김, 1996: 48) 즉, 마르크스에게서 문화는 사회 구조의 연장일 뿐이다. 달리 말하면, 마르크스주의자들이 문화를 보는 관점은 마르크스의 '역사유물론'이 "유물론적 문화론"(크리스 젠크스, 1993/ 김윤용 옮김, 1996: 94)으로 그대로 이식되었다고 할 수 있다: "이데올로기는 문화유물론의 전통 내부의 여러 기능들에 봉사해 왔다."(크리스 젠크스, 1993/ 김윤용 옮김, 1996: 101).

이데올로기Ideology란 말 그대로 이데아Idea, 즉 이념理念과 논리logy의 합성 어로서 '이념의 논리'를 의미한다. 이렇게 본다면 이데올로기란 개인에게나 사회에 있어서나 모두 해당되는 말이다. 즉, 개인들도 자신만의 이념 논리를 가질 수 있으며, 국가 사회도 저마다의 이념 논리를 가질 수 있다. 이러한 이념 논리가 개인들 간에 다를 수 있으며 국가 사회 역시 다를 수 있다는 사실이다. 달리 말하면, 이데올로기는 일상 속에서 부단한 실천과 사회와의 관계를 통하여 사고하고 행위하고 이해하면서 끊임없이 재생산되고 재구성되는 동적인 과정으로 이해된다.[3] 따라서 이데올로기의 차이 때문에 발생하는 삶은 엄청난 혼란 속으로 들어갈 수밖에 없다. 이데올로기의 차이로 인해 삶은 갈등과 모순으로 인하여 개인적-심리적 차원과 사회적 차원의 긴장을 야기하게 되어 마침내 삶 자체가 붕괴될 수도 있다. 결국 삶의 질서를 규합하고 통합할 수 있는 이데올로기가 요청된다. 따라서 이데올로기는 삶을 위한 요청으로서의 이데올로기로 발전하게 된다. 그것이 바로 우리가 말하는 이데올로기로서 이는 다분히 사회정치적이고 사회심리적인 차원 또는 사회과학적 차원이다.

---

[3] 이러한 관점은 마르크스의 계급관련 이데올로기의 개념에 반대하는 알뛰세의 관점이라고 할 수 있다. <원용진, 1996: 306 참고>

"한 사회의 가장 보편적인 문화적 정향定向도, 또는 가장 실제적이고 '실용적인' 지향도 모두 정치과정에 타당한 이미지를 부여하는 데에 충분치 못할 때 이데올로기는 사회정치적 의미와 태도의 원천으로서 결정적인 중요성을 지니기 시작한다."(클리퍼드 기어츠, 1973/ 문옥표 옮김, 2009: 261)

사회과학자인 마르크스가 말하는 이데올로기는 바로 이러한 이데올로기를 말한다. 즉, 이데올로기는 사회심리적 차원 그리고 이를 넘어서 문화적 차원의 긴장을 포함한다.

"이데올로기적 활동이 가장 직접적 계기가 되는 것은 일종의 방향감각의 상실, 즉 자신들이 그 안에 놓여 있는 공공적 권리와 의무의 세계가 이용 가능한 모델의 결여로 인해서 이해 불가능하게 되는 것이다. 분화된 정체(또는 그러한 정체 속에서 내부적 분화의 지속)의 발달은 심각한 사회적 분열과 심리적 긴장을 야기시킬 수도 있으며 흔히 그렇게 되어 왔다. 그러나 그것과 더불어 나타나는 것은 정치질서에 대한 기존의 이미지가 부적절해져 버리거나 평판이 나빠질 때의 개념적 혼란이다. 프랑스 혁명이 '진보'건 '반동'이건 간에 적어도 그 당시까지의 인류사에서 극단적인 이데올로기의 최고 양성소가 될 수 있었던 것은 이전의 어느 시대보다도 당시에 개인의 불안이나 사회적 불균형이 더 깊었으며 또한 만연되어 있었기 때문이 아니라 - 충분히 깊었고 만연되어 있기는 했지만 - 왕권신수설 같은 정치생활의 핵심적인 조직원리가 파괴되었기 때문이었다. 사회심리적 긴장과 이 긴장을 이해할만한 문화적 자원의 결여가 합류되어 서로를 약화시킬 때 체계적(정치적, 도덕적 또는 경제적) 이데올로기의 등장무대가 준비되는 것이다.... 분명히 이데올로기는 문제있는 사회현실이 보여지는 지도이며, 집합의식의 창출을 위한 모체이다."(클리퍼드 기어츠, 1973/ 문옥표 옮김, 2009: 261-262)

결국 마르크스에게서 '문화비판'은 '이데올로기 비판'이다. 왜냐하면 이데올로기는 문화를 정당화하고 변명해주는 차원이기 때문이다(클리퍼드 기어츠, 1973/ 문옥표 옮김, 2009: 274). 따라서 마르크스에게 이러한 이데올로기는 모순적 사회 내재 사회 구조(생산관계, 생산양식의 소유)에서 발

생한다.[4]

"마르크스는 역사의 각 단계가 특정한 생산양식mode of production으로 규정
된다고 보았다. 사회가 생존에 필요한 것들을 생산해 내는 방식, 즉 생산양
식으로 역사의 단계를 정의할 수 있다고 생각한 것이다(노예사회, 봉건사
회, 자본주의사회 등). 각 생산양식에서는 우선 생활에 필요한 물건들을
각기 다른 방식으로 만들어 낸다. 그리고 더욱 중요한 것은 각 생산양식에
서는 노동자와 비노동자 간의 관계도 다르게 규정된다. 이렇듯 마르크스의
분석에서 중심이 되는 것은 생산양식과 그의 결정력이다. 즉, 생산양식이
궁극적으로 그 사회의 정치적, 사회적, 문화적 형태를 결정하고 앞으로의
발전도 정하게 된다는 것이다. 그러므로 생산양식의 변화는 정치, 윤리,
문화를 변화시킨다."(원용진, 1996: 107)

결국 이렇게 본다면 그의 관점에서 시도될 수 있는 문화비판은 사회비판
의 연장선상에서 이루어질 수밖에 없는 것이다. 한마디로 그는 사회와 문화
를 구분하는 것 같지만 명백한 상像을 만들지는 못했다고 할 수 있다.[5]

---

[4] 이러한 관점은 진화론적 초기 인류학자이며 마르크스 계열인 모르건Lewis Hanri
Morgan(1818-1881)에게서도 그대로 나타난다: "모르건은 문화를 사회 구조와 연관
시켜 분석하는 인류학 모델을 정립했지만, '문화' 개념을 명료하게 다듬는 작업은
후대의 학자들 몫으로 남겨졌다. 모건과 동시대인이며 옥스퍼드 대학에 영국의
사회인류학파를 창설한 사람은 '초기진화론자'로 알려진 타일러Eduard Burnett
Tylor(1831-1917)였다.... 타일러의 정의는 사회 조직체 및 사회 제도들을 문화의
일반개념과 구분하고 있지 않다.... 문화에 관한 이러한 상반된 시각들은 현대 문
화에 대한 윌리엄즈와 호커트의 작업에서도 재연되었다"(크리스 젠크스, 1993/
김윤용 옮김, 1996: 53) 결국 이러한 관점의 차이는 시간이 흐르면서 논쟁과 담론
으로까지 진행되면서, 마침내 크뢰버Alfred Kroeber(1876-1960)와 클록혼Clyde
Klockhohn(1905-1960)의 주장을 추종하는 '문화유형' 이론과, 라이버스(레드클리프
-브라운의 스승), 레드클리프-브라운 및 그들의 추종자들이 심화시킨 입장을 그대
로 이어받은 '사회 구조' 이론으로 양분되었다(크리스 젠크스, 1993/ 김윤용 옮김,
1996: 57). 특히 문화유형이론은 문화에는 사회 구조와 동떨어진 일반적 반복적
요소들이 있다고 주장한다(크리스 젠크스, 1993/ 김윤용 옮김, 1996: 58). 이러한
논쟁은 마침내 인류학과 사회학의 차이, 즉 학문적 구별을 상징하기에도 이르렀
다(크리스 젠크스, 1993/ 김윤용 옮김, 1996: 57). 이러한 맥락에서 본고는 '사회'
와 '문화'가 결코 동일한 개념이 될 수 없다는 인식 하에 '사회비판'과 '문화비판'
을 일단 구분하고 시작할 필요를 있다는 전제로 출발한다.

한편, '비판critique'이란 개념은 동서고금을 막론하고 '반성과 성찰reflection'의 개념을 전제한 개념이었다. 그러나 사회진화론적 관점을 가진 마르크스주의에서는 '(사회)비판'과 '자아비판'을 분리하여 사용함으로써, 비판과 반성(성찰, 반추)의 개념을 양분화하고 있다. 따라서 이들이 말하는 '비판'은 마치 누구나 자신의 기준에서 또는 자기관점에서 상대방을 비판한다고 해도, 논리적으로 문제가 없다면 그것은 정당한 비판이 될 수 있다는 논리까지 허용했다. 그러나 그것이 바로 오해였다.

이를테면, 과연 누가 누구를 그렇게 비판할 수 있을까? 그렇다면 그 비판은 과연 정당한가? 우리가 누군가를 비판한다고 했을 때 비판의 조건은 일단 두 가지로 나타난다. 하나는 '비판의 대상'을 명확하게 하는 일이다. 다른 하나는 그 '비판의 기준'이 정당하고 타당해야 한다. 그러나 이 두 가지 비판의 조건이 마르크스주의에서는 불명확하다. 첫째 이들에게 비판의 대상은 '개인의 소유권 인정'으로 이는 궁극적으로는 '자본주의'라는 '사회'가 된다. 그러나 사회란 실제로 존재할 수도 있지만 명목상으로만 존재할 수도 있다. 누가 실제로 '사회'를 본 사람이 있는가? 즉, 사회란 실재實在한다고 주장하는 사람이 있는가 하면, 사회란 이름뿐이지 실제로는 세상에 없다고 보는 사람들도 있다. 이런 연유로 베버Max Weber는 사회를 '사회실제론realism'과 '사회명목론nominalism'으로 구분하여 설명했다. 특히 사회란 실제로 가능한 것이 아니며 만약 그것이 가능하다면 '개인과 개인의 관계' 이외에 아무것도 아니라는 견해도 있다. 한마디로 사회란 실재實在할 수도 있지만, 이름으로만 존재할 수도 있다는 것이다.

물론 이는 중세 1000년 이상 동안 이어져 온 '신존재증명'의 논리에서 비롯된 '실재론'과 '명목론'의 연장선이기도 하다. 결국 이렇게 본다면 인류의 연구역사는 사회가 실재하는지 아니면 이름으로만 존재하는지에 대해서

---

5   알랭 투렌은 (마르크스의) 고전 사회학이 문화와 사회를 동일시함으로써 사회를 연구하는 학문으로서의 사회학이 애매모호해졌다는 입장이다: "고전사회학은 문화, 사회조직, 진화를 결합시켰다. 그러나 우리는 이제 사회학을 성립시킬 수 있는 문제 영역을 밝히기 위해서 그것들을 이제 분리시키려 한다. 먼저 문화이다."(알랭투렌 1984, 조형 옮김, 1994: 10)

아직까지도 명확한 결론에 도달하지 못한 상태이다. 그럼에도 불구하고 사회비판을 하라고 한다면 도대체 어떤 기준으로 하라는 말인가? 만약 사회가 실재하지 않는다고 믿는 사람들에게 사회비판은 아무런 의미가 없다. 물론 사회가 실재한다고 믿는 사람들에게 사회비판은 정당할 수 있다. 이렇게 본다면 마르크스주의에서 시도한 사회비판은 일부만 정당할 수 있다. 그러나 보다 심각한 것은 ― 이미 언급된 것처럼 ― 사회비판이 곧 문화비판은 아니라는 점이다.

또한 우리가 결코 간과할 수 없는 점은, 비판이란 반드시 비판을 위한 명백한(절대적) '기준'이 있어야 한다는 사실이다. 마르크스가 자본주의사회의 한계와 맹점을 비판하는 시작점은 '개인의 소유所有 내지 소유권所有權의 인정'이다. 그런데 소유(권)의 개념은 모두가 인정하는 비판의 준거가 될 수는 없다. 왜냐하면 소유(권)란 인간의 본능이며 본질에도 속하기 때문이다. 소유하지 않고 어떻게 생존할 수 있으며 자기보존을 할 수 있을 것인가? 즉, 우리 인간의 삶에서 생명연장 및 자기보존수단으로서의 소유를 인정하지 않는다면, 도대체 우리 인간은 어떻게 살아갈 수 있다는 말인가? 소유란 살아남기 위해 인간에게 주어진 정당한 권리이자 최소한이 될 수 있다.

물론 마르크스주의자들에게서는 개인 소유 대신 '공동소유'만 인정된다. 그러나 엄밀히 보면 개인소유를 부정하면서 공동소유만을 인정한다는 것 역시 모순이다. 심지어 개인소유와 공동소유 간에는 언젠가 이의 경계선이 허물어질 위험성도 남아 있다. 이를테면, 개인소유를 부정하고 공동소유를 주장하지만 결국 한 사람에게 공동소유권이 독점될 수도 있는 것이다. 역사적으로 스탈린, 김일성, 호네커, 차우체스크 등의 독재자들은 이러한 논리적 모순을 철저히 이용하면서 공동소유를 자기의 개인소유로 둔갑시킨 대표적인 인물들이다. 한마디로 공동소유라는 미명 하에 실질적으로 모든 소유는 독재자 한사람의 소유권 안에 들어 있다. 그러나 이들은 헤게모니를 얻었느니 하면서 엉뚱한 논리로 독재를 정당화하곤 한다. 또한 이들은 '프롤레타리아 독재'의 논리를 펴면서, 실제로는 최고 권력자의 독재가 변호되면서 모든 소유는 결국 한 사람의 소유로 둔갑하게 된다.

다만 '과잉소유過剩所有'일 때에 문제가 될 수는 있겠지만, 과잉소유의 기준은 없다. 누가 과연 '과잉소유'를 판정할 것인가? 결국 비판을 하려면, 비판에는 반드시 '절대적인 기준'이 적용되어야 한다. 그렇다면 과연 절대적인 기준은 어디에 있는가? 과거 절대적 신이 지배하던 신국시대神國時代에는 신의 말씀이 절대 기준이었다. 그러나 오늘날 신의 존재에 대한 의견은 분분해졌으며, 신의 말씀들조차도 절대기준의 권위를 잃고 있다. 물론 충실한 신도信徒들에게는 신의 말씀이 지금도 절대기준이다. 그러나 신을 믿지 않거나 또는 신을 배척하는 사람들이 점점 늘어나고 있고 심지어는 다른 종교를 가지고 다른 신을 추종하는 사람들로 갈리면서 신의 절대기준이 모든 삶에 적용되는 것은 불가능하게 되었다. 지구촌 사회에서 아직도 여전히 진행되고 있는 모든 종교전쟁은 절대기준의 적용에 문제의 소지가 존재한다는 사실을 극명하게 보여주고 있다.

그렇다면 우리 인간은 '비판criticism'을 포기해야 하는가? 즉, 비판의 기준도 불확실한 상황에서 다시 말해서 비판의 절대기준도 없는 상황에서 누가 누군가를 비판한다는 것은 극히 자의적이고 부당한 것은 아닌가? 물론 그렇다. 그럼에도 불구하고 우리는 비판하지 않고 살 수는 없다. 왜냐하면 대상이 개인이건 사회전체이건, 비판이 없는 발전은 불가능하기 때문이다. 즉, 무엇인가 잘못된 것을 비판하지 않는다면, 개인이건 사회건 더 이상의 성장이나 발전은 불가능하다. 우리 말에 시시비비是是非非라는 말도 있지 않은가? 옳고 그름은 반드시 가릴 필요가 있다. 이렇게 본다면 우리는 늘 비판할 수 있는 용기를 가질 필요가 있다. 좀 다른 차원이지만, 비판은 실생활에서도 우리로 하여금 창의력을 내게 하는 데에 있어서 유용한 면도 가지고 있다.

대학의 디자인학과에서는 학기 첫 시간에 학생들에게 다음 시간까지 우리 주변에서 100개 이상의 비판할 것을 써 오라고 주문한다. 비판을 할 수 있어야만 새로운 디자인을 창조해 낼 수 있다는 것이다. 문제해결에서도 마찬가지이다. 비판능력이 없으면 문제를 해결하기 어렵다. 무엇인가가 잘못된 것을 알아야만 고칠 수 있다. 공학에서도 비판은 새로운 공학적 메커니즘과 테크놀로지를 창출해 내는 중요한 수단이기도 하다. 이렇게 '비판'은 인문학의 영역을 넘어서 실용과학을 포함한 모든 학문 영역에서 중요한 과제가 되고 있다. 모든 삶의 영역을 성숙시키는데 있어서 비판의 중요성은 말로 다 할 수 없는 노릇이다. 그래서 우리는 대학에서도 신입생들에게 '비판적 사고critical thinking'를 하는 것이 중요하다고 가르친다. 이를테면, 비판적 글쓰기, 비판적 글 읽기, 비판적으로 학문하기 등을 강조하면서 비판능력을 키워주는 것을 대학의 사명이라고 간주한다.

그러나 역사적으로 본다면, 동서양을 막론하고 '비판이라는 개념Kritique'은 오로지 홀로 성숙되지 않았다. 동서고금을 막론하고 비판이라는 개념과 함께 동반되어 온 개념은 '반성과 성찰reflection'이라는 개념이다. 한마디로 우리 인간의 삶에서 비판은 매우 중요하고 필요하되, 비판의 기준이 절대적일 수 없다. 따라서 비판의 기준이 그래서 타당하기 위해서는 기준에 대해서 끊임없이 반성하고 성찰할 수밖에 없다는 것이다. 서양에서는 플라톤의 ≪대화집≫에서 보는 것처럼 대화하면서 반성과 성찰하면서 정당한 비판의 기준을 찾아가고자 했으며, 동양에서는 선종禪宗을 창시한 달마대사가 행했다고 전해지는 ≪면벽구년面壁九年≫의 사례에서 보듯이 '자신과 또 다른 자신과의 내적 대화'를 통하여 끊임없이 자기반성과 성찰을 하면서 삶의 기준, 즉 비판의 기준을 모색했다.

이러한 역사를 살펴보면, 결코 절대기준을 알 수 없는 우리 인간들에게는 그나마 '반성과 성찰이 뒤따르는 비판의 기준 설정'만이 가능하다고 할 수 있다. 결국 마르크스주의의 비판이론은 이러한 역사적 사실을 지나치게 간과했다고 할 수 있다. 왜냐하면 일단 상대를 비판하고 나서 '자아비판'의 기회를 주고 스스로 자기반성을 하라고 주문하기 때문이다. 이때 일단 '비판의 기준'이 무엇인가? 하는 의문이 남는다. 그렇다면 자본주의사회의 모순과 문제점을 비판하는 공산주의가 절대기준이 된다는 말인가? 현재로서는 이런 의문을 해결할 도리가 없는 셈이다. 특히 마르크스주의에서는 현재 지배적인 사회적 모순을 제거하고 사회적 변증법을 통하여 보다 나은 미래 사회를 건설해야 한다는 강박 관념이 비판을 통한 유토피아를 설계할 수는 있었지만, 비판의 기준 찾기에서는 지나치게 인색했던 셈이다. 결국 이들에 의해서 성취된 비판은 '오로지 비판을 위한 비판'으로서 머물게 되었다. 자본주의의 모순에 따른 현실적 대안으로서의 프롤레타리아 사회혁명을 성취하기는 했지만, 1990년대 동구공산권의 붕괴로 인하여 이러한 혁명 역시 불충분한 이론에 근거하고 있었기에 결국 이들의 '비판개념'을 실제에 적용하기에는 부적합할 수밖에 없었던 것으로 판명이 났다.

이렇게 본다면, 이들이 추구한 사회비판 역시 비판의 기준을 설정하는 문제에 있어서도 중대한 오류를 범하게 된 셈이다. 그런데 이러한 비판의 기준도 명확하지 않는 상황에서 이들이 시도한 사회비판을 문화비판에 그대로 적용하겠다는 논리는 이치에 맞지 않다. 심지어 문화비판을 위해서는 사전에 "문화의 본질"에 대한 제대로 된 파악, 즉 전체적인 이해가 없이 이루어질 수는 없는 노릇이다. 설령 그렇게 비판이 가능하다고 해도 이렇게 이루어지는 비판은 극히 불안정하고 위험할 수밖에 없다. 그러나 인류의 탄생 이래 이루어진 거의 모든 '문화비판'은 늘 이러한 고질적인 함정을 피해갈 수가 없었다. 왜냐하면 예나 지금이나 "문화文化, culture" 만큼 정의하기조차 어렵고 모호하기 짝이 없는 개념은 없기 때문이다.

"(문화인류학의 시조라고 불리는) 에드워드 타일러에 의해서 제시되었던 그 유명한 '복합적 총체'로서의 문화 개념... 타일러의 문화 개념은 그 독창성은 부정될 수 없겠으나, 실제 적용의 측면에서 볼 때에는 밝혀주는 것보다 혼란을 가져오는 면이 더 많은 단계에 이르렀다고 생각한다. 타일러류의 문화이론화가 어떠한 개념적 혼란에 빠질 수 있는 가는 지금까지도 훌륭한 인류학 개론서의 하나라고 볼 수 있는 클라이드 클룩혼의 『인간을 비추는 거울Mirror for Man』에서 명백히 드러난다. 이 저서에서 클룩혼은 약 27쪽 정도를 할애해서 문화 개념을 다음과 같이 정의하고 있다. 1) 한 민족의 총체적 생활양식, 2) 개인이 그의 집단으로부터 물려받는 사회적 유산, 3) 생각하고, 느끼고, 믿는 방식, 4) 행위로부터의 추상물, 5) 한 민족 집단이 실제로 행동하는 방식에 대한 인류학자의 이론, 6) 모든 학습된 것의 저장소, 7) 재발하는 문제들에 대한 일련의 표준화된 대응 방향, 8) 학습된 행위, 9) 행위에 대한 규범적 규제를 위한 기제, 10) 외부 환경 및 타인에 대한 일련의 적응 기술, 11) 역사의 응결체 그리고 여기에 절망적으로 한 가지를 더 덧붙인다면 그것은 아마도 하나의 지도map로서, 모체로서, 그릇으로서 문화를 정의하는 것이 될 것이다."(클리퍼드 기어츠, 1973/ 문

옥표 옮김, 2009: 12-13)

세계적인 문화인류학자 크뢰버Alfred Louis Kroeber(1876-1960)는 "문화란 문화인류학자의 숫자만큼 존재한다"는 유명한 말로 "문화 개념의 정의 definition 불가능성"을 시사한 바 있다.

"문화란 무엇인가? 이에 대한 답은 사람에 따라 거의 무한히 다양하다. 인류학자 크뢰버와 클룩혼은 그들의 저서『문화: 개념과 정의의 한 비판 적인 검토』(1952)에서 문화에 내려진 무려 150개의 상이한 정의들을 검 토한 끝에 결론적으로 자신들의 정의에 도달했지만, 그것마저 사회과학 계에 남겨진 하나의 추가적인 정의로 끝나고 만 것으로 보인다."(김문환, 1999: 3)

이런 맥락에서 문화연구의 초석을 다진 윌리엄스Raymod Williams(1921-1988)는 "문화란 말이 영어에서 가장 까다로운 두 세계의 말 중 하나"(크리 스 젠크스, 1993/ 김윤용 옮김, 1996: 13)라고 주장했다.

"이러한 종류의 이론적 산만성에 비추어 본다면, 반드시 표준화된 문화 개념은 아니라고 할지라도 최소한의 일관성을 보여주며 논의할만한 범주 가 정해져 있는 문화 개념이라도 제시된다면, 그것은 하나의 진보라고 할 수 있을 것이다.... 우리는 선택을 필요로 한다."(클리퍼드 기어츠, 1973/ 문옥표 옮김, 2009: 13)

그러나 일관된 문화 이론이 없이는 현대 사회에서 어떻게 합의가 유지되 는가를 이해하기란 어렵다(크리스 젠크스, 1993/ 김윤용 옮김, 1996: 25).

"영어로 물화를 뜻하는 'culture'의 어원은 본래 '밭을 갈다'라는 의미를 가지고 있었다. '밭을 경작하는 행위'는 인류 최초의 문화적 행위를 상징하 고 있다고 말할 수 있다. 인류는 마치 숲속의 동물들처럼 자연적 질서의 한 부분으로서 여기에 절대적으로 순응하며 살아오아가, 어느 단계에 이르러서 인간 스스로의 힘으로 자연에 변형을 가함으로써 이를 인공적 질서로 전환시킬 수 있는 능력을 갖게 되었다. 밭을 가는 행위는 인간이 '주어진' 자연 속에서 벗어나 인간 본위의 질서를 '만들어' 가는 최초의 행위였을 것이다. 이런 맥락에서 본다면, 문화의 본래적 의미는 인간화 혹은 인공적 질서화라고 말할 수 있게 된다. 어떤 의미에서 사회는 바로 인간의 이러한 인위적 노력에 의해 만들어진 인공적 질서의 가장 기본이 되는 단위이다."(김승현 외, 1997: 302)

한편, 최근까지 런던의 버밍엄학파Birmingham[6]를 중심으로 이루어져 왔던 문화연구 역시 바로 이러한 한계를 넘어서지 못하고 말았다. 물론 문화연구의 목적은 사회치료가 아니라 사회적 담론의 분석이다(클리퍼드 기처츠, 1973/ 문옥표 옮김, 2009: 42). 그럼에도 불구하고 이들이 추구한 문화연구에서도 문화 자체에 대한 '해석interpretation'은 매우 미약했다는 평가이다. 물론 가장 결정적인 이유는 이들 역시 마르크스 비판이론 및 프랑크프르트학파 비판이론의 뿌리를 가지고 있었기 때문이었다. 이는 한편으로는 장점이었으면서도 다른 한편으로는 한계로 작용할 수밖에 없었다. 구체적으로 버밍엄학파는 그람시와 알뛰세에 전적으로 의존하고 있다(벤 에거, 김해식 옮김, 1996: 176).

"문화연구가 본격적으로 대학에 자리를 잡고 '문화연구'라는 이름으로 폭넓은 영향력을 행사하기 시작한 것은 영국 버밍엄대학 현대문화연구소The Center for Contemporary Cultural Studies의 작업을 통해서이다. 특히 이 연구소의 제2대 소장인 스튜어트 홀Stuart Hall의 업적은 문화연구의 흐름을 그 이전과 이후로 나누어 보게 할 만큼 중요하다. 홀 이전의 문화연구는 크게 두 가지 흐름으로 정리할 수 있다. 하나는 사회비판으로서의 문화를 강조

---

[6] 이는 1964년 이 연구소의 초대소장을 지낸 리처드 호가트Richard Hoggart에 의해 버밍엄대학의 현대문화연구소BCCCS: Birmingham Center for Contemporary Cultural Studies의 연구진들을 중심으로 구성되었는데, 처음에는 버밍엄대학의 인문학부 영문학과 소속으로 설립되었다. 이 연구소는 레이먼드 윌리암스Raymond Williams, 슈트어트 홀Stuart Hall 같은 좌파비평가들의 연구가 자극이 되면서 공식적으로 문화연구 cultural studies를 시작했다.

하는 입장이고, 다른 하나는 이데올로기로서의 문화를 강조하는 입장이다. 문화의 사회비판적 기능을 강조하는 입장은 19세기에 급격히 산업화되는 영국 사회에 대한 반성으로 태동한다. 이 입장은 문화를 당대 사회를 비판하고 변혁하기 위한 인식과 실천의 매개로 설정한다. 이에 따라 문화는 변혁의 대상인 사회와 대립적이거나 그것에 대안적인 위치에 놓인다.... 반면에 문화의 이데올로기적 기능을 강조하는 입장은 대중문화가 확산되면서 문화의 사회비판적 기능을 찾아보기 힘들어진 문화적 현실에 전통적인 마르크시즘의 관점이 적용되면서 부상한다. 이 입장은 문화를 사회체제에 수반되는 부속물로 보며, 문화가 지배체제를 정당화함으로써 그것을 유지 강화시키는 기능을 한다고 강조한다. 이에 따라 문화는 지배체제의 산물이요, 지배 이데올로기의 반영에 불과한 것으로 정의된다."(박기현, 2006: 8-9)

그러나 역시 한계는 문화연구에서 '문화'라는 개념에 대한 공유된 정의定意가 부재한다. 또 다른 중요한 한계는 문화연구를 하면서도 이들에게는 연구 관점의 공유나 특히 '연구방법'에 대한 합의조차 없었다는 점이다. 이러한 한계는 문화연구라라는 학문적인 특성 때문에 발생할 수도 있다.

"문화연구는 처음 나왔을 때부터 기존의 분과학문으로 자리잡으려 하지도 않았다. 기존의 분과학문은 연구의 대상과 방법이 모두 닫혀 있는 체계인데 반면, 오히려 문화연구는 새로운 대상을 연구하면서 연구의 방법과 결과를 모두 진행형으로 열어 놓고 작업한다.... 따라서 문화연구의 분석도 잠정적인 성격을 띨 수밖에 없다.... 이런 대상(분과학문이 연구의 대상으로 하지 않는 영역)을 연구하기 위해서는 다학제적이고 다분과-학문적인 접근이 필요하다는 입장을 취했다. 이에 따라 문화연구는 기존의 분과학문 체계와 이중적인 관계를 맺는다.... (그러나) 결과적으로 그 체제 자체의 정체성을 위협하는 갈등관계를 맺는다.... 문화연구가 기존의 학문체계에 대한 비판에서 출발하는 만큼 이 갈등관계는 쉽게 사라질 것 같지 않다." (박기현, 2006: 9-10)

하여간 오늘날 우리는 진일보한 문화연구를 계속하지는 못하고 있다. 특히 동구라파의 몰락도 이에 한몫을 한다고 할 수 있지만, 마르크스주의 사회비판이 '적이 사라진 자본주의사회'에서 과연 지금 우리 사회에서 또는 우리의 학문세계에서 어떠한 위상을 가질 수 있는지에 대한 의문은 여전히 풀 수 없는 영역이 되고 말았기 때문이다.

그럼에도 우리의 현실은 여전히 문화위기 속에 놓여 있다. 따라서 지금도 문화비판은 정당하며 더욱더 요청된다고 할 수 있다. 그러나 여전히 지속되는 문화위기의 현실 앞에서 버밍엄의 문화연구조차 좌초됨으로써 이제 어느 연구자도 섣불리 문화연구를 계속할 엄두를 하지 못하고 있는 실정이다. 날로 우리 지구촌의 문화위기는 계속 심화되고 복잡 난해해지고 있는 상황임에도 불구하고 학문적 연구는 그야말로 속수무책인 셈이다. 이제 문화위기로 촉발되는 우리 인간의 삶의 위기는 점점 더 참혹하기 그지없다. 가정문화가 부재한 곳에서는 가정파괴현상이 목도되고, 학교문화가 실종된 곳에서는 학교폭력이 난무하고 있다. 기업문화가 사라진 곳에서는 기업조직의 붕괴가 만연하고 있으며, 문화의식과 문화 개념이 실종된 사회와 국가와 사회에서는 탈사회, 탈국가의 위기 앞에서 속수무책이다. 과연 우리는 어디서부터 어떻게 해야 하는지 어느 누구도 말하지 않는다. TV 속에서 막장드라마가 인기드라마가 되는 오늘의 현실은 이에 대한 극명한 사례가 된다.

물론 마르크스의 사회비판이론, 그 뒤를 이은 프랑크푸르트 비판이론과 버밍엄학파의 문화연구, 페미니즘 문화연구 그리고 이에 대한 저항, 대립, 해체와 새로운 (재)구성을 시도하는 탈구조주의와 탈현대주의의 문화이론들 그리고 포스트모던의 다양한 문화예술비평 등은 우리에게 지금까지의 문화위기 앞에서 그나마 많은 지식인들에게 비판의식을 성장시켜 주었다. 그럼에도 불구하고 지금도 우리 앞에서 문화위기는 여전히 엄연한 현실이며 해결의 실마리조차 요원한 지상 최대의 과제가 되고 말았다. 심지어 문화위기의 파급 정도는 날이 갈수록 강해지고 있다. 이제 우리는 어떻게 해야 하나? 실제로 마르크스주의의 유토피아라던 유럽공산사회도 사라진지 오래이며, 이의 재탄생이나 재건은 더 이상 기대조차 할 수도 없다. 그렇다고 지금까지 나온 문화이론, 문화비판, 문화연구를 통해 얻어진 이렇다 할만한 가시적 성과도 찾기 어려운 상황에서 우리는 더 이상 아무 것도 할 수 없는 것인가? 특히 우리는 여기서 지식인들의 의무를 종료해도 되는 것인가?

이미 언급했지만 그나마 과거의 문화이론, 문화비판, 문화연구 등은 문화위기의 앞에서 비판의 안목을 심어 주었다는 훌륭한 공적을 가지고 있다. 그러나 그 이상은 없다. 반복하지만, 우리의 삶에서 '비판'은 매우 중요하다. 비판이 없으면 더 이상의 진보는 없다. 그러나 결국 지금까지의 비판은 오로지 '비판을 위한 비판'으로만 그치고 말았다는 느낌이다. 특히 수많은 학문적 공적에도 불구하고 마르크스주의의 한계는 명백했다. 또한 마르크스주의를 토대로 하는 버밍엄의 문화연구 역시 태생적 한계를 넘어서지 못했다. 분명히 비판은 맞는데 결코 현실적 대안은 모른다. 심지어 이들에게 닥친 문화연구의 태생적 한계 역시 마르크스주의가 자가당착에 부딪혔던 이분법적 논리의 한계를 벗어날 수 없었다는 사실이다. 고급문화와 저급문화, 귀족문화와 민중문화, 남성문화와 여성문화 등의 대립은 마치 가진 자와 못가진 자, 지배자와 피지배자, 중심과 주변 등의 이분법적 도식을 그대로 적용한 것이다. 그러나 실제로 사회계급구분과 문화수준의 구분은 이와 동일한 맥락은 아니다. 이를테면, 지배자계급도 저급문화를 가질 수 있고, 피지배자계급도 얼마든지 고급문화를 향유할 수 있다. 이는 기표記票와 기의記意의 관계가 (다양한) '맥락' 속에서 완전히 달라질 수 있다는 기호학적 논리와도 통한다. 문화의 영역에 사회적 구분을 적용하는 것은 일부는 가능할 수도 있겠지만, 모두 다 해당되는 것은 아니다. 또한 남성문화가 반드시 지배계급의 문화는 아니며, 못 가진 자의 문화가 반드시 민중문화와 동일시되는 것은 아니다.

이제 우리는 진정 문화위기를 제대로 비판하고 문화위기의 해법을 찾아내기 위해서는 '문화해석culture interpretation, Hermeneutik von Kultur'의 작업부터 다시 시작해야 한다. 여기서 문화 해석은 단순한 '문화 분석culture analysis'이 아니다. 지금까지 분석철학이 영미철학의 대세가 되면서 우리는 분석과 해석에 대한 명확한 구분없이 두 개념을 혼용하여 사용해 왔다. 그러나 본고는 "문화 분석은 본질적으로 불안하다"(클리퍼드 기처츠, 1973/ 문옥표 옮김, 2009: 45)는 전제 하에서 이루어지는 "문화해석文化解釋"을 목표한다.

따라서 본고는 문화란 '분석의 대상'이 아니라 '해석의 대상'이어야 한다는 전제를 가지고 있는 셈이다. 구체적으로 분석과 해석의 차이는 무엇인가? 우선 본고에서는 문화라는 개념 역시 정의definition의 대상이 아니고, 이해understand의 대상이라고 가정하는 것이다.[7] 왜냐하면 일상적인 이론화 양식에서도 개념화 작업은 이미 수중에 있는 자료에 대한 해석작업을 지향하는 것이기 때문이다(클리퍼드 기어츠, 1973/ 문옥표 옮김, 2009: 42). 설령 문화를 분석한다고 해도 그것은 법칙을 찾는 실험과학이 아니라, '의미意味, meaning'를 찾아내는 해석과학이 되어야 한다(Geertz, 1975: 5; 크리스 젠크스, 1993/ 김용용 옮김, 1996: 88 재인용).

한편, 문화라는 개념은 그것이 무엇인지 스스로 윤곽을 드러내면서 전체가 알려지는 것이다. 따라서 문화라는 전체는 세밀한 분석을 통하여 알려지는 것이 아니라, 주도면밀한 해석 작업interpretation, 즉 '해석학이라는 방법론적 접근'[8]을 통해서 밝혀질 때 비로소 문화의 전모(전체의 모습)가 드러낼 수 있다는 전제이다. 아울러 '문화를 해석한다는 것'은 문화의 이모저모를 잘 파악하고 궁극적으로는 '상징적 문화가 내포하는 의미까지 모두 해석'해낸다는 것을 말한다. 왜냐하면 상징적 문화는 그만의 고유한 의미를 내포하고 있으며, 여기서 해석이란 의미해석을 뜻하기 때문이다. 결국 문화의 의미意味를 해석하는 것은 궁극적으로 문화를 '이해understanding'하는 것인데, 이는 삶을 해석하고 삶을 이해하는 것과도 결코 다르지 않다.

이미 '해석의 학學', 즉 '해석학hermeneutics'이라는 학문의 발전은 매우 오랜 역사를 가지고 있다. '해석학'이란 주지하는 대로 선사시대 신의 전령인 헤르메스Hermes 신의 전령(언어, 말)을 – 또는 말의 의미를 – 제대로 해석해 보는 것으로서 신의 언어해석, 즉 나중에는 기독교 문화권에서 '성경해석학'으로 시작되었다. 물론 동시에 신화를 담은 서사시, 산문, 서정시 등을 통하여 당시 사용되었던 문자, 그림, 기호 등에서 나타나는 '상징과 의미들

---

[7] 이러한 가정hypothesis은 나중에 밝혀지겠지만, 본고가 추구하는 학문으로서의 해석학解釋學, interpretation이 전제하는 '학문적 가설'이기도 하다.

[8] 해석학hermeneutics은 철학(이론)이면서 비판이며 동시에 방법론이다(조셉 블라이허/ 권순홍 옮김, 1980).

을 해석'하면서 "문학해석학"이 발달하기도 했다. 또한 신의 말씀을 세상의 '법法'으로 여기면서 "법률해석학"이 발달하게 되었고, 마침내 "해석"이란 인간의 삶을 해석하는 기반이 되면서 "일반해석학"으로 발전하였다. 결국 슐라이어마허Schleiermacher의 연구를 기점으로 "일반해석학", 즉 일상日常, Alltag에 대한 해석학적 접근은 철학적 해석학의 이론으로 완성되면서 정신과학의 영역, 즉 인문학, 철학, 사회과학의 영역에서 활용될 수 있었다. 특히 해석학의 맹주가 된 철학의 영역에서는 하이데거, 가다머Gedamer, 리쾨르Paul Ricoeur, 기어츠Clifford Geertz 등의 해석학 연구가 대표적인 성과들이다.

여기서 우리의 의문은, "삶을 해석해서 과연 우리는 무엇을 하자는 것인가?" 물론 삶을 해석한다는 것은 결국은 삶의 의미를 해석한다는 것인데, 이는 오로지 삶을 "이해理解, understanding"하기 위함이었다. 그러나 일단 해석학이 추구하는 '해석의 작업'이 '이해'를 목표한다고 한다면, 최소한 살면서 인생에 대해 '오해誤解, misunderstanding'는 하지 않아야 한다는 의미가 깔려있다. 설사 이해는 고사하고라도 우선 우리가 누군가를, 아니면 나 자신에 대해 오해를 한다면 삶이 상상보다 많이 왜곡될 수 있다. 남을 오해함으로써 발생할 수 있는 문제는 무수히 많다. 아니면 자신을 잘 모르고 자신의 능력을 잘못 이해함으로써 파생되는 문제도 심각하다. 결국 삶이 무엇인지 또는 삶에 대해서 잘못된 이해 내지 오해를 통해 발생할 수 있는 문제들은 얼마든지 우리의 삶을 피폐하게 할 수 있다. 결국 이로써 해석학의 목표는 삶의 해석을 통한 삶에 대한 정당한 이해 내지 삶의 '의미이해'로 집약된다. 삶의 의미를 이해하는 것은 인간의 삶을 풍성하게 하기 위함이다. 왜냐하면 삶의 의미를 이해하지 못하는 한, 우리의 삶은 제대로 알려질 수 없으며 이로써 우리의 삶은 온전해질 가능성이 축소될 수 있기 때문이다.

이렇게 본다면, 본 저술의 테마인 문화해석학文化解釋學은 '문화의 의미를 이해'하기 위한 일차적 목표를 가지고 있다. 물론 '문화의 상징성'에 대한 해석과 이에 대한 제대로 된 이해가 토대이다. 즉, 우리는 문화가 내포하는 상징(성)과 문화가 제시하는 의미를 제대로 파악하지 못한다면, 우리는 결코 문화위기의 전모를 밝혀낼 수 없으며 제대로 된 해법도 불가능하다. 왜냐하면 문화에 대한 가장 보편적이고 일반적인 의미는 '상징적인 모든 것'

이기 때문이다(크리스 젠크스, 1993/ 김윤용 옮김, 1996: 22). 또한 문화위기의 전모(정체)도 잘 밝혀내지도 못하는 상황에서 이루어지는 문화비판은 그야말로 시간낭비이고 어불성설이다. 물론 문화비판은 늘 중요하다. 그러나 문화비판을 하더라도 (제대로 된) 문화해석이 먼저라는 사실이다. 또한 진정한 '문화교육'을 위해서도 '문화해석'은 필수다. 아니면 문화위기를 극복하기 위한 문화비판이 오로지 '비판을 위한 비판'이라는 본질적 한계를 넘어서기 위해서 우리는 문화교육을 먼저 요청해야 할지도 모른다. 이렇게 본다면, 문화위기에 대한 문화비판과 문화교육은 상호교호적인 순환관계 속에 들어 있다고 할 수 있다.

그러나 본 저술이 궁극적으로 목표하는 문화비판과 문화교육의 학문적 조건은 바로 문화해석학일 수밖에 없다. 즉, 문화해석을 통해서 우리는 문화(본질)에 대한 정당한 이해를 할 수 있게 될 것이고, 이를 기준으로 우리는 정당한 - 또는 객관적이고 공정한 - 문화비판을 행할 수 있게 될 것이기 때문이다. 또한 우리는 이를 넘어서서 문화해석을 통해 이루어진 문화에 대한 진정한 이해를 근거로 (제대로 된) '문화교육'을 정당하게 수행할 수 있게 될 것이다. 아니면 반대로 문화교육을 통해서 우리는 문화해석과 문화비판에 순환적으로 접근할 수 있을 것이다. 또 아니면 문화교육의 수행과정에서 문화해석과 문화비판이 자연스럽게 동반될 수 있을 것이다. 바로 본 저술의 마지막 단원에서는 이러한 상호교호적이며 상호순환적인 문화해석, 문화비판, 문화교육의 테마들이 역사적 전통 위에서 성립된 '해석학적 연구방법'을 통해서 다루어진다. 이로써 본 저술은 21세기 우리가 당면한 문화위기의 극복에 학문적으로 일조하는 것을 목표한다.

구체적으로 제I부에서 본 저술은 <문화의 본질에 대한 이해>를 해석학적으로 다룰 것이다. 여기서는 <문화의 개념>, <문화의 조건>, <문화의 구조>, <문화와 사회시스템> 간의 관계를 해석학적으로 접근해 볼 것이다. 우선 <문화의 개념>으로서는 1, 탈脫선사시대의 유산으로서 "문화의 탄생" 과정을 탐색할 것이며, 2, 문화의 기원을 추적하는 문화발생학을 인간학적 해석으로 접근할 것이다. 둘째, <문화의 조건> 편에서는 1. 문화본능과 상징성, 2. 가치의 현실화를 다룰 것이며, 셋째, <문화의 구조> 편에서는 1. 삶의 구속성, 2. 삶의 기준성, 3. 삶의 객관성에 대해서 논할 것이다. 넷째, <문화와 사회시스템> 편에서는 1. 삶과 문화소유, 2. 문화 권력과 인간지배를 해석학적으로 접근할 것이다.

제II부 <비판적 문화연구와 문화해석> 편에서는 <사회과학과 문화비판>, <정신과학과 문화이해>, <포스트모던과 문화>, <생태학적 문화해석>을 다룰 것이다. 우선 <사회과학과 문화비판> 편에서는 1. 사회비판이론과 문화위기. 2. 문화연구cultural studies로서 '대중사회mass society'와 '문화산업culture industry'에 대한 이들의 관점을 집중적으로 분석한다. <정신과학과 문화이해> 편에서는 1. 두 개의 문화론, 2. 문화변동과 삶, 3. 문화의 해석학을 다룰 것이다. <포스트모던과 문화> 편에서는 1. 문화해체의 동역학, 2. 문화현상의 차연과 공존, 3. 문화이해의 다원주의를 다룬다. <생태학적 문화해석> 편에서는 1. 생태학적 패러다임, 2. 생태계와 문화시스템, 3. 생태학적 문화현상을 다룬다.

제III부에서는 <문화교육의 성립조건: 문화해석>을 다룬다. 여기서는 <문화교육의 학문적 기초>, <해석학과 문화>, <문화의 해석학적 순환>, <문화교육의 해석학> 등을 다룬다. 이 영역은 소위 신칸트학파(서남학파)라고 불리는 리케르트Rikert와 빈델반트Windelband 등에 의해 정초된 "문화교육론文化教育論"의 발생사를 추적하는 것으로부터 시작하여, 정신과학적 방법론을 적용하여 "문화심리학"을 정초한 딜타이Wilhelm Dilthey와 쉘러Max Scheler의 "문화철학" 그리고 슈프랑거Eduard Spranger, 리트Th. Litt, 놀H. Nohl 등의 "정신과학적 문화교육학"의 이론을 (재)해석하면서 20세기 초 사회비판철학과의 논쟁을 통하여 잠정 중단된 학문적 노력을 오늘날의 맥락에서 새롭게 재해석, 재구성함으로써 마침내 과학적 비판을 통한 진정한 문화교육의 본질을 밝혀내는 최종 목적에 도달하게 될 것이다.

제I부

·

문화의 본질

제1장

'문화'의 개념

1. 탈脫 선사시대의 유산 - '문화文化'의 탄생

선사시대先史時代란 말 그대로 역사歷史 이전의 시대를 말한다. 일반적으로 지금부터 약 20만 년 전 호모 사피엔스homo sapiens라는 현생 인류가 탄생하면서 탈脫 선사시대가 시작된다. 선사시대先史時代에 인간들은 동물과 크게 다를 바 없었다. 황량한 자연 속에 뒹굴다가 배고프면 주변에 널린 열매를 따먹기도 하고 배부르면 그냥 풀밭에 누워 잤다. 어떤 놈이 공격해 오면 그대로 도망치거나 맞붙어 싸웠다. 싸움에서 이기게 되면 살아남는 것이고 지면 죽는 것이다. 초기 인간은 사고할 수 있는 두뇌 능력도 변변치 못했으며, 도구를 만들어 사용할 줄 아는 능력도 거의 없었을 것이다. 심지어 인간은 동물 중에서도 최고의 약자 그룹에 속했을 뿐이다. 인간은 비가 오면 움막에 들어가 밖으로 나올 줄을 몰랐으며, 천둥과 번개가 무서워서 고개 들고 하늘을 쳐다 보지도 못했을 것이다. 하늘이 화가 나고 노했다는 생각 때문에 그저 무섭고 두려울 뿐이었을 것이다. 갑자기 홍수가 나서 강물이 불어나면 그대로 떠내려갈 수밖에 없었으며 어두워지면 그냥 죽은 척하고 동굴 속에 웅크리고 잠을 자야했을 것이다. 선사시대에 인간은 자연의 섭리에 따라 자연 속에서 살고 죽는 여느 동물과 거의 다를 바가 없었을 것이다.

"인류는 역사가 시작하기 오래전부터 존재했다. 현생인류와 아주 비슷한 동물은 약 250만 년 전 출현했지만, 수없이 많은 세대 동안 그들은 같은 지역에 서식하는 다른 수많은 동물들보다 딱히 두드러지지 않았다.... 선사 시대 인류에 대해 우리가 알아야 할 가장 중요한 점은, 그들이 그다지 중요치 않은 동물, 주변환경에 별 영향을 미치지 못하는 종이었다는 점이다. 그들은 고릴라, 반딧불이, 해파리보다 딱히 더 두드러지지 않았다."(유발 하라리, 2011, 조현욱 옮김, 2016: 20)

그러던 인간에게 획기적인 일이 발생하게 된다. 그러면서 판도는 크게 달라지게 되었다. 대표적인 것이 바로 '직립보행直立步行' 사건이다. 고고 인류학자들과 고생물학자들의 견해로 의하면 인류의 기원은 초기 빙하기 Pleistocene까지 거슬러 올라가지만, 실제로 인간의 진화는 최초의 호미니드 hominids: 원시인류와 현생인류를 포함한 사람科의 모든 동물을 칭함 종인 오스트랄로피 테쿠스 아파렌시스Australopithecus afarensis가 지속된 안정기와 함께 추정된다 (Gould, 1994: 14). 지금부터 약 200만 년 전에 지구상에 나타났다가 140만 년 전쯤에 멸종한 것으로 추정되는 최초의 직립보 유인원으로 알려진 오스 트랄로피테쿠스Australopithecus[1]는 체격조건이나 지능 면에서도 원숭이와 비 슷하지만, 골반이 좀 더 둥근 편이었던 것으로 알려져 있다. 이들은 매우 초보적이지만 직립의 흔적을 남긴 최초의 족속으로 기록되어 있으며, 원숭 이류(오랑오탄, 피그미침팬지, 침팬지, 고릴라 등)와 인간류(호모 사피엔스) 가 다른 길로 진화했음을 알려주는 결정적 증거로 간주되고 있다.[2]

---

[1] 라틴어로 남쪽을 의미하는 오스타랄리스australis와 그리스어로 유인원이라는 뜻을 가진 피테코스pithekod의 합성어인 이 명칭은 "남쪽 유인원"이라는 뜻이며 남아프 리카에서 이 속에 포함되는 화석이 처음 발견되었기 때문에 붙여졌다. 이 속에 해당하는 가장 오래된 종은 오스트랄로피테쿠스 아파렌시스로 알려져 있다. 그 이름은 문제의 화석이 에티오피아의 아파르 지방에서 발견되었기 때문에 붙여진 것이다. 그중에 루시Lucy라고 불리는 유명한 골격도 포함되어 있다. 이들은 체격이 왜소하고 키가 약 4.5 피트가량 될 것으로 추측되며 지능은 오늘날의 침팬지 정도 일 것으로 생각된다.(프리쵸프 카프라, 1996/ 김용정·김동광역, 1998: 338)

[2] 오늘날 호모사피엔스로 진화된 인류는 지구상에 60억 가까이가 생존하는 반면, 오랑오탄 등 유인원으로 진화한 원숭이류는 총 5만 마리 정도가 남아 있는 것으로 알려져 있다.

"오스트랄로피테쿠스는 우리보다 더 오래된 유인원의 한 속으로서 '남쪽의 유인원'이라는 뜻이다. 약 200만 년 전 이들 원시의 남성과 여성은 고향을 떠나 여행을 시작해 북아프리카, 유럽, 아시아의 넓은 지역에 정착했다. 인류 집단은 지역에 따라 각기 다른 방향으로 진화했다."(유발 하라리, 2011, 조현욱 옮김, 2016: 23)

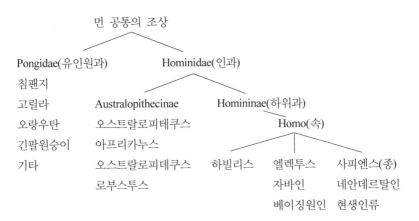

[그림 1] 호모사피엔스의 분류와 인간의 가장 가까운 생물학적 친척들
<출처> Philip K. Bock, 1979/ 조병로 역, 2001: 19쪽

그 후 직립의 진화는 계속되어 지금부터 약 50-60만 년 전부터는 호모 에렉투스homo erectus: 두발로 선 사람, 즉 오늘날 우리가 일반적으로 직립 보행인으로 간주하는 현생인류가 나타난다. 이들은 현대인과 골격구조가 조금 다른 관계로 원인류原人類라고 불린다. 대표적인 호모 엘렉투스는 우리에게 잘 알려진 자바인과 베이징 원인ape-man이다(Philip K. Bock, 1979/ 조병로 역, 2001: 21).

지금부터 5천만 년 전부터 지구상에 나타난 것으로 추정되는 인류의 조상인 호모homo 종은 열대인으로써 아프리카 대륙에서 유래한다.[3] 직립보행

---

[3] 인류의 조상으로 알려진 초기 영장류인 바분baboons이라는 긴꼬리원숭이의 아프리카와 남아시아 지역에 분포되어 서식한 것으로 알려지고 있다(Philip K. Bock, 1979/ 조병로 역, 2001: 27). 또한 가장 최초로 영장류가 도구를 사용한 흔적은 아프리카 동부지역에서 발견되었으며, 조금 후대에 도구를 사용한 흔적은 세계의

으로 손과 팔 그리고 어깨의 자유自由를 얻었고 "불"4을 발견하여 사용하면서 "체온유지의 방법"5을 알기 시작한 호모 에렉투스는 서서히 동굴에서 나오고 심지어 자신의 초기 군락지를 떠나 다른 지역으로까지 멀리 옮겨 다닐 수 있는 능력을 소유하게 된다. 즉, 이들은 점차 아프리카를 떠나 아시아, 인도네시아, 유럽으로 이주한 최초의 종으로 알려져 있기도 하는데, 약 100만 년 전에 아시아에 그리고 40만 년 전에 유럽에 정착한 것으로 추정된다(프리쵸프 카프라, 1996/ 김용정·김동광역, 1998: 341). 아마 이러한 원인류의 이주는 이주 지역에서의 기후 및 환경 조건의 변화를 견뎌낼 수 있도록 신체구조의 진화가 급진전되어야 가능했을 것이다. 또한 이들은 이주 지역의 환경에 적응하기 위해서 보다 활동적으로 변할 수밖에 없었을 것이다. 특히 자유로워진 손을 사용하여 어려운 일들을 해결할 수 있는 능력을 가지게 되면서 점차 환경에 적응할 수 있는 능력을 배양할 수 있었을 것이다. 드디어 두 손을 현생인류처럼 정교하게 사용할 수 있는 호모 하빌리스 homo habilis가 출현할 수 있었으며, 약 20만 년 후에는 손을 사용하여 농경을 시작할 수 있을 정도로 획기적인 유인원의 진화가 이어졌다. 지금까지 발견된 인류최초의 화석 볍씨가 사용된 시기도 대략 이때쯤으로 계산되며, 인간에게 최초의 빙하기가 찾아온 것도 이때쯤으로 추정된다.

이제 손과 팔의 사용을 보다 자유롭게 할 수 있게끔 척추를 꼿꼿이 세우고 뛸 수 있을 정도로 진화된 호모 에렉투스는 약 25만 년 전부터 제대로

여러 곳에서 발견된다(Philip K. Bock, 1979/ 조병로 역, 2001: 18).

4 호모 에렉투스는 유능한 사냥꾼이었고, 화로와 숯 그리고 숯에 의해 탄 뼈들이 베이징인의 동굴에서 발견된 것으로 보아 불을 사용할 줄 알았던 것이 확실하다 (Philip K. Bock, 1979/ 조병로, 2001: 21).

5 빙하시대라는 가혹한 환경에서 불의 사용은 생존에 큰 도움이 되었다(Philip K. Bock, 1979/ 조병로 역, 2001: 21): "인간은 원래 열대성 동물 – 영장류 – 이므로 온대 지방이나 북극권에서는 어떤 종류의 도구의 도움을 받아야 살 수 있다. 체온 조절의 발전은 현생 인류보다도 훨씬 오래 되었다. 왜냐하면 호모 에렉투스(북경 원인)는 불의 통제법을 알고 있었기 때문이다. 5만 녀 전에 현생인류(네안데르탈인)의 조상들은 후기 홍적세의 빙하기를 살면서 극한의 조건에서 살아가고 있었다.... 따라서 불의 정복은 인간이 자신의 환경을 통제하는 법을 배우는 데 최초의 그리고 가장 중요한 제일보였다고 할 수 있다"(Philip K. Bock, 1979/ 조병로 역, 2001: 214)

된 지능을 가진 호모 사피엔스homo sapiens, 즉 지혜를 발휘하는 종으로 진화하기 시작했다(프리쵸프 카프라, 1996/ 김용정・김동광역, 1998: 340).[6] 12만 5천여 년 전에 유럽 땅에서 죽은 자를 매장하고 그의 시신에 헌화獻花를 할 정도로 감정을 가진 네안데르탈인(1856년 8월 독일 네안데르탈의 석회암 동굴에서 유골 발견)은 약 9만 년 정도를 독자적으로 존재한 호모 사피엔스의 일종이었다. 지금부터 약 3만5천 년 전쯤 네안데르탈인은 멸종된 것으로 추정되는데, 이들의 멸종에 즈음하여 현대 인류의 가장 가까운 조상으로 알려진 콤베 까펠레Combe Capelle인과 크로마뇽Cromagnon인이 또 다른 호모 사피엔스로 세상이 나타난다. 이 시기는 지금으로부터 약 7-3만 년 전인 후기빙하기로서 우리는 이때를 호모 사피엔스의 진화시대라고 부른다. 그러나 최초로 완벽한 현생인류가 알려지게 된 것은 겨우 1만 3천년 내지 1만 5천년 전으로 거슬러 올라간다(Phillip K. Bock, 1979/ 조병로 역, 2001: 23).

이렇게 본다면, 인류가 직립보행을 시작해서 호모 사피엔스로 진화하는 시간이 무료 50만 년 이상 걸렸다는 이야기가 된다. 무척 오랜 진화의 시간이었지만, 현대인과 거의 흡사한 모습을 가진 소위 후기 호모 사피엔스까지는 그 후 10만 년 이상이 더 걸린 것으로 추정되고 있다. 고고 인류학자 로렌스Swan Lawlence는 이를 토대로 공인된 인류의 계보를 "오스트랄로피테쿠스Australopithecus → 호모 에렉투스Homo erectus → 초기 호모 사피엔스 → 후기 호모 사피엔스"의 순으로 정리한 바 있다(Lawlence, 1967: 97).

여기서 중요한 것은 인간이 직립보행을 기점으로 사고의 능력과 '도구제작의 능력'을 비약적으로 발전시킬 수 있었다는 사실이다. 직립보행으로 두 손이 자유로워진 인간은 무엇인가를 제작할 수 있는 능력을 스스로 발전시키게 된다. 물건을 제작하고 변형시키는 손 기술은 후손들에게 가르침으로 전수되었다. 또한 인간은 천재지변의 위협으로부터 자신을 보호하기 위해 하늘에 빌 수 있는 능력도 가지게 되었다.

---

[6] 최근 일부 연구에 의하면, 호모 엘렉투스의 멸종과 함께 호모 사피엔스가 나타났기 때문에 우리 인류의 직접적 조상은 호모 사피엔스라고 주장되기도 한다.

"현재까지 밝혀진 화석 증거로 볼 때 확실한 것은, 인류의 조상이 두뇌가 조금이라도 커지고 도구를 사용하기 적어도 약200만 년 전부터 두 발로 걸었다는 것이다. 따라서 왜 인류의 조상이 두 발로 걷게 되었나를 설명하는 것이 인류 진화를 이해하는 핵심이라고 생각한 학자들이 여러 가지 가설을 내 놓았다. 이 가설들에 따르면, 직립보행을 통해 인류의 조상은 멀리 내다볼 수 있게 되어 시야를 확대할 수 있었고, 먹다 남은 사냥감이나 식량을 어깨에 메고 운반할 수도 있었다. 그리고 손이 자유로워지면서 도구를 만들 수 있게 되었다."(김현미, 2016: 53-54)

결론적으로 인간은 사고하면서 도구를 제작하고, 아울러 원시종교를 만들고 '공동체생활'을 하면서 무엇인가를 만들어 낼 수 있었는데 바로 그 무엇이 바로 "문화文化, culture"였던 것이다. 즉, 모든 민족이나 공동체는 문화를 가지고 있고, 문화는 그 공동체를 지탱하는 정신적인 지주이다(최연구, 2012: 12). 이로써 창조되어진 문화는 일정한 인간집단이 공유하고 있는 사고방식, 가치의식, 감정, 행동 양식 등을 포함하는 생활양식의 총체를 말한다(이종각, 1997: 5). 중요한 것은 문화란 한 개인이 아닌, 집단의 행위 양식에 초점을 두고 있다는 사실이다(박진규, 2003: 16). 그러나 이러한 문화 개념이 대부분의 인류학자들의 정의들definitions과 통한다.

"인류학의 아버지라 불리는 타일러Edward B. Tyler는 '문화 또는 문명이란 지식, 신앙, 예술, 법률, 도덕, 풍속 등 '사회의 일원'으로서의 인간이 획득한 능력과 습관의 총체'로 정의한다. 린드Robert S. Lynd는 '동일한 지역에 사는 사람들의 공동체가 하는 일, 행동방식, 사고방식, 감정, 사용하는 도구, 가치, 상징의 총체'로 정의하고 네덜란드의 드 요슬린 드 용De Josslin de Jong은 '문화란 자의식을 가진 인간 공동체의 비유전적 삶의 표현 체계 및 그의 산물'로 정의한다."(강영안, 1995: 192)

원래 "문화Kultur"라는 용어는 문헌상으로는 17세기 독일 계몽주의 사상가이자 자연법 사상가였던 푸펜도르프Pufendorf에 의해서 처음 사용되었지만(Vierhaus, 1972), 문화는 문화라는 말이 있기 이전에 이미 우리 인간에 의해 창조된 것이라고 할 수 있다.

> "빅뱅이라는 시간이 일어나 물질과 에너지, 시간과 공간이 존재하게 되었다. 우주의 이런 근본적 특징을 다루는 이야기를 우리는 물리학이라고 부른다. 물질과 에너지는 등장한 지 30만 년 후에 원자라 불리는 복잡한 구조를 형성하기 시작했다. 원자는 모여서 분자가 되었다. 원자, 분자 및 그 상호작용에 관한 이야기를 우리는 화학이라고 부른다. 약 38억 년 전 지구라는 행성에 모종의 분자들이 결합해 특별히 크고 복잡한 구조를 만들었다. 생물이 탄생한 것이다. 생물에 대한 이야기는 생물학이라 부른다. 약 7만 년 전 호모 사피엔스 종에 속하는 생명체가 좀 더 정교한 구조를 만들기 시작했다. 문화가 출현한 것이다. 그 후 인류문화가 발전해 온 과정을 우리는 역사라고 부른다."(유발 하라리, 2011, 조현욱 옮김, 2016: 18)

이제 물리, 화학, 생물 등 모든 자연이 신의 영역이라면, 문화는 인간의 영역이다(최연구, 2012: 15). 달리 말하면, 자연이 원래 저절로 이루어져 있는 원초적 상태를 지칭한다면 문화는 자연의 일정부분에 사람의 의도와 작용이 가미되어서 조작되고 변화된 상태를 말한다(박진규, 2003: 16). 그런데 여기서 중요한 점은 매우 나약한 존재로 태어나는 인간은 문화를 창조할 수 있게 되면서 험한 자연 속에서 살아남기에 유리한 조건을 창출할 수 있게 되었다는 사실이다. 왜냐하면 인간이 자연재해인 천재지변에 대항하기 위해서는 무엇인가 대책을 세워야했기 때문이다. 즉, 인간은 문화를 창조하면서 자연의 제반 위험으로부터 자신을 보호하고 살아남을 수 있었다.

> "칸트는 성경에 나타난 천지창조와 인류의 출현과정을 통해 문화의 기원을 논했다. 성서에 의하면 신은 인간에게 에덴동산의 선악과는 절대 따먹지 말라고 명령했으나 인간은 뱀의 유혹에 못 이겨 선악과를 따 먹었고 그로 인해 결국 에덴동산에서 쫓겨났다. 에덴동산에서 쫓겨난 인간은 인간의 삶에 필요한 모든 것을 스스로 만들어내야 했고, 그렇게 해서 만들어진 것이 신화, 종교, 예술, 언어, 과학, 규범, 기술 등이었다. 이런 모든 것이 바로 인간의 문화이다."(최연구, 2012: 14)

이러한 사실은 역으로 지금까지 신神이 창조하고 그가 지배했던 자연의 영역으로부터 인간이 서서히 해방되기 시작했다는 사실을 의미하기도 한다.

"신의 관점에서 볼 때 선악과를 따 먹은 것은 신의 명을 어긴 죄였지만, 인간의 관점에서 보면 인간 스스로 내린 결정이고 결단행위였기에 '인간의 자유의지의 실현'이었다는 것이다. 인간이 선악과를 따먹지 않았다면, 그리고 에덴동산으로부터 추방되지 않았다면 인간은 결코 인간의 세계, 인간의 문화를 만들 수 없었을 것이다. 그래서 칸트는 결론적으로 '문화는 자연의 보호 상태(에덴동산)으로부터 자유의 상태로의 이행'이라고 정의했던 것이다.(칸트의 역사철학)"(최연구: 2012: 14)

그런데 잘 살펴보면 문화의 창조는 인간의 본질인 자유와 관련된다. 이는 손의 자유에 의해 문명이 창조된 것과도 다르지 않다. 정신적인 자유는 문화를 창조하게 한다. 반대로 문화는 인간의 자유를 실현하는 공간이다.

"문화는 자유를 실현하는 수단이자 결과이다. 또한 그 과정은 새로운 것을 창조해내는 과정이다. 문화는 창작이고 창조행위이고, 그래서 자유롭고 진취적이며 미래지향적이다."(최연구, 2012: 15)

결국 자연에서 자유롭게 태어난 인간은 (상대적으로 자유가 없이 태어나는) 다른 동물과는 달리 문화를 창조하면서 선사시대先史時代를 탈출하고 역사시대歷史時代를 시작하는 대大장정에 돌입할 수 있었던 것이다.

2. 문화의 발생학: 인간학적 이해[7]

문화의 발생 과정은 '인간의 본질'과 직결된다. 즉, 문화본질은 인간본질

---

[7] 인류학은 형질인류학Physical anthropology과 문화인류학Cultural anthropology으로 세분될 수 있다. 본 단락에서 연구의 관점으로 차용되는 인간학은 미국보다는 유럽지역에서 활성화된 형질인류학에 해당된다. 형질인류학자들은 인류의 형성과정을 포

과 다르지 않다. 따라서 인간의 본질을 통하여 문화본질을 학문적으로 규명해 내는 일은 역사적으로 인간학자들Anthropologists의 몫이었다. 이들은 인간의 본질을 규명하기 위해 우선 '인간과 다른 동물 간의 공통점과 차이점'을 찾아내는 일부터 시작한다.[8] 물론 초기 인간학은 차별성을 강조하는 입장과 공통점을 강조하는 입장으로 갈리었다. 그러나 시간이 흐르면서 인간과 다른 생물과의 차이점과 차별성의 문제는 인간학자들에게 집중적으로 조명되었다.

> "초기의 문화 개념은 인간을 단순히 자연 세계와 존재론적으로 구별시켜 주는 집합명사였다. 즉, 문화적인 것에 대해 말하는 것은 '인간'의 차이와 특수성을 철학적으로 재확증하는 것이었다."(크리스 젠크스, 1993/ 김윤용 옮김, 1996: 22)

결국 이렇게 본다면 문화는 '자연'의 반대 개념이라고도 할 수 있다.

> "문화의 개념은 고대 로마에서 '천연', 즉 자연의 반대 개념으로 탄생했다. 문화는 '자연적인 것', '원시적인 것', '야생적인 것'에 대립되는 '다듬어진 것', '경직된 것', '야생적인 것'에 대립되는 '다듬어진 것', '경작된 것', '인공적인 것'을 의미했으며, 무엇보다도 야생의 식물과 달리 인간이 재배한 식물을 가리켰다. '문화'는 차츰 특정 대상, 현상, 행위 등 더욱 광범위한 영역을 포섭하기 시작했는데 그 공통점은 초자연성, 달리 말하자면 '반자연성', 즉 신에게서 기원한 것이 아닌 인간의 창조물이라는 점에 있었다. 신이 부여한 물질 혹은 자연 재료의 변형물이 그러하듯, 인간 자신도 스스로를 창조자로 여김에 따라 인간은 문화의 영역에 진입했다. 이 과정에서 문화는 '교육', '도야'의 뜻을 획득했다."(모이세이 카간, 1996/ 이혜승 옮김, 2009: 17)

함한 인류의 진화과정에 관심을 가질 뿐만 아니라 인간 행동과 문화의 관련성을 평가하는 생물학자들이다. 반면 문화인류학자들은 자연환경과 인간상호 간의 관계를 대처하기 위하여 역사를 통하여 인간이 만들어 놓은 사물이나 사회형태에 주로 관심을 갖는다(Philip K. Bock, 1979/ 조병로 역, 2001: 26).

[8] 인간학의 한 부류인 철학적 인간학philosophische Anthropologie에서 인간의 본질은 인간이 다른 생물들과 공통점과 차별성의 문제로 나타난다(Plessner, 1965).

일반적으로 우리는 인간을 고등동물高等動物이라고 한다. 그만큼 인간은 지능을 비롯한 두뇌 능력이 타 동물에 비해 높다는 말이다. 반대로 인간은 그것 이외에는 동물과 다르지 않다는 뜻이 되기도 한다.

그러나 따지고 보면 인간은 원래 다른 동물에 비하면 열등하게 태어난다. 인간학자들은 인간이 다른 동물에 비하여 열등하게 태어난다는 사실에 주목하면서, 인간과 삶의 본질 규명을 목표로 과학적-학문적 접근을 시도하여 왔다. 인간학자들은 인간의 태생적-선천적 열등함을 우열관계나 주관적 개념으로 오해하지 않도록 인간과 동물의 '차이점 탐구'라는 과학적-객관적 개념을 사용하였다. 즉, 이들은 인간과 동물의 차이점을 발견하고 이를 규명하는 작업으로부터 자신들의 과학적 연구를 시작한 것이다.

초기 인간학 연구에 해당하는 과학적 인간학을 시작한 사람들은 주로 생물학자 군이었다. 생물학자들은 처음에 인간을 다른 생물처럼 인과발생학적으로만 관찰하면서 다른 동물들과 인간과의 '공통점'에만 관심을 가지고 학문을 시작했다. 차츰 이들은 제2차 세계 대전의 종료와 함께 종래의 연구 방법에서 탈피하여 인간을 현상 그대로, 즉 현상학적으로 관찰하면서 구조적 특이성에 관심을 가지는 연구방법으로 전환하기 시작한다(이규호, 1969: 188). 따라서 후기 과학적 인간학은 인간과 다른 동물과의 공통점이나 같은 점에서부터 인간의 본질을 파악하는 대신, '인간과 동물의 차이점'에 보다 주목하기 시작하였다. 과연 인간과 동물의 차이점은 무엇일까? 언어와 불의 사용, 직립보행, 사고능력, 손의 사용, 문화, 도구, 학습능력, 이성 등이 가장 뚜렷한 차이점에 속할 것이다. 그러나 인간학적 결론은 좀 더 포괄적이다. 즉, 인간과 동물 간에는 생명현상, 즉 "살아남겠다는 본능"[9] 측면에서 공통

---

[9] 아리스토텔레스는 인간과 동물의 공통점은 살아남겠다는 본능을 가지고 있다고 했으며, 다만 인간은 이성적이기 때문에 동물과 구분된다고 했다. 한편, 토마스 홉스는 인간이 살아남기 위한 본능을 가지고 있기 때문에 인간의 삶은 만인에 대한 만인의 투쟁으로 진행될 수밖에 없다는 논리를 전개했다. 즉, 인간이 자연권으로 가지고 태어나는 삶의 본능은 어쩔 수 없이 다른 인간을 범하고 강제하는 욕구로 이어진다. 따라서 홉스 역시 안정되고 평화로운 반성적 인성과 사회질서를 위해 이성과 사회계약절대적 주권, Leviathan이 요청된다고 보았다. <Mainzer, 1997: 257 참고>

적이지만, '살아남는 방법'에서는 현저한 차이점이 발견된다. 한마디로 인간은 여타 동물과 다름없이 "살아남겠다"는 본능을 가지고 있지만, "살아남는 방법"에서는 매우 특이한 종種인 것이다.

대표적인 인간학자 그룹에 속하며 현대 인간학 연구를 주도한 독일의 생물학자 아놀드 겔렌A. Gehlen은 자신의 대표 저서 『인간Der Mensch』(1930)에서 "인간은 결핍존재Mängelwesen"라는 가설을 세웠다. 그리고는 이러한 가설을 과학적으로 입증하기 위해 과학적 연구 방법을 모두 동원하였다. 그에 결론에 의하면, 인간은 선천적으로 생존 능력이 결여된 미완성 존재로 이 세상에 나온다(Gehlen, 1962: 83). 즉, 인간은 다른 동물에 비하여 선천적으로 생존 능력이 결핍된 채 태어난다는 것이었다. 이러한 겔렌의 소위 "결핍존재 가설"은 당시로서는 엄청난 사회적 파장까지 몰고 왔다. 왜냐하면 그동안 인간은 다른 동물들에 비하여 모든 면에서 월등한 존재로 여겨져 왔으며, 특히 인간은 만물을 창조하고 만물의 주재하는 전지전능한 신神의 형상을 닮은 신의 대리자로 인식되어 왔기 때문이다. 그러나 겔렌Gehlen, 포르트만Portmann, 윅스퀼Uexküll, 뷰텐디예크Buytendijk, 프레스너Flessner 등 인간학자들의 주장에 의해, '인간은 신에 가까운 월등한 종'이라는 종래의 신념은 무너지고, 오로지 인간은 결핍된 존재로서 다른 동물에 비해서도 하잘것없는 신의 피조물로 전락하고 말았다.

구체적으로 말하면, 모든 다른 동물들은 태어날 때부터 공격무기, 방어무기, 생활무기 중 적어도 어느 하나는 완벽하게 가지고 태어난다. 호랑이나 사자 같은 맹수의 경우는 말할 것도 없이 온 몸이 공격, 방어, 생활무기 투성이다. 그러나 인간은 어느 하나의 무기도 제대로 가지고 태어나지 못한다. 인간은 태어날 때부터 호랑이, 사자, 독수리 같은 맹수들과 결코 비교할 수 없을 정도로 초라하다. 또한 인간은 자신과 몸집이 비슷한 침팬지, 오랑우탄, 늑대, 여우 등과도 비교할 수 없다. 이들과 직접 싸움을 하지 않는다고 하더라도 인간이 자연에서 이들과의 생존경쟁에서 이길 확률은 적다. 침팬지와 겨뤄서 야자열매와 바나나를 먼저 따먹을 수 없으며, 늑대나 여우보다 먼저 토끼를 포획하지 못한다. 이 세상에서 가장 연약한 것으로 알려진 작은 동물들이나 생물들과 비교해 보아도 인간은 결코 우세할 것이 없다. 스컹크는 천적의 공격 앞에서 독가스를 뿜어 대고 유유히 도망갈 수 있으며, 맹수의 공격 앞에서 고슴도치는 온 몸을 독바늘로 무장할 수 있다. 도롱뇽, 카멜레온, 두꺼비, 개구리 같은 양서류나 파충류들도 천적 앞에서 피부 색깔을 위장할 수 있으며, 멕시코 만에만 살고 있는 아홉마디 아루마딜라는 성공적인 종족 번식을 위해 임신기간(3개월)을 최고 2년까지 연장할 수 있다.

이렇게 모든 동물들은 저마다 생존에 필수적인 무기를 온 몸에 가지고 태어난다. 그러나 인간에게는 해당 사항이 없다. 인간에게는 호랑이나 사자처럼 날카로운 이빨과 발톱이 없으며 독수리처럼 밝은 눈도 없다. 아무리 살펴보아도 인간의 몸 어느 구석에서도 공격을 제대로 할 수 있는 무기는 없다. 인간은 침팬지의 찰고무 발바닥을 가지고 있지 않으며, 호랑이나 사자 같은 맹수들의 공격 앞에서 독가스를 뿜거나 보호색으로 무장할 수도 없다. 적이 나타나면 딱딱한 갑옷 집에 들어가 꼼짝하지 않고 살아남는 장수거북, 적을 향해 독毒을 뿜어 대는 뱀이나 전갈류에 비하면 인간은 완전히 무기력하다. 하다못해 꽃사슴이나 말 같은 지상에서 최고 나약한 동물들도 어미 품에서 태어나자마자 바로 적을 피해 도망갈 수 있는 도피의 능력을 타고난다. 그러나 인간의 새끼들은 맹수들의 접근을 피하기는커녕 태어나는 순간부터 앙앙 울어대면서 주변의 맹수들에게 쉽게 목숨을 내 맡기기까지 한다. 빠른 앞발로 구덩이를 파내 집을 짓는 오소리의 불도저 같은 손과 발도 없으며, 딱딱한 알을 깨 먹을 수 있는 매와 갈매기의 뾰족한 부리도 없다. 이것이 바로 인간이 동물과 다른 점이다. 한마디로 다른 동물들은 모두 처음부터 적어도 하나 이상의 무기를 가진 완벽한 존재로 태어나지만, 인간은 아무 무기도 없다. 이렇게 인간은 아무 능력도 없는 매우 불안전한 존재로 태어나는 것이다.

이러한 연유로 인간학자들은 인간이 "완전 결핍"으로 태어난다고 설명한다. 인간학자 아돌프 포르트만Adolf Portmann은 "조산설早産說, Frühgeburt"을 주장하면서, "자궁 밖에의 초년Das extrauterine Frühjahr"에 대한 연구를 시작했다. 그는 여기서 인간은 모두 "생리학적 조산"[10]이라고 결론을 짓고, 이 때문에

---

[10] 생리적 조산이란 다른 동물들이 아직 어미의 자궁 안에서 성장해야 할 때 인간은 그런 상태 그대로 출생한다는 뜻이다.

숙명적으로 인간들은 "네스트호커Nesthocker"[11]와 같은 생활을 한다고 주장하였다. 네스트호커라는 새의 무리처럼 인간들도 어머니의 자궁 내에서 아직 생존의 능력도 제대로 갖추기도 전에 미숙아未熟兒로서 너무 일찍 세상에 나온다는 것이다. 그에 의하면, 만약 인간이 정상적으로 즉 완벽한 존재로 태어나려면 모태의 자궁에서 10개월이 아닌 최소한 12개월 정도를 더 버티다가 세상에 나와야 한다는 것이다(Portman, 1962: 14). 그러니까 인간의 임신기간은 10개월이 아니고 원래 22개월이라는 이야기이다. 따라서 1년이라는 시간을 조산으로 나오는 인간은 미숙아로 살아갈 수밖에 없으며, 아무 것도 할 수 없는 미숙아의 모습이 꼭 네스트호커의 삶과 같다는 말이다. 아마 열 달 동안 엄청난 배앓이를 하면서 아기를 낳아 본 경험이 있는 산모들이 이러한 포르트만의 주장을 듣게 된다면 욕부터 나올지 모른다. 오늘날 생태학자들도 인간학자들의 견해에 대체로 동감하고 있다.

> "사람과 다른 유인원들 사이의 중요한 한 가지 차이는 사람의 아기가 훨씬 오랜 유년기를 보낸다는 점이다. 그리고 사람의 아이는 다시 사춘기와 성인기에 도달하기까지 어떤 유인원보다도 긴 기간이 필요하다. 다른 포유류의 새끼들이 자궁 속에서 발생과정을 완전히 끝내고 외부 세계에 나갈 모든 준비를 마치는 반면, 사람의 유아는 완전히 발달되지 못한 채 태어나며 어른들의 도움을 받지 못하면 절대 살아가지 못하는 완전히 무력한 상태이다. 다른 동물들의 새끼에 비교하면 사람의 아기는 조산아인 셈이다"(프리쵸프 카프라, 1996/ 김용정 · 김동광역, 1998: 338).

오늘날 많은 진화론자들은 '인간의 조산성과 결핍성' 때문에 진화가 다른 생물에 비해 훨씬 촉발되었다는 가설을 믿고 있다(Margulis and Sagan, 1986: 208). 실제로 침팬지는 어미의 보살핌을 약 2년간 필요로 하며, 약 8살에서 12살이 되어서야 어른의 체구를 갖추게 되는 반면, 인간은 6년 내지 8년의 의존기간이 필요하고 대략 20살에 이르러서야 충분하게 성장한다(Philip K. Bock, 1979/ 조병로 역, 2001: 17). 어쨌든 상식적으로 볼 때 조산

---

[11] 네스트호커Nesthocker라는 새는 부화하고도 비교적 오랜 기간 동안 둥지에 머물면서 어미에 의존하며 살아가는 특이한 조류에 속한다.

의 결과 완전한 결핍존재로 태어나는 인간은 아마 어쩌면 이 지구상에서 이미 멸종했어야 했을 것이다. 즉, 가장 완벽하게 태어나는 맹수들도 살아남기 힘든 이 광활하고 험난한 자연환경 속에서, 애초부터 환경 적응에 완전히 무기력하고 무능력하게 태어나는 인간에게 생존의 확률은 거의 없다고 할 수 있다.

그러나 현실은 정반대로 결판이 났다. 인간은 지금까지 잘 살아남았으며 지속적인 종족 보존에도 완전히 성공했다. 그것도 만물의 영장으로 말이다. 호랑이와 사자 같은 밀림의 왕자들이 우글거리는 거친 광야에서 아무 능력도 없이 초라하게 태어나는 인간들은 오히려 맹수들을 동물원에 가둬 놓고 말았다. 소름이 끼칠 정도로 무섭고 사나운 밀림의 왕자들이 이제 주말이면 동물원에 놀러 오는 인간들에게 쇠 철창 속에서 재롱을 떨고 있다.

그렇다면 과연 어떤 일이 벌어진 것인가? 인간이 선천적인 생물학적 결핍을 다른 차원으로 극복했던 것이다. 인간은 오로지 사고하면서(호모 사피엔스homo sapiens), 그리고 도구를 만들고 사용하면서(호모 파베르homo faber) 살아남았다. 다른 동물에게는 없는 고도의 사고 능력이 인간에게 있었던 것이며, 손을 자유롭게 사용하면서 도구(무기)를 만들고 사용할 있는 능력이 있었던 것이다. 한마디로 인간은 선천적으로 무기(도구)를 가지고 태어나지는 않지만, 후천적으로 무기(도구)를 만들어 사용할 수 있었다. 인간이 도구를 만들어 낼 수 있었던 것은 자연환경 적응능력의 신장이라고 할 수 있다. 더 나아가 인간은 도구를 개조 혁신함으로써 세계에 대한 명료한 인식을 확대 심화시킬 수 있었다(張波, 1994/ 유중하 외 옮김, 2000: 70).

이들은 호랑이와 사자의 날카로운 발톱과 이빨을 대신해서 돌도끼, 돌칼, 돌창, 돌화살을 만들어 냈으며, 독사와 전갈의 독침 대신 독을 화살에 묻혀 쏘았다. 표범의 빠른 속도를 잡기 위해 덫을 설치하고 구덩이를 파냈으며, 장수거북이의 갑옷을 본떠서 든든한 방패를 만들어 냈다. 오랑우탄의 긴 팔과 카멜레온의 긴 혀에 버금가는 장대와 집게를 만들어 사용하였으며, 굴삭기 같은 오소리와 두더지의 앞발을 보고 삽과 곡괭이를 만들어 냈다. 창공에 날아가는 새를 보고 비행기를 만들어 냈으며, 수면을 유유히 떠다니는 오리를 보고 나룻배를 만들어 냈다. 급기야 독초를 물에 풀어 수면 위로 떠오르는 기절한 물고기들을 달랑 건져서 불에 그슬려 먹는 방법까지 터득하게 된 인간은 그야말로 비범한 두뇌를 가진 존재가 아닐 수 없다.[12]

결국 인간에게 유일한 문화창조의 능력은 우선 '도구제작'의 능력으로 나타난다. 이는 '호모 파베르homo faber'가 인간의 학명學名이 된 이유이기도 하다. 호랑이나 사자 같은 맹수를 공격하기 위해서 돌화살, 돌창, 돌도끼, 돌칼을 만들어 냈으며, 급기야 청동기와 철기로 공격무기를 도구화했다. 또한 맹수들의 공격을 방어하기 위해서 거북의 등껍질을 닮은 방패를 고안해 냈다. 가죽으로 만들기 시작한 방패는 청동기로 그리고 철기로 점차 강해지면서 방어무기를 도구화할 수 있었다. 마지막으로 모든 공격무기와 방어무기들은 생활도구로 둔갑하면서, 석기문화는 청동기문화 그리고 철기문화로 급격하게 진화하게 된다. 이렇게 탄생한 도구제작의 역사는 우리 인간에게 '물질문화'(또는 문명)의 핵이 될 수 있었다.

> "유럽의 지배적인 언어 체계는 문화를 대체로 '문명'과 동일시한다. 말하자면 문화와 문명은 동의어 관계이다. 이들 두 관념은 저속하고 퇴행적이며 무지한 인간상태와 정반대의 의미로 사용된다.... 특히 독일의 문화 개념 Kultur는 문명Zivilisation 개념으로 이해되어야 한다."(크리스 젠크스, 1993/ 김윤용 옮김, 1996: 23)

이러한 물질문화의 진화 덕분으로 인간은 이 광활한 대지에서 모든 동물과의 싸움과 경쟁에서 승리하면서 살아남을 수 있었던 것이다. 그것도 만물의 영장으로 말이다. 결국 문화가 인간을 만물의 영장으로 살아갈 수 있도록 했다.

> "문화로 인해 인간은 다른 동물들과 구분되었고, 동시에 지배적인 논의 방식이던 인간을 유전에 의해 결정된 존재로 보는 생물학적 결정론과 개념적으로 단절하였다."(크리스 젠크스, 1993/ 김윤용 옮김, 1996: 22)

---

[12] 지금도 아마존 유역에 살고 있는 지바로 인디언 족Jivaro Indians은 바바스코 관목으로부터 추출한 독즙을 댐 상류에 풀어서 물고기를 기절시키는 방법을 답습하고 있다(Philip K. Bock, 1979/ 조병로 역, 2001: 227).

한편, 문화文化, culture는 크게 물질문화와 비非물질문화로 나뉜다.[13] 물질문화를 창조하면서 이 광활한 대지에서 살아남는데 성공한 인간은 보다 영원히 살아남는 지혜를 발휘하게 된다. 맹수의 공격이나 동물들과의 경쟁에서 살아남기 위해서는 혼자 사는 것보다는 '함께 사는 것'이 더 유리하다는 사실을 알게 된다. 물론 시행착오의 덕분이다. 처음에는 아마 인간들은 혼자 뿔뿔이 살았을 것이다. 그러나 어느 순간 뭉쳐 살면 훨씬 더 안전하고 좋다는 사실을 각성되는 순간, 이들은 소위 '공동체community'를 형성하게 된다. 공동체 속에서의 삶이 살아남기에 보다 적합하다. 이는 약한 자들이 뭉쳐 다니는 이유이기도 하다. 세상에서 최고의 약자로 태어나는 인간들이 살아남기 위해서 할 수 있는 최후의 전략이 바로 '공동체의 삶'이었다. 이러한 공동체의 역사는 오랜 역사를 통해서 드디어 고대 그리스시대의 폴리스polis로 성숙되었다. 씨족이 부족이 되고 부족이 부족국가가 되면서 급기야 '국가國家'가 탄생했다. 이러한 과정에서 성공적인 공동체 구성에 결정적인 역할을 한 것이 바로 '공동체 문화'였다.

이미 언급한 것처럼 오랜 시행착오의 결과 인간은 공동체의 삶이 홀로생존보다 훨씬 유리하다는 지혜를 얻게 되었다. 그러나 역사적으로 공동체를 유지하는 것은 결코 만만한 일이 아니었다는 사실을 보여준다. 지금도 결코 다르지 않다. 아마 우리 인간의 역사는 공동체의 역사라고 해도 무방하다. 공동체를 유지시키는 것과 생존확률은 정비례했다. 공동체를 발전시키는 정도에 따라서 개인의 생활수준도 결정되었다. 그런데 역사적으로 공동체를 유지하고 심지어 이를 발전시키는 일은 가장 어려운 일이었다는 사실이다. 즉, 공동체를 수립하고 이를 유지하는 것이 살아남기에 보다 유리한 조

---

[13] 문화이론의 시조격인 타일러Taylor에 의하면 "'물질문화'란 개념은 잘못된 것이다."(Taylor, 1948: 102) 왜냐하면 문화는 하나의 정신적인 현상이기 때문이다. 빌스와 호이저Beals and Hoijer는 "문화는 행위로부터 도출된 추상抽象이고, 그것을 행위 그 자체나 도구와 같은 물질적인 가공품들과 혼돈해서는 안된다"고 말하고 있다. 이렇게 물질문화를 부인하는 것은, 도구, 탈, 주물 등을 '물질문화'라고 불러온 민족지학자들, 고고학자들, 그리고 박물관의 연구원들 간의 오랜, 뿌리깊은 전통에 비추어 본다면 아주 어색하기 그지없다.<레슬리 A. 화이트, 1973/ 이문웅 역, 1996: 156>

건이라는 사실 인식에는 공감대를 가질 수 있었지만, 공동체를 원만하게 유지 발전시키는 일에는 늘 문제와 한계점에 봉착할 수밖에 없었다. 개인과 개인이 만나서 함께 살아가는 과정에서 늘 알력과 갈등 그리고 대립과 싸움이 난무하면서 공동체는 늘 붕괴의 위기에 처하게 된다. 공동체를 사수하기 위해 사람들은 무엇보다도 우선 질서를 잡아야 할 필요가 있었다. 질서유지를 위해 파수꾼이 필요하였고, 도덕과 윤리 등의 확립과 법, 규범, 규칙, 규율 등의 제정이 필요하였다. 소위 '비非물질적인 정신적 문화'가 발달하게 된 것이다. 바로 이러한 물질, 비非물질의 문화는 문화 속에 내재하는 '상징象徵, symbol'을 통하여 완전한 문화로 자리매김을 하게 된다. 즉, 모든 문화는 생성되는 순간부터 무엇인가를 상징하며, 그것이 우리 인간에게는 삶의 의미로 다가온다. 결국 인류는 물질적 차원의 문화(문명, 유형문화재)와 비물질적 차원의 문화(무형문화재, 정신문화)를 창조하게 된 셈이다.

한편, 인간은 우수한 지능 때문에 '직립보행直立步行, homo electus'을 할 수 있었는가? 아니면 직립보행을 하면서 머리가 좋아졌는가? 이러한 수수께끼는 아직도 여전히 풀리지 않고 있다. 물론 일부 고고 인류학자들은 손을 사용하는 개코원숭이 같은 호모 파버가 호모 사피엔스 보다 지구상에 먼저 나타났다는 설을 제기하면서, 인간이 자유로운 손을 사용할 수 있었기 때문에 두뇌능력이 발달했다는 역사적 사실 근거를 제시하기도 한다. 물론 아직 이것도 가설일 뿐이다. 그러나 인간의 지능 발달과 손놀림 사이에는 분명한 상관관계가 있다는 사실이 하나하나 과학적으로 밝혀지고 있는 것도 사실이다.

1960년대 중반 미국의 간질병 전문 의사이자 노벨상 수상자인 로저 스페리R. W. Sperry와 그의 동료들은 "분할뇌 실험"에 성공했다(Sperry, 1964). 이들의 실험 결과는 오늘날 많은 뇌 학자들로 하여금 인간에게 손의 움직임과 뇌의 발달은 상관관계가 있음을 과학적으로 인식하는 데 기여한 바 있다. 즉, 인간은 양손을 자유롭게 사용하면서 급격하게 지능이 높아졌으며, 동시에 인간은 높은 지능과 자유로운 손의 사용 능력을 통하여 보다 정교한 도구를 만들고 사용할 수 있게 되었다. 이때부터 인간에게 천부적으로 부여된 사고 능력과 도구제작 및 사용 능력은 인간의 고유 능력으로 간주될 수 있었다.

오스트리아 출신의 미국 생태학자 카프라Fritjof Capra는 최초의 직립의 습성이 원인류에 해당하는 개코 원숭이에게서 비롯되었다고 하면서, 직립의 결과 손의 자유로운 사용과 함께 인간에게 두뇌의 성장이 촉진되었다는 주장을 다음과 같이 뒷받침하고 있다.

"대부분의 영장류들은 곤충을 먹거나 견과, 나무 열매, 풀 등을 먹고사는 초식성이다. 그런데 때로는 견과나 열매가 충분치 않을 때 원시 영장류들은 자신을 보호해 주는 나무에서 땅으로 내려 왔다. 키 큰 풀 너머로 적들을 바라보면서, 그들은 다시 몸을 웅크린 자세로 돌아오기 전까지 짧은 동안 직립 자세를 취했다. 비비(개코 원숭이)는 오늘날까지도 이런 습성을 보인다. 비록 짧은 순간이기는 했지만, 이렇게 직립자세를 취할 수 있는 능력은 매우 강력한 선택적 이익을 의미한다. 영장류는 이런 자세를 취함으로써 먹이를 얻거나 자신을 보호하기 위해서 막대를 휘두르고 돌을 던질 수 있는 능력을 얻게 되었다. 이들의 발은 점차 평평해졌고, 손재주는 날로 늘어났으며 원시적인 도구와 무기의 사용은 뇌의 성장을 촉진시켰다. 그 결과 원인류의 일부는 원숭이monkey와 유인원ape으로 진화하게 되었다."(프리쵸프 카프라, 1996/ 김용정 · 김동광역, 1998: 335-336)

이처럼 침팬지, 오랑우탄, 고릴라 등 일부 영장류에게서 인간의 두뇌 능력은 부분적으로 목격된다. 그러나 영장류와 인간의 정신능력의 차이는 분명한 경계선을 내포하고 있다. 즉, 침팬지를 아무리 오래 살아도 결코 인간이 되지 않으며, 아무리 정교하게 교육시키고 훈련시킨다고 해도 죽는 날까지 인간이 되지는 않는다. 정교한 교육과 훈련을 통하여 이들에게 농구하는 것을 가르칠 수는 있을지 몰라도, 이들에게 농구공을 '제작할 수 있는 능력homo faber'을 길러주지는 못한다. 이렇게 보면, 처음부터 인간에게는 동물과는 완전히 다른 차원으로 두뇌 능력과 손의 기술력이 부여되었는지도 모른다. 물론 냉혹한 자연환경 속에서 인간이 살아남을 수 있었다는 사실은 이렇게 단순하게 설명되지는 않을 것이다. 일단 살아가는 과정에서 수많은 시행착오施行錯誤와 실패의 경험들 그리고 타산지석他山之石의 노력들이 있었을 것이다. 물론 이러한 시행착오와 실패의 경험들은 곧바로 수 없이 많은 죽음으로 이어지기도 했을 것이라는 사실은 어느 누구도 쉽게 짐작할 수 있다.

결국 인간은 직립 및 사고 능력 그리고 도구/무기제작 및 사용의 능력을 통하여 자신의 주변 자연환경과 '처절하게' 싸우면서 살아남았다고 할 수 있다. 왜냐하면 인간은 지구상에서 살아남기에 가장 열악한 조건을 가지고 태어나기 때문이다. 중국어로 위기危機는 기회機會를 의미한다. 즉, 인간에게는 애초부터 멸종의 위기를 생존의 기회로 전환시키는 능력이 있었던 셈이다. 인간은 처음에 호랑이, 사자 등 맹수의 공격을 피하기 위하여 돌멩이를 열심히 집어 던졌을 것이다. 살아남기 위해서이다. 그러나 예나 지금이나 인간이 달려드는 호랑이 같은 커다란 맹수에게 돌멩이를 집어 던져서 살아남을 확률은 그리 크지 않다. 돌멩이를 집어 던지다가 오히려 맹수들에게 잡혀 먹히면서 인간의 처절한 본능적 생존투쟁은 시작되었을 것이다. 점차 인간은 보다 뾰족한 돌 조각이나 긴 장대를 만들어서 맹수들에게 대적하였을 것이다. 인간의 팔 길이의 한계(결핍) 때문이다. 아마 잘 만들려고 했겠지만 맹수에게 돌진하다가 장대가 부러지면서 수많은 사람들이 죽어갔을 것이다. 보다 정교한 공격무기로 인간은 돌칼, 돌도끼, 돌창이 만들었을 것이며, 시간이 흐르면서 모든 무기들은 청동칼, 청동도끼, 청동창, 무쇠칼, 무쇠창 등으로 변화되었을 것이다. 점차 인간은 덫을 만들어 맹수들을 포획할 수 있었고, 광활한 대지에 움막을 지어 놓고 맹수들을 멀리 쫓아 버릴 수 있었다. 숲과 나무 그리고 풀들이 제거된 움막 주변에는 더 이상 토끼와 노루가 나타나지 않으며, 토끼와 노루가 없어진 곳에 맹수들도 나타날 리 없었다.

이제 인간들은 움막을 중심으로 인간끼리만 모여 살아가는 정착생활을 시작할 수 있었다. 인간들은 더 이상 어둡고 무서운 동굴 속에서 사자와 호랑이와 함께 밤을 지새우면서 생명을 잃을 필요가 없게 되었다. 깜깜한 밤중에 혼자 주린 배를 움켜잡고 먹을 것을 구하러 산으로 올라가다가 그만 맹수들에게 잡아먹히는 일도 수없이 반복되었겠지만, 수 없는 시행착오 끝에 인간은 드디어 깊은 산중에서만 자라는 나무와 풀뿌리에서 종자를 받아 움막 주변에서 경작을 하는 지혜를 가지게 된다. 즉, '울창한 숲을 없애고 움막을 중심으로 초지를 만들고 그곳에 씨를 뿌려 주변을 개간하고 경작하면서'[14] 드디어 인간은 다른 동물들과의 생존 경쟁에서 우세한 삶을 시작할 수 있었다. 오늘날 Culture라는 영어 단어는 바로 이러한 근거에서 문화文化로 번역되기도 하지만 실제로는 '개간 또는 경작'을 의미한다.

> "문화라는 용어는 영어권에서 '경작하고 양육한다'는 의미를 지니고 있었다. 농업agriculture과 원예horticulture라는 단어 안에 culture가 들어 있다는 사실로도 짐작할 수 있다. 이러한 개념이 점차 추상적인 형태(인간의 정신적인 측면)를 띤 것은 16세기경으로 추정된다. 인간의 정신 가운데서도 세련되고 일정한 유형을 지닌 정제된 형태의 의식 등을 지칭하게 되었다."(원용진, 1996: 16)

태초에 인간에게 두려운 상대는 맹수들로 국한되지 않는다. 천재지변의 자연재해 역시 인간에게는 힘겨운 장애물이었다. 갑자기 하늘이 번쩍 번쩍하더니 옆의 친구가 싸늘한 시체로 돌변하는 것을 보고 인간들은 덜덜 떨었을 것이다. 순간 하늘이 노한 것을 눈치를 채고 하늘을 두려워하기 시작한다. 폭우가 쏟아지더니 갑자기 불어난 강물에 떠내려가는 동료들을 안타깝게 쳐다보아야 했다. 자신에게도 닥칠 위험일 수도 있다는 사실을 감지하면서 인간들은 하늘을 무서워하기 시작했다. 타는 듯한 갈증을 견디기 어려워 인간들은 하늘에 비를 달라고 갈구하기도 한다. 높은 나무에서 떨어져 다 죽어 가는 어린 생명을 부여잡고 살려 달라고 하늘에 애원하기도 했을 것이며, 시름시름 앓다 죽어 가는 사람을 살려 달라고 빌었을 것이다. 하늘이 노하는 것으로 인식하기 시작한 인간은 이제 하늘에 제물을 바치는 의식儀式을 시작하게 된다. 인간은 하늘이 바로 자연과 만물을 창조한 조물주이며 자연의 주인이라는 믿음을 가지게 된다. 인간들은 매일 매일 하늘에 제사지내고 찬미하면서 하늘을 진정시키고 기쁘게 하여야 했다. 하늘은 인간에게

---

[14] 나중에 경작의 의미는 학습을 통한 '정신의 함양'이라는 의미로 전환되고, 급기야는 인간의 모든 의식적 활동과 그 산물을 총체적으로 가리키기에 이르렀다(이한구, 1995: 226-227).

는 전지전능한 신神이 되었던 것이다.

점차 인간들은 하늘뿐만 아니라 주변의 만물萬物에도 신의 혼魂이 깃들어 있다는 생각을 하게 된다. 만유신론萬有神論, animism이 바로 그것이며, 이로써 원시종교原始宗敎가 탄생한다. 또한 죽은 자들도 귀신이 되어 이곳저곳을 떠돌면서 인간의 삶을 도와주기도 하고 방해하기도 한다고 믿었다. 이렇게 하여 원시종교는 무속巫俗의 형식을 갖추면서 공고해진다. 주술을 외우기도 하고 주문을 짓기도 하면서 예배 의식을 행한다. 마을에 족장이 생기면서 그에게 의식의 주도권이 위임된다. 그러나 이때 베풀어진 원시 종교의 의식들은 모두 인간의 생존을 위해 행해지는 직접적이고 처절한 삶의 기원이었다. 물론 나중에 상징적 의식 행위로 발전하게 되면서 이는 종교성의 징표가 된다. 이렇게 인간은 주변에 널려 있는 신성神聖을 두려워하게 되고 신에게 제사 지내는 일로 신의 비위를 맞추고 진정시키고 또 신의 노여움과 타협하면서 신이 창조하고 주재하는 자연시스템 속에서 겨우 목숨을 부지할 수 있게 되었던 것이다.

한편, 원시종교의 출현은 공동체를 결속시키는 원동력을 제공하게 된다. 이제 공동체는 자체적으로 외부의 적에게 대항하기 위하여, 공동체 내부의 질서를 위한 규칙, 규범, 습관, 관습, 도덕, 윤리, 언어, 제도 등을 만들면서 보다 강화된다. 아마 인간이 '무질서가 곧 공동체의 파멸'이라는 사실을 알게 된 것도 무수한 시행착오로부터 터득한 지혜일 것이다. 결국 원시종교와 공동체 생활은 삶에서 '질서'와 '규범'의 중요성을 알게 하는 동시에, 인간으로 하여금 동물과 인간의 구별이 없었던 선사시대先史時代, pre-historical era를 마감하도록 하는 중요한 기폭제로 작용하게 된다.

바로 이러한 과정에서 창조된 유물과 사념들이 바로 '문화文化'인 것이다.[15] 이제 이러한 문화로 인하여 인간은 다른 동물들과 구분되었다(크리스

---

[15] 문화Kultur란 말은 어원적으로 라틴어 동사 "colere"에서 나왔으며 "돌보다", "경작하다", "거주하다" 등의 의미를 지녔다(정영근, 2000: 209). 문화에 대한 가장 고전적 정의는 문화인류학의 선구자격인 E. B. Tylor에게서 비롯된다. 그에 의하면, "문화란 지식, 신념, 예술, 도덕, 법률, 관습뿐만 아니라 사회의 한 구성원으로서 인간이 획득한 다른 모든 능력이나 관습을 포함한 복합적 총제이다."(Tylor, 1958: 1) 인류학의 지류인 형질인류학physical anthropology에 의하면, Tylor의 정의인 "인간

젠크스, 1993/ 김윤용 옮김, 1996: 22) 물론 초기 인간들은 자신들이 소위 '빛나는 문화 유산'을 후세에 전하기 위해서 문화를 창조하기 시작한 것은 아니다. 애초에 "결핍존재"로 태어나는 인간들이 살아남으려고 발버둥을 치다 보니까 그것이 문화가 된 것이지, 고상한 의미에서 '문화 창조'라는 말은 애초부터 거리가 멀다. 그럼에도 불구하고 우리의 후손들은 이렇게 창조된 문화를 극찬하면서 '찬란히 빛나는 우리 조상의 문화유산'으로 부른 다. 실제로 문화는 우리 후손들이 말하는 것처럼 그렇게 찬란하게 빛나는 문화유산이라고 할 수 없다. 문화란 단지 인간이라는 종족이 이 황량한 자연에서 오로지 살아남기 위한 일념으로 보잘것없이 태어나는 인간이 '육체적으로 그리고 정신적으로 발버둥친 처절한 삶의 흔적'일 뿐이다. 문화는 한가한 가운데에서 창조되기도 하지만, 처절한 가운데에서 창조되기도 한다. 한마디로 살아남기 위해서 인간은 반드시 무엇인가를 창조하지 않으면 안 되었으며, 이러한 창조물이 바로 '문화'로 나타났던 것이다. 어쨌든 문화는 바로 인간이 살아남는 과정과 인간을 살아남게 한 결과로 발생한 그 무엇에 불과하다. 물론 문화를 빛나는 문화유산으로 간주하는 이유는 플라톤 이후 칸트Kant를 거쳐 헤겔Hegel의 시대에 최고 위치로 부상하는 '이성철학理性哲學'의 덕분이다. 특히 칸트의 공적은 결정적이었다.

> "자연과학적 사고의 확산 속도가 좀 더 빠르던 서양에서 칸트의 시대에 오면 많은 격차가 존재하게 된다. 이러한 격차를 극복하고 근대 이성이라는 개념을 통해 모든 것을 인식하고, 그에 따라 정언적으로 행위할 수 있는 단계까지 이르게 하는 것이 칸트의 사상적 공헌이다. 그의『순수이성비판』과『실천이성비판』은 이성이 갖고 있는 두 측면에 기초하여 근대 이성의 완성된 모습을 보여주는 대표적인 저서라고 볼 수 있고, 윤리적인 실천을 위해 일상적 도덕의식이라는 주변문제에서 출발하여 정언명법을 찾아내는 작업을 수행하고 있는 책이『도덕형이상학원론』이다."(박병기 편저, 1994: 29)

이 획득한 모든 능력"에서 문화가 발생한다. 따라서 인간학적 관점, 즉 형질인류학의 관점을 견지하는 본고는 이러한 맥락에서 문화를 이해한다.

'이성의 능력'을 인간에게 가장 숭고한 능력으로 간주했던 이성철학에서는 호모 사피엔스, 즉 인간 이성의 역량에 의해 탄생한 문화가 당연히 위대한 문화유산과 동일시될 수밖에 없었던 것이다. 그러나 이미 언급한대로 문화란 조상들의 위대한 유산일 수도 있지만 엄밀히 따지고 보면 단지 생명 유지를 위한 처절한 결과물이었을 뿐이다. 특히 문화가 내포하고 있는 상징성, 즉 문화적 상징은 공동체의 질서 구축에도 영향을 미치면서 공동체 속에서 인간이 살아남을 수 있는 확률을 제고시킨다.

> "상징을 통해서 세계의 진정한 질서의 이미지를 형성하며, 그렇게 형성된 이미지는 인생의 경험 속에서 지각되는 애매함, 수수께끼, 역설을 설명하며, 심지어 축복까지 할 것이다."(클리퍼드 기어츠, 1973/ 문옥표 올김, 2009: 136)

역설적으로 말하면, 인간이 다른 동물들처럼 자연환경에 적응하기에 완벽한 조건을 가지고 태어났다면, 인간은 문화를 창조할 필요가 없었을 것이다. 또한 그럴 경우 문화는 태어나지 못했다. 그러나 불행인지 다행인지 불완전하고 결핍된 신체조건은 인간으로 하여금 문화를 창조할 수 있도록 해 주었던 것이다. 한마디로 인간의 선천적 취약점 덕분에 문화가 창조되었던 것이다. 물론 외부의 공격과 적에 대하여 무서움과 두려움을 깊이 인지하고 생각할 수 있도록 해 준 인간의 정신능력은 문화창조를 촉발시킬 수 있는 계기를 마련해 주었다고 할 수 있다. 하여간 인간은 문화를 창조했으며 문화 덕분으로 살아남을 수 있었다. 남들이 창(문화적 창조물)을 사용하여 호랑이를 막고 있는데, 자기만 맨손으로 대적하다가는 결국 쉽게 목숨이 끊긴다. 남들이 배를 타고 늪지를 건너는데, 자신만이 수영으로 늪을 건너다가는 악어의 밥이 되기 십상이다. 남들은 곡괭이로 굴을 파는데 자신만 손으로 굴을 파다가는 손톱이 몽땅 빠지고 파상풍으로 목숨을 잃게 된다. 결국 인간은 문화를 통하지 않고 혼자 비문화非文化나 문화적 일탈逸脫의 영역에서 살다 보면 목숨을 잃게 되는 확률이 높아진다. 문화적 동물로 태어난 인간이 비문화나 문화적 일탈로는 도저히 살아남을 수 없게 되는 것이다. 문화적 낙오落伍 역시 마찬가지이며 "반문화反文化"[16]의 경우도 거의 비슷하다.

결국 이렇게 본다면, 인간은 '문화를 창조하는 동물'이다. 이런 맥락에서 로마시대의 대大웅변가인 세네카는 인간을 "문화적 동물homo cultus"로 규정한 바 있다. 조물주가 인간을 창조했다면, 인간은 문화를 창조하였다. 따라서 인간은 문화를 창조하면서 살아남을 수 있었다. 민족民族도 마찬가지이다. 문화를 상실한 민족은 일찌감치 역사의 뒷전으로 사라졌으며, 문화를 꽃피운 민족만이 지금까지 살아남을 수 있었다. 지금도 고급문화를 가진 민족은 수준 높은 삶을 구사할 수 있으며, 저급한 문화를 가진 민족의 삶은 처절하기 이를 데 없다. 과거 일제가 우리 한반도를 강점하면서 한민족의 문화를 말살하려고 했던 것도 문화말살을 통해서 민족말살을 기도했기 때문이다. 우리는 그 우수했던 마야문화(문명)가 사라지면서 마야족도 역사책에서 사라졌다는 사실을 잘 알고 있다. 결국 문화는 개인이나 민족에게나 인간의 모든 삶의 근거이며 생명의 조건이다.

한편, 이제 인간은 주어진 문화본능으로 자연의 지배자로 거듭나게 되었다. 어떻게 보면 신이 창조하고 신이 지배해 온 자연의 영역에 인간이 얼떨결에 침입한 꼴이 되었다. 어쩌면 문화도 얼떨결에 창조된 것이다. 신의 영역이었던 자연환경을 별 뜻도 없이 그냥 인간이 살아남겠다는 생존의 본능이 시키는 대로 허우적대다 보니까 주변의 자연환경이 바뀌고 변형되면서 문화가 창조되었다. 한마디로 인간은 자신이 살아남을 궁리만을 했는데, 그것이 문화라는 영역으로 나타나게 된 것이다. 다시 말하면, 인간의 처절한 자구 행위自救行爲가 곧 문화로 태어났다.

물론 문화는 먼저 신에게 충실한 사람들에 의해서도 창조되었고 할 수 있다. 오늘날은 아마 이러한 문화가 소위 '찬란한 문화'로 그 위세를 떨치고 있는지도 모른다.[17] 소위 클래식classic의 고급문화가 이에 해당될 것이다. 예

---

[16] 반문화는 사회운동으로 확대될 수 있다. 안토니 기든스는 오늘날 우리 사회에서 급물살을 타고 있는 녹색운동과 생태학적 운동을 반문화운동의 대표적 사례로 들고 있다(안토니 기든스, 1990/ 이윤희·이현희 옮김, 1991: 165-166).
[17] 지금까지 우리는 문화란 - 이를테면 찬란한 문화유산 등 - 무척 고상한 영역으

를 들어, 신을 경배하는 전당으로서 성당건축과 장식조각을 시작한 레오나르도 다빈치와 신의 축복을 그려내는 성화聖畫에 매달린 미켈란젤로에게서 클래식 미술의 진수를 보았으며, 악성 바흐, 모차르트, 베토벤. 하이든, 헨델 같은 천재들에 의해 신을 찬양하는 찬송가가 창작됨으로써 클래식 음악의 선율이 보다 아름답고 웅장해질 수 있었다. 이러한 문화창조는 신을 숭배하고 경배하고 흠모하는 가운데에 이루어진 역사적 걸작이었다.

그러나 이러한 문화창조 행위 역시 나약한 인간으로서는 신에 최대한 봉사하고 경배함으로써, 신에게 보호받고 전지전능하고 정의로운 신이 주재하는 세상에서 평화롭게 살아남고 싶어 하는 인간의 생존본능에서 비롯되었다고 할 수 있을 것이다. 이렇게 본다면, 천재들의 행동들도 다른 사람들과 마찬가지로 살아남기 위한 – 아니면 보다 더 잘 살아가기 위한 – 생존본능에서 시작된다고 할 수 있다. 물론 신에 누가 훨씬 더 가까이에서 의존하고 있었느냐 아니었느냐는 순전히 정도의 차일 뿐이었지, 인류의 역사시대 초기에 인간들은 누구를 막론하고 신의 영역에서 벗어나 독자적으로 살아남는 일은 그리 쉬운 일이 아니었을 것이다. 하여간 인간은 이제 자연시스템 안에 '문화'라는 영역을 창조함으로써, 신의 손아귀에서 벗어나 인간 스스로가 살아남을 궁리를 해 나가기 시작했다. 이제 무조건 신에게 의존하고 무작정 신의 대답을 기다리는 대신 인간들은 자기 스스로 당장의 현안문제를 해결해 나가기 위해 자신들이 만들어 놓은 문화의 영역에 의존하기 시작한다.

로 다루어진 교과서들을 주로 보아 왔다. 본 저술은 이러한 교조주의적 문화관 대신 문화란 극히 자연스러운 생존본능 내지 자구행위로서 얻어지는 사실에 주목하고 있다.

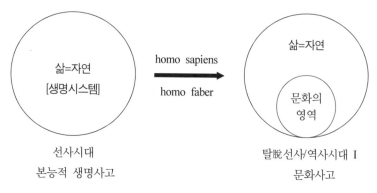

[그림 2] 脫선사/역사시대: 문화의 영역과 문화사고의 탄생

이제 우리는 자연(생명)시스템 속에 살면서 "문화"라는 삶의 영역을 피해 갈 수 없다. 왜냐하면 살아남기 위한 본능적 생명사고와 이성의 도움으로 창조된 문화의 영역은 이제 우리에게 삶의 일부가 되고 말았기 때문이다. 문화의 영역이 형성되면서 우리는 그 속에서 자연스럽게 '문화를 기준으로' 생각하는 '문화사고文化的 思考'를 하게 된다[그림 2]. 심지어 우리는 문화라는 삶의 영역 속에서 '문화사고'를 하면서 살아남아야 한다. 왜냐하면 자연 (또는 자연시스템) 속에서 "삶의 (잠정적) 객관"[18]으로 형성된 문화의 세계 (또는 시대정신)를 모르고 아니면 문화와 담을 쌓고 살아가는 사람보다 "문화에 대하여 사고하고 문화창조 및 활용을 궁리하면서(문화사고)" 살아가는 사람이 생존에 보다 유리하기 때문이다. 즉, 문화의 영역에 살면서 문화를 향유하고 문화사고를 하는 문화인文化人들은 우리 사회에서 아직 문화의 영역 밖의 자연에 그대로 머물면서 非문화사고, 反문화사고, 문화적 일탈로 살아가는 원시인原始人, 미개인未開人, 야만인野蠻人들에 비해서 (보다 잘) 살아남을 확률이 높다.

---

[18] "삶의 (잠정적) 객관"이란 삶의 (잠정적) 기준을 말한다. 따라서 역사 단계 (I)에서 삶의 (잠정적) 객관이자 삶의 (잠정적) 기준은 "문화의 영역"으로 나타난다. "삶의 기준"과 "삶의 객관"에 대해서는 다음에 기술되는 『3. 문화의 구조』편과 『제2장』, 『제3장』에서 "객관성"에 대하여 논의할 때 보다 자세히 다루어진다.

문화의 조건

1. 문화본능과 상징성

인간학자 겔렌Arnold Gehlen은, 자신의 저서 『인간Der Mensch』에서 "문화란 인간이 살아남기 위해 자연을 바꾸어 놓은 제2의 자연"(Gehlen, 1962: 34)이라고 기술하고 있다.

> "문화와 가장 대비되는 개념은 자연이다. 자연은 주어진 것인데 반해, 문화는 인간이 자연에 적응하면서 창조해 낸 것이다. 창조해 낼 수 있고 창조해 낸 것을 가진 인간만이 문화를 가진다. 넓은 의미에서 문화를 창조하고 따라서 사회를 변화시킨다는 말은 주어진 환경에서 직면하게 되는 문제의 해결, 곧 적응방법이 발달한다는 의미이다."(이종각, 1997: 5)

그러나 "살아남기 위한überleben" 인간의 행동은 생물학적이고 생리학적 조건에 의해서만 결정되는 것은 아니며, 문화는 인간의 정신적 조건에 의해서도 창조된다. 즉, 생물학적 본능에서 연유하는 인간의 문화본능은 손의 사용이라는 단순한 생리·물리적 능력의 차원만을 의미하지 않는다. 오히려 인간이 도구를 만들고 사용하는 문화과정에서 (이성) 사고의 능력homo sapiens은 결정적이라고 할 수 있다. 한마디로 인간에게 이성 사고의 능력이 전제되지 않는 문화능력은 불가능하다.

주지하는 대로, 인간의 사고능력은 공동체 능력으로까지 발전한다. 생존 도구의 창조가 인간에게 유일한 생존조건이었던 것처럼, 공동체 군락의 형성 능력 역시 인간에게는 또 다른 생존조건의 창출이었다. 결핍된 존재로 태어난 인간은 이 세상에서 가장 약한 존재이다. 그가 홀로 험악한 광야를 헤매면서 살아남을 수 있는 확률보다는 함께 모여 사는 공동체로 살아남을 때 보다 확실하다. 즉, 군락 공동체는 일단 외부의 공격으로부터 인간을 보다 안전하게 보호해주며 외부로의 공격도 유리하게 해 준다. 카프라Fritjof Capra는 공동체 속에서 발생하는 인간의 성적 본능과 번식 본능을 통해 이루어지는 사회공동체의 결속관계를 다음과 같이 설명하고 있다.

"갓난아기는 부양해 줄 가족을 필요로 하며, 이 가족들이 집단, 유목민 부족 그리고 인간 문명의 기초라 할 수 있는 마을을 형성하게 되었다. 여성들은 자신들이 아이를 기르고 보호하는 동안 아기와 여자들을 보호해 줄 수 있는 남성을 선택했다. 마침내 여자들은 더 이상 특정 시기에 발정할 필요가 없어졌다. 어떤 때든 성적性的으로 남성을 받아들일 수 있게 되었기 때문이다. 가족을 부양해야 하는 남자들도 성적 습관을 바꾸게 되었고 점차 난혼亂婚 습관을 버리고 새로운 사회적 관계를 받아들이게 되었다."(프리쵸프 카프라, 1996/ 김용정 · 김동광역, 1998: 340)

한마디로 '공동체(의 형성) 능력'은 인간의 본능이다. 바로 이러한 공동체 본능이 인간에게 보다 유리한 생존 조건을 만들어 주었다. 결국 살아남아야 한다는 인간의 본능은 자연스럽게 공동체를 형성하도록 한다. 그러나 인간과 인간이 모여 사는 공동체 생활이 그리 순탄하지만은 않다. 외부의 적에 대치할 만큼 강해지기 위해서 공동체는 먼저 내부적으로 안정되어야 한다. 내부적으로 분열되는 공동체는 외부의 침략에 쉽게 함락된다. 씨족 간 그리고 부족 간의 전쟁으로 점철되기 시작한 인간의 역사과정은 수많은 시행착오 속에서도 공동체를 사수해야 한다는 필요성을 인식시켰다. 인간들은 공동체를 방어할 수 있는 개인의 능력, 즉 체력 단련이나 기술 연마 그리고 좋은 무기를 만들어내는 일에 심혈을 기울여야 했다. 내부적으로는 공동체의 질서와 안정을 도모하기 위한 생활 규칙과 규율 등 의사결정과 행동의 기준들을 만들 필요성이 부각되었다. 삶의 기준이 없다면 공동체는 무너진 다. 설령 당장 무너지지는 않더라고 항상 무질서한 상태가 지속될 것이다. 내부적으로 무질서하고 불안한 공동체는 외부의 침략에 취약하다. 이렇게 하여 공동체는 붕괴의 확률이 높아지는 것이다.

안정과 질서를 위해 공동체 속에서 수립되는 삶의 기준들은 나중에 법, 제도, 도덕, 윤리 등으로 발전한다. 물론 이들은 처음에 인간이 살아남기에 유리한 생활 조건으로서 작용하던 생활습관, 관습 그리고 풍습들로부터 생 성되기 시작했을 것이다. 또한 전통의 계승 그리고 전수의 과정에서 공동체 안에서는 자연스럽게 교육과 학습도 개입된다. 전통이라는 것도 인간이 살 아남기 위한 하나의 방편이며, 교육과 학습 과정 역시 인간이 계속 살아남 기 위한 수단이며 방편이다. 여기서 사회공동체를 질서와 안정으로 유지 발전시키는 구심점이자 기준은 바로 문화이다. 문화라는 구심점과 기준이 없다면, 공동체의 질서는 금방 무질서로 변한다. 무질서한 공동체는 항상 불안하다. 여기서 문화는 무질서에서 질서로 전환될 수 있는 삶의 기준을 제공한다. 문화를 기준으로 공동체의 질서가 회복될 때 우리는 문화적 결속 이 이루어졌다고 한다. 반대로 공동체가 다시 문화를 창조하고 재창조한 다.[19]

문화인류학자 오그번 W. Ogbum은 문화를 "물질적 문화"와 "비물질적 문화 (정신문화)"로 대별하고 있다. 그는 물질적 문화로 각종 문화재와 기계문명 을 들고 있으며, 비물질적인 문화(정신문화)로서 언어, 법, 제도, 사상, 습관, 도덕, 윤리, 규범 그리고 예술을 들고 있다. 이를테면, 유형문화有形文化와 무형문화無形文化를 말한다.

"사회학에서는 문화에 대한 정의를 크게 광의의 것과 협의의 것으로 나누 기도 한다. 광의의 문화는 '사회적 인간이 역사적으로 만들어 낸 모든 물질 적, 정신적 소산'을 말하는 것인데, 이중 정신적인 산물을 물질문명과 구분

---

[19] 즉, 문화는 사회공동체에 의해 산출되며, 세대와 세대에 걸쳐 전달되는 속성을 가지고 있다(Pai, 1990: 21).

하여 협의의 문화라고 정의하고 있다. 좀 단순화시켜 이해하자면 가치나 신념, 사고방식이나 이론, 철학, 생활양식 등 무형의 측면은 문화이고, 기계나 건축물, 발명품 등 물질적 산물을 문명이라고 한다는 것이다. 정신문명, 물질문화라는 말은 어쩐지 어색하고 정신문화, 물질문명이라는 말이 자연스러운 것은 바로 이 때문이다.... 독일어에서는 '문화'를 의미하는 Kultur와 '문명'을 뜻하는 Zivilisation이 본질적으로 다른 두 영역이다."(최연구, 2012: 6-7)

이러한 이해는 처음 테일러E. B. Taylor가 문화에 대한 정의를 했을 당시에도 많은 여지를 남겨 놓고 있었다.

"테일러에 의하면, 문화란 '지식, 신념, 예술, 도덕, 법, 관습 및 인간이 사회 구성원으로서 가지게 된 모든 인위적 장치와 능력들의 복합적 총체'이다. 이러한 관점의 문화 개념은 사회의 '모든 것으로서의 문화culture-as-everything in society라는 의미를 지닌 매우 광범위한 것이 된다. 거기에는 인간이 창조한 모든 종류의 규범이나 제도, 조직체, 예술, 종교, 관습 그리고 모든 형태의 지식이나 신념, 가치 등이 포괄되어 있기 때문이다. 현대 사회 과학에서는 문화를 말할 때 일반적으로 물질적인 것보다는 비물질적인 제도나 규범, 사고 및 행동양식, 삶의 유형 등을 부각시키는 경향이 있다."(김승현 외, 1997: 303)

또한 린튼R. Linton은 문화를 보편문화, 특수문화 그리고 선택문화로 구분하고 있으며, 비어스태드R. Bierstedt는 관념문화, 규범문화 그리고 물질문화로 구분하고 있다. 한마디로 문화는 눈에 보이는 구체적 '물질문화'와 눈에 보이지 않는 추상적 '비물질문화'로 존재한다. 인간에게 기술과 문명 같은 형태 문화가 생존에 결정적으로 중요한 것처럼, 공동체의 질서를 규정하고 공동체적 삶을 규율하는 법, 제도, 사상, 철학 등 형태가 없는 문화도 똑같이 중요하다.

이미 우리는 위에서 인간은 문화 덕분에 지금까지 살아남을 수 있었다고 했다. 만약 우리 인간들에게 문화를 창조, 계승, 발전, 재창조... 하는 '일련의 문화 과정'을 영위할 수 있는 능력이 없었다면, 지금 우리 인간들은 이렇게 살아남아 있지 못했을 것이다. 그러나 우리 인간들을 살아남게 한 문화 과정은 외계의 위협과 도전에 대한 즉각적인 응답으로 이루어진 결과이며 생존본능의 발현이었다. 이런 근거에서 우리는 문화 창조가 생물적-본능적 차원을 벗어날 수 없다고 주장한다. 한마디로 우리는 살아남으려는 생물적-본능적 행위를 통하여 구체적 문화 또는 추상적 문화를 창조한다.

그러나 생물적-본능적 차원에서 이루어진 문화가 바로 '상징성象徵性'을 가지면서 문화 과정이 복잡해진다. 인간의 본능으로 창조된 문화는 상징성을 발휘하면서 진정한 문화로 거듭난다: "인간이 상징과 상징체계에 의존하는 정도는 매우 커서 그것은 인간의 생물로서의 생존능력에 결정적이라고 할 정도이다."(클리퍼스 기어츠, 1973/ 문옥표 옮김, 2009: 125)

> "(특히) 미국의 사회과학에서 지배적인 문화의 개념은 문화는 학습된 행동이라는 것이었다.... 그러나 오늘날 기술적인 수준을 넘어서 관심을 확대시키려는 모든 사람들에게 그것처럼 두루뭉술하고 경험론적인 개념으로는 강력한 이론적 분석력이 생성되기 어렵다는 것이 확실해졌다. 사회현상을 문화 패턴으로 재기술하고, 그러한 패턴은 세대를 거쳐 전승된다는 것에 주목함으로써 사회현상을 설명하려던 시대는 이미 과거가 되어버렸다.... 파슨스는 문화의 개념을 인간이 자신의 경험에 대해서 의미를 부여하게 되는 상징체계로 세련화시켰다. 인간이 만들고, 공유되며, 관습적이고, 질서지어진 그리고 학습되는 상징체계는 인간에게 다른 사람과 자신을 둘러싼 세계 그리고 자기 자신을 향한 태도를 정립하기 위한 의미있는 틀을 제공한다. 상징체계는 사회적 상호 작용의 산물이며 동시에 그것을 결정하는 것이며, 상징체계와 사회생활의 과정과의 관계는 컴퓨터 조작에 대한 프로그램, 유기체 발생에 대한 염색체, 교량 건설에 대한 청사진, 교향곡 연구에 대한 악보, 혹은 보다 소박한 예를 든다면 케이크를 만들 때의 요리법과 같은 것이다. ― 이처럼 상징체계는 정보원情報源이며, 인간의 지속적인 행위 흐름에 형태와 방향, 특성, 특징을 제공한다."(클리퍼스 기어츠, 1973/ 문옥표 옮김, 2009: 294)

결국 인간은 본능本能과 상징象徵으로 살아남는 이중적 차원으로 문화를 수용하게 된 셈이다. 예를 들어, 우리 조상들은 외부의 적이 집안으로 들어오지 못하게 집 근처에 귀신보다 무서운 흉상으로 천하대장군天下大將軍과 지하여장군地下女將軍을 세워두었다. 이들 흉상들은 마을에서 악귀와 마귀를 쫓아내고 복을 불러들이고 마을을 지켜주는 상징적 수호신으로 작용한다. 이러한 상징 속에서 인간은 그나마 심신의 안정을 찾게 된다. 전통, 관습, 습관 같은 초보 수준의 문화적 창조뿐만 아니라 고도의 문화적 창조인 사회제도나 법들도 상징적 차원에서 우리 인간들을 공동체의 일원으로 결집시킨다. 문화적 결집이다.

실제로 무엇인가를 상징하지 않는 문화는 없다. 즉, 상징성을 띠지 못한다면 이는 더 이상 문화가 아니다. 예를 들어, 양반문화는 양반사회를 상징하며, 민중문화는 민중의 삶을 상징한다. 양반문화가 양반사회를 상징하지 못한다면 이는 더 이상 문화도 아니며, 양반문화의 상징성을 향유하지 못하는 사람은 더 이상 양반이 아니다. 그는 양반사회에서 사는 것도 아니다. 민중문화 역시 마찬가지이다. 이상하고 기묘한 탈바가지를 뒤집어쓰고 추는 민중의 춤이 어떤 것도 상징하는 것이 없다면, 이는 단순한 놀이거나 아니면 유흥이나 여가선용일 뿐이다. 놀이나 유흥은 언젠가 싫증이 나면 중단된다.[20] 그러나 문화는 싫증이 난다고 중단되는 것이 아니다. 왜냐하면 문화는 항상 인간의 목숨과 직접적으로 결부되어 있기 때문이다.

기능성이 최대로 가치화된 물질문화의 예로 우리는 미국의 청바지 문화를 꼽을 수 있다. 그러나 청바지 문화는 청바지라는 상품의 경제-교환 가치 이외에도 청교도 이민자들의 개척 정신을 상징하고 있다. 청바지에 경제적 가치를 우선하는 사람들에게 청바지는 그냥 단순한 '질긴' 바지이다. 청바지가 상징하는 것을 이해하지 못하고 그 의미를 알지 못하는 사람들에게는 실제로 청바지 문화가 가지고 있는 삶의 의미를 향유할 수 있는 권한이 없

---

[20] 물론 중단되지 않는 놀이는 문화로 이어질 수 있으며 문화창조의 원동력이 될 수도 있다. 이러한 의미에서 화란의 인간학자 요한 호이징거Johan Huizinga는 "놀이를 문화의 원천"으로 보고 있다(Huizinga, 1938/1956). 본고에서는 이러한 시각에 대하여 더욱 진전시키는 것을 다음 연구의 과제로 간주한다.

다. 아프리카 토인의 축제와 깃털, 창 등 축제 도구들은 그 민족과 족속들만의 고유한 삶을 상징하고 있다. 그들의 고유한 삶을 상징하지 못하는 토인 춤은 문화로서 이해되지 않는다. 그냥 토인 춤은 원시인 족속들이 궁둥이를 저속하게 마구 흔들어 대는 푸닥거리일 것이며, 미개인 민족의 야만적-저질적 풍습일 것이다. 이러한 문화로 취급되지 못하는 문화는 전달 계승 발전도 불가능하다. 그러나 원시인들의 춤은 분명히 그들 후손에게 문화로서 전달, 계승, 발전되고 있다. 결국 우리가 야만인들의 저속한 몸놀림 정도로 생각하는 이들의 민속춤은 이미 이들의 고유문화로서 전달, 계승, 발전되면서 계속 생존하고 있는 것이다. 바로 상징성이 문화를 진정 문화답게 만들기 때문이다. 토인들의 춤에는 자기들만이 표현할 수 있고 이해할 수 있는 문화적 상징성이 숨어 있다. 심지어 이들이 춤을 출 때 치장하는 문신으로부터 장신구 하나하나에도 모두 무엇인가를 의미하는 다양한 상징이 들어 있다.

이러한 현상은 세계 각지의 모든 민족들이 향유하는 문화 과정에 공통된 현상으로 이해된다. 일반적으로 우리가 문화라고 통칭하는 현상 속에는 무형뿐만 아니라 유형의 문화, 즉 물질문명의 이기利器들도 얼마든지 등장하고 있다. 예를 들어, 탈바가지, 청바지, 깃털 등 축제도구 등이 그것들이다. 여기서 우리가 주의해야 할 점은 탈춤이라는 무형문화만이 문화가 아니고 탈바가지라는 상품의 유형도 문화라는 점이다. 비물질적인 차원의 문화가 내포하는 상징의 과정에는 물질적 문화 역시 함께 동반되고 있다. 탈춤이 무엇인가를 상징하지만 탈바가지 역시 무엇인가를 상징한다.

그런데 여기서 우리가 간과해서는 안 될 것은, 우리의 조상들이 탈바가지를 만들어 낼 때 경제적 가치를 우선하면서 만들어 내지는 않았을 것이라는 점이다. 우선 양반사회의 문제성을 비꼬고 어지러운 사회상을 풍자하기 위한 수단으로서 만들어진 탈바가지가 춤을 추는데 사용되면서 상징성을 가지게 된 것이다. 아니면 역으로 누구를 상징하는 가면을 쓰고 춤을 추다 보니까 그 탈춤이 또 무엇인가를 상징하게 되었다. 물론 춤동작 하나하나가 무엇인가를 상징하기도 한다. 탈바가지가 먼저 만들어졌느냐 아니면 춤동작이 먼저 만들어졌느냐는 닭과 달걀의 논리일 것이다. 오히려 여기서 중요한 것은, 바로 탈과 춤이 어우러져 이루어지는 "탈춤"이라는 문화가 가지는 상징성이 당시의 민중들을 살아남게 했다는 사실이다. 이들은 탐관오리 앞에서 자신의 얼굴을 최대한 가리고 하고 싶은 욕을 마음껏 퍼부어 내면서 엑스터시와 오르가즘을 느꼈으며, 일그러진 인간상과 사회상을 상징하는 모습을 한 탈바가지를 쓰고 무엇인가를 상징하는 몸동작들을 만들어서 춤 동작으로 연결시켜 춤을 추면서, 당시의 일그러진 양반사회를 속이 후련하도록 풍자하고 고발하였다.

결국 인간은 그가 창조한 문화와 그 문화가 내포하는 문화적 상징 속에서 삶의 의미를 수용하면서 살아간다. 인간이 창조한 문화는 문화의 본래적 기능과 동시에 상징성을 가지고 생성된다. 또한 문화적 결집과 결속력은 문화적 상징 때문에 보다 확고해진다. 이러한 의미에서 독일의 심층심리학자 융Karl. G. Jung은, "인간이 가지는 상징적 능력은 문화창조의 원동력이 된다"(칼 G 융 외, 1959/ 조승국 역, 1981)고 주장했다.[21]

2. 가치의 현실화

문화인류학자 크뢰버Alfred Kroeber에 의하면, 문화는 자체적으로 질서와 역사성을 가지고 있으며 가치의 현실화를 기준으로 형성 발전되는 속성을 가지고 있다(Bühler, 1962: 42). 물론 이들 문화속성들은 서로 엇물려 있지만 '가치의 현실화'라는 차원에서 종합된다고 할 수 있다. 한마디로 가치평가에 따라 문화는 역사과정에 편입되어 질서를 구축하기도 하고 도태되기도 한다. 따라서 문화는 과거부터 지금까지 전달·계승·발전되는 문화도 있지만, 그렇지 못한 경우도 많다. 모두가 가치의 현실화 문제 때문이다. 즉,

---

[21] 결국 상징을 못하고 의미를 주지 못하는 문화는 더 이상 문화가 아니며, 이러한 의미에서 Kroeber, Kluckhohn, Ralph Linton, Radcliffe-Brown 등은 문화를 구체적인 실체가 아니라 하나의 추상abstraction 또는 행위로부터 추상된 것 아니면 인간의 마음속에 존재하는 관념들ideas로 간주했다. 특히 문화를 관념들로 보는 관점으로부터 문화연구에서 문화적 이데올로기의 문제가 오랫동안 논쟁의 대상이 되었던 것이다.

문화는 가치의 현실화가 이루어지면 살아남는 것이고, 그렇지 못하면 사멸되어 죽어 없어진다. 당시로서는 아무리 우수한 문화라고 하더라도 그것이 오늘날 가치의 현실화가 안 된다면, 그것은 더 이상 문화로서의 생명력을 잃게 된다. 이들은 세대를 넘어 계승되고 발전되지도 못한다. 계승되지 못하는 문화는 문화재文化財나 유물遺物로서 박물관이나 유적지에 보관될 것이다. 예를 들어, 구텐베르크 활자인쇄기는 우리 인류가 창조해 낸 위대한 문화유산이다. 이는 당시 인류가 글을 남기는데 매우 탁월한 인쇄기였음에 틀림이 없다. 그러나 지금 같은 디지털 시대에 구텐베르크 인쇄기는 이미 현실적 가치를 상실했다. 따라서 우리는 그 활자인쇄기가 분명히 위대한 문화유산이었지만, 이제는 박물관에서나 만나 볼 수 있을 뿐이다.

고무신이 만들어지기 이전에는 나막신이 최고였다. 그러나 지금 비가 올 때 나막신을 신고 밖에 외출하는 사람은 없다. 아마 그런 사람이 있다면 정신이상자로 취급받을 것이다. 그러나 당시로써 나막신은 빗물을 막아내는 훌륭한 고안물이었다. 우리 조상들은 가랑비에도 금방 젖어 버리는 짚신 대신 나막신을 신고 안도했다. 그러나 지금 세련된 가죽 구두가 나온 이상 이제 나막신이나 고무신은 역사의 뒷전으로 밀려날 수밖에 없다. 세종대왕 시대의 걸작 발명품인 해시계, 물시계가 당시 아무리 우수하고 정교하게 창조되었다고 하더라도 지금 종로 거리의 좌판에서 헐값에 팔리는 사발시계나 손목시계보다 유용하지 않다. 물론 이들은 문화재로서는 의미가 크지만, 가치의 현실화 차원에서 본다면 이제 더 이상 가치 있는 문화현실은 아니다.

이러한 사실은 물질문화에만 해당되는 것이 아니다. 비물질문화에 해당하는 법, 제도, 사상, 철학, 과학, 도덕, 윤리, 예술, 언어 등도 가치의 현실화라는 차원에서 마찬가지이다. 로마의 만민법 원전은 지금 우리의 삶과 무관하다. 물론 당시에는 매우 중요했으며 실용 가치도 많았다. 당시 만민법을 모르고 로마인으로 살 수 없었으며 그 법에 무식한 사람은 그만큼 불리한 삶을 살아갈 수밖에 없었다. 로마인으로 살아가기 위해서는 최소한 그 법을 알아야 무식하다는 손가락질도 당하지 않았다. 중세 초기 전 유럽대륙이 로마인들의 손아귀에 들면서 로마의 만민법은 세계의 법전이 되었다. 로마법을 모르고도 잘 살아갈 수 있는 세계인들은 그리 흔하지 않았다. 모든 길은 로마로 통했던 것이다.

그러나 오늘날 우리는 로마의 만민법을 몰라도 잘 살 수 있다. 오늘날 우리는 로마법 원전을 공부하면서 대학에서 박사학위를 취득할 수는 있어도, 로마법 원전을 잘 안다고 돈을 더 많이 버는 것은 아니다. 서구 문화의 원류로 불리는 아테네의 민주주의도 지금 우리에게는 별 도움이 안 된다. 물론 우리는 아직도 역사책에서 민주주의의 원류로 아테네를 가르치고 있다. 그러나 아무리 아테네의 법과 제도가 문화의 뿌리로서 우수하고 정교하게 창조되었다고 할지라도, 당시의 법전이나 사회제도를 우리가 '지금 여기서' 그대로 차용하여 일반화시킬 수는 없다. 특히 오늘날처럼 사회가 고도로 발전되고 복잡하고 다원화된 시대에 그 법과 제도로 사회를 통치하거나 조정할 수는 없는 일이다. 따라서 법이나 제도 같은 사회적 고안물들은 시간의 흐름 속에서 계속 개정되고 개혁될 수밖에 없으며, 새로운 모습으로 새 시대를 맞을 수밖에 없는 것이다. 왜냐하면 세상은 늘 변하기 때문이다. 이러한 사실은 문화의 생명력이 '가치의 현실화'의 여하에 달려 있다는 증거이기도 하다. 물론 과거의 전통적 규범, 도덕, 법률, 규칙, 종교 등 과거의 사회제도가 아직도 유효하고 가치가 있다면 그 사회제도는 지금도 살아남을 것이다. 그러나 그것이 이미 가치를 잃었다면 단지 역사책의 한 구절로만 기록되게 될 것이다.

한편, 문화재나 유물들은 전쟁이나 화재 같은 인재人災나 천재지변으로 인하여 소실되는 경우도 흔하다. 그러나 적어도 아직 우리에게 남아 있는 문화재들은 비록 지금은 가치를 상실했을지 모르지만, 당시로서는 가치의 현실화가 이루어졌던 문화적 유산들임에 분명하다. 우리는 박물관의 문을 열고 벽에 붙어 있는 화살표 방향으로 돌면서 역사적으로 발달되어 온 문화재를 한눈에 관람할 수 있다. 대충 나열해 보면, 돌칼, 돌도끼, 돌창으로부터 시작해서 청동검, 청동마구, 청동갑옷, 방패, 철창, 거북선, 우마차, 대포, 집신, 나막신, 고무신, 항아리 등이 눈앞을 스쳐 갈 것이다. 이들은 박물관에 보관되어 있는 대표적인 문화유산들일 것이다. 이렇게 박물관에 잘 보관되어 있는 유물들은 과거 그 당시에는 가치가 있었던 것들로서 실생활에서도 유용하게 잘 사용되었던 물건들이다. 그러나 오늘날은 그 가치가 소멸되었기 때문에 말없이 박물관에 처박혀 방문객을 맞고 있는 것이다.

그렇다면 지금 이 시대에 가치를 상실한 문화재는 전혀 가치가 없는 것일까? 만약 그렇다면 박물관에 보관되는 것조차도 짐이 되지는 않을까? 물론 그렇지는 않다. 이미 가치의 현실화가 이루어지지 않기 때문에 박물관에 보관된 문화재들은 과거 우리의 조상들이 어떻게 창의적으로 또 어떠한 지혜를 가지고 당시를 살아남았는지에 대한 지혜와 교훈을 알려준다. 즉, 문화재의 가치와 의미는 그 민족이 살아온 역사와 삶의 흔적을 이해하는 데 중요한 단서가 된다. 또한 당시의 삶의 기준이 무엇이었는가 ― 문화의 내용 ― 에 대한 지식도 전해 준다. 옛 문화재를 교과서로 하는 박물관 교육이나 유적지 현장 체험 교육들은 바로 이러한 차원에서 대단히 중요하다고 할 수 있다.

물론 과거에도 가치가 있었지만 지금도 가치가 지속되는 것이 있다면 그것은 지금도 우리에게 사용되고 있을 것이다. 일례로, 세종대왕 시대에 만들어진 한글은 아직도 우리의 문자로 모든 사람들에게 상용되고 있으며 ― 물론 약간 변화되었지만 ―, 서기 150년경에 중국의 한나라의 고위 관리인 채륜에 의해 최초로 발명된 종이는 지금도 우리에게는 없어서는 안 될 생필품이다. 종이의 역사는 8세기 경 이집트에서 파피루스로 나타나고 시칠리아의 팔레르모에 종이공장이 세워지면서 세간에 유행하게 되었지만 지금도 우리 사회에서 종이의 수요는 여전하다. 특히 구텐베르크가 활자인쇄기를 발명하면서 종이는 가장 중요한 인쇄매체로 등장했는데 구텐베르크 인쇄기가 사용되지 않는 지금도 여전히 종이의 사용은 변함이 없다. 컴퓨터를 활용한 전자 결제, e-비즈니스 등의 결과로 종이의 사용량이 급격하게 줄어들 것으로 예측되는 오늘날에도 종이의 사용량은 오히려 매년 3%씩 증가하고 있다(피에르마르크 드 비아지, 김영희 옮김, 2000). 여전히 첨단 테크놀로지의 시대에 살고 있는 우리 현대인들은 아직도 무척 오래전에 만들어진 종이에다 글을 쓰고 있는 것이다. 이렇게 과거의 그것들이 문화재나 골동품이 아닌 상태로 여전히 지금도 사용되고 있는 문화는 얼마든지 많다.

이러한 사례들은 물질문화일 경우에만 해당하는 것이 아니다. 비물질문화의 경우에도 마찬가지이다. 특히 관습, 풍습, 습관, 전통, 제도, 종교, 예술 등의 경우, 지금까지 가치의 현실화가 이루어지는 관계로 대대로 유전하는 문화의 영역은 부지기수이다. 일례로, 설날이나 한식날 조상에게 제사를 지내는 일이나, 윗사람 앞에서 담배를 피우지 않고 경어와 존칭을 사용하는 일이나 모두 우리의 오랜 전통으로서 지금까지 변함없이 그대로 지켜진다. 이러한 전통과 풍습은 그 당시나 지금이나 가치의 현실화가 이루어지는 문화적 속성을 가지고 있기 때문이다. 물론 이미 사라진 전통이나 풍습도 수없이 많다.

그러나 사라진 전통이나 풍습들도 그것들이 사라지기 전까지는 가치의 현실화가 이루어졌던 것들이다. 시간의 흐름 속에서 생활개선이나 개혁의 차원에서 많은 전통과 습속들이 사라졌을지 모른다. 그러나 아직도 유효한 전통과 습속들은 가치와 의미마저 지니고 있다. 또한 지역적으로도 문화의 생존 사이클은 다를 수 있다. 예를 들어, 삼강오륜三綱五倫 같은 고전이 아직도 유효하고 중요한 예의범절로 숭상되는 사회나 지역이 있는가 하면, 이미 사라진 옛날 말로 기억되는 사회나 지역도 있다. 가정의 법도法道나 가정문화도 마찬가지이다. 어떤 가정에서는 아직도 유효한 법도와 문화가 어떤 가정에서는 헌신짝처럼 버려진 지 오래다. 결국 역사적-공간적 가치의 현실화는 문화가 생존하고 사멸하는 기준이 된다.

가치의 현실화는 문화의 '상징적 차원'에서도 예외가 아니다. 아직도 우리는 손에 손을 잡고 강강술래를 부르면서 정월 대보름맞이를 하고 있으며, 설이나 추석 같은 명절날에는 한복을 곱게 차려입고 차례를 지내고 친지를 방문한다. 물론 바쁘게 움직이는 직업전선과 일터에서 거추장스럽게 작용하는 한복이 사라진 지는 이미 오래다. 그러나 예의범절禮儀凡節을 상징하는 설빔 옷차림의 상징성은 매우 중요하다. 설빔을 차려 입지 않고 조상에게 예를 다했다고 하기는 어렵다. 상징이 무시되기 때문이다.

물론 오늘날은 개량한복이 이를 대신하고 있다. 각종 비단과 나일론이 난무한지 오래고 각종 혼방과 모방 그리고 나노 신소재 등으로 섬유 혁명의 하이 테크놀로지 시대를 살고 있는 우리는 지금도 상喪을 당하면 누런 갈포 배로 상복을 해 입고 '아이고아이고' 하면서 슬프게 곡哭을 해 댄다. 모두가

'상징성' 때문이다. 죽은 사람을 정성껏 염하여서 입관入官을 하고 지정된 무덤에 묻어 주는 풍습도 수백 년 전과 별로 다를 바 없다. 물론 예전에 비하면 옷의 모습과 색깔이 좀 세련되어졌다고 할지 몰라도 상복의 풍습은 지위 고하, 빈부 격차를 막론하고 여전하다. 의식과 절차가 예의를 상징하기 때문이다.

오늘날 환경론자들과 이들과 뜻을 같이 하는 일부 지식인들은 매장埋葬의 문화가 화장火葬의 문화로 전환되어야 한다고 주장한다. 국토가 좁고 환경 피해가 심하다는 것이다. 모두들 그 논리가 틀리지 않음을 잘 알고 있다. 그러나 아직도 매장의 장례葬禮문화는 예전에 비해 많이 달라졌다고 해도 여전히 사멸되지는 않은 풍속이다. 물론 지역에 따라서, 개인적 신념에 따라서 편차가 있겠지만. 문화적 "상징성"[22]은 불합리성과 부당함도 쉽게 거부하지 못한다. 아직도 많은 사람들이 돌아가신 조상을 두 번 죽이지 않겠다는 신념으로 화장보다는 아직도 매장을 선호하고 있다. 그동안 우리는 그렇게 살아 왔으며 – 살아남았으며[23] – 일단 형성된 문화적 상징이 없어진다는 것은 기능적 문화의 사멸에 비하면 훨씬 더 어렵고 복잡하다. 특히 고질적인 습관과 관습을 모태로 하는 비물질적 문화의 경우에는 더욱더 그렇다. 왜냐하면 상징성 때문에 살아남는 문화는 거의 주관적 차원이기 때문이다. 물론 상징성의 차원에서도 가치의 현실화가 이루어지지 않는다면 그 문화는 곧바로 생명력을 상실하게 된다.

결국 가치의 현실화 문제는 자연스러운 문화의 흐름과 변화 속에서 어쩔 수 없는 필연이며, 인류가 계속 보다 나은 환경에서 살아남기 위한 생존의 몸부림이라고 해석할 수 있다. 문화의 핵심 속성인 가치의 현실화는 유리한

---

[22] 상징성의 반대는 '기능성機能性'이다. 따라서 지금까지 위에서 기능성 차원에서 문화를 언급해 왔다고 할 수 있다.

[23] 우리는 죽은 조상이 우리를 지켜준다는 믿음을 오래전부터 가지고 있었으며, 심지어 묘墓자리를 잘 써야 자손들이 복을 받는다는 신념을 지금도 가지고 있다. 따라서 좋은 묘 자리에 매장을 하는 풍습은 지금도 우리 조상들과 우리들을 살아남게 하는 문화적 상징으로 작용하여 왔다. 많은 지식인들이 미신이라고 해도 별 소용이 없다. 이렇게 오래전부터 전래되는 문화적 습관과 문화적 상징은 우리 인간들을 계속해서 '살아남게' 또는 '잘 살아가게' 하는 원동력으로 작용한다.

생존 조건의 반영으로서 그때그때 이루어진다. 한마디로 가치의 현실화를 통해 새롭게 얻어진 문화만이 우리를 지속적으로 살아남게 한다. 또한 문화의 기능적 차원뿐만 아니라 문화의 상징성 차원에서도 가치의 현실화는 문화의 생존 여부를 판가름하고 있다. 이러한 의미에서 벤야민Walter Benjamin은 문화는 역사를 가지고 있지 않으며 쟁취의 대상이라고 주장한다(Benjamin, 1982: 583).

제3장
문화의 구조

1. 삶의 구속성

인간에 의해 창조된 문화는 다시 인간의 삶에 영향을 미친다. 즉, 인간은 살아남기 위한 욕망과 필요에 의해서 문화를 창조하지만, 그 문화에 구속되면서 살아갈 수밖에 없는 존재가 된다. 간단히 말하면, 문화를 창조하는 것은 인간이지만, 인간은 다시 그 문화에 구속된다. 인간은 선천적 결핍존재로 태어나서 후천적으로 결핍을 보충하기 위해 문화를 창조하면서 살아남는다. 그러나 어떻게 해도 죽는 날까지 인간은 미완성으로 죽어갈 수밖에 없는 유한有限 존재이다. 미완성의 유한 존재는 완성을 향해 가기 위해 문화와 상호 교호적인 관계에 들게 된다. 즉, 인간은 자신이 창조한 문화에 영향을 다시 받으면서 삶의 완성도를 채워 나간다. 결국 인간은 생물학적인 불완전성으로 인해서 문화를 창조하지만, 역으로 생물학적인 불완전성 때문에 늘 문화에 의해 재창조된다(이규호, 1969: 191-192). 다시 말하면, 인간의 생물학적 불완전성과 문화적 기능은 동본원적으로 상호 제약하고 있는 셈이며 (Gehlen, 1962: 37), 인간의 생물학적 특징들은 유전적 과정과 목적론적이고 문화 과정들의 상호 영향으로부터 발생한다(Portmann, 1962: 13). 따라서 인간은 다른 동물들과 비교가 되지 않을 정도로 외부 환경의 영향에 의하여 자극될 수 있다. 한마디로 생물학적 유전인자만이 인간의 특성을 결정하는 것은 아니며, 인간의 특성은 문화적 자극에 의해서도 결정된다. 이렇게 본다면, 인간의 유전인자는 자연적-사회적 환경에 대한 반응을 지배한다고 할 수 있다(오인탁, 1969: 24). 결국 인간은 생물학적 단일성과 문화경험의 다양성이 상호 보충적으로 얽혀져 있는 존재인 것이다(오인탁, 1969: 23). 문화인간학자들도 문화적으로 형성되지 않은 인간은 없다고 할 정도까지 문화의 영향력은 무시할 수 없다(Rothacker, 1948: 1). 결국 인간의 사고 능력은 문화를 창조해 내지만 창조된 문화에 적응하고 순응할 수 있도록 해 준다. 인간에게 제1의 자연은 개발을 위한 가능성으로만 주어져 있고, 이것이 문화를 통하여 개발되면 제2의 천성이 된다(이규호, 1969: 194). 윅스퀼 Uexkuell의 "환경설"과 포르트만Portmann의 "조산설" 역시 환경에 맞추어 제2의 천성을 형성한다는 사실을 전제한다. 인간은 그가 창조하고 결국은 그로부터 내면화되는 문화적 가치들에 의하여 스스로 형성된다(오인탁, 1969: 51-52).

이렇게 본다면, '문화적 존재kulturwesen'로서의 인간은 단순히 생물학의 대상이 될 수 없으며 그 이상이다.[24] 인간의 사회 문화적인 힘은 인간의 생물적 본능으로부터 나온다(William, 1982: 17). 그러나 인간의 생물적 본능은 동물의 그것을 초월하며 정신세계 그리고 심지어 영혼의 세계까지 이어져 문화를 창조해 낼 수 있으며 역으로 문화의 영향력에 구속 또는 재再구속된다. 예를 들어, 인간을 생물학적-동물학적 대상으로만 간주한다면, 인간은 생물학적으로 전혀 불가능한 차원의 언어, 기술, 종교, 과학을 창조할 수 없다(Schwidetsky, 1932/1959: 10). 결국 인간은 생물학적 본능으로 문화를 창조하고, 창조된 문화에 지배되는 특수 생물학적 본능을 가지게 된다. 한마디로 인간은 자연세계에서 유일한 문화생활의 창조자이자 영위자이며 동시에 문화의 일부이다. 여기서 인간과 문화의 관계는 동본원적이면서 동시에 변증법적으로 형성된다고 할 수 있다. 문화사고는 바로 이러한 인간과 문화와의 상호교환 속에서 자연 발생되는 객관사고가 된다. 또한 문화사고는 인간의 본능이다.

---

[24] 문화적 존재로서 인간은 문화를 창조할 능력이 있는kulturfähiges, 문화를 기꺼이 원하는kulturwilliges, 그리고 문화를 필요로 하는kultur-bedürftiges 존재이다(프리드리히 H. 텐브룩, 1979/ 김영화 옮김, 1991: 58).

2. 삶의 기준성

이미 언급한 대로, 문화란 후대의 인간들에 의해 명명된 하나의 추상적 용어이다. 쉽게 말하면, 문화란 인간이 '살아남은 흔적'이지만, 바로 그 문화라는 삶의 흔적들은 같은 지역에서 같은 시대를 살아가는 사람들에게 '삶의 기준standard of living'으로 작용하게 된다. 위에서 우리는 인간이 문화를 창조하고 역으로 문화에 구속된다는 사실을 인식했다. 살아남기 위해 인간은 문화를 창조하지만, 계속 살아남기 위해 인간은 그 문화를 다시 수용해야 한다. 간단히 말해서, 문화는 인간의 창조물이지만 창조된 문화는 다시 수용되어야 한다. 만약 그렇지 못하면 우리는 그 문화 영역 속에서 살아남기 힘들다. '지금 이곳에서' 존재하는 문화라는 삶의 기준에 벗어난 사람들은 일탈자 또는 문제아가 된다. '지금 이곳'의 문화에 적응하지 못하는 사람은 무능력한 인간이다. 개인적으로 보더라도 문화, 즉 삶의 기준을 벗어나는 삶은 힘들다. 설령 살아남더라도 고독이며 심지어 살아있는 죽음이다. 누군가가 문화적 일탈이라고 낙인찍지 않더라도 그는 삶이 쉽지 않다. 물론 낙인 이론에 의하면, 사회에서 일탈로 낙인을 찍는 바람에 그 사람의 삶은 보다 어려워진다. 그럴 수도 있다. 일탈로 낙인찍혔기 때문에 살아남기가 힘들건 아니면 능력부족으로 일탈이 되었건 결과는 모두 '부적응'이라는 점에서 마찬가지이다. 하여가 누군가에 의해 또는 무엇인가에 의해 설정되고 규정된 삶의 기준들과 그 기준으로부터 일탈해 버린 삶은 쉽지 않다. 결국 인간이 창조한 문화는 자연스럽게 삶의 기준이 되고, 그 기준에 따라 인간은 살아갈 수밖에 없게 되는 것이다.

가정에 문화가 없으면, 그 가정은 콩가루 가정이다. 왜냐하면 가정에 문화가 부재하다는 사실은 그 가정이 지금까지 살아남은 흔적을 알 수 없으며 앞으로도 그 가정의 구성원들이 어떠한 기준으로 살아가야 하는가에 대한 기준 지표가 없기 때문이다. 문화적 기준이 결여된 가정에서는 가족 구성원 모두가 방황한다. 이정표가 없는 길에서 우리는 헤맬 수밖에 없는 일이다. 문화가 부재 하는 가정에서 삶의 구속력은 없다. 역설적으로 문화라는 삶의 기준이 없는 가정에서는 아무렇게나 살아도 된다. 물론 문화가 없는 가정에서 가족 구성원들은 부적응이나 일탈에 시달리지는 않는다. 그러나 사회적으로 본다면, 그 가정 자체가 일탈이며 부적응이다. 따라서 가정의 구성원역시 일탈이며 부적응이다. 가훈家訓이나 가보家寶는 가정 문화의 일면이다. 가훈이 확실하지 않은 가정에서 가족 구성원은 결집될 수 없으며, 가보도하나 없는 가정에서 문화적 상징은 영위될 수 없다. 사회나 국가도 마찬가지이다. 학교에 규율이나 규칙 같은 학교문화가 불명확하거나 아예 없다면학교가 붕괴하는 것은 시간문제이다. 오늘날 우리가 학교의 위기를 거론하는 것은 실제로 학교문화의 부재를 탓하는 것이다. 학교문화가 없거나 아직정착되지 못했기 때문에 나타나는 문제는 훨씬 더 많다. 예를 들면, 학교의역사와 전통이 이에 해당한다. 역사와 전통이 빈약한 학교일수록 학교문화의 차원에서는 항상 불안하다. 가정문화와 학교문화가 부재하다는 것은 가정과 학교가 살아가는 기준이 없다는 이야기가 된다. 삶의 기준이 없는 가정과 학교는 사회·문화적 차원에서 볼 때 분명히 일탈이고 부적응이다. 일탈과 부적응이 난무하는 가정과 학교는 오래 가지 못한다.

기업도 마찬가지이다. 문화적 구속력이 약한 기업은 오래 버티지 못한다. 한 기업이 지금까지 살아남은 흔적, 즉 기업문화에 대하여 기업 구성원들이공감하는 것은 매우 중요하다. 왜냐하면 생존의 흔적들은 나중에 살아가는기준으로 작용할 수 있기 때문이다. 물론 구舊 시대를 청산하고 완전히 새로운 역사를 창조해서 살아남는 기업들도 많다. 그러나 따지고 보면 기업에서창조한 새로운 역사는 뿌리가 없는 역사가 아니다. 완전히 양보한다고 해도, 그러한 기업은 과거의 실패 경험이나 시행착오의 오류로부터 타산지석으로거듭났을 것이다. 역사는 교훈이다. 그래서 중요하다. 설령 새로운 문화 창조로 다시 태어난 기업이 있다고 하더라도 이는 역사적 흔적으로서 ─ 그것이 긍정적이든 부정적이든 ─ 기업의 구舊문화와 반드시 연계되어 있다. 그러나 보다 중요한 사실은 '지금 이곳에' 기업문화가 분명히 존재하는가아니면 부재하는가의 여하이다. 만약 '지금 이곳에' 기업문화가 존재한다면그 기업이 '살아남는 기준'은 분명한 것이다. 반대로 기업에 문화가 애매하고 모호하면 기업의 생존 기준은 불분명해진다. 기업에서 생존의 기준으로작용하는 기업문화는 앞으로 기업이 어떻게 계속 살아남을 수 있을 것이며 어떻게 살아남아야 하는가에 대한 전략, 즉 생존 전략으로 이어진다. 오늘날 지구촌의 문제는 인류의 공통 문화가 존재하지 않는다는 데에서 비롯된다. 2002년 미국의 9·11 사태에서 보았듯이, 앞으로도 문명의 충돌 현상은 계속될 전망이다. 민족마다, 나라마다, 지역마다 고유한 문화는 존재할지 몰라도, 지구촌을 살아남게 할 지구촌의 공통문화는 아직 없다.

우리 사회에 문화가 부재하거나 모호하다면 우리의 미래는 없다. 우리 사회가 지금까지 지탱되어 온 흔적이 없으며 또한 흔적을 모른다는 사실은 앞으로 우리 사회가 어떻게 영위되어야 한다는 기준도 없다는 의미가 된다. 삶의 기준도 없는 사회에서 우리가 어떻게든 살아남는 것은 불가능하다. 설령 살아남는다고 해도 삶은 항상 방황일 것이다. 이정표가 없는 개인이나 사회는 늘 방황 그 자체이다. 도로 표지판과 신호등은 일종의 문화이다. 빨간 불이 들어오면 서야 한다는 것과 노란 줄을 침범하면 죽음이라는 것은 교통신호이며 상징적 약속이다. 동시에 이는 삶의 기준이다. 자동차가 쉴 사이 없이 오고가는 건널목에서 빨간 불에도 서지 않는 자는 죽음을 면하기 어렵다. 우리는 신호와 약속을 지키기 위해서 빨간 불 앞에서 서는 것이 아니고, 살아남기 위해서 그 신호와 약속을 지키는 것이다. 그것이 바로 삶의 기준이기 때문이다. 우리 인간은 그 기준을 지키지 못하면 죽음이다. 기준선이 곧 생명선인 셈이다. 이런 의미에서 삶의 기준으로 작용하는 문화의 존재와 이에 대한 문화 사고는 중요하다. 설령 우리가 기존의 문화시스템에 오로지 로봇처럼 순응한다고 비난을 받을지라도, 삶의 기준으로서 작용하는 문화시스템 속에서 문화적 기준에 따라 사고하고 행동할 때 보다 유리하게 살아남을 수 있는 것이다. 결국 문화 사고는 인간에게 유리한 생존 조건이 된다.

한편, 삶의 기준으로 작용하는 문화는 우리의 삶을 평가하는 기준척도가 되기도 한다. 현재 통용되는 사회제도나 법을 준수하지 않는 사람은 문제아 또는 범죄인으로 간주된다. 최소한 문화에 적응하지 못하는 자는 일탈로 간주된다. 컴퓨터 시대에 인터넷을 다루지 못하고 e-메일과 핸드폰 메시지를 발송하지 못하면 왕따가 된다. 왕따는 사회에서 살아남기 쉽지 않다. 기본적으로 컴퓨터를 능숙하게 해야 살아갈 수 있는 현대의 정보사회를 살아가는 컴맹세대인 노인 세대는 존경은커녕 사람 구실도 제대로 하기 어렵다. 기준을 벗어났기 때문에 왕따가 되고 마는 것이다. 컴퓨터문화로부터 왕따가 되지 않기 위해서 우리는 컴퓨터를 배우고 컴퓨터 사고를 한다. 컴퓨터 사고에 익숙하지 못한 자는 컴퓨터문화에서 낙오되는 것이다. 민감한 사춘기 시절 친구들로부터의 왕따로 인하여 목숨까지 잃게 된 사연들은 너무도 안타깝다. 그러나 현실이다. 문화기준과 문화사고에 익숙하지 못한 탓이다.

이렇게 문화는 삶의 기준으로서 우리의 삶의 이면에 꼭 달라붙어 있다. 삶의 기준으로서 작용하는 문화에 순응하고 적응하지 못하고 문화와 다른 생활을 한다는 것은 살아있어도 죽음이다. 한마디로 우리 인간은 삶의 기준으로서 문화를 창조해 내지만, 다시 그 문화적 기준에 지배받고 구속받으면서 문화사고, 즉 '문화를 기준으로 사고'하지 않을 수 없는 지경에 빠져들게 된다. 이러한 근거에서 볼 때, 삶의 기준으로서 문화와 문화사고는 인간의 삶에 동본원적 현상으로 발생하게 되며, 상호 변증법적 관계 속에서 때로는 지양止揚되기도 하고 때로는 지향指向되기도 한다.

3. 삶의 객관성

독일의 정신과학자 슈프랑어Eduard Spranger(1882-1963)는 문화란 "정신의 총체"Spranger(1950)이며, 삶의 객관으로 현상한다고 주장했다(이상오, 2002: 105). 쉽게 말하면, 인간의 정신이 창조해 낸 모든 것은 문화이다. 이런 맥락에서 굿이너프Ward Hunt Goodenough(1919-2013)는 "문화는 인간의 마음과 정신 속에 있다"고 주장한다(클리퍼드 기어츠, 1973, 문옥표 옮김, 2009: 21).

한편, 슈프랑어는 삶에 '객관적'으로 작용하는 것만이 문화로서 가치를 가지게 된다고 역설한다. 예를 들어, 세종대왕은 한글, 물시계 그리고 측우기 말고도 우리에게 알려지지 않은 다른 많은 것들을 창조해 냈다. 그러나 한글, 물시계 그리고 측우기는 당시 사회적으로 가치의 현실화가 이루어졌고, 사회적 호응도 있었기 때문에 일반화되고 보편화될 수 있었다. 그 나머지는 그렇지 못했다. 객관성을 확보하지 못했기 때문이다. 고대 메소포타미아 지역에서 창안해 사용한 태양력도 마찬가지이다. 태양력이 민간의 일상에서 사용될 정도로 일반화되었다는 사실은 가치의 현실화도 된 것이지만, 동시대인들에게 보편적이고 객관적으로 널리 수용된 문화였기 때문이다. 발명왕 토마스 에디슨Thomas Alva Edison(1847-1931)은 생애 동안 2,000가지 이상을 발명했다고 한다. 모두가 우수한 발명품이라고 평가되지만, 그의 발명품 중에 우리의 일상에서 통용된 것은 고작 1/4정도라고 한다. 그렇다면 그가 창조해 낸 것 중에 어떤 것은 문화나 문화재로 계승 발전되고 있으며, 반대로 어떤 것은 전혀 알려지지 않게 되는가? 바로 "객관성 또는 보편성"[25]에 그 기준이 있다. 객관적으로 가치가 인정되는 것만이 문화적 창조로 남게 되는 것이다.

만약 내가 고안해 낸 우수한 물건이 많은 사람들에게 객관적으로 호응을 받고 일반에 널리 사용된다면 문화를 창조한 것이 된다. 물론 나는 일확천금도 하게 될 것이다. 그러나 내가 고안한 것에 대해서 아무도 그 가치를 인정하지 않고 아무도 사용하지 않는다면 그 창작품은 나 혼자만의 장난감으로 끝나고 말 것이다. 물론 나 혼자 사용하면 된다. 가치의 객관성을 확보하지 못한 물건은 그것이 아무리 우수하고 탁월하다고 해도 문화가 될 수는 없다. 반대로 전혀 세간에 알려지지 않은 누군가에 의해 창조된 물건이라도 사회에서 일반화되어 널리 사용되면서 객관적 가치를 얻게 된다면 이것은 한 순간에 문화가 된다. 아마 그는 대단한 발명가로도 남게 될 것이다. 물론 객관적으로 수용되는 문화라도 위에서 언급한 대로 가치의 현실화가 끝나는 순간에는 바로 박물관의 유리관 모퉁이에 문화재라는 꼬리표를 붙이고 처박히게 될 것이다. 에디슨이 만든 최초의 축음기는 당시 많은 사람들의 호응을 받아 널리 보편적으로 사용되었으며, 문화로서의 객관성을 가지기에 충분했다. 그러나 오늘날에 그의 축음기는 박물관의 한 모퉁이에 조용히 앉아 있다. 아니면 고대광실의 부잣집에서 주인의 애장품 정도로 더러 발견될 것이다. 첨단 과학기술에 의해 만들어진 3차원 입체 스테레오가 난무하고 MP3 같은 작동이 간편한 소형전자기기로 원하는 음악을, 그것도 고품질

---

[25] 張波는 문화정신이 보편성을 가지며 그러한 문화정신 위에서 문화가 형성된다고 한다(張波, 1994/ 유중하 외 옮김, 2000: 35).

로 인터넷에서 무료로 다운을 받아 자유롭게 감상하는 시대에 에디슨의 축음기는 더 이상 의미가 없다. 물론 아직도 방구석에서 사용되고 있는 에디슨 축음기의 원판은 또 다른 차원, 즉 "문화-상징성"[26]때문에 살아있는 문화일 뿐이다.

반대로 누군가가 무엇인가를 창조할 당시에는 사회적으로 그리고 객관적으로 그 가치가 인정되지 못했지만 수십 년 후에 발견되어 일반화되는 경우도 있다. 복고풍의 유행도 이에 해당될 수 있을 것이다. 순수하게 과거에 이런 저런 이유로 가치의 현실화나 객관적 가치가 인정되지 않았기 때문에 제 구실을 못하다가, 시대가 지나면서 오히려 그 쓰임새가 일반에게 객관적으로도 가치 있는 상품으로 인정되어 새로운 문화로 부각되는 경우도 흔하다. 1886년 초여름 미국 미시간 주의 디트로이트에서 헨리 포드가 자신이 최초로 개발해 낸 2기통 자동차를 끌고 시내로 나갔을 때 많은 사람들이 이 "말 없는 마차"에 대해서 관심이 없었다. 왜냐하면 가격이 너무 비싸기 때문이었다. 나중에 컨베이어시스템을 통한 대량생산으로 가격이 싸지면서 많은 사람들에게 훌륭한 발명품으로 인정받게 되었다. 이는 과거에 만들어졌지만 '지금 이 곳에서' 가치의 현실화와 가치의 객관화가 이루어진 경우에 해당한다. 따라서 문화가 가치의 현실화를 통하여 살아남게 된다고 한다면, 엄밀하게 문화의 '객관적 가치의 현실화'가 삶의 기준이다.

이러한 사실은 비물질적 문화에서도 마찬가지이다. 우리 사회에 널리 통용되고 일반화된 '법'을 예로 들어 보자. 법은 객관성 때문에 삶의 기준이 된다. 모두들 법을 어기면 형벌을 받는다. 법에 객관성이 없다면 지키지 않아도 된다. 쉽게 말하면, 개인이 자기 멋대로 만들어 놓은 법이나 규칙들은 - 그럴 수도 없지만 - 아무 의미가 없다. 독선적 가부장이나 독재자는 그 자체가 법이다. 이러한 법은 항상 저항을 받는다. 반대로 아무리 훌륭한 법과 규칙이라고 해도 어느 누구도 지키지 않는다면 이미 그 법과 규칙은 객관성을 잃게 된다. 이럴 경우 법과 규칙은 개정되어야 한다. 물론 "악법도 법"이라고 했다고 알려져 있는 - 사실은 아니지만 - 소크라테스의 경우

---

[26] 이 부분에 대해서는 나중에 다시 언급하게 될 것이다.

처럼 일단 법으로 제정된 법은 준수되어야 한다. 왜냐하면 개정될 때까지는 그 법이 삶의 기준이기 때문이다. 특히 오늘날과 같은 법치주의 시대에 법은 반드시 객관적이어야 한다. 직접민주정치 대신 대의민주정치가 지배하는 오늘날 국가와 지역에 따라 좀 다르겠지만 일반적으로 국회의원 1/2 이상의 찬성으로 법은 객관성을 확보하게 된다. 물론 이러한 다수결 제도에 문제가 없는 것은 아니다. 왜냐하면 모두가 원하는 직접민주주의의 원칙인 만장일치가 아니기 때문이다. 그러나 법 제정이나 제도 탄생은 원칙적으로 객관성을 전제하고 있는 것이다.

객관적인 법적 규정이 존재함에도 불구하고 관습이나 풍토 상 규정을 적용하지 못하는 경우도 없지 않다. 그래서 법리에 유권해석이나 유추해석 등이 필요한 것이다. 그러나 객관은 반드시 결정적인 순간에 그 몫을 해낸다. 어느 나라든 어느 사회든 일반적으로 교통 법규에는 사람이 먼저, 그다음이 자전거, 그다음이 오토바이, 그다음이 소형차 그리고 대형차의 순으로 보호받아야 한다는 조항이 있다. 즉, 사람이 먼저고 약한 것이 먼저이다. 그러나 국가마다 지역마다 법 조항은 같아도 실제로 적용하는 문제에서는 매우 다르게 나타난다. 독일이나 미국 같은 선진국에서는 횡단보도는 물론이고 좁은 골목길에서도 사람이 지나갈 때에 자동차는 무조건 서야 한다. 만약 사고가 나면 전적으로 운전자가 책임을 져야 하기 때문이다. 그러나 제3세계로 갈수록 점점 법의 적용 확률이 약해진다. 후진국에서는 큰길이나 작은 골목길에서나 운전자가 보행자와 자전거를 먼저 보내는 일은 거의 드물다. 이렇게 하는 것이 오히려 이상하며 자칫 사고를 내기도 한다. 바쁘다고 생각하는 쪽이 먼저 지나간다. 아니면 보행인은 법조차 있는지도 모르고 그냥 본능적으로 무섭게 지나가는 차량을 먼저 보낼 것이다. 이는 법이라는 객관보다 관습이나 습관이 먼저 작용하는 사례가 된다. 그러나 만약 사고가 난다면 법대로 처리되어 운전자의 과실이 객관으로 드러난다.

객관성을 상실한 문화는 그것이 아무리 훌륭하고 바람직하더라도 문화로서 계속 생존하기는 어렵다. 법이 있다고 해도 지켜지지 않는 법은 이미 객관성을 상실한 것이다. 객관성을 잃은 문화가 많이 존재하는 곳일수록 사회는 혼란스럽고 어지러울 수밖에 없다. 따라서 법 개정이나 제도 개혁의 요구가 발생하는 것이다. 사회에서 지탄받고 있는 지역적 관습과 습관 또는 관행들은 객관성을 잃었기 때문에 더 이상 문화로서 기능하지 못한다. 왜냐하면 삶의 기준이 곧 객관이기 때문이다. 문화, 즉 삶의 객관적 기준이 존재하는데도 불구하고 우리가 기분 나는 대로 그리고 주관의 명령에 따라서 사고하고 행동한다면 사회의 운명은 뻔하다. 소크라테스가 독배를 마시지 않았다면 준법의식이 사라진 아테네는 보다 빨리 멸망했을 것이다. 문화적 객관성으로 사회는 질서 있게 영위될 수 있으며, 객관적 기준 위에서 삶의 질서도 찾을 수 있다. 결국 문화는 삶의 객관이 된다. 또한 문화적 사고는 곧 객관적 사고가 된다. 따라서 문화를 이해하는 일은 삶을 객관적으로 사고하는 것과 같다.

그렇다면 왜 우리는 문화라는 객관을 창조하고 문화사고를 통해 객관적으로 사고를 하고자 하는 것인가? 바로 삶에서 가능한 한 시행착오施行錯誤의 과정을 줄임으로써 생존에의 확률을 제고하기 위해서이다. 설령 우리가 문화를 만들어 냈어도 문화적으로 사고하지 않는다면, 우리의 삶은 죽음으로 이어질지도 모르는 수많은 시행착오를 거치게 된다. 우리가 조상들이 살아 온 지혜를 배우고자 하는 것은 시행착오를 방지하고자 함이다. 우리의 삶에서 시행착오의 연속으로 목숨을 잃는 경우도 빈번하다. 살아남기 위한 인간의 발버둥은 문화라는 객관을 무시하는 순간 시행착오로 인하여 죽음으로 대치될 수 있다.

또한 문화가 삶의 객관적 기준이라는 사실은 다른 사람의 삶을 이해하는 기준이라는 말이다. 우리가 다른 사람의 마음을 정확히 알 수 있는 방법은 없다. 왜냐하면 우리는 모두 주관적으로 살고 있기 때문이다. "한길 물속은 알아도, 한 치 사람의 마음은 모른다"는 말이 있다. 주관성을 가진 인간을 이해하기는 매우 어렵다는 말이다. 그렇다면 물 속 한길은 어떻게 쉽게 알 수 있는 것일까? 바로 수數라고 하는 '객관'으로 표현되었기 때문이다. 수심은 수치를 통하여 객관적으로 표현된다. 수치로 나타난 수심은 '아, 10미터' 하고 바로 누구에게나 '이해'될 수 있다. 그러나 사람의 마음속이 몇 미터인지 알 수 있는 사람은 아무도 없다. 사람의 마음도 수치라는 '객관'으로 표현된다면, 우리는 그의 마음을 쉽게 이해理解할 수 있을 것이다. 객관은 이해의 척도이다. 우리가 사용하는 언어言語나 글은 우리가 상대방을 이해하는 대표적 매개 수단이다. 물론 '언어'는 인간이 창조해 낸 문화이다.

"(인간은) 언어를 통해서 공유할 수 있는 의미를 만들기 때문에 문화란 언어를 중심으로 이루어지는 것이라 해도 과언이 아니라는 것이다. 여기서 언어란 우리가 알고 있는 말言이란 개념보다 넓게 정의된다. 말하는 것뿐만 아니라 우리가 옷을 입는 것, 먹는 것 등도 언어적 행위로 파악될 수 있다. 즉, 청바지는 물질이기는 하지만 편안함이나 레저를 나타내는 기호이기도 하다. 선글라스는 햇빛을 가린다는 일차적인 의미와 멋내기의 의미를 동시에 지닌다. 그러므로 우리의 언어적 실천은 언어적 행위와 물질적 행위를 포함한 광의의 것으로 이해된다. 우리를 둘러싸고 있는 모든 것이 의미화과정과 의미를 지니고 있어 문화를 연구하려고 할 때 자연스럽게 광의의 언어 개념에 관심을 두는 것이다."(원용진, 1996: 18)

독일의 해석학자 프리드리히 슐라이에르마허D. F. E. Schleiermacher는 "언어는 사유의 통로"라고 했다(Scholz, 1995: 161). 자신이 주관적으로 생각한 것이 밖으로 나와서 객관이 되는 것이다. 이해를 시키기 위함이다. 물론 그것이 거짓말일 경우도 허다하다. 만약 누군가 거짓말을 하더라도 우리는 그를 일단은 그대로 믿는다. 왜냐하면 그는 자신의 생각을 객관적으로 표현했기 때문이다. 그러나 만약 그것이 거짓으로 밝혀지면 우리는 그를 더 이상 믿지 않는다. 소위 '양치기 소년의 말'은 더 이상 이해할 수 없는 것이다. 그의 말이 객관성을 잃은 것이다. 물론 상대방의 표현력 부족으로 인하여 그를 잘 이해하지 못할 때도 많다. 우리 인간은 누구나 정도의 차이는 있지만 자신을 완전히 드러내 보일 수 있을 정도로 완벽한 표현력을 가지고 있지는 않다. 아무리 자신에 솔직하고 진실 되고자 해도 상대에게 자신의 마음을 완벽한 언어로 표현하여 완전한 이해를 얻어내는 일은 쉽지 않다. 그래서 인간은 중언부언하기도 하고 계속해서 자신의 말을 다른 말로 설명한다. 진정 인간이 인간을 이해한다는 것이 정말 어려운 일이다.

심지어 우리의 일상에서는 수많은 오해誤解도 생긴다. 이는 언어가 가지는 상징성의 다의성多義性 때문이다. 언어철학자 립스Hans Lipps(1889-1942)

는 이를 "구상적 언어embodying language" 또는 구념構念이라고 한다. 똑같은 '책상'이라는 단어를 듣고서도 사람들은 저마다 생각이 다르다. 어떤 사람은 왜 책상이 저렇게 부실하게 보일까? 저 책상을 시장에 내다 팔면 얼마나 받을 수 있는가? 등등 자신의 관심사에 따라서 책상이 상징하는 것은 다양하다. 왜냐하면 일상 역시 다양한 문화적 상징을 내포한 문화적 산물이기 때문이다.

> "일상생활의 세계, 그 자체는 물론 세대를 통하여 전승된 '엄연한 사실'의 상징적 개념을 통해서 형성된 것이므로 문화적 산물이며, 우리 행동의 고정된 배경이며, 주어진 대상이다."(클리퍼드 기어츠, 1973/ 문옥표 옮김, 2009: 139-140)

결국 언어는 '상황'에 따라 항상 '구상적으로' 작용한다. 따라서 우리는 지속적인 해석解釋을 통해서만 언어적 표현의 진의를 파악할 수 있다. 왜냐하면 언어는 형식적으로는 객관이지만, 내용적으로는 완전한 객관이 아니기 때문이다. 즉, 우리가 일상에서 사용하는 언어는 잠정적 객관일 뿐이다. 달리 말하면 언어는 (전)이해의 기초자료이다.

> "우리는 전 이해의 성격을 다른 측면에서 드러내기 위해서는 립스H. Lipps의 '구념構念, Konzeption'이라는 개념을 여기에 끌어들여야 하겠다.... 립스의 구념들은 달리 말하면 기본적인 언어의 '틀들'인데, 그 틀들 속에서 우리는 자연스런 세계이해와 삶의 이해가 형성된다. 우리는 이 틀의 기능을 가진 구념들에게서 본래적인 형식의 전이해를 경험한다. 그러므로 우리는 이를 통해서 전이해의 문제를 더 예리하게 파악할 것이다. 립스에 의하면, 구념들의 기능은 전취前娶, Vorgriff 또는 전결단前決斷, Vorentscheidung이라고 한다. 그리고 이 전취는 해석학적으로 분석함으로써만 발견된다."(이규호, 2005: 62)

원칙적으로 언어란 주관적으로 생각하고 있는 마음이 그나마 객관적으로 표현된 것이다. 이제 우리는 일단 언어로 표현된 것을 기준(잠정적 객관체)

으로 하여 보다 완전한(궁극적인) 객관을 찾아내기 위해서 '언어 해석' 또는 '언어의 의미 해석'의 작업으로 들어가는 것이다. 그것이 '해석학hermeneutik'의 시작이다.

미국의 분석철학자 화이트헤드Alfred North Whitehead(1861-1947)는 언어의 객관성을 위해 우리가 사용하는 모든 언어를 아예 기호와 숫자 또는 X와 Y 같은 표시로 치환할 것을 주장했다. 왜냐하면 객관성의 확보 때문이다. 그에 의하면, 기호나 숫자로 치환된 언어는 그것이 상징하는 의미를 일의성으로 통일시킬 수 있을 것이다. 이로써 우리는 언어에 대한 객관적 이해도 가능해진다. 그러나 이러한 논리는 언어적 다의성多義性이라는 언어 본래의 특수성 때문에 좌절된다. 즉, 어떻게 그 많은 언어를 숫자나 기호로 치환할 것이며, 이로써 실제 숫자나 기호가 상징하는 의미가 정말 완전히 단일화될 수 있을 것인가?

그럼에도 불구하고 객관성을 추구하는 일은 포기될 수 없다. 왜냐하면 객관성은 이해의 기준을 찾는데 있어서 관건이기 때문이다. 즉, 객관이 없다면 어떤 이해도 없다. 원칙적으로 우리는 타인의 언어를 이해한다는 것은 그것이 객관적이라는 뜻이다. 그러나 타인의 언어를 이해했나 했는데, 진정 이해하지 못한 경우가 많다. 심지어 오해하는 경우도 흔하다. 이는 아직 우리가 사용하는 언어가 완전히 객관적이지 않다는 증거이다. 완전히 객관적인 언어라면 우리는 완전히 이해할 수 있을 것이다. 그러나 일상에서는 그런 일이 그리 많지 않다. 100% 이해했다고 하지만, 그렇지 못하다. 같은 한국어를 사용하는 한국 사람들끼리도 이해불충분으로 중언부언 설명해야 하며, 심지어는 오해로 인하여 싸움까지 하게 된다. 이렇게 본다면 언어는 이해를 전제하기 때문에 반드시 객관적이어야 하지만, 일상에서 사용하는 언어는 '잠정적 객관'일 뿐이다. 시간의 흐름에 따라서 점점 더 언어는 객관적으로 될 수는 있다. 물론 그 반대도 얼마든지 가능하다.

언어가 잠정적 객관인 것처럼, 모든 문화도 잠정적 객관이다. 잠정적 객관은 궁극적으로 언젠가 진정한 객관으로 거듭나야 한다. 왜냐하면 우리는 (진정한) 객관을 통해서만 삶을 진정으로 이해할 수 있기 때문이다. 삶을 이해한다는 것은 가장 잘 살아남기 위함이다. 따라서 우리는 이해의 기준인

'객관성 찾기'에 목숨을 걸게 되는 것이다. 예를 들어, 법이나 상식이라는 문화적 객관성을 무시하고 행동하는 사람을 우리는 이해하지 못한다. 또한 누군가의 주관적 행동은 객관적으로 이해되기 힘들다. 우리는 이상한 행동, 즉 객관적으로 이해할 수 없는 행동을 하는 사람과 친구가 되려고 하지 않는다. 심지어 도저히 이해하기 어려운 사람과 한 이불 속에서 결혼생활을 지속한다는 것은 죽음보다 낫지 않다고 여긴다. 한마디로 우리 인간의 삶에서 모든 이해의 척도는 '객관성'이다.

문화도 객관적이지 못한 것은 더 이상 문화가 아니다. 왜냐하면 문화는 삶의 기준이며 삶의 기준은 객관적이기 때문이다. 더 이상 문화가 아닌 것을 기준으로 하여 살고 있다면 삶은 이미 객관에서 벗어나는 것이다. 객관을 벗어난 삶은 위험하다. 왜냐하면 주관적이기 때문이다. 주관은 객관적이지 못하게 때문에 항상 불안한 것이며, 심지어 극단적 주관에 치우친 삶은 편집증이나 우울증 같은 신경질환으로 발전한다. 이들은 사회적으로 공동체생활로부터의 고립이나 따돌림을 경험하게 되기도 한다.

그러나 '삶의 객관으로서의 문화'에 대한 이해에는 함정이 숨어 있다. 즉, 삶의 기준으로서 그리고 삶의 객관으로서 문화는 '사회적 기준이나 사회적 객관'과 혼동되어서는 안 된다. 아리스토텔레스의 선언 이후 "인간은 사회적 존재"이다. 물론 인간을 '문화적 존재'라고도 한다. 우리는 문화와 사회를 종종 혼동한다. 문화란 개인과 개인 그리고 개인과 사회의 관계 형성에 관여하는 유형과 무형의 매개체로 작용할 수 있다. 만약 문화라는 "정신의 객관"(Spranger)이 사회적 기준이나 객관과 동일시된다면, 기존의 '사회'가 개인에게 삶의 기준이며 정신의 객관이 될 수 있다는 뜻으로 해석될 수 있다. 물론 문화적 기준과 사회적 기준이 일치되는 경우도 얼마든지 많다. 그러나 결코 그런 이상적인 경우는 우리의 역사에서 거의 찾아볼 수 없다. 이에 대한 근거는 과연 주체가 누구인가를 잘 따져 보면 쉽게 이해된다. 즉, 문화의 주체는 개인이고, 사회의 주체는 사회이다. 따라서 문화적 기준은 개인으로부터 출발해서 부메랑처럼 개인으로 다시 돌아오지만, 개인에게서 시작된 사회적 기준은 사회라는 거대한 힘 속에서 멈추기 일쑤이다. 사회는 사회적 힘에 의해 가속도를 받고 세력화되면서 영역을 계속해서 외부로만 확장할 뿐이다. 개인에게 다시 돌아오지 않는다. 사회는 '누군가에게 위임된 잠정적 객관'일 뿐이다. 잠정적 객관은 반드시 주관으로 돌아와서 피드백되어야 한다.

그러나 사회는 본질적으로 – 특히 폐쇄적 사회일수록 – 위임된 객관을 피드백하지 못하며 그 속에서는 반성도 성찰도 없다. 왜냐하면 사회는 이미 주관에서 벗어나 있기 때문이다. 즉, 사회는 개인에게서 벗어나는 순간 객체가 되고 외관상이라고 객관이 된다. 이를테면 사회가 주관이라고 보는 사람은 아무도 없다. 이러한 사회는 진정한 객관성을 확보하기 위해서 사회적 객관인 법적-제도적 장치를 보완, 보충, 강화, 개선해 나간다. 그러나 우리가 인식하지 못하는 것은, 모든 개개인에게 공감대를 얻어낼 만큼 피드백되지 못하는 사회는 – 특히 폐쇄적이고 권위적인 사회 – 객관성을 잃게 된다는 사실이다. 아울러 객관성을 잃은 사회는 사회적 통제력을 상실한다. 이미 본질상 주관을 벗어나서 자기 세력화와 집단화에 보다 몰두하는 '사회'라는 객체는 계속해서 객관을 향해 나아간다. 그러나 이렇게 주관으로부터의 피드백을 받지 않고 객관만을 향해 돌진하는 사회는 좌초하기 일쑤이다. 왜냐하면 개인은 엄연히 사회의 구성원이기 때문이다. 따라서 개인이라는 주관의 손을 떠난 사회가 객관이라는 명목으로 사회의 구성원인 개인을 무시한다면 결국 그러한 사회는 속빈강정으로 끝날 수밖에 없다. 왜냐하면 주관없는 객관으로서의 사회는 개인들의 공감대를 얻을 수 없기 때문이다. 항상 정권이 바뀌는 이유도 그들이 추구한 사회라는 객관이 결국은 주관의 공감을 사지 못하기 때문이다. 이러한 논리는 사회라는 객관뿐만 아니라 문화라는 객관의 경우에도 해당된다.

많은 과학자들과 생태학자들이 밝혀냈듯이 인간 시스템은 피드백 시스템이며 개방시스템이다. 피드백이 되어 돌아오지 못하는 시스템은 인간의 삶의 원리를 반영하는 것이 아니다. 객관적 문화를 만들어내고 문화를 수용하는 것은 개인이며 주관이다. 그러므로 모든 문화요소, 모든 문화특성은 주관적인 측면과 객관적인 측면을 모두 가지고 있다(레스리 A. 화이트, 1973/이문웅 역, 1996: 151). 즉, 문화는 주관적 정신의 객관적 형상이지만 결국은 주관의 비판, 반성, 성찰을 통한 피드백 사고를 통해서 계속해서 새로운 객관으로 형성된다(Spranger, 1924: 282). 이러한 객관화 과정이 되풀이되면서 계속 문화는 보다 객관적으로 형성되어 가는 것이다. 슈프랑어Eduard Spranger 는 이렇게 탄생하는 최종의 객관 정신을 ─ 헤겔의 의미에서는 절대정신 ─ "규범정신Normativer Geist"이라는 개념으로 설명한다. 다시 말하면, 주관 정신이 객관으로 현상하는 과정은 시간의 과정이고 되어짐의 과정이다. 따라서 정신의 객관으로서 현상하는 문화 역시 과정의 개념concept of processing 이 된다. 문화는 객관정신을 통해서 보다 더 '객관적'으로 되며, 객관적 문화는 주관과의 변증법적 관계 속에서 결국 '규범적normative'으로 된다. 이렇게 본다면, 문화는 시간과 역사의 흐름 속에서 주관과의 변증법적 관계에서 서서히 한 차원 더 높은 객관으로 진행되는 과정의 산물이며, 이렇게 완성되는 규범(또는 최종적 객관)으로서의 문화가 바로 삶의 기준이 되는 것이다. 우리는 이러한 객관(또는 규범)을 매개로 문화화enculturation되고, 이러한 객관을 통하여 삶을 이해하게 되는 것이다.

반복하지만, 객관으로 승화되지 못하는 문화 역시 더 이상 문화가 아니며 삶의 기준도 될 수 없다. 삶의 기준이자 삶의 객관으로 작용하는 문화를 통하여 우리는 삶은 객관적이며 객관을 매개로 서로서로의 행동을 이해할 수 있다. 즉, 객관을 벗어난 주관은 이해할 수 없는 편견이나 억견doxa일 뿐이다. 만약 우리가 누군가를 이해한다고 하면, 그의 생각과 행동이 객관화되었다는 말이다. 결코 우리 인간은 삶의 기준에서 벗어난 고립된 주관은 이해하기 힘들다. 다시 말하면, 우리가 '문화적으로 사고한다'는 것은 '객관적으로 사고한다'는 것을 말한다.

제4장

문화와 사회시스템

1. 삶과 문화소유

동물과의 싸움에서 승리하는 방법이 문화를 창조하는 것임을 알게 된 인간들은 이제 인간 동족끼리의 싸움에서 승리하기 위해서도 보다 많고 보다 질 높은 문화를 창조하고 이를 가능한 한 많이 소유해야 한다는 사실을 알게 된다. 한마디로 문화를 창조하고 문화사고를 하면서 살아남는데 유리한 조건을 창출하기 시작한 인간은 이제 문화를 소유所有함으로써 보다 나은 생존조건을 창출하려고 한다. 왜냐하면 인간에게 문화는 욕구이기 때문이다: "문화는 인간에게는 욕구이기 때문에 인간은 문화를 소유한다"(프리드리히 H. 텐브룩, 1979/ 김영화 옮김, 1991: 58). 이로써 우리 인간사에는 [문화소유 = 유리한 삶의 생존조건 창출]이라는 등식이 성립된다. 이제 '문화는 소유'이다. 문화를 많이 소유하고 있는 자는 그만큼 살아남기 유리했으며 상대적으로 문화를 덜 소유한 자는 살아남기에 불리했다. 문화인은 야만인에 비해 살아남기 유리하다.

인간은 본능적으로 가능한 한 많은 문화소유를 통해 자신의 삶이 보장되고 보다 더 윤택해지기를 원한다. 곡식을 돌도끼로 으깨는 것보다 쇠망치로 내리치는 것이 훨씬 생산적이며, 목마를 때마다 개울로 달려가는 것보다 옹기를 구워서 물을 보관하고 있다가 마시고 싶을 때 마시는 것이 훨씬 좋다는 것을 알게 되면서 인간은 스스로 많은 물건들은 만들어내게 된다. 즉,

필요에 의해 창조하는 것이다. 인간은 그냥 화살보다는 독화살이나 견고한 화살로 표적을 확실하게 맞출 수 있다는 사실을 알게 되면서 화살촉을 보다 예리하게 고안해 내려고 안간힘을 쓴다. 이렇게 하여 인간의 문화는 점차 발전하게 되는 것이다. 엄밀히 말하면 기술문명(문화의 일부)의 진화일 것이다.

비물질적 차원에서도 마찬가지이다. 옛 조상들의 지혜와 전통을 잘 알고 있는 사람이 생활을 보다 지혜롭게 해 나갈 수 있다. 따라서 이들은 조상들의 전통과 풍습을 구전으로 배우고 가르침으로써 문화소유의 폭을 넓혀간다. 또한 제도와 관습에 밝은 사람이 다른 사람과 마찰 없이 지낼 수 있으며 양호한 생활을 해 나갈 수 있다. 도덕과 윤리에 익숙한 사람은 주위 사람들에게 눈총도 맞지 않음으로써 삶의 조건을 보다 유리하게 창출한다. 결국 문화소유는 편안하고 지혜로운 삶을 가능하게 하며, 양질의 문화를 소유하는 것은 삶의 질을 한 차원 높이는 방법이기도 하다. 즉, 문화소유를 통해 인간은 살아남기에 보다 유리한 조건을 창출하게 되는 것이다.

2. 문화권력과 인간지배

인간이 살아남기 유리한 조건 창출로 시작된 문화소유는 문화소유를 위한 경쟁競爭으로 전개된다. 경쟁의 목표는 물론 문화이다. 누가 어떠한 문화를 얼마나 소유하는가? 문화경쟁에서 누가 최후의 승자가 되는가? 문화소유의 경쟁은 인간이 주도하는 역사시대를 여는 최초의 '경쟁시스템'으로 나타난다. 문화시스템이 경쟁시스템으로 구축되는 순간이다. 인간이 문화를 소유함으로써 문화경쟁에서 승리한다는 것은 오로지 (보다 잘) 살아남기 위한 일이다. 역으로 인간은 문화시스템에서 살아남는 수단으로 보다 나은 문화를 점점 더 많이 소유하다 보니까 자연스럽게 문화경쟁의 시스템이 형성된다.

이제 문화경쟁의 시스템 속에서 승리하는 자에게는 생존의 확률이 높아지며 삶의 안정성이 보다 많이 확보된다. 심지어 삶도 보다 윤택해진다. 남보다 예리한 창을 만들어 낼 줄 알아야 더 커다란 짐승을 잡을 수 있으며, 남들보다 강한 벽을 쌓을 줄 알아야만 코끼리의 공격에서 살아남을 수 있다. 독화살을 가진 자가 그냥 화살을 가진 자보다 생존 경쟁에서 유리해지며 청동기를 사용하는 인종에게 아직도 석기石器를 사용하는 인종은 멸종당할 수밖에 없다. 즉, 문화소유의 경쟁은 개인과 개인 간의 싸움은 물론이고 족속 간의 전쟁으로 이어지기도 한다. 심지어 싸움과 전쟁에서의 승리는 남들이 소유하고 있는 문화를 일시에 탈취할 수 있는 기회를 제공하기도 한다.

이제 전쟁을 통한 문화경쟁에서 승리한 자들은 전쟁에서 패배한 자들을 노예로 지배하게 되면서 인간에 의한 인간의 '지배관계'가 형성된다. 처음에 생성되는 계층의 이분화, 즉 승리한 자들의 지배계층과 패배한 노예들의 피지배계층의 구별은 시간이 가면서 점차 수많은 계층으로 분화된다. 씨족 간, 부족 간의 전쟁이 거듭되고 전쟁에서의 승리자와 패배자가 엇갈리면서 하나의 공동체 속에서도 지배자와 피지배자간의 계층분화가 복잡해지고 다양해진다. 지배자는 피지배자들에게 권력을 행사하게 되고, 계층 간의 구별이 뚜렷하면서 계급과 위상에 따른 권력이 생성된다. 결국은 공동체 내부에서 계층과 세력 간의 권력 투쟁이 발생하게 되는 것이다. 독일의 사회철학자 하버마스Jurgen Habermas는 이러한 권력쟁취의 과정을 두고 "문화적 권력투쟁Kultureller Machtkampf"이라는 개념으로 요약하고 있다(Habermas, 1978). 결국 문화소유의 경쟁 과정에서 발생하는 문화적 권력투쟁을 통해 인간은 인간을 지배하게 된다. 즉, 문화소유의 경쟁은 문화적 권력투쟁으로 그리고 문화적 권력투쟁은 문화시스템을 '지배시스템'으로 구축하게 되는 것이다. 특히 문화연구는 권력이라는 개념을 지배 형성 과정과 동화시킴으로써 '부정적인 권력'의 개념임을 인식시켰다(원용진, 1996: 315).

20세기 중반 호르크하이머Max Horkheimer(1895-1973)와 아도르노Theodor. Ludwig Wesengrund Adorno(1903-1969) 등 프랑크푸르트학파로부터 이러한 시스템의 변화현상은 바로 이성을 도구화하고 수단화하는 인간의 에고이즘 때문이라고 보았다. 즉, 인간의 이성은 순수한 본질을 떠나 권력투쟁의 수단과 도구로 변질된다. 호르크하이머는 이를 "도구적 이성"이라고 불렀다.[27] 도구적 이성 때문에 사회시스템으로서의 문화시스템은 지배와 권력의 시스템으로 변질되고 만다. 즉, 인간과 세계 사이의 중계 체계인 도구적 이성은 인간이 세계를 인식하도록 돕는 한편, 그 실천 과정의 한계로 말미암아 세계를 왜곡한다(張波, 1994/ 유중하 외 옮김, 2000: 70). 왜냐하면 도구적 이성은 극히 주관적이기 때문이다.[28]

> "인간 정신의 물상화는 이성의 도구화를 가져 왔으며, 이성의 도구화는 주체와 객체의 대립 관계를 낳게 하여 왔다.... 인간이라는 주체는 자연을 객체화하여 자연을 지배하고 변혁하려고 한다. 자아는 자연지배를 실현하기 위해 수단과 방법을 강구하는 과정에서 도구적 이성이 낳은 결과이다. 자아는 도구적 이성의 주체라는 것이다.... 이성의 도구화 과정을 통해서 자기 자신을 객체화하게 된다. 객체화된 자기 자신을 객관적인 방법과 수단을 통해서 평가하고 지배하는 주체의 전도현상이 나타난다. 이것은 자아의 이중모순 구조이다.... 도구적 이성은 객체화된 인간 자기 자신을 공격하고 파괴하는 도구와 수단을 행사하게 된다. 그렇기 때문에 인간 자기 자신에 대한 지배는 동시에 인간 자기 자신의 파괴와 말살을 의미하는 것이다."(황원영, 1998: 250)

우리가 이성을 계속 갈고 닦으면 객관적 사고에 도달할 것 같지만, 실제로 인간의 이성은 도구적 이성으로 변화하면서 오히려 점점 주관적으로 변화한다. 왜냐하면 인간은 누구나 자신이 추구하는 목적을 가지고 있기 때문에 이러한 목적 달성을 위해 자신의 머리(이성)를 활용하려고 하기 때문이다. 이성이 특정한 목적에 도구화되고 수단화되는 것이다. 따라서 이성의 도움으로 구축되는 역사적 사회시스템들은 겉으로는 객관적인 것 같이 보이지만, 실제로는 주관적인 도구적 이성의 작용으로 극히 주관적 사회시스

---

[27] 영국 빅토리아 시대의 사회문명비판가인 아놀드Matthew Arnold(1822-1888)에 의하면, 도구화된 이성은 '기계화된 이성'을 말한다: "플라톤에게 이성은 기품의 생성적이며 '내면적인 상태'였고, 아놀드에게 이성은 산업화의 탈계몽주의적 여러 형태들로 전환되었기 때문에 '외적'이고 '기계적인' 것이 되었다."(크리스 젠크스, 1993/ 김윤용 옮김, 1996: 39)

[28] 호르크하이머는 이미 이성을 주관적 이성(도구적 이성)과 객관적 이성(본질적 이성)으로 나눈바 있다(윤평중, 1997: 47).

템으로 변질된 것이다. 여기서 주관적 사회시스템을 주도하는 것은 바로 '권력勸力'이다. 따라서 주관적 사회시스템은 권력의 주체에 의해서 인간에 의한 인간지배의 시스템을 가능하게 한다. 여기서 '권력투쟁'도 야기된다. 이러한 상황은 경쟁과 지배의 역사적 사회시스템으로 구축되는 문화시스템에서도 똑같이 생겨난다. 결국 이성의 양면성(본질적-순수한 이성과 도구적 이성)으로 인하여 우리는 '사회적 권력'에 교묘하게 기만되는 것이다.[29]

호르크하이머와 아도르노는 도구적 이성에 의하여 본질적(포괄적) 이성이 권력의 수단화되는 시기를 "근대 이후"로 보고 있다(윤평중, 1997: 14). 그러나 실제로 도구적 이성의 등장은 인간이 이성적 능력을 발휘하면서 살았던 태초부터 이루어지고 있었다고 할 수 있다. 한마디로 인간의 이성은 사실 처음부터 도구적 이성이었다(張波, 1994/ 유중하 외 옮김, 2000: 70).

정리하자면, 인간이 살아남기 위해서는 어쩔 수 없이 문화를 창조하고 문화소유와 문화경쟁을 할 수밖에 없다. 그러나 살아남기 위해 시작한 순수한 문화소유는 점차 문화경쟁을 거치면서 '권력투쟁과 인간지배를 위한 문화소유'로 둔갑한다. 바로 이러한 문화 형성의 과정에서 인간의 이성은 객관적 본질을 잃고(초월하고) 권력과 권력투쟁을 위해 수단화·도구화되는 것이다. 갈퉁Johann Galtung은 자신의 저서 『평화적 수단에 의한 평화』(2000)에서 그동안 인간이 창조해 낸 종교와 사상, 언어와 예술, 과학과 학문 등 문화의 단면들은 모두 "문화적 폭력"의 일종으로 물리적 또는 구조적 폭력을 정당화하거나 합법화하는 데 이용될 수 있다고 경고한 바 있다. 즉, 인간은 문화를 만들어내고, 문화는 다시 인간을 구속한다. 바로 그러한 문화적 구속이 문화적 폭력으로 둔갑하여 작용하게 되는 셈이다.

역사적으로 볼 때, 어떠한 원시사회라도 인간이 살아남기에 유용하고 중요한 기술을 발전시켜 왔다. 문화의 일면인 기술의 발달 수준은 그 사회가 문명화되는 단계를 가늠해 준다. 또한 전쟁은 문화획득과 문화소유를 가속화시킨다. 인간은 적의 공격을 피하고 방어하기 위해 우수한 병기를 만들어

---

[29] 이러한 연유에서 계몽주의 철학자 임마뉴엘 칸트는 이성비판작업(순수이성, 실천이성, 판단이성)을 시작했으며, 헤겔 역시 진정한 인간의 이성을 신의 절대 영역으로 국한시켰다.

내야 했으며, 성공적인 공격을 위해 새로운 무기를 만들어내야 했다. 그러나 이웃 부락과의 싸움을 통해 획득한 병기를 획득하면서 더 이상 어렵게 살 필요가 없음을 알게 된다. 옆의 부락을 함락시킴으로써 그들이 만들어 낸 새롭고 멋진 병기들(문화전리품)을 모조리 획득할 수 있었다. 이뿐만이 아니다. 심지어 부락의 사람들을 모두 잡아와서 노예로 쓸 수 있었다. 전쟁의 승리는 생활의 편리함을 보장한다. 전쟁에서 이기기만 한다면, 꿩도 먹고 알도 먹는 셈이다. 그러나 전쟁에서 진다면 모두 노예가 될 것이며 그동안 만들어 낸 모든 무기들과 생활도구들은 몽땅 적의 손에 넘겨야 한다. 물론 처음부터 전쟁과 싸움에서 지고자 하는 자들은 없을 것이다. 누구든지 승리하고 말겠다는 희망 속에서 목숨을 걸고 싸울 것이며, 승리를 위해 전쟁과 싸움이라는 치열한 경쟁에 뛰어 든다. 오늘날 일상에서 벌어지는 치열한 경쟁은 모두 전쟁과 다를 바 없다. 경쟁에서 살아남는 것이나 전쟁에서 살아남는 것이나 모두 어쩔 수 없는 인간의 운명이기 때문이다. 이렇게 본다면 경쟁이란 어쩔 수 없는 삶의 본질이라고 할 수 있다.

우리의 일상사에서도 경쟁이란 단어는 이미 필요악이 되어버린 지 오래다. 아담 스미스Adam Smith가 국부론을 집필하면서 자본주의 경쟁사회를 합리화하기 이전에도, 이미 우리 인간에게는 태어나면서부터 자본주의체제에서 활성화될 수밖에 없는 성향을 가지고 있었다. 즉, 생존을 위한 무한경쟁의 운명은 인간의 삶에 선천적으로 주어져 있었다고 할 수 있다. 왜냐하면 인간은 자신이 살아남기 위해서는 무조건 남들(동물과 다른 인간들)과 경쟁하고 심지어 싸움하고 전쟁을 할 수밖에 없기 때문이다. 이러한 인간의 경쟁본능이나 투쟁본능은 우선 인간의 선천적 결핍성에서 기인하며, 아울러 인간의 이기주의적 본능으로 인하여 지속 강화된다. 대부분의 생태학자들은 인간의 선천적 에고이즘 때문에 지구촌 사회는 곧 파멸하고 말 것이라고 보고 있다. 중요한 것은 인간들의 경쟁과정에서 문화는 계속 발전하게 된다는 사실이며, 문화를 소유하는 자에게 경쟁의 조건은 보다 우세해진다는 사실이다.

정리하자면, 인간은 자연에서 살아남기 위해 발버둥을 친 결과 문화를 창조하면서 점차 문화의 영역을 구축해 나간다. 문화의 영역이 삶의 (잠정적) 객관으로 간주되면서 삶의 (잠정적) 기준이 된다. 생존시스템으로서 문화(또는 문화의 영역)가 구축되는 것이다. 이제 인간들은 살아남기 위한 유리한 조건을 창출하기 위해서 문화를 소유해야 한다. 왜냐하면 문화를 소유한다는 것은 삶의 객관을 소유하는 것이고, 삶의 객관을 소유한다는 것은 시행착오의 (주관적) 삶을 최소화하여 유리한 생존조건을 창출하는 일이기 때문이다. 한마디로 애초에 우리 인간은 스스로 살아남기 위해서 자연의 영역에 새롭게 문화의 영역을 창조했듯이, 이제는 (보다 잘) 살아남기 위해서 문화를 소유해야 하는 것이다. 그러나 문화소유의 본능은 곧 인간끼리 문화소유의 경쟁으로 발전한다. 또한 문화를 많이 소유한 자들은 문화를 적게 소유하거나 문화와 무관하게 살아가는 사람들을 지배할 수 있게 되면서, 문화를 매개로 하는 권력투쟁이 발생하게 된다. 문화적 권력투쟁이 시작되는 것이다.

그러나 따지고 보면 문화적 권력투쟁도 살아남기 위한 극히 자연스러운 생존활동이다. 문화를 많이 소유하고 보다 질적으로 훌륭한 문화를 소유한 사람들이 권력을 쟁취하면서 인간에 대한 인간의 지배시스템은 사회시스템으로 확정된다. 권력자가 지배자가 되고 아직 권력을 잡지 못한 자들은 피지배자 그룹이 된다. 피지배자들도 언젠가는 지배자가 되기 위한 염원을 가지고 시스템 속에서 남들과 경쟁하고 투쟁하게 된다. 지배자 계층에도 서열이 매겨지고 피지배자 그룹에도 서열이 매겨지면서 사회시스템은 경쟁시스템으로 변화된다. 바로 이 과정에서, 즉 권력투쟁과 지배와 경쟁의 시스템이 성립하는 과정에서 도구적 이성이 한 몫을 하는 것이다. 어쨌거나 이렇게 하여 새로운 삶의 시스템으로서 문화시스템이 확정된다. 새롭게 수립되는 문화시스템의 형태는 애초의 자연시스템이나 생명시스템과는 거리가 멀다.

애초부터 결핍성으로 태어나는 인간이 결코 살아남기 쉽지 않은 황량한 자연(시스템) 속에서 인간은 문화를 창조하면서 살아남겠다는 본능을 발휘하는 것은 본질적 이성(객관적 이성)의 결과이다. 이는 극히 자연스러운 생명현상이기도 하다. 생명을 유지하려고 하다보니까 어쩔 수 없이 문화를 탄생시킨다. 또한 문화를 소유함으로써 살아남겠다는 것도 극히 자연스러운 본능적 생명현상이다. 따라서 문화소유의 경쟁도 자연스럽다. 특히 한정된 재화를 놓고 벌어지는 경쟁은 극히 당연하다.

그러나 문화적 권력을 쟁취하고 그러한 권력을 목표로 남들을 지배하면서 살아남겠다는 것은 '과도한 에고이즘'의 결과이며, 의도적이고 강제적인 행위로 이는 생명현상의 본질을 왜곡하는 일이다. 왜냐하면 자신이 살기 위해 또는 권력을 쟁취하기 위해 다른 생명을 희생시켜야 하기 때문이다. 이는 애초에 인간에게 본질로 주어진 생명의 원리에서도 완전히 벗어난다. 애초에 결핍존재로 태어나는 인간이 살아남기 위해 시작한 문화창조와 문화소유의 자발적이고 자연적인 행위가 결국 인위적이고 강압적인 문화적 권력투쟁까지 이어짐으로써 남들을 살아남지 못하게 한다. 남들을 살아남지 못하는 시스템 속에서는 자신도 결국은 살아남기 힘들다. 공동체의 파멸은 공동체의 구성원인 자신에게도 언젠가는 죽음을 의미한다. 이렇게 볼 때 삶은 지극히 모순적이다.

우리 인간에게 심각한 모순은 또 존재한다. 인류에게 최초의 역사적 사회시스템으로 탄생한 문화시스템이 수직적 경쟁시스템으로 존재하는 것도 어쩌면 자연스러운 일인지 모른다. 왜냐하면 이미 위에서 언급한대로 이기적 본능을 가지고 태어나는 인간에게 '경쟁'은 삶의 필요악이기 때문이다. 그러나 경쟁이 '공정한 경쟁'으로 유지될 때 삶은 자연스러운 것이며 모순이 없는 것이다. 안타깝게도 우리 인간의 역사를 뜯어보면, 인간의 삶은 '불공정 경쟁'의 연속이었다.

경쟁의 불공정성의 문제는 경쟁의 기준문제이며 객관적 경쟁의 문제로 귀결된다. 우리는 위에서 경쟁관계에서 발생하는 피라미드형 수직적 문화시스템 속에서 서로 경쟁하고, 이를 위해 경쟁의 문화시스템사고로 살아남아야 한다고 했다. 왜냐하면 역사적 사회시스템으로 수립된 문화시스템은 '객관적 경쟁의 기준'이며 '객관적 사고의 기준'이기 때문이다. 그러나 우리는 여기서 무엇인가 크게 착각하고 있다. 아니 어쩌면 우리는 누군가에 의해서 기만당하고 있는지도 모른다. 역사적 사회시스템으로 등장하는 문화경쟁시스템은 결코 객관적이지 않다. 그럼에도 불구하고 우리는 이를 객관적 시스템으로 착각한다. 왜냐하면 시스템이란 사회구성원 모두의 공감대를 기반으로 형성되었다고 믿어지기 때문이다.

그러나 이미 언급한 대로 우리의 문화경쟁시스템은 주관적인 도구적 이성의 작용으로 이루어진 사회시스템이다. 따라서 문화시스템은 실제 객관적이지 않다. 왜냐하면 도구적 이성이란 주관적 이성이기 때문이다. 엄밀히 말하면, 도구적 이성이란 (순수한) 이성이 주관적으로 도구화된 이성이다. 따라서 이러한 주관적 이성에 의해서 시스템의 본질은 얼마든지 왜곡될 수 있다. 애초에 본질적(객관적)인 순수 이성의 도움으로 탄생한 문화의 영역은 마침내 이성이 본질을 잃고 '그 무엇인가'에 도구화되고 수단화되면서 삶의 본질(생명시스템)과는 전혀 무관한 새로운 시스템으로 탈바꿈한다. 물론 여기서 '그 무엇인가'의 핵심에는 '권력'이 서 있다. 결국 문화경쟁의 시스템이라는 사회시스템은 '누군가(권력계층)의 주관'으로 만들어지면서도 마치 객관적으로 만들어지는 사회시스템인 것처럼 교묘하게 위장되는 것이다. 그러나 객관으로 위장되는 주관적 시스템은 결코 '공정한 경쟁'의 기준이 될 수 없다. 따라서 우리 인간들이 구축해 온 문화경쟁의 시스템은 외견상으로는 경쟁의 객관적 기준처럼 보이지만 사실은 그렇지 않다. 결국 이러한 문화시스템 속에서는 공정한 경쟁을 위한 객관적 기준과 룰rule이 부재한다.

또한 시스템에서 객관성 결핍은 시스템사고 역시 혼란스럽게 한다. 객관성을 상실한 사회시스템 속에서 과연 우리는 어떤 것을 기준으로 사고할 수 있을 것인가? 시스템사고의 혼란은 각종 편법, 불법, 비법非法, 무원칙, 불공정한 경쟁 그리고 경쟁기준의 부당성을 허용한다. 이렇게 하여 우리 사회는 '불공정 경쟁의 시비' 속에서 항상 혼탁해지는 것이다. 물론 이러한 시비를 제도적으로 예방하고 치료하기 위해서 우리 사회는 역사적으로 '법치국가'를 만들어 냈다. 법치국가의 의도는 법의 규정을 통해서 공정한 경쟁의 룰을 만들어서 공정한 경쟁사회를 만들어 보자는 의도였다. 그러나 우리 인간의 역사는 아직 법적·제도적 장치를 통해서 불공정경쟁을 제어할 수 있는 수준에 있지 않다. 오히려 법적·제도적 장치 때문에 불공정한 경쟁이 심화되는 경우도 허다하다. 이러한 현상 역시 법제도의 공정성, 즉 객관성의 문제에 해당된다. 법·제도적으로 불공정의 문제를 막아보려고 하지만 결과는 그렇게 속이 시원하게 해결되지는 않는다.

하여간 객관성이 결여된 불공정한 사회시스템 속에서 살아가는 소위 비非기득권 계층이나 피지배자들, 즉 권력에서 멀리 떨어져 있는 힘없는 자들은 기존의 사회시스템을 그대로 적응하고 순응하면서 살아갈 수밖에 없다, 또한 이들은 이러한 시스템에 적응하고 − 부당하다고 여기지만 − 그 속에서 시스템 사고를 해야만 그나마도 목숨이 유지된다. 물론 이들 역시 '본능으로서의 권력에의 의지'(Nietzsche)를 가지고 경쟁에서 승리하고 권력을 쟁취하고자 − 더 정확하게 말하면, 오로지 살아남기 위해서 − 경쟁시스템 속에서 발버둥을 친다. 즉, 자신도 경쟁 대열에 끼어서 어떻게든지 기득권층에 진입하는 것을 최선의 생존전략으로 삼게 된다. 이들은 때때로 '수단과 방법을 가리지 않고' 경쟁의 대열에 끼어든다. 때로는 법을 어기기도 하고 남들처럼 편법을 구사하기도 하면서 혼탁한 경쟁시스템을 구축하는데 일조하기도 한다. 그러나 대다수의 사람들은 문화시스템이라는 경쟁시스템의 시스템 속에서 시스템의 단순한 노예로 전락할 뿐이다. 왜냐하면 이미 경쟁시스템은 경쟁에서 이미 승리한 소위 기득권 계층이 발휘하는 세력 있는 도구적 이성의 도움으로 공정하지 못한 경쟁의 기준을 마련해 놓고 있기 때문이다.

제II부

·

비판적 문화연구와 문화해석

제5장

사회과학과 문화비판

1. 사회비판이론과 문화위기

1) 프랑크푸르트 사회비판 학파의 탄생

프랑크푸르트학파*Frankfurter Schule*란 독일 프랑크푸르트 대학교Johann Wolfgang Goethe-Universität Frankfurt am Main 부설 사회연구소The Institute for Social Research/ *Institut für Sozialforschung*에서 사회이론 및 사회철학을 연구하는 학문 공동체를 일컫는다. 프랑크프르트학파Frankfurt School라는 용어는 프랑크푸르트 사회연구소와 이런 저런 이유로 연계되어 협력연구를 수행하던 다양한 사상가들의 그룹을 지칭하기 위해 비공식적으로 생겨났다. 따라서 이는 어떤 특별한 지위나 기관의 이름은 아니다.

실제 사회연구소는 1923년 마르크스주의자로서 비엔나대학의 법률정책학 교수였던 그륀버그Carl Grünberg(1861-1940)에 의해 설립되었다. 그런데 당시 비엔나대학은 프랑크푸르트대학의 부속기관이었으며, 독일의 주요대학들과 연계된 최초의 마르크스주의를 지향하는 연구센터였다. 그러나 이 연구소는 베일Felix Weil(1898-1975)이라는 젊은 마르크스주의자의 노력이 없었다면 탄생하지 못했을 것이다. 그는 「사회주의를 보완하는 실천적 문제」라는 주제로 박사학위 논문을 쓰면서 마르크스주의자가 되었다. 그는 마르크스주의에 대한 연구가 계속 이어질 수 있도록 하기 위해서 당시 곡물사업을 해서 큰 돈을 번 자신의 아버지에게 간청하여 연구소를 운영할 기부금을 얻어낸다. 그는 1922년 이 기부금으로 <마르크스주의 프로젝트 주간Die Erste Marxistische Arbeitswoche>이라는 주제로 심포지엄을 개최한다. 이 심포지엄의 목적은 항구적인 연구기금을 모으기 위함이었는데, 심포지엄은 연구소를 위한 단독 건물을 사들일 수 있을 정도로 성공적이었다. 여기서 그는 루카치Georg Lukács, 코르쉬Karl Korsch, 비트포겔Karl August Wittfogel, 폴록Friedrich Polloch 등을 만났다. 베일은 이 연구소의 소장은 국가가 인정하는 대학의 권위 있는 정교수가 맡아야 하며, 아울러 대학의 부설기관으로 지정되어야 한다는 입장을 교육부와 합의하여 관철해 냈다. 이렇게 하여 사회연구소는 대학교 연구소의 지위를 획득하게 되었다.

그러나 루카치György Lukács와 코르쉬Karl Korsch 같은 급진적 마르크스주의자들은 프로젝트 주간에는 참여했지만, 정당 가입 등 정치활동에 가담했다는 이유로 연구소의 정식 멤버는 되지 못했다. 결국 1923년 발간된 코르쉬의『마르크스주의와 철학』과 루카치의『역사와 수업 의식』은 프랑크푸르트학파의 작업에 중요한 영향을 미쳤음에도 불구하고 이 연구소에서 연구 테마로 채택될 수 없었다. 이러한 이유로 사회연구소의 연구진들은 공산당communist party과 점점 멀어지는 계기가 된다.

공식적으로 프랑크푸르트학파로 명명된 철학적 전통은 아마도 철학자이며 사회학자이며 사회심리학자인 호르크하이머Max Horkheimer(1895-1973)와 특별히 연계되면서부터였다. 그는 1930년에 연구소장을 맡으면서 많은 재능있는 이론가들을 영입했다. 철학자이며 사회학자이며 음악가였던 아도르노Theodor W. Adorno(1903-1969)와 정신분석학자 프롬Erich Fromm(1900-1980) 그리고 철학자 마르쿠제Herbert Marcuse(1898-1979)가 대표적이다(Wiggershaus, 1987: 12-13).

실제로 제1, 2차 세계대전의 사이인 1923년 프랑크푸르트대학교의 부설 연구기관으로 설립된 이 학파는 당시 자본주의자도 파시스트도 아니며 그렇다고 공산주의자들도 아니었다. 즉, 이들은 자본주의사회와 소련 주도의 사회주의 모두에 대해서 비판적 입장을 띄면서 지속적인 사회 발달을 위한 새로운 대안을 제시하기에 이르렀다(Held, 1980: 14) 다만 이들은 사회현실에 대해서 비판적인 입장을 가지고 사회비판에 주력했지만, 멤버들끼리도 서로 입장이 조금씩 달랐다. 따라서 학파의 구성 역시 이질적이고 다양한 그룹이었다고 할 수 있다. 그러나 비록 이들은 느슨하게 협력하기도 했지만, 이들 이론가들은 마음속에 공동의 패러다임을 가지고 있었다. 따라서 이 학파는 해체도 없었다.

> "프랑크푸르트학파 내지 비판적 이론은 통합된 어떤 것을 수용하지도 않았기 때문에 학파의 와해Zerfall에 대해서도 언급할 수 없다. 모든 비판이론이 고려하는 본질적인 요소들이 존재하는 한, 실행 관련의 형태로 계속 발전될 수 있었다."(Wiggershaus, 1987: 728-729)

중요한 점은 이 학파에 속하는 많은 이론가들은 전통적 이론을 가지고는 더 이상 예측하기 어려운 격동의 20세기 자본주의의 사회 발전을 적절하게 설명하지 못한다는 사실에 공감하고 있었던 것이다. 특히 자본주의사회의 혼란스러운 발전을 비판하기 위해서는 새로운 사회이론이 요청되었던 셈이다. 즉, 이들은 당시 새로운 미래 사회에 대한 동일한 가설을 공유했으며, 동일한 질문에 몰두하고 있었다고 할 수 있다(Finlayson, 2005: 1).

특히 이들은 고전적 마르크스주의가 소홀히 한 점을 찾아내고 이를 해결하기 위해서 다른 학파 내지 타학문의 사상가들로부터 답을 구하기 위해서도 많은 노력들을 했다. 이를테면 반反실증주의 사회학anti-positivist sociology, 정신분석psychoanalysis, 실존철학existential philosophy 등이 대표적이다. 또한 이들은 주로 칸트, 헤겔, 마르크스, 프로이트, 베버 그리고 루카치 등과 같은 다양한 사상가들에 접근했으며 이들의 이론을 학습하고 이를 종합하는 작업에 적극 참여했다(Held, 1980: 16). 특히 이들은 마르크스를 추종하면서 사회변화를 허용하는 조건들과 합리적 사회제도의 수립에 대해서 연구했다 (Held, 1980: 15). 또한 이들은 실증주의, 물질주의 그리고 결정주의의 한계에 대한 비판을 이론화하고 이를 극복하는 방안에 대해서 학습하였다. 결국 이들은 철학적 차원에서는 칸트의 비판철학과 독일관념론의 계승자인 헤겔 철학으로 회귀하게 된다. 특히 이들은 인류의 최대 유산인 칸트의 '배리의 문제contradiction'와 이에 터한 비판 그리고 헤겔과 마르크스의 변증법에 다시 주목하기 시작했다.

한편, 양차 대전 사이에 있었던 독일의 정치적 혼란상은 프랑크푸르트학파의 탄생에 지대한 영향을 미쳤다. 이 연구소의 사상가들은 특히 마르크스가 공산주의 혁명이 일어날 것으로 예견했던 서부유럽에서 노동자계급의 혁명이 실패로 돌아간 사실과 경제적으로 기술적으로 선진국이었던 독일에서 나치스가 성장하였다는 사실에 큰 충격을 받았다. 이로써 많은 이론가들은 마르크스주의가 당시의 사회적 조건을 형성하는데 어떠한 기여를 했는지에 대해서 조목조목 분석해 보기로 했다. 또한 헤겔주의의 토대 위에서 쓰여진 마르크스의 『경제-철학의 소고Economic-Philosophical Manuscript』와 『도이치 이데올로기The German Ideology』가 1930년대에 발간되었는데, 이것이 사회분석 및 사회비판의 준거가 되었다. 이러한 와중에 연구원들은 나치스의 무리가 급증하는 현상을 목도하면서 사회연구소를 독일 밖으로 이전할 준비를 한다.

결국 1933년 히틀러가 정권을 잡으면서 연구소는 제네바로 옮겨졌고, 1935년에는 미국 뉴욕에 자리를 잡게 된다. 사회연구소는 이때 컬럼비아대학교의 부속기관으로 지정되었다. 아울러 이 연구소의 학술전문지인 ≪사회연구저널Zeitschrift für Sozialforschung≫은 철학 및 사회과학 연구Studies in Philosophy and Social Science로 이름을 바꾸었다. 이때부터 연구소의 가장 중요한 사업이 시작되었으며, 미국과 영국의 학술재단으로부터 찬사를 받기 시작했다. 종전 후에는 이 연구소의 사상가들이던 마르쿠제, 로벤탈, 기르히하이머 등은 미국에 체류하는 것을 선택했지만, 호르크하이머Horkheimer, 아도르노Adorno 그리고 폴록Pollock 등은 서독으로 건너갔다. 그리고 공식적으로 프랑크푸르트에 연구소가 재건된 것은 1953년의 일이었다(Held, 1980: 38).

프랑크푸르트학파의 대표적인 이론가들은 초기부터 회원이었던 호르크하이머, 아도르노, 마르쿠제, 폴락, 프롬, 키르쉬하이머, 뢰벤탈, 노이만Franz Leopold Neuman, 그로스만Henryk Grossman을 들 수 있으며, 연구소에 연계되어 활동했던 사람들은 크라카우어Siegfried Kracauer, 존-레텔Alfred Sohn-Rethel 그리고 벤야민Walter Benjamin을 들 수 있다(Kuhn, 2007). 마지막으로 프랑크푸르트 비판이론에 근거하는 사람들은 하버마스, 오페Claus Offe, 호네트Axel Honneth, 넥트Oskar Negt, 슈미트Alfred Schmidt 그리고 벨머Albrecht Wellmer가 그들이다.

프랑크푸르트학파의 비판이론은 목적과 목표를 포괄적으로 이해하지 않고는 완전히 파악될 수 없다. 호르크하이머는 「전통적이고 비판적인 이론」(1937)에서 "비판 이론이란 자의식적인 사회비판이고 규정하고 있는데, 비판이론의 목표는 계몽을 통한 변화와 해방이지만 그렇다고 교조적이지는 않다"고 주장한다(Geuss, 1981: 58). 비판이론의 원래 목표는 부르주아 사회에서 야기된 '지배적 이해the ruling understandings'의 진정한 중요성을 분석하는 것이었다. 이는 실제 현실 속에서 사람들이 '잘못된 상호작용'을 하고 있으며, 그렇게 함으로써 자본주의사회에서 인간에 의한 인간의 지배가 어떻게 정당화되고 합리화되는가를 알려주는 것이었다. 특히 이들 이론가들은 마르크스가 직접 다루지 못한 사회분야를 분석, 해석 그리고 비판하는 것을 자신들의 주과제로 삼았다. 이를테면 사회의 '상부구조superstructure'에 관한 것이 대표적이다(Jay, 1973: 21)

호르크하이머Horkheimer는 사회비판이론을 전통적 이론들, 즉 실증이론이나 과학이론 또는 오로지 관찰을 통해서 이루어지는 이론들과 대치시켰다. 베버Max Weber를 인용하면서, 호르크하이머는 "사회과학은 자연과학과 다르다"고 주장했다. 이를테면, 일반화 내지 보편화는 소위 경험으로부터 쉽게 만들어질 수 없다는 것이다. 왜냐하면 사회적 경험 자체를 이해하는 것은 항상 연구자들이 이미 가지고 있는 관념들ideas에 의해 유형화되기 때문이다. 즉, 연구자들이 실천하지 못하는 것은 그가 자신의 사고를 형성하는 이데올로기의 역사적 맥락에 포로가 되어 있기 때문이다. 따라서 이론이란 경험 자체보다는 연구자의 마음속에 이미 형성되어 있는 관념들에 의해 결정될 수밖에 없다고 할 수 있다.

한마디로 호르크하이머에게서 사회과학은 자연과학의 단순한 모방이라고 할 수 없다. 그에 의하면, 비록 지금까지의 다양한 이론적 접근들이 실증주의, 실용주의, 네오 칸트주의 그리고 현상학 같은 것들을 제한했던 이데올로기의 구속으로부터 탈출하는 시도였다고는 하지만, 모두들 성공하지는 못했다. 왜냐하면 이들은 이론적 활동을 실제의 삶으로부터 분리하는 논리적-수학적logico-mathematical 편견을 가지고 있었기 때문이다. 소위 정통 마르크스주의 역시 자신을 비판의 잣대로 군림하면서 인간 개개인의 활동에 대해서는 별 고려도 하지 않고 자기 스스로 절대 진리인 양 남아 있다. 그러나 프랑크푸르트학파의 비판 이론은 모든 절대 진리에로의 요구를 거부하고 오히려 '자기비판'의 개념으로 회귀한다.

결국 이 학파의 비판이론은 어떠한 질료(물질주의)나 의식(관념주의)에도 치우치지 않는다. 왜냐하면 만약 한쪽으로 치우친다면 양쪽의 인식론은 어떤 특정한 그룹에 이득이 되기 때문이다. 그러나 이 학파의 비판이론은 정통 마르크스주의도 이러한 딜레마를 극복하지 못했다고 본다. 따라서 이 학파의 비판이론은 자기 스스로를 현재의 사회구조를 벗어나서 '철학적 비판'의 입장으로 선회하고자 했다. 그러나 사고의 방법으로서 그리고 인간성의 자기 지식을 회복하는 방법으로써 비판이론은 종종 마르크스주의를 방법과 수단으로 차용할 수밖에 없었다(Carr, 2000: 3). 왜냐하면 프랑크푸르트학파는 뿌리를 마르크스 사상에 두고 있었기 때문이다. 결국 이 학파의 비판이론은 ― 순수 철학적 사유를 요청하면서도 ― 사회학적 비판 내지 사회 철학적 입장을 벗어날 수 없었던 셈이다.

특히 호르크하이머는 일반사회이론은 현실을 그대로 반영하고 설명하는 반면, 비판이론은 현실을 반영하는 것을 넘어서 현실을 변화시키고 이로부터 해방시키는 것까지를 목표한다(Horkheimer, 1976: 219). 왜냐하면 현실은 이미 자본에 의한 노예화가 지배하고 있기 때문이다. 한마디로 자본주의 그 자체가 문제인 것이다. 따라서 비판이론은 해방이라는 실천적이고 규범적인 사고에 토대를 두어야 하며, 행위자들에게 미래의 실천적 목표와 명백한 규범을 제시할 수 있어야 한다(Bohman, 1996: 190). 중요한 것은 마르크스주의와 달리 프랑크푸르트 비판이론은 비판과 변화(혁명)의 방향을 역사적 특수성, 즉 '개인'(역사적 개별성)으로부터 출발하여 사회적 총체성으로 향해야 한다는 점이다.

이미 위에서 언급한 것처럼 프랑크푸르트학파의 이론가들은 칸트의 비판철학과 맥을 같이 하고 있다. 칸트는 이성과 이에 대한 비판 그리고 도덕적 자율성 사이를 직접 연결해 보겠다는 요구에는 항상 한계가 있다고 보았다. 따라서 이를 중재하여 자유自由, Freiheit와 자율自律, Autonomie이라는 배리관계를 해소하기 위해서는 반드시 철학적 반성과 성찰이 요청된다. 결국 이렇게 본다면, 칸트의 비판개념Kritique에는 반성과 성찰이 항상 동반된다고 할 수 있다. 이는 인간에 대한 결정론적이고 정태적인 이론과도 매우 다른 것이다.

그러나 비판이론가들은 당시 독단적 실증주의와 과학주의 그리고 독단적 과학사회주의scientific socialism에 의해 지배되던 지적 풍토 속에서 마르크스의 이념을 비판철학적인 접근을 통하여 부활시키려고 했다. 특히 마르크스-레닌주의자들과 사회민주주의의 독단적 사상가들은 모두 마르크스주의를 새로운 실증과학으로 보았다. 또한 호르크하이머 같은 프랑크푸르트학파의 비판이론가들 역시 자신들의 작품은 마르크스의 인식론적 토대 위에서 탄생했다고 고백했다. 한마디로 이들은 결코 마르크스를 넘어서지 못한다는 말이다. 따라서 이들에게 나오는 모든 작품들은 그 자체가 '비판'이다. 왜냐하면 자본주의로 무장되어 가는 현실 자체가 문제이며 그것은 항상 비판의 대상이 될 수밖에 없기 때문이다. 이를테면, 마르크스의『자본론: 정치적 경제에 대한 비판Capital: A Critique of Political Economy』에서 보는 것처럼, 제목 그 자체가 '비판'이다. 달리 말하면, 이들은 현실을 비판하지 않을 것이면 아예 글도 쓸 필요가 없으며, 글을 쓰면 무조건 현실 비판적일 수밖에 없다는 것이다. 실제로 마르크스는 새로운 차원에서 비판적 분석critical analysis을 시도하면서 이론의 통일성과 혁명적 실천을 지향했다.

그러나 마르크스의 이론은 입증된 사실만을 다루고 있지는 않다. 따라서 엄밀히 말하면 사실입증에 주력하는 '실증과학positivistic science'은 아니다. 즉, 비판을 통해서 무엇인가를 입증하려는 것은 아니다. 단지 현실에 대한 비판적 시각의 노출일 뿐이다. 오히려 마르크스주의 이론은 현실 사회의 이데올로기를 그대로 인정하면서 사회에 부여된 현실 문제를 비교하면서 조목조목 비판하는 데 그 의미를 두는 '실천적 규범과학'이라고 할 수 있다. 이를테면, 개인의 자유에 대한 신념이나 자유시장의 자본주의 또는 사회적 불평등과 착취문제 등이 구체적인 비판의 대상이다. 특히 프랑크푸르트학파의 이론가들에게도 이러한 비판의 방법은 그대로 전수되었는데, 이른바 '변증법적 방법dialectical method'이 바로 그것이었다.

이렇게 하여 프랑크푸르트 사회연구소는 변증법을 구체적인 비판의 방법으로 재형식화reformulate시키는 시도를 한다. 결국 이러한 변증법적 방법의 사용은 헤겔의 철학으로 거슬러 올라간다. 한마디로 이들은 칸트의 비판 개념을 헤겔의 변증법을 통해 보다 선명히 하고자 했던 셈이다. 그리고 이들은 자신들이 차용한 변증법은 여러 다양한 모순적 측면에서 발생하는 갈등으로부터 나오는 결과These를 일단 부정Anti-Tehses함으로써 새로운 합일Synthese의 단계로 넘겨주는 방식이라고 설명한다.

헤겔에 따르면, 역사는 변증법적 양태 속에서 진행되고 진보한다. 그리고 현재는 과거의 모순들을 합리적 종합rational synthesis으로 구현해 낸다. 따라서 역사는 이해할 수 있을 정도의 명료한 과정으로 보여질 수 있다. 헤겔은 이를 세계정신Weltgeist라고 불렀다. 그러나 헤겔에게는 미래에 대한 고려가 관심의 대상은 아니었다(Pelczynski, 1971: 200). 반면, 마르크스에게는 '미래 사회'가 커다란 관심사였다. 왜냐하면 헤겔에게 철학은 처방일 수가 없었기 때문이다. 마르크스주의자들에 의하면, 철학은 오로지 때늦은 지혜 속에서만 이해된다. 따라서 헤겔에게서 역사에 대한 연구는 '과거와 현재'라는 실재에 대한 묘사로 제한될 수밖에 없다. 이렇게 하여 헤겔은 철학자로 남는 것이고, 미래를 걱정하는 마르크스는 사회학자 또는 사회철학자의 길을 가게 되는 것이다.

실제로 헤겔과 그의 후계자들에게 '현재의 상태status quo'가 중요하다. 따라서 그의 변증법은 현실을 그대로 인정한다. 결국 헤겔의 철학은 기독교 신학과 프러시아 국가를 정당화하는데 기여했다.

> "헤겔 철학의 중심개념은 서양사상의 핵심개념인 이성理性이다. 이성은 자신을 표현하기 위해서 어떤 대상을 필요로 한다. 이성은 세계와 물질 속에 자신을 전개시키고자 하며, 따라서 세상에 존재하는 모든 것은 이성의 지배를 받은 유동적인 속성을 지닌다. 그 과정이 변증법적으로 진행되며 그 과정에서 정신은 절대적 정신으로까지 발전된다. 정신의 한 형태인 객관적

인 정신은 구체적인 모습으로 법과 도덕, 그리고 인륜Sittlichkeit의 형태를 띠게 된다. 그중에서도 인륜이 사회 속에서 완성되어지는 것인데, 가족·사회·국가라는 각 단위체에서 단계적으로 완성된다. 인륜은 그중에서도 국가를 통해 완성된 모습을 띠게 된다.... 다시 말하면 국가는 객관적 정신의 실현이 시민사회이다."(박병기 편저, 1994: 132-133)

한마디로 헤겔의 변증법은 보수주의적 성격을 가지고 있다. 마르크스와 젊은 헤겔주의자들은 바로 헤겔의 이러한 점을 신랄하게 비판했던 것이다. 또한 이들은 헤겔이 그의 절대이성absolute reason을 위한 추상적 개념을 방어하는 데에 급급해서 현실로부터 너무 멀리 갔다고 보았다. 따라서 헤겔은 사회적 지배로부터 고통을 받는 노동자 계급의 현실적인 삶의 조건들 – 특히 바람직하지 않고 비합리적인 조건들 – 을 파악하는데 실패했다고 주장한다. 결국 마르크스는 헤겔의 '관념론적 변증법'으로부터 상부와 하부를 전도시키면서 자신만의 고유한 '유물론적 변증법material dialectics'을 발전시켰다. 마르크스는 노동자의 존재를 결정하는 것은 인간의 의식이 아니고 반대로 그들의 의식을 결정하는 것이 그들의 '사회적 현존'이라고 주장했다. 이로써 마르크스는 역사와 공간에 대한 유물론적 개념을 추종하게 된다(Soja, 1989: 76-93).

유물론적 변증법에서는 '생산력'이 역사 변화를 위한 일차적 동력으로 간주된다. 그리고 이에 따라서 자본주의에 본래적인 사회적이고 물질적인 조건들은 필수불가분하게 된다. 바로 유물론적 변증법에서는 바로 그것이 부정되는 것이다. 따라서 자본주의는 새로운 사회의 합리적 형태인 공산주의communism로 대체될 수밖에 없는 것이다. 결국 마르크스는 강하게 변증법적 분석dialectical analysis의 형식에 의존한다. 이러한 방법은 현재 지배적인 관념들 속에 있는 모순을 드러내면서 진리를 알게 하는 방법인데, 이는 서로 대립하고 있는 반대적 사회관계들의 투쟁을 토대로 하면서 가능해진다. 즉, 마르크스에게서 그것들은 반대 세력에 대한 변증법적 계급의식을 인식하는 순간 힘(생존능력)을 얻기 위한 투쟁 관계로 들어가게 된다. 이로써 개인들은 자신들을 해방시키며 현재의 사회 질서를 변화시킬 수 있게 된다.

"마르크스와 엥겔스는 사회주의의 유토피아적 성향을 과학적 사회이론으로 대체시키려고 하였다. 그리고 과학적 분석의 방향을 정thesis, 반antithesis, 합synthesis의 3단계 과정으로 표현되는 헤겔의 변증법 개념에서 찾았다. 헤겔도 그러했지만 마르크스 역시 이러한 논리체계를 명시적으로 사용하지는 않았다. 단지 '부정'과 '부정의 부정'이라는 용어를 사용할 때, 변증법과 동질적인 개념을 이용하고 있음을 알 수 있으나 그것이 무엇을 의미하는지는 분명하지 않다. 가장 설득력 있는 해석은 변증법의 개념이 지속적으로 변하는 현실의 동적인 성격을 강조하는 것으로 이해한다. 피상적으로 정태적인 현실은 반대의 경향을 발생시키고 양자의 갈등을 통해 새로운 현실이 나타나는데, 합의단계로서의 나중 상태가 더 높은 발전단계를 이룬다. 즉, 모든 사회체제는 생산력과 생산관계 간의 갈등을 경험하고 이를 통해서 새로운 사회가 등장한다는 관점이 변증법적 과정과 일치한다는 것이다. 현실이 발전적 변화과정이라는 헤겔의 변증법적 인식에 동의하지만 변화의 원인이 물질적 요인에 의한다고 함으로써 헤겔과는 전혀 다른 세계관을 보였다. 세계는 신에 의해 지배되는 것이 아니고 법칙에 의해 설명될 수 있는데, 그 세계의 발전과정은 물질적 요인이 지배한다. 따라서 인간 의식의 역할은 부정되고, 사상이나 이론 같은 정신적 현상은 사회의 조직구조나 경제와 같은 물질적 요인으로부터 도출된다."(김승현 외, 1997: 84)

결국 마르크스의 유물론적 변증법은 엥겔스와 '공산당 선언'을 함께 하는 과정에서 엥겔스의 주도로 '변증법적 유물론dialectical materialism'으로 탈바꿈하여 발전하게 되었던 것이다.

"마르크스나 엥겔스 자신은 이 용어를 사용하지 않았다. 이 용어는 1890년대에 러시아의 마르크스주의자인 플레하노프G. V. Plekhanov에 의해 사용되었다. 후일 레인이 마르크스 이론을 다른 물질주의 이론과 구분하기 위하여 사용하였다."(김승현 외, 1997: 83)

한편, 프랑크푸르트학파의 비판이론은 역사주의와 교조적 마르크스주의 유물론 - 그것에 유물론적 변증법이든 변증법적 유물론이든 - 일체를 거부한다(Bernstein, 1994: 208). 그러다 보니 이들은 변증법적 방법을 수용하지만 '스스로 수정하는 방법self-correcting method'을 택할 수밖에 없었다. 이때부터 마르크스가 언급한 물질적 긴장들과 계급투쟁들이 더 이상 프랑크푸르트학파의 이론가들에게는 전수되지 않았다. 그러나 당시 서구 사회 내부에는 여전히 혁명적 잠재성이 도사리고 있었기 때문에, 이들은 마르크스의 변증법적 해석과 미래 예언을 불확실하다는 이유로 완전히 거부할 수는 없었다.

한 예로, 정통 마르크스주의자들은 오로지 프락시스Praxis를 통하여 공산주의를 불변하는 유일한 이론으로 성취하고자 하는데, 비판이론가들은 프락시스(실천)와 이론Theoreia 사이의 변증법적 과정을 중시하면서 이론과 실천은 상호의존적이며 상호작용한다는 사실을 강조했다. 그러나 마르크스와 포이엘바하의 테제 이후 마르크스 계열의 철학자들은 어떻게 해석하더라도 세상을 변화시키는 것이 최종의 목표가 되어야 하기 때문에, 이념, 철학, 이론의 유일한 타당성은 행동과 실천으로 이어져야 한다는 사실에 합의하여 왔다. 그러나 프랑크푸르트학파의 이론가들은 만약 행동이 실패한다면 그때에는 그것을 주도한 이론은 재검토되어야 한다는 논리를 주장하면서 이를 수정하고자 했다. 간단히 말하면, 사회주의의 철학적 사고에는 그 자체를 비판하는 능력이 주어져야 하며, 이로써 그의 실수를 극복해야 한다. 한 마디로 비판이론에서는 이론이 프락시스를 지시하고, 다시 프락시스는 이론을 지시하는 기회를 가져야 한다.

프랑크푸르트학파의 비판 이론가들이 후대에 가장 커다란 영향을 미친 중요한 연구테마들은, 첫째, 역사적 맥락historical context, 베버주의 이론Weberian theory, 프로이드주의 이론Freudian theory, 실증주의에 대한 비판Criticism of Positivism, 마르크스주의 이론Marxist theory, 문화이론Culture theory 그리고 미학적 근대성Aesthetic modernism을 꼽을 수 있다. 이들은 선진화된 자본주의사회에서 소외疏外와 비합리성이 점점 더 강화된다는 사실에 주목한다. 따라서 이들이 추구하는 비판 이론은 포괄적인 '이데올로기 비판'을 통하여 역사적으로 이론을 자기 성찰적으로 구현해 내는 것이다. 이는 '지배支配, domination'에 대해서 합리적 차원, 인본주의적 차원 그리고 자유사회의 차원에서 설명한다. 구체적으로 이를 위해서 프랑크푸르트학파의 비판이론가들은 선진화된 산업문명에서 나타나는 경제적, 정치적, 문화적, 심리적 지배구 조domination structures들에 대해서 많은 이론들을 발전시켰다. 특히 프랑크푸르트 사회연구소는 인간 주체가 합리적으로 될 가능성에 대해서 두 가지 점에서 중요한 기여를 했다. 왜냐하면 사회와 역사의 책임을 떠맡기 위해 합리적으로 행동할 수 있는 개체가 바로 '인간적 주체'이기 때문이다.

첫째, 이전의 마르크스주의에서는 이데올로기로 간주된 사회 현상들이 상부구조로 구성되었다. 이를테면, 인격, 가족, 권위 구조들 그리고 미학과 대중문화popular culture가 상부구조들이다. 따라서 당시의 모든 연구들은 비판 의식과 혁명적 정치적 의식을 파괴하는 자본주의의 역량에 대해 공동의 관심사를 가지고 있었다. 이는 스스로 지속되는 심층적 차원의 사회적 억압을 인식하도록 하는 것이었다. 이로써 이들에게 이데올로기비판의 작업이 시작된다.[1]

둘째, 아도르노와 호르크하이머의 「계몽의 변증법」(1944)과 아도르노의 「미니마 모랄리아Minima Moralia」(1951)라는 작품의 출현이다. 두 작가는 미국 망명 시절 이 작품들을 썼다. 이들 작품은 마르크스주의자들의 분석 방식에 따르지만, '비판'이라는 개념에 보다 많은 강조점을 부여하였다. 이로써 마르크스주의의 전통인 자본주의 비판은 '서구 문명에 대한 비판'으로 전환되었다. 물론 「계몽의 변증법」은 오디세이를 부르주아 의식분석을 위한 패러다임으로 사용한다. 즉, 호르크하이머와 아도르노는 이 작품에서 당시의 사회적 사고를 지배하여 온 구체적인 '주제'(테마)들을 제시한다. 물론 이들에게 분석의 틀은 '도구적 이성' 내지 '도구적 합리성'이었다. 이들은 도구적 합리성의 개념을 가지고 이들이 오랜 관심사였던 생태주의 내지 환경주의를 분석하기도 하였다. 또한 이들은 서구 문명의 합리성은 '지배의 합리성과 기술적 합리성의 융합'으로 분석하기도 했다. 물론 외부적이고 내부적인 모든 자연은 인간 주체의 힘 아래에 있다.

그러나 서구 사회에서는 문명(화)의 과정에서 주체는 소외되면서 결국

---

[1] 이데올로기 문제는 믿어지고 있는 것과 과학적으로 타당한 것으로 입증될 수 있는 것 사이에 간격이 생길 때 발생한다(Parsons, 1959: 25). 이데올로기 비판은 바로 이러한 이데올로기 문제에서 비롯된다.

힘을 발휘할 수 없이 소멸되고 만다. 문제는 자본주의를 근간으로 하는 서구 문명에서는 자기 스스로를 해방시킬 수 있는 프롤레타리아가 없다는 사실이다. 따라서 이들에게는 반성과 성찰을 토대로 하는 비판의 능력 이외에 달리 방법이 없게 된다. 이런 맥락에서 아도르노는 상처를 입은 삶에 대한 성찰과 반성이 요청된다는 의미에서 「미니아 모랄리아」라는 제목을 달게 된다. 즉, 이들은 개별적 주체의 경험에 대한 변증법적 모순을 밝혀냄으로써 이론이 가지는 진실성을 유지시켜 보자는 것이었다. 결과적으로 이러한 논리는 정통 마르크스주의의 낙관주의로부터도 거리를 두게 된다. 이제 이들에게는 사회의 구조적 모순보다는 오히려 개인의 '욕망'으로부터 발생하는 심리적 모순과 갈등이 보다 중요한 과제가 된다: "욕망이 사고 위에 놓이는 것이 현실을 보다 어렵게 한다."(Adorno, 2006: 247)

그러나 이러한 비판이론은 사회학적 관점에서 본다면, 사회적 지배관계의 모순에 대한 연구를 불안하게 하며, 인간해방과 자유의 가능성에 대한 비관주의를 지속시키는 불안정성을 야기하는 결과를 낳게 된다. 물론 비판이론에서는 마르크스주의에서도 다루지 못한 '사회적 지배'로서 자연적 사회주의의 등장, 국가자본주의 그리고 대중문화 같은 개념들이 새롭게 등장한다(Habermas, 1987, 116). 특히 대중문화popular culture를 '문화산업文化産業, culture industry'으로 설명하면서 사회적 지배구조를 밝혀낸 사건은 프랑크푸르트학파의 최대 공헌이다.

> "서구에서 19세기의 역동적인 산업화는 사회의 많은 면모를 근본적으로 바꾸어 나갔다. 그중에서도 가장 큰 변모를 보인 것 중의 하나가 문화적 영역이다. 자본주의적 산업화는 전통적인 신분제 질서를 붕괴시켰는데, 이와 함께 문화의 영역에서도 신분계층이나 전통, 취향의 오랜 장벽이 무너지고 사회구성원들 간의 문화적 차이가 급격히 축소되는 문화의 동질화 현상이 초래되었다. 서구에서 대중문화가 19세기 초부터 발달할 수 있었던 역사적 근거는 대략 다음과 같이 정리될 수 있다. 산업화의 결과로서 일반대중이 사회적 정치적 무대의 전면에 대두하게 되었고, 전통적 지배세력의 지위는 약화되었다. 지배세력의 가치관과 세계관을 반영하고 있는 고급의 호사스러운 전통문화는 이들의 퇴락과 함께 지배적 지위를 잃게

되었다. 민주주의와 대중교육의 보편화는 상류계층이 문화적 독점을 무너뜨렸다. 이윤추구를 목표로 하는 기업은 새롭게 각성된 대중의 문화적 수요가 이윤높은 상품시장이 되는 것을 알았다. 과학기술의 진보는 문화적 상품시장의 형성에 크게 기여했는데, 특히 영화나 텔레비전 등의 새로운 미디어의 출현은 문화의 대량생산과 대량분배에 결정적으로 영향을 미쳤다.... 통상 대중문화는 고급문화에 대립되는 개념으로 값싸고 저속한 문화로 인식되는 경향이 있다. 그것은 현대의 대중문화가 시장에서 거래되는 하나의 상품의 형태를 띠고 있기 때문에 필연적으로 대중의 평균적 취향에 영합할 수밖에 없다. 또한 대중매체는 수용자의 평균적 취향에 맞도록 그 내용과 수준을 동질화시키지 않을 수 없기 때문에 일반적으로 지속하고 상투적인 방향으로 하향 조정된다. 오늘날 대중문화에 의해서 창조되고 향유된다는 관점보다는 생산되고 소비된다는 측면에서 접근하는 것도 바로 이러한 대중문화의 상품성과 시장지향성 때문이라고 볼 수 있다. 대중문화를 비판적으로 보는 입장은 저속하고 쾌락지향적인 대중문화가 여기에 탐닉된 대중들로 하여금 정치사회에 대한 건전한 시민적 비판의식을 잃어가게 한다고 주장한다. 또한 현대의 대중문화는 대중매체를 통하여 획일적으로 전파되기 때문에 매체의 조작을 통하여 왜곡되고 날조된 이미지를 전달함으로써 궁극적으로는 기존 지배권력의 유지강화에 기여한다고 비판한다."(김승현 외, 1997: 317-319)

한편, 아도르노와 호르크하이머는 '생산관계들relations of production'과 '사회의 물질적 생산력material productive forces of society' 사이에서 발생하는 자본주의사회의 긴장관계를 국가의 개입으로 해소시켰다. 그러나 정통 마르크스주의자들에 의하면 그러한 긴장은 본질적 모순으로 국가개입으로 해소되지 않는다. 즉, 개인의 소유권 인정으로부터 자본주의가 탄생하는데, 자본주의사회에서는 생산수단을 소유한 사회에 의해 개인소유권은 박탈될 수밖에 없게 된다. 이로써 개인의 생산주체로서의 권리를 상실하게 되는데, 이것이 바로 "소외疏外"이다. 그런데 프랑크푸르트학파의 비판이론은 자본주의사회에서 발생하는 이러한 긴장관계를 국가의 시장개입으로 해소할 수 있다는 입장으로 선회한 것이다. 이로써 프랑크푸르트학파의 비판이론에서는 마르크스가 현대 사회의 해방을 예고했던 변증법적 사고가 억제되기 시작했으며, 결과적으로 지배의 문제는 실증주의 합리성에 의해 진화되었다.

그러나 이러한 두 번째 프랑크푸르트학파의 기획은 성공하지 못했다. 왜 나하면 유럽지역에서는 야만적인 파시스트들이 등장했으며, 홀로코스트의 악몽은 사회비판이론의 한계를 그대로 보여주는 대목이었다. 결국 이러한 프랑크푸르트의 비판이론은 하버마스의『의사소통적 합리성』에 대한 상호 주관성 이론이 나올 때까지 한계에 봉착하게 되었다(Kompridis, 2006: 256).

냉전의 시대에 선진 산업사회의 성장을 보면서 비판이론가들은 자본주의 의 역사적 발전이 지배와 압재의 형태를 과거와는 전혀 다르게 형성하고 있다는 사실을 목격한다. 따라서 이들은 이제 서구 사회에서 자본주의의 발달을 기정사실로 수용할 수밖에 없었다. 과거 마르크스시대 같으면 대부 분이 생산계층인 노동자계급으로서 혁명주체로서의 프롤레타리아 계급을 양산했지만, 서구 자본주의의 발달 과정에서 나타나는 생산자들은 자본주 의사회의 모순을 고발하기는커녕 오히려 이에 편승하면서 자본주의사회에 적응하고 이로부터 이득을 취하고 여기서 성공하겠다는 신념에 몰두하게 된다. 이러한 상황 속에서 비판이론이 중요한 무기로 하고 있는 변증법은 '부정의 변증법Negative Dialektik'으로 그의 모습을 전환할 수밖에 없었다. 마 르쿠제의『일차원적 인간Ein Dimensionaler Mensch』(1964)과 아도르노의『부정 의 변증법Negative Dialectics』(1966)이 대표적이다. 특히 이들은 대표적인 서구 자본주의사회로서 미국과 독일을 꼽고 이들 국가의 사회적 모순들을 고발 하면서 이를 구체적으로 부정하는 방식으로 변증법을 사용했다.

물론 이 시대에도 프랑크푸르트학파의 비판이론은 좌익진영의 극좌 사상 에도 어느 영역에서는 커다란 영향을 미쳤다. 특히 마르쿠제는 신좌파의 원형으로 간주될 정도로 강경한 급진주의적 글들을 발표하였다. 구체적으 로 마르쿠제가 '부정의 변증법'의 대상으로 삼은 영역들은 테크놀로지, 전 체주의, 목적론 그리고 문명화 등이다. 이러한 연구테마들은 마침내 무정부 주의적 원시주의anarcho-primitivism가 등장하는 데에도 영향을 미쳤다. 또한 마 르쿠제와 아도르노의 작업은 '대중문화popular culture와 문화연구culture studies' 를 학문적으로 대중화시키는데 커다란 기여를 했다. 소위 이로써 이들은 호르크하이머와 함께 '새로운 비판이론'의 기수가 된다.

마르쿠제가 자본주의사회에서의 노동과정에서 구조적 변화를 분석하고 이에 대하여 지속적으로 방법론적으로 접근하고자 했던 반면, 호르크하이머와 아도르노는 비판이론의 재건에 보다 몰두했다. 이를 위해 이들은 역사적 전통을 '이성의 운명'에 관한 주제들로 회귀했다. 결국 이러한 노력들이 아도르노의 『부정의 변증법』에서 체계화된 형태로 나타난 것이다. 이는 시대적 현실을 반영하기 위해서 전통의 변증법을 재규정하고 재구성하려는 노력이었다고 할 수 있다. 이는 주체에 의한 객체object를 소멸시키는 시도이며, 차별화, 역설 그리고 책략을 통하여 대상에 대한 주체의 우월성을 확보해 내는 시도이다. 이렇게 본다면, 부정의 변증법은 '분열 내지 해체의 논리 logic of disintegration'가 된다.

아도르노는 철학적 전통을 극복해 온 이념을 재도입하는 하이데거의 '기초존재론fundamental ontology'을 비판한다. 이로써 부정의 변증법은 전통의 경계에 있는 '개별 주체'를 비판의 대상에 포함시킨다. 왜냐하면 마르크스 시대처럼 더 이상의 혁명적 노동자 계급이 없는 프랑크푸르트학파는 개별 주체를 제외하고는 의지할 것이 하나도 없기 때문이었다. 그러나 온건한 자본주의자로서 전락하는 개인은 사회적 토대로부터 멀어졌다. 따라서 이에 기초한 변증법은 점점 더 추상적으로 되어 갔다.

이러한 한계에 봉착하면서 하버마스는 합리성, 인간 주체, 민주적 사회주의 그리고 변증법적 방법에 대한 프랑크푸르트학파의 관심을 유지하면서, 비판이론을 약하게 하는 일련의 모순들을 극복하려고 했다. 이를테면, 물질주의와 선험적 방법 사이의 모순, 마르크스주의의 사회이론과 비판적 합리주의의 개인주의적 가정들 사이의 모순, 기술적 합리주의와 사회적 합리주의 사이의 모순, 문화적-심리적인 현상들과 사회의 경제구조 사이의 모순 극복이 그의 과제였다.

1960년대부터 비판이론은 '의사소통적 이성communicative reason', 언어적 간주관성, 그리고 현대성에 대한 철학적 담론에 대한 하버마스의 저작에 의해 주도되었다. 그러나 게스Raymod Geuss와 콤프리디스Nikolas Kompridis 같은 비판이론가들은 하버마스의 이론에 대해서 반대의 목소리를 냈다. 즉, 하버마스의 이론에 의해서 오히려 프랑크푸르트학파가 추구해 온 다양한 관점에서의 비판이론이 퇴색되었다는 주장이다. 이를테면, 하버마스의 이성은 과연 어떤 이성인지, 사회해방을 위한 가능한 조건에 대한 분석과 확장 그리고 현대자본주의에 대한 비판의 핵심이 무엇인지가 불분명하다는 것이었다(Kompridis, 2006).

결국 프랑크푸르트학파는 물질주의(유물론)와 선험적 방법 사이의 관련성을 거부하지 않는다. 따라서 이들의 글쓰기는 보다 애매모호해 졌으며 혼란스럽게 되었다. 특히 하버마스의 인식론은 현상학적이고 선험적인 분석이 사회 진화의 유물론적 이론 하에 포섭될 수 있다는 사실을 보여주었다. 결국 하버마스는 두 개의 전통을 종합하려고 했던 셈이다. 특히 하버마스는 언어 사용의 사회적 구조에 합리성의 조건을 부여하면서, 마침내 합리성의 소재지를 자율적인 주체로부터 '상호작용 속에 있는 주체로 옮겨 놓았다.'[2] 이렇게 본다면, 하버마스에게 합리성이란 개인의 속성이 아니라, 오히려 '왜곡되지 않은 의사소통'undistorted communication의 구조 속에 있는 속성이다. 이러한 개념 속에서 하버마스는 비판이론이 가지는 주체의 애매모호한 곤경을 극복하려 했다. 만약 자본주의의 테크놀로지 사회가 자율성과 주체의 합리성을 약화시킨다면 그것은 사회구조가 개인을 지배하는 것에 의해서가 아니라, 의사소통의 기술로 인하여 가능해질 수 있는 합리성으로서, 즉 기술적 합리성을 통해서이다. 결국 하버마스는 진화하는 사회의 윤리적 시스템의 논리 속에 들어 있는 최고의 단계인 의사소통의 윤리를 가지고 혁명적 합리성의 명령을 구현해 내는 새로운 정치적 실천을 제시하였다.

그러나 급진적인 좌익 계열의 이론가들은 프랑크푸르트학파의 비판이론이 정치적 실제와 아무 관련이 없는 부르주아 관념주의의 형태와 결코 다르지 않다고 하면서, 따라서 이는 혁명이론이 될 수가 없다고 주장한다. 특히 루카치Georg Lukács와 포퍼Karl Popper는 프랑크푸르트학파가 마르크스의 미래에 대한 약속을 파기한다면, 이들의 비판이론은 무력해지고 무책임해질 수밖에 없다고 비판한다.

이에 대해서 하버마스는 과거의 비판이론과 미래의 비판이론을 구분하면

---

[2] 문화는 개인과 그룹 담론의 상징적 상호작용 속에서 드러날 수 있다(Igrntow, 2009: 644).

서 새로운 해법을 마련하고자 했다. 그는 우선 헤겔이 이성의 세계를 지나 치게 창조하는 바람에 근대성의 필요성에 대해서 잘 접근하지 못했다고 비판했다(Habermas, 1987: 42). 그러나 콤프리디스Nikolas Kompridis는 하버마스는 헤겔을 비판한 것이 아니라 또 다른 방식으로 헤겔의 실수를 반복했다고 비판했다. 즉, 하버마스는 언어적 상호주관성으로의 패러다임 변화를 해법으로 제시했지만, 이로써 주체 철학의 딜레마에서 벗어나기는 어렵다는 것이다. 왜냐하면 언어적 상호주관성의 패러다임으로부터는 온화한 주체성의 한계를 극복할 수 없기 때문이다. 한마디로 이러한 패러다임에서는 '미래를 위한 혁명'의 개념이 설 자리를 잃게 된다. 이렇게 되면 목적개념도 사라지기 때문에 오히려 하버마스로 인하여 과거의 비판이론은 정체성이 약화될 수밖에 없으며 심지어 하버마스가 고의로 비판이론의 성급한 와해를 주도했다고 할 수 있다(Kompridis, 2006: 25). 영국과 뉴질랜드의 반권위주의 사회주의자들 역시 자본주의 문화에 대한 프랑크푸르트학파의 이론에서 전개된 대중문화에 대한 엄격하고 결정론적인 시각을 비판했다. 그러나 이들은 서구 문화를 파괴하는 정치 좌파로서 문화적 마르크스주의자들로 불리기도 한다.

반대로 이들은 린드William S. Lind, 부케넌Pat Buchanan 그리고 웨이리치Paul Michael Weyrich(1942-2008) 같은 미국의 종교적 보수주의자들과 연합하기도 했으며, 자유의회재단The Free Congress Foundation으로부터 지원을 받기도 했다(Jamin, 2014: 89). 물론 미국의 좌파 정치가인 라로우취Lyndon LaRouche의 의해 정치문화 네트워크 운동을 주도해 온 쉴러 연구소는 1994년 이들의 아이디어를 훨씬 더 촉진했으며(Michael 1994), 예술계에서는 모더니즘을 문화 페시미즘의 한 형식으로서 진흥하면서 1960년대 반문화를 형성하는데 지대한 역할을 했다(Weyrich, 2015). 그러나 린드William S. Lind는 문화적 마르크스주의가 1960년대, 히피시대 그리고 평화운동으로 돌아가는 것이 아니고 오히려 세계 1차 세계대전 이전으로 돌아가려는 노력"이라는 주장을 한다(Lind, 2015).

2) '문화위기'에 대한 프랑크푸르트학파의 비판

(1) 비판 I: 계몽주의와 마르크스주의

원래 프랑크푸르트학파는 문학적 낭만주의에 뿌리를 두고 있는 역사학파 인문주의자들처럼 계몽주의 사회를 비판하면서 자신들의 비판이론을 구축해 나갔다. 이들은 유럽의 계몽주의가 얼마나 허무맹랑한 사건이었는가에 대하여 신랄하게 비판하면서 자신들의 사회비판을 시작한다. 그동안 계몽주의 사회는 인간에게 과학적-이성적 진보가 가장 중요하며 이로써 황홀한 미래가 보장된다고 선전해 왔다. 계몽주의자들의 선동에 따라 개인과 사회는 열심히 과학적 사고와 이성적 사고를 하려고 애를 써 왔다. 덕분에 계몽주의 시대의 인간들은 과학과 이성으로 모든 것을 해결할 수 있었다. 그러나 과학과 이성(합리)이 발전하면 할수록 개인과 사회의 삶은 풍요로워지는 것이 아니고 오히려 점점 피폐해지는 것을 목도하게 되면서 프랑크푸르트 사회비판학파의 관점은 보다 저항적이고 대립적으로 변하게 된다. 계몽을 개인과 사회에 있어서 최대의 미덕이라고 강조해 왔던 사회에 염증을 느끼면서, 이들은 새로운 사회인식과 사회평가를 하게 된다. 가장 심각한 문제는 과학적-이성적 진보 덕분에 우리 인간은 오히려 그만큼 자유를 잃게 된다는 사실이었다. 자유를 잃어버리게 되는 인간은 그만큼 왜소해지고 협소해지는 삶을 살게 된다. 왜냐하면 자유는 인간의 본질이기 때문이고 존재의 이유이기 때문이다.

계몽에 대한 이러한 비판은 아도르노와 호르크하이머를 정점으로 1930년대와 1940년대에 대중사회의 기반이 되는 '대중문화'와 '문화산업文化産業, the culture industry'에 대한 비판이론을 탄생시키게 된다.

> "프랑크푸르트학파는 주로 대중사회 속에서 억압적 지배이데올로기의 역할을 담당하는 대중문화와 이를 생각하는 문화산업에 초점을 맞춘다. 프랑크푸르트학파도 대중사회를 전통적 유대감을 상실하고 있는 원자화된 사회로서 필연적으로 정치적 대중운동을 통하여 전체주의화된다고 보고 있다. 그런데 이 과정에서 주요한 영향을 미치는 것이 바로 문화산업이라는

것이다. 아도르노나 호르크하이머, 마르쿠제 등 대표적인 프랑크푸르트학
파의 논객에 의하면 대중사회에서는 문화산업과 이에 연관된 이데올로기
적 공세에 의해 이성적 공중도 차츰 대량생산체제의 소비자로서의 지위를
감수하는 대중이 된다. 대중은 텔레비전이나 영화, 만화, 저속한 소설이나
잡지, 라디오 등의 대중매체에 탐닉되어 점차 정치에 무관심해지며, 다른
사람과의 사회적 유대도 잃어버린 채 원자화되어 간다. 아도르노와 호르크
하이머가 자본주의적 문화의 중심적인 사실로 본 것은 가족이나 교회 등
과 같은 전통적인 사회화 기구가 제 구실을 못하고 이를 문화산업이 대행
하고 있다는 점이었다. 이들에 의하면, 문화산업은 찰나적 쾌락과 천박한
세계관, 동조, 강제된 순응, 현실로부터의 도피 등의 조달자이다. 문화산업
은 스스로 판단하고 결정을 내릴 수 있는 자율적이고 자주적인 개인의 성
장을 방해한다. 문화산업은 '음모'에 의해 위로부터 교묘하게 강제되는 것
이지만, 그것의 성공은 변덕스럽고 비이성적인 대중이 여기에 쉽게 탐닉해
버리기 때문이다. 프랑크푸르트학파는 문화산업이 제공하는 쾌락과 세계
관 그리고 대중매체에 의한 여론조작에 젖어든 피동적 대중이 나치즘이나
파시즘과 같은 비이성적인 정치운동의 희생물이 되었다고 주장한다."(김
승현 외, 1997: 315-316)

지금까지 계몽주의는 과학과 이성을 통해 합리적으로 지금의 삶에서 해
방될 것이라는 달콤한 약속을 해 왔다. 또한 과학과 이성을 토대로 하는
계몽사회는 보다 합리적으로 개인이 성숙한 자유인으로 성장할 수 있을 것
이며, 앞으로 계몽의 사회는 자유사회가 될 것이라는 환상을 심어주었다.
바로 이러한 사실에 대한 지적 인식과 비판이 프랑크푸르트학파에 주어진
과제 목표였다. 물론 이들의 비판의식과 관점은 마르크스주의에 의존하고
있다. 다만 이들은 소위 정통 마르크시즘과 약간의 차이를 보이고 있는데,
첫째, 이들은 마르크스의 경제적 차원이라는 비판의 범주를 벗어나 보다
광범위하게 사회와 문화 전반의 관점에서 보려고 했으며, 둘째, 이들은 자본
주의사회에서 가능한 '문화적 시스템'에 보다 정교하게 접근하고자 했다.
다시 말하면, 자본주의사회를 무조건 터부시하고 무조건 극복해야 한다는
것이 아니고 이왕 자본주의가 우리의 불가피한 선택이라면 자본주의는 본

질적인 모순을 제거하면서 발전해야 한다. 이를 위해 우리는 과연 필요한 조처가 무엇인지에 대하여 관심을 가져야 하는 것이었다.

물론 오늘날 프랑크푸르트학파의 이론은 '대안 없는 비판' 또는 '비판을 위한 비판'이었다는 평가를 받기도 한다. 왜냐하면 이들은 '고급문화'와 '저급문화'라는 대립 개념을 사용하면서 고급문화가 저급문화로 변화되는 과정을 비판적으로 보고 대중문화popular culture로의 변화에 대해서는 절대 반대의 입장을 보였기 때문이다. 그러나 이들의 주장대로라면, 과거 귀족층이나 대시민계층Großbürgertum의 유산시민, 즉 부르주아bourgeois 또는 부르주아계급bourgeoisie에서 향유하던 문화는 그대로 남아있어야 된다는 말이 된다. 심지어 귀족문화가 대중화되는 것을 안타까워하는 것은 고급문화를 향유하는 귀족세력들이 아직도 건재해야만 한다는 의미인데, 이는 자신들의 사회비판 입장과도 완전히 모순된다. 무엇보다도 이러한 모순은 문화구분에 있어서의 객관적 기준이 명확하지가 않기 때문에 발생한다고 할 수 있다. 이러한 객관성의 불명확성은 학문성의 불안을 의미한다.

> "대중문화(저급문화)에 대한 이론은 항상 그 대상을 소위 고급문화에 반대되는 것으로 설정하는 경향이 있다. 그러나 고급문화에 반대하는 입장이란 과연 무엇인지에 대한 객관적 고찰은 결여되어 있기 마련이다."(프레드릭 제임슨, 1999: 13)

물론 이들은 고급문화를 없애 버리기 보다는 대중의 수준을 끌어 올리려고 했다. 여기서 고급문화란 정신문화를 의미하며 처음부터 당연시되었던 원래 귀족들의 전유물로 여겨졌던 '문화'의 개념에 해당된다.

> "'문화'는 과거에는 주로 정신문화를 가리키는 말이었다. 인간의 정신을 갈고, 닦고, 세련되게 함으로써 인간으로서의 도덕적 가치를 실현하는 활동을 문화라고 불렀다. 고도의 정신적 노력을 요구하는 활동이 문화요, 문화를 일구는 수단이었다. 따라서 정신적인 활동과 무관한 분야에 대해서 '문화'라는 말을 쉽게 붙이지 않았다. 그러므로 '문화'라는 말에는 '고급스럽고 귀족적인 분위기'가 스며들어 있었다.... 그러므로 문화 생산자와 향

유자는 특정 계층에 제한될 수밖에 없었다. 교육받지 못한 사람과 의식주를 위해 모든 시간을 바쳐야 하는 사람(노예, 노동자)은 여기에서 제외되었다."(강영안, 1995: 190-191)

결국 이러한 맥락에서 보더라도 고급문화를 유지해야 한다는 이들의 주장은 여전히 모순거리가 된다. 왜냐하면 이들이 궁극적으로 추구하는 사회비판의 관점으로 보면 부르주아계급의 전유물이며 이데올로기의 근원인 고급문화 역시 비판의 대상이 되어야 마땅하기 때문이다.

"현대 사회 이론의 중요한 역설이자 아이러니 중의 하나는, 일군의 일치된 급진적 마르크스주의 학자들이 무죄라기보다는 유죄로 의인화되는 대중문화의 성격 및 그 가치와 기능에 관한 이론을 생산했어야 했는데 그러지 못했다는 점이다. 이러한 상황에서 아도르노, 호르크하이머, 로벤탈 Lowenthal, 마르쿠제 등의 '비판이론'은 오랫동안 대중문화와 문화 성층화成層化를 비판하는 좌파의 강령 구실을 해 왔다. 그들의 대중문화론이 갖는 아이러니는 1968년 혁명에 의해서 파괴되었던 프랑크푸르트 연구소 창문들의 이미지만큼이나 씁쓰레한 것이다. 이는 정말로 우울한 과학이었다." (크리스 젠크스, 1993/ 김윤용 옮김, 1996: 146)

결국 이렇게 본다면, 이들의 이론은 모순적 비판이론이 되는 셈이다. 이러한 논리적 모순에 근거한 비판은 훗날 '문화연구가들'에게서도 똑같이 되풀이 되고 말았다. 즉, 프랑크푸르트학파나 문화연구는 당시까지도 자신들의 논리에 모순이 발생하는 이유를 전혀 알지 못했던 것이다. 한마디로 고급문화에 대항인 저급문화란 이들에게는 '민중문화'를 의미하는 것이었지만, 이미 마르크스가 떠난 후기자본주의로 넘어 오면서 '민중의 개념'이 '대중'으로 전환되면서 고급문화에 대한 민중문화 대신 대중문화를 바뀌면서 논리가 복잡해진 것이다. 한마디로 새로운 저급문화의 자리에 들어선 대중문화는 더 이상 마르크스시대의 민중문화가 아닌 셈이다. 따라서 자본주의 부르주아가 누리던 고급문화와 억눌린 민중이 누리던 민중문화 사이의 대립은 대중문화를 개념과는 전혀 무관하게 된다. 따라서 저급문화를 대중문화와 동일시하고 고급문화와 대립시키려는 프랑크루프트학파의 비판이론 가들이나 문화연구가들의 노력은 무의미할 수밖에 없게 된다. 이분법적 논리의 본질적 모순이 발생한 셈이다.

바로 이러한 논리적 모순이나 논리불성립의 중심에는 과거 사회가 게마인샤프트Gemeinschaft의 속성에서 후기 자본주의사회로 가면서 게젤샤프트 Gesellschaft의 속성으로 변화했다는 사실이 주목된다.

> "역사적인 관점에서 보면, 대중문화에 대한 변증법적 반대항을 구성할 수 있는 '고급문화'의 유일한 형태가 대중문화라는 현상과 함께 나타난 고급 문화, 달리 말해서 일반적으로 모더니즘이라고 지적되는 예술적 산물에만 제한된다는 이 흥미로운 토론 주제가 전적으로 무의미하다는 것이 분명해 진다. 윌리스 스티븐스나 조이스J. Joyce, 쇤베르크나 잭슨 폴록Jackson Pollock이 대중문화의 반대항일 수는 있어도, 발자크의 소설이나 몰리에르 의 희곡 같이 고급문화와 대중문화 간의 역사적 구분이 일어나기 전제 나 타난 문화적 산물들은 결코 대중문화의 반대항으로서의 고급문화는 아닌 것이다.... 후기 자본주의사회가 (과거의 사회를) 서로 격리된 동등한 사적 개인들의 집합체, 즉 이익사회Gesellschaft로 만들어 버린 것이다.... 현재의 상품 생산이나 대중문화산업은 낡은 형식의 민속적 혹은 민중적 문화와는 그 어떤 관계도 공통점도 갖고 있지 않다."(프레드릭 제임슨, 1999: 19-20)

하여간 그럼에도 불구하고 이들 프랑크푸르트학파는 마르크시즘으로서 당시 현실을 인정할 수밖에 없는 부조리 철학에 조금 더 접근한 진일보한 면목이 있었다고 할 수 있다. 이에 비하면 마르크시즘은 현실이 모순이기 때문에 뿌리부터 완전히 뽑아 버려야 한다는 식으로 현실 완전 전복을 위한 프롤레타리아proletariat 혁명을 역사적 진리로 간주했다.

그러나 프랑크푸르트학파는 현실을 개혁하는 일을 매우 중요한 과제로 인식하지만, 마르크스가 결코 손을 대지 않았던 자본주의의 또 다른 중요한 그림에 충실하려 했다. 이를테면, '문화와 이데올로기'의 위상과 중요성의 문제에 대한 이론이 바로 그것이다. 특히 대중사회에 대하여 분석하면서 프랑크푸르트학파는 고전적 마르크주의와 거의 손을 끊었다고도 할 수 있다. 심지어 프랑크푸르트학파는 20세기가 한참 진행되면서 초기와는 매우 다르게 서구에서의 사회주의 혁명과 노동 계층의 전망에 대하여 점점 비관적인 입장을 취하게 된다. 오히려 이들은 앞으로 이 사회에서는 더 이상 그러한 혁명이 일어날 수 없으며 일어나지도 않을 것이라는 근거에 대하여도 설명하고 있다. 심지어 파시즘의 전체주의Totalitarism 체제와 자본주의 체제 모두 다 제2, 제3의 프롤레타리아 혁명을 방해하는 또 다른 세력으로 등장하고 있다는 평가도 내린 바 있다. 한마디로 이들은 현실이 마르크스 시대와는 전혀 다르다는 사실을 인식하게 된 셈이다. 실제로 사회개혁이나 혁명을 방해하는 세력은 마르크스가 주장하는 노동력 내지 생산력의 소유관계가 아닌 전혀 다른 모습으로 나타나고 있었던 것이다. 바로 '문화산업文化産業, cultural industry'이 그것이었다.

문화산업은 노동력 내지 생산력의 소유관계에서 나타나는 갈등과 모순의 사회체제와는 달리 인간 개개인의 '욕구심리' - 더 정확하기 표현하면 '헛된 소비욕구Marcuse; Baudrillard' - 가 살아 숨을 쉬는 곳에서는 산업기술의 수준이 어느 정도 발전된 곳이라면 어디서라도 언제든지 현상할 수 있는 일상의 영역이다. 마르크스가 노동조건의 소유권과 생산관계에 대해서 집착했다면, 프랑크푸르트학파는 '대중조작과 대중사회'를 촉발시키는 '대중문화와 문화산업'의 확장에 보다 주력했다고 할 수 있다. 시대가 변하면서 관점도 변한 것이다. 만약 우리가 시대가 바뀌었음에도 불구하고 고전적 마르크스 시대처럼 노사 및 생산관계에만 기초하여 사회혁명을 수행한다면, 이는 파시즘이나 전체주의의 진로와 다르지 않을 것이라는 판단이다. 이들에게 보다 중요한 사실은 사회개혁이나 사회혁명을 위해서 우리가 먼저 대중을 움직이게 하는 또 다른 사회적 변수에 대해서 보다 면밀한 분석을 해야 한다는 것이었다.

"프랑크푸르트학파의 문화산업개념은 이러한 문제점을 제일 먼저 자본주의 내의 사회적 관계에서 조명하였다. 소비행위가 인간의 필요한 욕구에 의해서 이루어지는 것이 아니라 매스미디어가 인위적으로 만들어내는 조작된 욕구라는 허상세계의 욕망충족을 위해서 발생된다는 것으로 소비자의 마비된 의식을 비판하기 위한 차원에서 이 개념은 대중기만으로서의 계몽을 폭로해 내고 있다. 매스미디어를 통한 오락의 산업화는 의식을 상품화시켜 인간을 상품적 가치로 전락시키며 이윤창출을 위한 부속적 기구의 부차물로 세뇌시킨다는 것이다. 동시에 의식산업이라고까지 극단적으로 표현되는 매스미디어에 의한 상징적 이미지 조작은 현존하는 지배체제의 보장을 강화시키고 지배 이데올로기적 가치를 확산시킨다는 것이다. 또한 자본주의 체제하에서 문화산업이라 명명되는 매스미디어는 노동자·농민, 중산층을 가리지 않고 최대다수의 사람을 사로잡기 위한 제품을 만들어 내어 무차별로 공격하여 시청자를 소비의 희생자로 빠져들게 한다는 것이다."(송해룡, 1995: 141-142)

결국 프랑크푸르트학파는 대중사회와 문화산업을 비판하는 전제 조건으로서 '계몽주의에 대한 비판'과 '마르크스주의에 대한 비판'을 동시적으로 추구하게 된 셈이다. 특히 과학과 이성에 의해 촉발된 광범위한 대량 사회통제의 잠재력은 계몽주의에 대한 비판이었다. 그런데 이러한 비판의 시각은 초기에 마르크주의에 의하여 제기된 정치적 낙관주의를 함께 비판하는 것이었다. 또한 이 학파는 노동 계층으로부터 가능한 혁명에의 동기 부여가 파시즘을 융성하는 바람에 오히려 사그라져 버렸다고 비판한다. 즉, 이들에게 파시즘은 계몽주의로부터 해방된 합리적 지배의 정치적 논리를 재현한 것일 뿐이었다. 이를테면, 프로파간다Propaganda(선전)나 데마고지Demagogy(선동정치)가 바로 그것들이다. 정치적 선동과 선전을 매개로 사회주의나 자본주의사회는 체제에 무관하게 모두 전체주의적 힘을 확장함으로써 '대중사회'로 돌진하게 된다.[3] 반면 이에 항거하는 급진 세력의 힘은 어쩔 수 없이 왜소한 세력으로 축소될 수밖에 없는 것이다. 왜냐하면 사회현상을 촉발하는 원인은 하나의 원인이 아니며 특히 개인의 심리적 이미지心象에 따라 움직이는 사회변화이기 때문이다. 따라서 프랑크푸르트학파는 현실을 분석

---

[3] 이러한 의미에서 포스트모던 사회는 대중사회로 간주된다. 대중의 개념이 그다지 명료한 것은 아니지만, 개인이 사고와 행위의 중심에 위치하지 못하고 대중이라는 일종의 허상이 지배하는 사회라고 보는 데는 큰 문제가 뒤따르지 않는다(박병기 편저, 1994: 16).

하여 예리한 시각으로 고발하고는 있지만, 마르크스주의의 프롤레타리아 혁명 같은 급진 세력의 부활을 부축일 수는 없었다.

그러나 더욱 중요한 사실은 마르크스가 지적한 사회적 모순이 노사관계의 단순한 도식으로만 해결될 수 없다는 점이다. 물론 프랑크푸르트학파가 다의적 원인 분석에만 매달리고 있는 것을 보면서 소위 정통 마르크스주의자들은 현학적 이론에 치우친 무기력한 자들이라고 공격한다. 또한 이들이 제시한 비판이론은 '오로지 비판을 위한 비판'으로 '대안 없는 이론'으로 비난받게 된다. 그러나 이들은 현대 자본주의사회가 대중사회로 진행되는 과정에서 발생하는 최대의 적은 바로 '문화산업'이라는 점을 밝혀냄으로써, 후학들에게 새로운 사회비판과 공격의 목표를 분명히 해 주었다.

> "프랑크푸르트 연구소의 연구원들은 박해라는 대중 현상으로부터의 도피적인 미국에서 '조작'에 관한 이론에 몰두하게 만든 새로운 현상과 직면했다. 미국은 서구 세계에서 유래가 없었던 전대미문의 선진 자본주의 체제를 구축하고 있었다. 이곳에서 그들이 보았던 것은 파시즘이 아니라, 사적 소유 욕망에 의해서 추동되고 소유와 성취에만 집중되고 있는, 그리고 무엇보다도 대중을 동등하게 조작하는 대중문화에 의해서 사회화되고 부추겨지고 정보를 구하는, 시장 경제의 법칙에 의해서 규정된 제 관계들로 이루어진 사회였다.... 그들이 경도된 것은 '일차원적인' 미국 '사람'을 생성해 낸 오락, 레저, 광고, 상업, 생활양식, 대중매체 등의 복합적 융합이었다. 아도르노와 호르크하이머는 이 복합체를 '문화산업'이라고 불렀다. 이렇게 하여 프랑크푸르트학파의 심리학 연구는 대중문화에 대한 비판으로 이동했다."(크리스 젠크스, 1993/ 김윤용 옮김, 1996: 148)

가장 심각한 것은 문화산업이 제공하는 '대체 경험'의 일방적 수용은 감성과 '상상력의 빈곤화'(아도르노)를 초래한다는 점이다(이종하, 2007: 212). 한편, 계몽주의 비판은 포스트모던 학자들에 의해 '계몽주의이성의 해체'라는 도발적 주제로 계승된다. 대표적인 학자가 바로 푸코Michel Foucault (1926-1984)였다. 그는 자신의 저서 『광기와 문명Madness and Civilization』 (1961)에서 서양 사람의 경험과 인식 세계에서 이성과 비이성의 구별이 어떻게 형성되었는가를 면밀히 추적함으로써, 서양의 근대와 현대를 지배하고 있는 이성과 합리성의 이념을 해체déconstruire하려고 한다(윤평중, 1997: 162). 뿐만 아니라 그는 이성과 비이성, 합리와 비합리, 정상과 비정상이라는 이분법적 흑백논리를 해체하고자 했다.

구체적으로 푸코는 현대성 자체로 표현되는 계몽적 이성의 문제성을 파헤치고 이를 해체하고자 했다. 왜냐하면 그는 계몽적 이성을 특정한 권력 및 지식과 연계된 산물로 파악했기 때문이다(윤평중, 1997: 179) 그가 말하는 "권력/지식"이라는 복합체가 바로 그것이다. 또한 그는 보편적 이성에 대한 신뢰와 함께 이성적 사회를 건설한다는 서양 현대성modernity의 이념은 이성이 도구화되고 부식됨으로써 배반당했고, 현대 산업사회에 특유한 이성의 일차원성이 오늘날의 위기를 초래했다고 판단했다(윤평중, 1997: 172). 즉, 이성에 대한 신뢰로 표상되는 계몽사상은 다른 담론 체계를 비정상적인 것으로 보고 억압하는 하나의 특수한 담론 체계에 지나지 않는다(윤평중, 1997: 178). 라캉Jacque Lacan 역시 정신분석학적 입장에서 서양 근대성의 대표적 이념 가운데 하나인 자율적이고 이성적인 주체의 개념을 해체하고자 했으며(윤평중, 1997: 20), 푸코의 해체적 독해를 이어받은 리요타르J. F. Lyotard는 인식론적으로 계몽의 이성을 해체하고 있다(윤평중, 1997: 242). 그러나 하버마스는 모더니티의 철저한 해부와 계몽적 이성에 대한 극단적 비판으로 상징되는 해체주의자들의 작업이 서양의 진정한 모더니티의 이념을 전적으로 방기하는 것이라고 비판한다(Habermas, 1987: 336).

(2) 비판 II: 물신숭배풍조

아도르노의 문화산업 이론은 마르크스이론을 저변에 깔고 시작한다. 이른바 마르크스의 '물신숭배이론'이 그것이다. 인간이 물건을 소유하고 지배하는 근거는 그 물건의 기능적-교환적 가치 때문이기도 하지만, 물건의 소유를 통하여 '사회적 관계'가 형성되기 때문이다. 바로 이러한 사실을 밝혀낸 마르크스의 물신숭배이론이 아도르노Theodor W. Adorno에게 직접적인 영향을 미친다. 우리들은 콘서트, 연극, 오페라의 입장권을 구입하면서 구경을 가는 흥미 이외에도 '문화적 지위cultural status'를 획득하게 된다.

이미 마르크스는 자본주의사회에서 유통되는 상품의 '교환가치'와 '사용가치'를 구분했다. 교환가치는 상품이 시장을 지배할 수 있는 재화이며 그것이 매매되는 가격이다. 반면 사용가치는 소비자에게 작용하는 상품의 유용성, 즉 실제적 가치를 의미한다. 마르크스에 의하면, 자본주의사회에서는 특히 교환가치가 사용가치를 지배하게 된다. 즉, 상품의 생산, 마케팅 그리고 소비로 연결되는 자본주의 교환경제의 사이클은 개인의 실제적 욕구를 조종할 힘을 가지고 있다. 이렇게 하여 자본주의사회에서 물신숭배는 교환가치의 지배와 직접적으로 관련되어 있다. 즉, 자본주의의 출현과 더불어 시작된 상품의 역사 속에서 탈脫물질성이라는 사물의 특성은 무엇보다도 상품의 사용가치에서 교환가치로의 변화이다(이정춘, 2000: 246). 이제 교환가치 안에서 재화는 인간과 인간의 사회적 관계가 어떻게 물(돈)에 의해 규정되는지에 대하여 알려준다. 예를 들어, 우리가 오페라 그 자체보다 오페라의 입장권을 구입하기 위해 지불하는 돈을 신神으로 받든다. 따라서 마르크스의 물신숭배이론은 자본주의 문화 비판에 대한 아도르노 이론의 중심이 된다.

그러나 아도르노는 마르크스의 물신숭배에 대한 분석을 보다 확장시켜 놓았다. 마르크스는 일상용품에 대한 물신숭배의 사상을 피력했지만, 아도르노는 이를 문화상품cultural goods[4]의 영역으로 확장하면서 물신숭배와 자본주의의 성장이 동본원적이라는 비판을 보다 구체화시킬 수 있었다. 일상용품에 대한 물신숭배나 문화상품에 대한 숭배나 모두 돈에 의해 매개되며 사용가치와 교환가치가 병행된다는 점에서는 같다. 그러나 문화상품을 매개로 벌어지는 물신숭배의 특징은 결국 상품의 교환가치로 하여금 사용가치까지를 떠맡도록 하여 상품의 본래 성질보다는 상품을 매개로 벌어지는 '권력투쟁'을 보다 강화시킨다. 바로 이러한 관점에서 아도르노의 문화산업이론은 활기를 띠게 된다.

---

[4] "문화상품cultural goods 자체는 인간의 창의성과 감성이 깃든 창작품이다. 문화의 산업적인 측면과는 별개로, 사실 문화는 인간사회를 인간답게 만들고 창조의 기쁨을 준다는 점에서 이미 충분히 중요하다."(최연구, 2012: 16)

심지어 교환가치는 상품의 성격과 유형과 무관하게 생산과 유통과정을 결정하게 된다. 예를 들어, 초콜릿은 초콜릿의 맛을 알고 초콜릿을 상용하는 사람들에 의한 수요에 따라 생산되고 유통되어야 하는 것이 정상이지만, 2월 14일 발렌타인데이Valentine day에 와서는 그 양상이 판이하게 달라진다. 즉, 그날 초콜릿 소비자는 초콜릿의 맛을 음미할 줄 아는 사람들에 의해 수요량이 결정되는 것이 아니고, 평소에는 초콜릿을 먹어 보지도 않은 사람들도 사랑하는 사람에게 줄 선물용으로 구입하게 된다. 남자가 초콜릿에 보답하는 날로 화이트 데이white day도 생겼다. 이날 여성에게 건네지는 사탕은 일반 사탕이 아니라 '사랑의 메시지'를 담고 있는 의미 충만한 '상징적 사탕'이다. 따라서 초콜릿의 생산량이 결정되고 유통구조도 달라지는 것이다. 즉, 사용가치보다는 '교환가치'가 우선되면서, 교환을 통해 얻어지는 산업 효과에 보다 주목된다. 한마디로 기능적 사용가치 대신에 교환가치를 통해서 상품의 유통관계가 형성되는 것이다. 이렇게 본다면, 상징성을 매매하는 교환가치를 갖게 된다면 모든 산업이 예외없이 문화산업이 될 수 있다.

> "특히 포스트모던에서 상품과 생산품의 물질적 세계가 문화화culturalisation되고 반대로 문화의 세계가 물질화materialization된다. 실제로 이렇게 하여 모든 것은 '문화culture'가 된다.... 이미지들과 정보는 문화적 가공품artifacts, 즉 경제적 성장과 혁신의 탁월한 인증품이 된다.... 이로써 문화적이고 미학적 재배치는 기능보다 훨씬 더 높게 가치가 매겨지는데, 이때 많은 소비자들의 결정에 확실한 역할을 하는 것은 스타일과 디자인들이다. 문화적 변화가 경제적 변화와 매우 밀접하게 연계될 때에는 가진 것이 없는 가난한 사람들도 이러한 소비의 문화에 무의식적으로 빨려 들어갈 수밖에 없다."(Usher, 2001: 169)

즉, 문화가 경제와 하나가 될 때에는 그것이 부유한 자들에게만 해당되는 사치품의 소비로 남는 것이 아니라, 가난한 자들에게도 사치가 아닌 일상의 경제소비의 개념으로 둔갑하게 된다. 이로써 결국 모든 사람들에게 문화상품의 소비는 일용품의 소비와 구별되지 않는다. 한마디로 문화상품의 소비는 모든 사람들에게 자연스러운 일상이 된다. 왜냐하면 문화는 가치를 창조하고 부가가치도 창출해 내기 때문이다(최연구, 2012: 15).

이러한 근거에서 물신숭배사상도 극히 자연스럽게 형성되는 것이다. 왜 냐하면 물신숭배를 통해 얻어지는 사회적 관계 형성은 물신을 숭배하는 소비자들에게 '지위 상승'의 기회를 제공하기 때문이다. 예를 들어, 우리가 소형차를 몰고 다닐 때와 대형차를 몰고 다닐 때 인간의 사회적 관계와 '사회적 지위'는 크게 달라지게 된다. 경제적 측면이나 기능적 사용가치만을 생각한다면 우리는 체면 불구하고 소형차를 타고 다닐 수도 있다. 그러나 물건에 내재된 교환가치를 통해 대형차의 소유주는 사회적 관계와 지위 획득 면에서 소형차의 소유주보다 유리하다. 대형차와 고급차가 소유주를 고급으로 만든다. 이는 사회적 성공 및 출세와도 직결된다. 이러한 근거에서 물신숭배사상은 극히 자연스럽게 발생하는 것이다. 이러한 물신숭배사상의 인간심리를 교묘히 이용하며 득세를 하게 되는 영역이 바로 문화산업인 셈이다.

프랑스의 비판사회학자 알뛰세Louis Althusser(1918-1990)는 이러한 가치의 전이 현상을 "사회적 지위의 이동"이라고 표현한 바 있다(Althusser, 1977). 즉, 우리는 무엇인가를 구입하고 취득하면서 '사회적 지위social status'까지 함께 취득하게 된다. 물론 이는 실질적 지위가 아니라 '상징적 지위'이다. 그럼에도 불구하고 이러한 지위는 삶에서 매우 중요하다. 우리가 무엇인가를 계속 소비하고 소유하려고 하는 이유도 바로 여기에 있다. 아도르노에 의하면, 이러한 '상징적 지위 획득'으로 인하여 우리는 사회적 성공의 기회도 얻게 된다. 이러한 의미에서 물신을 숭배하는 것은 단지 하나의 물건을 소유하는 것을 넘어서 '사회적 관계'에 대한 지향을 의미한다. 따라서 자본주의사회에서 물신숭배사상은 극히 자연적인 현상이며 자본주의의 성장과 동본원적인 관계가 된다.

(3) 비판 III: '일차원적 인간'

독일의 사회학자이며 대표적인 프랑크푸르트학파인 마르쿠제Herbert Marcuse(1898-1979)는 미국 망명 중에 미국의 경제적 번영, 풍요, 극대화되는 소비주의를 직접 목격했다. 아울러 그는 극심한 빈부 격차로 인하여 발생하는 지속적인 사회적 불평등, 빈민가의 절대적 가난 그리고 극단적 인종주의도 목격했다. 그러나 마르쿠제는 마르크스처럼 자본주의의 성숙 과정에서 발생하는 내재적 위험요소와 본질적으로 불안정한 시스템으로서의 자본주의 체제에 대한 비판에만 머무르지 않았다. 즉, 자본주의는 분명한 모순을 안고 있다. 그러나 자본주의는 사회주의체제에 비하여 부의 획득 면에서는 월등히 우세한 측면을 가지고 있다. 마르크스주의자들이 노동자 혁명을 통해 부의 평등을 이루고 심지어 노동자에게 삶의 윤택을 보장해야 한다고 주장한다면, 자본주의 체제의 붕괴는 모순이며 어쩌면 불가능한 일이 될지도 모른다. 왜냐하면 자본주의체제는 사회주의체제에 비해서 부의 축적과 이자의 증식이 훨씬 용이하기 때문이다. 자본주의는 오히려 사회주의보다 부의 축적과 삶의 윤택을 추구하는 차원에서는 노동자들에게도 훨씬 구미가 당길 수 있는 요소를 많이 가지고 있다.

프랑크푸르트학파는 자본주의사회가 경제적 풍요와 '소비주의 이데올로기'의 통제를 통해서 이미 노동자 계층까지 완전히 하나의 사회시스템 속으로 병합했다고 판단한다. 노동자들도 이미 자본주의 체제의 구성원들로 거듭나고 있으며, 이러한 체제 속에서 오히려 재정적으로 안정되고 있다. 다시 말하면, 노동자계층들도 이미 사회주의체제 보다는 자본주의체제에서 과거보다 자신들이 요구하는 것들을 보다 많이 구매할 수 있게 되었다는 것이다. 따라서 이제 이들 노동자 계층들도 이 풍요로운 자본주의를 전복시키고 무산 계층의 사회주의나 무정부사회를 건설하려는 노력을 하지 않을 것이라는 판단이다. 한마디로 노동자 계층들도 이제는 자본주의를 수용하는데 있어서 거부반응을 나타내지 않고 있으며, 오히려 사회주의보다는 자본주의 체제에 길들여져 가고 있다는 생각이 프랑크푸르트학파의 판단이다. 따라서 마르쿠제는 종국적으로 자본주의 체제가 붕괴하고 사회주의 혁명이 성공할 것이라는 마르크스의 견해를 매우 순진한 발상으로 간주했다. 오히려 마르쿠제는 현실적으로 거부할 수 없는 자본주의 체제가 차라리 체제적 모순을 시정하기 위해 사회주의 요소를 받아 들여 보충하고 보완한다면 변증적 발전도 기대할 수 있을 것이라는 견해를 가지게 된다. 대신 그는 자본주의사회에서 가능한 경제적 부와 윤택한 삶은 바로 대중적 개인에게 책임이 있는 '소비주의consumerism'가 보장한다는 사실을 예리하게 지적해 내었다.

마르쿠제Herbert Marcuse(1898-1979)는 자신의 저서 『일차원적 인간One-Dimensional Man』(1964)에서 자본주의사회의 생존과정을 이러한 도식관계를 시사하고 있다(Marcuse, 1964). 이를테면, 오늘날과 같이 첨단 테크놀로지가 발달한 선진사회에서 인간은 처음부터 노동을 좋아하기 때문에 생산에 참여하는 것이 아니고 궁극적으로는 '소비'를 위해 생산라인에 참여하게 된다는 것이다. 다시 말하면, 인간은 소비를 위해서 돈을 필요로 하고, 돈을 벌기 위해 공장에 간다. 그런데 공장에서 벌어들인 돈은 다시 더 높은 소비를 위해 탕진한다. 인간은 더 높은 소비를 위해 더 많은 시간을 공장의 생산라인에서 보내야 한다. 이렇게 현대인들은 소비를 위해 노동하고 노동을 통해 보다 높은 소비에 시달리게 되면서 다람쥐 쳇바퀴 도는 듯한 일생을 살게 된다. 이로써 헤겔과 마르크스가 희망으로 간주했던 노동의 신성한 의미는 사라지고 노동세계의 권위도 추락한다.

> "새로운 기술적 노동세계는 노동자계급의 부정적 위치의 악화를 부득이하게 만든다.... 발전한 산업 문명의 노예는 승화昇華된 노예이기는 하지만, 그들도 여전히 노예임에는 다를 바 없다."(H. 마르쿠제, 1964/ 박병진 옮김, 1993: 52-53)

결국 끊임없는 소비의 증대를 요구하는 자본주의 생산법칙에 의하여 우리는 <소비적 인간homo consumens>이 되도록 강요당한다(에리히 프롬, 1977/ 김진홍 역, 1980: 213).

백만장자 내과의사였지만 나중에 여가를 즐길 수 없는 여건을 비관하여 부인과 동반 자살한 폴 라파르그Paul Lafargue(1842-1912)는 100여 년 전 자신의 저서 『게으를 수 있는 권리』(1902)에서 이미 당시의 노동자들은 치명적인 '일중독'에 빠져 있다고 폭로했다. 이에 반하여 유한계급들은 '강요된' 여가에 시달리고 있으며 출세라는 미명 하에 아이들을 공부중독증에 빠지게 하고 있다고 기술하고 있다. 기계가 발명되면서 인간이 10시간에 하던 일이 1시간으로 줄어들었지만 여전히 인간은 일에 더 매달려야 하는 아이러니가 발생하고 있다.

인간을 "생각하는 갈대"로 규정한 파스칼은, 인간의 모든 불행은 고요한 방에 들어앉아 휴식할 줄 모른다는 데서 비롯한다고 했다. 미국의 롱 나우 Long Now재단은 1998년부터 만년시계를 만드는 프로젝트를 추진하고 있다. 이 시계는 1년에 딱 한번 똑딱거리고 1000년 만에 겨우 한 바퀴 돌면서 종을 울리게끔 제작되어 만 년 동안 가동된다. 지구에서 가장 느린 시계이다. 이는 일중독과 바쁨 중독 그리고 '빨리 빨리 증후군'과 조급증 그리고 시간 고갈증에 시달리고 있는 현대인들에게 '느림의 지혜'를 선사하기 위함이다. 과거 화이트칼라와 블루칼라가 구분되던 시대가 지나고 소위 IT, 디지털 산업을 주도하는 '실리콘 칼라'가 지배하는 세상이 되면서, 인간은 실리콘의 속도, 즉 '빛의 속도'로 생각하고 아이디어를 짜내야 한다. 기술 공학과 테크놀로지의 발전에 따라서 인간의 노동 속도와 양은 그만큼 증가하게 되는 셈이다. 결국 이제 우리 현대인들은 '소비-생산-또 소비-또 생산-...'이라는 '일차원의 선상' 위에서 삶을 의미 없이 탕진하면서 결국은 기계화되고 만다. 현대를 살고 있는 우리들은 스스로 '인간소외人間疏外'의 현상을 만들어내고 있는 것이다.

> "자본주의체제의 상품 생산 구조 또한 새로운 억압을 산출하고 있다. 우선 생산영역을 보면 자본주의사회에서 자본이 계속 생존을 유지하기 위해서는 상품의 사용가치가 아니라 교환가치를 반드시 실현해야 한다. 이때 모든 교환행위는 비교불가능한 질(사용가치)을 특정한 양적 비율(교환가치) 속에 일치시킨다. 이러한 일치는 질적이고 감각적인 다양성으로부터 주관적으로 추상된다. 그렇게 해서 모든 감각적인 질들을 단순한 양으로 위축시키고, 감각적인 특성을 주관적으로나 객관적으로 부정한다. 이러한 교환 사회의 메카니즘 속에서 노동과 자본의 모순을 사회전반적인 문화현상, 보편적인 소외현성을 빚어내는 것이다. 이렇듯 질적 가치가 문제가 아니라 오로지 화폐 획득이 우위인 사회에서 인간의 본능, 욕구 구조가 변형을 겪는 것은 당연하다.... 더욱이 후기 자본주의사회의 일상에서는 생산보다 소비가 더 우위를 점하게 되는데, 여기서도 자본과 노동의 모순은 구매자

와 판매자의 모순으로 관통된다. 이윤 확장이 지고의 목표인 자본에게 상품의 쓸모로서의 사용가치란 교환가치의 획득을 위한 하나의 변장물일 뿐이다. 또한 거대한 수퍼마켓이 된 소비사회에서 노동자는 일생동안 임노동 수행의 보상으로 '왜곡된 자본주의 쾌락 원칙'의 상품 갈망의 소비자로 등장한다.... 보드리야르의 주장대로 소비는 향유의 기능이 아니라 생산의 기능, 강제적인 사회적 노동에 지나지 않는 것이다."(백한울, 1995: 24-26)

(4) 비판 IV: 허위 욕구

프랑크푸르트학파의 견해에 의하면, 현대사회에서는 정부와 국가가 부여하는 사회적 통제 보다 오히려 자유시장에서 합리적으로 조정되는 '권력관계'가 훨씬 더 위협적이다. 이러한 권력관계를 조장하는 매개체는 바로 '매스미디어와 대중문화'이다. 즉, 매스미디어와 대중문화가 현대인들을 대중 大衆, mass으로 조작한다.

"특히 우리처럼 오랫동안 특정집단의 이익을 보호하기 위한 파생적인 정치체제 하에서 매스미디어는 모든 면에서 정통성을 제공하는 신화적 틀로 작용해 왔다. 신문과 방송에서 보내지는 메시지에는 그것이 단순하든 또는 복잡하든 관계없이 무조건 신뢰의 박수를 보내야만 했다. 책임성이 부여되지 않는 메시지 전달과 메시지를 소비하고 그것이 불량품이어도 하소연할 수 없었던 미디어 소비구조 속에서 우리는 무조건 미디어에 매달리는 순종적인 반응을 보인 것이다."(송해룡, 1995: 143)

그러나 프랑크푸르트학파에 의하면 이러한 대중조작과 대중선동으로 몰고 가는 주도 세력은 과거처럼 정부나 국가기관의 정치적 선동이나 사회적 통제라기보다는 오히려 개인의 '소비욕심' 때문이다. 그런데 매스미디어와 대중문화는 바로 이러한 인간의 소비욕구를 "잘못된 욕구, 즉 허위 욕구"(Marcuse, 1964: 5)로 재창조해 낸다는 사실이다.

잘못된 욕구, 즉 허위 욕구false needs의 개념은 특별히 마르쿠제의 작업과 동일시되지만, 프랑크푸르트학파의 일반적인 이론적 틀로부터 도출된다(Strinati, 1998: 60).

"거짓된(허위) 욕구란 개인을 억압하는 것이 이익이 되는 특정의 사회적 세력이 개인에 대하여 부과하는 욕구를 말한다. 그것은 고역苦役, 공격성, 궁핍한 상황 및 부정不正을 영속시키는 욕구들이다. 이 욕구를 채우는 일은 개인에게 있어서 대단히 즐거운 일인지도 모른다. 그러나 그 만족이 사회 전체의 병폐病弊를 인식하고 그 병폐를 개선할 기회를 포착한다는 (자차의) 능력의 발달을 방해하는데 일익을 맡는다면, 그것은 유지하고 보호해야 할 상태하고 할 수는 없다. 그런 때에 발생하는 것은 불행의 한 가운데 있는 병적 쾌감과 다를 바 없다. 광고에 나오는 대로 휴양을 취하고 놀고 행동하고 소비하고 싶어하고, 또한 남들이 사랑하고 미워하는 것을 자기도 사랑하고 미워하고 싶다는 흔히 볼 수 있는 욕구들은 대개가 이 거짓된 욕구의 범주에 들어간다."(H. 마르쿠제, 1964/ 박병진 옮김, 1993: 23-24)

정상적인 일반인들은 자신의 목표를 통제하기 위하여 창조적이고 독립적으로 그리고 자율적으로 삶을 결정하고자 하는 의지를 가지고 있다. 아울러 인간은 의미 있고 민주적인 집단의 구성원으로 살아가면서 자율적으로 사회활동에 참여하고 건실한 삶을 영위하고자 하는 진정한 욕구를 가지고 있다. 그러나 인간에게 진정한 욕구 또는 현실적 욕구는 충족이 된다고 해도 항상 만족하지 못한다. 인간의 욕심은 한도 끝도 없다. 바로 여기에서 딜레마가 발생한다. 즉, 진정한 욕구 충족만으로 삶에 만족할 수 있는 인간은 세상에 거의 드물다는 이야기가 된다.

따라서 현대인들은 자신의 허위 욕구를 잘못된 것으로 인식하고 있으면서도 무의식적으로 계속 소비하면서 허위 욕구를 충족하고자 한다. 삶을 만족시키기 위함이다. 결국 이러한 허위 욕구는 소위 과소비過消費로 이어진다. 현대인들은 마르쿠제의 주장대로 과소비를 부추기는 허위 욕구를 충족하기보다는 많은 시간을 노동의 현장에서 시달리게 된다. 물론 소비를 통하여 현대인들의 생활은 겉보기에 풍요로우며 이로써 윤택한 삶도 보장되는 듯하다. 특히 '문화산업'이 제공하는 낙원과 같은 일상은 동일한 삶을 반복하게 할 뿐이다. 어느 순간 자신이 꼭두각시의 삶과 같은 일차원적 삶의 순환 도식에 빠져 든 것을 알게 되면서 우리는 삶을 반성해 보지만, 이미 일상적 삶은 체념적 수준으로 전락하게 된다. 결국 문화산업에 의해 산출된 가치는 실제적 가치나 의미와는 아무런 관계가 없게 되는 것이다.

따라서 애초에 허위 욕구에 사로 잡혀 악순환 되는 자신의 삶을 반성하지만, 인간은 역시 어쩔 수 없이 자본주의의 모순 속에서 살 수밖에 없는 운명임을 인식하게 된다. 한마디로 대중조작이 가능한 대중사회는 '개인의 허위 욕구'로부터 출발하는 셈이다. 즉, 현대인들은 자신의 허위 욕구를 충족시키기 위해 열심히 노동하면서 돈을 벌고 이를 다시 소비에 지출하면서 스스로 대중사회의 올가미에 걸려들게 된다는 논리이다. 과거 대중사회를 조종하는 세력이 정치 세력이었다고 한다면, 현대의 대중사회는 소비 개인의 허위 욕구에서 탄생하고 성장하게 되는 셈이다. 물론 여기서 '매스미디어mass media'와 '매스컴mass communication'는 개인의 소비욕구를 자극하여 급기야는 허위 욕구로 둔갑시켜서 과소비를 부추기는 결정적 인자임에 분명하다.

> "매스미디어는 사실적 실제와는 다른 미디어 세계를 만들어내고 있다. 미디어 세계는 사회적 실제를 투영한다고 주장하지만, 그것은 사회적 현실을 특정한 틀에 맞추고 채색시킨 특정한 이미지의 세계이다. 사회적 실제는 다양한 변인이 복합적으로 작용하는 갈등의 세계이지만 미디어 세계는 정상상태에서 화학결합이 이루어져서 새로운 화합물을 만들어내는 모순없는 사회를 그려내고 있다. 이미지 세계로서 미디어 세계는 우리에게 허상적인 욕망을 통한 대리만족을 경험하게 하는 것이다."(송해룡, 1995: 142)

또한 문화상품cultural goods 역시 다른 일상용품과 달리 개인의 소비욕구를 최대한 부추겨 허위 욕구로 둔갑시키는 또 다른 중요한 인자이다.

이미 언급한 대로 문화상품의 소유와 획득을 통하여 인간은 '문화적 지위'를 획득하게 된다. 문화상품의 취득을 통해 얻어진 문화적 지위는 '상징적 지위'로 이어지면서, 문화상품에 대한 소비를 통해 우리는 '사회적 지위'까지 보장받게 된다. 결국 문화상품의 소비 또는 과소비는 상징적 지위를 획득하겠다는 개인의 '허위 욕구'를 만족시켜 주게 된다. 즉, 상징적 지위란 이미지일 뿐인데, 이를 추구하는 욕구는 허위 욕구이며 추상적 욕구가 될 수밖에 없다.

> "새로운 모델의 자동차란 근본적으로 다른 사람들이 우리에 대해 갖는 이
> 미지인 것이며, 따라서 우리는 그 자동차 자체라기보다는 그것의 추상적인
> 관념을 소비하게 된다."(프레드릭 제임슨, 1999: 16)

그럼에도 불구하고 이러한 추상적 관념의 욕구는 사회적 지위마저 보장해 주면서 결국 자본주의사회를 대중사회로 전환시켜 준다. 이렇게 탄생하는 대중사회 속에서 일상생활을 영위하는 개인은 모두 대중조작의 대상이 되고 대중조작에 자동적으로 휩쓸리게 된다. 이제 사람들은 무의식적으로 자본주의 시스템을 안정과 영속성을 보장시키면서 대중사회를 체념적으로 받아들이게 되는 것이다. 이러한 의미에서 허위 욕구의 개념은 문화산업의 개념과 직접적으로 연계된다고 할 수 있다.

한마디로 현대인들은 몰沒개성의 사회로 돌진하면서 개인의 자유마저 통제하는 대중조작과 대중사회를 표면상으로는 거부하지만, 문화산업에 의해 촉발되는 허위 욕구를 충족시키기 위해 개인은 계속 소비消費하고 심지어 과소비를 자행하면서 대중사회를 부추기게 되는 일상의 모순 속에서 살아가게 된다. 그런데 보다 심각한 것은 이러한 모순이 고발이나 비판의 대상을 벗어나 체념의 일상으로 변모하게 되면서 현대인들은 [허위 욕구=대중사회]라는 도식 속에서 마침내 꼭두각시로 전락하고 기계의 부품처럼 살아갈 수밖에 없는 무기력한 존재가 되고 만다. 여기서 대중 조작은 너무도 쉽게 이루어지게 되는 셈이다.

2. 문화연구cultural studies: 대중사회와 문화산업

1) 대중사회와 대중조작

획일화의 기준에서 살아남기에 유리한 조건을 창출해야 할 운명을 가진 인간은 이제 사회적 기준이나 사회적 평가에 비중을 두면서 자신의 삶을

설계하고 사고한다. 개인보다는 '사회社會'가 삶의 기준이 되는 것이다. 이제 개인에게 자신의 삶은 나중이고 사회가 항상 먼저가 된다. 생물학자이며 사회진화론자인 스펜서Herbert Spencer(1820-1903)에 의하면, 인간 개개인은 사회적 유기체의 일원으로만 가치가 있다. 이른바 그가 주장하는 "사회유기체설"이 그것이다.

> "스펜서는 콩트의 유사한 진화론적 관점에서 하나의 유기체로서 사회는 성장과 분화, 재통합의 점진적 변화를 경험한다고 설명하고 있다. 스펜서에 의하면, 사회의 진화는 우선 외형적 크기의 증대로부터 시작되는데, 크기의 증대는 분화와 복잡성의 증대를 가져온다. 분화는 한꺼번에 다양한 기능을 수행하던 단순한 구조들이 제각기 다른 독특한 기능을 수행하는 구조로 진화됨을 의미한다. 유기체적 사회관에 의거하고 있는 스펜서는 또한 이들 분화된 구조들 사이의 상호연관성을 강조하는데, 그것은 신체의 각 부분이 제각기 떨어져 나가서는 생명을 유지할 수 없는 것과 같은 이치로 설명된다."(김승현, 1997: 264)

이는 마치 우리 몸의 세포와 기관 그리고 조직들이 모여서 하나의 생명을 유지할 수 있듯이, 사회 전체를 위해 인간 개개인은 지체일 뿐이라는 논리이다. 한마디로 사회라는 전체가 살아야 개인이라는 부분도 사는 것이다. 이러한 논리는 2천 수백 년 전 플라톤의 이념과도 일치한다. 물론 개인이 아니라 '사회'라는 관점에서 볼 때 그렇다. 즉, 지혜와 용기 그리고 절제는 신분에 따라 분명히 구별되는 영역이며 정의사회를 이루기 위해서 모두가 반드시 기능해야 할 부분들이다. 인간은 자신이 속한 영역에서 최선을 다하여야 한다. 그래야만 정의사회가 도래한다. 즉, 플라톤은 사회공동체의 생존을 위해 인간 개개인은 자기의 몫을 다 해야 정의로운 사회를 맞을 수 있다고 주장한다. 왕과 귀족은 지혜를 가진 사회공동체의 머리요, 무사계층은 용기를 가진 사회공동체의 가슴이요, 노예와 비자유非自由 계급의 하층민들은 무조건 절제하면서 살아야 하는 사회공동체의 다리인 것이다. 머리와 가슴 그리고 다리가 잘 조화롭게 어우러질 때 사회정의가 구현된다. 이러한 관점이 플라톤의 중심 이념이었다. 이러한 플라톤의 철학은 2천 수백 년 후

생물학자 스펜서에게서 '사회유기체설'로 설명된 셈이다. 결국 플라톤에게서나 스펜서에게서나 인간은 사회구조의 일부로서 제대로 '기능機能'하기만 하면 되는 것이다. 기능이란 본질적으로 기계론적 개념이다(프리쵸프 카프라/ 김용정·김동광역, 1996: 46). 개인이 어떤 생각을 가지고 있건 어떤 심리를 가지고 있건 그건 중요한 것이 아니다. 다만 개인의 사회공동체의 일원으로서 철저하게 맡은 바 사명을 다하면서 제 기능을 하기만 한다면 사회는 계속 잘 유지되고 지속된다. 개인은 사회적 기능으로만 그의 의미를 갖는 것이다.

그러나 독일의 사회학자 베버Max Weber(1864-1920)에 와서 '사회社會, society'란 과연 무엇인가에 대한 의문이 제기된다. 사회는 실제로 존재하는 것인가? 아니면 명목상으로만 존재하는 것인가? 무정부주의를 주장한 아나키스트anarchist들은 아예 사회란 없는 허깨비라고 단정하며 가장 급진적 태도를 취한다. 우리는 일반적으로 인간이 둘 이상 모이면 '(사회적) 관계'가 형성된다고 한다. 그러나 우리의 삶에서는 사회라고 단정할 수 있는 근거가 어디에도 없다. 왜냐하면 사회가 실제로 보이는 것도 아니고 만져지는 것도 아니기 때문이다. 명목론자들에 의하면, 사회란 다만 '관계'로만 형성되었다가 다시 해체되는 하나의 '관계적 개념'일 뿐이지 실체는 아니다. 독일의 경영컨설턴트인 키르쉬너Josep Kirschner는 자신의 저서 『에고이스트 트레이닝』(1976/ 유혜자 옮김, 2001)에서 공동체가 전부이고 개인은 아무것도 아니라고 주장하는 사회는 자신의 이득을 위해 남을 희생시키는 허구라고 반박한다.

어쨌건 사회가 존재하든 존재하지 않든 관계없이 산업사회에서 개인의 존재는 철저하게 축소되어 간다. 사회적 세력형성과 사회적 관계의 영역이 확대되면 될수록 개인의 존재는 가치와 의미를 급격하게 반감될 수밖에 없다. 개인은 이제 사회적 힘에 밀리면서 소위 사회가 하자는 대로 할 수밖에 없다. 아니면 사회적 관계가 흘러가는 방향대로 개인은 이리 저리로 휩쓸려 다니는 바람개비 같은 존재가 되고 만다. 이렇게 개인이 주관과 줏대를 잃고 사회적 힘(권력)이 모이는 방향에 따라 몰려다니는 사람들, 즉 인간으로서의 가치나 의미를 상실한 사람들이 모여있는 집단을 우리는 군중群衆 또는 대중大衆, mass이라고 한다.

이제 인간은 개인적 차원 또는 개성으로 고려되는 것이 아니고, 우르르 몰려다니는 '익명성'을 가진 대중의 무리일 뿐이다. 물론 내가 대중의 무리가 되고자 싶어서 대중이 되는 것은 아니다. 그렇게 안 되려고 기를 써도 우리는 곧 대중의 무리로 전락하고 만다. 왜냐하면 이미 현대인들은 자신의 진정한 이름조차 '무리' 속에서 잃어버리고 말았기 때문이다. 익명성으로 존재하는 개인에게 가치와 의미가 부여될 수 없다. 의미와 가치가 부여되지 않는 상대방은 그저 스쳐 지나가는 하나의 '미물微物'이며 '대상對象'일 뿐이다. 의미도 가치도 없고 살아가는 방향을 위한 에너지도 잃어버린 이름 없는 인간은 사회 또는 사회적 관계라는 거대한 힘에 의해 임의대로 움직일 수밖에 없다. 사회는 이제 사회가 원하는 대로 익명의 대중들을 몰고 다닐 수 있으며, 대중을 조작할 수 있는 힘을 가지게 된다. 특히 매스컴을 이용한 홍보와 광고, 프로파간다와 그리고 이를 정치에 활용하는 데마고지에 의하여 대중을 조직적이고 체계적으로 사회는 '대중'이라는 다수를 몰고 다니면서 보다 막강해지는 권력을 창출하게 된다. 이는 민주사회의 허점인 다수의 횡포를 적절하게 이용하는 것이기도 하다.

그런데 중요한 사실은 사회 구성원으로서의 개인 역시 사회적 권력에 편승하여 살아남기 유리한 조건을 창출하고자 한다는 사실이다. 이로써 개인은 대중조작과 대중사회의 공범共犯이 되는 셈이다. 이제 개인은 대중조작의 대상이지만 다른 한편으로는 스스로 대중조작을 주도하는 주체가 된다. 사회적 권력에 편승하면서 스스로 살아남기 위한 유리한 조건을 창출하고자 하는 개인들이 늘어나면서 사회적 힘은 삶의 객관이자 기준이 된다. 이제 사회라는 삶의 기준에 따라 개인은 어떤 반성이나 비판도 없이 무조건 사회적 권력의 추종자가 되고 만다. 이들은 스스로 개인임(개성)을 포기하고 의미 없는 익명으로서 대중의 무리에 편입되기를 갈구한다. 한때는 대중사회의 일원으로서 대중조작의 대상이 되는 동시에 또 한때는 대중조작을 주도하는 사회적 힘에 편승하려고 발버둥을 친다. 그러나 살아남기 위한 이러한 발버둥이 자신을 무덤으로 몰고 가고 있다는 사실은 간과된다. 대중에 편승하여 살아남기 위한 개인의 발버둥은 대중조작의 공범이자 주범이다. 대중사회에서 대중은 개인으로서의 삶을 포기할 수밖에 없다.

오늘날 매스컴의 발달은 더욱 극심해져서 대중이 선동되고 조작된다는 사실을 눈치채지 못하도록 교묘한 위장 전술을 가동하고 있다. 이들은 소위 대중조작의 불감증 시대를 주도하고 있는 셈이다. 매스컴의 역할이 이렇게 심각함에도 불구하고 매스컴은 자신들이 여론을 대변한다는 식으로 자신들의 존재를 합리화하고 있다. 과연 대중매체와 매스컴이 정말로 사회의 여론을 대변한다고 자처할 수 있을까? 물론 매스컴은 공정하고 정확하고 신속한 보도라는 사명을 완수하기 위해서 자신에게 주어진 역할을 수행하고 있다고 주장한다. 그러나 매스컴만이 여론을 대변하는 것은 아니다. 또한 매스컴이 여론을 정확하게 대변한다는 것도 어불성설이다. 오히려 여론을 호도하고 왜곡하는 선봉에 매스컴이라는 또 다른 권력이 군림하고 있는지도 모른다. 왜냐하면 매스컴 역시 자본주의사회에서 이미 상업 자본에 지배당한 지 오래이기 때문이다. 이미 매스컴은 역사적으로 특히 히틀러 시대나 파쇼 정권 하에서는 정치적으로 악용되어 온 흔적들이 낱낱이 고발된 바 있다. 또한 매스컴 역시 하나의 기업이고 조직이기 때문에, 성향과 목표에 따라서 보수와 진보라는 대립색체도 띄게 된다.

오늘날 우리사회에서는 보수언론과 진보언론이라는 두 갈래로 극명하게 나뉘어져서 이는 사회양극화의 문제처럼 간극의 해소가 거의 불가능해 보인다. 또한 한쪽의 정치권과 경제권으로부터 공격을 받기라도 한다면 매스컴은 여론與論과 공론公論이라는 그럴듯한 말로 포장하면서 마치 대중의 편에 있는 듯 호들갑이다. 그러나 이러한 행위 자체도 대중조작의 위험성에 노출되어 있기는 마찬가지이다. 한마디로 매스컴이 정치적-경제적-문화적 권력관계의 영향권에서 벗어날 수 없는 한, 매스컴은 결코 순수하지 않으며 그의 독립성 역시 흔들릴 수밖에 없다.

실제로 매스컴의 가면을 벗기면 매스컴은 이미 정치, 경제 그리고 행정 다음으로 또 하나의 권력을 추구하면서 대중과 군중들을 철저히 이용하는 권력투쟁의 곁가지로 군림하고 있는 지도 모른다. 오늘날 이렇게 매스컴은 우리 사회에서 막강한 권력의 핵으로 등장하고 있다. 이런 의미에서 우리는 매스컴을 제4의 권력이라고 하기도 한다. 사실 우리가 매스컴을 여론의 대변 기관이라고 법적으로나 아니면 공식적으로 인정한 바가 없다. 그럼에도 불구하고 이들은 자신들이 여론과 공론의 대변자임을 자처하고 있다. 거듭 언급하지만 히틀러가 매스컴을 철저하게 이용하고 이들과 결탁하면서 대중선동(프로파간다와 데마고기)과 대중조작을 용이하게 하면서 인간의 목숨을 천만 이상 앗아간 위장의 역사를 되새긴다면, 아마 매스컴은 늘 반성과 자성의 목소리를 외면하기는 어려울 것이다.

이미 자본주의 시장경제에서 광고 자본력의 위력이 천하를 지배하는 환경변화 속에서 매스컴이 상업자본의 영역과 자본동원의 정치 영역에서 이들과 등지면서 살아갈 이유는 어디에도 없다.

> "광고는... (인간의) 허상적인 욕망을 상업화시키는 매스미디어의 연결고리로 파악할 수 있다. 광고는 자본주의의 꽃이라고 불리우고 있지만 사실상 광고는 필요악적인 조화의 모습을 하는 것이다. 이 조화는 가짜를 진짜로 만들어 내어 대리만족을 시키는 가짜 꽃인 것이다. 그러나 이 조화는 자본주의적인 속성에 힘입어 곳곳에서 진짜처럼 행세하고 있는 것이다(송해룡, 1995: 142-143)

역사시대 이래로 종교 세력과 정치세력은 때로는 결탁하고 때로는 대립하면서 권력투쟁의 이합집산離合集散을 통해 궁극적으로는 보다 커다란 권력을 쟁취해 왔다. 자본주의가 무르익으면서 정치와 종교의 결탁세력은 자본력, 즉 경제와 다시 한번 권력투쟁의 이합집산에 가담하면서 권력의 영역을 확장해 왔다. 이제 종교, 정치, 경제가 이전투구로 세력 확장을 위해 발빠른 이합집산의 움직임을 하고 있는 와중에 매스컴이 제4세력으로 가세하고 있다. 종교, 정치, 경제, 매스컴 간의 권력투쟁을 위한 이합집산과 이전투구의 장에서 결국 피해를 보는 것은 개인이며 군중일 뿐이다. 권력도 없고 주관도 없는 이들은 오로지 이 사회에서 그냥 '대중'이라는 익명의 명찰을 달고 이리 저리 휩쓸리고 있을 뿐이다. 결국 이들 대중은 권력투쟁의 장에서 들러리 역할만 하면서 살아갈 수밖에 없는 처량한 떠돌이가 되고 만다. 인간이 그리고 개인이 철저하게 소외되는 것이다. 심지어 대중은 소위 국민의 대리인을 뽑는 대통령, 국회의원 선거 날에도 단순한 거수기로 활용되고 있으며, 전쟁터에서는 인간으로서의 존엄성과 가치를 완전히 상실한 채 하나의 총알받이로 전락하고 있다. 제2차 세계 대전 중에 아우슈비츠 가스실에서 인간의 목숨은 한 조각의 비누뭉치로 뒤바뀌었으며, 전 유럽의 대학 연구실을 개조한 인체실험실에서 이유도 모르고 죽어야 하는 모르모트 흰쥐의 역할을 대신했다. 대중선동과 대중조작의 대상으로 전락한 순간 이미 인간은 더 이상 인간이 아닌 것이다.

많은 미래학자들은 이러한 대중조작이 앞으로 미래에도 여러 다양한 영역에서 다양한 방식으로 계속 지속될 것으로 전망한다. 테크놀로지의 발전과 함께 그것도 보다 교묘하게 자행될 것이다. 과거와 내용과 형식 그리고 방법은 달라질 수 있어도 인간은 영원한 대중조작의 대상이 된 셈이다. 기술 미래학자인 켄턴James Canton은 이미 21세기를 맞이하면서 자신의 저서 『테크노퓨처』(2001)에서 21세기 현대인들 역시 컴퓨터, 네트워크, 생명공학, 나노테크 등 소위 4대 파워 툴power tool로 대변되는 첨단과학의 손에 맡겨진 채 이리저리 끌려 다니는 신세를 벗어날 수 없기에 역시 대중조작의 대상일 것이라고 진단한 바 있다. 이미 장기밀매臟器密賣가 일상화되고 DNA를 상품권처럼 팔고 사게 되는 시장에서 우리 현대인들은 이제 무엇인가에 의해 쉴 사이 없이 조종당하는 영원한 대중조작의 대상이 된다. 심지어 우리 현대인들은 먹거리 문화에 의한 조작의 대상이기도 하다.『패스트푸드의 제국』(2001)을 쓴 슐로서Eric Schlosser는 햄버거로 대표되는 패스트푸드 문화는 정치적이고 상업적 그리고 매스 미디어의 권력을 등에 없고 무소불위無所不爲로 인간을 조작하고 있다고 주장한다. 그는 오로지 '의식 있는 소비자들만'이 대안이며, 이들이 패스트푸드 앞에서 모래알같이 흩어져서는 안 되고 콘크리트처럼 단단하게 뭉쳐야 한다고 주장한다.

2) 문화산업과 대중의 일상

(1) '문화산업'의 개념

1944년 프랑크푸르트학파의 시조 격인 아도르노와 호르크하이머의 자신들의 논문 「계몽의 변증법」에서 대중사회를 주도하는 주범으로 '문화산업 文化産業, culture industry'을 지목한 바 있다. 이때부터 '문화산업'이라는 용어가 인구에 회자되기 시작했으며 이에 대한 담론도 시작되었다. 물론 당시 아도르노와 호르크하이머 역시 고급문화 내지 고급예술의 대중화 추세를 지적할 때 대중문화의 위험성을 고발하면서 자신들의 문화비판과 사회비판을 시작했다. 고급예술과 저급예술의 구분 속에서 저급예술을 지향하는 대중문화는 대중사회의 가교임에 분명하다. 특히 아도르노의 경우 음악가 출신으로서 클래식 음악의 대중화에 발끈하면서부터 '문화산업'의 위험성에 항거하는 비판을 시작했다. 문화적 권력투쟁의 결과로서 고급예술 영역의 붕괴로 인하여 문화적 이데올로기가 대중화되었다.

"고급예술이 표방하는 창조적 예술성이라는 것은 특정한 계층의 특정한 취향을 반영할 뿐이라는 점이 지적되었다. 그럼에도 불구하고 그것은 사회의 모든 계층에게 이상적 기준으로 강요되어왔기 때문에, 예술적 보편성이라는 것은 계층적 이해관계에 기반한 허구에 불과하다는 비판이 제기되었다."(박기현, 2006: 7)

그 결과 대중문화가 탄생하였으며 이러한 대중문화가 바로 대중사회를 주도해 나간다.

"레이먼드 윌리엄즈Raymond Williams는 추상화의 과정을 통해 문화의 개념이 점차 지배 계급적인 의지를 수반하게 되었다고 본다. 즉, (문화가) 고급스러운 습관이나 의식을 의미하게 됨으로써 귀족과 같은 특정 계층이나 계급만 지니고 있는 것으로 취급했다는 것이다. 지배계급의 의식 생활로서의 문화 개념은 점차 예술과 관련되어 설명되었다.... 이러한 문화의 개념은 20세기에 들어 좀 더 확장된다. 그리고 대중매체의 등장으로 고급문화 양식뿐만 아니라 대중문화 양식까지 포함하게 된다. 즉, 대중 매체의 내용에 위해서 사회에 퍼뜨려진 노동계급이나 중간계급의 문화양식으로까지 의미가 확장된 것이다."(원용진, 1996: 16)

이렇게 하여 대중문화는 모든 계층을 포괄하는 대중을 조작하는 동력을 얻게 된다. 그러나 오늘날 대중문화의 조종자들은 자신들이 문화를 독점하고 있다는 사실을 숨기려 하지 않는다. 독점의 힘이 강화될수록 그 힘을 실재적으로 행사하려는 의도가 강해진다. 심지어 이를 전략화하여 사업적 성공을 기도하기도 한다.

> "대중문화는 점점 더 사회적 영향력을 갖게 되었고, 이에 따라 대중문화를 단순히 지배 이데올로기의 반영으로 비판하는 관점은 전략적으로 수정되기 시작했다. 사회 구성원의 대다수가 향유하는 대중문화를 방치해 둘 수 없다는 의식이 퍼졌다.... 지배적인 이데올로기를 비판하고 저항적인 혹은 대안적인 이데올로기를 생성해내려는 정치적 목적을 가진 이론가들의 입장에서 볼 때, 사회적인 파급효과가 큰 대중문화를 분석하는 일은 커다란 전략적 가치를 띠게 마련이다. 이런 맥락 안에서 문화연구는 고급예술을 탈신비화시키고 대중문화에 새로운 의미를 부여하는 작업에 적극적으로 나서면서 그 영향력을 확대시켜 나가게 된다."(박기현, 2006: 7-8)

그러나 결과적으로는 이로써 물신숭배가 팽배해지는 자본주의사회에서 상품의 수요와 공급을 직접 매개하는 '문화산업文化産業'은 대중사회를 매도하는 중요한 세력이 된다. 따라서 이러한 대중사회의 과정이 고발되기 시작하면서, 현대 대중사회의 촉매제로서 문화산업의 실체가 서서히 드러날 수 있었던 것이다.

한마디로 오늘날 인간이 기계화되고 획일화되고 급기야 무작위로 대중선동과 대중조작의 대상으로 전락하면서 결국은 비인간으로 모순적 삶을 살게 된 이면에는 '문화산업culture industry'이라는 무시무시한 세력이 기생하고 있다. 특히 자본주의사회가 무르익으면서 사회가 종교-정치의 패러다임에서 '정치-경제polit-eco'의 패러다임으로 전환되면서 산업의 영역에서 몰고 가는 대중사회의 위력은 보다 강대하다. 특히 문화산업은 인간의 사고영역까지 깊숙이 파고든다는 점에서 일반 산업의 영역보다 그 파급효과가 크다. 많은 지식인들은 특히 자본주의사회에서 벌어지는 대중조작과 대중사회의 유력한 배후 세력으로 '문화산업'을 지목한 지 오래다.

"문화산업이라는 용어를 최초로 사용한 것은 프랑크푸르트학파의 거두인 Horkheimer와 아도르노가 1947년에 발표한『계몽의 변증법Dialectic of Enlightenment』에서 문화산업을 사회적 문제로 제기하면서 처음 언급하였다. 이것은 당시 대중문화의 현상을 비판하면서 용어가 적절치 못하다고 지적하고 대체하는 말로 문화산업이란 용어를 사용하였다. 그들의 주장에 의하면, 대중문화는 이미 대중들 자신이 자발적으로 만들어 낸 문화가 아니며 조작된 욕구에 의해 생산되는 문화이기 때문에 최초에 가졌던 그 원래의 의미가 상실되었으므로 문화산업이란 용어로 대체되어야 한다고 주장하였다."(이영두, 2000: 17)

결국 대중사회는 문화산업의 융성과 함께 급성장한다. 이미 우리는 인간 정신의 산물이 모두 '문화'라고 했다. 그러나 오늘날 시간이 흐름 속에서 문화는 그 영역이 축소되어 이해되고 있다. 애초에 우리는 문화가 물질문화와 비물질문화로 분업화되었다고 했다. 즉, 물질문화가 기술과 문명 그리고 문화재로 발전되었고, 비물질문화는 사회규범, 제도, 법, 도덕, 윤리 등 사회공동체를 유지 발전시키는 이념적 사고의 틀로 발전하였다. 이러한 문화가 산업화되면서 문화산업으로 재탄생하고 있는 것이다. 이렇게 본다면 문화산업은 문화 영역 전체에서 이루어지는 모든 산업이라고 할 수 있다.

"문화는 과거에는 예술작품, 책, 도구, 박물관, 대학 건물 등을 통해 상징되었으나, 이제는 작품을 생산하고 도구를 만들며 아이를 키우고 정박아를 돌보며 회사 경영을 하는 것도 모두 문화적 행위로 보게 되었다."(강영안, 1995: 192)

그러나 우리가 오늘날 문화산업이라고 부르는 영역은 이미 그 의미가 크게 달라져 있다. 이러한 의미 변화의 근거는 '문화'라는 개념의 변질된 이해에서 비롯된다. 문화산업이란 문화를 상품화하고 산업화하는 것을 의미하지만, 오늘날 상품화되는 문화는 본래의 문화라는 포괄적 문화가 아니고 매우 축소된 의미에서의 문화를 지칭한다. 실제로 산업혁명을 기점으로 삶의 모든 영역이 분업화되면서 문화의 영역도 축소되었다. 부분으로 계속

쪼개지면서 전체로서의 문화가 사라진 셈이다. 그러나 엄밀히 말하면, 문화 자체가 축소된 것이 아니고 문화라는 용어의 사용이 축소된 것이다. 예를 들어, 오늘날 문화라는 용어는 예술 분야와 거의 동일시되어 사용되고 있다. 예술은 분명히 문화이다. 심지어 예술은 가장 중요한 문화영역이기도 하다. 왜냐하면 예술은 일반적으로 삶을 그대로 보여주고 삶(문제점)을 가장 신랄하게 '비판'하는 기능과 역할을 할 수 있기 때문이다. 그러나 아무리 양보해도 문화는 예술만을 의미하지는 않는다.[5] 이미 언급한 대로 예술은 문화 중에서 습관, 관습, 법, 제도, 관념, 윤리, 철학, 언어, 이데올로기, 종교 등과 함께 문화의 일종이다. 그러나 오늘날 문화는 예술 영역만을 의미할 정도로 축소되어 사용되고 있다.

이렇게 문화에 대한 축소 사고를 가능하게 한 장본인은 바로 산업혁명이다. 분업화와 전문화를 기반으로 하는 산업혁명은 우리 인간의 사고구조를 철저하게 분지화해 놓았다. 사고의 분지화를 통해 우리는 문화를 예술의 영역으로 축소하여 생각하게 되었다. 실제로 1970년대부터 유네스코 UNESCO에서는 문화산업에 대하여 많은 토론회, 세미나, 발표회 등을 개최되었는데, 여기서 문화산업은 거의 예술계통에서의 상품 산업으로 동일시되었다(유네스코 한국위원회/도정일 역, 1987). 특히 프랑스 예술가 오귀스텡 지라르Auguistin Girard는 "예술산업이 곧 문화산업"임을 강변하고 있다(유네스코 한국위원회/도정일 역, 1987). 그러나 이들이 예술산업을 문화산업과 동일시하는 근거도 명확하지 않다. 예를 들어, 음주문화, 교통문화, 지하철문화, 대학문화 등은 음주예술, 교통예술, 지하철예술, 대학예술인가? 또한 박물관에 나란히 전시되고 있는 짚신, 청동검, 한복, 고려청자, 베틀, 거북선 같은 문화재는 예술재인가? 또 청소년문화는 청소년 예술을 뜻하고 국가 간의 문화적 차이는 국가 간의 예술적 차이로 번역해야 하는가? 그동안 사회

---

[5] 그러나 젠크스는 러스킨과 코울리지 덕분에 문화와 예술이 동일시되었다고 주장한다. 왜냐하면 문화는 파괴적인 대중소비사회와 산업화, 즉 '문명(발달)'의 추세에 맞서 싸우는 대항력이 되었기 때문이다(크리스 젠크스, 1993/ 김윤용 옮김, 1996: 33). 이럴 경우 인간이 추구하는 기술문명의 무자비한 진보에 대해 '비판적 세력'으로서 간주되는 문화는 예술과 동일한 개념이 된다.

과학 영역의 많은 연구물은 문화라는 개념이 예술 하나만을 뜻할 정도로 그리 단순하거나 협소한 것이 아니라는 사실이 밝혀주고 있다.[6] 따라서 문화산업 역시 예술산업과 동일시될 수는 없는 것이라는 의문도 제기되어 왔다.

"'문화'라는 말은 이제 학자나 전문가의 전유물이 아니라 누구나 사용하는 일상용어가 되었다. 아직도 일부에서는 연극이나 음악, 미술 등과 관련해서 '문화'라는 말을 이해하는 경향이 없지 않고, 이와 관련된 일에 종사하는 사람들을 정계나 학계 또는 경제계에서 일하는 사람과 구별해서 '문화계 인사'라고 부르는 관행이 없지 않다. 하지만 이제는 '중국문화', '한국문화' 등 지역과 관련해서뿐 아니라 '고대문화', '근대문화'. '현대문화' 등 시대와 관련된 경우, '서민문화', '대중문화', '청소년문화' 등 시대와 관련된 경우, '놀이문화', '음식문화', '의복문화', '주거문화', '소비문화' 등 일상생활과 관련된 경우, 심지어 '자동차 문화', '군사문화'란 말에 이르기까지 '문화'란 말이 널리 사용되고 있다. 이와 같은 표현을 듣더라도 이제는 별로 어색하지 않게 된 것은 '문화'라는 개념이 외연이 매우 넓은 개념이 되었기 때문이다. 이것은 '문화'라는 개념이 그만큼 '민주화'되었음을 뜻한다."(강영안, 1995: 190)

한편, 문화산업은 오늘날 우리의 삶에서 중요한 산업영역으로 급부상하여 왔다. 실제로 현장을 살펴보면 문화산업의 영역으로 거론되는 주 영역은 활자미디어, 영상비디오, 컴퓨터그래픽, 사이버 영상매체, 디지털공학 등 21세기 지향의 첨단산업, 즉 정보통신 산업영역에서 고도의 테크놀로지(정보테크놀로지)가 발전하면서 함께 융성하는 각종 대중서적류, 대중음악, 영상뮤직, 영화, 공간 입체 디자인, 영화, 라디오, 텔레비전, 저널리즘, 광고, 애니메이션의 영역들을 꼽고 있다.

---

[6] 오늘날 UNESCO에서도 이러한 논의가 일고 있으며, 미국의 Williams, McKendrick, McCracken, Mukerji와 같은 문화인류학자들과 독일의 Cleve같은 역사학자들은 문화의 산업화, 즉 문화산업이란 예술산업만을 뜻하는 것이 아니고 이를 포괄한다는 연구결과를 속속 발표하고 있다.

"(특히) 거부할 수 없는 신화적 가치체계로서 텔레비전은 우리의 의식을 세뇌시켰다. 텔레비전에 부여된 사회의식적 차원에서의 정통성 부여는 텔레비전을 중요한 사회화의 도구로서 정착시키고 있다. 텔레비전이 사회화의 도구라는 인식으로부터 우리는 광고의 문제점을 이끌어 낼 수 있다. 우선 그 문제점은 광고행위가 단순한 상품의 알림해우이가 아니라 사회적 가치체계를 주입시키는 사회적 행위의 일부분이 되고 있다는 사실이 간과되고 있는 것이다. 즉, 가치지향적인 커뮤니케이션 행위라는 사실에 대한 이해가 부족하다."(송해룡, 1995: 143)

물론 이러한 영역에서 파생되는 문화상품들도 이에 해당된다. 간단히 말해서, 고도의 과학기술과 예술영역의 만남으로서 이들이 거론하는 문화산업의 영역은 예술과 첨단테크놀로지의 합작 정도로 보인다. 한마디로 오늘날 문화산업의 촉매는 ME micro-electronics: 첨단 소립자 반도체와 VDT visual display terminal: 화상산업일 것이다. 이런 의미에서 우리는 문화산업을 기술산업 내지 테크놀로지산업의 용어로 설명하기도 한다. 또한 영국에서는 문화산업을 '창조산업 creative industry'과 동일시한다. 왜냐하면 문화는 인간의 '창조행위의 산물'이기 때문이다(최연구, 2012: 15).

물론 문화산업은 예술산업을 포함한다. 왜냐하면 문화가 예술을 포함하기 때문이다. 특히 예술은 인류문화발달에 가장 핵심적인 역할을 해낸다. 그러나 문화란 예술보다 훨씬 포괄적 영역이다. 문화는 "인간정신의 산물"(Spranger)로서, "인간이 살아남기 위해 창조해 낸 제2의 자연"(Gehlen)이다. 또한 문화는 "인간생활의 제도와 역사 전반"(Kluckhohn & Kelley)이며, "학습에 의해 획득된 인간의 모든 활동(Wissler)"이며, "지식, 신앙, 예술, 도덕, 법률, 관습 그리고 사회 구성원으로서 인간이 획득한 모든 능력과 습성의 복합적 총체"(Tylor)를 말한다. 정리하자면, 문화는 삶의 산물產物 전체를 뜻하며, 우리 인류가 살아온 흔적이다. 이미 언급한 대로 문화가 없었으면 우리 인류는 살아남을 수 없었다. 동물을 본능으로 살아남지만 인간은 자신들이 창조한 문화 덕분으로 살아남았다.[7] 물론 예술 역시 역사적 삶의

---

[7] 문화란 초생물적이며 또한 초유기체적인 전통의 작용으로 나타난 것이며, 동물과

흔적이며 아울러 삶의 기준으로 작용할 수 있는 문화이다. 심지어 예술은 확실한 반성적reflective 능력을 가지고 있다. 따라서 문화 중에서 예술은 가장 핵심 부분이 될 수 있다. 그러나 반복하지만 문화는 단지 예술만을 뜻하지 않는다.

한편, 선조들의 문화재 연구에 많은 시간을 보내던 이탈리아의 학자들에 의해 문화산업은 '문화재의 산업화'라는 개념으로 이해되기 시작했다. 당시 이들의 시각이 포괄적이지는 못했지만, 문화재를 상품화할 수 있는 가능성과 이에 따른 교육의 가능성을 처음으로 시사하고 있다. 이러한 전통은 이미 오래전에 문화와 문화재의 의미성에 대해 인식한 그람시Antonio Gramsci (1891-1937)에서 비롯된다. 그는 마르크스-네오 마르크스Marx - Neo Marx 시대에 문화적 이데올로기와 사회주의 체제의 관계를 교육의 대상으로 다루면서, 마르크스의 노선을 수정하였고 이른바 상부구조로서의 문화 의식 교육이 노동자의 의식화 교육에 중요한 관건으로 작용하는 계기를 만들었다 (Gramsci, 1916). 문화의미에 대한 의식전환이라는 새로운 시각 속에서 당시 이탈리아 정부는 그람시의 구안대로 노동자와 수공업자 등 일반 성인들에게 고전문화강좌를 위하여 할당된 150시간의 교육 프로그램에 의무적으로 참여하도록 제도화하였다.

1960년대 문화산업이라는 용어는 미국 대륙으로 건너가면서 이 영역에 대한 이데올로기적이고 교육적 차원의 논의가 사라지게 되었고, 대신 이 개념은 경제학적 차원에서 실용적 가치나 기능적 가치로 탈바꿈되기 시작했다. 경제학자 매크럽Fritz Machlup(1902-1983)은 문화산업을 미래의 "지식산업"이라는 표현으로 대신했고(Machlup, 1966: 18), 급기야 미국 대륙에서는 문화정보를 산업화한다는 뜻에서 "정보산업"이라는 표현으로 통합하여 사용하기 시작했다. 이러한 개념은 방송기술, 전자매체, 매스컴 등 정보통신혁명으로 인해 야기된 정보화시대를 맞아 여과 없이 그대로 사용되었다. 유럽에서도 문화산업에 대한 뚜렷한 논쟁 없이 특히 독일의 문학철학자 엔젠스베르거Hand Magnus Enzensberger는 전통적인 문화산업의 뜻을 예술세계에 대한

곤충들의 도구 사용은 유전학적인 구조에 이미 고정된 본능적인 것이다(White, 1973: 27).

"의식산업"이라는 표현으로 대신하는 정도였다(Enzensberger, 1974). 그는 1962년 출판된 단행본 『개체』에서 의식산업은 현존하는 지배체제를 견고히 하기 위하여 시멘트로 다지는 과제를 위탁받고 지배체제의 전술적 관점 하에서 의식을 생산하고 관리하고 조직하고 통제하는 이른바 인간의 의식을 드러내는 산업으로 규정하고 있다(이정춘, 2000: 79-80).

결국 문화산업에 대한 이해는 시대와 지역에 따라 변화하고 달라져 왔다. 어쩌면 이는 앞으로 시대 변화에 따라 모든 문화는 산업화될 수 있다는 사실을 입증하는지도 모른다. 아니면 모든 산업이 문화산업과는 무관하게 발전될지도 모른다는 것도 사실이다. 그러나 개념사적概念史的으로 문화산업을 의미해 왔던 예술산업이 지식산업, 정보산업 그리고 의식산업으로까지 변모하는 과정에서 우리는 중요한 사실을 알아야 한다. 즉, 문화산업이라는 개념은 시대 상황적으로 어떠한 '문화의 내용'을 산업의 대상으로 하는 것에만 관심을 두어서는 안 되고, 어떠한 '문화적 속성' 내지 '문화본질'을 산업의 대상으로 하는가에 대하여 관심이 모아져야 한다. 그러나 분명한 사실은 문화산업의 등장과 함께 우리 사회에서는 특별한 변화가 이루어졌다는 사실이다. 산업혁명을 기점으로 문화산업의 열기가 고조되면서 특히 오늘날 자본주의 경제체제에서 문화산업은 대중사회와 대중조작의 기수로 등장하고 있는 것이다. 즉, '문화와 산업'이 결합하면서 경제의 세계화에 이어 문화의 세계화도 시작됐다(바르니에, 주형일 옮김, 2000).

(2) 소비혁명과 문화산업

실제로 우리의 역사를 보면 문화산업은 이미 오래전부터 우리의 실생활에 파고들어 있었다. 19/20세기 산업혁명을 통한 공업화시대라고는 하지만 이면에서 벌써부터 어떠한 특정 영역에서는 탈脫공업화사회 내지 탈산업사회로의 과정이 진행되고 있었다고도 할 수 있었으며 이 과정에 바로 문화산업의 실체가 현상하고 있었다. 특히 이러한 문화산업은 소비자의 욕구와 소비 행태의 변화에 따라 전개되었다. 물론 소비욕구와 소비 행태의 변화에 편승하여 이루어진 정치-경제적 차원의 전략에 따라 부수적으로 문화산업이 활성화되었다고도 할 수 있다.

일례로, 16세기 엘리자베스 여왕의 지배시대를 우리는 '소비폭발의 시대'라고 한다. 이러한 뜻에서 유럽의 산업혁명은 "소비혁명"이었다고도 할 수 있다(McKendric el., 1982). 즉, 대량생산의 시대를 맞아 생산이 소비에 의해 보다 촉진되었다는 것이다: "적극적 소비는 일종의 생산이다. 종종 공식적 생산Formal production은 소비를 창출하는 것과 관련될 때 우선 발생한다."(Willis, 2003: 405) 이런 의미에서 영국의 사회학자 슬레이터Don Slater는 자신의 저서『소비문화와 현대성Consumer culture and modernity』(1997/ 정숙경 옮김, 2000)에서 "소비는 소모행위가 아니라 생산행위"라고 주장한 바 있다. 우선 만들어 놓는다고 팔리는 것도 사실이지만, 반대로 구매하려는 사람이 있으니까 만들 수밖에 없었다는 논리가 더 타당하다. 이런 논리로 보면, 구매자가 대량으로 늘어나니까 대량생산이 요청되었다고 볼 수 있다. 즉, 당시 대량생산체제는 대량소비에 의해 가능했다고 할 수 있다. 소비자가 생산자이며 생산자가 소비자인 '프로슈머Prosumer. A. Toffler'의 시대가 당시에도 이미 시작되었던 셈이다.

> "전통적인 의미에서의 생산 영역만이 생산을 전담하지는 않는다. 소비의 영역도 의미 생산이라는 중요한 부분을 맡게 되었다. 소비에 대한 새로운 해석, 즉 생산적 소비pro-sumption란 합성어는 현대 사회에서의 소비의 중요성을 단적으로 드러내 주고 있다. 소비의 영역인 대중문화는 소비 개념의 부상과 함께 새롭게 인식되고 들여다 볼만한 가치를 지닌 것으로 여겨지게 되었다."(원용진, 1996: 35)

결국 이렇게 본다면 생산과 소비의 관계는 수요와 공급의 관계와 닮았다(Schroeder, 2011: 6). 즉, 공급이 있는 곳에 수요가 있기도 하지만, 수요가 있는 곳에 공급이 발생한다.

이렇게 소비의 역사에는 우리에게 엄청나게 숨겨진 사실이 존재하고 있다. 많은 역사가들은 당시 통치자들이 서민의 소비욕구를 지배와 통치의 전략으로 이용하였던 사실을 지적하고 있다. 역사가들은 이를 당시 문화의 전략이었다고 적고 있다. 그 대표적인 예가 바로 영국의 계몽주의와 산업화가 가장 활발하게 진행된 엘리자베스 1세의 시대였다. 당시 영국에서는 귀족이든 평민 사회에서든 '소비의 붐'이 이루어진 시대였다. 엘리자베스 1세는 서민들의 소비욕구와 소비행태를 '통치와 지배의 수단'으로 잘 활용했던 것으로 알려져 있다.

그는 왕실을 가장 화려하게 꾸미고 왕궁 가족의 의복도 행사의 종류에 따라 다르게 그리고 화려하게 치장했다. 이는 서민과 왕실의 차별성을 '상징象徵'하기 위함이었다. 계속 왕이라는 신분을 새롭게 상징하고 피지배층에게 의미를 부여하기 위해서 왕실의 분위기를 바꾸었으며, 화려하고 독특한 의복을 입고 나타남으로써 서민들에게 왕의 지위를 표현했다. 왕실을 그 화려한 의상과 장식으로 왕과 왕실의 사회적 지위를 상징하려 했으며, 이러한 상징성 앞에서 일반 서민들은 이들을 우러러보게 되었으며 왕실은 점점 화려해졌다. 이는 서민들에 대한 통치를 위해서도 중요한 일이었다.

그러나 시간이 지나면서 왕실의 이러한 분위기들은 귀족들에게 모방되기 시작했고 왕의 신분을 상징하거나 이에 준하는 권위와 지위를 상징하는 귀족들의 삶의 모습은 일반 서민과 대중에게 흠모의 대상이 되었다. 즉, 이들은 모방imitation과 소비consumption를 통하여 계속하여 사회적 지위를 획득하는 것이다(Roose and Stichele, 2010: 186). 우선 돈이 많은 시민층으로부터 이러한 모습은 모방되기 시작했다. 만약 왕의 의상과 왕실의 물건들을 본뜬 것이 시중에 나돌면 저마다 이를 구입하려고 애를 썼다. 독일의 사회학자 짐멜Georg Simmel(1858-1918)은 이러한 통치/지배의 전략으로 변화하는 역사적 사건을 자신의 '트릭클다운Trickle-down' 이론으로 체계화했다.[8] 또한 역사상 최고의 소비왕으로 알려져 있는 루이 14세도 이러한 소비전략을 통한 상징전략으로서 일반 대중을 지배하고 통치하는 틀을 강화했다(Williams,

---

[8] 그는 1904년 「패션」이라는 논문을 발표하면서 소비행동을 통한 지위획득의 관계를 자세히 분석했다(Simmel, G., "Fashion", *International Quarterly*, 10). 트리클다운이란 귀족에서 귀족으로 대대로 문화재가 전수되는 과정에서 상징적인 지위가 유지된다. 이를 테면, 세종대왕이 쓰시던 벼루가 우리 집의 가보라고 할 때, 우리집안은 세종대왕의 가문과 동일시되며 왕족을 의미하게 된다. 또한 골동품을 선호하는 것도 이런 맥락에서 해석될 수 있다.

1982: 28).

한마디로 당시 소비는 상징성 취득을 통하여 궁극적으로 지위획득을 목적으로 하고 있었으며, 그러한 목적은 정치적-상업적으로 이용되고 있었던 것이다. 물론 상품의 기능성과 사용가치의 측면이 완전히 배제되지는 않았을 것이다. 하여간 소비자는 무엇인가를 구입하고 소비하면서 그 물품과 소비재가 가지고 있는 '상징적 지위'까지 구입하고 향유했다.[9] 이러한 와중에서 소위 문화산업은 활성화된다. 즉, 원래 통치자의 정치적 통치 전략으로서 문화적-상징적 소유의 관계가 이용된 셈이지만, 국가 산업적-경제적 측면에서도 문화산업이라는 영역이 구축되고 있었던 것이다. 이러한 뜻에서 호르크하이머와 아도르노는, "문화산업은 소비자들의 욕구를 처리하고 그 욕구를 생산, 통제, 훈련시키고 소비자의 흥미와 기호까지를 흡수한다" (Horkheimer & Adorno, 1972: 144)고 주장하면서, 현대사회의 전체적 관리 체제로 등장하는 대중문화산업의 모습을 극명하게 묘사한 바 있다.[10]

"우리는 이제 무엇을 만들며 어떤 공장에서 일하는가를 통해 정체성을 확립하는 대신 무엇을 소비하느냐에 따라 정체성이 정해지는 시대에 살고 있다. 소비는 본능적이고 물리적인 영역을 넘어서 상징적이고 문화적인 영역으로 인식되기 시작했다."(원용진, 1996: 34)

소비자는 자신들보다 나은 지위에 있는 사람들을 맹종으로 모방하거나, 아니면 그들에게 도전하기도 한다. 즉, 소비자들은 소비행위를 통해서 지위를 획득하는 경쟁에 참여하게 되는데, 자신들보다 높은 지위의 사람들을 무조건 추종함으로써 그들의 지위를 따라 잡으려 하거나, 반대로 자신들보다 열등한 자들의 추격을 뿌리치기 위해서 보다 높은 소비행위로 도망가면

---

[9] 보들리아르Baudrillard는 사람들이 상품 그 자체를 소비하는 것이 아니라 상품들의 '시뮬라시옹simulation', 즉 상품들의 매체화된 현시들로서 탈실체화desubstantiate된 문화를 소비한다고 주장한다(벤 에거, 1992, 김해식 역, 1996: 136).

[10] 문화산업의 핵심적인 사명 중 하나는 그렇지 않으면(문화가 산업화되지 않으면) 부자와 권력자에게 쏟아졌을 분노를 누구려뜨리는 것이다(벤 에거, 1992/ 김해식 역: 292).

서 그들과 사회적인 거리를 유지하려고 한다(McKendrick el., 1982: 11). 한 마디로 지위불안을 떨쳐내기 위하여 소비하고 지위획득을 위해 소비하면서 결국 소비 행위는 지위의 의미status meaning를 취득하게 된다. 미국의 사회경제학자 베블린Thorsten Veblen(1857-1929)은 이러한 연유로 우리 인간에게는 과시적 소비Conspicuous Consumption가 소비본능의 개념으로까지 이해할 수 있다고 주장한다(Veblen, 1912). 즉, 과過 소비인 또는 사치적 소비인들은 최저의 생존을 위한 소비보다는 누군가에게 과시하기 위해서 소비하는 것이다. 이를 우리는 '베블린효과Veblen effect'라고 한다. 즉, 비싸면 비쌀수록 더 잘 팔린다. 베블린에 의하면, 상품의 가격과 품질은 정비례하지 않는다. 소비자들은 필요한 것보다는 비싸도 과시할 수 있는 것을 소비하는 경향이 있다. 이를테면 명품은 가격이 비싸면 비쌀수록 더 잘 팔리는 경우가 흔하다고 한다. 왜냐하면 상위계층의 부유한 사람들의 소비는 기능적 필요가 아니라 상징적으로 주어지는 사회적 지위를 사기 위한 과시하기 위하여 지각없이 행해지는 일이 더 많기 때문이다: "우리에게 많은 영향을 미친 미국의 경우 유산계층은 자녀들에게 비싼 동부 대학들에서 자유과목liberal arts을 배우게 함으로써 그들의 지위를 과시했다."(김문환, 1999: 7)

문화는 '상징적 속성'을 가지고 있으며 소비재도 상징성을 가지고 있다. 소비자는 상징성을 소유하기 위해 소비하고, 소비행동은 상징성의 추구를 위해 존재한다. 이는 소비자의 개인적-사회적 갈망이기도 하다. 소비자의 욕망, 상상, 꿈과 산업의 새로운 결합이 문화산업으로서 활성화되는 것이다(Williams, 1982: 66). 이러한 뜻에서 프랑스의 계몽주의자 볼테르François Marie Arouet Voltaire(1694-1778)는 소비가 인류 문명을 촉진시켰다는 주장했다(McCracken, 1988: 30). 심지어 인류학자 무케르지Chandra Mukerji는 소비주의가 자본주의를 태동시키는데 주 역할을 했으며, 이러한 소비주의는 인류가 생겨난 애초부터 있었다고 주장한다(Mukerji, 1983).

"대중문화는 소비의 영역이다.... 대중문화가 학문적으로 큰 관심을 끌지 못했던 이유로는 소비에 대한 관심이 학계에서 상대적으로 적었던 점을 들 수 있다. 오랫동안 학문의 영역에서 유예당한 소비의 영역이 새롭게 각광받게 된 것은 최근의 일이다. 소비를 통한 의미 생산, 소비의 생산성 등에 관한 논의들이 활발해지면서 대중문화에 대한 관심도 증대되었다.... 소비 영역이 사회적으로 주목을 끌기까지는 오랜 시간이 걸렸다. 전통적으로 학문 세계에서는 소비보다 생산에 더 많은 관심을 보였다. 마르크스주의에서도 생산을 바탕으로 사회를 설명하려 했고, 오랫동안 서구사회학에서 그 지위를 누려 왔던 베타적인 사회학 전통에서도 생산에 대한 관심이 더 컸다. 소비 영역이 학문적으로 괄시를 받아 온 것은 서구의 기독교 정신과 무관하지 않을 것이다. 서구 자본주의의 발흥을 소비의 절제에서 찾는 사상의 맥을 우리만의 학문세계를 갖지 못한 형편에서 오랫동안 큰 저항 없이 받아들였다."(원용진, 1996: 32-33)

한편, 우리는 유럽 산업혁명의 과정에서 가장 커다란 변화 중의 하나는 '예술적 모방'으로서의 야기된 생산내용의 변화로서 역사에 기억될만한 사건을 기억할 수 있다. 즉, 18세기 영국에서 시작된 유럽 산업혁명의 주무대를 19세기에 프랑스 땅으로 넘겨주게 된 사건이다. 소비세계의 예술적 차원은 18세기 초부터 왕실문화를 바탕으로 하는 궁정사교문화의 전통을 세우기 시작한 프랑스의 구제도하에서 분명히 나타난다. 이를 계기로 소위 "소비의 궁정모델"(Williams, 1982: 53)이 등장하게 된 것이다.

당시 프랑스의 황실에서는 이미 황제가 사용하는 온갖 물건을 화려하게 치장하면서 황제의 신분적인 상징성을 부여하고 있었다. 또한 여가시간이 풍부한 황제나 귀족층에게 미美를 추구하는 욕망이 싹트는 것은 당연했다. 황제는 자신을 둘러싸고 있는 물건들을 가지고 황실을 점점 더 '예술적으로' 꾸미게 되었다. 부르주아들은 귀족을 어떻게 모방할 수 있는가에 관심을 집중하였다(Williams, 1982: 35). 더 나아가 서민생활에서도 일단 상품이 궁정문화를 모방하는 형태로, 즉 예술적으로 도안될 때 가치가 상승되었다. 또한 각종 교회 역시 비슷한 상징적 상품들과 건축양식을 사용하면서 이들의 권위와 지위를 상징화하곤 하였다. 실제로 우리 인간은 무엇인가를 소비하면서 그 상품이 상징하는 지위까지를 획득하려고 한다.

일례로, 우리 인간은 황실에서 사용하는 도자기를 구입하게 되면 — 물론 모조품일 수도 있지만 — 자신도 귀족이나 왕족으로 격상되는 착각을 하게 된다. 반대로 황실에서 사용하는 것보다 더 고급품일지라도 왕실과 무관하면 상대적으로 그 물건은 가격이 하락된다. 왜냐하면 지위상징을 볼모로 상품들은 특정한 이슈에 대한 평가가 보류되거나 방해되기 때문이다(벤 에거, 1992/ 김해식 역, 1996: 137). 아울러 이러한 물건들을 소유하는 것이 이들의 사회적 지위를 결정하였기 때문에, 이제 예술-문화의 상징성이 소비자에게 소유의 대상이 되고 만다. 신분계급사회가 와해되고 돈의 힘이 신분을 규정하게 되는 시점, 즉 대중산업사회에서는 높은 상징적 가치의 상품을 소유하는 정도에 따라 인간의 신분적 위상이 재정립되었다.

이러한 메커니즘 하에서 산업혁명/공업화 과정에서 형성된 소비문화, 그러한 소비문화-소비사회에서 대중적-유행적으로 형성된 소비양태가 이미 프랑스에서 "예술-문화"[11]라는 자기특성을 바탕으로 경제혁명을 이끌고 있었다. 아울러 영국의 선진기술에다가 예술적으로 치장하는 예술모방의 기술 덕분에 프랑스가 유럽 땅에서 산업혁명의 본거지인 영국을 제치고 공업화의 주도권을 쥘 수 있는 기회도 생겼다(Cleve, 1994: 72). 이러한 역사는 소비재를 통하여 문화적 상징과 의미를 소비하는 것이 당시 인간의 마음을 지배하고 있었기 때문에 가능했다. 한마디로 예술의 산업화를 통한 문화산업의 활성화 전략을 통하여 프랑스는 영국이 과학기술의 혁명을 터로 어렵게 이룩할 수 있었던 역사적 산업혁명의 현장을 손쉽게 승계할 수 있었던 것이다.

더 나아가 프랑스 궁정모델의 소비문화는 유럽 대중소비사회의 소비스타일, 새로운 시대의 멋쟁이로 등장한 혁명세력의 엘리트주의, 이들의 심미적-예술적 소비스타일 그리고 시민성의 재사회화 사상을 바탕으로 발전하는 장식미술 개혁운동으로 활성화된 민주주의적 소비스타일과 엇물리게 되면서 새로운 산업혁명의 노선을 걷게 된다. 즉, 프랑스의 소비문화는 예술-문화를 산업화하는 프랑스식 산업혁명, 즉 문화산업의 현장을 확고히 구축해 나갔던 것이다. 이로써 프랑스는 영국의 산업에 커다란 도전세력으로 등장하게 되어, 마침내 1830년도에 문화산업을 핵으로 하는 프랑스 산업현장은

---

[11] 이러한 역사적 사실로부터 예술과 문화가 동일시되는 현상이 급진전되었다.

영국 산업의 최대의 경쟁상대로 부각되었다(Cleve, 1994: 73). 이는 오늘날 예술과 문화가 동일시된 계기가 된 역사적 사건이기도 하다. 즉, '문화예술'의 복합개념은 프랑스 산업혁명의 핵심영역이었다.

한편, 19-20세기 우리의 역사를 뒤덮은 '문화제국주의'의 열풍 역시 문화산업의 정치-전략적 차원의 역사였다. 절대주의/제국주의시대의 산물인 상업적 식민주의가 비판의 온상이 되면서 문화제국주의는 강대국이 약소국을 지배하는 가장 중요한 전략이었다. 예를 들어, 강대국의 제국주의자들은 약소국에 문화관, 어학원, 홍보관 등의 건물을 지어 놓고 문화적 차원에서 이들을 노예화하는 일을 추진했다. 즉, 상위문화와 하위문화의 구분이나 '중심과 주변'이라는 문화우월주의 또는 엘리트 문화론의 논리는 문화적 상징성을 매개로 문화적 식민주의를 옹호해 주었다. 이는 문화적 상징성으로 문화적 이데올로기가 재생산되는 과정을 대변한다.

> "문화재생산론은 사회불평등 구조의 재생산이 경제논리의 직접적 관철이 아닌 습성, 취향, 지식, 자격증, 신용 등과 같은 문화적 자본에 의해서 우회적으로 이루어지며, 교육은 그러한 문화자본의 재생산에 핵심적인 역할을 하는 기구로서 사회의 개선보다는 기득권의 유지에 기여한다고 본다."(고형일 외, 2002: 27)

또한 대중문화를 기반으로 발전되는 문화산업에서는 경제적 차원과 이데올로기적 차원의 분리가 불가능해진다(벤 에거, 1992/ 김해식 역, 1996: 129). 이러한 연유로 카노이Martin Carnoy, 프레이리Paulo Freire(1921-1997), 지루Henri Giroux 등 문화비판 급진론자들 그리고 중남미 및 개발도상국의 민족주의/애국주의자와 자유주의자들은 1970년대 중반부터 문화적 식민주의에 대하여 비판하고 나섰던 것이다. 새로운 21세기는 또 다른 차원의 문화적 식민주의, 즉 문화산업을 중심으로 하는 경제-산업전략으로 지구촌이 또 다시 홍역을 치를 가능성이 존재한다.

그러나 문화산업은 얼마든지 긍정적으로도 작용할 수 있는 충분한 소지도 가지고 있다. 왜냐하면 상품과 소비재의 상징적 의미는 우리에게 산업의 원동력이 될 수 있기 때문이다. 이러한 사실이 바로 문화산업을 가능하게 하는 본질과 속성이 된다. 그런데 이러한 상징적 의미를 사려는 인간의 마음은 무엇일까? 푸코Michel Foucault(1926-1984), 리오타르Jean-Francois Lyotard (1924-1998), 데리다Jacques Derrida(1930-2004), 라캉Jacques Lacan(1901-1981) 같은 포스트모던의 학자들은 "심미적 감각" 때문이라고 주장한다. 즉, 인간은 누구나 아름다움을 보고는 가만히 있을 수 없으며, 매사에 아름다움을 추구하려는 본능이 심오하게 내장되어 있다는 말이다. 즉, 이들은 심미적 감각을 우리가 부인할 수 없는 원초적 본능으로 파악하고 있으며, 이것이 바로 우리 문화발달의 원동력으로 작용한다고 보고 있는 것이다. 보들리아르Jean Baudrillard(1929-2007)에 의하면, 문화산업은 선Good과 상품goods을 동등화시키는 이미지를 창출하는데, 이러한 이미지들은 소비를 자극한다 (Baudrillard, 1983). 이런 의미에서 소비사회의 모든 것은 미적 차원aesthetic dimension을 떠맡았다고 할 수 있다(프레드릭 제임슨, 1999: 16). 이러한 속성에 따라 '삶의 아름다움美'과 경제적 가치 모두를 상징할 수 있는 모든 상품역시 문화산업의 중추가 될 것이다.

이렇게 역사적으로 문화산업, 즉 문화의 상품화 속도는 제2차 세계 대전이후의 자본주의에서 급속하게 가속화되어 왔다(벤 에거, 1992/ 김해식 역, 1996: 126f.). 특히 오늘날 문화산업은 '유행fashion'이라는 대 물결 속에서 다시 한번 산업현장의 패러다임을 변화시키고 있다.[12] 역사를 살펴보면, 유행이라는 것은 과거 상층계층에 대한 하층계층의 모방이 지방화시대가 되면서 그 라이프스타일을 변화시키면서 활성화되었다. 즉, 중앙을 모방하다가 교통과 원거리 무역이 발전하면서 '지방화시대'가 열리고 '대중사회'가

---

[12] 문화현상들 중에서 가장 가시적으로 드러나는 것 중의 하나가 바로 유행, 즉 패션이다. 그리고 현대사회의 급변성을 문화영역에서 유행의 생성-발전-소멸-생성이란 순환과정으로 설명하는 방식은 현대사회를 이해하고 분석하는데 용이성을 제공해준다.<이정춘, 2000: 237> 또한 패션은 문화 유형의 한 예이다: "유행이라는 견지에서 패션은 유형 이론에 정확하게 들어맞는다. 유형은 일종의 추상으로서, 이것을 통해 크뢰버는 한 문화의 제요소는 영속성과 복합성의 견지에서 특수성을 지니고 있지만 공통성도 가지고 있다는 점에 주목하였다."(크리스 젠크스, 1993/ 김윤용 옮김, 1996: 59)

형성되면서 이제 모방의 대상은 중앙의 상층계층만이 아니고 서로서로가
그 대상이었다. 이러한 현상은 대량생산으로 인하여 상품의 사용가치가 상
실되고 그 자리에 교환, 기호 혹은 유행가치가 들어서게 되었음을 설명해
주는 것이다(이정춘, 2000: 251). 모방의 소비를 하면서 보다 높은 사회적
지위를 획득하기도 하지만, 역으로는 상징성, 즉 '동일시'와 '소속감' 그리
고 '정체감'을 확인하기 위해서 모방하게 된다.

> "인구학적으로 보아 대중 문화물을 가장 왕성하게 소비하는 세대는 10대
> 와 20대다.... 많은 이들은 이들을 '오빠 부대'나 '빽빽이 부대'로 비하하기
> 도 하지만, 그들은 대중문화를 통해 그들만이 할 수 있는 것을 찾는다....
> 문화적 차이를 통해 10대라는 정체성을 만들어내고 그 안에서 자신들만의
> 의미, 이야기를 지속적으로 생산한다. 20대도 마찬가지이다. 청소년과는
> 다른 문화적 정체성에 대한 고민이 있고, 보다 세련된 형태의 문화적 정체
> 성을 담을 수 있는 문화물을 찾게 되고 그를 통해 의미를 만들게 된다."(원
> 용진, 2006: 26)

아울러 상품 생산자들은 소비자들의 상품화된 삶을 시뮬레이트함으로써
소비자들의 집단 귀속을 통해 소비자들을 위치 짓는다(벤 에거, 1992/ 김해
식 역, 1996: 341). 이러한 소비사회에서는 언어나 이미지가 내포하고 있는
'기호sign'가 주도한다.

> "현대사회는 노동과 생산에 의해 발전되는 것이 아니라, 소비에 의해 확장
> 되며, 따라서 소비사회라는 것이다. 소비사회에서 상품의 사용가치나 교환
> 가치보다 중요한 범주가 기호학적 가치, 특히 광고 언어에 의해 그 상품에
> 부가되는 기호학적 가치다. 가령 우리가 코카콜라를 마실 때 소비하는 것
> 은 거품이 들어 있는 검은 액체만이 아니다. 그것은 무엇보다도 젊음, 성
> 등과 같은 상징적 가치이자 콜라가 다른 음료수에 비해서 가지는 변별적
> 가치다. 기호는 상품의 교환과 소비의 문맥을 넘어 사회적 현실 전체에
> 침투한다. 단지 침투할 뿐 아니라 현실 자체를 구성하고 창출한다. 이런
> 현상은 정보의 교환이 라디오, 텔레비전, 인터넷, 휴대전화 등 전자매체에

의존할수록 심화된다. 원격통신 사회에서 기호의 지배력은 무한히 확대되어 그 바깥으로 향한 출구가 사라져 버린다."(김상환, 2012: 196)

결국 대중사회로 들어서면서 모방과 소비는 불가분의 관계로 결부되며 이는 다시 생산으로 이어진다. 달리 말하면, 익명의 대중사회를 살아가는 서민들은 타인으로부터 소외되고 뒤떨어지는 것이 항상 불안하다. 심지어 학문적으로도 문화연구는 대중문화에 대한 연구로 귀결되고 있었다.

> "특히 기호학semantics의 성과, 기호학과 마르크스주의와의 결합, 구조주의 인류학의 성과, 후기 구조주의·포스트모더니즘의 논의 등이 문화론의 기본 골격이 되어 줌으로써 대중문화에 대한 분석들이 가능했다. 결국 문화를 새롭게 정의하면서 확장하려는 노력, 그러한 노력을 뒷받침해 주는 여러 이론들의 발전이 한데 어울릴 수 있었다는 점이 대중문화에 대한 관심의 증대와 맞물려 있다 하겠다."(원용진, 1996ㅋ: 19)

결국 소외되고 뒤떨어지지 않으려고 또 심리적 불안을 떨쳐 버리기 위해 우리는 의도적으로 모방하고 소비한다. 이로써 대중조작을 향한 대중사회는 보다 촉진된다. 대중들에게 유행은 개성의 표현이라기보다는 소외당하지 않기 위한 사교의 필수품으로 보인다(이정춘, 2000: 261). 이러한 현상을 맥크레켄Grant D. McCracken은 소비의 "전이된 의미"라고 부른다(McCracken, 1988: 190). 즉, 문화가 가지고 있는 본래의 속성으로서의 상징적 의미가 상품을 소비하고 문화를 모방함으로 얻어지는 소속감의 확인 등이 기호 내지 기호의 상징성에 의해 '지위적 의미status meaning'로 전이되고 있는 것이다.

2002 한일월드컵의 현장에서 붉은 악마의 "Be the Reds" T-셔츠를 사 입으면서 그들은 서로서로에게 일체감과 연대감을 느끼며 온 세상을 하나로 묶을 수 있었다. 청소년들은 연예인이나 스포츠 스타의 사진과 브로마이드를 침대 머리맡에 걸어 놓고 이상과 현실의 괴리를 극복하려 한다. 한 때 <친구>라는 영화를 보면서 청소년들은 영화 속의 배역과 자신들을 동일시

하고, 그들의 행동을 모방하며 자신들의 삶에 희열감을 느낀다. 또한 이들은 지금은 좀 식었지만 한 동안 농구장, 야구장, 공연장에 오빠부대로 몰려다니면서 소속감을 확인하려 하고 무리들로부터 따돌림을 당하지 않으려고 애쓴다. 고래고래 소리를 지르며 목청에 병이 난다고 해도, 소외와 따돌림의 불안과 공포에서 탈출하기 위함이 먼저이다. 만화책을 읽으면서 아이들은 마냥 즐거워하고, 만화의 주인공처럼 예쁘게 또 하늘을 마음대로 날라 가는 희망적인 의미를 얻는 반면, 만화를 읽는 아이들에게 각종 애니메이션 산업은 재빨리 접근한다. 만화의 주인공들은 상품으로 생산되어 캐릭터 산업으로 발전한다. 또한 월드컵 출전 태극 전사들의 유니폼은 사용가치로서가 아니라 상징적 가치와 의미로 판매된다. 히딩크 감독의 넥타이 역시 사용가치나 경제적 가치보다는 히딩크와 자신을 동일시하고 싶은 사람들에게 상징과 의미로서 소유된다. 오늘날 전 세계를 뒤흔들어 놓고 있는 K-Pop을 중심으로 한 한류韓流의 열풍이나 가수 사이의 <강남스타일> 그리고 방탄소년단의 모든 일거수일투족은 문화의 상징과 의미를 자본화시키는 계기가 되기도 했다. 급기야 한국의 TV 드라마가 출중한 문화콘텐츠로 중국 및 동남아를 위시한 세계 각지로 수출되고 있으며, 김치, 불고기 등 한국의 음식문화가 전 세계로 진출하고 있다.

결국 '상징성의 소유'는 곧바로 생산자와 상인들에 의해 돈을 버는 산업으로서 전략화되고 만다. 물론 정보통신혁명의 시대를 맞아 산업 전략은 테크놀로지의 발전과 함께 사이버 영상매체, 뮤직비디오, 컴퓨터 그래픽으로 전개된다. 한마디로 21세기 정보화시대에 "매체가 곧 메시지"(Herbert Marshall McLuhan, 1911-1980)라는 구호에 걸맞게 정보매체로 대변되는 정보테크놀로지는 문화산업을 가속화시키게 된다.

"문화의 기술(테크놀로지)는 서로 다른 영역처럼 보인다. 하지만 문화와 기술은 동전의 양면과 같다. 문화변동의 근저에 흐르는 근본적인 동인은 기술변동이다. 새로운 기술은 새로운 문화를 만든다. 증기기관은 산업혁명을 통해 자본주의 문화를 태동시켰고, 디지털 기술은 디지털 문화를 낳았다. 문화를 바로 보는데 있어서 기술적 요인의 이해는 필수적이다. 특히 과학기술시대의 첨단기술은 부단히 새로운 문화를 만들어내고 있다. 인터넷 기술은 사이버 문화를 만들었고, 엄지족 문화를 만든 것은 바로 휴대폰과 모바일 기술이다. 요컨대 문화현상은 기술패러다임과 관련하여 바라보아야만 한다."(최연구, 2012: 25-26)

물론 문화산업과 테크놀로지와의 관계 역시 명료한 것은 아니고 경계가 애매모호하기도 하다.

"문화산업의 개념 정의에서도 일치된 공통 의견이 없는 것처럼 문화산업의 영역 설정과 분류 역시 일반화된 체계를 확립하지 못하고 있는 실정이다. 그 이유는 문화 개념 자체가 매우 다의적인 개념인 것처럼 문화산업이라는 개념 역시 다의적일 수밖에 없다는 점이다. 예를 들어 박물관, 미술관, 도서관 등이 문화의 영역에 포함되는 것은 분명하지만 이것을 산업의 관점에서 논의될 때 문화산업의 영역에 포함시킬 수 있는지에 대해 문제를 제기하는 견해도 있다. 그리고 미디어 테크놀로지의 급속한 발전으로 인해 신종 매체가 쏟아져 나오고 있고 멀티미디어화 추세로 인해 과거와는 달리 영역들 간의 뚜렷한 구분이 매우 어렵게 되고 있다는 점이다. 따라서 문화산업의 영역을 하드웨어와 소프트웨어를 합친 영역으로 볼 것인가 그렇지 않으면 소프트웨어 부문에만 한정할 것인가라는 문제와 관련해서 이의가 제기될 수 있다."(이영두, 2000: 32-33)

그러나 여기서 우리가 주의해야 할 것은 ‒ 일반적으로 알려져 있는 것처럼 ‒ 정보테크놀로지가 만들어내는 기술과학산업이 곧 문화산업의 핵심은 아니라는 사실이다.

오늘날 급속도로 물질문화와 문명의 이기를 산업화하고 생산하던 시대가 지나가고 있다. 19/20세기 공업화 시대에는 산업현장에서 단지 사용가치가 생산으로 환원되었다. 그러나 오늘날은 문화적 상징과 의미를 산업화하는 작업으로 대치되고 있다. 21세기 탈공업화 시대의 새로운 산업은 문화산업이 핵심으로 등장한다. 폐쇄적 이데올로기의 대립이 끝나고 개방적 자유시장의 경제체제 속에서 상호 개개인의 존재 의미가 개성과 다양성으로 인정되는 민주주의民主主義와 다원주의多元主義가 성장하고 있다. 이제 신세대들은 문화상품의 소비를 통하여 자기 자신들을 표현하려고 한다. 상품의 상징적 메시지가 자유롭게 전달될 수 있도록 하는 정보테크놀로지의 발전이 가속화된다.

또한 지구촌을 거미줄처럼 연결하는 유무선 초고속 인터넷 망과 이동통신으로 가능한 탈국경화-탈장벽화된 지구촌 시대를 맞아 개성과 본능의 분출이 최대한 허용되는 포스트모던의 현상이 지배하는 상황에서 문화산업은 알게 모르게 계속 폭발적으로 강화된다. 달리 보면, 현대인의 만족을 모르는 소비 욕구가 탈공업사회의 새로운 산업혁명, 즉 문화산업의 확충을 강요하고 있는 것이다. 결국 포스트모던의 시대에는 문화적 경계, 즉 고급문화와 저급문화의 구분이 해체되어(Derrida, 1978), 대중문화의 형태로 환원되는 현상이 나타나고 있다. 바로 이러한 현상을 촉발하는 근저에는 일반 소비자의 욕구 분출이 중대한 역할을 하고 있다는 사실이 밝혀지고 있다.

> "사실 파편적이고 체계화되지 않은 경향이기는 하지만, 70년대 후반 시각예술에 나타난 하이퍼리얼리즘 혹은 포토 리얼리즘이나 라몬테 영Lamonte Young, 테리 릴리Terry Riley, 필립 글래스Philip Glass의 뉴 뮤직, 핀천Th. Pynchon의 것과 같은 포스트모던의 문학작품들은 고급문화와 대중문화 사이에 상호교류가 증가함을 암시하고 있다."(프레드릭 제임슨, 1999: 18)

이미 마르쿠제Herbert Marcuse(1898-1979)는 대중문화란 중·하위 계층에게 상층계층과 똑같은 수준의 쾌락과 오락을 허용함으로써 개인주의와 소비주의에 의해 지배되는 공동의 물질주의 사고뿐만 아니라 소비자의 욕구를 계속 발전시키게 된다고 주장한 바 있다(Marcuse, 1964: 27). 결국 문화산업은 문화 생산품들을 팔고 또한 특정의 순응성을 강화하기 위한 두 가지 목적으로 표상을 상품화하는 것이다(벤 에거, 1992/ 김해식 역, 1996: 342).

이렇게 본다면, 오늘날 문화산업은 21세기의 새로운 산업혁명을 주도하고 있으며 지식정보사회의 디지털혁명과 함께 하고 있다. 그러나 이제 21세기 탈공업사회를 살아가는 우리 신세대들에게 소위 문화산업이라는 새로운 산업 영역은 끊을 수 없는 마약과도 같이 찾아든 지 오래다. 이미 우리는 이에 대하여 무기력하다. 문화산업에 대한 불감증이라고나 할까? 또한 영리를 추구하는 산업현장은 현대인의 라이프사이클 변화에 편승하는 문화산업의 극대화 전략을 계속 강구해 나갈 것이다.

> "엄청난 비판적 미디어 연구들은 우리들로 하여금 소비의 속성이나 인종적, 성적, 폭력적 콘텐츠 때문에 대중문화, 즉 문화산업을 거부하는 것을 종용하고 있다. 그러나 이는 비현실적이다. 실제로 우리들은 이를 거부할 수는 없다. 왜냐하면 대중문화의 '대중적popular'이라는 말 자체가 이미 '즐거움'의 원천이기 때문이다. 즐거움에 대한 인간의 욕망은 어떠한 지성적 비판이 있어도 항상 그곳으로 우리를 돌아가도록 한다."(Dolby, 2003: 264)

결국 소비와 생산 그리고 물건과 소비재의 상징적 의미가 산업/상업으로 결과하는 가운데에서 문화산업은 생성, 전개, 발달, 소멸, 재생하는 순환의 과정을 계속하게 될 것이다.

이제 누가 어떻게 소비자와 소비재의 상징적 속성과 의미를 어디서 어떻게 창출할 수 있는가가 관건이 된다. 한마디로 욕구창출의 과정에 대한 해석이 중요하다. 또한 소비자로서는 무엇이 어떻게 어디서 나에게 의미롭고 상징적인가가 관심이 된다. 이는 레이스Leiss가 주장하는 "욕구의 자의성"(Leiss, 1976: 10)과도 결부되어 있다. 그러나 개개인의 창조적인 개성의 분출로 시작되는 소비의 패턴 변화는 탈공업사회에 새로운 산업혁명의 중심으로 등장하는 문화산업의 방향에 중요한 조타수가 될 수 있을 것이다.

(3) 문화산업과 허위욕구

프랑크푸르트학파에 의하면, 문화산업은 물신숭배사상, 교환가치의 지배 그리고 국가독점 자본주의의 지배 이데올로기를 철저하게 반영하면서 급속하게 성장한다. 이는 대중들의 기호嗜好와 선호도를 형성하고 아울러 허위욕구를 위한 욕망을 가르침으로써 대중의 의식을 호도하기도 한다. 한마디로 거짓 욕망을 진짜 욕망인 양 이를 부추기는 것이다. 그러나 대중 역시 이렇게 포위된 자신들의 처지를 보면서 이로부터 탈출하려는 몸부림을 보이기도 한다. 한 예로 전체주의 국가의 프로파간다와 데마고지 등의 정치적 술책에 지겨워진 대중들은 정치적 무관심을 보이면서 대중조작의 악몽을 벗어나고자 한다. 그러나 이들의 정치적 무관심은 곧 소비문화의 늪에 빠지게 된다. 즉, 이들은 정치권으로부터 해방하면서 삶의 돌파구를 찾아 나서며 자신들의 욕구를 추구하고 자유롭고 욕구 충만한 삶을 살아가려고 한다. 그러나 이때 이들에게 나타난 세계가 바로 문화상품cultural goods과 문화산업 culture industry의 달콤한 세계다.

그러나 이번에는 정치적 선동 대신 문화상품을 맹목적으로 추종하는 자신들의 허위 욕구에 의해 대중사회가 성장하고 있다는 사실을 인식조차 하지 못한다. 오로지 자신들의 욕구충족을 통해 삶의 자유와 윤택한 삶을 얻는 것이 인생 최대의 꿈이 되고 만다. 구체적으로 대중들은 '소비'를 통해 물질적 풍요를 얻고 이를 통해 풍요로운 삶을 설계한다. 정치적 무관심 속에서 사회적 비판의식이나 반성적 사고는 이들의 삶에서 전혀 자리매김을 할 수조차 없다. 특히 자본주의는 인간에게 소비를 통해 행복을 약속한다. 인간에게 소비욕구는 인간성의 본질이며 본능이기도 하다. 이를테면, 공장에서 생산된 일상용품들은 시장에서 그들의 가치를 현실화하려는 소비자의 욕구에 의해 지배된다. 이는 인간이 살아남기 위한 매우 정당한 실제의 욕구이며 진정한 욕구이다. 또한 이는 자본주의의 생존 논리에도 완전히 부합된다.

그러나 이미 위에서 언급한 바와 같이 인간의 소비 욕구가 점차 '과소비의 욕구'로 바뀌면서 문제는 시작된다. 인간의 욕망은 끝이 없다. 결국 과소비 욕구를 통한 허위 욕구는 실제의 욕구를 초월하고 진정한 욕구를 외면하게 된다. 물론 문화산업의 힘이란 대중의 욕구에 얼마나 일치하는가에 달려있다. 이것이 문화산업의 전능全能이자 동시에 무능無能이기도 하다. 그러나 대중은 소비 욕구를 통제할 수 있는 사고와 행동의 통제 기구를 더 이상 가지지 못한다는 사실에 문제가 있다. 한마디로 이들은 과소비 욕구로 촉발되는 허위 욕구를 통제할 수 없는 상황에 처하게 된다.

물론 후세의 비판처럼 프랑크푸르트학파의 기준으로 볼 때 허위 욕구의 정체성이 애매모호하며, 아울러 진정한 욕구와 허위 욕구의 경계가 불분명한 것은 사실이다. 그러나 보다 심각한 사실은 인간이 자신의 허위 욕구를 충족하기 위해 어쩔 수 없이 대중사회를 주도했던 주체 세력이었지만, 이제는 역으로 대중사회의 대상으로 전락하고 만다는 사실이다. 문화산업은 소비자의 모든 욕구가 실현될 수 있는 것처럼 제시하지만, 그 욕구들은 문화산업에 의해 사전에 결정된 것이다. 소비자는 자신을 영원한 주체로 여기지만 결국은 문화산업의 대상으로 전락할 수밖에 없는 것이 문화산업의 메커니즘이다. 문화산업은 소비자로 하여금 오로지 소비행위에 만족하여야 한다는 사실만을 주입시킨다.

만약 인간이 아직도 대중사회의 주체라면 의식개혁이나 허위 욕구의 통제로 대중사회의 위험성을 축소시킬 수 있을 것이다. 그러나 현대인은 이미 대중사회의 대상으로 전락해 버렸다. 현대사회에서 인간은 이제 사회가 원하는 대로 조작될 수밖에 없는 대상이며 표적으로서의 기능과 역할만을 수행할 수 있을 뿐이다. 산업혁명을 기점으로 인간이 기계를 만들고 기계화 사회를 만들어 놓고 나서 향유하기 시작했지만, 인간은 산업사회에서 기계의 부품으로 취급되면서 조작의 대상이 되고 말았다. 이제 문화산업의 활성화를 계기로 인간은 다시 조작의 대상으로 전락하는 비운을 안게 되었다. 대중은 이제 싫건 좋건 이 사회에서 살아남기 위해서는 문화산업과 대중사회의 엄연한 현실을 수긍할 수밖에 없다. 산업혁명을 통한 기계화와 획일화로 인하여 인간은 가치를 상실한 지 오래지만, 문화산업과 대중사회의 마수 앞에서 인간은 또 다시 인간으로서 가치를 상실하고 있다. 대중은 산업화 기계 사회에서 한번 경험한 것처럼 또 다시 삶 자체에서 철저히 소외되고 있다. 대중사회의 주역이었던 대중들이 사회에서 철저히 밀려나고 있는 것이다. 그러나 소외는 곧 죽음이다.

(4) 문화산업과 예술의 관계

아도르노는 1975년 「문화산업에 대한 재고」라는 자신의 논문을 통해 대중의 허위 욕구와 문화산업 그리고 대중사회의 순환적 도식을 재확인했다

(Strinati, 1998: 79). 그러나 아도르노는 여기서 문화산업의 이념을 대중문화와 구별하고 있다. 즉, 대중문화는 대중이 소비하는 문화에 대한 어떤 책임을 지고 있다는 것이었다. 다시 말해서 대중문화는 대중 자신들의 선호에 의하여 결정되기 때문에 대중들은 자신들이 선택한 문화에 대해 책임을 진다는 뜻이다. 그러나 인간의 허위 욕구로 촉발되는 문화산업은 공허감, 진부성 그리고 순응성을 강조하면서 인간의 삶에 치명적이고 파괴적인 힘으로 등장한다. 즉, 문화산업은 우리 일상에서 강력한 삶의 이데올로기로서 등장하는 것이다. 특히 자본주의사회에서 이러한 문화산업의 이데올로기 전략이 상업적으로 이용될 때 그 파급효과는 심각하다. 좌파 문화비평가이며 교육학자인 지루Henry Giroux는 자신의 저서 『디즈니 순수함과 거짓말』(2000)에서 문화 상품을 빙자해서 이데올로기 지배와 상업적 이익을 결합시킨 전형적인 예로 디즈니랜드의 문화산업을 꼽고 있다. 그는 즐거움, 순수함, 깨끗함이라는 명목으로 기업의 야심을 신비화하고 '미녀와 야수', '알라딘', '라이언 킹' 등 각종 애니메이션 영화와 캐릭터 영상을 통한 신식민주의, 인종차별 백인지상주의로 대변되는 디즈니의 문화산업전략을 혹독하게 비판하면서, 디즈니랜드 기업에 종사하는 사람들은 쥐(미키 마우스)를 위하여 인간을 희생시키고 있다고 조롱한 바 있다.

그러나 우리는 무기력하게도 일상에서 문화산업에 의해 연습된 이데올로기의 지배를 그대로 수용할 수밖에 없다. 결국 현대 대중사회의 주역은 대중문화의 확산에서 유발되지만, 자본주의 대중사회의 주역은 시장경제를 중심으로 하는 근거 때문에 단연 문화산업에 집중된다. 그러나 마르크스적 논리는 잘 따져 보면 시장의 개입으로 인한 문화의 상품화와 대중의 의지와 무관하게 강제된 기술적 상업적으로 착취적인 대중문화에 직면하여 자생적인 민중문화가 잠식당하고 있다는 논리를 개진한 것이었다(크리스 젠크스, 1993/ 김윤용 옮김, 1996: 146). 이러한 맥락에서 아도르노는 말년에 문화산업에 대한 비판에 주력함으로써, 종전에 대중문화비판에서 나타난 그의 엘리트주의적 입장의 한계성을 극복하고자 했다. 물론 아도르노의 엘리트주의 예술 구분론은 벤야민Walter Benjamin(1892-1940)에 의해 보완되고 극복된다. 고급예술과 대중예술 간의 관계 규명을 토대로 하는 대중문화, 문화산업, 대중사회의 비판은 프랑크푸르트학파의 막내둥이 격인 벤야민으로까지 이어질 정도로 오랜 과제였다.

1930년대 나치 정권에 의해 독일로부터 추방되기 전에 벤야민은 이 기관의 멤버였다. 비록 그는 이 학파의 변두리에서 참여하였지만, 1936년 「기계적 복재의 시대에 있어서 예술 작업」(Jay, 1973, 원전 1936)이라는 에세이 논문을 발표하면서, 소위 "아우라aura"의 개념을 일반화시킨다. 그가 주장하는 아우라는 '유일무이한 권위성'을 의미하며, 이는 시 · 공의 통합을 포괄하고 있다(Strinati, 1998: 82). 원래 아우라는 종교적 개념으로 예수의 '후광'을 의미한다. 즉, 뒤에서 비추는 빛이다. 벤야민에게는 이러한 종교적 차원의 아우라에 보다 커다란 의미 부여가 된다. 한마디로 그에게서 아우라는 인간의 말로는 표현할 수 없는 종교적 차원의 '강력한 카리스마적 힘'이 되는 것이다. 예를 들면, 소위 클래식을 위시한 고급의 예술작품들은 기존 질서를 문화적으로 합법화하고 사회적으로 통합하는 종교적 실제의 중심에 위치되었기 때문에 당시 최대의 권력이었던 종교적 권위와 결부된 아우라를 획득할 수 있다. 그러나 종교적 권위가 점차 약화되고 산업혁명 이후 종교적 권위의 자리에 기계의 권위가 대치되고 또한 예술은 기계화의 권위와 결탁하면서 새로운 아우라를 형성하게 된다. 역사적으로 아우라가 전이되는 셈이다.

특히 예술세계에서 이러한 아우라의 이동과 전이는 뚜렷하게 나타난다. 원래 예술은 자율성을 찾아 움직이는 속성을 가지고 있다. 인류 역사상 예술가가 예술적 자율성을 찾아 크게 움직인 시대는 르네상스 시대였다. 당시 소위 천재 예술가들은 종교의 권위를 벗어나 세속적인 세계로 진출하면서 개성을 분출시키고 독립하려는 시도를 했다. 그러나 종교적 권위에서 나오는 아우라Aura를 벗어나는 일이 그리 쉽지 않음을 알게 된다. 그럼에도 불구하고 예술과 예술가 자체의 본능은 자유를 찾아 언제든지 개성을 분출하고 독립 세계를 구축하고자 하는 욕구로 구성된다. 결국 이러한 자유와 개성 추구의 예술적 본성은 산업혁명을 계기로 시작된 구시대의 종교적 권위에 의한 아우라를 떠나 새로운 아우라를 찾아 나서게 된다. 이로써 대중예술과 대중문화가 시작되는 것이다. 벤야민의 주장에 의하면, 19세기말 '순수 예술을 위한 예술' 운동이 활기차게 전개되었음에도 불구하고, 예술은 기계적 재생산을 통한 대중문화의 양상으로 급진전되면서 가장 커다란 '예술적 아우라'를 발견하게 된다. 이를테면, 당시 사진술의 발견은 예술 세계에서의 획기적인 변화를 일으켰다. 그는 네거티브 현상기술로부터 많은 복사판이 가능해 졌으며, 이제 '진정한 원판'에 대한 질문은 의미가 없어졌다고 기술한 바 있다(Jay, 1973: 226).

결국 벤야민의 관심은 "기계적 재생산의 시대"에 쏠리게 된다(Benjamin, 1973: 223). 예술작품의 기계적 재생산은 대중예술과 대중문화를 가능하게 한 장본인이다. 이를테면, 네가티브 사진 복제술이나 유성영화는 이제 새로운 예술 작업의 아우라를 형성하였고 대중들이 이에 쉽게 몰려들었다. 그러나 새롭게 형성된 예술적 아우라는 복제품의 난립으로 인하여 예술적 자율성이라는 예술적 본질을 상실하는 결과를 초래하고 말았다. 예술이 기계화와 산업화의 물결 속에서 소위 문화상품으로 다시 태어나면서 이제 예술은 하나의 상품으로 기능과 역할을 해낼 뿐이다. 즉, 기계와 테크놀로지의 덕분으로 예술성의 본질을 잃게 된 현대의 대중예술은 단지 대중 앞에 선을 보이는 전시예술 정도로 전락하게 되었다. 예술은 더 이상 어떤 의미도 가질 수 없게 된 것이다. 이제 문화산업은 예술을 대중의 소비로 전환시키는 작업을 하게 되며, 예술 역시 물신숭배사상에 따라 단지 소비의 대상으로 전락하게 된 셈이다.

예술이 예술성을 상실하고 더 이상 '예술적 아우라'의 의미를 상실한 판국에 우리에게 문화적 비전은 더 이상 존재할 수 없다. 예술은 그동안 삶의 흔적으로서 그리고 삶의 비판적 기능을 수행했던 가장 강력한 문화비판 세력이었지만 이제 그 세력이 상실됨과 동시에 인간의 문화와 삶의 반성적 능력은 결여될 수밖에 없다. 이렇게 하여 인간은 대중사회에 대중조작의 대상으로 자기 스스로를 그냥 방치할 수밖에 없는 지경으로 내몰리게 된다. 결국 벤야민은 아도르노의 엘리트주의적 예술구분의 한계를 극복하면서, 자신의 대중예술 비판을 시작할 수 있었다. 아울러 이로써 그는 대중사회에 대한 저항을 시작할 수 있었던 셈이다.

정리하자면, 문화산업이 야기하는 이데올로기는 시장과 일상용품 물신숭배의 지배를 지지하면서 조작적으로 작용한다. 동시에 이는 인간이 자본주의의 사회 질서에 순응하고 수용하도록 강요하면서 인간의 의식을 마비시키는 역할을 한다. 따라서 아도르노에게서 문화산업의 '문화적 마약'이었다. 그는 문화산업이 인간에게 주입시키는 질서의 개념은 항상 "현상status quo" 뿐이라고 강변한다(Adorno, 1991: 90). 또한 문화산업이 가지는 이데올로기의 힘은 순응성의 의식을 강화시킨다. 순응성으로의 강요는 기존의 사회질서로부터의 어떠한 일탈도 용납하지 않으며, 반대로 대안으로서의 새로운 비전을 향한 발걸음도 용납하지 않는다. 따라서 아도르노는 문화산업이 대중들로 하여금 행복을 대리 만족하도록 강요함으로써 기만하는 것이 매우 자연스럽게 진행되고 있다고 요약한다. 이렇게 하여 문화산업은 의식적으로 자신을 위해 판단하고 결정하는 자발적이고 독립적인 개인의 발달을 방해하고 있는 것이다(Adorno, 1991: 92).

(5) 문화산업과 대중大衆

오늘날 문화산업은 개인의 사고와 행동에서 일탈과 반대 그리고 대안을 허용하지 않고 있다. 또한 문화산업은 인간의 허위 욕구를 시정하도록 하지 않고 오히려 진정한 욕구와 대결을 하여 승리하도록 유도한다. 이로써 대중은 자신의 허위 욕구를 실제의 욕구로 착각하게 된다. 실제의 욕구로 착각된 허위 욕구는 과소비를 가능하게 하고 과소비 욕구의 충족을 통하여 문화산업은 보다 강화된다. 문화산업의 위치가 확고해지면 질수록 문화산업은 소비자의 욕구를 더욱더 능수능란하게 지배할 수 있게 된다. 결국 문화산업은 소비자의 욕구를 만들어내고 조종하고 교육시키며 심지어는 흥미를 몰수하기도 한다. 이로써 문화산업은 대중의 의식을 선도하고 조작하게 되는 것이다. 대중이 살아남는 방안으로 선택한 문화산업이 이제 역으로 대중의 의식까지 선도해 내면서 의식을 조작해 낸다. 이로써 대중조작과 대중사회는 보다 수월해지게 진행될 수 있다.

이제 대중은 완전히 힘을 잃게 되며 모든 삶의 힘과 에너지는 문화산업에 소속된다. 문화산업이 만들어내는 문화상품은 이제 삶의 권위를 회수하게 되고 문화산업이 활성화되는 자본주의 시스템 속에서 안정과 순종을 약속하는 여론을 대중화시킨다. 자본주의의 지배와 지속성을 보장하는 문화산업의 힘은 이제 매사에 의존적이고 수동적인 노예 같은 대중과 오로지 소비하는 시민을 만들어 낼 수 있고 이를 영속화시킬 수 있는 역량을 가지게 된다. 문화산업의 영역에서 빠져나올 수 있는 삶은 거의 불가능하다. 특히 자본주의 대중사회에서는 문화산업의 마수로부터 개인이 해방될 수 있는 길은 없다. 개인이 이 사회에서 살아남으려고 한다면 문화산업에 보다 밀착되는 수밖에 없다. 문화산업에 보다 밀착하면서 인간의 사회적 관계와 사회적 지위를 획득하게 되며, 이로써 생존에 보다 유리한 고지를 점령하게 되는 것이다. 이러한 생존조건에는 개인이 문화산업의 향유를 통해 명예를 얻는 것도 해당된다. 이로써 문화산업은 보다 활성화되면서 문화산업의 위력과 권력은 보다 강화된다. 다시 말해서 산업자본주의 세계는 문화산업이라는 '필터'를 통해 걸러지게 된다.

문화산업을 이렇게 권력으로 등장하게 하는 주무기는 '규격화'와 '사이비 개성화'이다. 문화산업은 규격화를 통하여 개인에게 따돌림과 불안의식을 주입시키며 개성적 삶을 핑계로 활성화되는 유행의 물결 속에서 몰개성의 사회를 창출해 낸다. 물론 문화산업에서 개인이라는 개념이 환상인 것은 생산방식의 규격화 때문만은 아니다. 즉, 대중사회에서 개인이라는 개념은 개인과 보편성이 완전히 일치할 때에만 용납된다. 따라서 이를 우리는 '사이비 개성'이라고 한다. 마치 개성인 것 같지만 실제로는 대중적 보편성에 용해된 대중성에 불과하다. 다시 말해서, 대중은 문화상품을 소유하면서 개성을 창출하는 것 같지만 곧바로 '유행의 물결 속에서' 몰개성沒個性으로 전락한다. 그러면 또 다른 개성을 추구하면서 새로운 문화상품을 소비하게 되지만 또 유행의 물결 속에서 계속 소비할 수밖에 없게 된다. 유행의 물결은 규격화를 만들어내면서 사이비 개성을 앞세워 따돌림과 소외의식을 부추기게 된다. 결국 문화산업의 규격화는 사이비 개성과 함께 발생한다. 사이비 개성의 분출과 함께 이면에서는 몰래 문화산업이 철저하게 규격화되고 있는 셈이다.

또한 유행이라는 틀 속에서 규격화된 소비는 규격화된 (재)생산을 촉발하면서 문화산업은 보다 규격화된다. 즉, 산업사회와 대중사회는 문화를 관리 대상으로 하여 카탈로그로 분류하면서 문화를 규격화한다. 이렇게 하여 문화산업은 사회를 획일화하는 주역으로 위상을 정립한다. 한마디로 문화산업은 대중에게 소비주권자로서의 권한과 정체감을 부여함으로써 이들의 개성을 인정하는 듯하지만 실제로는 그 반대이다. 즉, 문화상품을 소유하는 사람들은 언제든지 익명의 대중으로 대체될 수 있으며 상품 자체도 복제품으로 교환과 대체가 가능해진다. 이로써 문화상품을 소비하는 개인은 주관과 결단의 주체로 인정될 수 없게 된다. 대중사회에서 '개성', 즉 '개별성이라는 원리'는 처음부터 모순인 셈이다. 그러나 문화산업은 대중의 개별성을 가지고 마음대로 놀 수 있다. 그 이유는 본래 와해되기 쉬운 사회 공동체의 성격이 개인에게서 재생산되기 때문이다.

이제 규격화되고 획일화된 대중사회의 문화산업 현장에서 개인이 멀어지게 되는 현상은 일탈이며 소외이다. 따라서 개인은 소외되지 않고 일탈자로 낙인찍히지 않기 위해 문화산업에 시멘트처럼 밀착될 수밖에 없다. 결국 '사이비 개성 창출'이라는 허위 욕구 앞에서 대중은 문화산업의 세력만을 키워주게 되는 셈이다. 때에 따라 대중은 이렇게 자신들의 삶이 점점 무기력해진다는 사실을 인식할 수도 있다. 그러나 문화산업에 적응하고 순응하는 길을 선택할 수밖에 없는 현실적 한계를 알게 되면서 대중의 삶은 모두 '체념滯念'으로 일관된다. 체념한 대중의 삶 속에서 문화산업은 보다 기승을 하게 되며 개인과 사회의 삶은 모두 조작되고 만다.

물론 대중은 일시적으로 문화상품을 소비하고 소유하고 향유하면서 즐거움을 느낀다. 따라서 대중문화와 문화산업은 비극을 모른다. 오히려 문화산업의 즐거움은 대중에게 체념적 삶을 부축이며 체념을 통하여 대중이 즐거움 속으로 탈출하기를 원한다. 그러나 탈출은 가출과 마찬가지로 출발점으로 다시 돌아올 것을 기약한다. 따라서 인간은 계속적으로 체념하지만 본질적으로 현상하는 삶의 번민은 숨길 수 없게 된다. 문화를 창조하고 문화를 재생산하며 문화를 소유하고 문화를 향유할 줄 아는 인간들은 문화와 산업을 융합시키면서 문화산업을 창조하고 발전시켜 왔다. 오늘날 문화와 산업의 융합현상은 첨단을 치닫고 있다.

"퓨전fusion, 컨버전스convergence, 하이브리드hybrid 등으로 표현되는 융합현상은 기술영역의 보편적인 현상이다. 또한 융합은 문화예술이나 사회과학에 있어서도 보편화되고 있다. ITinformation Technology, 정보통신, BT Bio-Technology, 생명공학, NTNano-Technology, 나노기술 등 세가지 첨단기술영역의 유합을 일컫는 'BINT'라는 신조어도 이제 그리 낯설지 않다. 서로 다른 학문간의 공동연구 이루어지는 학제연구interdisciplinary studies도 시대적 유행이다. 일상생활 속을 들여다봐도 퓨전 음식, 퓨전 음악 등 융합현상은 새로운 문화로 자리잡기 시작했다. 원래 컨버전스의 시작은 기술융합이었지만, 컨퍼전수는 기술 영역을 넘어 문화현상이 되고 있는 것이다."(최연구, 2012: 26)

애초에 '문화적 본능' 내지 '자유로운 문화창조의 능력'으로 살아남은 인간은 이제 문화산업(창조)의 능력으로 살아남고자 한다. 그러나 문화산업에의 욕구는 우리 인간을 계속해서 살아남지 못하는 불구덩이로 몰아넣고 있다. 이런 의미에서 프랑스 파리5대학의 민속인류학자인 바르니에Jean-Pierre Warnier 교수는 "문화산업과 문화를 혼동하는 것은 부분을 전체로 착각하는 것이며, 문화산업의 세계 속에 갇힌 사람들만이 그걸 알아채지 못하고 있다"(바르니에, 주형일 옮김, 2000)고 개탄한 바 있다.

결국 현대사회가 당면하고 있는 '문화의 위기'는 문화산업의 영향력에 정비례한다. 문화산업이 성장하면 할수록 문화의 위기는 그만큼 거세진다. 마르크스주의 이후 최소한 프랑크푸르트학파 이래로 지금까지 수많은 문화이론들, 문화비판가들 그리고 다양한 문화연구의 영역에서 우리에게 닥친 엄청난 사회위기와 문화위기를 공격해 왔지만, 문화산업은 결코 아랑곳하지 않고 계속해서 팽창하고 있으며, 이를 막기 위한 여느 이론적 대항도 속수무책이다. 그렇다면 우리는 처음부터 다시 시작할 필요가 있다. 과연 문화란 그의 속성이 무엇이며, 문화산업, 즉 문화가 산업화되는 경로는 과연 차단되거나 가치있는 방향으로 유도될 수 있는 것인지, 만약 그것이 가능하다면 과연 해법은 무엇인지? 등 우선 무엇보다도 문화의 속성에 대한 본질적인 해석과 문화이해가 요청된다고 할 수 있다.

제6장

정신과학과 문화이해

실제로 프랑크푸르트 비판학파 이래로 지금까지 시도된 문화비판이나 문화연구는 문화의 본질이나 속성에 대한 분석이나 해석이나 분석 대신에 당면한 문화위기에 대한 대처방안이나 해법을 제시하는데 급급했던 모습이 역력하다고 할 수 있다. 이를테면 프랑크푸르트학파의 비판이론은 마르크스주의가 사회혁명을 이루는 과정에서 발생하는 문제를 분석하다 보니까, 궁극적으로는 문화산업이 새로운 사회문제를 야기한다는 사실을 밝혀내면서 주가를 올리게 되었다. 즉, 이들의 업적은 마르크스 시대의 사회위기가 자신들의 시대에는 문화위기와 함께 하고 있다는 사실의 발견이었다.

그러나 이들은 문화위기를 야기하는 문화산업의 추이과정을 분석하는데 주력하다 보니 정작 문화나 문화산업의 본질이나 속성을 이해해 보려는 시도는 거의 하지 못했다고 할 수 있다. 한마디로 사회위기, 문화위기를 초래하는 문화현상으로서의 문화산업을 추적하고 이에 대한 대처방한으로서의 비판 작업에 급급하다 보니 '산업'을 주도하는 '문화' 그 자체에 대한 해석과 이해에는 시간을 할애할 틈이 거의 없었다고 할 수 있다. 즉, 이들은 문화산업의 과정을 분석하면서 이에 대한 비판적 태도만을 견지하는데 모든 노력을 경주했던 셈이다. 그러나 문화산업의 성장 속도는 이들의 비판 속도를 늘 앞서 나갔다. 따라서 해법은 없었다. 즉, 여기서도 이들의 비판 작업은 '비판을 위한 비판'으로 종결된 느낌이다. 이제 우리에게 필요한 것은 문화에 대한 해석 작업이다. 왜냐하면 문화는 상징성을 가지고 있기 때문이다.

이제 분석으로는 충분하지 않다. 특히 문화가 내포하는 '상징성'은 해석의 대상이지 분석의 대상은 아니다. 이는 궁극적으로 문화를 이해하기 위함이다. 문화를 진정 이해함으로써 우리는 문화위기에 보다 근본적으로 대처할 가능성을 높일 수 있을 것으로 기대한다. 역사적으로 20세기 초 유럽에서 시작된 '정신과학精神科學, Geisteswissenschaften' 내지 '정신과학의 운동'은 문화이해를 위한 '문화해석'을 시도한 최초의 학문이며 이론이다.

1. 두 개의 문화론

인간생존의 조건으로 창조 계승 발전되는 "문화"[13]는 언젠가부터 고급문화와 저급문화로 양분되어 왔다. 이는 신분계급의 분화로 시작한 우리 인간의 역사이기도 하다. 귀족 같은 상위계급이 만들고 향유하는 문화는 고급문화일 것이고 하층민들에게 향유되는 문화는 저급문화에 해당된다. 일반적으로 우리는 문자기록의 시대 이후로 서양문화의 원류를 고대 그리스로 추적한다. 국가가 성립되면서 고대 그리스문화는 인간의 역사 이래로 그야말로 오랜만에 무척 평화로운 가운데에 꽃을 피운다. 그러나 그리스 역시 씨족과 씨족 그리고 부족과 부족 간의 수많은 전쟁과 싸움을 통하여 이루어진 자유민(귀족)과 비자유민(노예)간의 사회계층 구분이 분명했던 계급사회였기 때문에 이들 간에 향유되는 문화의 내용과 정도는 판이했다. 고대 서구문화의 발상지에서부터 문화는 이미 양분되어 진행되었던 것이다.

그리스의 자유민이 추구했던 문화는 소위 아폴론Apollo 문화였다. 아폴론신을 숭배했던 그리스의 자유민들은 항상 아폴론 신神이 상징했던 이성적 삶을 추종했으며 이성적 능력을 인간이 도달해야 하는 최고의 선善으로 간주했다. 진선미를 추구하는 카로카가티Karokagaie 이상을 향해 모든 인간은 이성적 능력을 연마해야 한다.

---

[13] 본 단락에서 언급하는 문화는 분업화와 분업적 사고에 의한 "예술문화"의 영역만을 지칭하는 것이 아니라, 인간 정신의 모든 산물로서 현상하는 본질적이고 포괄적인 문화, 즉 물질적·비물질적 문화의 총칭이다.

그러나 독일 철학자 니체Friedrich Nietzsche(1844-1900)에 의하면, 인간의 이성적 능력 이면에는 반드시 비이성적·비합리적·감성적 능력이 숨어 있다. 그러나 그리스인들은 의도적으로 이를 회피했다. 니체에게 있어서 비극의 탄생은 바로 이러한 감성의 능력을 회피한 고대 그리스인으로부터 시작된다. 그는 디오니소스Dionysus 신으로 대표되는 감성의 능력으로부터 비롯되는 문화적 감수성은 철저하게 거부되고, 오로지 이성적 능력으로만 도달할 수 있는 아폴론 문화만을 숭상하는 그리스인들에게서 원천적 문화과정의 오류를 발견한다.[14] 즉, 니체는 당시 아테네인들을 몰락하게 했으며 근대인들이 여전히 당면하고 있는 문화위기의 근거는 바로 인간들이 "자신들의 본성인 '디오니소스적' 자질을 완전히 희생하면서까지 '아폴론적' 성격만을 너무 지나치게 중시하면서 살아왔기 때문"이라는 결론이었다(데이브 로빈슨, 2000/ 박미선 옮김, 2002: 13-14).

심지어 니체에게서 감성 영역은 영원한 회귀를 위한 삶의 원동력인데도 불구하고 오로지 고대 그리스인들은 이성적 아폴론 신에게만 박수를 보냈다. 따라서 니체는 자신의 논문 "도덕 외적 의미에서의 참과 거짓에 관하여"(1873)에서 디오니소스적인 창조성과 아폴론적인 지성 사이의 대조적인 차이점들을 비판적으로 다루면서 문화반성과 문화재창조의 가능성을 모색하기 시작하였다(데이브 로빈슨, 2000/ 박미선 옮김, 2002: 23).

니체가 고대 그리스 문화를 오류의 시작으로 보는 근거는 바로 여기에 있다. 니체는 우리 인류의 문화 발생부터 최소한 "두 개의 문화", 즉 아폴론 문화와 디오니소스 문화가 엄연히 병존해 왔지만,[15] 아폴론 문화에 의해 디오니소스 문화가 짓밟혀 왔음을 개탄한다.

"아폴론적 그리스인은 디오니소스적인 것을 거대하고 야만적이라고 해석했다. 당시 그리스인들은 요란한 소리를 내며 쓰러진 거인들이나 영웅들과

---

[14] 아폴론적인 것과 디오니소스적인 것은 그의 철학의 근본범주로서 특징지을 수 있다(귄터 볼파르트, 1996/ 정혜창 옮김, 1997: 27).

[15] 한 문화가 조직화될 때의 주도적인 주제를 파악하는 데 주로 관심을 가졌던 베네딕트Ruth Benedict는 문화의 유형을 '아폴론적인 것'과 '디오니소스적인 것'으로 구분했다(데이비드 카플란, 로버트 매너스, 1972/ 최협 역, 1994: 107).

동족이었다고 보았다.... 그러나 디오니소스 없는 아폴론은 존재할 수 없었던 것이다. (삶에는) 아폴론적인 것과 마찬가지로 '거인적인 것'과 '야만적인 것'도 필요한 것이다.... 개체는 한계와 절도에도 불구하고 디오니소스적 자기상실 속으로 들어가면서 우리는 아폴론적 금기를 잊어버린다.... (결국) 새로운 디오니소스적인 것과 아폴론적인 것이 끊임없이 상호교류하면서 그리스적 본질을 지배해 올 때... 호머의 세계가 탄생했으며..." (Nietzsche, 1872: 40-41).

니체는 두 문화가 서로 화해하기를 학수고대하다가 생을 마쳤다.[16]

"이 대립된 디오니소스적 경향과 아폴론적 경향은 힘에의 의지의 서로 다른 양태라고 볼 수 있다. (그러나) 니체에 있어 모든 창조는 대립된 두 힘의 조화로운 관계 속에서 발생하는 것이다. 두 힘의 상호영향의 결과가 창조의 성격을 결정짓는다. 또한 어떤 경향이 더 강하게 작용하느냐에 따라서 삶의 유형도 달라진다.... 니체에 있어 디오니소스와 아폴론적 힘이 조화롭게 융합될 때 가장 이상적인 문화와 삶의 원천이 가능하다. 디오니소스적 열정이 일방적으로 너무 강할 때 우리 문화는 야만의 상태에 빠지게 되며, 반대로 아폴론적 경향이 너무 강해 논리성과 학문성이 지나치게 강조될 때 삶에 적대 문화가 발생하는 것이다."(권의섭, 2001: 206)

그러나 역사과정에서 발생하는 문화적 양분, 즉 고급문화와 저급문화간의 분화 현상은 니체가 신화의 세계를 비유하며 우려한대로 시간의 흐름 속에서 계속 심화되고 왔다. 또한 고급문화와 저급문화와의 관계는 지배문화와 피지배문화라는 양상으로 발전하면서 급기야 사회계층간의 대립으로 발전하기도 했다. 구체적으로 역사 이래로 알게 모르게 지배문화와 피지배문화는 항상 이분되어 병존하였으며 상호 혼재되어 존재해 왔다. 특히 지배층으로부터 계몽과 계도라는 명목으로 문화조작과 문화선동도 항상 있었다. 이는 인간사에서 가장 심각하고 뚜렷한 문화현상이었다. 사회적으로 피지배층의 문화는 문화가 아니고 귀족과 지배층의 문화만이 문화로 인식되어

---

[16] 니체에게 참된 문화와 삶은 논리와 열정이 서로 조화를 성취할 때 주어진다.

야 했으며, 정치적으로는 지배층의 권한을 강화하고 합리화하기 위하여 권력(힘)을 바탕으로 자신들의 기득권을 강화하기 위해 문화를 강화하였다. 영국의 마그나카르타, 프랑스의 시민대혁명, 마르크스의 프롤레타리아 혁명을 위시하여 지난 세기에 절정을 이루었던 제3세계에 대한 문화적 제국주의의 침략과 문화산업 및 대중문화에 대한 논쟁, "문화적 권력투쟁"(Jurgen Habermas)의 문제 그리고 기독교권과 이슬람권간의 "문명의 충돌"(Samuel Huntington) 사건 등은 모두 다 예외 없이 인류가 지속적으로 지배문화와 피지배문화간의 충돌이었으며, '중심과 주변'의 문화적 이데올로기 속에서 다양한 문화 간의 괴리감을 확인시켜준 일대의 역사적 사건이었음이 분명하다.

결국 고대 그리스 문화에서 발견된 두 개의 문화는 오늘날 우리로 하여금 '문화적 사유思惟'를 어렵게 한 장본인이라고 할 수 있다. 역사의 흐름속에서 이러한 문화적 이분화는 점점 거칠게 발전한다. 애초에 인간은 문화로 살아남고 문화로 삶의 수준이 격상된 것으로 알았던 삶의 기준, 즉 문화의 개념은 점차 새롭게 검토되지 않을 수 없었다. 따라서 우리는 많은 시간동안 문화비판(문명비판 포함)을 시도해 왔으며, 문화비판에 따른 현실적 삶의 행동도 시도해 왔다. 많은 것이 비판되었으며 많은 것들이 아직도 비판의 고리에 남아 있다. 그러나 오늘날 두 개의 문화론이 우리에게 남겨준 유산은 문화라는 삶의 기준에 대한 회의懷疑만이 무성할 뿐이라는 사실이다.

2. 문화변동과 삶

문화는 변동한다. 왜냐하면 인간이 만들어내고 인간이 그에 구속되는 문화는 인간의 움직임에 따라 변동할 수밖에 없기 때문이다. 이로써 문화는 다른 문화와 접하면서 변하게 되는데 이를 문화접변현상이라고 한다.

"한 문화가 다른 문화와 장기간 접촉하여 한쪽 또는 양쪽의 문화가 변하는 현상을 문화접변accultration이라고 한다. 문화접변보다 광의의 개념으로 문화전파文化傳播, cultre diffusin가 있다.... 문화전파나 접변을 통한 문화의 변동은 대체로 문화변형文化變形, transcultration[17]으로 나타난다.”(이종각, 1984: 53-54)

그러나 어느 지역이건 어느 나라건 문화성장의 현실에서는 자연스러운 문화접변현상과 강제적 문화이식 및 문화강점의 현상이 엇물려 나타난다. 예를 들어, 일본 및 중국 등 동아시아 전역으로 파급되고 있는 한류韓流 등 문화산업의 물결은 한국과 주변 동아시아 국가 간에 이루어지는 자연스러운 문화접변 내지 문화전파의 상황으로 설명된다.

“한 사회의 문화나 제도는 자생적으로 형성될 수도 있지만, 그중 상당부분은 다른 문화로부터 이식되거나 또는 이질적인 문화나 제도의 접촉을 통하여 형성되기도 한다. 이처럼 특정 사회제도나 관행, 발명품, 행동양식 등의 문화의 구성요소들이 여타 지역이나 문화권으로 확산되는 현상을 일컬어 문화전파라고 한다. 비록 정도의 차이는 있으나 문화전타는 인류 역사가 시작된 이래 지금에 이르기까지 거의 모든 사회 및 문화권에서 발견되는 보편적인 현상이다.... 첫째, 외부로부터 이식된 문화요소들은 현지의 기존 문화에 적응하기 위해 원래의 형태가 다소 바뀌는 경우가 많다.... 둘째, 외부문화요소를 모방하려는 행동은 그 문화요소가 기존 문화의 신념체계에 얼마나 잘 통합될 수 있느냐의 정도에 따라 영향을 받는다.... 셋째, 기존 문화의 규범이나 종교적 신념체제와 잘 조화되기 어려운 문화요소들은 배척당할 가능성이 높다.... 넷째, 특정 문화요소의 수용여부는 그것의 기능적 효용성에 크게 의존한다.... 다섯째, 과거의 이질적인 문화를 수용한 경험이 있는 사회나 문화권에서는 문화전파의 가능성이 높아진다.”(고형일 외, 2002: 152-153)

그러나 이러한 자연스러운 한류의 물결 이면에는 상업적 프로덕션이나

---

[17] 문화변형은 두 문화가 접촉하여서 타문화에의 동화경향과 그에 대한 반발의 과정을 거쳐, 접촉한 두 문화와는 다른 형태의 제3의 문화가 성립되는 것을 말한다(이광규, 1971: 32; 이종각, 1984: 54쪽에서 재인용).

홍보 매체 등 인위적이고 강제적인 힘이 작용하면서 한류의 물결은 엉뚱한 방향으로 가게 되고 이로써 자연스러운 문화접변현상을 멈추게 되며 상업적 부작용 등 엉뚱한 사건으로 왜곡되게 된다. 물론 정치권력도 이에 한 몫을 한다. 과거 제국주의시대가 당시의 자신들의 구미에 맞추어 문화를 인위적으로 왜곡시켰던 역사적 사실들은 대표적이다.

이미 오래전에 우리는 서태지 열풍에서 자연성과 강제성의 문화현상을 인식한 바 있다. 안 보이는 이면의 힘에 의해 주도되고 조작되는 강제적이고 인위적인 오빠부대는 이미 자연스러운 문화현상도 아니며 문화과정도 아니다. 문화는 극히 자연스럽게 형성되고 자연스럽게 사라진다. 왜냐하면 인간에게 문화는 삶의 본능으로 탄생하기 때문이며, 아울러 가치의 현실화라는 기준 속에서 살아남기도 하고 사멸하기도 하기 때문이다. 즉, 삶의 본능이 허락하는 한 문화는 극히 자연스럽게 살고 죽는다. 만약 문화가 인위적으로 형성되고 인위적으로 없어진다면 반드시 문제가 생겨난다. 예를 들어, 이미 오래전에 중국에서 한반도에 유교가 건너온 사실과 조선시대에 유교를 국교로 정하여 이를 국가통치 이념으로 수단화한 역사적 사실 간에는 엄청난 차이가 있다. 즉, 전자는 자연스러운 문화접변현상으로 이루어진 것이고, 후자는 '모종의 힘을 바탕으로 한' 문화이식의 사건에 해당된다. 문화이식은 국내의 '힘'에 의해 이루어지기도 하지만, 외세라는 '힘'에 의해서도 이루어진다. 물론 양 세력의 응보적 발생도 많다. 그러나 그때그때 목적과 내용 그리고 방법은 조금씩 다를지언정 이러한 힘들은 예외 없이 모두 '강제적이며 의도적'이라는 사실에서 공통점을 가지고 있다. 구시대의 역사인 일제의 한반도 강점이나 미국의 제국주의문화 역시 우리에게 '강압적인 외세의 힘과 국내의 지지세력'을 바탕으로 강제로 이식된 소위 '사건 문화event culture', 즉 사이비 한시限時문화인 셈이다. 한마디로 문화이식의 과정에서 발생하는 "보이지 않는 손 같은 모종의 힘"[18]은 한 지역과 민족의 문화과정

---

[18] 실제로 "보이지 않는 손invisible hand"의 모토는 아담 스미스의 자유시장에 대한 지론인데, 이는 오늘날 자기 조직화에 의해 설명될 수 있으며, 소비자와 생산자간의 비선형적 상호작용으로 야기되는 복잡시스템의 원리를 대변하고 있다(Mainzer, 1997: 11).

에서 결정적으로 작용하는 문화역학의 핵심이 되어 왔다. 문화이식을 통해 이루어지는 이데올로기의 문제 역시 이러한 범주에 해당된다. 실제로 문화 이식 이전에 문화전이cultural transition의 과정에서도 이러한 문제는 고발될 수 있다.

> "문화는... 한 세대에서 다음 세대로 전수되어 가는 문화전이가 이루어진 다. 문화의 세대간 전이과정을 두고서 급진주의자들은 문화가 그 사회의 현상유지를 지탱해 주는 보수화의 기능을 수행한다고 주장한다. 기존 사회 를 지탱해 주는 규범이나 관념체계, 제도 및 행동양식 등이 사회화과정을 통해서 부지불식간에 아무런 의심 없이 받아들여지게 만듦으로써 기존질 서의 유지 강화에 기여한다는 것이다. 따라서 급진주의자들은 한 사회의 문화체계가 갖는 본질적 속성을 일종의 지배이데올기의 관점에서 파악하 고자 한다."(김승현 외, 1997: 304)

인간은 살아남겠다는 본능으로 자연이라는 주변의 환경을 문화로 바꾸어 놓지만, '보다 더 잘 살아 남겠다'는 본능으로 문화전이를 시작으로 인위적 문화이식, 문화변형과 문화조작에도 관여하게 된다. 이렇게 하여 결국은 문 화는 지역적으로 시대적으로 사뭇 달라진다. 삶의 본질은 어떠할지 모르겠지 만 자연적 문화전이, 문화접변, 문화이식을 비롯해서 인위적인 문화변형과 문화조작 등을 통해서 이루어지는 문화변동은 분명하다. 문화변동은 삶의 외형으로도 큰 변화를 목격하게 한다. 만약 인간이 살아남기 위한 발버둥을 치기 전에 신이나 자연환경이 다 알아서 인간을 불편하지 않고 풍족하게 해 준다면 인간의 삶은 변화될 이유가 없다. 지금도 천연자원과 자연환경 속에서 먹을 것이 풍부한 고대 아프리카 지역의 사람들과 동남아 열대지방 에 살고 있는 사람들은 좀 게으른 편이라고 한다. 주변에 널린 것이 먹을 것이기 때문에 살아남으려고 이리 뛰고 저리 뛰고 할 필요가 적다는 이야기 이다. 따라서 인구는 넘치고 먹을 것이 부족한 유럽의 척박한 땅에서부터 문화가 발달했다는 말도 있다. 부족한 자연환경에서 살아남아야 하는 사람 들에게 자연환경을 문화로 바꾸면서 살아남아야 하는 운명이 보다 강하게 주어진다.

　그러나 이러한 자연으로부터 문화로의 전환을 이룬 인간의 삶을 살펴보면 모든 삶이 변화 그 자체였다고 할 수 있다. 여기서 창조되는 문화는 삶의 변화와 맥을 같이 하면서 변화될 수밖에 없는 것이다. 삶이 변화인 한 문화도 변화이다. 물론 삶의 본질이 변하는지에 대한 논쟁은 아직도 끊이질 않고 있다. 그럼에도 불구하고 주변 환경의 위협과 도전으로부터 살아남아야 하는 인간의 삶이 역동적일 수밖에 없다는 사실은 삶의 모습이 늘 변화 속에 있다고 할 것이다. 결국 이러한 삶의 역동성과 함께 문화 창조와 발전의 양상도 역동적일 수밖에 없는 것이다. 왜냐하면 문화는 인간이 창조하고 발전시키는 삶의 작품이기 때문이다.

　결국 삶의 흔적으로서 현상하는 문화는 분명한 모습과 내용을 가지고 발생할지라도, 삶의 가치 변화와 욕구 변화에 따라 변화할 수밖에 없다. 물론 인간에게 삶의 가치기준이 변화하지 않는다면 문화적 삶의 기준도 변하지 않고 항상 그대로 있을 것이다. 그러나 삶의 기준도 반드시 변할 수밖에 없는 것은 진리이다. 예를 들어, 가죽 구두를 신어야 하는 리셉션 장에서 고무신이나 슬리퍼를 끌고 등장한 손님은 하객들의 눈총을 받게 마련이다. 따라서 그는 슬리퍼를 신고 리셉션 장에 나갈 수 없다. 리셉션 문화가 이를 용납하지 않기 때문이다. 그러나 열대지방에서 슬리퍼 리셉션은 얼마든지 가능하다. 평소 일상에서 비가 오거나 우중충한 날씨에 시달리기에 기준 일조량이 태부족한 사람들이 모여 살고 있는 북유럽의 사람들은 화창하게 해가 뜨는 날에는 모두 길거리로 쏟아져 나와 일광욕을 즐긴다. 심지어 어떤 사람들은 길거리에서 웃통을 벗어대고 햇볕을 쬔다. 태양이 뜬 날 길거리를 돌아다니는 풍습이 발달하면서 개를 끌고 산보하는 일이 이들의 일상의 문화가 된지 오래다. 또한 일조량이 부족한 지역에 살고 있는 사람들은 어쩌다 태양을 보면 눈이 심하게 부시다. 그래서 북유럽에서 일치감치 선글라스sun glass 문화가 발달했다. 그들은 평소에도 선글라스를 착용하고 일상을 보내기 일쑤이다. 그런데 얼마 전까지만 하더라고 우리나라 사람들에게 선글라스의 착용은 오만과 건방으로 인식되었다. 물론 오늘날은 점차 개성의 표현으로 수용되기도 하면서 예전보다는 상황이 좀 달라진 것도 사실이다. 결국 문화는 시간과 지역에 따라 그리고 가치의 현실화라는 기준에 따라 다르게 변화되는 것이다.

우리는 이미 위에서 문화란 삶의 흔적이며 삶의 기준이라는 사실을 확인해 왔다. 그렇다면 변화하는 문화에서는 무엇이 삶의 기준이 되는가? 바로 이러한 기준 문제를 놓고 지금도 공방은 여전히 치열하다. 그러나 의외로 답은 간단하다. 문화가 삶의 기준이라면, 삶의 기준은 늘 변화하는 것이다. 왜냐하면 문화는 늘 변화하고 심지어 변동할 수 있기 때문이다. 그렇다면 소위 수구守舊나 보수保守를 자칭하는 사람들에게는 난감한 일이 아닐 수 없을 것이다. 그러나 그렇지 않다. 문화가 삶의 기준이라지만 항상 역동적이기 때문에 삶의 기준도 역동적일 뿐이다. 만약 삶이 정체되어 있고 문화가 항상 정체되어 있다면, 이는 고인 물이 썩는 것과 같은 이치가 될 것이다. 만약 우리가 움직이지 않는 문화 속에 여전히 머물고 있다면, 고인 물 속에서 서서히 생명력을 잃어가고 있는 지도 모른다. 구관이 명관이라고 해서 우리가 지금도 로마법으로 민주주의 시대를 통치할 수 없으며, 빠르고 안락한 쾌속정이 발달되어 있는 데도 나룻배를 저어서 독도까지 갈 수는 없는 노릇이다. 문화가 달라지고 삶의 기준이 달라진 상황에서 구관이 명관이라는 것만을 주장하다가는 생명부지의 가능성마저 사라질 수도 있다.

이미 우리는 인간이 살아 남기 최적으로 조건을 확보하기 위해 문화를 창조한다고 했다. 인간에 의해 새로운 문화가 계속 창조된다는 사실은 보다 나은 생존조건이 확보된다는 증거이기도 하다. 문화를 창조하지 못하면 우리가 살아남을 확률이 적어진다. 우리가 새로운 문화를 창조하기 원하는 것은 새로운 조건에서 살아남을 수 있는 확률을 높이고자 하는 열망이 있기 때문이다. 그러나 중요한 것은 문화 변화가 삶의 가치 변화와 마찬가지고 매우 자연스럽게 이루어져야 한다는 사실이다. 왜냐하면 자연의 법칙과 삶의 법칙은 일치하기 때문이다. 바로 이러한 문화 변화의 속성을 잘 이해하지 못한다면 우리 사회는 큰 화를 자초하게 된다.

이러한 논리는 개인적 차원에서도 마찬가지이다. 예를 들어, 우리의 문화가 강제적이고 인위적으로 변화할 때 사회적 동요가 발생한다. 사회적 무질서 때문이다. 다시 말해서 누군가가 또는 어떤 힘에 의해 지금 가치의 현실화로 존립되고 있는 문화를 변화시키고자 할 경우에 우리 사회는 삶의 기준으로서 문화적 혼돈과 함께 사회적 무질서가 뒤따르게 된다. 사회적 무질서는 사회적 동요로 이어지고 급기야 사회문제로 귀결된다. 그럼에도 불구하고 우리의 역사 속에는 누군가에 의해 또한 어떤 집단의 절대 권력에 의해 그 시대의 문화가 강제적이고 의도적으로 변화된 경우는 비일비재하다. 지금 이 순간에도 그런 일은 세계 도처에서 끊임없이 발생하고 있다. 이를테면, 군사 쿠데타, 군사혁명, 민족봉기, 사회전복활동 등은 대표적이다. 심지어 사회개혁이라는 명목을 가진 인위적인 변화 시도 역시 '강제적이고 인위적인' 문화 변화이며 문화변동에 해당된다. 만약 사회개혁이 바람직한 방향으로 다시 말해서 사회적 다수가 원하는 대로 이루어진다면 별 무리가 없을 것이다. 그러나 어설픈 사회개혁이나 다수가 원하는 방향이 아닌 다른 방향으로 개혁을 이루어 낸다면 결과는 오히려 사회적 악을 조장하는 사태로 발전할 것이다. '선무당이 사람을 잡는다'는 옛말이 여기에 해당된다. 이로써 우리는 심한 갈등으로 몸살을 앓게 될 것이고 심지어 강제적 문화변동으로 인하여 삶의 기준이 파괴됨으로써 우리 개인들은 삶의 황폐화까지 경험하게 될 것이다. 이는 국가와 사회에서도 마찬가지이다. 그러나 우리에게 이러한 사례는 너무나 빈번히 그리고 너무나 쉽게 발생한다.

역사 이래로 계속된 군사쿠데타로 인하여 합법성을 얻지 못한 채 태동한 한국의 군사정권들은 문화를 인위적으로 변화시킨 대표적인 선무당들이었다. 제5공화국에서는 축구, 야구 등 운동경기를 활성화시켜 국민들로 하여금 정치적 무관심을 유도하려고 시도했다는 시각도 있다. 국민들이 축구경기나 관전하면서 한가롭게 살 수 있는 입장도 아니고 오로지 나라와 정치가 잘 되기만을 염원하고 있던 국민들에게 '정치적 무관심'을 유도하기 위하여 운동경기에 막대한 돈을 투자하고자 했다는 비판이다. 이러한 발상은 바로 우리의 문화적 관심을 인위적으로 변화시키고 조작해 보려고 했던 권력자들의 대중조작 전략이었다고 할 수 있다. 바로 이러한 것이 강제적이고 인위적인 문화조작에 해당된다. 인위적 문화조작은 바로 '역사왜곡'이 된다. 우리는 역사왜곡에 대하여 자주 거론한다. 그러나 역사왜곡이란 잘 따지고 보면 강제적이고 인위적인 문화조작의 결과인 셈이다. 한마디로 '역사왜곡은 곧 문화왜곡'이다.

이렇게 문화변동이 강압적으로 일어날 경우 우리는 이제 강제적이고 인위적으로 조작된 문화 속에서는 조작된 삶의 기준 속에서 살아가야 한다. 일본이 36년 동안 우리 한국을 강점하면서 문화조작을 했던 역사는 세계적으로 가장 잔악한 문화(또는 역사) 조작극 중의 하나였을 것이다. 그들은 내선일체와 황국신민을 종용하면서 우리 문화의 기준을 자신들의 것으로 대치함으로써 우리민족의 삶의 기준을 없애려 했다. 이는 우리 민족을 모두 말살하는 일이었다. 인위적 문화 조작으로 인하여 삶의 기준이 사라지면서 인간의 삶은 방향조차 잃어버리게 된다. 물론 사회와 국가도 문화조작 속에서 한동안 소용돌이로 갈피를 잡지 못하게 되어 결국 혼돈의 늪에 빠지게 되는 경우는 부지기수이다.

오늘날 우리의 지구촌 사회에서는 모든 영역에서 구조조정의 일환으로 자행되고 있는 기업과 기업 간의 합병, 조직과 조직 간의 통합 같은 M&A Merge and Acquisitions가 중요한 이슈이다. 이러한 M&A는 '선택과 집중'이라는 원칙 하에서 기업 또는 조직이 잘할 수 있는 것만을 집중적으로 투자한다면, 아마 경제 난국을 극복할 수 있을 것이라는 가정으로 시작되었다. 그러나 그 가정은 많은 곳에서 입증될 수 없는 가설로 판명이 났으며 지금도 그 여파로 인하여 노사문제가 잘 안 풀리고 있다. 아마 영원히 풀기 어려운 숙제일지도 모른다. 왜 그런가? 이유는 간단하다. 서로 다른 이질적 문화를 가지고 성장해 온 기업들과 조직들을 갑자기 강제적이고 인위적으로 하나로 통합해 놓고는 이질적이고 다양한 문화를 하나로 합병하라고 하니 홍역과 진통이 아닐 수 없다. 각 기업이나 조직은 물론 모든 국가 경제는 이러한 합병논리에 의해서 생사가 좌우된다. 그러나 기업과 조직의 문화에 대한 인식이 박약한 사회에서는 기업문화 내지 조직문화를 잘못 건드렸다가 큰 코 다칠 수밖에 없다.

반복하지만 문화란 삶의 흔적이며 삶의 기준이다. 따라서 기업문화나 조직문화는 그 기업과 조직이 살아남은 흔적이며 살아남는 기준이다. 그런데 갑자기 문화가 서로 다른 기업이나 조직을 하나로 합병하라는 것은 삶의 흔적과 삶의 기준을 하나로 만들라는 것이다. 그런데 과연 어떻게 지금까지 살아 온 역사가 다르고 다르게 살아남는 기준을 가진 기업과 조직을 병합시킬 수 있다는 것인지? 결국 강제적 합병은 삶의 흔적과 삶의 기준을 잡탕雜湯으로 만들어 놓고 다시 살아남으라고 하는 것과 다를 바 없다. 이렇게 된다면 기업과 조직이 살아남는 기준은 소위 '잡탕 문화'가 될 수밖에 없다. 그렇다면 기업과 조직은 일대 혼란 속에 빠질 수밖에 없다.

물론 우리는 언젠가 혼란이 다시 정상으로 되돌아갈 것을 믿는다. 왜냐하면 만물에는 호메오스타시스homeostasis의 본성이 내재하고 있기 때문이다. 그러나 혼란이 정상으로 돌아가기 이전에 도산해서 문을 닫는 기업과 조직이 발생한다는 사실이 문제인 것이다. 물론 합병이 잘 진행되어서 성공적인 문화합병으로 오히려 전보다 승승장구하는 기업과 조직들도 더러 발견된다. 그러나 오늘날 우리의 대부분의 기업들과 기업인들 그리고 조직들은 강제적-인위적 문화왜곡과 문화조작으로 인하여 생존불능의 경험들을 무수히 반복한 것으로 조사되고 있다. 우리의 가정, 학교, 사회에서 발생하는 강제적이고 인위적인 문화왜곡과 문화조작에서 발생하는 사회문제도 동일한 맥락이다.

이제 우리는 문화에 대해서 보다 더 심사숙고해야 한다. 문화는 결코 인위적이고 강제적으로 만들어지는 것이 아니라 극히 자연스럽게 발생하고 전개된다는 사실이다. 삶이 자연의 질서에 따라 마치 물 흐르듯이 변하는 것처럼 (속성상 본래의) 문화는 자연스럽게 발전하는 것이다. 문화적 변동 역시 자연스럽고 자연의 이치에 따르며 특히 가치의 현실화라는 기준에 의존한다. 자연이 어느 순간에 문화로 바뀐 것처럼, 문화는 자연의 이치를 벗어나면 더 이상 문화가 아니다. 특히 어떠한 힘에 의하여 이루어진 문화는 인간의 자연스러운 삶과 먼 거리에 존재한다. 자연스러운 삶에서 이탈한 문화는 그 문화 자체가 이미 일탈인 셈이다. 카시러Ernst Cassirer는 "인간은 이미 자연을 가지고 있지 않다. 그가 가지고 있는 것은 오로지 역사뿐이다. 왜냐하면 인간은 자유롭기 때문이라고 주장한다(Cassirer, 1944/ 최명관 역, 1958: 356). 여기서 문화와 역사의 자연성을 동일시된다. 또한 인간은 역사와 더불어 변하는 문화에 따라 인간임도 부단히 변하게 된다(Bollnow, 1966/ 이규호역, 1967: 12). 즉, 인간은 자연스러운 역사의 흐름 속에서 문화창조를 통해 스스로의 본질을 이룩해 나간다(정영근, 2000: 218).

　결국 인간의 생존이 자연적 본능의 발현으로 가능했던 것처럼, 문화 역시 자연스럽게 창조되고 변화하는 것이 극히 당연하다. 한마디로 인간의 삶과 문화는 동본원적으로 극히 자연스럽게 흘러가는 강물과 같다. 삶과 문화는 자연을 닮았으며 자연의 원리와 법칙에 따라 그리고 가치의 현실화라는 기준에서 살아남기도 하고 죽어 없어지기도 한다. 강제적이고 인위적인 문화, 즉 부자연스러운 문화 앞에서 우리 인간의 삶은 자연을 거역하는 것이다. 자연을 거역하면 죽을 수밖에 없는 것이 인간이고 인간의 문화 역시 자연을 거스르는 순간 문화의 속성을 잃게 되어 사멸하게 된다. 신이 주재하는 자연의 섭리 속에서 인간은 제2의 자연으로서 문화를 창조해 냈다. 제2의 자연이 인위적이고 강압적으로 조작되고 만들어지는 순간 이는 '자연파괴' 내지 '생태환경파괴'로 이어질 것이며, 또한 이는 곧 '문화왜곡'으로 전개될 것이다. 이러한 문화왜곡은 곧 나와 국가 사회 그리고 모든 인류의 사멸을 재촉한다.

3. 문화와 해석

1) 역사와 문화일탈

　독일의 정신철학자 딜타이Wilhelm Dilthey(1833-1911)는 "삶은 역사"라는 신념을 가지고 자신의 정신과학을 시작했다(Dilthey, 1971: 290). 또한 그의 후학들에 의해 계승된 정신과학의 발전과정에서 역사과정은 문화과정으로 치환된다. 바로 이 과정에서 우리는 역사라는 전체성을 잃게 된다. 역사는 문화를 동반한다. 그러나 문제는 비문화非文化와 반문화反文化 그리고 문화적 일탈逸脫도 동반한다는 사실이다. 또한 우리는 이렇게 역사와 함께 우리의 삶에 동반되는 비문화, 반문화, 문화일탈, 문화낙오, 문화탈락 등에 대해서는 객관적(과학적)으로 설명하거나 이해하지 못한다. 예를 들어, 어떤 특정한 개인(주관)의 개별적 정신 그리고 개별적 인격은 얼마든지 동시대의 문화정신과 전혀 다를 수 있다. 니체Friedrich Nietzsche(1844-1900)의 철학은 그가 살아있던 시대보다 100여 년이 지난 후에야 빛을 발할 수 있었다. 그렇다면 니체의 철학은 당시로서는 이단이었으며 문화적 일탈이었음에 분명하다. 그에게 있어서 인간은 '창조하는 동물homo creator'이며, 새로운 문화를 창조할 수 있는 창조적 정신을 소유한 존재이다. 신이 우주 만물을 창조했다면, 인간은 문화를 창조했다. 그러나 인간의 삶에서 문화는 창조될 수는 있지만, 문화 자체가 삶으로 다시 치환될 수는 없다.

19세기에 집합론을 창시한 칸토어Georg Cantor(1845-1918)는 당시 통일된 수학으로서 미적분학을 추종하던 시대의 수학자들에게 갖은 비난과 따돌림을 당하고 외면당하면서 결국 정신병원에서 사망했다. 그는 수학계의 니체(일탈자)였다. 또한 과학문명을 1세기 정도 앞당겼다고 평가될 정도로 사후에야 비로소 에디슨과 비교되는 천재적 발명가인 테슬라Nicola Tesla(1856-1943)의 경우도 문화적 일탈에 해당한다. 유고슬라비아 태생인 테슬라는 28세 때인 1884년 미국으로 이주한 이래로 교류전압 송신, 다상교류 시스템, 무선통신, 고압전원을 만드는 케슬라 코일, 형광등, 라디오 등을 발명하였으며, 그의 발명 중에는 지금도 FBI와 CIA에서 극비 문서로 보관하는 것이 있다고 한다. 얼마 전 영국 BBC방송에서 실시한 인터넷의 네티즌 조사에서 지난 1천 년간 가장 위대한 발명가 중 에디슨, 구텐베르크, 레오나르도 다빈치에 이어 테슬라를 4위로 꼽은 적이 있다. 그러나 그는 생애 남들보다 너무 앞서갔기 때문에 주변 사람들로부터 몽상가, 미치광이란 오해를 받기도 했다(마가렛 체니, 1999). 이는 동시대인이며 라이벌이었던 에디슨이 출세한 것과는 매우 대조적이라고 할 수 있다. 물론 1915년 11월 ≪뉴욕 타임즈≫가 에디슨과 테슬라가 노벨물리학상의 공동수상자라고 발표하면서 테슬라의 이름은 알려졌지만 정작 수상자는 다른 사람에게 돌아갔다. 그 이유는 아직도 밝혀지지 않았는데, 소문에 의하면 라이벌 에디슨이 테슬라의 수상을 방해했다는 말이 있다. 물론 테슬라 자신이 발명품을 자본화하는 사업기술이 능한 에디슨 같은 소인배와는 함께 상을 받지 않겠다고 거부했다는 말도 있다. 하여간 테슬라가 시작했던 무선에너지 전송기술, 테슬라 터빈, 테슬라 엔진, 입자빔 무기, 공간 자체에서 무한한 에너지를 뽑아 쓰는 실험

등은 오늘날 많은 과학자들에 의해 연구가 계승되고 있다. 그러나 이러한 발명들이 테슬라에 의해 이루어졌다는 사실을 대중들이 알게 된 것도 최근의 일이다. 그만큼 그의 일생은 비운悲運 그 자체였다고 할 수 있다. 하여간 문화적 일탈이라고 할 수 있는 경우는 이러한 유명인들의 사례 말고도 우리 주변에서 비일비재하게 존재한다.

그럼에도 불구하고 일차적으로 우리가 인간의 사고 구조를 객관적-과학적-논리적으로 이해하기 위해서 인간의 '문화과정'을 파악하는 일을 피해 갈 수는 없다. 왜냐하면 문화는 인간이 살아남기 위해 창조한 산물이며 삶의 기준이기 때문이다. 또한 이로써 성립된 문화시스템은 지식, 과학, 계몽, 기술(기계)문명의 역사적 사회시스템을 모두 포괄하고 있는 최초의 객관물이기도 하다. 그러나 당시 이성의 시대에 이성철학을 거부하던 니체가 이성철학의 대부로 군림하던 헤겔과 대립하지 않았다면 시대적인 왕따가 되지 않았을 것이며, 테슬라가 당시 장사기질이 강하고 권력이 있는 에디슨과 대립하지 않았다면 문화적 일탈이나 비문화의 영역에서 살지는 않았을 것이다. 이렇게 일부의 문화가 문화일탈로 간주되어 배척되고 다양한 전체로서 포용되지 못하는 한, 우리 인간의 문화는 늘 일그러진 모습으로 왜곡 전개될 수밖에 없다.

2) 문화와 객관성

눈에 보이는 것만이 삶이고 진리라고 한다면 안 보이는 세계의 영향은 설명이 되지 않는다. 자연과학의 백미라고 하는 물리학에서도 이미 보이는 세계에서의 자연현상만이 전부가 아님을 밝혀낸 지 오래다. 우리의 눈에는 보이지 않지만 분명 물질의 구성단위로 인정될 수밖에 없는 소립자, 미립자의 세계가 상상과 공상의 세계에서 현실의 세계로 들어오고 있다. 마치 보이는 영역에서 자연현상이 밝혀질 때에는 그로써 진리가 밝혀진 듯했지만, 소립자, 미립자 세계 그리고 우리의 시야를 벗어나 있는 거대우주세계까지 과학의 발견으로 확인되고 있다. 분명한 물체로 현상하는 자연현상에 대한 신비로움도 안 보이는 세계의 발견으로 밝혀질 수밖에 없는 현실에서 심지어 정신현상의 이해로 가능한 인생이나 삶의 진리에서 보이는 문화현상의 이해에만 안주한다면 우리는 인간의 삶이라는 '전체Gestalt'를 빗겨 가는 셈이 된다. 따라서 우리의 눈에는 보이지 않지만 삶이라는 전체를 보다 잘 이해하기 위해서 우리는 가상의 세계를 상상할 수 있다. 이러한 가상에 대한 접근은 '전체성 사고holistic thinking'를 찾아내기 위한 필수 과정이라고 이해할 수 있다. 가상의 세계를 들여다봄으로써 우리의 시각이 진일보한 사례는 물리학에서 먼저 발생했다. 현대 소립자물리학에서 거대세계와 미시세계를 가상하고 이를 규명해 내는 일을 수행하지 못했다면, 우리는 아직도 가시세계만을 우리의 세계라고 믿고 살고 있을 것이며, 오늘날 나노nano의 세계까지 발견한 과학의 발전은 상상조차 할 수 없을 것이다. 또한 우리가 눈으로 볼 수 있는 가시광선의 세계만을 인정하는 과학으로는 오늘날 비非가시광선인 자외선, 적외선, X선, 뢴트겐의 도움으로 일상화된 의술의 혜택을 누리는 일은 없을 것이다.

한편, 우리는 일단 문화 내지 문화 과정이라는 객관 영역을 통하여 인간의 사고 구조를 이해할 수밖에 없다. 왜냐하면 객관이란 반드시 전체는 아니지만 이해의 기준일 수밖에 없기 때문이다. 딜타이는 인간의 삶을 규정이나 설명할 수 있는 대상이 아니라고 역설한다(Fink, 1994: 13). 그에 의하면, 인간의 삶은 오로지 해석될 수 있으며 이해될 뿐이라고 하면서 삶을 해석하는 '정신과학의 독자성'을 주장했다. "자연은 설명하고 정신은 이해한다"는 딜타이의 유명한 학문적 모토는 당시 제반 자연현상을 연구 대상으로 하는 자연과학의 방법으로는 인간의 정신을 분석할 수 없다고 선언한다.

"자연과학과 인문학의 차이를 연구대상에서 찾고자 했던 사람으로는 초기의 딜타이가 있다. 딜타이는 자연과학과 정신과학을 구분하면서, 정신과학의 연구대상은 자연적인 현상과는 달리 인간이 느끼는 생활의 경험이나 삶의 의미라고 보았다. 그러면 사람들이 각각 주관적으로 느끼는 삶의 의미는 어떻게 과학적으로 탐구될 수 있는가? 딜타이는 인간은 모두 삶의 경험을 공유하므로, 겉으로 나타나는 행위를 보고서 내적인 정신상태를 추론할 수 있다고 했다. 그리고 정신과학이 인간의 내적인 의미를 탐구하

는 방법은 실험이나 관찰이 아니라 '이해理解'이다."(김승현 외, 1997: 473)

따라서 딜타이는 인간의 삶을 이해하기 위해서는 자연과학적 방법과 결별하고 새로운 방법, 즉 '해석학Hermeneutik'이라는 '정신과학적 방법'을 요구했다.

"신실증주의는 사회과학이 엄밀한 과학으로서 발전하는 데에 중요한 기여를 하였다. 그러나 신실증주의는 사회현상을 이해하는 데에 여러 가지 한계를 드러내었다. 이에 따라 딜타이 이해의 해석학적 전통을 새롭게 발전시키려는 입장이 다시 나타나게 되었다. 해석학적 전통에 서는 사람들은 모두 사회현상에 대한 해석학적 이해가 사회과학의 기본적인 논리가 되어야 한다고 주장한다. 사실 신칸트학파나 베버가 자연과학과 구분되는 사회과학의 독자적인 방법으로 이해 등을 제시했음에도 불구하고 신실증주의가 강세를 보인 한가지 이유는, 베버 등의 이해의 개념이 협소한 것이었기 때문이다. 베버는 이해를 주로 행위자의 동기나 감정의 재구성이라는 관점에서 설명했다. 이 때문에 실증주의자들로부터 이해는 단지 연구가설을 만드는 단계에서나 유용하다는 비판을 받았던 것이다. 이에 비해 해석학의 전통을 새로이 부활시키려는 사람들은 해석적 이해가 단지 과학자가 제3자의 행위의 내적 의미를 파악하는 방법론적 절차가 아니라, 바로 사회적 행위의 기반이라는 점을 주장한다. 해석학적 이해를 강조하는 주요입장에는 현상학과 일상언어학파가 있다."(김승현, 1997: 479)

한편, 딜타이에 의하면 삶의 최소단위는 '체험Erlebnis'이다. 그리고 이러한 체험은 극히 주관적이다. 그러나 인간의 삶을 이해理解, Verstehen하기 위해서 우리가 체험 그 자체를 이해하기는 곤란하다. 우리가 "인간이 무엇인가?", "삶의 진리가 무엇인가?"에 접근하기 위해서는 인간 개개인의 개인적-주관적 체험을 어떻게든 '객관적으로' 접근할 수밖에 없다. 그러나 주관적 체험을 객관적으로 접근할 수 있는 인간은 세상 어디에도 없다. 왜냐하면 한 길 사람 속을 알 수 있는 사람은 존재하지 않기 때문이다. 결국 우리 인간의 체험은 "표현表現"으로 나타날 때 비로소 이해의 실마리가 주어진다. 표현을 통해 우리는 어렴풋이 그가 주관적으로 체험한 것을 객관적으로 접근하게 된다. 이때 표현은 이해를 위한 객관체가 된다. 그러나 물론 완전한 이해가 아니다. 왜냐하면 체험된 것이 완전히 객관적으로 표현된다고는 할 수 없고 표현된 것을 우리가 완전히 객관적으로 접근할 수 없기 때문이다. 결국 체험과 표현은 이해를 위해 계속적으로 순환될 수밖에 없다. 즉, 점점 더 객관성에 접근하면서 마침내 온전한 이해에 도달하게 된다. 따라서 딜타이에게 인간의 정신구조는 체험-표현-이해-체험-표현-이해...라는 계속적인 순환구조 속에서 끊임없이 밝혀지고 해석되는 것이다. 이를 우리는 '해석학적 순환hermeneutischer Zirkel/ hermeneutische Spirale'이라고 한다.

그러나 딜타이의 정신과학을 계승한 슈프랑어Eduard Spranger(1882-1963)에게 이러한 딜타이의 해석적 순환구조는 불명확하였으며 애매모호했다. 우선 일상에서 개개인에게 체험된 것이 표현으로 이어진다는 사실 자체가 의문이었다. 즉, 체험된 것이 표현될 수도 있지만, 표현되지 않을 수도 있다는 것이다. 물론 그래서 딜타이는 계속적인 순환과정을 도입했다. 그러나 설령 체험된 것이 언젠가는 완전히 객관적으로 표현이 된다고 해도 그 표현을 완전히 이해한다는 것은 보다 더 추상적이었다. 물론 딜타이는 이 대목에서도 계속적인 순환도식의 중요성을 피력했다. 혹자들은 딜타이에게서 체험-표현-이해의 순환도식은 주로 인간의 심적-내적 과정에 국한된다고 해석한다. 물론 충분히 그럴 수 있다.

그러나 인간의 삶의 이해는 내적(심적-정신적) 과정으로 끝나지 않는다. 인간의 삶을 이해하기 위해서는 내적 과정도 중요하지만 외적 과정도 똑같이 중요하다. 즉, 한 개인의 정신과정을 이해하는데 있어서 자기 이외에 타인이 객관적으로 이해할 수 없다면 그러한 정신작용은 의미가 없다. 이렇게 본다면 삶에서 객관체가 불분명하다면 이해 역시 불분명할 수밖에 없다. 이런 연유로 딜타이는 체험-표현-이해의 구조를 계속 순환시키며 지속적인 해석 작업을 요청했던 것이다. 체험-표현-이해라는 도식을 계속 순환시키다 보면 언젠가는 정신과정의 완전한 이해에 접근할 수 있다는 계산이었다. 한마디로 그는 객관적 이해 기준의 애매모호성을 해석적 순환도식으로 치환한 셈이다. 그러나 문제는 "과연 우리가 언제까지 해석학적 순환을 해야 한다는 것인가?" 하는 질문이다.

따라서 슈프랑어는 딜타이의 애매모호성을 극복하기 위해서 객관적 실체로서 "문화Kultur"라는 개념을 도입하게 된다. 그에 의하면 문화는 "정신과정의 객관체"로서 삶을 이해하는 객관적 기준이 된다. 즉, "정신의 객관적 산물"이 바로 문화라는 실체로 나타나는 것이다. 원하든 원치 않든 모든 사회 구성원에게 일단 문화로 현실화된 영역은 인간에게 모든 정신과정 또는 정신과정을 통해 이루어지는 삶의 모든 영역을 이해하는 객관적 기준이 된다. 따라서 상대방의 문화를 이해하면 그를 객관적으로 이해하는 것이다. 이를테면, 한 민족의 문화를 이해함으로써 우리는 그들의 행동들이 지니는 모든 불투명함을 극복하고 아주 일상적인 것으로 그것들을 이해할 수 있게 된다 (클리퍼드 기어츠, 1973/ 문옥표 옮김, 2009: 26). 그럼에도 불구하고 문화를 이해한다고 주관적인 개개인의 삶을 모두 이해하는 것은 아니다. 또한 문화 이해로서 인간의 삶의 이해가 모두 끝나는 것도 아니다. 그러나 슈프랑어는 삶의 주관적 영역은 어차피 한 번에 이해할 수 없는 영역으로 남겨두고 일단 우리가 객관적으로 접근할 수 있는 매개물, 즉 '문화'라는 영역을 제시하고 있는 것이다. 즉, 문화는 일단 주관은 아니다. 오히려 주관을 떠나 '객관의 영역'으로 들어가는 도입으로 객관의 시작이며 완전한 객관이 될 수 있는 가능성이다. 그러나 주관(개인)은 동시에 문화의 구성원이다. 또한 문화는 인간(개인포함)에 의해 창조되지만, 다시금 인간을 구속한다. 결국 개인은 주관이고 문화는 객관이지만, 주관과 객관은 불가분 상호교호작용(또는 상호영향관계) 속에 들게 된다. 한마디로 주관이 객관이 되는 과정(중심)에 '문화'라는 개념이 도사리고 있다.

이렇게 하여 슈프랑어는 객관적 이해의 매개체로 나타나는 문화로의 접근으로부터 삶의 이해라는 실마리를 풀어나갈 수 있다는 확신을 가질 수 있었던 것이다. 왜냐하면 정신과학의 과학성Wissenschaflichkeit은 '객관적 이해'를 전제하고 있기 때문이다. 비록 딜타이의 견해처럼 정신과학이 자연과학과는 성격과 속성이 다를지언정 슈프랑어 역시 과학적으로 사물과 사실에 접근하고자 하는 인간의 본능적 과학심리는 '과학적 성격학scientific character'을 외면할 수 없었던 것이다.

"사실상 19세기에 들어서 비로소 시작한 정신과학의 논리적 자기반성은 전적으로 자연과학을 그 모범으로 삼고 있다."(한스 게오르크 가다머, 1960/ 이길우 외 옮김, 200: 31)

결국 슈프랑어에게는 차후 삶이라는 전체를 밝혀내기 위해서 일단은 우선 객관적 이해의 대상이 요청되었던 것이다. 이러한 우선적 객관체가 바로 '문화'였던 셈이다. 딜타이가 인간의 정신과정과 삶을 완전히 이해하기 위해 끊임없이 삶의 주관적 영역을 해석했다고 한다면, 슈프랑거는 객관적으로 파악될 수 있는 구체적인 영역, 즉 '문화'라는 영역을 이해의 객관적 기준으로 도입했다. 다시 말하면, 딜타이가 처음부터 도저히 객관적으로는 이해할 수 없는 삶의 주관적 영역을 전체로부터 해석할 수 있다는 생각으로 정신과학을 시작했다면, 슈프랑어는 문화라는 객관체를 일단 삶을 객관적으로 이해하는 기준선으로 정해 놓고 정신과학을 시작한 셈이다.

이제 우리는 여기서 슈프랑거의 관점에 따라, 문화를 삶을 이해하는 객관으로 상정한다는 사실을 고백하면서 시작해야 한다. 물론 문화는 삶 또는 정신과정의 전체가 아니다. 그러나 삶과 정신과정을 이해하는 가장 현실적인 객관체임에 분명하다. 과학은 '객관성客觀性'을 목표한다. 그것도 순수한 객관성이다. 왜냐하면 객관적이지 않으면 설명될 수 없으며 더 나아가 이해될 수 없기 때문이다.

"과학은 객관적이어야 한다. 개인의 주관과 편견은 당연히 과학이 될 수 없다. 어떤 견해가 경험적 사실과 일치한다는 것은 일단 객관적일 수 있는 좋은 조건이다. 왜냐하면 그것은 근거가 있는 견해이기 때문이다. 그런데 이 경우에도 그 경험적 사실이 얼마나 보편적으로 타당한 것인가 하는 문제로 된다. 즉, 그 경험이 객관적인 경험이어야 한다는 것이다."(김승현 외, 1997: 458)

결국 딜타이나 슈프랑어가 추구하는 정신과학은 일련의 과학성을 담보하고자 하는 과학이다. 따라서 정신과학은 정신과 삶이라는 삶의 전체 영역을 목표한다고 하더라도 일단은 객관적 이해의 기준으로 작용하는 '문화'를 이해할 수 없다면 삶의 영역은 항상 끊임없는 주관의 미궁 속에서 단 한 번도 객관이라는 영역을 만나지 못할 수도 있다.

우리는 위에서 문화를 삶의 흔적이자 삶의 기준으로 이해해 왔다. 그렇다면 문화가 객관으로서 삶의 기준으로 작용한다고 할 때 그 객관은 항상 요동칠 수 있다. 왜냐하면 삶은 흐름이고 문화도 흐름이라면 얼마든지 삶과 문화는 변화와 변동의 과정을 겪을 수 있기 때문이다. 문화가 변한다면 삶의 기준이 변하는 것이고 그렇다면 객관으로 주어진 문화라는 삶의 기준도 늘 변할 수 있는 것이다. 결국 문화라는 객관은 객관체로 주어지지만 역사의 흐름 속에서 변하는 잠정적 객관으로 자리매김을 하게 된다. 한마디로 늘 변화하는 잠정적 객관 속에서 우리는 영원한 객관을 찾아 헤매는 꼴이 되는 것이다. 특히 문화시스템 속에서 우리의 삶과 항상 동반하고 있는 비문화, 반문화 그리고 문화일탈이 언젠가는 새 문화의 주역으로 등장할지도 모른다는 사실을 고려한다면 ― 니체가 죽은 후에 포스트모던의 시조로 역사의 무대에 재등장한 것처럼 ― '객관으로서의 문화'를 이해하는 문제는 보다 복잡해진다. 이렇게 된다면, "정신의 객관체"인 문화를 연구 대상으로 하는 정신과학에서 추구하는 영원한 객관성을 위한 "과학성"은 보장되지 않는다. 이런 연유로 슈프랑어는 "규범 정신normativer Geist"의 영역으로 회귀한다. 이는 헤겔이 추구했던 정신의 궁극적 영역인 "절대 정신absoluter Geist"에 해당한다. 항구적인 객관성을 보장하는 영역은 바로 절대 정신의 영역이며, 절대 정신의 객관체로 현상하는 문화를 연구 대상으로 할 때 정신과학의 과학성은 완전히 보장된다. 그러나 이는 극히 '이상적'이다. 즉, 객관을 유지하면서 객관적 이해와 객관적 사유를 가능하게 하는 문화는 신의 영역이다. 한마디로 우리가 갈구하는 진정한 문화는 하늘에서 신이 주재하는 자연 원래의 모습으로 재현될 수 있다.

문화는 삶의 객관체이다. 삶은 주관이지만 주관으로부터 창조된 문화는 객관체로 작용한다. 따라서 인간은 인간을 문화라는 객관을 매개로 상대를 이해해야 한다. 문화는 객관으로서 우리 인간의 주관성을 이해시켜 줄 것이다. 주관은 주관을 통해 주관을 이해할 수 없다. 만약 문화가 창조되지 않았다면, 인간은 인간을 이해할 수 없다. "한 길 물속은 알아도 사람의 마음은 알 수 없다"는 말은 바로 우리 인간이 객관(물속 깊이)을 통해서만 사물과 사실 그리고 현상을 이해할 수 있음을 알려준다. 그러나 이미 언급한대로 문화조작 등으로 인하여 문화변동이 분명하고 삶의 변화가 기정 사실임을 감안한다면, 이해의 객관적 기준도 흔들릴 수밖에 없음을 알게 된다. 또한 삶에는 문화 이외의 영역, 즉 비문화적 요인, 반문화적 잠재성, 문화일탈의 가능성 등 인간에게 알려지지 않는 삶의 영역들이 존재한다. 이러한 무지의 영역은 일단 인간에게는 객관적으로 이해되지 않는 영역들이다. 그럼에도 불구하고 그러한 세계는 분명히 존재한다. 다만 아직 그 세계에 대해서 우리가 무지할 뿐이다. 바로 이러한 무지의 영역에 대해서 끊임없는 접근이 필요하다. 왜냐하면 우리에게 아직 삶은 신비로운 '전체'이기 때문이다.

그러나 문화는 이해의 기준, 즉 객관체로 형성되지만, 문화가 움직이기 때문에 이해의 기준으로 작용하기 힘들다. 마치 클레이 사격에서 표적이 흔들릴 때 기준이 애매모호하기 때문에 꼭 어디를 맞추어야 하는지를 모르는 것과 같다. 그러나 표적이 흔들린다고 클레이 사격장이 문을 닫아야 하는 것은 아니다. 이러한 관점에서 슈프랑어는 "객관정신"(그리고 "절대정신")이라는 차원에서 문화해석文化解釋을 시작한 것이다. 그는 문화의 성립 조건으로 객관이 중요하고 또한 객관적 가치만이 삶의 기준이 된다는 입장을 가지고 있다. 그에 의하면, 문화는 인간 사고의 객관체이다. 또한 그는 '사회적'으로 인정되는 것만이 문화가 될 수 있을 것이라는 단순 논리를 경계하기도 한다. 다시 말해서 사회적으로 통용되고 사회적으로 인정되는 가치만이 문화적 기준이며 이것이 곧 삶의 기준이라는 말은 기존 '사회'를 삶의 기준으로 착각하게 한다는 말이다.

그러나 객관정신과 절대정신을 추구하면서 문화를 궁극적으로 객관체로 끌어올리려는 변증법적 노력에도 불구하고 우리가 객관정신에 도달하는 과정에서 많은 삶의 유실이 발생할 수 있다. 물론 슈프랑어는 "개인정신 personaler Geist"이라는 개념으로 문제를 해결하고자 했다. 즉, 개인의 주관에서 창조된 문화라는 객관은 '개인과 문화 간의 변증법적 작용을 통해 결국은 개인정신'으로 귀결된다. 이를테면, 어떤 한 민족의 문화를 이해한다는 것은 그들 생황의 일상적이고 평범한 면을 밝히는 것이며, 그렇게 할 때 개개의 사건이나 행위가 지니는 특수성을 감소시키지 않아야 하는 것이다 (클리퍼드 기어츠, 1973/ 문옥표 옮김, 2009: 26).

따라서 만약 개인정신이 객관정신으로 그리고 절대정신까지 올라갈 수 있도록 '윤리적으로' 무장되어 있다면, 이러한 '객관정신으로서의 문화'를 이해하는 것이 가능하다는 것이다. '윤리적인 힘' 또는 '양심의 힘'에 의해 객관정신으로 승화된 개인정신이 창출해 내는 문화는 결국 진정한 삶의 객관체로서 가능해진다. 그러나 만약 개인이 윤리적으로나 양심적으로 승화되지 못한다면 이러한 가설은 의미가 없어질 것이다. 따라서 윤리의 문제가 또 남게 된다. 결국 그는 "문화양심"이나 "문화책임"의 개념을 도입하면서 그는 어떻게든지 문화를 "정신의 객관태"로 간주할 수 있도록 하면서, 자신의 "문화철학文化哲學, Kulturphilosophie"을 관념론으로 끌고 가려한다. 그러나 분명한 것은 우리가 객관(또는 객관적 기준)을 통해서 사고하고 객관을 통해 진정한 객관(즉 절대)의 영역으로 들어가려 한다. 이러한 과정에서 문화가 탄생하고 문화는 보다 객관적인 문화(절대 문화 또는 절대정신)로 거듭날 가능성을 가지게 된다.

그러나 문화일탈, 반문화, 비문화의 영역의 존재 슈프랑어의 이상적 "문화객관"이 가정된다고 해도, 문화일탈, 반문화 그리고 비문화 등의 영역은 어떻게도 이러한 문화객관의 시스템 속에서는 설명되지 못한다. 또한 문화일탈이나 반문화는 슈프랑어가 추구하는 "문화양심"과도 결부될 수 있는 여지가 희박하다. 이렇게 본다면 정신과학적 문화이해와 문화비판의 관점 역시 객관성으로서의 문화시스템과 문화사고를 설명하고 이해할 수는 있을지 몰라도 문화시스템의 밖에 존재하는 비문화, 반문화, 문화일탈, 문화낙오 등의 영역에 대해서는 속수무책이 아닐 수 없다. 과연 우리는 삶의 기준으로서 문화적 객관을 밝혀 놓았지만, 삶의 객관에서 벗어나 있는 문화적 일탈의 영역은 어떻게 설명할 것인가? 문화적 양심으로 문화적 객관을 절대문화의 이상으로 가져간다고 해도 결국 문화적 일탈의 영역은 어떻게 설명될 수 있을 것인가? 하는 의문이 남는다.

3) 문화와 상징성

인간은 문화를 창조하면서 살아남은 "문화적 동물cultura animi"이다. 그런 데 문화의 '기능적 차원'이 우리를 살아남게 했지만 '상징적 차원'도 우리를 살아남게 했다, 문화의 기능적 차원은 우리의 오감이 반응할 수 있는 감각적 차원이다. 그러나 문화의 상징적 차원은 이러한 차원을 토대로 하는 정신적 영역으로서 관념적이고 이데올로기적 속성마저 가지고 있다. 따라서 우리가 문화의 상징적 차원은 전혀 감각으로는 알 수 없는 영역이 된다. 그러나 문화적 상징은 우리의 삶에 있어서 절대적 영향을 미친다. 우리는 서구 문화가 상징하는 것을 모르고는 서구사회를 이해할 수 없다. 동양문화도 마찬가지이다. 우리는 남의 가정의 문화를 잘 이해하지 못하고는 거기들어가 함께 살아가기 어색하다. 문화적 상징은 오로지 이해의 대상이지 설명의 대상이 아니다. 남의 나라와 민족의 문화를 이해하지 못하면 우리는 그와 어울리기 힘들다. 이러한 관점에서 볼 때, 문화적 상징은 특별한 해석이 요청되는 영역이 된다. 왜냐하면 상징이란 해석가능한 부호들이기 때문이다(클리퍼드 기어츠, 1973/ 문옥표 옮김, 2009: 25). 우리가 문화의 상징성을 이해하지 못한다면 문화를 이해하는 것이 아니다. 감각의 차원에서 이루어진 문화의 기능적 차원은 우리가 얼마든지 설명할 수 있다. 물론 기능에 대해서는 부연설명이 요청될 수는 있어도 문화적 상징만큼 정교한 해석이 요구되지는 않는다.

이를테면, 탈춤은 전통적 문화유산인 탈바가지를 뒤집어쓰고 추어 대는 이상한 춤이지만, 탈춤이 상징하는 것도 우리에게는 중요한 문화유산이 된다. 탈춤을 추면서 어릿광대들은 당시 탐관오리들의 실정을 풍자하고 비아냥거렸다. 이는 당시 타락한 양반 문화에 대한 도전이기도 했으며, 당시 삶의 기준으로 작용했던 양반문화에 대한 반항이기도 했다. 아직도 양반문화의 전통이 풍부하게 남아 있는 안동지방에서는 똑같은 고등어라고 해도 양반들이 먹는 양반고등어가 있으며 상놈고등어가 따로 있다. 문화는 생성되는 순간 상징성을 가진다. 하나의 법이 형성될 때 그 법은 기능과 역할 이외에도 상징성을 띠게 된다. 법을 위반하고 거역하면 법의 심판을 받게 되어

실형을 선고받기도 하지만, 일단 법이란 누구에게나 죄의 기준을 심판하는 상징으로 작용한다.

그러나 문화의 영역이 기술과 문명이라는 차원에서 해석될 때에는 문화가 지니고 있는 상징성은 대폭 축소된다. 기술과 문명은 상징성 대신 실용성이 보다 많은 비중을 차지하는 삶의 한 부분이다. 이른바 기술과 문명이 동격화 되면서 '기술문명'이라는 복합개념이 하나의 문화를 이루는 시기가 발생한다. 물론 기술문명에 상징성이 완전히 배제된다는 말은 아니다. 그러나 기술문명의 세계에서는 상징성보다는 기능성과 실용성이 우선이다. 반면 보이지 않는 문화와 이미 가치의 현실화를 상실한 문화재의 유산에서는 상징성이 보다 강하게 남아 있다.

과연 우리는 기술문명사회를 건설하면서 문화의 본질에 해당하는 '문화적 상징성'이 얼마나 축소되었으며 심지어 얼마나 어떻게 왜곡되어야만 했을까? 또한 상징성의 자리를 대신 들어선 실용성의 차원은 얼마나 비중이 커졌을까? 이에 대한 고민은 바로 '해석학'의 과제가 된다. 문화가 문명으로 전환되는 과정에서 발생하는 문화적 상징성에 대한 해석학적 관심은 진정 우리 인간에게 문화가 '문명화되는 과정'에서 잃어버렸던 그 무엇인가를 되찾게 할 것이다. 잃어버린 무엇은 바로 애초에 가지고 있던 문화적 상징성이다. 문화적 상징성을 찾을 때 비로소 우리는 삶의 진리에 일보 접근하게 된다. 마찬가지로 문명의 세계가 기술의 세계로 치환되는 과정에서도 문제가 되는 것은 문명의 세계에서 다시 한번 제거된 문화적 상징성의 문제일 것이다. 특히 오늘날과 같은 기술공학과 테크놀로지의 세계는 문명의 세계에서 가지고 있던 문화적 상징성을 또 한번 제거한다.

결국 인간은 삶이라는 전체에서 문화의 세계로 그리고 과학기술문명의 세계로 이동하면서 문화 본질로서의 문화적 상징성을 점점 제거시켜 왔다. 역사적 사회시스템을 분석해 보면, 처음에 인간에게 문화시스템이 객관정신(시대정신)으로 군림하다가, 지식, 과학, 계몽, 기계시스템이 차례로 객관정신으로 부각되어 왔다. 객관을 찾고자 하는 인간의 욕망은 가장 커다란 윤곽을 가진 문화시스템을 객관정신으로 선택하더니 점차 보다 객관적인 영역들을 찾아냄으로써 지식, 과학, 계몽, 기계시스템을 차례로 발굴해 낼 수 있었다. 그러나 이럴 때마다 영역은 계속해서 줄어들게 되고 객관은 보다 더 객관적으로 인식된다. 결국 역사적으로 다른 시기에 사회적 객관정신(시대정신)으로 등장한 사회시스템들은 객관화(삶의 기준)의 이동이었으며, 동시에 점점 신뢰도가 높아지는 객관성의 추구였다고 할 수 있다[그림 3].

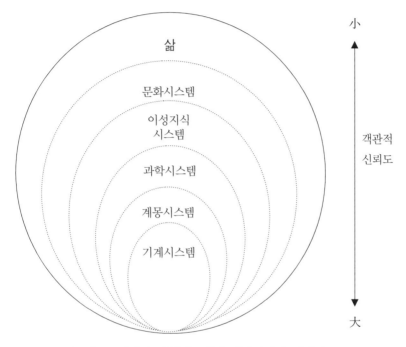

[그림 3] 역사적 사회시스템과 객관정신의 신뢰성

그러나 중요한 것은 이러한 역사 과정에서 상징성 대신 기능성 또는 기능적 실용성의 비중이 높아지면서 삶의 영역을 점점 더 축소시켜 왔다는 사실이다. 문화시스템에서 지식시스템으로 전이될 때 삶의 기준으로서 객관성은 보다 정교하게 확보되지만, 문화적 상징성은 반감된다. 지식시스템에서 과학시스템으로 이전될 때도 개관성은 보다 정교하게 확보되지만 상징성은 반감된다. 결국 산업사회의 기계시스템에서는 삶의 기준으로서 객관성은 정교하게 확보되어 많은 사람들이 공감한다. 왜냐하면 기계가 곧 객관이며 삶의 기준이기 때문이다. 이제 인간은 스스로 기계가 되는 것이 완벽한 삶의 기준에서 살아가는 것이 된다. 다시 말해서 인간은 기계시스템에서 살아남는 것이 전부라고 여긴다. 이미 우리는 객관이 삶의 시행착오를 가장 잘 보호해 줄 수 있다는 사실을 잘 알고 있다. 따라서 기계시스템에 와서는 기계(또는 기계사고)가 삶 그 자체처럼 되어 버리게 된다. 그러나 우리는 상대적으로 기계시스템 속에서는 삶의 상징성은 거의 상실하게 된다. 우리는 상징성 없는 무미건조한 삶으로 산업사회를 살아가게 되는 것이다.

이제 우리는 진정으로 살아남기 위해서 삶의 상징성을 되찾아야 한다. 삶의 상징성 회복은 전체성의 추구를 위한 방안이기도 하다. 그러나 삶의 상징성을 이해할 수 있는 객관적 근거는 없다. 왜냐하면 삶이란 극히 주관적인 현상이기 때문이다. 주관적 삶의 주관성을 이해할 수 있는 사람은 없다. 따라서 우리가 이해할 수 있는 상징성은 기껏해야 '문화적 상징성'일 뿐이다. 왜냐하면 문화는 '삶의 객관客觀'으로 발생했기 때문이다. 물론 우리가 이러한 문화라는 객관을 기준으로 하여 문화적 상징성을 해석해 내려는 근본 취지는 문화가 내포하는 상징성은 삶의 '의미意味, Sinn, meaning'를 간직하고 있다고 여기기 때문이다. 수학적-정량적으로 보더라도 우리가 문화적 상징성을 이해하지 못하고 산다면, 우리는 문화의 기능적 차원만을 향유하고 살아가는 소위 반쪽 문화인간으로 살아가는 셈이 된다. 물론 삶의 질적인 차원에서 본다면 그 이상일 것이다.

우리 집에 할아버지 때부터 전해 내려온 낡은 '안락의자arm chair' 하나가 있다고 가정해 보자. 낡았지만 아직 폐기 처분하지 않는 이유는 많이 있을 것이다. 아직도 앉을 수 있기 때문에 내다 버리지 않을 수 있다. 또한 새 것을 구입하자니 돈이 들기 때문일 수도 있다. 이럴 경우 의자는 언젠가 수명이 다하여 폐기처분될 것이다. 그 이유는 분명하다. 즉, 물건들은 예외 없이 '기능성'이라는 속성을 가지고 있다. 물건은 기능성이 없어지면 폐기 처분되고 만다.

그런데 만약 우리가 이 안락의자에 앉거나 쳐다볼 때 무엇인가가 떠오른다고 가정해 보자. 즉, 안락의자에 앉아 있을 때마다 할아버지의 숨결이나 호흡을 느낀다거나, 아니면 의자를 볼 때마다 할아버지의 얼굴이 떠오른다고 해 보자. 이럴 경우 의자의 수명이 다해도 내다 버리거나 처분하거나 아니면 누군가에게 줘 버리는 일이 그리 쉽지 않다. 특히 그것이 가보家寶이거나 아니면 골동품이라고 한다면 더욱더 그럴 것이다. 또는 더 나아가 만약에 세종대왕 같은 분께서 주신 하사품이라면 두말할 여지도 없다. 그러나 그것이 특별한 가보나 아끼는 골동품이 아니더라도 폐기 처분할 때 적어도 한 번쯤은 망설이게 된다. 그러면 왜 우리 인간들에게는 이런 마음이 생기는 것인가? 대답은 명확하다. 이 안락의자라는 물건이 위에서 말한 기능성 이외에 또 다른 차원의 속성, 즉 '상징성'을 가지고 있기 때문이다.

결국 의자라는 상품은 크게 두 가지의 속성, 즉 '기능성'과 '상징성' 때문에 삶의 흔적으로서 문화가 된다. 여기서 물건 또는 상품의 기능성은 대개 '사용가치'로 환원될 수 있는 반면 상징성은 대개 '상징적 가치'로 환원될 수 있다. 그러나 물건의 소유자와 사용자의 가치 인식의 차이 때문에 사용가치와 상징적 가치는 다른 차원의 문화적 가치를 만들어 낸다. 즉, 같은 의자를 가지고 있다고 하더라도 어떤 사람에게는 사용가치가 중요할 것이고, 어떤 사람에게는 반대로 상징적 가치가 중요할 것이다. 물론 어떤 사람에게는 둘 다 중요할 수도 있다. 이는 한 개인의 차원이 아니고 가정에서도 마찬가지이고 사회적-국가적 차원에서도 마찬가지이다. 또한 의자라는 물건만이 그런 것이 아니다. 한마디로 인간이 창조한 모든 물건에는 적어도 이 두 가지의 가치가 반드시 병존하고 있다. 물건뿐만이 아니라 인간이 창조한 비물질적인 삶의 환경도 마찬가지이다. 물론 소유자가 대상에 가치를 매기는 비중이나 가치 인식은 모두 다를 것이다. 그러나 이러한 가치인식은 심리적 차원에 한정되지 않는다. 중요한 것은 상황contingency[19]과 맥락context[20]이다.

---

[19] 인류학적 발견의 가장 중요한 점은 그것이 지니는 복합적인 특수성, 즉 그것의 상황성에 있다(클리퍼드 기어츠, 1973/ 문옥표 옮김, 2009 38). '상황'이라는 개념이 해석학자들의 개념이라면, '맥락'이라는 개념은 분석철학자들의 개념이라고 할 수 있다.

[20] 하나의 행동은 어떤 한 맥락 속에서는 애욕적인 것이고, 다른 맥락 속에서는 윤리적인 것이 되고, 또 다른 맥락 속에서 놓으면 경제적인 행동으로 간주된다. 맥락은 신체적somatic 맥락과 신체외적extrasomatic 맥락으로 나뉜다. 문화는 바로 이러한 신

"그것(문화)은 하나의 맥락이며, 그러한 맥락 안에서 우리는 사회적 사건이나, 행위, 제도, 과정 등을 이해할 수 있도록, 즉 중층적으로thick 설명할 수 있는 것이다."(클리퍼드 기어츠, 1973/ 문옥표 옮김, 2009: 25)

결국 문화의 상징적 차원에서 볼 때 문화를 이해의 객관으로 간주하는 일은 보다 난제가 된다. 문화시스템 속에서 우리 인간들이 어떠한 문화적 상징으로 살아가는지에 대해서는 아무도 알 수 없다. 왜냐하면 이는 극히 주관적 차원이기 때문이다. 따라서 우리는 문화적 상징성을 객관적으로 이해하기 위해서 지속적인 대화와 의사소통으로 통해 변증법적으로 객관에 도달하려고 할 것이다. 이렇게 변증법적 관계는 객관적 진리를 알아내고 이를 통해 이해할 수 있을 때까지 영원히 지속된다. 그러나 이러한 과정에서도 우리는 비문화, 반문화 그리고 문화일탈의 영역은 계속 발생한다. 또한 시간의 흐름에 따라 피라미드형 수직적 경쟁체제로 구축되는 문화, 지식, 과학, 계몽, 기술기계시스템 속에서 수많은 차원에서 수많은 근거로 문화적 상징성에서 낙오되어 있는 영역을 고려한다면, 역사적으로 구축된 사회시스템 속에서 삶의 전체성을 회복하기 위한 인간의 노력은 결코 중단될 수 없다. 결국 우리의 삶에서 전체성을 회복하기 위해서는 '문화적 상징성에 대한 해석'이 관건이 된다.

체외적인 맥락에서 고려된 상징행위의 산물들, 즉 상징행위에 의거한 사물 및 사건들의 부류이다(White, 1959: 234). 인간의 영역에서는 모든 것이 그들의 맥락에 따라서 중요성을 갖게 된다. 일례로, 옥수수와 목화는 그것들이 어떤 사회경제적인 맥락에 들어섰을 때에만 상품으로 된다. 암소는 암소이다. 그러나 그것은 맥락에 따라서는 교환의 한 수단, 즉 돈이 될 수도 있고, 식량일 수도, 기계적인 동력일 수도 그리고 신성한 숭배의 대상(인도)이 될 수도 있다(White, 1992: 150).

제7장

포스트모던과 문화

1. 문화해체의 동역학

포스트모던post-modern은 '이성과 합리'를 토대로 하는 모던modern, 근대성 이후, 즉 포스트post에 발생하였다. 물론 포스트모던이 모던의 반립反立이냐 아니면 모던의 연장延長 또는 (비판적) 계승이냐에 대한 논쟁은 지금도 여전하다. 즉, 한쪽에서는 포스트모던이 모던의 모순과 부작용으로 인한 '반작용'으로 나타났다고 주장하기도 하며, 다른 한쪽에서는 포스트모던이란 모던과 모던의 공존과 엇물림 그리고 차이와 다름을 통한 또 다른 모던의 연장선상에서 발생했다고 주장한다. 또한 모던과 포스트모던은 시기구분도 불명료하다. 그 이유는 '포스트'라는 접두사는 적극적인 시기구분의 부재, 즉 일반적으로 이행시기를 특징짓는 기준의 부재를 함축하기 때문이다(M. 칼리니스쿠, 1987/ 이영욱 외 옮김, 1998: 164).

포스트모던은 20세기 후반까지 철학, 예술, 건축 등 광범위한 범위에 걸쳐서 일어난 '실천운동'이라고 할 수 있지만, 다른 한편으로는 모던과의 이별에 방점을 찍는 비판주의criticism에 의해 이론적으로 설명될 수 있다(Mura, 2012: 68). 모던, 즉 근대성은 이성과 과학에 대한 무한한 신뢰를 토대로 기계론적 세계관에 기반을 둔 계몽주의의 산물이다. 사실 인류는 계몽시대 그 이전부터 오랜 시간 동안 '이성'과 '과학'에 기반을 둔 문화文化를 창조, 계승, 발전시켜 왔다. 특히 계몽주의 시대, 즉 갈릴레이로부터 뉴턴 시대까지를 일컫는 '과학의 세기'가 도래하면서 과학지식을 기반으로 하는 기계론적 세계관은 자연현상을 관찰하고 실험하면서 인류의 생존에 기여했다.

> "갈릴레이에 의하면, (천동설과 지동설이라는) 두 개의 상반된 진리는 불가능하고 하나의 이론이 이단적이라면 이는 경험적 관찰에 의해 허위임을 밝혀야 한다. 아울러 성서는 천문학에 대한 서술이 아닌 인간적 사유를 초월하는 것이며, 피조물의 판단으로 사물의 진위를 결정할 수 없고 단지 자연과 사실에 의하여 결정된다. 따라서 과학은 종교와는 독립적이며, 하나님의 주신 이성과 관찰의 힘에 의존한다. 16, 17세기의 과학혁명은 위의 대표적인 과학자들에게서 보여지듯, 실질적 발명과 발견으로 과학의 발전에 분기점이 되었던 것이 사실이지만 그보다도 중요한 것은 새로운 인식의 방법 또는 과학적 태도를 견지하게 되었다는 점이다."(김승현 외, 1997: 5-6)

그러나 우리 인류가 지금까지 발달시켜 온 과학은 종국적으로는 자연개발, 자연변형 그리고 자연정복과 자연파괴에 의한 생태환경의 재앙 그리고 인간존엄의 상실, 가치전도, 비윤리적 환경 등 비인간성을 양산하는 데에도 한 몫을 했다. 또한 진화론進化論, evolution 이후 생성된 '역사 발전'이라는 낙관적 개념은 역사 발전 이면에 오히려 각종 범죄, 오염, 빈곤, 인종차별, 전쟁 등 역사적 퇴보도 남기면서 모던의 이상을 왜곡시키고 말았다. 이로써 이성과 합리의 문화, 즉 모던의 문화에 모순과 균열이 나타나기 시작한 것이다. 결국 20세기 중반부터 본격화된 포스트모던post-modern은 모던의 한계상황으로부터 시작될 수 있었다. 관점과 시각에 따라서 달라질 수 있겠지만, 유럽에서는 대략 1차 세계대전이 시작된 1914년을 기점으로 모던에서 포스트모던으로 전환되었다고 보며, 미국에서는 1960년에 모던에서 포스트모던으로 중심이 이동되었다고 본다(Krauss, 1986: 287).

한마디로 포스트모던은 지금까지 우리의 삶에 핵으로 군림해 온 이성과 합리 그리고 과학의 한계를 지적하는 것으로 요약된다. 구체적으로 포스트모던은 이성의 자율성, 과학의 효능성과 합리성, 역사의 발전을 맹신하도록 해 온 과거 계몽주의에 대한 비판이며 근대적 환상으로부터의 탈출을 의미한다. 모던의 본질적인 문제점은 서구전통의 이분법적 분리주의와 분할주의에서 발생했다. 즉, 계몽주의 이후 모던 사회는 시간의 흐름 속에서 이성과 합리를 빌미로 자아와 세계의 통일성을 파괴했으며, 인간의 정신을 객관성으로부터 분리해 놓았다. 이렇게 본다면, 포스트모던은 전형적으로 비판주의의 태도에 의해서 규정되거나 아니면 다양한 계몽의 합리성, 대서사시 grand narratives 그리고 이데올로기에 대한 불신에서 비롯되었다고 할 수 있다.

> "(오늘날과 같은) 극단적인 현실 속에서 우리는 더 이상 이데올로기와 지배 이론만으로 이들 갖가지 다른 현상들을 설명할 수 없게 되었다.... (모던 시대의) 큰 담론들에 대한 의문이 제기되면서, 이성, 계급 등과 같은 큰 사회과학적 축들이 무너지고 (포스트모던에서는) 다양한 사회의 축들이 전면으로 부상하게 된다."(원용진, 1996: 314)

이를테면, 포스트모던은 객관적 현실의 존재, 절대 진리, 합리성, 인간본성, 진보 등에 대한 불신이다. 대신 포스트모던에서는 지식과 진리가 사회적, 역사적, 정치적 토론과 논쟁 그리고 해석解釋, interpretation의 산물이기 때문에 구조적이고 맥락적이다. 이는 지금까지 데카르트의 세계관을 추종해 온 모던이 사유하는 인간의 '주관'과 자연적 대상인 '객관'을 예리하게 구별함으로써, 전체를 부분들로 나누는 '환원주의'還元主義, reductionism로 전락하고 말았다는 증거이기도 하다. 따라서 이러한 모던의 문화에 대해서 포스트모던은 항상 비판적이며 심지어 대립적이기까지 한 것이다. 달리 말하면, 포스트모던은 맥락과 관계없는 포괄성과 합리성을 계획하는 전체성을 부정한다.

그러나 포스트모던은 모던의 계승이며 연장이기도 하다. 달리 말하면, 모던과 모던이 병존하는 현상 역시 포스트모던이다. 왜냐하면 뿌리가 없는 역사는 존재하지 않기 때문이다. 이러한 입장을 대변하는 기든스Anthony Giddens는 자신의 저서 『포스트모더니티』(1990)에서 현 사회가 당면하고 있는 위기 상황을 모던 사회질서의 해체라기보다는 오히려 모던의 결과들이 전보다 급진화되고 보편화된 데에서 비롯된 결과라고 분석한다. 마이클 마자르 역시 포스트모더니즘이라는 개념은 모더니즘과의 대립을 의미하는 것이 아니라, 모더니즘의 보다 뚜렷한 표현이라고 보고 있으며(마이클 마자르, 2000: 26), 지그문트 바우만Zygmunt Bauman은 포스트모더니티를 "완전하게 발전된 근대성(모던)"으로 파악하고 있다(Bauman, 1992: 149). 포스트모던을 대표하는 리오타르Jean-François Lyotard는 — 제임슨의 분석에 의하면 — 모던의 시기와 완전히 구분되는 포스트모던 단계가 존재하는 것이 아니고, 대신 모던 스타일과 불일치되는 포스트모던은 모던의 실험단계이며 이것이 새로운 모던을 낳는다고 보았다(Jameson, 1997: pxvi).

그러나 이들은 모던이 음과 양, 가와 부, 정과 비, 있음과 없음, 자아와 타자, 자아와 사회 등을 이분한 점은 문제가 아닐 수 없다고 항변한다. 따라서 포스트모던은 모던의 반립이나 극복이라기보다는 오히려 양 축의 사이에서의 새로운 또 다른 모든 가능성을 인정하고 있다.

> "1960년대 미국의 물질적 풍요에 냉소를 보내던 비트족과 히피족의 등장이 그런 흐름에 대변하는 (포스트모던의 대표적인) 사례이다. 하지만 주류 문화에 대한 이들의 거부는 맹목적인 성격이 강했다. 대책 없는 부정은 기존의 경계를 보류시키기는커녕 오히려 강화하는 효과만을 가져올 뿐이다.... 이들은 탈근대(포스트모던)를 지향하되 근대성(모던)을 무조건 부정하지 않는다. 오히려 근대성의 뿌리로 파고 들어가 탈근대의 가능성을 추구한다. 마찬가지로 그들은 탈서양을 가리키되 서양이 지닌 자기갱생의 힘 안에서 길을 모색한다. 서양의 역사가 잘못 가고 있다면, 이제 문제는 서양의 문화적 잠재력 안에서 자기혁신의 가능성을 찾는 데 있다."(김상환, 2012: 462-463)

결국 포스트모던은 모던의 자기혁신이며 동시에 포스트모던을 향한 모던과 모던 간의 변증법적 화해의 성격을 띠고 있다고도 할 수 있다. 즉, 포스트모던은 모던과 또 다른 모던의 엇물림 그리고 차이差異와 차연差延 속에서 새롭게 등장하는 제3, 제4의 가능성 모두를 동등하게 병존시키고 있는 것이다. 한마디로 포스트모던은 모던의 배격이 아니라 무수히 많은 다양성의 인정이며 변증법적 자기혁신의 길이기도 하다.

그러나 포스트모던에서는 해석학, 체계이론, 구조주의, 게슈탈트 심리학에서 추구한 "전체는 부분의 합 이상"이라는 논리도 배격된다. 이들에게 중요한 것은 구체적 사물의 잠재력과 '참조세계reference world'의 관계이며 사물의 궁극적 기초는 무한한 다양성 속에서 참조세계를 선택하는 문제로 바뀌게 된다(장파, 1994/ 유중하 외 옮김, 2000: 59). 여기서 참조세계參照世界란 보는 사람의 관점, 신념, 목적, 이데올로기, 철학, 종교관 등을 말한다. 이 때문에 주관에 의한 객관의 해체도 가능해진다. 따라서 이는 상대성에 의한 주관적 사회해체도 얼마든지 가능하다는 의미이기도 하다. 문화 역시 마찬가지이다. 왜냐하면 문화는 다양성을 자양분으로 하기 때문이다.

> "비슷한 생각, 똑같은 의견을 강요하는 전체주의적인 사회에서는 결코 풍요로운 문화가 꽃필 수 없다. 그런 관점에서 본다면 문화가 발전한 나라는 관용과 다양성의 뿌리를 내리는 민주주의적인 사회이다. 전체주의적 국가관이 지배하던 히틀러 치하나 무솔리니 집권 하에서 창조적인 문화사조가 발현되지 않았던 것은 당연한 귀결이었다. 다양한 생각의 공존과 파격적으로 틀을 깨는 창조적 발상으로부터 창조적인 문화가 나올 수 있다. 플로리다를 중심 한 일단이 연구그룹은 여러 가지 실증적 연구를 통해 문화적인 다양성과 차이에 대한 '관용'이야말로 창조의 기반이라고 결론지었다."(최연구, 2012: 16)

이렇게 본다면 포스트모던은 새로운 문화창조文化創造에 있어서도 유리한 고지에 서 있다고 할 수 있다.

포스트모던이란 용어는 1880년대 경에 최초로 사용되었다. 존 와트킨스 채프맨John Watkins Chapman은 프랑스 인상주의와의 결별하는 길에서 포스트모던 회화 스타일이라는 새로운 장르를 제시하였다(Hassan, 1987. 12ff.). 이어서 톰프슨M. Tompson은 1914년 저널 ≪The Hibbert Journal≫에 실린 그의 논문 "Post-modernism"에서 포스트모던의 개념을 '종교비판을 위한 태도와 신념의 변화를 기술하는 것'으로 사용하고 있다(Thompson, 1914: 733). 문학에서는 포스트모던이란 용어가 스페인 작가인 페데리코 드 오니스Federico de Onis의 저서 『스페인 및 라틴 아메리카 시선집』(1934)에 처음 등장했다.

그는 여기서 포스트모던을 근대성(모던)에 대한 '반작용反作用'으로 사용하고 있다. 그러나 실제로 문학에서 포스트모던의 성향이 본격화된 계기는 1972년 저널 ≪Boundary 2≫가 "문학과 문화에서의 포스트모던"이라는 부제를 달고 포스트모던을 집중적으로 다루면서 비롯되었다. 데이비드 안틴 David Antin, 찰스 올슨Charles Olson, 존 케이지John Cage 그리고 블랙마운틴 시인과 예술 학파는 그 당시 포스트모던의 지적-예술적 성향에서 통합적 특성을 보여주었다고 할 수 있다(Anderson, 1998). 이는 오늘날도 포스트모던 그룹에 중요한 영향력을 미치고 있다.

역사학에서는 1930년대 말 토인비Arnold Toynbee(1889-1975)가 자신의 저서『역사의 연구』(1939)에서 제1차 세계대전의 종료와 함께 우리 현대인들은 새로운 시대를 시작하고 있으며, 이를 이른바 포스트모던이라고 표현했다(Toynbee, 1961 [1939]: 43). 그러나 포스트모던이란 새로운 개념은 용어가 출현한 한참 후인 1960-70년대 건축과 예술 영역에서 주목을 받기 시작하였다.『브리테니카 사전』(2004)은 1949년에 전통적 건축에 불만족한 일부 건축가들에 의해서 '국제스타일'이라는 새로운 건축양식이 출현하였는데, 이에 대한 반응이 포스트모던 건축운동으로 이어졌다고 적고 있다. 이후 산발적으로 표면장식이나 도시건축 등에서 전통의 모던을 벗어나는 파격적인 형태가 나타난 것들이 기록되어 있다. 특히 건축에서 포스트모던의 아이디어는 모던 건축이 추구하는 완벽주의의 실패와 지각적 온화함에 대한 대응으로서 시작되었다. 또한 그로피우스Walter Gropius와 코르부지어Le Corbusier에 의해 시작되고 발전된 모던 건축의 특징은 지각적으로 이상적인 완성도를 추구하고, 형태와 기능의 조화를 시도했고, 사사로운 장식을 모두 제거하는 것에 초점을 맞추고 있었다(Sullivan, 1896). 특히 그레이브스Michael Graves, 벤추리Robert Venturi, 젠크스Charles Jenks 등은 건축에서 '순수함'이나 '완벽함'같은 개념은 더 이상 의미가 없으며, 대신 모든 재료, 칼라 그리고 방법이 건축에 쓰여야 한다고 주장하기에 이른다. 마침내 모던건축에 대한 다양한 비판들은 1980년대를 기점으로 문학, 철학, 사회과학 등 학술분야는 물론 대중문화로 확산되면서 20세기 후반에 들어 포스트모던은 시대정신으로 발돋움하게 된다.

즉, 1961년 덴마크의 건축가인 우트존Jørn Utzon(1918-2008)에 의해 세워진 호주 시드니의 오페라하우스는 종래의 통념을 깨고 조가비 모양의 지붕구조로 설계됨으로써 포스트모던 건축의 진수를 보여 준 것으로 평가되고 있다. 또한 1960년 초 비달 사순Vidal Sassoon(1928-2012)이 뉴욕 한복판에서 세계 최초로 커트 머리를 선보였을 때, 퍼머Permanent 머리에 익숙했던 뉴욕 시내의 부녀자세계에 일대 바람이 일었다. 이것이 당시 포스트모던사회의 실제였다. 그 후 1960년대 중반부터 조금씩 새로운 문학과 예술운동으로 전개되다가, 1980년대를 기점으로 사상계에서 다루어졌다. 철학, 문학 그리고 사회학 등 인문사회과학에서 포스트모던이 연구의 대상으로 등장하게 된 것이다. 심지어 정치, 경제 그리고 사회적 일상에서 포스트모던의 입김은 점차 거세지고 있다.

> "특히 리오따르의 기본적인 직관은 포스트모던한 것이 모더니티 자체를 추구하는 가운데 그 내부에서 작동하는 일종의 반성적인 것의 출현emergent reflectivity이라 정의할 수 있다. 이것은 곧 포스트모던한 것이 받아들인 이전의 형태들에 대한 동시적 부정을 통해 미적 의미성을 창조해낸다는, 언뜻 보기에 역설적인 계획이다."(권택영, 1992: 284)

즉, 포스트모던한 것은 모던한 것의 영역 안에서 표현할 수 없는 것을 표현 자체로 나타내려는 것이다(리오따르, 1984: 81; 권택영, 1992: 284-285 재인용). 그러나 우리는 포스트모던을 외치면서도 아직도 많은 영역에서는 여전히 모던의 시대를 거부하지 못하고 있다. 아마 아직은 모던과 포스트모던이 공존overlap되는 과정에 우리가 서 있다고 하는 표현이 맞을 것이다. 아니면 포스트모던과 모던이 병존하는 현상 그 자체도 포스트모던이라고 할 수 있을지 모른다.

이미 19세기에 영국의 시인이자 평론가였던 아놀드Matthew Arnold(1822-1888)는 "한 세계가 이미 사멸되었지만 아직 태어나지 않은 다른 세계" 사이에 우리들이 살고 있다고 표현하고 있다. 이어서 니체Friedrich Nietzsche(1844-1900)가 『자라투스트라는 이렇게 말했다』(1883)라는 저서를 발표하면서 포스트모던은 예고된 일이었다.

"비이성주의의 왕자이자 새롭게 (재)발견된 포스트모던 철학자 니체는 이 부정의 연금술 시대의 도래를 예견하고 찬양했다. 의심할 여지없이 그의 철학적 문제는 도덕 보다 정확히 말하자면 도덕의 과잉과 해체에 관심을 두었다. 니체는 철학의 토픽과 목적, 그리고 종래의 철학의 철학 형식들이 빚어낸 폐단과 퇴보에 관한 일련의 당당한 선언을 했다. 니체의 저작 중에서 가장 진지하고 오랫동안 영향을 준 것은『자라투스트라는 이렇게 말했다』에서 알레고리 형식으로 자라투스트라가 이야기한 내용이다. 여기서 자라투스트라는 포스트모더니티의 순례자로 산꼭대기에서 10년 동안 명상한 후 하산하여 오로지 지혜와 자부심만 동반한 채 주위의 인간의 황무지를 목격한 후 '신은 죽었다'고 되풀이해서 천명한다. 비록 자라투스트라의 선언이 그와 같은 현상의 상부구조적인 반응일지는 모르지만, 그의 선업은 현대 서구 사회의 세속화에 관한 단순한 사회학적 관찰에 그치지 않는다. 이 철학자가 선언하고 있는 것은 중심의 붕괴와 그 결과로 생겨난 가치의 탈중심화이다. '통합', '연대', '공동체', '구조', '도구성', '문화' 등, 결국 통일unification이라는 언어를 강조하는 세기말의 모든 사회 이론의 메타포들과는 대조적으로, 니체는 산포dispersion를 권고한다. 인간 정신의 생존은 더 이상 집단의 손아귀에 달려 있지 않고, 새로운 전사, 즉 초인Übermensch으로 화한 개인을 긍정하는데 달려 있다. 인간은 질서를 유지하려는 정치에서 탈피해야 하며, 삶은 '권력 의지'라는 것을 긍정해야 한다."
(크리스 젠크스, 1993/ 김윤용 옮김, 1996: 184-185)

물론 이를 계승하는 리요타르, 데리다, 라캉, 부르디외, 다니엘 벨, 이합 하산, 오더허티, 로젠버그, 푸코, 등 많은 사상가들이 모더니즘modernism의 종말을 선언하면서 포스트모던은 본격화되었다고 할 수 있다. 구체적으로 포스트모던은 이들에 의해서 탈脫이성과 탈脫합리 그리고 탈脫이데올로기의 시대로 귀착되었다.

위에서 잠시 언급한 대로 모던은 18세기 계몽주의로부터 시작된 이성중심주의 시대를 말한다. 신神 이성 대신 인간의 이성에 대한 강한 신념을 바탕으로 합리적 사고를 중시하던 계몽사상은, 그러나 지나치게 객관성을 주장한 결과 20세기 들면서 여기저기서 도전을 받기 시작하였다. 과연 객관이란 무엇인가? 정말 세상에 완전한 객관은 존재하는가? 인간의 삶은 얼마나 객관적인가? 주관적인 삶은 삶이 아닌가? 이제 모던 시대에는 취급도 못받고 무시되어 왔던 것들의 가치와 의미가 포스트모던에서 새롭게 인정되면서, 기존 사회 자체가 "해체解體"되는 현상이 발생한다.

문화 역시 마찬가지이다. 포스트모던에서 모던의 문화는 해체된다. 그러나 여기서 해체란 허무주의적인 파괴만을 의미하는 것이 아니다. 이는 오히려 지금까지 잘못 이해된 개념 또는 오해된 개념 또는 선입견이나 편견으로부터 우리가 자유롭게 되는 것을 뜻한다. 해체주의 포스트모던의 철학적 토대를 기초한 대표주자들은 푸코Michel Foucault(1926-1984), 데리다Jacques Derrida(1930-2004), 로티Richard Rorty(1931-2007) 등이다. 이들은 신중심의 가부장적인 사회를 모던 사회로 보고 있으며, 포스트모던에서는 가부장제 하에서 주변적 위상밖에 가질 수밖에 없었던 소위 억눌린 것들이 무대로 등장한다고 가르친다. 왜냐하면 현대와 와서 가부장제도는 점차 약화되고 있으나 여전히 사회 곳곳에서 지속되고 있으며 여러 영역에서 성차별도 계속되고 있기 때문이다(김승현 외, 1997: 381).

이러한 현대사회의 문제점과 모순에 대한 비판은 니체가 디오니소스의 부활을 통해 새로운 문화가 창조된다는 주장과 맥을 같이 한다. 심지어 "중심과 주변"이라는 이분화 된 패러다임으로 결속된 모던 세계는 주변적인 것들의 반란을 통해서 포스트모던의 사회로 변형되어 간다. 특히 주변(성)에 대한 관심은 차이와 차연의 세계가 똑같은 위상과 의미 가치를 가지는 다양성과 공존(또는 병존)의 평등세계로 변신되는 순간을 만든다.

> "한때 주변부에 서는 것은 배제된, 잊혀짐, 간파됨을 의미했다. 금세기 전체를 통해 점차 인류학, 사회학, 그리고 심리분석의 담론에서 처음으로 주변성marginality에 관심의 초점이 맞추어졌다. '우리(서구사회)'는 그것을 통해 타자성과 우리 자신의 민족중심주의적 시각들을 발견했다. 오늘날 '주변'은 더 이상 모든 사유의 가장자리가 아니라 중심의 자리를 차지한다고 선언되었다. (심지어) 동시대의 후기구조주의적 사유는 '주변성'을 해방의

힘으로 열광적으로 찬양했다."(앤드류 로스 외, 배병인 외 옮김, 1993: 53)

푸코Michel Foucault는 지금까지 서구사상을 지배해 온 질서개념은 잘못된 역사였다고 비판한다. 그는 서양의 현대 사회를 "유폐적 그물망"이라고 표현하였다. 특히 그는 자신의 저서『감시와 처벌』(1975)에서 학교와 가정 그리고 기업 같은 사회조직은 원형감옥panopticon과 크게 다르지 않은 지배체계를 정교히 하고 있다고 보았다. 이미 그에게서 우리 역사상 누적된 지식은 '권력權力'이며 문화 역시 권력으로 군림하여 왔다.

> "푸코는 그의 담론 이론에서 권력은 더 이상 담론에 의해 반영되거나 재현되는 것이 아니라 담론 그 자체라고 주장한다. 따라서 그에게 문화는 더 이상 실체 없이 떠도는 재현된 허상이 아니다.... 삶의 모든 영역에서 구체적으로 부딪히는 문화 형태들의 의미나 가치, 그리고 작은 권력의 생산자와 소비자를 규명하는 데 중요한 단서를 제공했다."(원용진, 1996: 313)

따라서 푸코의 시각에서 문화라는 장場은 끝까지 시선을 붙들어 매야 하는 상징체계를 통해 구성되는데, 이 상징체계는 기표들의 유희로서, 권력의 행사를 통해 의미를 구성된다(크리스 젠크스, 1993/ 김윤용 옮김, 1996: 191). 결국 니체의 의지는 '진리 의지'로, 과거에 대한 푸코의 새로운 공시학synchronics은 '권력=지식'으로 이해되었던 것이다(크리스 젠크스, 1993/ 김윤용 옮김, 1996: 190).

한편, 데리다Jacques Derrida(1930-2004)는 지금까지 우리의 역사가 이성이 감성(또는 비이성, 비합리)을 어떻게 억압해 왔는지에 대해서 폭로하면서, 모던시대의 이분법적 사고가 "해체De-construction"되어야 한다고 주장한다. 구체적으로 그는 이성을 대표하는 언어와 존재의 본질을 연결시켜 온 모던의 로고센트리즘logo-centrism, 즉 논리(합리)중심주의를 허구라고 주장하였으며, 현실적으로는 백인이 흑인을 지배하고 남성이 여성을 억압하는 것을 모두 같은 범주로 이해했다. 실제로 백인과 흑인의 차이는 피부색의 차이일 뿐이기 때문에 차이가 지배나 차별 그리고 억압의 기준이 되어서는 안 된다.

엄밀히 말하면, 백인과 흑인이라는 단어는 적합하지 않다. 정확하게 말하면, "저 사람은 백인이고 저 사람은 흑인"이라고 하면 안 되고, "저 사람은 검은 멜라닌 색소가 많은 피부를 가진 사람"이라고 해야 하며, "저 사람은 흰 색소를 많이 가진 사람"이라고 해야 할 것이다.

심지어 인류 최대의 비극은 남자와 여자를 구분해서 생긴 사건이다. 가부장제에 따른 여성차별이라는 역사상의 오류를 만들어낸 장본인은 우리 인류가 "여성女性과 남성男性"이라는 단어를 이분법적으로 만들어 사용한 것 때문에 비롯되었다.

> "남녀차별은 가부장 이데올로기와 관련이 있다. 즉, 가부장 이데올로기 하에서 중요한 일은 남성이 하고 여성은 주변적인 일을 하는 것이 당연시된다. 또한 부부가 일을 모두 하는 경우에도 여성의 직업은 어디까지나 남편의 소득을 보충하는 의미를 가지는 것으로 여겨진다. 즉, 여성의 일은 '가계보조적인' 것이다. 그러므로 여성의 임금수준은 가족을 먹여 살릴 책임을 지는 남자의 임금보다 낮아 마땅하다고 간주된다. 승진에서도 마찬가지이다. 여성의 본업은 가사노동이므로 여성은 직장에 잠깐 머물 것으로 여겨진다. 따라서 여성이 결혼을 하면 직장을 나가야 한다는 압력이 가해지기도 한다. 한편, 직업에서의 여성의 낮은 지위는 다시 가부장 이데올로기를 강화하는 결과를 가져온다."(김승현 외, 1997: 386)

실제로 남성과 여성은 똑같은 인간으로서 단지 호르몬의 분비정도에 따라 차이가 있을 뿐이다. 여성은 여성호르몬이라고 불리는 에스트로겐을 주로 가지고 태어나지만 그렇다고 남성 호르몬으로 칭해지는 테스토스테론을 전혀 안 가지고 있는 것이 아니다. 비록 상대적으로 에스트로겐에 비해 적은 양이지만 여성들도 테스토스테론을 가지고 있다. 반대로 남성 역시 테스토스테론을 많이 가지고 태어나지만 에스트로겐도 가지고 있다. 따라서 남성이나 여성이나 똑같은 호르몬을 가진 똑같은 인간인 것이다. 물론 호르몬을 가지고 있는 정도의 차가 존재할 뿐이다. 이런 근거에서 본다면 우리는 "저 사람은 남성"이라고 해서는 안 되고 "테스토스테론을 많이 가진 사람"이라고 해야 하며, "저 사람은 여성"이라고 해서는 안 되고 "저 사람은 에스트로겐을 많이 가진 사람"이라고 해야 한다. 이로써 성차별性差別이 발생하는 것이다. 그렇게 된다면 성에 따른 차이만 있을 뿐이지 이것이 성차별의 근거가 될 수 없으며, 여성에 대한 남성의 물리적 성적 지배현상 역시 논리적 모순이 된다.

한편, 라캉은 데카르트의 합리적 절대 자아란 존재하지 않는다고 하면서, 상상과 상징 시스템으로 되어 있는 인간에게 절대적으로 자아라고 주장할 수 있는 주체는 없다고 주장한다. 리오타르는 인간의 숭고함과 장엄함으로 인하여 모든 합리주의 도그마dogma는 해체된다고 하고, '차이Différence와 차연Différance'을 강조한다. 여기서 차이差異는 기준을 전제로 다름을 찾아내는 것이고, 차연差延[21]은 원래 데리다의 용어로서 차이差異와 지연遲延, delay의 합성조어로서 차이의 기준을 찾을 수 없다는 것이다.

"이 신조어를 루이스 캐롤Lewis Caroll이라면 '합성어'라고 불렀을 것이다. 차연이라는 말에는 '차이가 나타나다'와 '지연시키다'라는 두 말의 의미가 결합되어 있다. 그것은 첫째, 현전과 부재보다 유희와 차이에 우선권을 부여하며, 둘째, 차이와 현전 사이의 한계의 필연성, 즉 현전은 항상 지연되지만(미래나 과거로) 그럼에도 불구하고 끊임없이 소화된다는 것을 의미한다."(Callinicos, 1982: 46)

따라서 기존 사회의 인식론적 총체성과 그동안 사회적 이데올로기를 지

---

[21] "소쉬르가 제시한 기호 이론은 레비-스트로스가 발전시킨 구조주의를 통해, 모든 문화현상은 그 성격 면에서 근본적으로 언어학적이라는 전제를 정립했다. 이 외에도 문화적/언어적 체계는 형식적 수준에서 다른 체계들을 생성해 낼 수 있는, 자의적이지만 한정적 규칙 체계라는 특성을 갖는다. 그 체계에는 생물학적 필요는 없으며, 그것의 상징들 때문에 자의적이다. 그러한 문화체계에 축조된 잠재력은 현실을 무한적 실현하는 힘을 가지고 있다. 사람들 사이의 관계는 그 문화적 체계의 형식적 속성들의 직접적인 결과물로서 제 배열될 수 있다. 따라서 인간 언어라는 사실, 인간 문화라는 사실로 인해 의사소통의 구조는 잠재적으로 불안정하다. 언어에서 의미와 마찬가지로 문화에서 의미는 '차이'의 문제가 되었다.... 데리다에게 소쉬르가 정리한 '차이'는 의미화의 문제를 제대로 다루기에는 불충분하였다. 그래서 데리다는 차연差延, differance이라는 새로운 개념을 도입하는데..."(크리스 젠크스, 1993/ 김윤용 옮김, 1996: 187-189)

탱해 온 모던의 거대담론들은 모두 의미를 잃는다고 보았다. 즉, 탈이성의 포스트모던에서는 큰 이야기보다 "작은 이야기들"이 삶의 주제를 이루게 된다.

> "포스트모더니즘이 강조하는 것은 흩어져 있는 작은 이야기들의 부상과 주제를 구성하는 다양한 담론들을 사회적 행위의 결정 요인으로 주목하는 것이다. 그러한 큰 담론에 대한 부정과 동시에 포스트모던한 문화적인 현상들이 우리의 눈앞에서 일어나고 있다는 사실에 주목할 필요가 있다."(원용진, 1996: 313-314)

한편, 데리다는 세상의 모든 것을 텍스트典範, text로 간주하였다: "세상에 교과서 밖과 같은 그런 것은 존재하지 않는다."(Derrida, 1967: 163) 그는 텍스트란 기호sign로 이루어지기 때문에 현재의 기호체계로 이루어진 텍스트가 해체되고 다른 텍스트로 재구성되는 것은 극히 자연스럽다고 한다. 이로써 탈정전화, 탈범주화, 탈텍스트화는 포스트모던 시대의 상징어가 된다. 예를 들면, 현대인들에게 오랜 기간 동안 '거대 텍스트'로 작용하고 사고 영역을 장악해 온 "이성(또는 합리)"이나 "과학"이라는 특정한 기호체계도 이제는 다른 기호체계로 얼마든지 대체될 수 있다.

> "문화 분석의 모델로 광범위하게 적용된 포스트구조주의의 의미와 재평가 작업에서 데리다의 주된 역할은 명백히 '텍스트에 중심을 둔' 형식을 취한다. 사실 다른 모든 문화 현상들은 텍스트 혹은 텍스트의 메타포적 재현과 동일한 장르로 간주된다. 데리다적 의미에서 지시 대상의 해체, 인식 주체의 해체는 '문화적인' 것을 점점 상대주의화되고 유동적인 의미로 파악하는 우리의 정식에 함의하는 바가 크다. 만일 의미가 끊임없는 기표들의 유희, 과정의 불안정성의 반복에서 생겨난다면, 알려지거나 알 수 있는 '모든 세상의 텍스트'는 단순한 주체의 영역을 벗어난다는 믿음에서 시작해야 한다.... 데리다의 작업 덕분에 더 이상 포스트계몽주의 의식 이면에 '이성'을 제공한, 자기존재적이고 자기참조적인 서구 사유의 실천이 필연적이거나 믿을 만한 것이라고 기대할 필요가 없게 되었다."(크리스 젠크스,

1993/ 김윤용 옮김, 1996: 188-189)

이러한 데리다의 주장은 리오타르의 '급진적 다원주의'와 연결된다. 그러나 현실에서는 이러한 다른 기호체계로 대체되는 것이 결코 쉽지 않다는 사실이 문제인 것이다.

> "보드리야르는 탈근대 사회를 지배하는 기호체계와 시뮬라크르Simulacre, 佛 simulacra[22]는 오로지 자기증식의 마지막 단계에서만, 그 자기증식의 무게 장체에 의해서만 파괴될 수 있다고 본다, 그것 이외에는 시뮬라크르의 파괴를 가져 올 어떠한 수단도 없다는 것이다. 데리다에게 텍스트의 바깥이 없는 것처럼, 보드리아르에게 코드의 바깥은 없다. 코드에 저항하고 그것을 상대화할 근거는 코드 밖에 없다. 기회는 무한히 불어나서 다른 기호에 대한 변별적 의미를 상실하기 전까지, 다시 말해서 유사한 기호가 너무 많아져서 기호로서의 기능과 가치를 잃어버리기 전까지는 그 어떤 방법으로도 저항할 수 없는 무시무시한 힘을 지닌다. 기대할 수 있는 것은 그 지배력의 극치에서 오는 자기붕괴, 내파뿐이다."(김상환, 2012: 199)

이러한 비관적 전망은 포스트모던을 극단적 허무주의로 전락시키기도 한다. 보드리아르는 이 모든 현상을 "기호의 안개 속에 실재가 사라진다"는 말로 압축하고 있다(김상환, 2012: 200).

> "보드리야르는 기호를 중심으로 한 문화 논리를 설명해 낸다. 우선 그는 기호의 세계가 우리가 사고하고 생활하는 모든 것에 침투해 있어 기호가 지칭하는 실제 세계를 압도하는 것으로 파악한다. 모든 사물은 죽고 기호만이 우리 곁에 있다는 논리이다. 그로 인해 기호는 기호끼리 연쇄되어 지칭된다. 결국 우리가 굳건히 믿고 있던 실체와 기호의 세계가 무너지는

---

[22] "**시뮬라크르**는 가상, 거짓 그림 등의 뜻을 가진 라틴어 시뮬라크룸에서 유래한 말로, 시늉, 흉내, 모의 등의 뜻을 지닌다. 이 라틴어 단어는 영어 안에도 그대로 흡수되어서 모조품, 가짜 물건을 가리키는 말로 쓰인다. 즉, **시뮬라크르**는 실제로는 존재하지 않는 대상을 존재하는 것처럼 만들어놓은 인공물을 지칭한다."(Daum 백과사전)

순간을 맞이하게 된다. 그래서 우리는 기호로 만들어진 모사품simulacre이 실제 혹은 현실에 대체하는 시기를 살게 된다. 그 안에서 우리는 모사품이 실체나 현실보다 더 현실다운 세상(보들리야르는 이를 초현실hyper-reality 라고 부른다) 안에서 생활하게 된다. 기호의 세계로 만들어진 대중문화가 우리의 일상을 압도하게 되는 지경을 적시한 것이다."(원용진, 1996: 68)

이러한 맥락에서 데리다는 나중에는 포스트모던과 거리를 두게 된다. 왜 냐하면 데리다는 모던의 해체로 모든 것이 종료되는 것으로 생각했지만, 실제로는 현실은 그런 것만도 아니라는 판단 때문이었다.

마지막으로 미국 실용주의 포스트모더니스트인 로티Richard McKay Rorty (1931-2007)는 종래 우리의 삶의 규제하고 통제하는 슈퍼에고superego로서의 보편적 인간자아의 개념을 일체 부정했다. 그러나 건축가 젠크스Charles Jencks는 앞으로 포스트모던 사회에서 "진보적 절충주의" 현상이 부각될 것 이며, 여기서는 가치의 극단적 대립이나 대결 대신 다多가치성이 인정되고 공존한다는 주장을 한 바 있다. 이러한 포스트모던의 사상적 기반 위에서 핫산Ihab Hassan(1925-2015)은 자신의 저서『포스트모던한 전망 속의 다원주 의』(2000)에서 포스트모던의 특징을 불확실성Indeterminacy, 단편화Fragmentation, 탈경전화Decanonization, 재현불가능성Unrepresentability, 혼성모방Hybridization, 대 중주의Populism, 행위Performance와 참여Participation 그리고 보편내재성Immensity 으로 정리하고 있다.

"<포스트모더니즘>이라는 멋진 글에서 이합 핫산Ihab Hassan은 포스트모던 이 모더니즘과 천년왕국을 누리며 계시성을 가진다는 점에서 지속성을, 그러나 그것은 그것의 창조와 사례에 대한 다른 역사적 위상과 다른 임의 적 역사 가름을 미리 정하고 있다는 점을 모두 바르게 강조하며, 지속성과 단절성을 동시에 고려하고 있다. 모더니즘은 포스트모더니즘의 존재를 위 하여 필요한 선先역사를 제공하나, 그 존재가 모더니즘을 다시 정의케 하 고 그것의 지속성의 근거를 제공하고 있다."(권택영, 1992: 38)

물론 포스트모던은 애초에 문화와 예술 영역에서 하나의 통일된 사상적 사조나 운동으로 시작하지는 않았다. 다만 포스트모던은 지금까지 모던을 통해 형성된 '고급문화classic culture'와 '저급문화non-classic culture' 사이의 구분을 해체하고, 각 영역 간의 폐쇄성을 개방시키려는 노력들로 이루어졌다. 실제로 포스트모던은 아직 그 실체가 완전히 드러난 것은 아니다. 즉, 포스트모던은 계속 되어가는 과정process에 있다고 할 수 있다. 아니면 영원히 포스트모던의 영속일지도 모른다. 따라서 아직도 많은 학자 간에는 의견이 엇갈리고 있다. 이미 위에서 언급한 것처럼 그 하나는 포스트모던이 모던을 계승하면서 모던을 더욱 강화시키는 연장선상에 있다는 의견과, 다른 하나는 포스트모던이란 모던에 도전하고 정면에서 항거하는 새로운 전위운동을 의미한다는 관점이다. 전자에 의하면, 모던 역시 포스트모던 이전에 '리얼리즘의 반동'으로 태어났지만, 모던이 포스트모던에 의해서 리얼리즘realism을 보다 극단적으로 해체시키고 있다는 견해이다. 특히 포스트모던은 모던의 기본입장인 다다이즘, 초현실주의, 아방가르드 운동까지 거의 다 수용하면서 단지 이를 극단적으로 발전시키고 있을 뿐이다. 이미 후기 모던에서도 인간은 사회적 존재가 아닌 "개인"으로 등장하고 있으며, 의식세계보다는 무의식세계가 문제이고, 이성과 도덕보다는 정열과 의지가 중요시된다. 또한 형태, 상징, 사회의 문제가 연구의 새로운 관심으로 등장함으로써 질서와 규범의 문제가 재고되고 있다. 따라서 포스트모던이 모던을 계승 심화시키고 있다는 주장이 가능해진다. 또한 역사란 뿌리를 가지고 있는 법이다. 아무리 탈脫역사post-history를 주장해도 우리 인간들이 역사를 벗어날 수는 없다. 이렇게 본다면 포스트모던은 모던의 뿌리 위에서 가능했던 논리적 연장이며 계승이라고 할 수 있다.

반대로 포스트모던은 모던에 대한 비판을 근저로 하는 시대적 단절을 시도한다는 실례는 실제 우리의 주변에서도 얼마든지 쉽게 목격된다. 이를테면, 기성문화에 대한 청년들의 반문화행동, 엘리트 고급문화에 대항하는 대중문화, 가부장적 남성중심사회의 엄격한 지배의 틀에 항거하는 페미니즘 문화는 포스트모던에서 핵심적으로 나타나는 탈중심화와 탈정전화의 현상이라고 볼 수 있다. 특히 한동안 세상을 들끓게 한 페미니스트의 목소리는 대체로 무수한 목소리 중 하나로, 그들의 차이에 대한 주장은 우리시대의 다원주의에 대한 증거로 간주된다(권영택, 1992: 136). 소위 '마이너리티 minorities'의 반란이다.

> "모더니즘적 사고에 대항해서 포스트모더니즘은 큰 담론에 대해 회의를 갖는다. 즉, 기존의 사고방식이 전체를 설명하려 하는 모더니즘의 담론이라고 한다면, 이에 대한 부정의 담론으로 출발하는 것이 포스트모더니즘이다. 반인종주의, 페미니즘, 환경운동 등 새로운 사회 운동과 새로운 사회주체의 탄생이나 활동은 이제 더 이상 하나의 권력이 전체를 지배하는 모더니즘의 관점을 부인하게 한다."(원용진, 1996: 313)

한마디로 권력은 — 포스트모던의 관점에서 본다면 — 특정 제도나 기구에 있는 것이 아니라 모든 곳에 편재해 있기 때문에 투쟁과 저항은 국지화될 필요가 있다(원용진, 1996: 316). 이렇게 본다면, 일반적으로 포스트모던은 후자, 즉 "모던에 대한 반동"이라는 견해로 이해된다. 따라서 기존 사회 체제의 해체를 기반으로 새로운 창조를 기약한다는 의미에서 포스트모던은 모던의 아류나 강화가 아닌 직접적 해체이며 파괴인 것이다.

결국 포스트모던에서는 모험과 실험정신을 바탕으로 전혀 예측할 수 없는 엉뚱하고 새로운 문화가 탄생한다. 포스트모던에서는 전혀 새롭고 다른 세상의 탄생을 기원하는 의지도 강력하다. 또한 포스트모던에서 사람들은 유기적 통일성이나 일관성 대신 편리성, 임의성, 유희성을 선호한다. 작품에서도 완전무결한 작품을 내 놓는 것이 아니라 아직 파편적인 것, 미완성 그러나 무한한 가능성이 잠재된 것을 내놓는다. 지금까지는 하찮은 것, 기준 미달 또는 전혀 말도 안 되는 것들을 아무 거리낌 없이 작품으로 내 걸고 있다. 엉뚱한 행동도 개성個性이라고 치부되면서 모든 것이 용납된다. 도덕과 윤리 개념도 달라진다. 모던 사회에서 '옳고 그름'이 삶의 척도가 되지만, 포스트모던에서는 '좋으면 하고 싫으면 안 한다'. 포스트모던에서는 기준과 표준이 모두 해체되는 것이다. 이는 지금까지 맹신되던 사회적 기준과 표준에 대한 신뢰와 공경이 허물어지면서, 포스트모던에서는 자신의 행동 자체가 기준이 되고 표준이 되는 결과이기도 하다.

미국의 비교문학자 로버트 올터Robert Alter는 자신의 저서 『부분적 마술 Partial Magic: The Novel As Self-Conscious Genre』(1978)에서 포스트모던에서 나타나는 극도의 실험성을 가리켜 자유가 아닌 '방종'이라고 혹독하게 비판한다. 그러나 그것이 자유이건 방종이건 분명한 사실은 포스트모던에서는 문화가 고정적이지 않고 역동적이며, 실재적이지 않으며 비결정체로 계속 생성·소멸되고 있다는 점이다. "사랑은 움직이는 것"이라는 카피가 공감되는 세상이다. 우리는 사랑의 순간을 느끼기 위해 사랑하는 것이지 사랑이라는 실체를 얻기 위해 사랑을 찾아 헤매는 것은 아니다. 즉, 사랑은 결코 고정된 실체가 아니며, 어떠한 것이 사랑이라고 정의할 수도 없다. 이러한 의미에서 미국의 분석철학자이며 생철학자인 화이트헤드Alfred North Whitehead (1861-1947)는 "우리의 현실은 실체가 아니라 사건event"이라고 주장한 바 있다. 포스트모던에서는 절대적 진리, 영원불변한 실재 그리고 모든 판단의 근거를 제공하는 초월적 관점이나 원리 그리고 보편적 사실들은 존재하지 않는다. 모든 담론들은 개별적이며 제한되며 특정한 '관점perspectives'에 귀속되어 있을 뿐이다.

포스트모던을 이해하는 입장과 견해의 차이에도 불구하고 포스트모던과 모던은 전통과의 단절, 반리얼리즘, 전위적 실험, 비역사성, 비정치성이라는 차원에서는 공감대를 가지고 있다고 할 수 있다. 특히 포스트모던과 모던은 공히 리얼리즘에서 추구하는 모방성과 재현성에 대하여 거부한다. 그러나 모던사회는 구조기능주의 사회시스템의 특성인 획일성, 통합성 그리고 이성적 권위에 밀착되어 있다. 포스트모던에서 이는 도저히 설명할 수 없는 영역이 된다. 즉, 모던문화는 기성 전통과 인습에 대하여 도전하고 비판하지만, 동시에 기성 문화의 권위에 대해서 여전히 갈망한다. 이는 20세기 들어 우리 사회에 만연되기 시작한 무질서와 혼돈으로부터 사회를 질서 있고 균형 있게 유지하고자 하는 보수적 성향이라고 할 수 있다. 반대로 포스트모던은 많은 영역에서 기성 사회의 문제에 대해서 급진적이고 혁명적으로 다가선다.

그러나 포스트모던 역시 '개인'보다는 '공동체'라는 개념 앞에서는 머뭇거리는 이중적 입장을 띤다. 1960년대 신학의 영역에서 포스트모던이라는 용어를 처음 사용한 존 칩John Cobb, Jr.은 포스트모던이 모던으로부터 거부한 것은 이기주의, 유물론적 원자주의, 인간중심주의, 관념론이고, 반면 계승한 것은 자기 비판주의, 개인에 대한 관심, 인간 자유에 대한 헌신, 탐구의 자유 등이라고 주장한 바 있다. 이러한 관점에서 그는 포스트모던이 모던의 논리 적 발전이며 비판적 계승인 동시에, 모던에 대한 반작용이며 의식적 단절이 라고 설명하고 있다.

한마디로 포스트모던은 '획일성과 통합성'을 거부하는 '이질성異質性과 다원성多元性'으로 구성된다. 따라서 포스트모던은 기존의 획일성, 통합성, 표준화 그리고 권위와 질서에서 스스로를 우선 해체한다. 이는 마치 의도적 으로 카오스chaos, 즉 무질서와 혼돈을 노리는 듯하다. 그러나 이들은 서서히 그리고 조심스럽게 해체 후의 새로운 종합을 모색하기도 한다. 예를 들어, 예술가들에게는 기존 질서를 무너뜨리고 '새로운 질서'를 추구하는 예술적 게릴라의 세계가 용납된다. 또한 포스트모던에서는 접근할 수 있는 다양한 범위의 사물들로부터 자기가 구상한 대로DIY 일을 구성하고 창조하는 브리 꼴라쥬Bricolage, 다른 형태의 조합들을 통하여 새로운 전체를 창조하는 시각 적 예술인 꼴라쥬collage, 단순화simplification, 적합화appropriation, 과거 스타일과 모던의 맥락 속에 있는 주제를 리사이클링re-cycling하는 작업뿐만 아니라, 순 수예술, 고예술high art, 저예술low arts 그리고 대중예술 사이의 장벽을 깨는 작업도 허용된다(Desmond, 2011: 148).

이들은 모두 아방가르드 예술에 대한 또 하나의 세력이 형성되고 있다. 이렇게 되면, 포스트모던은 '창조적 해체' 내지 '창조적 파괴'가 되는 셈이 다. 특히 포스트모던사회는 모던의 핵심 개념인 아방가르드에 대해서 두 가지 상반된 입장을 띄고 있다. 하나는 아방가르드를 거부하는 입장이고, 다른 하나는 아방가르드의 전략과 이상을 오히려 첨예화시킨다. 즉, 포스트 모던은 아방가르드가 대중문화를 '무조건' 거부하는 것에 대해 못마땅하게 생각하지만, 이들의 혁신적 도전정신을 적극적으로 수용하고 있다. 이런 의 미에서 포스트모던은 "네오 아방가르드"로 간주되기도 한다.

"아방가르드는 모더니티의 실험적인 단면으로서 역사적으로 파괴와 창조
라는 이중의 과업을 감당해 왔던 것이 특징이다. 그러나 부정은 확실히
급진적인 혁신의 이중 논리에서 가장 중요한 계기이다. 효과적으로 거부하
고 탈신비화하고 벗겨내야 하는 것은 바로 오래된 것, 제도화된 과거, 도서
관과 박물관이다. 새로운 것 – 예기치 못한 것, 빛나는 것, 돌발적인 것
– 은 저절로 뒤를 따를 것이다."(M. 칼리니스쿠, 1987/ 이영욱 외 옮김,
1998: 339).

이미 우리는 오래전부터 포스트모던의 사회에 발을 들여놓고 있다. 가장
대표적인 것은 우선 사상적 차원에서 볼 때 냉전체제의 붕괴로 인한 절대적
이데올로기의 와해, 개성적 일상의 중시, 논리의 다원성을 인정하는 민주주
의화를 들 수 있으며, 현실적으로는 다국적 기업의 탄생, 흑인인권운동 확
대, 마이너리티minority 운동, 페미니즘운동, 환경운동, 소비자운동, 제3세계
민족해방운동 등을 들 수 있다. 특히 1960년대를 전후로 하여 시작된 정보
통신혁명과 함께 대중매체의 확산으로 인하여 국가 간의 경계境界, border가
소멸하기 시작했다. 그동안 첨예하게 이분되었던 폐쇄적 이데올로기의 대
립이 전면 와해되었다. 이는 오랫동안 신뢰되었던 모던에 대한 신뢰가 무너
진 것과 다르지 않다. 즉, 1990년 동구라파의 몰락은 모던에 대한 포스트모
던의 '도발挑發'이었다고 할 수 있다.

한편, 포스트모던은 자본주의의 논리 하에서 상업적으로 이용당하는 경
향도 농후하다. 즉, 개성 분출을 빌미로 확대되는 과장 광고, 고가품의 사치
풍조를 유발시키는 소위 명품전시회 등은 대중조작의 수단을 포스트모던으
로 강화시키고 있는 대표적인 현상들이다. 이러한 사실을 감안하면, 포스트
모던은 오히려 지금까지 모던이 대중사회에 대해서 해 왔던 최소한의 저항
– 이를테면, 프랑크푸르트학파의 사회비판 등 – 도 못하고 있는 실정이
다. 문화 전반에서도 포스트모던의 영향은 엄청나다. 존 케이지의 마술적
선율, 앤디 워홀과 로이 리히텐슈타인의 팝아트 미술, 백남준의 미디어 아트
등을 위시해서 레게음악, R&B, 랩 음악 등은 소위 모던의 정통예술가들이
도저히 감당할 수 없는 낯선 영역들이었다. 1990년대 서태지와 아이들이

등장하면서 조용필의 무대가 사라진 것은 포스트모던에 의한 한국가요계의 패러다임 전환이었다고 할 수 있다.

한마디로 포스트모던에서는 모던에서 소외되고 무시되었던 현상들이 핵심적인 지배요소로 등장하기도 한다. 그러나 이러한 것들은 모던에서 없었던 것이 새롭게 창조된 것만은 아니다. 다만 "억압된 것의 복원"이라고 표현되는 것이 타당하다. 반대로 모던에서는 중심이었던 것이 포스트모던에서는 주변으로 전락하기도 한다. 세대교체도 대표적 사례이다. 아니면 적어도 중심과 주변의 상호공존을 의미하는 '상호텍스트co-text'의 개념이 일반화된다. 또한 포스트모던에서는 장르와 장르, 분야와 분야 간의 경계가 허물어지면서 그 간격을 메우려는 시도도 빈번해진다. 간격을 좁히려는 노력으로 볼 수도 있을 것이다. 예를 들어, 포스트모던에서는 고급문화classic culture와 대중문화popular culture 사이의 간격이 허물어진다. 엘리트들이나 부유층에게만 접근이 가능했던 고급문화는 일반서민과 대중들에게 다양한 반복으로 복제된 팝아트pop art로 각색되어 나타난다. 그러나 포스트모던이 모던을 완전히 부정하는 것은 아니고, 포스트모던 사회에서는 모든 것이 서로를 용납하는 다수성과 다원성으로 존재한다. 포스트모던의 이러한 '경계허물기'의 과정은 오늘날 '융합'의 개념을 가속화시키는 촉매이기도 한다. 즉, 경계를 넘나드는 포스트모더니즘의 세계는 일종의 "문화적 컨버전스convergence, 융합"의 산물이기도 하다(최연구, 2012: 31)

결국 포스트모던에서는 절대이념을 거부하는 개성, 자율성, 대중성이 중시된다. 그러나 포스트모던 사회에서는 같은 대상이 다른 모습으로 반복되는 것도 가능해진다. 이를테면, 원본을 패러디parody 하는 다양한 재현들이 가능해지며, 현실과 가상, 현실과 허구의 구분이 미약해진다. 린다 허치언 Linda Hutcheon 자신의 저서 『패러디이론』(1985)에서 패러디parody란 과거를 부정하지 않지만, 과거와 유리될 수밖에 없는 현실을 위한 아이러니를 사용하는 형식이라고 설명한다. 현재는 과거의 연속이며 계승이지만 거기에는 분명한 차이가 있다는 것이다. 포스트모던은 바로 이러한 '차이'를 부각시키면서 등장하고 있다.

또한 실제로 존재하지 않지만 현실로 존재하는 시뮬라시옹Simulation, 즉 시뮬라크르 하기[23]의 원리를 토대로 보드리야르Jean Baudrillard(1929-2007)는 하이퍼리얼리티hyper-reality라는 개념을 사용하면서, 포스트모던시대에 가상假想은 현실보다도 더 현실적이라고 주장한다(이정춘, 2000: 171). 하이퍼리얼리티에서는 대상이 없으며 대립의 양극 사이에서 무수히 가능한 환영과 모사만이 존재한다. 특히 오늘날 커뮤니케이션의 메커니즘 하에서는 현실과 가상의 구분이 없어지고 사실적인 것보다 더 사실적으로 보이는 하이퍼리얼리티가 모사를 통해 양산됨으로써 지배의 구도가 사실상 신비화되고 복제된 전체성 속에서 은폐되기에 이른다(이정춘, 2000: 188). 무한한 정보로 채워지는 사이버 공간이 대표적 사례가 될 것이다.

여기서는 수많은 익명성과 타자성이 보장된다. 즉, 수많은 의견과 정보는 자아중심성을 탈피함으로써 의사결정의 새로운 변수로 떠오른다. 따라서 지금까지 민주주의의 상징이 되었던 다수결의 원리에 의한 다수의 횡포나 일인 지배의 독재도 불가능하다. 오로지 자아의 중요성은 자아의 변형과정으로서 자아가 비슷한 것을 계속 만들어낼 때에만 인정된다. 이제 자아는 하나의 주제로 갇혀 있는 것이 아니라, 주체와 객체 간의 끊임없는 상호작용으로 '상호텍스트'를 만들어 낸다. 한마디로 자아自我를 버리는 자만이 진정한 자아를 획득한다. 그러나 자국의 이득을 위해서 전쟁을 일으켜야 하는 현실과 경제 협력을 빙자해 이루어지는 신新식민주의의 모습들은 오늘날 포스트모던사회의 부정적-모순적 차원이라고 할 수 있다. 특히 21세기 정보통신혁명과 정보화시대를 맞아 우리는 가상현실과 가상공간의 앞에서 시공간의 초월성을 체험하고 있으며, 주관적 시간과 주관적 공간을 재창조하고

---

23 시늉, 흉내, 모의 등의 뜻을 지니는 시뮬라크르simulacre, 프: simulacra는 가상, 거짓 그림 등의 뜻을 가진 라틴어 시뮬라크룸에서 유래한 말이다. 이 라틴어 단어는 영어 안에도 그대로 흡수되어서 모조품, 가짜 물건을 가리키는 말로 쓰인다. 즉, 시뮬라크르는 실제로는 존재하지 않는 대상을 존재하는 것처럼 만들어놓은 인공물을 의미하는 철학개념이다. 프랑스 철학자 장 보들리야르는 1981년 〈시뮬라크르와 시뮬라시옹〉에서 모사된 이미지가 현실을 대체한다는 시뮬라시옹 이론을 주장했다. "보들리야르가 말하는 시뮬라크르는 특이한 지위에 있는 기호를 가리킨다. 단순히 대상을 재현하는 것이 아니라 창조하는 기호, 대상을 새로운 상징적 질서에 편입하고 그래서 대상보다 더 실재적인 기호. 그것이 시뮬라크르다."(김상환, 2012: 201)

있다. 이와 더불어 사상적 차원에서도 이미 새로운 큰 물결이 도래하고 있다. 물론 포스트모던의 사회현상화가 바로 그것이다.

오늘날 우리는 포스트모던의 혼란스러운 격랑 속에서 아직 제 갈 길을 못 찾고 있다. 분명한 것은 정해진 이정표도 없이 무조건 탈이성脫理性과 탈합리脫合理를 외치면서 우리의 사고 영역으로까지 파고드는 포스트모던의 물결 속에서 이성理性의 위세는 급격하게 축소되고 있다. 유사 이래로 이성이 주역을 담당했던 역사의 시대가 점차 중심 무대에서 사라지고 있는 것이다. 그러나 엄밀히 말하면 포스트모던의 시대에 왜소해지는 것은 인간의 이성이 아니라 바로 "도구적 이성" 내지 "이성의 도구화instrumentation of reason"이다. 실제로 권력과 재배를 위해 도구적이고 수단적으로 활용되었던 인간의 이성 영역이 문제가 되는 것이지, (본질적이고 객관적인) 이성 자체가 문제가 되는 것은 아니다. 바로 이러한 부분이 포스트모더니스트들과 모던의 네오-헤겔Neo-Hegel 주의자들 간에 설왕설래되고 있는 논점이다. 다시 말하면, 진정한 포스트모던은 이성 본질(객관적-포괄적 이성)로부터의 탈출이나 해체가 아니라, '도구적 이성으로부터의 탈출이며 해체'라고 해야 한다.

이제 한 개인에게 가해졌던 심리적 한계와 영역들이 사정없이 외부로 분출되면서 우리는 "개방시스템open system" 속에서 새로운 삶을 시작해야 한다. 말 그대로 모던modern에 종지부를 찍고 포스트모던post-modern에서의 삶이 시작된 것이다. 국경과 체제의 경계도 허물어지고 탈脫 이데올로기의 개방시스템이 구축된다. 이와 함께 지금까지 인간이 공들여 구축해 온 역사시스템도 함께 무너져 내리고 있다. 독일의 사회학자 울리히 백Ulrich Beck(1944-2015)은 자신의 저서 『적이 사라진 민주주의』(2000)에서 현대인들은 1989/1990년 동독과 동구권이 붕괴된 이후 국제 질서뿐만 아니라 개인 역시 심리적 진공상태의 혼란에 빠져 있다고 안타까워한 바 있다. 그는 지금까지 "두 개의 모던"이 대립해 왔지만 이제 대립관계에 있던 냉전의 정치이데올로기가 '시장 이데올로기'로 변화되면서 적과의 동침 또는 상호 공존의 시대를 살아가야 할 운명이 되었다고 말한다. 이제 냉전시대의 정치적 이데올로기의 대립이 사라지면서, 경쟁과 투쟁 그리고 전쟁에 의해 주도되었던 인간의 역사 시대가 종말을 고하고 있는 것이다. 현대의 대표적 마르크스 역사학자인 영국의 에릭 홉스봄Eric Hobsbawm(1917-2012)도 자신의 저서 『새로운 세기와의 대화』(2000)에서, 앞으로 21세기는 좌파와 우파의 구분이 완전히 없어지는 지구촌 문화의 시대가 될 것으로 전망하고 있다. 이러한 맥락에서 포스트모던의 담론은 대중문화에 대해서도 긍정적인 논의의 여지를 남겨 놓고 있기도 하다.

> "첫째, 대중문화가 논의될만한 지위에 있음을 이 새로운 인식론이 확인시켜 주었다. 후기 구조주의가 내세운 해체 전략은 대중문화가 왜 그동안 고급문화의 그림자 안에서 신음할 수밖에 없었는지를 설명해 주고 적절한 지위를 부여해 준 셈이다. 둘째, 기호의 세계에 대한 논의는 대중문화의 중요성을 더욱 고조시켜 준 것이다. 즉, 기호의 세계가 인식의 준거점이 된다는 점에서 기호로 꾸며져 있는 대중문화는 우리의 일상이며 아울러 모든 그거인 셈이다. 셋째, 대중문화를 총체적인 관점에서 볼 수 있는 발판을 제공해 준다. 포스트모더니즘이 총체성을 부정한다는 점에서 이러한 주장은 아이러니컬하게 들릴지도 모른다. 하지만 제임슨이 논의한 포스트모더니즘론은 분명 대중문화를 단순히 문화산업의 계략으로만 볼 것이 아닌 전지구적인 관점에서 볼 것을 요구하고 있다. 넷째, 생산/소비의 이분법적 도식에서 다분히 소외되어 왔던 소비의 영역을 강조해 줌으로써 대중문화의 패러다임에도 영향을 미쳤다."(원용진, 1996: 69)

한마디로 대중문화는 현실이다. 비록 대중문화의 생태계가 문제투성이고 현대문화의 형성에 대한 비판의 중심이라고 하지만, 포스트모던 시대에 현실로서의 대중문화에 대한 본질적인 이해는 이를 어떻게 해야 할 것인가에 대한 정당성을 확보하는데 기여할 수 있을 것이다. 현실로서의 대중문화에 대한 본질적인 접근은 부정적인 차원뿐만 아니라 긍정적인 차원까지 포괄하는 데에서 비롯된다고 할 수 있다.

이렇게 본다면, 이제 우리의 연구관심은 탈시간, 탈공간, 탈이성, 탈합리, 탈정전post-text의 시대를 살아가도록 하고 일체의 기계주의, 분석주의 그리고 환원주의를 거부하는 우리의 사고 구조를 입증하는 재再개념화와 재再구조화가 문화해석과 문화이해를 위해 어떻게 가능할 것인가? 하는 질문에 모아진다.

> "포스트모더니즘의 시작이 언제인지를 따지는 일은 중요하지 않다. 그보다는 후기 구조주의적인 인식론에서 영향을 받은 문화론들이 도대체 현재의 문화나 대중문화에서 어떤 성향들을 찾아내고 그것을 어떻게 해석해내는가 하는 것이 더 중요하다."(원용진, 1996: 268)

결국 포스트모던의 문화는 그것이 모던의 계승이든 아니면 수정 보완이든 또 아니면 저항, 해체, 단절, 전혀 새로움이든 중요한 것은 문화란 반드시 해석interpretation과 재해석re-interpretation의 대상이라는 사실이다. 왜냐하면 포스트모던의 문화는 속성상 무엇인가가 수없이 해체되고 수정 보완되고 때로는 다른 관점을 중심이 이동되면서 마침내 새로움과 낯설음을 현상시키는 '동역학動力學, dynamics'의 '과정process' 속에 들어 있기 때문이다. 따라서 이러한 역동적인 문화과정에서 발생하는 수많은 다양성과 이질성은 '해석의 과정' 없이는 전혀 이해될 수가 없다.

2. 문화현상의 차연과 공존

오늘날 우리 인간은 삶에서 이성만이 아니라 때로는 감성感性 능력, 즉 본능, 기분, 열정, 광기, 감각, 욕구, 절대적 신념, 비논리 같은 비이성적非理性的, 비합리적 또는 이성 외적 능력도 존재한다는 사실을 인식하게 되었다. 도저히 이성적으로는 용납이 되지 않지만, 모두에게 공감대가 형성되는 새로운 삶의 영역들이 발견된 것이다. 예를 들어, 이 세상에서 가장 오염된 강물 중의 하나인 인도의 갠지즈 강물 속에서 아직도 많은 사람들은 성수聖水에 몸을 닦고 있다. 갠지즈 강에 모인 사람들은 이 물을 통하여 종교적으로 한 민족임을 자랑하고 뭉칠 수 있다. 또한 빈부의 격차가 심하기로 유명한 태국, 중국, 인도 같은 나라에서는 예상과 달리 빈부격차로 인한 사회폭동 같은 심각한 사태가 발생하지 않는다. 오늘의 거지가 다음 세상에서는 부자로 태어난다는 신념이 있는 한 이들은 현실에 불평하지 않는다. 이는 서구의 이성적-합리적 사고로 이해하기 쉽지 않은 대목들이다. 그런데 이러한 인간의 감성 영역은 포스트모던의 철학이 상대방에 대한 인식을 하는 과정에서 인간의 본성으로 새롭게 발견되었다고 할 수 있다.

> "포스트모던의 철학은 근본적으로 타자에 대한 감수성에서 출발하는 것이다.... 타자에 대한 수용과 인정이 없이는 사유할 대상도 존재하지 않는다. 모던이 자기인식을 통한 세계 지배를 지향하였다면, 포스트모던은 이렇게 타자에 대한 감수성을 통한 자기 한계를 인식하고자 한다. 동양과 서양, 주체와 객체, 자아와 타자를 구별하기 전에 다양한 언어 유희와 상호 갈등과 충돌을 통해 표출되는 서술할 수 없는 것의 '현재'는 감성과 감수성을 바탕으로 하는 새로운 존재론을 향한 길을 열어 놓았다고 할 수 있다."(김욱동, 1996: 254)

많은 나라들이 성문법成文法을 제도화된 이성과 합리의 산물로 간주하지만, 영국이나 미국 같은 고도의 법치국가들은 불문법이나 판례법을 선호하고 있다. 이성과 합리를 바탕으로 하는 논리로 본다면 많은 영역들이 논리를 벗어나고 상황변화에 따라 달라진다. 이미 인간의 언어 사용에서는 이성적이고 합리적이고 논리적인 문법시스템에 따르기보다는 예외적으로 사용되는 언어 구조가 훨씬 더 많아지고 있다. 어쩌면 변형變形 문법이 더욱 자연스럽기도 하다. 심지어 우리 한글을 비롯해서 많은 외국어들도 이제 소리가 나는 그대로 문법시스템이 계속 바뀌어 가고 있다. 신세대들이 사용하는 언어체계를 구세대들은 알아들을 수 없을 정도로 심각하다. 그러나 그들끼리는 소통疏通에 전혀 문제가 되지 않는다. 논리적 언어시스템의 시각으로 본다면 모순이다. 그러나 현실은 이러한 논리적 모순이 계속 허용되고 있는 추세로 나아가고 있다.

이제 이성과 합리의 영역으로 구축된 사회시스템과 구조와 틀에서 어긋나는 변칙과 변형의 영역이 늘어나면서, 사회시스템도 빠른 속도로 모습을 바꾸고 있다. 과거 본능을 억압하던 이성의 힘이 약화되면서 본능분출에 따라 삶의 형식과 구조 그리고 사고시스템이 파괴된다. 급기야 본능분출을 통해 자기가 하고 싶은 대로 해 버리는 사람들이 늘어나면서, 역사적 이성 시스템은 위기를 맞게 된다. 주차장 문제로 시비가 붙었다가 사람이 칼에 찔린다. 층간소음 문제로 이웃이 적이 된다. 과거 같으면 "눈에는 눈, 이에는 이" 사람을 죽인 자는 무조건 사형이었지만, 지금은 그렇지도 않다. 기분 나는 대로 행동을 한 사람이 동물로만 취급되지는 않는다. 법치국가에서 법 시스템이 느슨해지면서 이성과 합리 그리고 논리의 힘은 보다 약화된다. 이렇게 법이 느슨해지는 이유는 바로 삶을 모두 합리와 이성 그리고 논리로 만 풀 수 없는 상황이 발생하기 때문이다. 주차장에서 우발적으로 사람을 죽였지만 그의 범죄는 한가지의 이유만으로 풀 수 없게 되었다. 평소의 감 정이라든지 아니면 주변인들의 주관적 증언 등이 감안되어서 그를 무조건 사형시킬 수는 없다. 하나의 사건은 하나의 이유로 환원될 수 없다. 문제의 이유는 매우 다양화로 복잡해진 것이다. 누군가의 이성과 합리 그리고 논리 에 의해 규정된 법 시스템을 적용하기 곤란한 문제가 너무 많이 발생하게 된다. 이성과 합리의 극치라고 하는 법의 세계에서도 이미 오래전부터 "유권 해석"과 "법리해석" 등의 차이로 인해서 많은 비이성-비합리 영역으로의 개연성蓋然性을 열어 놓고 있는 실정이다.

인지상정人之常情이나 '하나의 결과에 다양한 원인'이라는 삶의 복잡성이 인식되면서, 이제 이성과 합리로 대표되던 사회시스템에 금이 가기 시작한 다. 그동안 이성을 바탕으로 하는 합리만이 우리의 삶의 기준인 줄 알았는 데, 비이성-비합리의 영역에서 삶의 공감대가 형성되기만 한다면 얼마든지 가능하다. 과거에 싫더라도 길거리에서 어른을 만나면 인사를 해야 하였지 만, 지금은 인사를 안 해도 이에 대하여 강력히 지적하는 사람은 없다. 길거 리에서 담배를 피우는 미성년자들을 꾸짖다가 어른들이 봉변을 당한다. 이 미 전통과 문화를 무시하고 누군가가 용기를 내 모험을 한 결과로 전통과 문화라는 잣대에서 사라진 풍습들은 얼마든지 많다. 학생들은 사이좋게 놀 아야 하며, 선생님의 말씀에는 복종해야 한다는 과거의 사회적 풍습과 전통 이 사라진 지 이미 오래다. 교실에서는 학교의 규칙과 규범을 무시한 학교폭력이 난무한 것은 이미 오래된 사실이고 심지어 학생들이 선생님까지 구타하고 고발한다.

과거 같으면 사회제도 안에 선善과 악惡이 분명히 구별되어 있었다. 따라서 선good을 추구하는 차원에서 사회규범, 도덕, 윤리, 질서, 관습 등이 정해져 있었다. 사회구성원들은 이러한 사회제도에 따라 살아가면 되었다. 그러나 오늘날 현대인들은 자기가 좋아서 하면 선이고 싫으면 악이다. '내로남불'이라는 신조어도 거침없이 용인된다. 내가 하면 로멘스이고 남이 하면 불륜이다. 물론 과거부터 선과 악의 개념과 구분이 눈에 띄지 않게 조금씩 변해 왔을 것이다. 지역과 시대적으로 차이가 있겠지만 하여간 서서히 변화가 지속되었을 것이다. 다만 우리가 오늘날 이렇게 호들갑을 떨면서 갑자기 사회가 변한 것처럼 이야기하는 이유는 그 파급력이 너무 강해져서 이제는 피부로도 느껴지기 때문일 것이다. 하여간 가치관이 변하고 행동기준과 행동라인이 변화에 변화를 거듭하면서 급기야 오늘날 지금까지 우리가 심지어 맹목적으로까지 추구해 온 사회시스템에 대하여 정면으로 도전하고 있다.

우리 인류가 역사시대를 꾸려오면서 가장 획기적으로 고안해 낸 사회시스템 중에 대표적인 것이 엘리트교육체제와 엘리트중심사회다. 이러한 시스템 속에서 우리 인간은 열심히 학교에서 이성적 능력을 통해 공부해서 성적을 올리면서 궁극적으로는 엘리트가 되는 과정만을 삶의 기준지표로 삼으면서 살아왔다. 실제로 엘리트교육체제에서 엘리트가 탄생하고 이들에 의한 엘리트사회는 탄탄대로로 구축되어 왔다. 엘리트가 되지 못한 사람들이 활개치고 살아갈 수 있는 길이란 동대문 시장에 나가 "골라 골라!" 하고 외치면서 일확천금을 하는 일 이외에는 거의 없었다. 한마디로 엘리트교육체제와 엘리트사회체제라는 수직적 경쟁구도에서 탈락하거나 낙오하고 이탈하는 자는 살아남기 불리할 수밖에 없었다. 이성을 갈고 닦지 못하면 엘리트가 될 수 없는 것이며, 엘리트사회에서 살아갈 수 없다. 따라서 포스트모더니즘은 심원한 '반엘리트주의, 반권위주의'로 특징지어진다(M. 칼리니스쿠, 1987/ 이영욱 외 옮김, 1998: 173). 이성적 엘리트사회에서 가장 소외받고 이성사회에서 가장 살아남기 힘든 사람 중에 많은 사람이 대표적으로 연예계통과 스포츠계통에 종사하여 왔다. 즉, "놀이하는 사람들homo ludens" 이다.

그러나 오늘날 이들은 사회에서 영향력을 지닌 세력으로 급부상하고 있다. 이들은 과거의 엘리트사회에 정면 도전장을 던진 지 오래이며, 심지어 스타군단으로서 대중의 우상으로 떠오른 지도 오래다. 결국 이제 우리 사회에는 두 가지 유형의 엘리트, 즉 이성을 기반으로 하는 성적엘리트와 이성적 능력과는 거의 무관한 비성적非成績 엘리트가 존재하게 된 셈이다. 성적으로 출세하던 시대에서 성적 이외의 또 다른 능력으로 출세하는 세상이 열린 것이다. 오늘날 많은 사람들이 연예인이나 스포츠 스타를 꿈꾸고 있다. 이들은 비성적非成績 놀이엘리트가 되기 위해서 또 다른 경쟁 대열에 끼어 줄을 서고 있다. 이제 우리 사회에서는 성적엘리트를 배출하기 위한 '성적엘리트경쟁시스템'과 '놀이엘리트경쟁시스템'의 두 가지 시스템이 양대 세력으로서 병립하게 된 셈이다. 한쪽에서는 성적 경쟁을 통해 엘리트로 선발되지만, 한쪽에서는 누가 잘 놀 수 있는가가 중요하다. TV 속에서 많은 청소년들을 대변하면서 이들 대신 잘 놀아 줄 수 있는 소위 '놀이엘리트'내지 '놀이탈렌트'의 영향력은 극히 파괴적이다. 아마 이대로 가다보면 앞으로 우리사회에는 제3, 제4의 시스템이 생겨나면서 다원화시스템을 통하여 시스템의 병존, 혼재混在, 대체 등이 자유롭게 진행될 것이다.

결국 지금까지 형성되어 온 사회시스템을 해체되고 있는 것이다. 특히 욕망과 열정을 절제시키고 억제시키면서 동물성에 가까운 감성의 영역을 꼭 감싸고 있었던 이성의 껍데기에 균열이 일면서 사회는 한차례 회오리바람 속에 들어간다. 그동안 인간의 역사가 구축해 온 모든 사회시스템이 흔들리고 시스템 속에서 사고하던 개인의 가치관도 흔들리는 것이다. 이러한 현상은 단순한 '차이'를 넘어서 '차연'의 시대를 실감하게 하고 있다. 즉, 차이의 기준도 사라지고 아니면 차이의 기준점이 계속 지연되는 현상 속에서 문화적 차별보다는 문화의 상호공존현상이 지속되고 있는 셈이다.

한편, 포스트모던의 문화에서는 이성과 합리가 극치를 달하게 된 모던의 기준도 이제는 더 이상 삶의 기준이 아니다. 현대인들은 자신의 욕구대로 새로운 삶의 기준을 찾아 나서고 있다. 현대인들은 이제 모던의 기준에 따라서 살다 보면 오히려 삶의 조건이 불리해진다는 사실을 알게 된 것이다. 만약 모던이 우리 인간으로 하여금 살아남을 수 있는 유리한 조건을 창출시킬 수 있었다면, 결코 모던은 흔들리지 않을 것이다. 그러나 모던의 기준으로 살아남기보다는 새로운 기준을 찾아 살아남는 것이 빠르다는 계산을 하게 된 현대인들은 재빨리 과거의 시스템을 버리고 새로운 시스템을 찾아 나서고 있다. 물론 신구 교체의 과정에서 발생하는 혼란은 피할 수 없다. 어쩌면 포스트모던은 그러한 취지에서 발생한 자연스러움 그 자체일 수도 있다. 그 와중에서 사회는 가치관부터 혼란에 빠지게 되는 것이다. 이제 이성과 합리로 대변되던 모던이 와해되고 탈이성, 탈합리, 즉 탈모던이 기승하게 된다.

심지어 포스트모던의 문화에서는 마르크스주의자들의 시각에서의 문화론도 수정되기에 이른다.

> "마르크스주의에서는 문화를 둘러싼 문제를 항상 계급적으로 이해해 왔다. 하지만 본질주의 혹은 중심주의에 대한 반대를 표방하는 포스트 인식론에서는 문화를 둘러싼 갈등이 반드시 계급을 축으로 발행한다는 것은 반대한다. 현대 자본주의사회에서 벌어지는 갈등이나 모순은 계급이라는 축 외에도, 성, 지역, 환경 등과 같은 축을 통해서도 벌어지기 때문이다. 모순이 반드시 계급 문제로 환원되지 않고 때로는 다양한 모순들이 서로 비슷한 중요도를 가질 수도 있는 것이다."(원용진, 1996: 65)

그러나 따지고 보면 포스트모던도 인간이 살아남기 위한 유리한 조건을 찾아 또 한 번의 새로운 여행을 떠나는 과정이라고 할 수 있다. 이러한 여행은 인간이 호모 사피엔스의 출현 이후 줄곧 구축하고 몸담아 왔던 역사시대와 역사시스템을 와해시키는 것과 함께 하고 있는 대지진 운동이며 지각변동이라고 할 수 있다. 이러한 시대상황의 급격한 변화를 보면서, 후기 마르크스주의자를 자처하는 미국의 문화비평가 프레드릭 제임슨Fredric Jameson은 그의 저서 『Late Marzism, Adorno』(1989)에서 현대를 모던의 역사에서 포스트모던의 역사로 변화하는 사회로 간주하였다. 그는 포스트모더니즘을 재현·해석·총체성·역사 개념에 대한 도전·해체·조롱이라고 보았으며, 일종의 문화적인 우세 현상이자 후기자본주의의 문화논리로 간주했다 (제임슨, 2000). 그러나 그는 포스트모던이 역사적 해체에서는 성공했지만, 역사의 총체성을 '해석하는 데에서는 실패'했다고 평가하고 있다.

특히 포스트모던의 문화는 속성상 해체를 토대로 이루어지지만, 이로써 발생하는 이질성과 다양성 그리고 차이와 차연은 결국 에너지 보존의 법칙이나 에너지 총량 불변의 법칙에 근거하여 상호 공존할 수밖에 없다. 이러한 상황인식에 도달하기 위해서는 해체로 시작하지만 결국 어딘가에서 ― 비록 전혀 새로운 모습일지라도 ― 다시 모일 수밖에 없는 포스트모던의 문화에 대한 해석과 재해석의 과정이 필수적으로 요청된다고 할 수 있다.

3. 문화이해의 다원주의

천부적 사고능력의 부여로 인간은 똑같은 인간이 되었지만, 사고하는 방법의 차이로 인간은 또 다른 인간이 된다. 그러나 지금까지 우리는 모두 다 똑같은 인간으로 살도록 강요받아 왔다. 옆집 아이가 그림 학원을 가면 내 아이도 반드시 보내야 한다. 우리는 이러한 현실을 학부모의 자식 사랑이나 지나친 교육열, 경쟁의식 또는 심리적 불안 내지 상대적 박탈감 때문이라고 해석한다. 그러나 이는 오히려 획일화 사고의 산물이라고 보아야 할 것이다. 남들과 똑같이 하지 않으면 불안하다. 기둥뿌리를 뽑아서라도 반드시 똑같아져야 한다. 지금까지 우리는 국가와 사회제도라는 공권력의 헤게모니 앞에서 인간 개개인은 사회구조에 대하여 '기능인'으로서만 역할해 왔다. 각종 사회구조에 기능적으로 적응하는 인간만이 윤리적 인간이었으며, 기능하지 못하는 인간은 망가진 기계의 부품과 같았다. 우리 인간은 스스로 대중사회를 만들어 놓고 스스로 대중조작의 대상이 되었다. 심지어 인간은 자신의 미래 노동을 대신해 줄 로봇과 거대기계를 만들어 놓고 희열을 느끼기 이전에 스스로 기계의 부품으로 전락한다는 사실에 개탄하고 있다.

많은 사람들은 19세기 초 인간의 기계화와 비인간화를 비난하면서 스스로 만들어 낸 그 아까운 기계들을 모두 때려 부수고 바다에 갔다 버렸던 영국의 러다이트Luddite, 기계협오자 운동을 기억할 것이다. 21세기 정보통신혁명의 세기를 맞으면서도 기계파괴운동은 미국에서 컴퓨터를 부수는 판러다이트Pan-Luddite 운동으로 이어진 바 있다. 이러한 기계 부수기 운동은 하나의 이벤트였다고 하기에는 너무나 의미가 심장하다. 설령 그러한 운동이 사회적 문제로 보다 확대되지 않는다고 하더라도, 우리 인간의 마음속에는 벌써 이로 인한 커다란 그림자로 남아 있다. 이미 기계화되어 버린 인간의 군상들은 어쩔 수 없는 비인간화의 시대를 살면서 많은 회의를 품고 살아가고 있다. 이러한 상황에도 불구하고 한편에서 우리는 아직도 계속 새로운 컴퓨터와 기계 그리고 컴퓨터화된 로봇 이른바 컴봇combot까지 만들어내면서 기꺼이 이들의 노예가 되고 있다. 오늘날 인공지능AI: artificial intelligent의 등장은 이를 가속화시키고 있다. 로봇공학 전문가인 한스 모라벡Hans P. Moravec은 자신의 저서 『Mind Children: The Future of Robot and Human Intelligence』 (1988)에서 미래사회에서는 인간의 마음을 이식 받은 컴퓨터라는 기계가 진화의 새로운 주역으로 등장할 것이라고 예견한 바 있다. 이미 우리 사회에서는 인간을 노예화하는 기계의 창조는 어쩔 수 없는 필요악必要惡이 되어버린 것이다.

우리 인간은 본질적으로 남의 노예가 되기를 원하지 않는다. 오히려 반대이다. 가능하면 남을 노예로 만들고자 한다. 물론 이는 불법이며 불합리이다. 이제 우리는 로봇이나 컴퓨터 그리고 인공지능을 자신의 노예로 만들려고 한다. 그러나 그것도 그리 용이하지는 않다. 오히려 우리가 기계의 노예가 되는 듯하다. 물론 오늘날 테크놀로지는 펫로봇pat robot, 컴패니온 로봇 companion robot 등 인공지능의 로봇 테크놀로지로 발달하고 있다. 그러나 분명한 것은 인간이 자유의 본능을 가지고 있다는 사실이다. 자유自由의 본능을 가진 인간에게 비록 자율自律로의 자기규제는 가능할지 모르지만, 죽음과 같은 굴욕적인 노예의 시간들이 선택의 대상은 아닐 것이다.

프랑스의 실존주의 철학자 사르트르Jean Paul Sartre(1905-1980)에게 "인간은 자유의 형벌을 받는 존재"였다. 우리 인간은 스스로 자유롭게 선택한 일에 스스로 책임을 질 수 있는 자율적 존재라는 뜻이다. 죽는 한이 있어도 자유롭게 살고자 하는 것이 인간의 본능인 듯 싶다. 간혹 우리가 "노예근성"에 대하여 이야기 할 때도 있다. 맥그리거Douglas Murray McGregor(1906-1964)는 X이론과 Y이론을 들먹이면서 X이론으로 볼 때 인간은 게으르고 지배받기 좋아하는 등 노예근성을 가지고 있다고 주장했다. 물론 인간의 양면성은 인정된다. 그러나 이러한 노예근성의 예는 심각하게 조작된 개념이거나 아니면 극단적 사건일지도 모른다. 본능적으로 자유로우며 본질적으로 자유를 향유하기를 염원하는 인간에게 노예근성이란 국가와 제도 그리고 힘을 가진 헤게모니 세력으로부터 제공되는 비非본능적 조어造語라고 보는 것이 타당할 것이다. 최소한 인간은 자유롭게 태어나고 자유롭게 살아가고자 한다. 자유가 오히려 진정한 본능일 것이다. 포스트모던 사고는 인간의 본성인 자유를 허용하고 있다. 그것이 방종으로 갈지언정 자유는 포스트모던 사고의 본질이다.

인간에게 사고 방법의 차이差異는 차별差別, difference이라는 개념을 전제하고 있다. 한마디로 인간의 사고방법은 본래부터 차이가 나기 때문에 차별화될 수밖에 없다. 역으로 차별화되는 사고방법은 차이나 차연differance으로 존재한다. 사고 방법의 차이가 바로 인간의 본질인 것이다. 오히려 차이, 차연, 차별화가 없는 사고 방법은 이상하다. 내가 빵을 먹고자 하는데 내 옆에 있는 아이도 그 빵을 먹으려고 한다고 가정해 보자. 옆에 있는 친구가 같은 시간과 같은 공간에서 나와 똑같은 생각을 하는 것이다. 내가 먼저 도망가야 하는데, 친구도 같은 생각을 하고 있다. 똑같은 제복을 입은 사람들이 자기 앞으로 몰려온다면, 이 얼마나 무섭고 섬뜩한 일인가? 인간이 서로 다른 생각을 한다는 것은 극히 자연스러운 현상이며 심지어 반갑기까지 하다. 지구상의 60억 인구의 얼굴과 지문 그리고 정맥, 눈동자가 모두 다르듯이 사고구조와 사고방식도 천양지차로 달리 타고났다. 얼굴이 다르듯이 생각이 다른 것이 정상이다. 그러나 우리는 같은 것을 정상으로 착각한다. 아담과 이브 이후로 태어나고 죽은 인간들 중에서 소위 복제인간 같이 똑같은 인간은 단 한 번도 없었다. 참으로 신기한 일이 아닌가? 이렇게 본다면 차이, 차별, 차연은 인간에게 극히 당연한 본질임에 틀림없다. 인간의 배아세포는 동일하다. 그러나 호르몬의 차이로 인하여 남녀로 나타나며, 멜라닌세포의 형성정도에 따라서 백인과 흑인으로 갈린다. 결국 차이의 시간적 지연, 즉 차연에 따라서 차이가 발생하게 되는데, 이러한 차이를 근거로 차별되어서는 안 된다. 그러나 따지고 보면 조물주가 이미 인간을 처음부터 "차별적으로" 창조한 것이라고 해석될 수 있다. 즉, 차이나 차별은 결코 누군가에 기준에 의해서 해석되어서는 안 되고 조물주의 작품으로 이해해야 한다. 조물주가 남자와 여자를 창조한 것부터가 이질적이다. 그냥 사람을 하나로 만들지 왜 양성으로 갈라서 창조한 것 자체가 포스트모던의 시작이다. 한마디로 차이나 차별은 정당하고 당연하다, 따라서 사고방법의 차이는 인간의 차별성을 대표한다.

이제 사고방법의 차별성을 본성이라고 하는 근거가 무엇인가에 대하여 좀 더 생각할 필요가 있다. 왜냐하면 논리적 사고를 전개하기 위함이다. 한마디로 인간의 사고구조와 사고방식의 차이성은 모두 개인차個人差라는 영역에 포괄된다. 그런데 인간은 개인차로부터 개성個性을 서로 달리 하고 있다. 또한 사고구조와 사고방법의 차이는 인간의 개인차에서 연유하고 아울러 개성을 확고하게 한다. 즉, 인간은 사고구조와 사고 방법의 차이로 인하여 개성을 뚜렷하게 한다. 한마디로 개성, 즉 개개인의 속성은 사고구조와 사고방식의 차이에서 부각된다.

오늘날 우리 인간은 몰개성沒個性의 시대를 살아가고 있다. 이미 대중사회 속에서 대중조작의 대상이 되어 버린 우리 인간들에게 개성이 남아 있을 여지는 없다. 우리는 개성을 찾으려고 노력도 한다. 그러나 아직도 막강한 힘을 발휘하고 있는 대중조작사회는 인간이 한 개인이 개성적으로 살아가는 꼴을 내버려두지 않는다. 이미 우리 사회는 획일화劃一化된 지 오래이며, 그 획일화 속에서 사고 구조와 사고방식 역시 획일화되었다. 물론 일각에서는 개성 찾기의 노력이 부단히 지속되고 있다. 그러나 '유행의 물결'에 휩쓸리면서 또 다시 우리 인간들은 한순간에 개성을 다시 잃게 된다. 우리는 개성을 원하지만 유행과 패션으로 또다시 획일화·대중화되고 마는 것이다. 문화도 예외가 아니다. 획일화되고 대중화된 문화 속에서 개성을 찾기는 어렵다,

한편, '우주는 어떤 것이든 하나의 원리로 설명하지 못한다'는 포스트모던의 사고는 과거 우주는 하나의 원리로 지탱된다는 세계관을 와해시키는 데 결정적인 역할을 해냈다. 인간은 처음부터 역사적 사회시스템을 만들고 그 시스템 속에서 살아남았다. 따라서 시스템은 인간에게 하나의 집居이었던 셈이다. 그러나 포스트모던의 세기를 접하면서 인간은 집을 가출하기 시작한다. 가출 후의 새로운 방황이 시작된 것이다.

일반적으로 가출은 크게 두 가지로 구분된다. 첫째는 가출家出이고, 둘째는 출가出家이다. 우리는 예수님과 부처님 같은 성인들이 집을 나서서 보다 커다란 세계에서 활동한 것을 가출이라고 하지 않는다. 반대로 노랗게 물들인 머리를 무스로 빳빳이 세우고 철가방 하나를 옆에 차고 오토바이를 생생 몰고 다니면서 자장면 배달을 가는 번개 사나이들이 출가했다고 하지 않는다. 결국 집을 탈출한다는 것은 같은 사건임에도 불구하고 결과에 따라 개념도 달라지고 의미는 보다 크게 달라진다.

그동안 역사시대 이래로 시스템이라는 튼튼한 집을 지어 놓고 이제 이를 스스로 탈출하여 길거리에서 방황하던 인간들은 새로운 집을 찾아 나서게 된다. 만약 이들이 이대로 길거리 방황으로 살아간다면 아마 우리는 포스트모던이라는 물결 속에서 헤어나지 못할 것이다. 물론 인간이 포스트모던에서 영원히 머물 수도 있다. 이것은 인간의 자유로운 선택 여하에 달려있다. 그러나 인간의 역사에서 사회시스템은 인간의 생존 본능에 비추어 볼 때 필요악으로 존재해 왔다. 인간이 동물과의 경쟁을 따돌리고 인간끼리의 경쟁을 통해 구축해 온 문화시스템, 지식시스템, 과학시스템, 기계시스템 속에서 때로는 인간은 시스템에 잘 적응하면서 많은 부와 권력을 얻기도 했지만, 때로는 시스템에 적응하지 못하고 일탈, 부적응아, 문제아로 낙인찍히기도 했다. 집이라는 틀은 우리에게 많은 평화와 안전을 가져다주지만, 때로는 탈출해 보고 싶은 충동을 느낄 정도로 답답한 곳이기도 하다. 역사적으로 많은 시스템들이 구축되었지만 따지고 보면 그 시스템들은 한 울타리에 쳐진 집들이었다. 즉, 자연이라는 현실적 공간과 시간 속에서 이루어진 문화시스템, 지식시스템, 과학시스템, 기계시스템은 인간의 역사시대에 자연이라는 범주 속에서 인간이 구축해 온 시스템의 연속이었다. 또한 이러한 시스템의 연속선상에서 인간은 시스템 사고를 하고 살아 왔다.

그러나 포스트모던으로 시스템의 연속선이 중단된 느낌이다. 시스템의 중단으로 인간은 방황하기 시작했다. 마치 집을 뛰어 나온 인간이 어디로 가야하는지 어떻게 해야 하는지 잠시 주춤하고 있는 사이에 시간은 계속 흐른다. 포스트모던에서 그대로 영원히 방황할 것인지 아니면 포스트-포스트모던post-postmodern이라는 또 다른 새로운 집을 만들어 그 안으로 다시 들어가야 할 것인지? 그러나 분명한 것은 이미 자신들이 뛰어 나온 바로 그 집으로는 다시 들어갈 수 없다는 입장이다. 그것이 가출인지 출가인지가 분명하게 결판나지는 않았지만, 하여간 지금 우리는 포스트모던의 물결 속에서 현대인들은 잠시 길거리에서 방황하고 있는 셈이다.

결국 포스트모던시대의 문화는 이미 우리들이 가출을 한 상태에서 만들어진 문화인 셈이다. 한마디로 이성과 합리로 규정되는 모던시대에 창조되고 계승 발전되어 온 문화가 포스트모던에서는 더 이상 집이 아니라는 말이다. 이러한 집으로부터 가출하거나 출가한 문화는 모던의 준거를 통해서는 전혀 해석이 불가능하다. 이제 우리에게 필요한 것은 문화이해의 다원주의 多元主義, 또는 多數主義이다. 즉, 포스트모던의 문화는 더 이상 어떤 특정한 기준 내지 특정한 틀 속에서만 해석할 수 없으며, 특정한 관점으로만 이해될 수 없다. 왜냐하면 이미 우리에게는 주류문화와 부류문화가 공존하고 있으며, 때로는 주류와 부류의 위상이 바뀌기도 하고 문화의 위계관계도 수평적으로 이동하고 있기 때문이다. 바로 이러한 사실들은 새로운 문화에 접근하기 위한 학문적인 기여로서의 문화해석학 연구가 시급하게 요청되는 이유이기도 하다. 또한 포스트모던 시대의 새로운 문화를 매개로 이루어질 수밖에 없는 문화교육의 성립조건으로서 문화해석학의 근거이기도 하다.

오래전 18세기에 이탈리아의 철학자 비코Giambattista Vico(1668-1744)는 자연과 문화를 이원화했다(Vico, 1744: 51). 그런데 이러한 이분법이 오늘날 크게 왜곡되어 해석되었다. 인간은 자연의 영역에서 살아남기 위해 자신의 탁월한 정신능력을 바탕으로 문화를 창조했다. 주지하는 대로 인간학자 아놀드 겔렌에 의하면, 문화는 '제2의 자연'이다(Gehlen, 1962: 34).

"문화의 세계란 의식적인 인간활동의 결과라는 의미에서 자연의 세계와는 대립되는 세계이다. 자연은 저절로 발생한 것, 스스로 성장한 것들의 총체인데 반해, 문화는 인간의 노력에 의한 창조물이나 생산물을 가리킨다. 그러므로 넓은 의미에서 보면 대지로부터 자유롭게 자라나는 것은 자연의 산물이고, 인간이 대지를 경작하여 산출하는 것은 문화의 산물이라 할 수 있다. 인간도 자연의 일부분이다. 인간의 신체와 기본적인 의식은 자연적으로 주어진 것이다. 그렇지만 인간은 스스로의 의식적인 노력에 의해 주어진 자연을 변형시키거나 자연과는 다른 무엇인가를 창조해 낸다. 이런 변형과 창조의 과정이나 그 결과를 문화라 할 때, 인간은 자연적 존재인 동시에 자연과는 대립하는 문화적 존재가 된다."(이한구, 1995: 226)

즉, 인간은 자신들이 살아남기 유리하도록 자연환경을 다른 모습으로 바꾸어 놓을 수밖에 없었으며, 바로 이러한 바꿈의 흔적이 문화로 전개된 것이다(이상오, 2008: 92). 그러나 중요한 점은 겔렌의 문화 역시 인간 정신의 발로였다는 사실이다.

"인간은 자기의 결핍을 극복하기 위해서 자기를 의식하고 반성하다 보니, 그 보상으로 모방과 자유로운 선택과 고안할 수 있는 능력을 가지게 되었다. 이러한 모방과 선택능력과 고안은 바로 인간 정신의 작용이다. 이 인간 정신의 발로가 곧 문화이다. 그러므로 문화란 미완성된 상태로 태어난 인간이 자기 생존을 위해서 스스로 생각해 낸 자기의식과 자기반성의 결과의 집적이다."(진교훈, 1995: 252-253)

이로부터 '인간은 문화적 존재'로 이해되기 시작했으며, 인간의 문화창조 능력은 우리 인류로 하여금 자신들이 살아남기 불리했던 자연환경 속에서 살아남을 수 있게 했던 유일한 근거가 된다.

"베르그송에 의하면, 창조성은 삶의 본질이다. 우리의 삶의 모든 순간은 일종의 창조라는 것이다. 한 사람 한 사람의 삶뿐만 아니라, 인간의 삶과 불가분으로 결합되어 있는 세계도 또한 따라서 창조적이다. 이러한 창조의 원동력을 베르그송은 활력elan Vital이라고 한다. 이 활력이 그와 반대되는 비생명적인 것에 대립해서 발전 혹은 진화를 이룩한다. 이것이 그의 주저 『창조적 진화』에 담은 삶의 철학이다. 베르그송의 이와 같은 사상은 니체 에 있어서도 마찬가지로 나타난다."(이규호, 2005: 24)

이렇게 본다면, 자연과 문화는 한 몸이다. 왜냐하면 자연에서 태어나는 인간이 창조적 본능을 통하여 문화를 만들어내기 때문이다. 다만 문화는 자연의 형태변화로 나타날 뿐이다.

"인간은 본질적으로 문화존재Kulturwesen이기 때문에, 우리는 인간의 문화 의 창조성과 피조성을 돌이켜봄으로써 인간에게 숨겨져 있는 인간본질의 해명이 가능할 것이라고 기대를 가질 수 있다. 그래서 로타커Erich Rothacker 를 비롯하여 란트만M. Landmann, 카시러E. Cassirer, 플레스너H. Plessner 등은 인간은 오로지 문화존재로서만 이해될 수 있을 뿐이라고 한다."(진교훈, 1995: 253)

그러나 문화는 인간에 의해 창조되었으면서도 동시에 인간을 문화화해야 만 하는 과제를 가지게 된다(최성환, 2000: 20). 바로 이러한 과제가 쉽지 않은 것이다. 즉, 인간은 문화를 창조하지만 그 문화에 구속된다. 이럴 경우 문화는 인간행동이 제어기제가 된다.

"문화는 이제까지 대부분이 그렇게 해 왔던 것처럼 구체적인 행동 양식 - 관습, 관례, 전통, 습관의 덩어리 - 의 복합체로서가 아니라, 행동을 지배하는 일단의 제어 기제들 - 계획, 처방, 규칙, 지침, 즉 컴퓨터 엔지니 어들이 '프로그램'이라고 부르는 것 - 에 의해서 가장 잘 보인다는 것이 다.... 인간은 자신의 행동에 질서를 주기 위해서 초유전적인, 신체 외적인 제어 기제, 즉 문화적인 프로그램과 같은 것에 절대적으로 의존하고 있는 동물이라는 점이다."(클리퍼드 기어츠, 1973/ 문옥표 옮김, 2009: 64)

달리 말하면, 인간에 의해 자유롭게 창조된 문화가 이제 다시 인간의 삶 의 기준이 된다. 이러한 의미에서 짐멜Georg Simmel(1858-1918)은 이를 '문화의 비극'이라고 했다(Simmel, 1968: 116).

> "인간은 자신들이 만들어 놓은 문화에 문화화enkulturation 또는 재문화화되
> 어 계속 살아남을 수 있으며 − 최소한 살아남기 유리하며 − 더 나아가
> 필요에 따라서는 새로운 문화를 창조해 낼 수 있어야 한다. 왜냐하면 새로
> 운 문화의 창조 또는 문화적 재창조 역시 때로는 인류를 계속 살아남도록
> 또는 살아남기에 유리하도록 해주기 때문이다."(이상오, 2008: 93)

결국 창조하는 본능을 가지고 태어나는 인간이 살아남기 위해서 문화를 창조한다는 사실은 포스트모던의 (재)발견이다. 모던의 문화는 실제로 인간에 의해 창조되었음에도 불구하고 문화를 기치론적이고 규범론적으로 접근하도록 하는 바람에 인간의 본능으로서의 문화창조능력은 늘 뒷전에 있었다. 바로 이러한 근거에서 우리는 이성과 감성을 모두 지닌 인간에 의해 창조되는 문화에 대한 해석의 필요성을 거론하게 된다. 특히 포스트모던의 문화는 감성과 감수성을 토대로 하는 문화이다. 오늘날 문화는 포스트모던의 문화에 경주되어 있다. 따라서 이러한 문화에 대한 해석을 통하여 우리는 문화의 본질을 제대로 이해할 수 있으며, 궁극적으로는 이를 통하여 우리가 인간을 대상으로 하는 문화교육을 위해서 무엇을 어떻게 해야 하는지에 대한 과학적 이정표를 얻어낼 수 있게 된다.

원칙적으로 문화해석은 통합적이거나 획일적이지 않다. 특히 포스트모던의 문화에 대한 (재)해석은 속성 상 다양하고 이질적인 관점에 의해서 이루어진다. 만약 관점과 시각이 다양하거나 이질적이지 못하다면, 그것은 포스트모던의 문화에 대한 (재)해석이 아닐 것이다. 따라서 포스트모던의 문화에 대한 (재)해석은 반드시 문화이해의 '다원주의多元主義, pluralism' 내지 '다차원주의multi-dimensionalism'를 토대로 이루어질 수밖에 없다.

제8장

생태학적 문화시스템[*]

1. 생태학적 패러다임

오늘날의 우리는 생태학적 패러다임 속에 살고 있다. 따라서 우리의 삶, 즉 인간의 삶을 이해하기 위해서는 생태학적 접근이 요청된다. 따라서 문화 역시 생태학적으로 이해될 필요가 있다. 왜냐하면 문화는 인간에 의해 창조 계승 발전되기 때문에 인간의 삶에 대한 이해가 달라지면, 문화가 왜 그리고 어떻게 창조되고 무엇을 어떻게 계승 발전시키고 있는가에 대한 접근도 달라질 수 있기 때문이다. 이를 위한 학문적인 기여로서의 생태학 연구 ecologcial research는 우리 인간의 삶을 해석하고 이해하는데 도움을 줄 수 있을 것이다. 이미 현대 문화사는 생태학적 관점에서 이해되어 왔다.

"문화사를 진보의 개념으로 해석하는 경향은 문화와 생물이 근본적으로 동일한 원칙에 따라 발전한다는 견해와 함께 등장하였다. 근대적 진보의 개념은 세계가 통일적으로 구축되었다는 가정에 기반을 두고 있다. 그리고 가정을 바탕으로 하여 자연사와 문화가가 유전적인 틀을 지니고 있다고 생각하였다. 무화의 유기체적 성격을 이론화한 대표적인 학자로는 슈펭글 러Oswald Spengler(1880-1936)와 토인비Arnold J. Toynbee(1889-1975)를 들 수

---

* 이 부분은 본인의 저서『학습혁명』(2017)의 3장 생태학적 패러다임(195-271)의 토대 위에서 '문화해석'을 접목시켜 연구의 내용과 범위를 확장시켰다.

있다. 슈펭글러의『서구의 몰락』(1922)에서 문화의 발전과정을 자연과 계절 변화에 비교하였다. 그는 서구문화가 이미 겨울로 접어들었으며, 과거에 고도로 발전했던 다른 문명들과 마찬가지로 서구는 몰락하고 말 것이라 결론내렸다."(양해림, 2007: 165-166)

지금까지 생태학적 연구는 표층심리학, 심층생태학, 사회생태학, 에코페미니즘, 생태학적 심리학 등 다양한 학문적 관점을 통하여 자연과학과 인문사회과학의 엇물림을 극명하게 보여주고 있다. 간단히 말하면, 지금 생태학 연구의 노력은 이미 오래전에 역사주의-인문사회과학이 세운 가설을 (자연)과학적으로 입증하고 있는 셈이다. 특히 시스템이론을 기반으로 하고 있는 생태학적 패러다임에 대한 연구는 우리에게 현대적 의미에서의 "삶의 전체성"에 대한 연구에 불을 지피고 있다. 미국의 교육학자 스테파니 페이스 마셜Stephanie Pace Marshall은 20세기에서 21세기로의 전환은 단선적이고 기계적인 세계관의 한계를 보여 주었으며, 생태학적인 우주, 즉 모든 것이 서로에게 영향을 미치는 단단하게 연결된 전체론적이고 역동적인 시스템의 개념을 예고했다고 보았다(Marshall, 1997: 181).

생태학적 패러다임으로의 과학적-학문적 발전을 가속화시킨 프리고진의 "흩어지는 구조"의 이론과 "자기제작"의 이론은 창조성이 모든 살아있는 시스템들의 핵심적 특성임을 보여 주었다(프리쵸프 카프라, 1996/ 김용정 · 김동광 역, 1999: 291). 이미 생태학자들은 살아있는 시스템들 속에 내재되어 있는 창조성에 의해 세 가지 주요한 과정, 즉 돌연변이, 유전자교환 그리고 공생을 통해 추동되고 자연선택에 의해 버려지는 이 행성의 생물군들이 끊임없이 그 다양성을 증가시키는 형태로 확장되고 강화되었다고 주장한다(프리쵸프 카프라, 1996/ 김용정 · 김동광 역, 1999: 305). 이제 뉴턴의 "우주기계론 사고"로는 우주와 자연현상 특히 생명현상을 설명하는 데에 분명한 한계를 가진다.

오늘날 생태학적 시스템을 통해서 생성될 수밖에 없는 지금의 시스템 사고는 진정 우리가 추구하는 전체성사고에 보다 근접되어 있다고 할 수 있을 것이다.

"생태문화는 인식론적으로 분석적 사고방식에 앞서 종합적 사유를 강조하고 중요시한다. 순환적인 모든 현상은 근본적으로 개별적으로 분리하고 구분할 수 없는 전체의 다양한 측면에 불과하며 독립된 개별적인 존재가 아니다. 여기서 현상적 부분들은 전체 속에서 그 의미가 드러난다. 궁극적으로 그것을 서로 분리할 수 없다. 따라서 개별적 사물현상은 단 하나의 전체 속에서만 옳게 인식된다는 것이다."(양해림, 2007: 179)

결국 지금까지 이성적이고 합리적인 객관지식을 기반으로 성장해 온 우리 인간의 과학의 세계는 데카르트와 뉴턴에게서 잘못된 방법으로 잘못된 오류의 결과를 내고 말았지만, 현대이론물리학과 생태학이라는 새로운 과학 운동의 결과로 새롭게 발견해 낸 진정한 과학성은 오늘날 우리 인간에게 필수적인 전체성사고의 영역을 새로운 과학세계의 반열에서 수립될 수 있는 새로운 과학사고로서 각인시키는 계기를 만들어 주게 되었다.

현대의 대표적 생태학자이며 제2의 신과학운동을 주도하는 카프라Frijof Capra는 자신의 저서 『현대물리학과 동양사상』(1975)에서 생태계에 존재하는 수많은 입자들이 창조되고 파괴되는 과정을 에너지의 폭포로 비유했으며, 모든 사물을 구성하는 원소들의 원자와 내 신체의 원자들이 에너지의 우주적 춤에 참여하고 있다고 쓰고 있다(프리쵸프 카프라, 1975/ 이성범·김용정 옮김, 1989; 266). 결국 열역학의 발달은 자연과학의 세계가 온전한 과학으로 행진을 할 수 있게 한 전초기지로서 작용하게 된다.

1935년 영국의 식물생태학자 탠슬리A. G. Tansley가 처음 사용한 생태시스템ecosystems, 즉 "생태계生態界"라는 용어는 처음 이질적으로 느껴졌지만 시스템이론이 발달하면서 일반화되기 시작했다. 생태시스템이란 구조적이고 기능적으로 조직된 시스템 속에서 함께 작용하는 자연의 물리적, 화학적, 생물학적 성분의 결과들이다. 아울러 생태학은 이러한 생물과 무생물의 성분들이 자연 속에서 함께 어떻게 기능하는가에 대하여 연구하는 학문이다(Mainzer, 1997: 106). 앞으로 우리 지구의 자연권을 하나의 시스템으로 본다면, 시스템의 원리와 내용 그리고 방법에 대하여 구체적으로 연구하고 탐구할 수 있을 것이다. 생태계 파괴란 하나의 시스템이 망가지는 것을 의미한다, 시스템이 엉망이 되고 파괴된다는 사실은 시스템 속에 살고 있는 모든 개체의 운명도 부정적이라는 사실을 알려준다.

20세기 후반에 이르러서 합리적이고 분석적인 과학기술을 바탕으로 보다 나은 사회를 건설할 수 있다는 생각은 점차로 그 한계를 드러내기 시작했다(김영식·임경순, 2002: 381). 우선 합리적 이성의 최종 결과물로 탄생한 각종 핵核 기술은 핵전쟁의 위기를 고조시키고 있으며, 자연을 인위적으로 조작해서 인간에게 유익한 지식을 얻을 수 있다는 근대적인 실험정신은 20세기에 이르러서는 환경과 생태계 파괴라는 심각한 생존문제를 불러 일으켰다.

20세기 초 공장 및 작업장에서 발생하는 위험한 화학물질에 대해서 연구했던 미국의 엘리스 헤밀턴Alice Hamilton(1896-1970)은 공장 노동자들에게 노출되어 있었던 각종 직업병에 대한 연구결과를 1925년『미국의 산업독극물 Industrial Poison in the United States』라는 저서로 발표한다. 여기서 그는 산업재해 및 산업공해를 비롯한 환경오염 및 생태계 파괴 현상에 대한 인간의 경각심을 불러일으켰다. 1939년 스위스의 화학자 뮐러Paul Hermann Müller(1899-1965)는 놀라운 살충효과를 가진 DDT를 발명함으로써 1948년 노벨 생리의학상을 수상했다. 그러나 DDT의 남용으로 DDT에 내성을 가진 곤충이 나타나면서 알드린, 디엘드린, 말라치온, 파라치온 등 DDT보다 독성이 더 강한 살충제가 개발되었다. DDT는 제2차 세계대전이 끝날 무렵 몸에 기어다니는 이蝨를 죽이기 위해 사용되고 말라리아모기를 소탕하는 데에도 공을 세웠다. 그러나 얼마 후 DDT에 내성을 가진 모기들이 탄생하면서 기술결정론자들의 낙관론은 수그러들기 시작했다. 오히려 점점 화학살충제 개발의 악순환으로 자연질서가 보다 빨리 그리고 대형으로 파괴되고 급기야 식물계는 물론 동물계까지 포함한 생태계의 총체적 위기가 올 것이라는 우려가 제기 되었다. 지금 이 지구상에는 아직도 DDT에 내성을 가진 말라리아모기를 퇴치할 수 있는 약이 개발되지 않고 있다.

한국의 과학칼럼니스트 이인식은 자신의 저서『21세기를 지배하는 키워드』(2000)에서 제초제의 개발로 농산물은 단기적으로는 잡초나 병충해로부터 자유로울 수 있을지 모르지만, 장기적으로는 슈퍼잡초나 슈퍼병충해를 만들어 낼 가능성이 크기 때문에 앞으로 이들이 생태계 교란의 무법자가 될 것으로 전망하고 있다. 미국의 해양생물학자인 카슨Rachel Carson(1907-1964)은 1962년 6월 16일 ≪뉴욕커New Yorker≫지에 대규모 화학공장에서 생산되어 보급되는 살충제로 인하여 동식물의 환경 및 생태계가 파괴되고 급기야 그것을 만든 인간에게도 치명적 피해가 되돌아올 것이라는 글을 통해 살충제의 위험성을 경고했다. 카슨의 이러한 경고와 함께 그 이듬해에 『침묵의 봄Spring of silence』(1963)을 출간하게 되는데, 이 책이 대중들로부터 유래가 없는 커다란 반응을 받게 되면서 카슨은 미국 환경운동가의 대부라는 명칭을 얻게 된다. 그에 의해 주창된 환경보호론은 급기야 미국 환경운동의 기폭제 역할을 하게 되었다.

1964년 미국 의회에서는 야생보호법Wideness Act, 1969년에는 환경정책법 National Environment Police Act 그리고 각종 수질, 자동차 배기가스, 대기, 초음속 여객기 규제법이 제정되었다. 이러한 법적-제도적 장치 이외에도 1970년 4월 22일 환경 및 생태계 보호를 위한 "지구의 날Earth Day" 대회, 그리고 1972년 스톡홀름에서 제1회 유엔환경회의가 개최되었다. 또한 1972년 로마클럽 보고서인 『성장의 한계The Limits of Growth』가 출간되면서, 경제성장과 환경문제가 동시에 해결되어야 지속 가능한 사회가 가능하다는 인식에 공감대가 형성되기 시작했다. 이런 맥락에서 미국에서는 1972년 DDT 사용이 전면 금지되었고, 1975년까지 디엘드린, 클로르데인 그리고 헵타클르 같은 물에 분해가 되지 않는 유기 염소계 농약의 사용이 1975년까지 금지되었다. 하지만 앞으로 농약규제가 보다 심해질 것을 눈치 챈 미국의 살충제 제조회사들은 재빠르게 농약의 사용에 대한 규제가 그리 심하지 않은 제3세계와 같은 개발도상국에서 새로운 판로를 개척하기에 이르렀다. 이로써 슈퍼 살충제로 인한 환경파괴는 개발도상국과 제3세계로 퍼져 나가면서 전지구촌의 관심사가 되기 시작했다. 드디어 20세기 후반에 접어들면서 환경문제는 유럽 및 아시아를 비롯하여 아프리카 대륙으로까지 미치는 범汎 지구적인 문제가 되고 말았다.

이러한 상황의 변화는 수많은 과학자들의 관심을 생태학 연구에 집중되도록 하기에 충분했으며, 많은 과학자들로 하여금 미래학자로서 역할을 하도록 했다. 세계적인 환경학자인 롤런드F. Sherwood Rowland는 CFC의 남용으로 발생한 지구 오존층의 파괴를 지구 대재앙의 뿌리로 보고 있다(사이언그리피스, 2000). 그는 앞으로 우리 인류는 30~40년 더 석탄과 석유 등 화석연료에 의존하면서 여전히 이산화탄소를 배출하게 되어 지구온난화의 주범이 될 것이라고 주장하였다. 특히 그는 이산화탄소를 원천적으로 봉쇄하지 않는 한 지구의 운명은 일촉즉발의 위기에 처하게 된다고 경고한다.

> "오존층은 인간을 비롯한 생물이 지구에서 생존하는 데에 없어서는 안 되는 것이다. 태양빛 중 파장 400nm(주: nm은 10^{-9}m) 이하의 빛을 자외선이라고 하는데, 이중 300nm 이하의 자외선은 인간을 비롯한 생물에 유해하다. 지구표면 가까운 성층권까지 날아온 유해 자외선을 흡수하는 층이 오존층이다. 오존층은 지표 가장 가까이에서 유해 자외선을 막아주는 커튼의 역할을 하는 것이다. 그런데 사람들이 쓰는 프레온가스(염화불화탄소)와 할론가스 등이 이 오존층을 파괴하는 역할을 한다. 프레온가스가 오존층을 파괴할 것이라는 예측은 1970년부터 제시되었으나, 이를 증명하지는 못했다. 그러다가 1984년에야 남극 상공에서 오존층에 구멍이 뚫렸다는 것이 관측되었다. 처음 관측된 이후 오존층은 매우 빠르게 커져 갔다."(김승현 외, 1997: 424)

국제민간환경 연구단체인 월드워치연구소의 연례 보고서인『지구환경보고서 2001』에 의하면, 지구온난화 현상으로 인하여 이미 북극 빙하는 50년 전보다 약 42% 정도가 얇아졌으며, 세계 산호초 군락은 27% 정도 사라졌다. 이 추세로 간다면 아마 2050년경에는 북극에서 얼음을 더 이상 찾아볼 수 없을 것이며, 지구온난화로 인한 물 부족, 식량생산 감소, 말라리아 등 치명적인 질병이 급격하게 확산될 것이라고 한다. 또한 10년 후에는 인구 12억 명 정도가 오염된 지하수로 생활해야 할 사태가 발생할 것도 예측되고 있다. 이 보고서에서는 기후변화에 민감하지만 그래도 지금까지 근 3억 5천 년 이상 지구상에 생존해 왔던 십수 종種의 양서류가 이미 멸종했다고 보고되고 있기도 하다. 특히 마자르Michael J. Mazarr는 환경파괴의 심각성은 선진국들보다는 개발도상국에 보다 직접적인 타격을 주게 될 것으로 전망한다.

"벌써부터 개발도상국의 도시에 사는 사람 중 2억 2000만 명이 깨끗한 식수를 사용하지 못하고 있으며, 4억 2000만 명은 화장실을 이용할 수 없는 곳에서 살고 있다. 또한 10억 명이 넘는 사람들이 건강에 해로운 영향을 미칠 정도로 대기 오염을 감수하면서 도시에 살고 있다. 오늘날 개발도상국의 도시들이 배출하는 쓰레기 중 20-50%는 제대로 수거되지 않는다."
(마이클 마자르, 2000: 59)

한편, 대기 중으로 발생된 이산화탄소가 적외선을 흡수함으로써 온실효과greenhouse effect를 가져올 수 있다는 것은 이미 1세기 전인 1896년 스웨덴의 과학자 이레니우스에 의해 지적되었다(김영식 · 임경순, 2002: 389). 그러나 온실효과에 대한 연구는 1940년대 기상학자 캘린더Guy Stewart Callendar에 의해 계승되었을 당시만 하더라도 학계에서조차 관심도 끌지 못했다. 1950년대 들어서도 연구자들은 더러 있었지만 반응이 그리 민감했던 것은 아니었다. 심지어 지구온실효과로 인한 환경문제를 들고나온 이론물리학자 플래스Gilbert N. Plass, 화학자 수에스Hans Suess, 해양학자 리벨Roger Revelle, 킬링Charles D. Keeling 등에 의한 연구물들도 흐지부지 사장되고 말았다. 그러다가 캘리포니아대학의 화학자 몰리나Mario J. Molina와 롤런드F. Sherwood Rowland가 1974년 『Nature』 6월호에 듀폰사가 산업용으로 개발한 CFC 기체가 오존층을 파괴할 수 있다는 주장을 발표하면서, 다시 학계뿐만 아니라 정계와 재계의 관심을 끌게 되었다. 그 후 이러한 주장은 미국 과학아카데미National Academy of Science에 의해 받아들여져 1978년 CFC로 만든 에어졸의 사용을 금지시키는 법안이 제정되었다.

그러나 지구온난화의 심각한 문제에 대한 결정적 증거를 제출한 사건은 1980년대에 와서야 비로소 이루어졌다. 1985년 영국의 남극대륙조사단이 1984년 9월과 10월 사이에 남극 대륙의 성층권의 오존이 40% 감소했다는 조사결과를 발표하고, 이어 위성자료가 이와 같은 오존 구멍을 확인함으로써 CFC 기체들에 의한 오존층 파괴문제는 세계적인 관심을 모으게 되었다(김영식 · 임경순, 2002: 390).[24] 이들의 연구결과에 의하면, 앞으로 수

---

[24] 이로써 유엔은 몬트리올 의정서에서 오존층을 파괴하는 기체들을 금지하는 국제

십 년 안에 이산화탄소 배출로 인하여 지구의 평균온도는 1~2도 정도 높아질 것으로 예상된다. 이는 지난 수백만 년 동안에도 결코 없었던 지구의 온도 상승률이다. 지구의 평균 온도가 1~2도 상승하면 평균 해수면은 2030년까지 20cm, 2070년까지 45cm 정도 상승하게 된다. 따라서 해수면 상승으로 해안지방에 살고 있는 세계인구의 상당수는 심각한 재난을 당하게 될 것이다.

얼마 전 국제적십자사는 앞으로 10년 이내에 지구상의 기후 변화로 인하여 인류는 초대형 재난에 직면하게 될 것이라고 경고한 바 있다. 최근 지구촌에서 발생하는 엘니뇨, 라니뇨 같은 집중호우 및 극심한 가뭄 그리고 열대야 현상뿐 아니라 오존층파괴, 지구온난화, 대도시의 광스모그 현상, 산성비 등의 패해가 종전에는 극심하게 오염된 곳에서만 발생했지만, 지금은 전소 지구화 현상으로 확대되고 일반화면서 각종 기상 이변의 현상들을 만들어내는 기후변동은 지구재앙의 그림자를 예고하고 있다.

> "과학자들은 현재와 같이 대기 중에 오염물질이 그대로 배출될 경우, 21세기 말에는 지구의 평균기온이 2.5도 내지 5.5도 가량 올라갈 것으로 보고 있다. 지구의 기온이 계속 올라가면 엄청난 결과가 초래될 수 있다. 쉽게 예측되는 것은 빙하가 녹아 바다면의 높이가 상승할 것이라는 점이다. 미국 환경청의 보고에서는 2100년 경에는 바다면이 평균 0.5m~2m 올라갈 것이라고 보고 있다. 이 자체는 얼마되지 않는 것으로 생각될 수 있다. 그러나 인간이 주로 산악지대가 아닌 낮은 지역에 살고 있다는 것을 고려하면 그 영향은 심대하다. 한 추산에 의하면 해수면이 1m 상승하는 경우 3억명이 피해를 볼 것이라고 한다."(김승현 외, 1997: 423)

문명비평가 리프킨Jeremy Rifkin은 자신의 저서 『엔트로피-알게니시대』(1984)에서 열에너지를 사용하면서 인류의 멸망은 예고되고 있다고 주장한다. 이보다 훨씬 전인 1886년에 볼츠만Ludwig Bolzmann은 생명의 일반적 투쟁은 근본 물질을 취득하기 위한 것도 아니고 그렇다고 에너지를 취득하겠다

협정을 맺기에 이른다.

는 것도 아니며, 뜨거운 태양으로부터 차가운 지구로의 이동에 의해 손에 넣어 이용할 수 있는 "엔트로피entropy"를 위한 투쟁이라고 주장한 바 있다(Bolzmann, 1886: 27). 나무를 태우면 재가 되지만 재는 다시 나무로 재생될 수 없다. 즉, 열역학 제2법칙은 최대 엔트로피 또는 무질서의 상태로 닫힌 시스템이 움직이는 것은 비가역적이라는 사실을 알려준다(Mainzer, 1997: 5). 따라서 열에너지의 지속적인 사용은 지구생태계의 사멸을 의미한다. 즉, 지구온난화의 주범인 열에너지의 방출은 지구생태계의 사멸을 촉진한다. 우리가 엔트로피의 법칙과 생태계의 법칙을 무시한다면, 반드시 파멸적인 결과가 찾아올 것이다(제레미 리프킨, 1984: 29). 따라서 리프킨은 에너지 절약만이 인류가 살아남을 수 있는 유일한 방안이라고 강조한다.

엔트로피란 실체의 위치에너지가 100이 되고 운동에너지가 0이 될 때 발생하는 열에너지로서 이를테면 '마찰열'을 말한다. 모든 실체는 운동과 위치에너지 이외에 열에너지를 발산함으로써 운동과 정지를 반복한다. 이 과정에서 발생하는 열에너지는 엔트로피로 치환되며 엔트로피의 발생은 시스템을 소멸시키는 원인이 된다. 예를 들면, 기계도 오래 쓰면 망가지고, 나무도 가을이 되면 잎이 떨어지고 생물도 때가 되면 죽는다. 따라서 시스템은 환경에 적응하는 것으로써만 자신의 생명을 유지할 수는 없는 셈이다. 즉, 반드시 적응 이상을 하여야 최소한 생명을 지속할 수 있는 것이다. 따라서 리프킨이 말하는 열에너지의 절약은 생명을 살아남게 하고 연장시키는 엔트로피의 억제로서 일종의 '부적 엔트로피negative entropy'에 해당된다고 할 수 있다.

한국도 에너지 소비량이 세계 수준에 속하는 나라가 되었다. 2000년 이후 매년 에너지 소비량의 증가량이 10%선을 상회하면서 오늘날 세계에서 인구당 가장 에너지 소비가 많다는 미국과 버금가는 상황이 되고 있다. 에너지 학자들에 의하면, 앞으로 지구촌 사람 모두가 지금 수준보다 에너지 소비량을 4배로 줄이지 않는다면 에너지 고갈로 인한 각종 환경 및 사회문제로 인하여 인류 공멸의 위기로 치닫게 될 것으로 전망하고 있다(에미리 로빈스 외, 2001).

『우리 문명의 마지막 시간들』(1998)의 저자 하트만Tom Hartman은 인류가 열에너지의 원천인 햇빛 에너지를 마구잡이로 남용했기 때문에 곧 멸망하고 말 것이라고 예언한 바 있다. 지구상의 모든 생명체는 햇빛에 의존해 살고 있다. 식물은 동화작용을 통해 햇빛 에너지를 직접 얻고 있으며, 동물과 인간들은 식물로 시작되는 먹이사슬을 통해 햇빛 에너지를 취하고 있다. 물론 피부로 받아들이는 햇빛도 중요한 생명에너지의 자원이다. 지층에 매장되어 있는 석탄과 석유 같은 화학 에너지도 따지고 보면 모두 태고의 햇빛 에너지의 축적이다. 결국 인간과 동물 그리고 식물 등 모든 생태계를 살게 하는 것은 햇빛 에너지임에 분명하다. 그러나 인간의 무절제한 남용으로 인하여 이러한 모든 에너지들이 고갈되고 있다. 전 세계 석유 매장량은 약 1조 배럴로 추정되는데, 이미 7천 5백억 배럴이 사용되었다. 그는 이러한 에너지 소비 추세에 비춘다면 앞으로 인간이 사용할 수 있는 화학 에너지 비축량은 채 45년을 넘기지 못한다고 계산한다.

오늘날 산림 남벌도 대표적인 생태계 파괴의 주범이다. 인도네시아 칼리만탄에서는 매년 발리섬만 한 크기의 숲이 남벌과 방화로 사라지고 있으며, 아마존 강 유역의 우림지역에서는 7초마다 축구장 크기만 한 산림이 훼손되고 있다. 또한 미국의 패스트푸드점에 공급하는 소를 방목하기 위해 산림을 초원으로 바꾸는 바람에 과거에 국토의 3/4을 차지하던 산림이 이제 1/3로 줄어들어 버린 코스타리카의 경우, 토양 유실에 따른 기상이변으로 홍역을 치르고 있는 대표적인 나라이다(크리스티안 퀴헬리, 2000). 이미 오래전부터 동남아의 열대 우림 지역들은 기계톱과 산불에 그대로 방치된 상태이고, 유럽과 북미 등 선진국에서는 화석연료의 남용에 따른 배기가스로 인하여 전 국토의 산림이 황폐화되는 과정에 있다. 북한 역시 식량난을 해결하기 위해 화전을 가꾸는 바람에 산림이 황폐화되어 매년 심각한 기상이변 현상에 내 몰리고 있다.

미국의 천문물리학자이며 자연과학사가인 뉴트Erik Newth는 자신의 저서 『미래 속으로』(2001)에서 매일 1,000여종이 지구상에서 멸종하고 있다는 보고를 한 바 있다. 티베트 고원의 라다크라는 오지에서 16년 동안 살면서 생태계의 변화를 관찰해 온 노르베리 호지Helena Norberg-Hodge는 자신의 저서 『오래된 미래: 라다크로부터 배운다』(1992)에서 앞으로 약 40년 후에는 지구상에 동물이라곤 인간이 집안에서 길들여 놓은 개나 고양이 같은 애완동물과 집쥐 그리고 바퀴벌레 같은 기생동물만이 남게 되어, 결국은 인간만을 남기고 생태계는 멸종하게 될 것이라고 안타까워하고 있다. 고생물학자인 리키와 르윈 역시 지금까지 지구상에 생존했던 모든 생물종의 99퍼센트 이상이 멸종했다고 보고하고 있다(프리쵸프 카프라, 1996/ 김용정·김동광 역, 1999: 285). 지난 20세기 100년 동안 지구에서 사라진 동물은 모두 2백 수십만 종에 달하며, 이들 대부분을 인간이 멸종시켰다고 한다(NHK 프로젝트팀, 2000). 마리온이라는 별명을 가지고 있으며 지구에게 가장 큰 세이셸 코끼리거북이 약 200세에 생을 마감함으로써 지구상의 생물 중 가장 오래 살은 기록을 남겼다. 이 거북은 이미 동종이 모두 멸종했는데도 불구하고 무려 120년 간 혼자 남아서 마지막 생존자로 살다가 결국 인도양의 모리셔스 공화국 앞 바다에서 해변 가에 쌓인 포대 위에 올라갔다가 떨어져 죽었다고 한다. 또한 주로 아프리카 북부 지역에 서식하면서 백수의 왕인 사자 무리 중에서도 가장 용맹스러운 것으로 알려진 바바리사자들은 인간들의 무자비한 남획에 의해 20세기를 넘기지 못하고 멸종되었다. 이들은 거의 모두 뱃사람들에 의해 식량으로 살육되었다고 한다. 또한 시골에 가면 어디서든지 흔하게 볼 수 있었던 따오기는 1974년 마지막으로 목격되었으며, 한국이 원산지인 원앙이 사촌도 1910년대 완전히 대가 끊겼다. 이밖에도 캐롤라이나 잉코, 네브라스카 늑대, 캘리포니아 회색 곰, 배드랜드 큰뿔 산양, 애리조나 재규어, 괌 과일 박쥐, 방글라데시의 분홍머리오리, 코카서스 바이슨, 구아다루프 카라카라. 포클랜드늑대, 캄차카 자이언트불곰, 초승달 발톱꼬리 왈라비, 붉은 잠자리, 극락잉꼬, 뉴질랜드의 불혹주머니 찌르레기, 카스피 호랑이, 아라비아 타조, 해변밍크를 우리는 이제 더 이상 볼 수 없다. 결국 생태계를 걱정하는 이들 모두는 조만간 현생 인류인 호모 사피엔스도 머지않아 다른 포유동물과 마찬가지고 멸종의 대열에 낄 수밖에 없다는 엄중한 경고를 하고 있는 셈이다. 인간의 멸종도 시간문제가 된 것이다.

결국 생태재앙 앞에서 공멸의 위기에 처한 우리 인간들은 이제 모든 삶의 영역을 생태학적 패러다임 속에서 생각하고 문제해결problem-solving를 할 수밖에 없는 운명이 되고 말았다. 인간이 살아남기 위해 창조해 낸 문화 그리고 이러한 문화적 기준에 따라서 살아남는 방법을 터득하면서 살아남을 수밖에 없는 운명을 가지고 태어나는 인간들은 이제 우리의 현재 문화를 제대로 이해하기 위해서는 '생태학적 패러다임' 속에서 문화이해에 접근해야 한다. 즉, 오늘날의 문화해석을 위해서는 생태학적 패러다임에 대한 이해가 전제될 필요가 있다. 왜냐하면 인간의 모든 삶과 문화는 이미 생태학적 패러다임 속에서 창조와 소멸 그리고 계승과 발전이 반복되기 때문이다. 따라서 문화이해와 문화교육을 위한 전제조건으로서의 문화해석학은 이러한 생태학적 패러다임 속에서 연구될 때 비로소 전체적으로 규명될 수 있을 것이다. 이렇게 본다면, 오늘날 문화에 대한 학문적 접근, 즉 문화이론, 문화연구, 문화인류학 등은 '문화생태학cultural economy'의 범주 속에서 이루어질 때 비로소 온전한 문화해석의 과정을 섭렵할 수 있다고 할 수 있다.

2. 생태계와 문화시스템

1) 심층생태학의 탄생

생태학ecology란 말 그대로 지구촌가족에 대한 연구이다(프리쵸프 카프라, 1996/ 김용정 · 김동광 역, 1999: 53). 생명현상을 연구하는 생태학ecology는 1858년 앙리 소로Henri Thoreau가 쓴 글 "Letter, New Year's Day"에서 처음 사용되었다(홀리, 1950/ 홍동식 외 옮김, 1995: 13). 또한 소로는 1860년 「산림 나무의 계승the succession of forest tree」이라는 그의 강좌를 통하여 생태학에 대한 최초의 경험적 사례 연구가 이루어졌다(Mainzer, 1997: 107). 1866년 독일 동물학자 헤켈Ernst Heckel의 해석에 의하면, 희랍어 Oikos는 인간이 거처하는 집이라는 뜻으로 "인간의 직접적인 환경"을 의미한다. 또한 영어로 자연을 뜻하는 nature는 인간의 본질을 의미하기도 한다. 1909년 발트의 생물학자 윅스퀼Jakob von Uexküll는 환경을 의미하는 "Umwelt"라는 용어와 이 개념을 동일시하여 사용하였다(Uxküll, Jakob von, 1909).

생태학자 카프라F. Capra는 생태학의 핵심 원리를 "재생reproduction"로 보고 있다.

> "모든 생물은 생태계 속에 들어 있는 열린 시스템open system로 폐기물을 생성한다. 그러나 한 종에게 폐기물에 해당하는 것이 다른 종에게는 먹이가 될 수 있기 때문에 폐기물은 끊임없이 재생되고 생태계 전체는 대체적으로 아무런 폐기물도 남기지 않는다."(프리쵸프 카프라, 1996/ 김용정·김동광 역, 1999: 235)

생태학은 생태계ecosystem라는 개념과 함께 시작된다. 생태계라는 말은 1930년대 중반 영국의 식물생태학자 탠슬리Arthur Tansley(1871-1955)에 의해 처음으로 창안되었으며, 생태학이라는 학문의 계보는 클레먼츠, 엘튼Charles Elton(1990-1991), 허친슨George Evelyn Hutchinson(1903-1991), 린디먼Raymond Lindeman, 유진 오덤Eugene P. Odum와 하워드 오덤Howard Thomas Odum 등에 의해서 20세기 중반을 거치면서 성립되었다(김영식·임경순, 2002: 391-392). 또한 생태학 연구는 전후 미소 등 강대국을 중심으로 일어난 빈번한 핵실험들과 이에 따른 핵과학의 발전과 맥락을 같이 한다. 핵실험을 통한 생태계의 에너지 흐름과 생태학적 변화에 대한 조사는 핵과학의 발전을 위해서 중요했다. 물론 이는 생태계 전체의 문제를 파악하기 위한 자료로서도 중요하다.

특히 1950년대에 시스템 생태학Ecosystem Ecology를 발전시킨 유진 오덤과 그의 형 하워드 오덤은 생태계를 기능적으로 연결된 부분들로 구성된 자기-조절적인 단위로 간주하였다. 또한 오덤 형제는 자연과학과 사회과학을 연결시킬 수 있는 학문으로 생태학을 꼽았으며, 자연 생태계에서 일어나는 에너지 및 물질의 흐름과 변화과정을 열역학 이론의 기반으로 하는 시스템 언어로 분석하고 수식으로 정량화하였다(하워드 오덤, 2000). 그러나 생태학이 새로운 과학으로 자리잡는 계기를 마련한 사건은 미美국립과학재단에서 1968년부터 1976년까지 9년간 지원한 「국제 생물학 프로그램International Biological Program」이라는 거대 정부프로젝트였다. 비록 이 프로젝트는 실패로 끝났지만 1950년부터 과학적 연구로 출발한 시스템 생태학이 거대과학의 일원으로 자리매김하는 계기를 마련해 주었다.

문화역사가이며 시스템과학자인 아이즐러Riane Eisler는 생태학이 탄생하게 된 동기를 인간의 반反 생태학적 본성 때문이라고 지적한 바 있다(Eisler, 1987: 13). 인간은 생태환경을 보호하려는 본성도 가지고 있지만, 생태를 파괴하려는 반反 생태학적 본성도 함께 가지고 있다. 그런데 지금까지 우리 인간을 지배해 온 본성은 반反 생태학적 차원이었다. 바로 이러한 인간의 반反 생태학적 본성은 역사시대 이래로 인간으로 하여금 항상 "지배자 시스템dominator system"(Eisler, 1987)을 구축하면서 살게 하였다.[25] 아이즐러는 제국주의, 자본주의 그리고 인종차별주의가 인간의 반反 생태학적 본성이 발현된 대표적 사회지배의 전형으로 꼽고 있다. 특히 사회생태학의 일종인 에코페미니즘eco feminism에서는 남성에 의한 여성의 가부장적 지배를 여러 가지 계급적, 군국주의적, 자본제적 그리고 기업적 형태 속에서 이루어지는 모든 지배와 착취의 원형으로 간주한다(프리쵸프 카프라, 1996/ 김용정·김동광 역, 1999: 25).

한국의 에코페미니스트인 김재희는 자신의 저서 『깨어나는 여신』(2000)에서 가부장제에 의해 발생한 지배자 시스템의 역사에 대해 다음과 같이 지적하고 있다.

"인류문명은 누적된 가부장제의 스트레스로 지독한 중병에 걸려 있다. 지난 오천년 동안 지구어머니의 가장 미더웠던 아이들이 온갖 종류의 집단 광기로 발작을 하며 수도 없이 자지러졌던 데 비해, 그 아픔을 드러내지

---

[25] 인류가 역사 이래로 인류가 구축해 온 소위 "지배자 시스템"은 소위 문화시스템, 지식시스템, 과학시스템, 계몽시스템, 기계시스템과 같은 역사적 사회시스템을 들수 있다. 인간은 문화시스템 속에서 문화를 매개로 서로 경쟁하고 투쟁해 왔으며, 지식 및 과학시스템 속에서 이성적 지식과 과학적 지식을 소유하면서 경쟁해 왔다. 그리고 계몽과 기계시스템 속에서는 문명화의 척도를 기준으로 서로 경쟁하며 투쟁하면서 결국 "인간이 인간을 지배하는 역사 시대"를 개척해 온 것이다. 인간은 시스템을 만들고 그 시스템 속에서 시스템 사고를 하면서 살아남았다. 이렇게 살아남는 과정에서 동반된 경쟁과 투쟁의 흔적들은 인간에게 지배자 시스템을 허용했다. 역으로 지배자 시스템의 연속이 바로 인간에게 역사적 사회시스템들을 가능하게 했던 것이다.

못한 지구어머니는 속으로 깊이 병이 들었다."(김재희, 2000)

이제 그녀는 에코페미니즘(생태여성주의)을 대안으로 제시하고 있다. 대지의 여신 가이아Gaia의 넓은 품과 자궁의 안온함이 부패해 가는 남성 중심의 폭력적 착취문화를 순화시킬 수 있다는 주장이다.

오늘날 전 세계에 급격하게 파급되고 있는 심층생태학deep ecology는 과학적 생태학의 근거를 바탕으로 하는 철학적 사회운동이라고 할 수 있다. 심층생태학이라는 용어를 처음 사용한 사람은 노르웨이의 철학자 나에스Arne Naess(1912-2009)이다. 그는 생태학을 표층생태학shallow ecology와 심층생태학 deep ecology로 구분하였다. 심층생태학은 철학의 한 학파를 구성할 정도로 세력도 커졌다. 그에 의하면, 표층생태학은 아직도 인간중심적인 관점 ego-centrism를 가지고 있는데 반하여, 심층생태학은 인간도 자연의 일부분으로써 생명 그 자체가 중심이 되어야 한다는 관점을 지닌다.

현대생태학자 카프라Frijof Capra는 과거 낡은 패러다임이 인간중심적 anthropocentric 가치들에 기반하고 있는 반면, 심층생태학은 생태중심적eco-centric 가치들을 토대로 삼고 있다고 한다(프리쵸프 카프라, 1996/ 김용정ㆍ김동광 역, 1999: 27). 즉, 표층생태학은 역사 이래로 인간이 역사적 지배자 시스템을 창조하면서 자연을 도구적 가치와 수단으로 활용하였던 방식을 그대로 적용하고 있지만, 심층생태학은 인간과 자연은 주관과 객관, 즉 주체와 대상의 관계가 아니라 상호 공존하고 상호 의존적인 우주의 동일 현상으로 간주한다. 심지어 심층생태학에서는 영적 또는 종교적 차원의 인식까지 포괄하고 모든 개체들이 인간이건 자연이건 전체로서의 우주 속에 서로 연결되고 의존되어 있다. 즉, 자연과 자아ego, self가 하나라는 영적 체험을 기반으로 하고 있는 셈이다. 이렇게 본다면, 심층생태학적 인식은 생태학적 생활양식과 환경적 행동주의를 위한 가장 이상적인 철학적, 영적 기반을 제공해주게 된다(프리쵸프 카프라, 1996/ 김용정ㆍ김동광 역, 1999: 24). 한마디로 자연과 자아의 일치를 통해 가능해지는 모든 방향으로의 자아확장이 바로 심층생태학의 기반이다(프리쵸프 카프라, 1996/ 김용정ㆍ김동광 역, 1999: 29). 또한 심층생태학은 모든 생물을 본질적인 가치로 인정하고, 자연과 다른 생물과 마찬가지로 인간을 생명이라는 전체라는 그물 속에 포함되어 있는 한 가닥의 씨줄이나 날줄에 불과한 무엇으로 본다(프리쵸프 카프라, 1996/ 김용정·김동광 역, 1999: 23). 그러나 카프라는 가치의 문제를 심층 생태학의 핵심으로 보고 있다(프리쵸프 카프라, 1996/ 김용정·김동광 역, 1999: 27). 다른 말로 하면, 오늘날 (심층)생태학에서는 자연과 인간의 자아를 가치(또는 의미) 차원에서 "동일한 하나"로 보고 있다.

결국 이렇게 본다면, 문화시스템을 생태시스템의 관점에서 해석할 때 비로소 우리는 온전한 문화이해에 도달할 수 있다고 할 수 있다. 즉, 인간이 창조해 내고 인간이 구속되는 문화 역시 생태학적 패러다임에 들어 있다고 본다면, 생태시스템에 대한 이해도 없이 문화시스템을 이해한다는 것은 — 아리스토텔레스의 말을 빌면 — 형상eidos없이 질료hyle에만 접근하는 것과 결코 다르지 않다.

> "문화체계(문화시스템)라는 개념은 문화의 역동성을 이해하기 쉽게 해 준다. 한 문화체계의 구성요소들은 상호의존 관계에 있으며, 한 요소가 변하면 다른 요소도 변하게 된다."(이종각, 1997: 38)

한마디로 오늘날 문화는 "생태eco: 집" 안에서의 문화이다. 다시 말하면 인간이 창조해내고 인간이 구속되는 문화는, '생태계eco-system'라는 심층생태학의 '우산개념umbrella concept 속에서의 문화'라는 개념으로 확대되지 못하면, 반쪽의 문화 내지 문화에 대한 잘못된 해석으로 전락할 수도 있다.

구체적으로 (심층)생태학적 패러다임 속에서의 문화는 더 이상 '인간중심의 문화ego-centric culture'가 아니다. 심층생태학에서 제시하는 '생태중심의 문화eco-centric culture'는 인간중심의 문화처럼 인위적이거나 목적 지향적이지 않다. 오히려 '생태중심의 문화'는 자연스럽게 형성되고 자발적으로 생성한다. 이런 점에서 문화시스템 역시 움직이고 있다고 할 수 있다(Beals, 1967: 5). 이렇게 본다면 자연스럽게 만들어지고 자발적으로 생성되는 생태중심의 문화는 자연의 본성을 담지하는 인간본성의 문화를 가능하게 한다. 생태학적 문화해석은 자연의 본성에 근거한 인간이 창조하는 문화를 대상으로 한다. 이럴 경우 생태학적 문화해석은 문화 본성과 인간성을 추구하는 문화교육(학)의 토대가 될 수 있다.

2) 생태학적 인간 본질

(1) 자기창조의 능력

18세기 독일의 계몽주의 철학자 칸트Immanuel Kant(1724-1804)에 의하면, 생명은 자기 스스로를 창조하는 본능을 가지고 있다(Mainzer, 1997: 83). 그는 뉴턴 물리학의 기계시스템으로는 살아있는 유기체의 자기 조직이 설명될 수 없다고 보았다(Mainzer, 1997: 5). 그는 뉴턴 역학을 생물학에 적용시키는 것 자체가 잘못이라고 하면서, 뉴턴에게서는 '잔디의 잎사귀가 발견되지 않는다'는 은유로 대답했다(Mainzer, 1997: 83). 그 이유로 칸트는 자신의 저서『판단력 비판』(1790)에서 기계는 오로지 움직이는 힘만을 가지고 있지만 유기체는 조직하는 힘을 가지고 있는데 이는 기계적인 운동만으로는 설명될 수 없다는 점을 강조했다(Kant, 1971: 340). 오스트리아의 물리학자 얀치Erich Jantsch도 "우주는 자기 스스로를 창조한다"고 하면서, 이러한 현상을 자기 조직적 패러다임self-organizing paradigm로 설명하고 있다(에리히 얀치, 1980/ 홍동선 옮김, 1989: 17).

일반적으로 생태학자들에게 생명은 자신의 지속가능성을 극대화시키기 위해 스스로를 창조한다. 이들은 대표적 근거로 생식生殖을 들고 있다. 생식은 생명이 스스로를 창조하는 본능 행위이다. 이들에게 창조는 생명이 끊임없이 새로움에 도달하려는 움직임이다.[26] 생명은 탁월하고 비범한 능력을 가진 자만이 창조 능력을 가진 것이 아니라 살아남기 위해 모든 생명은 "어쩔 수 없이" 스스로를 창조할 수밖에 없다. 한마디로 생명은 스스로 조직하지 않고 창조하지 않으면 바로 죽어 없어지는 것이다. 이는 생명은 기계적

---

[26] 빌헬름 딜타이와 에듀아르트 슈프랑어와 같은 독일의 정신과학자들은 생명이 본능적으로 살아남아야 하겠다는 목적을 가지고 있으며 그 목적을 지향하며 살아간다고 한다. 즉, 생명은 어떤 특정한 원인이 있는 것이 아니고, 오로지 생명력vital force에만 가치를 두고 스스로를 목적으로 창조하는 목적론적teleological 존재이다(Mainzer, 1997: 79).

인 자동성에 따라서 살아가는 것이 아니라 '개체적인 자율성'에 따라서 살아남기 때문이다.

> "마투라나와 바렐라는 생명의 개체적인 자율성에 대해서 탐색하면서 사실상 생명활동이 기계적이거나 신비로운 것이 아니라, 자기생산을 위한 활동으로 이루어진다는 점을 밝혔다. 예를 들어, 노동자들이 직장에서 자동기계와 같이 다루어지고 도구화되는 것의 이면에는 생명의 도구화와 자동기계로 간주하는 것이 숨어 있다. 그렇기 때문에 생명의 개체적인 자율성을 승인하는 것은 곧 인간 개체의 자율성에 대해서 인정하기 위한 시금석이라고 할 수 있다."(신승철, 2015: 72)

인간의 췌장은 24시간 만에 세포전체를 바꾼다. 그렇지 않으면 췌장은 본래의 기능을 잃고 만다. 인슐린을 분비하는 췌장이 기능을 잃으면 생명은 곧 끝난다. 위벽의 세포들은 재생이 되는 데에 꼭 3일이 걸리며 뇌 속 단백질의 98퍼센트는 한 달만 지나면 모두 새것으로 바뀐다. 또한 우리의 피부는 분당 10만 개의 속도로 세포를 교체시킨다. 세포들은 파괴되어 구조를 만들고 조직과 기관들은 연속적인 주기로 자신들의 세포를 교환한다. 이렇게 모든 세포들은 생명의 보존과 존속을 위해 스스로를 창조하는 것이다.[27] 결국 지구상의 모든 생명들은 어떤 방법으로든 끊임없이 자기 스스로를 창조하고 갱신시킨다. 그러나 이렇게 계속되는 창조에도 불구하고 생명은 그 '전체적인 자기동일성'을 유지한다.[28]

노벨물리학상 수상자인 독일의 아이겐은 생명의 기원이 안정과는 거리가 먼 점진적 창조과정의 결과였을지 모른다는 가설을 가지고 연구를 시작했다. 구체적으로 그는 생명의 진화과정을 '분자의 자기 창조'라는 개념으로 설명한다. 인간게놈프로젝트를 거부하는 미국 하버드 대학교의 생물학자 르원틴Richard Lewontin는 생물진화의 변이란 유전적 또는 환경적 변이의 결과

---

[27] 독일의 사회학자 니클라스 루만N. Luhman는 인간에게 의사소통은 사회적 자기 창조의 방법이라고 한다(프리쵸프 카프라, 1996/ 김용정·김동광 역, 1999: 280).

[28] 특히 시스템론자들인 위너와 폰 노이만, 세넌, 맥컬록, 베이트슨, 마투라나 등이 이러한 주장을 대표하고 있다.

가 아니며, 세포 분자들의 상호 작용 수준에서 일어나는 무질서한 사건의 결과인 '발생잡음developmental noise'라고 보았다(리처드 르원틴, 1998/ 김병수 옮김, 2001: 51). 이들은 진화를 임의적인 돌연변이와 자연선택의 결과로 보지 않고, 생명의 창조적인 전개과정을 살아있는 모든 시스템의 고유한 특징인 분자적 다양성과 복잡성(또는 무질서)이 끊임없이 증가하는 형식으로 이해하기 시작했다(프리쵸프 카프라, 1996/ 김용정 · 김동광 역, 1999: 292). 인간생태학자 홀리Amos Henry Hawley(1910-2009)는 이러한 자기 창조로 생태학적 확산이 이루어진다고 설명한다(홀리, 1950/ 홍동식외 옮김, 1995: 27). 마투라나와 바렐라는 자기 창조의 현상에 내재하는 보편적 패턴을 아우토포이에시스autopoiesis, 즉 '자기제작' 그리고 '자기갱신'이라는 개념으로 설명했다. 물론 생물학적 진화이론에서 자연선택이나 돌연변이는 아직도 유효하다. 그러나 생태학에서 진화이론의 전개는 생물의 창조성, 즉 생물이 끊임없이 새로움에 도달하려는 자유로운 행동을 중점에 두고 있다. 특히 마투라나와 바렐라의 아우토포이에시스의 개념은 '자기생산'으로서 다윈의 진화론으로 대표되는 기성 생물학에 의문을 제기하면서 시작되었다. 이들은 진화를 계통발생적 선택이 계속되는 가운데 일어나는 '구조적 표류'로 간주하고, 유기체와 환경의 구조접속이 지속적으로 이루어지는 가운데 적응과 자기생산이 있을 뿐이라고 주장하였다.

> "구조적 표류는 우연으로 가득 찬 세상을 의미하며, 적응과 자기생산의 두 요소가 우연으로 가득 찬 세상을 의미하며, 적응과 자기 생산의 두 요소가 내부에서 작동하는 우발적인 환경과의 접속을 의미한다. 이러한 시각에서 보면 진화의 필연적인 결과가 나타나기까지 환경변화가 결정적이었다는 생각은 기각된다. 진화는 오히려 '방황하는 예술가'라는 개념으로 등장한다. 이러한 시각은 환경의 변화는 상관관계일 뿐 인과관계가 아니며, 더욱이 진화에 결정적인 요소가 아니었다는 주장을 펼친다. 단지 진화는 유기체와 환경의 양립에 따른 '적응'과 '자기생산'이 보존되는 과정에서 우연의 일치로 나타날 뿐이라는 것이다. 생명 개체는 표류하며 방황하면서 자신에게 적합한 환경을 찾아다니는 자율적인 존재, 은유시인, 방랑자, 예술가 등과 같은 모습으로 나타난다."(신승철, 2-15: 61)

인간의 삶에서 자기생산하기 위해 스스로를 창조하는 생명의 최소 단위는 세포이다(Mainzer, 1997: 87). 세포핵 속의 DNA는 RNA 분자를 생산하며 RNA 분자들은 효소를 포함하는 단백질의 생산을 세포의 생산센터에 명령한다. 생산된 효소는 다시 세포핵 속으로 들어가 손상된 DNA를 수선한다. 세포는 자체적으로 세포의 수선과정에도 참여하게 된다. 이는 세포가 살아남기 위해 스스로 창조함을 보여주는 것이다. 원시 바다에서 우연히 생성된 DNA의 자기 복제술에 의해 시작된 생명 진화의 역사는 DNA 복제의 역사였다고 해도 과언이 아니다(Willson, 1992). 영국의 생물학자 도킨스 Richard Dawkins 역시 자신의 저서 『이기적 유전자』(2002)에서 DNA를 "불멸의 나선"으로 명명했다. 모든 생명체는 생존과 사멸을 반복하지만 DNA는 생명체의 몸을 빌어 영원히 생존한다. 이렇게 본다면, 지구의 역사는 애초부터 DNA의 역사였다고 해도 과언이 아닐 것이다. 하여간 세포로 구성되는 거대 시스템, 즉 메타생명체인 생물, 사회 그리고 생태계 역시 스스로를 창조할 때 생명현상을 유지한다.

> "(완전히 성장한 인간과 같은) 메타생명체는 단세포처럼 운동부위가 감각부위와 같은 형태의 뉴런작용으로 돌아가지 않으며, 그 내부에 색다른 신경계의 작용을 갖게 된다. 마치 그물망처럼 얽혀서 신경계의 작용을 하는 신경계는 '작업적 폐쇄성'을 갖는다. 이러한 신경계는 입력과 출력의 기계가 아닌 상호작용의 기계라고 지칭될 수도 있다. 메타생명체의 신경계는 그물망과 같은 신경계의 내부작동에 의해서 우연적인 구조적 표류를 하면서도 상호작용을 결정하는 내부작동에 의해서 움직인다. 그렇기 때문에 메타생명체는 단세포동물로 환원될 수 없는 독특한 환경과의 섭동작용과 자율적인 결정이 가능하다."(신승철, 2015: 67)

한편, 카오스 이론가들에 의하면, 생명은 무질서이며 불확실하다. 또한 생명은 결코 동일하게 반복되지는 않는다. 그러나 카오스의 움직임은 임의적이고 산만한 운동이 아니다. 잘 살펴보면 '카오스chaos'의 움직임에도 이미 어떤 것은 결정되어 있으며 그 안에 '패턴pattern'도 있다. 물론 '구조 structure'도 있다. 생명은 창조적 무질서를 통해 구조화된 패턴을 창출한다.

구조화된 패턴은 새로운 질서이다. 생명의 창조적 무질서 현상을 만델브로는 <프랙털 기하학>으로 풀었다. 여기서 프랙털Fractal란 세부구조들이 끊임없이 전체구조를 되풀이하는 형상을 말한다. 예를 들어, 나무, 양치류, 산호같이 성장하는 시스템들은 프랙털에 의해 잘 묘사되며, 맥관脈管 망의 복잡한 갈래들이나 신경구조망은 프랙털 구조의 대표적 사례들이다(Mainzer, 1997: 104). 한마디로 모든 사물의 세부구조는 전체의 모양을 담고 있다. 이를 근거로 만델브로는 생명현상을 프랙털 구조로 파악하고, "자기 유사성" 개념을 기하학적으로 풀어내는 수학적 방법을 창시한다. 왜냐하면 부분과 전체는 같은 모양을 하고 있기 때문이다. 또한 위에서 본 바와 같이 일리야 프리고진I. Prigogine의 "흩어지는 구조"로, 위상기하학자 푸앙까레와 로렌츠는 "기묘한 끌개" 현상으로 생명현상을 풀어내고 있다. 그러나 이들의 공통된 결론으로 본다면, 생명은 늘 환경으로부터의 유입과 자극으로 불안정, 불균형, 불규칙적으로 되지만 바로 여기에 새로운 균형을 만들어내는 자기창조의 힘을 내재하고 있다.[29] 따라서 이들에게는 불안정과 불균형을 초래하는 카오스를 통하여 새롭게 만들어지는 패턴이 새로운 창조에 해당된다.

따라서 문화는 자기갱신과 자기제작 그리고 자기창조의 능력을 가지고 태어나는 인간에 의해 창조된다. 문화文化 역시 이러한 차원에서 창조되고 계승 발전된다고 해석될 수 있어야 한다. 즉, 문화는 인간에 의해 창조되지만 문화로 창조된 이후에는 스스로 자기창조의 능력을 가지게 된다는 사실이다. 결국 인간이 자기창조의 능력 때문에 살아남는 것과 마찬가지로 인간에 의해 만들어지고 인간을 구속하는 문화 역시 자기창조의 능력에 의해서 스스로 살아남고 스스로 창발적으로 진화한다. 이를테면, 문화접변, 문화동화, 문화변동, 문화변형 등의 개념들은 이를 대변한다. 이렇게 본다면, 인간

---

[29] 동양의 도가道家에서는 변용과 변화를 자연의 본질적인 모습으로 가르치고 있으며, 힌두교에서는 전우주의 실천원리를 카르마Karma로 설명하고 있는데 이는 창조적 힘으로 이 속에서 만물과 만물은 역동적 연관을 맺고 있다고 한다. 인간은 종종 다른 사람들과 다른 종들의 창조적 무질서는 일탈로 몰아 세우고, 질서와 규율을 핑계로 만물의 창조적 무질서를 무단으로 거세한다. 독일 철학자 프리드리히 니체에게서는 아폴론 문화가 그랬다. 그러나 이는 생명의 뿌리 자체를 거세하는 일이었다.

의 창조산물인 문화의 자기창조과정은 해석의 대상이다. 만약 우리가 문화의 자기창조과정을 해석해 내지 못한다면, 우리는 문화가 어떻게 자기 창조의 결과로 현상하는지를 이해하지 못하거나 아니면 잘못 파악하게 된다.

(2) 개방적 흐름

생명은 흐른다. 구체적으로 생명에는 물질(영양소, 자원)이 흐르고 에너지가 흐른다.[30] 사회생태학자 던칸Dunkan에 의하면 정보도 흐른다. 생태학자들은 생명에 흐름이 있기에 생식도 있고 발생도 있다고 하고 신진대사도 있고 진화도 있다고 한다. 흐름이 멈추는 곳에 생명은 없다. 지속가능성을 위해 생명은 부단히 흐른다.[31]

그러나 생명은 순환적 흐름이다. 동물이 식물을 먹고 작은 동물이 큰 동물에 먹힐 때 몸에 들어온 물질들은 박테리아 등에 의해 분해되어 폐기물로 배설된다. 이는 다시 녹색식물에 의해 흡수된다. 죽은 생명은 박테리아와 곤충 등에 의해 다른 생명의 자양분이 된다. 결국 생태계의 순환에서는 삶과 죽음이 공존함으로써 모든 물질은 새롭게 재생된다. 산불로 온 산이 다 타버릴 때 솔방울은 오히려 그 열기로 인하여 일시에 수많은 씨앗을 퍼뜨린다. 민둥산에 소나무의 새싹이 다시 돋아 나온다. 전체로서의 생태계는 원칙적으로 아무런 폐기물도 남기지 않고 유지된다(프리쵸프 카프라, 1996/ 김용정·김동광 역, 1999: 391).

생태학자 오덤은 물질이 순환하는 과정에서 오로지 에너지만 흩어진다고 보았다. 즉, 생태계에 형성되는 유일한 폐기물은 호흡을 통해 발생하는 열에너지뿐이다. 그러나 열에너지 역시 대기 속으로 복사되지만 태양에 의해 지속적으로 채워진다. 물론 이는 빛 에너지를 화학 에너지로 바꾸는 식물 엽록체의 광합성 덕택이다. 생태계는 물질의 흐름에 대하여 대체로(완전히는 아니지만) 닫혀 있으며, 에너지의 흐름이라는 측면에서는 열려 있다는 점에서 개별 생물들과 차이점을 갖는다(프리쵸프 카프라, 1996/ 김용정·

---

[30] 아인슈타인에 의하면 물질은 에너지이다(보더니스, 2001).
[31] 동양의학에서도 음과 양 사이의 흐름이 막히면 신체가 병들게 된다고 한다.

김동광 역, 1999: 391). 생명의 파수꾼으로 알려진 미국의 톰 하트만은 모든 생명체의 근원을 '햇빛 에너지'로 보았다. 식물이 햇빛 에너지를 통하여 광합성으로 살아가고 동물을 식물을 섭취하면서 햇빛 에너지를 얻게 된다. 그는 석탄과 석유 같은 화석 에너지 역시 태고로부터 저축된 햇빛 에너지로 간주했다. 결국 햇빛 에너지를 통해 모든 생명은 생성되고 생존하며 사후에도 햇빛 에너지로 남게 된다. 햇빛 에너지는 순환은 생태계의 순환과 똑같다.

생명은 자신의 주변 환경으로도 흐른다. 가이아Gaia의 가설은 이러한 사실을 잘 알려준다. 가이아란 그리스 신화에 나오는 "대지大地의 여신"으로 지구의 표면을 의미한다. 가이아의 가설로 생태학을 시작하는 러브록James Lovelock는 가이아를 "살아있는 지구"로 표현한다. 여기서는 생태계의 흐름이 생물과 생물 간의 순환적 흐름만을 의미하지 않는다. 지구상에 살고 있는 전체의 형태들, 즉 식물과 동물 같은 생물들, 암석, 흙, 동굴, 해양, 강, 구름, 바람 같은 무생물 그리고 박테리아 같은 미생물이 모두 하나의 흐름으로 연결되어 있다는 것이다. 가이아 이론에 의하면, 생물 시스템과 무생물 시스템이 하나의 단일한 그물을 이루며 복잡하게 짜여져 있으며 가아아 시스템은 자기생성적self-generating이다(프리쵸프 카프라, 1996/ 김용정ㆍ김동광 역, 1999: 283). 한마디로 가이아는 자체적으로 살아있는 생명체이며 생명의 흐름으로 연결된 생명의 그물인 셈이다.[32]

러브록은 산소가 생명체에서 나왔듯이 대기의 다른 기체들도 생명에서 나와 생명으로 순환된다고 한다. 그는 열린 시스템에서 물질과 에너지가 지속적으로 흐르기 때문에 대기권의 생명현상이 유지된다고 보았다. 또한 스코틀랜드의 지질학자 허튼James Hutton는 물과 동물의 순환계는 일치한다고 하면서, 지구생태계에서는 지질학과정과 생물학과정이 순환적 흐름으로 연결되어 있다는 주장을 폈다. 즉, 그는 지구에 대한 가장 적절한 연구 방법은 생리학적 수단을 동원하는 것이라고 생각했으며, 이미 중세시대 하비

---

[32] 불교의 가르침에서도 무아無我란 개별적 자아를 의미하지 않고 일체 중생이 성불하는 것을 바라는 의미에서 사용하고 있다. 즉, 동양사상에서도 자아는 모든 자아가 독자적이지 않고 하나의 흐름으로 연결되어 있다.

William Harvey(1578-1657)가 제안한 혈액 순환의 원리가 지구의 원소 순환에도 그대로 적용될 수 있을 것이라고 보았다(J. E. 러브록, 1990: 9). 심지어 영국의 생태학자 하딩Stephan Harding는 모든 생물들이 바위에서 태어나 다시 바위로 돌아간다고도 했다(Harding, 1994: 12). 이때 박테리아가 지구생태계에서 생명의 순환과 흐름에 절대적으로 작용한다는 것이다. 한마디로 생명은 생명 내부에서 흐르고, 생명과 생명 사이에서 흐르고 마지막으로 지구 전체에서 생물과 무생물의 경계를 넘나들며 흐른다. 다만 생명의 모든 흐름에는 '화학작용에 의한 에너지의 변화'가 있을 뿐이다. 예를 들어, 세포는 동질의 화학적 성분을 가진 용액의 가방으로 간주되는데, 모르포젠이라고 불리는 성장호르몬은 화학 성분 중의 하나이다(Mainzer, 1997: 99).

생태학자들의 공통된 주장에 의하면, 우리 인간들의 무지와 오만은 생명에서 흐름을 인정하지 않는다는 사실이다. 우리 인간은 자신과 주변 환경 그리고 다른 생명들과 단절된 독립된 관계로 단정하고, 다른 생명은 하찮고 주변 환경은 그냥 자신과 무관한 것으로 간주하고 있다. 그러나 다른 사람 또는 동물과 식물 등 다른 생명 그리고 환경을 범하는 일은 자신을 범하는 일이라는 사실은 생명 현상의 기본 원리이다. 생태계의 순환적 흐름을 단절하면 생명은 모두 죽는다.[33] 왜냐하면 환경과 다른 생명은 반드시 나에게 똑같은 것을 되돌려 주기 때문이다.

결국 개방적으로 흐르는 본질을 가진 인간에 의해서 창조되는 문화文化 역시 개방적 흐름의 차원에서 창조되고 계승 발전된다고 할 수 있다. 특히 문화는 닫힌 시스템 속에서 정태적으로 머물거나 정지되어 있는 것이 아니라, 늘 외부 내지 주변 환경에 개방되어서 이들과 상호교류하고 상호 교환을 하는 가운데에서 새롭게 창조되는 것이다. 결국 문화해석은 개방적 흐름이라는 문화의 생명과정에 초점이 맞춰질 필요가 있다. 또한 순환적 흐름이 생태학적 인간의 본질이라고 한다면, 인간과 문화창조는 변증법적 관계를 가진다. 인간이 문화를 창조하고 그 문화에 구속되면서 다시 그러한 관계

---

[33] 도교에서도 도道는 순환양식으로 설명된다. 즉, 돌아옴이 도의 움직임이다. 결국 생명의 순환적 흐름을 원리적으로 이해하는 일은 인간이 남의 생명을 보호하는 길이기도 하지만 자신의 생명을 지키는 유일한 방법이기도 하다.

속에서 새로운 문화를 창조하고 또 그에 구속된다. 따라서 개방적이며 순환적인 흐름의 과정 속에서 창조되는 문화는 문화해석의 대상이다.

(3) 불균형 흐름

오스트리아의 생물학자 폰 버틀란피Ludwig von Bertalanffy(1901-1972)는 생명의 흐름이 항상 균형을 이룬다는 의미에서 "흐르는 균형"이라는 표현을 했다.[34] 그에 의하면, 생명의 흐름 속에 있는 조절기능 덕분으로 '항상성'恒常性, 즉 호메오스타시스homeostasis로의 회귀 능력이 내재한다. 항상성이란 생명이 허용한계 내에서 요동하는 여러 변수들과 동역학적인 균형상태, 즉 역동적 균형 상태를 유지할 수 있게 해주는 자기조절의 메커니즘을 말한다. 케넌Walter Cannon.과 베르나르Claude Bernard도 이러한 항상성의 개념을 유기체의 내부환경의 불변성 원리로 파악하고 있다. 이러한 항상성의 개념이 생명을 열린 시스템으로 이해할 수 있는 기반을 주었던 것은 사실이다.

그러나 프리고진과 스텐저스는 "생명은 흐르는 균형"이라는 사실에 전적으로 동의하면서도 여기에 만족하지 않는다. 이들은 생명에는 균형적인 흐름만 존재하지 않는다고 주장한다. 즉, 균형적 흐름을 통하여 생명은 환경에 적응하고 안정을 찾는다. 그러나 흐름은 때때로 방해를 받아 일시적으로 끊기기도 하고 반대로 강화되기도 한다. 이는 "화학반응" 때문이다. 화학반응은 일시적으로 불안정을 야기한다. 이로써 생명은 '흩어지는 구조'를 얻게 되고 창발적으로 진화한다. 생명은 생물과 무생물간의 화학적 순환과정에서 진정한 생명으로 탈바꿈된다. 즉, 생물의 내부에서 일어나는 화학작용은 생명과 원자·분자라는 무생물과의 교환관계 속에서 생명현상을 가능하게 한다. 예를 들어, 개미들은 그들의 행동을 제어하는 화학적 물질을 분비

---

[34] 일찍이 헤라클레이토스는 "만물은 유전한다"고 가르쳤다. 1920년 영국의 수학자이며 철학자 화이트헤드와 앙리 베르그송 같은 생철학자들은 "생명을 과정process"으로 보았다. 이 세상에 과정이 생략된 생명은 없다. 도가에서도 도道는 우주의 길이고 자연의 길을 의미하는데, 도의 세계는 부단히 유전하고 변화하는 것으로 해석된다. 또한 불교에서도 무상무아無常無我라고 하면서 유전과 변화가 자연의 근본 모습이라고 가르치며, 힌두교의 자연관에서도 최고 경지인 마야의 세계는 부단히 흐르고 변화한다.

한다. 즉, 이들은 화학적 분자의 밀도가 최대치를 기록하는 방향으로 일률적으로 이동한다(Mainzer, 1997: 109). 수많은 동물들의 경우 영역을 표시한다거나 아니면 냄새로 방향을 찾아내는 것들은 모두 화학적 분자밀도에 의해 행동이 스스로 규제된다는 사실을 보여준다. 이러한 돌발적인 비평형적 불균형 작용들은 모두 화학작용에서 이루어지며, 이로써 생물은 생명을 유지한다.

프리고진과 스텐저스는 약 35억 년 전으로 추정되는 생명의 탄생을 "화학적 스프soap"(프리쵸프 카프라, 1996/ 김용정 · 김동광 역, 1999: 309)로부터 설명하는 진화론을 믿고 있다. 이들은 약 35억 년 전에 자기 제작하는 박테리아 세포들이 탄생함으로써 생물의 진화가 시작되었다고 믿는다(프리쵸프 카프라, 1996/ 김용정 · 김동광 역, 1999: 310). 물론 이들은 다윈주의나 신新다윈주의를 추종하는 진화론자들은 아니다. 심지어 이들은 "화학적 스프"로부터 생명이 탄생했다는 사실 이외에도 생명의 창조적 진화가 생명 내에서의 화학작용과 화학반응 때문에 가능했다고 보고 있다. 여기서 이들이 주장하는 화학물질은 무작위나 무질서의 결합이 아니라 '질서 있는 구조', 즉 '패턴'을 가진 결합 촉매제를 의미한다(Margulis and Sagan, 1986: 51).

뉴턴에게 우주가 큰 기계시계라면 프리고진에게 생명은 "화학시계 chemical clocks"(프리쵸프 카프라, 1996/ 김용정 · 김동광 역, 1999: 124)이다. 뉴턴의 생명에는 생물과 화학이 빠져 있다. 단지 뉴턴의 생명은 기계작용과 같다. 물론 프리고진의 화학 시계는 자체적으로는 생명이 아니다. 그러나 그것은 생명을 좌우하는 촉매가 된다. 예를 들어, 생물에게 가장 단순한 세포의 신진대사 과정에서도 화학반응은 결정적 역할을 한다(Mainzer, 1997: 99). 생명의 각 세포들은 화학반응의 덕택으로 물질을 흡수하기도 하고 분해하기도 하고 노폐물을 몸 밖으로 배출시키기도 한다. 세포 속에는 다른 종류의 불안정성이 존재하는데, 그 성질은 기계적이라기보다는 오히려 화학적이다(프리쵸프 카프라, 1996/ 김용정 · 김동광 역, 1999: 226). 물론 여기에서도 끊임없는 물질의 흐름이 존재한다. 그러나 생명의 신진대사 과정에서 발생하는 수천 · 수만 가지 화학반응들은 생명을 차별화하고 특성화한다. 화학반응은 생명마다 조금씩 다르다. 우리는 전혀 화학반응이 없는 곳에는 '화학적 평형chemical equilibrium'이 생겼다고들 한다. 화학적 평형은 '죽음'을 의미한다. 흐름이 화학적으로 비평형일 때 비로소 생명은 유지된다. 이미 미국의 목성 탐사 우주선 갈릴레오 호는 태양계를 돌면서 모든 행성 중에서 오로지 지구에서만 대기의 화학적 비평형 상태가 존재함을 확인했다. 결론적으로 지구를 제외한 다른 행성에서는 아직 생명체가 불가능하다는 말이 된다.

살아있는 유기체는 화학적으로 평형 상태에 있지 않다. 프리고진은 화성에 생명이 없는 이유는 화성에서 화학적 평형이 생겨났기 때문이라고 설명한다. 또한 생명의 흐름에서 화학작용과 화학반응의 차이 때문에 과정과 생명체가 이질화되고 특성화된다는 사실은 생명현상과 생명방법이 서로 다양하다는 사실을 의미한다. 서로 다른 화학작용과 화학반응으로 인하여 생명이 서로 다르게 흐르고 생명이 매우 다양하게 현상한다는 사실은 인간에게는 "다양성 사회의 원리"를 설명해 준다. 영국의 물리학자 다이슨Freeman John Dyson는 생명이 지구상에 가져다 준 위대한 선물은 바로 다양성이라고 강변한다.[35] 결국 [생명=다양성]이라는 생명의 도식을 이해하지 못하는 한 우리는 인간의 본성에 대해서 무지한 것이다. 또한 이러한 무지에서 생명의 위기는 가속화된다.

결국 불균형 흐름의 과정 속에서 스스로를 갱신하고 살아남는 인간에 의해 창조되는 문화文化 역시 불균형 흐름의 과정 속에서 해석되고 재해석될 필요가 있다. 즉, 문화는 불균형, 불안정, 혼란, 동요 등을 통해서 현상하는 다양성(차이) 또는 다양성의 흐름을 통하여 새로움과 낯설음으로 창조되고 계승 발전되는 것이다. 따라서 문화해석은 바로 이러한 균형적이고 질서있는 정태적 문화가 아니라 문화 창조의 불균형 흐름 속에서 움직이는 역동성

---

[35] 오늘날 포스트모던의 대변인들은 시대적 흐름을 "다양성과 이질성"으로 요약한다. 다양성과 이질성은 생명의 본래적 특성이고 원리이기도 하다. 오늘날 세상은 이러한 생명의 원리에 보다 접근된 세계로 향하고 있는 셈이다. 세뮤엘 헌팅턴이 예견한 "문명간의 충돌"은 문화적 다양성과 이질성을 이해하지 못함으로 이루어지는 현상이다. 왜냐하면 인간사에서 문화와 문명은 시간과 공간에서 늘 서로 교류하고 접변하기 때문이다.

의 문화 내지 문화의 동역학dynamics에 보다 주목할 필요가 있다.

(4) 인지능력

생명은 환경과 고립되어 있지 않고 물질과 에너지의 지속적인 교환을 통해 환경과 상호작용interaction한다. 다시 말해서 환경과의 상호작용을 통해 생물은 끊임없이 스스로를 유지하고 새로워지며, 그러한 목적을 위해 환경으로부터 에너지와 자원을 활용한다(프리쵸프 카프라, 1996/ 김용정·김동광역, 1999: 222). 이러한 사실을 생태학자들과 인지과학자들은 생명이 "주변 환경을 인지하는 본능"을 가지고 있기 때문에 가능하다고 보고 있다.

마투라나Humberto Maturana와 바렐라Francisco Varela에 의해 정립된 '산티아고 이론'에 의하면, 생명은 자신의 주변 환경을 인지認知한다. 그들은 이 세상에는 인지과정과 무관한 것은 아무것도 존재하지 않는다고 말한다. 인지과정은 '앎의 과정'이며 '생명의 과정'이다(프리쵸프 카프라, 1996/ 김용정·김동광 역, 1999: 228). 인류학자 베이트슨Gregory Bateson(1904-1980)은 인지과정을 "마음mind"으로 간주했다. 살아있는 시스템의 창발 이론에서 마음은 사물이 아니라 과정이다(프리쵸프 카프라, 1996/ 김용정·김동광 역, 1999: 347). 또한 마음은 자신이 하는 일에 대하여 잘했다거나 잘못했다거나 항상 '판단'한다(데이비드 호킨스, 2000: 231). 한마디로 인지는 생명과정 그 자체이다(프리쵸프 카프라, 1996/ 김용정·김동광 역, 1999: 350). 또한 인지는 독립적으로 존재하는 세계의 표상이 아니라, 생명과정을 통해 끊임없이 세계를 (재)탄생시키는 과정이다(프리쵸프 카프라, 1996/ 김용정·김동광역, 1999: 351).

생태학자들은 박테리아나 식물도 동물처럼 뇌를 가지고 있다는 분명한 단서는 없지만 '인지능력'을 가지고 있다고 본다. 가장 단순한 생물이라도 주변을 지각하고 인지할 수 있다는 이야기이다. 예를 들면, 미생물도 환경에서 오는 변화들, 즉 빛의 농도, 뜨거움, 차가움, 어두움, 각종 자극 등을 인지할 수 있다. 태양을 향하는 해바라기와 모든 나무의 나이테 그리고 화가나면 얼굴이 붉어지는 인간의 감정 표현 등은 모두 다 생명의 인지작용의 증거이다. 또한 박테리아는 화학적 차이를 감지하기 때문에 당糖을 향해 헤엄쳐 나가고 산酸을 피해 달아난다(프리쵸프 카프라, 1996/ 김용정·김동광 역, 1999: 352). 심지어 이들은 열을 감지하고 빛을 향해 접근한다.

한편, 동물이 몸의 상처와 외부에서의 병균 침입에 대응하는 면역시스템 역시 인지의 과정이다. 인간과 동물이 스트레스를 받으면 소화가 안 되고, 식물이 괴사하는 것도 모두 인지작용 때문이다. 산림생태연구가 차윤정은 자신의 저서 『식물은 왜 바흐를 좋아할까』(2000)에서 식물도 생각을 하며, 열정과 절망 그리고 좌절과 희열을 느낀다고 주장한다. 그는 이 책에서 식물은 저음의 묵직한 소리가 만들어내는 바흐의 오르간 음악을 좋아한다는 실험 결과를 소개한다. 또한 옥수수, 호박, 백일홍, 금잔화 등에게 클래식 방송을 틀어 주었더니 그쪽으로 줄기가 이동해 자라났다는 연구결과도 보도된 적이 있다.

실제로 오늘날 많은 식물원에서 클래식 음악으로 식물성장을 돕고 있기도 하다. 심지어 식물 위를 기어 다니는 해충이나 진딧물은 클래식 음악을 싫어하고 심지어 클래식 음악을 들으면서 몸이 나른해지고 전신 마비 증상을 나타낸다는 실험 결과도 발표된 적이 있다. 하여간 음악에 대한 식물 자체의 직접적 반응이든 아니면 그 위에서 먹이를 채집하는 해충이 사라지든 하여간 클래식 음악은 식물성장에 주효한 셈이다. 이는 식물도 "감정"이 있다는 말과도 통한다. 식물도 스트레스를 받으면 자살하고 만다고 한다. 식물이 자살하는 증거는 빨리 꽃을 피우고 시들어 버리는 것이다. 이밖에도 일상에서도 사례는 많다. 개장수가 지나가면 동네 강아지들이 짖지 않으며, 뱀을 잡는 땅꾼 앞에서 독사의 독이 약해진다고 한다. 또한 실험용 식물채집에 몰두하는 식물생리학자가 식물을 들여다 볼 때에는 식물들은 죽은 척하면서 아무 반응을 하지 않지만 식물학자가 없어지면 꿈틀거린다고 한다. 이러한 사례들은 동식물의 감정도 인간의 그것과 별 다를 바가 없다는 사실을 방증하는 셈이다. 물론 아직 보다 더 정확하게 연구해 보아야 할 영역들일 것이다.

하여간 분명한 사실은 생체 내부에서는 외부의 자극에 따라 화학작용과 화학반응이 수반된다는 점이다. 반대로 생명의 화학과정과 화학적 흐름 역시 인지과정으로 가능하다고 할 수 있다. 심지어 사랑이 화학물질의 작용이라는 학설도 있다. 김수병은 자신의 저서 『사이언티픽 퓨처』(2000)에서 인간에게 사랑의 감정은 30개월 이상 지속되지 않는다고 주장했다. 그는 이러한 가설을 과학적으로 입증하고 있다. 이른바 사랑하는 감정을 유발시키는 물질인 도파민과 옥시토신 등은 약효가 2년 정도인데, 사랑이 식는 이유는 사랑의 물질, 즉 도파민에 항체가 생기기 때문이라고 한다. 즉, 항체에 적응하기 위해서는 보다 강력한 화학적 자극이 투입되어야 한다는 이야기이다. 한마디로 생명과 환경 사이에서 벌어지는 상호작용이 인지작용이며 상호작용의 과정은 인지과정으로 볼 수 있다. 또한 인지작용은 앎의 과정이라고 할 수 있다.

인지과정이 앎의 과정이라는 등식은 과거에 인지認知를 사고의 과정으로만 인식하던 개념보다 확장된 개념이다. 현대 생태학자들이 주장하는 인지의 개념은 지각, 감정 그리고 행동이라는 생명의 전 과정을 포괄한다. 고등신경시스템을 가진 인간에게는 인지과정에서 뇌가 중요하다. 왜냐하면 인간에게는 특별히 다른 동물과 달리 추상능력이 있기 때문이다. 다윈의 진화론에 따르면, 인간의 두뇌는 기린의 목이나 황새의 부리와 똑같은 완벽성을 가지고 발전되어 왔다(Mainzer, 1997: 88). 그러나 열등생물로 갈수록 뇌는 인지과정에서 의미가 약해진다. 열등생물일수록 자아 인식을 하지 못한다. 인간은 자아인식을 할 수 있는 유일한 생물이다. 그러나 인지과정은 반드시 뇌에서만 이루어지는 것이 아니다. 즉, 뇌는 결코 인지과정에 관여하는 유일한 구조가 아니다(프리쵸프 카프라, 1996/ 김용정·김동광 역, 1999: 366).

한편, 모든 생물은 서로 다른 방식으로 인지한다. 새와 고양이는 인간과 전혀 다른 방식으로 인식한다. 왜냐하면 이들은 인간과 다른 주파수 대역으로 빛을 지각하기 때문이다. 인간은 빨간 신호등 앞에서 멈춘다. 이는 문화적 교육적으로 이루어진 습관이기도 하다. 그러나 동물이나 곤충에게 신호등은 어떤 인지의 대상도 아니다. 한마디로 생명에게 인지를 위한 객관과 보편은 없다. 즉, 인지는 자신의 세계를 탄생시키는 행동이다. 마투라나와 바렐라에 의하면, 인지시스템은 각 생명에게 자신만의 세계를 탄생시킨다. 벌새들은 길고 가는 꽃들에게는 자신의 환경으로 인지지만 그밖에 큰 꽃들은 벌새에게 환경으로 인지되지 않는다(리처드 르원틴, 1998/ 김병수 옮김, 2001: 75). 이는 인지 시스템이 되풀이되는 상호작용을 통해서 주변 환경과 구조적으로 연결되는데, 여기서 일어나는 구조적 변화가 인지행동으로 구성되기 때문이다. 이를 바렐라는 구체화된 행동이라고 한다. 즉, 인지는 자기창조이며 자기세계의 구체적 출현을 의미한다. 결국 인지는 객관적으로 존재하는 세계의 표상이 아니라, 생명과정을 통해 끊임없이 자신의 세계를 (재)탄생시키는 삶의 과정이다.

물론 종족 간, 인간 간에도 같은 물체가 다르게 인지될 수 있다. 그러나 이는 인간 간에 인지구조가 다르기 때문이 아니고 사물이 그들에게 의미하는 것이 다르기 때문이다. 예를 들어, 아즈텍과 잉카인들에게 바다는 문명의 은혜를 베푼 신인 케찰코아틀과 비라코차가 처음 정착한 장소이며, 한동안 유럽을 지배한 켈트족에게 바다는 초자연적인 존재가 사는 집으로 다른 세계로 나가는 문이었다(클로드 리포, 2000). 또한 중국인들에게 바다는 달이 사는 음陰으로서 태양과 양陽의 대립물이었으며, 이성론자 플라톤에게 바다는 진실을 담고 있는 액체였다.

하여간 인간은 늘 자신의 주변 환경을 인지하면서 삶을 창조한다. 산티아고 이론에서 인지cognition는 생물이 그 환경과 상호 작용하는 방식의 필수적 부분이다(프리쵸프 카프라, 1996/ 김용정·김동광 역, 1999: 354). 가치 없게 타락한 주변 환경을 인지하고 가치 없는 생명과 함께 존재하는 한 인간의 존엄성은 그만큼 낮아진다. 다른 생명을 존중하고 주변 환경을 가치 있게 만드는 일은 나로 하여금 가치 있는 환경을 인지하게 하는 일이며 내가 가치 있게 사는 길이다.

인간에게 인지능력은 생명본능으로서 학습능력으로 이어진다. 학습현상은 '인지적 평형cognitive equilibrium'가 깨질 때 발생하는 삶의 현상이다. 인지적 평형은 '인지적 자극cognitive stimulus'에 의해 깨질 수 있다. 따라서 학교에서 교사는 학생들에게 환경을 바꾸어 주거나 자극을 줌으로써 인지적 자극을 제공할 수 있고, 이들로 하여금 '인지적 모험'을 하도록 함으로써 창조적 학습을 할 수 있도록 도울 수 있다.

결국 인간이 창조하고 계승 발전시키는 문화는 인간의 인지능력의 산물로 해석될 수 있어야 한다. 즉, 인간은 주변 환경을 인지하면서 문화를 창조하고 이를 계승 발전시킨다. 아울러 인간의 인지적 평형이 깨지면서 가능해지는 학습행위와 함께 문화를 창조하고 이를 계승 발전시킨다. 따라서 문화해석은 인간의 인지능력, 즉 인지적 평형을 깨면서 인지적 불균형을 통해서 새로움을 인지하는 ─ 다른 말로는, 인지적 학습을 행하는 ─ 인간의 본질적 인지능력에 주목하면서 어떠한 인지과정 속에서 문화과정이 전개되는가에 대해서 주목할 필요가 있다.

(5) 공생과 공진화

공생共生, symbiosis으로 생명을 유지하는 기본단위는 세포cell이다. 세포는 외부에서 에너지를 받고 에너지를 방출하기 위해 신진대사의 과정을 거친다. 태초에 박테리아는 질소박테리아, 효모박테리아, 광합성 박테리아 등으로 나타났다. 이들은 서로 이중나선구조를 교환하는 공생의 방식으로 뜨거운 햇빛, 운석의 충돌, 화산 분출, 가뭄, 홍수 등 환경의 위협으로부터 살아남을 수 있었다. 초기 생명에서부터 공생은 생명현상을 강화하는 삶의 방식이었던 것이다. 예를 들어, 초기 진화의 흔적은 생명의 단일한 축소판인 박테리아의 분화 과정에서부터 목격된다. 박테리아는 약 20분에 한번 정도 분화하기 때문에, 하나의 세포에서 하루가 채 안 되는 시간 동안 수십억 개의 박테리아가 발생할 수 있다(Margulis and Sagan, 1986: 75). 이러한 빠른 속도의 분화와 더불어 보다 획기적인 일은 박테리아가 놀라울 정도로 강력하고 효율적인 전지구적 교환 연결망 속에서 자유롭게 다른 개체에게 유전적 특징을 전달한다는 사실이다(프리쵸프 카프라, 1996/ 김용정·김동광 역, 1999: 301). 다만 박테리아는 불과 몇 년 만에 환경변화에 적응할 수 있는데 비해, 그보다 큰 생물은 진화적 적응에 수천 년도 걸릴 수 있다(프리쵸프 카프라, 1996/ 김용정·김동광 역, 1999: 302).

칠레의 생물학자 마굴리스는 다세포 속에 살아가는 박테리아와 미생물들이 장기간의 공생을 통하여 새롭고 커다란 생물로 진화되었다고 주장한다. 예를 들어, 동물과 식물의 생명 유지에서 가장 중요한 역할을 하는 박테리아 중에 미토콘드리아가 있다. 이는 원래 산소호흡을 할 줄 알고 독자적인 유전물질을 가진 떠돌이 박테리아였다고 한다. 그런데 어느 순간에 다른 미생물 속으로 침입하여 진핵세포 내에서 생명 발전소로서의 역할을 하게 된 것이다. 지금 동물과 식물이 원시생물과 달리 호흡을 할 수 있는 것은 미토콘드리아의 생성 덕분이다. 그에 의하면, 산호 호흡을 할 줄 아는 미토콘드리아의 침입과 이로써 성립된 세포간의 협동관계는 "서로 합쳐진 생물들이 산소를 호흡하는 좀 더 복잡한 생물로 진화하게 된 것"이다. 그러나 이는 다위니즘이나 신新다위니즘new Darwinism의 진화론과 판이하다.

최초의 진화론을 언급했으며 최초로 '생물학biology'라는 용어를 만든 독일의 박물학자 라마르크Jean Baptiste Lamarck(1744-1829)는 동물이 환경의 압력 아래 변화한다는 것을 관찰했다. 또한 그는 동물이 새끼에게 그 변화를 유전시킨다고 믿었다. 그는 이러한 획득형질의 유전을 가장 중요한 진화의 메커니즘으로 보았다.

> "라마르크는 개인의 형질은 평생의 경험에 의해 변형될 뿐 아니라, 이것이 후손에게 유전된다고 한다. 예를 들어 기린의 목이 긴 이유는 여러 세대를 걸쳐 나뭇잎을 먹기 위해 목을 늘어뜨린 결과이다."(김승현 외, 1997: 92)

그러나 생태학자들은 이러한 점에서 라마르크가 틀렸다고 지적한다. 생태학자들은 우선 생명이 상호 작용하면서 공진화共進化, co-evolution한다는 사실을 주장했다. 즉, 이들은 다위니즘의 진화론에서 주장하는 경쟁(자연도태)과 돌연변이보다 공생적 진화 이를테면 공진화를 더 분명한 진화 메커니즘이었다고 주장한다. 한마디로 생명은 서로 영향을 받으며 진화하는 것이다(제니퍼 애커먼, 2003). 물론 공진화는 공생을 통한 진화, 즉 공생기원설에 근거를 두고 있다. 공생은 22억 년 전에 처음 발생했으며 진핵세포(핵을 가진 세포)의 진화로 이어졌다(프리쵸프 카프라, 1996/ 김용정·김동광 역, 1999: 318). 이것이 최초의 공생을 통한 진화였으며, 이러한 진화는 협동과 공진화의 훨씬 더 복잡한 배열을 통해 진행되었다(프리쵸프 카프라, 1996/ 김용정·김동광 역, 1999: 320).

러브록과 마굴리스는 가이아 이론에서 생명의 전개과정이 '처음부터' 공진화로 진화했음을 다음과 같이 강변하면서 적응에 대한 좁은 다윈적 개념의 오류를 폭로하고 있다.

"생물계 전체에 걸쳐 진화는 생물이 환경에 대한 적응으로만 국한될 수 없다. 그 이유는 환경 자체가 적응과 창조성이 가능한 살아있는 시스템들의 연결망에 의해 형성된 것이기 때문이다. 그렇다면 무엇이 무엇에 적응한 것인가? 서로가 서로에 대해 적응한 것이다."(프리쵸프 카프라, 1996/ 김용정 · 김동광 역, 1999: 299).

한마디로 생명은 서로 무관한 개체들의 단순한 모임이나 집합이 아니고 상호 작용하고 있고 상호 의존적인 현상들의 연결로 이루어진 공진화의 열린 시스템이다. 공진화 과정에서는 세포와 세포간의 "협동協同"이 결정적인 역할을 한다. 생명의 공진화 흔적은 아직도 생명에서 역력하다. 한 예로, 육상에서 살고 있는 포유류의 자궁은 생명의 원천인 해수의 염분을 그대로 담고 있다. 새끼들의 초기 적응을 위함이다. 또한 동물의 혈액과 체액 역시 해수의 염분과 거의 같으며 육체의 2/3 이상이 물로 되어 있다. 지구의 2/3 정도가 바다로 되어 있는 것과 우리 몸에 물의 비율이 엇비슷한 것을 우연의 일치로만 볼 수는 없을 것이다. 결국 우리의 몸과 지구는 공진화로 같은 모습을 갖추게 된 셈이다.

또한 현화식물이 동물과 공진화를 시작한 초기부터 동물들은 식물의 영양가 높은 열매를 먹고 그 대가로 소화되지 않는 식물의 씨앗을 퍼뜨려 주었다(프리쵸프 카프라, 1996/ 김용정 · 김동광 역, 1999: 328). 생물학자들은 처음 생물이 육상으로 올라오면서 모든 기관 시스템의 극적인 변화가 발생하였다고 추측한다. 이를테면 강한 피부의 생성이 그것이었다. 강한 피부의 생성으로 생물은 강렬한 햇볕을 막아낼 수 있었으며, 아울러 수중에서보다 대기 중에서 훨씬 많은 산소를 코 이외의 기관에서 취득할 수 있게 되었다. 또한 수중에서는 부력의 힘으로 살기 때문에 뼈와 근육이 그다지 중요한 기능을 하지 않았지만, 이제 육상에서는 대기압을 지탱하고 중력에 견뎌낼 수 있는 강한 뼈와 근육을 필요로 하게 되었다. 이러한 생리적 변화 역시 주변의 환경과 기관 조직과의 공생을 통한 진화, 즉 공진화의 흔적이라고 할 수 있다.

미국의 역사학자 메즐리시Bruce Mazlish는 자신의 저서 『불확실한 과학The Uncertain Sciences』에서 인간성도 끊임없이 진화한다고 주장한다. 실제로 거친 환경에서 자란 사람들은 성격도 거칠며, 온화한 환경에서 자란 사람들은 성격이 온화하다. 물론 예외는 있다. 거친 환경의 사람이라도 성격이 거칠지 않은 경우는 아마도 스스로가 자신을 싸고 있는 환경을 순화시키면서 결국은 순화된 환경에 다시 자신이 영향을 받은 경우가 될 수 있을 것이다.

이미 물리학에서 하이젠베르크는 생명을 구성하는 소립자들이 결코 고립된 실체가 아니라는 사실을 입증했다. 그에게 소립자들도 주변 환경과의 상호작용을 통해서 규정될 뿐이다. 또한 심층생태학의 대부 격인 메이시 Joanna Macy, 폭스Warwick Fox, 로스작Theodore Roszak 그리고 나에스Arne Naess 등은 생명의 모든 현상이 상호의존하며 상호 작용한다는 사실에 동의한다. 결국 공진화는 공생에 뿌리를 두는 생명 현상의 기본 원리인 동시에 환경과 모든 생명이 연결되어 있다는 것을 의미하는 셈이다. 즉, 생명체와 환경은 공진화의 과정co-evolutionary process를 겪으면서 서로가 서로의 원인과 결과가 된다(리처드 르원틴, 1998/ 김병수 옮김, 2001: 169). 이로써 환경과 생명과의 연결망은 상호 불가분의 관계를 의미하는 삶의 본능적 근거로 간주될 수 있다.

<거울자아이론Looking Glass Self Theory>으로 유명한 미국의 사회학자 쿨리 Charles Cooley(1864-1929)와 캐나다의 심리학자이며 의사로서 에니어그램을 발명한 에릭 번Eric Berne(1910-1970)에 의하면, "나는 너로 인한 나"이다. 즉, 나와 너는 연결되어 있다는 의미이다. 이는 부버Martin Buber의 '나Ich와 너Du는 한 쌍'이라는 철학적 사유와도 통한다. 오늘날 자본주의사회의 성숙은 치열한 경쟁과 투쟁으로 이루어졌다. 그러나 나와 환경간의 상호협력과 상호의존의 원리를 생명의 원리, 즉 공생의 원리로 인지하지 못하는 한, 어느 순간 인간의 공진화도 끝날 것이다. 결국 이로써 우리 인간들도 주변 환경과의 상호교환에 실패했던 공룡처럼 언젠가는 이 지구상을 떠나고 말

것이다.

결국 생태학적 발견에 의하면, 인간은 본질적으로 주변과 공생하면서 살기도 하지만 주변환경과 공진화共進化한다. 이러한 공진화를 통해서 우주의 시스템도 복잡시스템으로 전개된다. 이미 인간학에서도 인간은 문화 및 자연환경과 서로 구속적 관계로 변증법적으로 발전한다고 사실을 밝혀냈다. 왜냐하면 생태계는 보이지 않는 관계망에 따라서 자율적으로 움직이기 때문이다(신승철, 2015: 59). 하이젠베르크에 의하면, 모든 물질은 주변 공간의 구조를 결정할 뿐만 아니라 주변 환경에 의해 영향을 받는다(프리쵸프 카프라, 1975/ 이성범·김용정 옮김, 1989: 249). 따라서 모든 물질의 존재는 불확정적이지만 어쨌건 모든 생명은 환경과 공진화하게 되는 것이다. 왜냐하면 물질과 환경 간에는 끊임없는 상호 교환이 이루어지기 때문이다.

이러한 맥락에서 우리는 인간을 '환경 속의 인간'이라고 말한다. 한마디로 주변 환경과 나는 서로 영향권에 있다. 축구 황제 메시나 농구천제 마이클 조던이 한국에서 자랐다면 축구황제가 되지 못했을 수도 있다. 반대로 히틀러가 한국에서 자랐다면 그렇게 포악한 살인자가 되지 않았을지도 모른다. 이렇게 환경과 인간은 서로서로 영향을 주면서 서로서로 만들어 가는 것이다. 한 예로 인간의 지능은 50% 정도가 유전되고 20% 정도는 가정환경의 영향 그리고 나머지 30% 정도는 자궁 속, 학교, 친구 등의 외부 환경과 밀접한 관계가 있다는 연구결과도 있다(메트 리들리, 2001).

심지어 미국의 역사학자 브루스 매즐리시는 자신의 저서 『네번째 불연속』(1993)에서 미래 인간으로 명명되는 책의 부제인 "인간과 기계의 공진화"가 암시하는 대로 앞으로 우리 인간들은 기계 또는 기계 문명과 화해하고 상호 공존할 수 있는 지혜를 터득하는 것만이 앞으로의 삶의 과제라고 지목했다. 왜냐하면 21세기 오늘날에는 이미 인간과 기계의 공진화가 실현되고 있기 때문이다. 앞으로 포스트휴먼의 사이보그의 출현은 이를 입증하게 될 것이다. 한마디로 생명체와 환경은 공진화 과정co-evolutionary process를 겪으며 서로가 서로의 원인과 결과가 된다(리처드 르원틴, 1998/ 김병수 옮김, 2001: 169). 따라서 우리는 공진화가 생명의 진리임을 인식해야 한다. 이는 인간의 본질이기도 하다.

결국 나는 나의 환경에 대한 공범共犯이다. 따라서 주변 여건이 좋지 않기 때문에 내가 이 모양이라고 한탄하면 안 된다. 주변 여건과 나는 서로 공진 화한 것의 결과이다. 내가 환경을 만들고 환경이 나를 만든다. 집모기가 살 충제로 박멸되는 것이 아니라 내성이 강한 슈퍼 모기로 다시 태어난다. 한 국의 부동산투기문제는 심각성의 도를 지나쳐서 어떠한 정부 방안도 통하 지 못함을 비아냥하여 정부의 부동산정책은 솜방망이 정책으로 비아냥된 다. 부동산대책이 발표되는 다음날 다시 부동산은 정부의 프리미엄을 안고 또 뛴다. 정부의 부동산대책으로 부동산시장의 내성이 강화되는 셈이다. 모 든 사람들에게 부동산투기의 욕망이 존재하는 한, 부동산 과열투기는 잠재 워지지 않는다. 역으로 부동산 시장의 열기는 인간의 투기 욕심을 자극하기 에 충분하다. 또한 우리는 직장 분위기가 좋지 않다고 투정하는 것보다 직 장 분위기를 좋게 해 보겠다고 스스로 나서는 편이 빠를 것이다. 가정에서 도 모든 구성원이 노력하지 않는다면 가정의 분위기는 좋아질 수 없다. 나 와 환경은 서로서로 변증적으로 공진화하는 것이다. 문화도 마찬가지이다. 내가 문화를 만들고 문화가 나를 만든다. 나와 문화는 공생하고 동시에 공 진화한다.

결국 지금도 나와 환경은 끊임없이 교환되고 있다. 이제 우리가 혼자 독 주하고 독재하면서 살던 시대는 없다. 혼자 갱신했다고 조직이 살아나는 것이 아니며 독자적인 갱신으로 조직을 꾸려 나갈 수 없다. 왜냐하면 이제 거미줄보다 복잡한 네트워크 사회가 되었기 때문이다. 섹션에 갇혀서 혼자 할 수 있는 일이 하나도 없다. 아무리 컴퓨터의 전문가고 대가라고 하더라 도 누군가에게 네트워크상에서 정보를 제공받지 않고서는 더 이상 컴퓨터 로 일을 하기 힘들다. 오늘날 컴퓨터 시스템 환경도 서로 협력하고 정보를 공유하지 않으면 가동이 불가능하다. 구체적으로 종래의 호스트컴퓨팅 환 경에서 네트워크 컴퓨팅 환경으로 바뀌고 있다(돈 탭스콘 · 아트 캐스턴, 1996: 193). 즉, 컴퓨터로 정보를 다루는데 초점을 맞춘 것이 아니라, 네트워 크 상에서 우리가 다양하게 정보를 공유해야만 일을 할 수 있도록 설계된다 (돈 탭스콘 · 아트 캐스턴, 1996: 196). 따라서 이제 고도의 전문성과 고도의 테크닉을 요구하는 네트워크 상에서도 서로 협력하고 공유하지 않으면 일을 할 수 없다. 이는 종래 전문화를 빌미로 분업화, 섹션화, 장벽화를 지향했던 산업사회의 생존방식과는 완전히 다른 것이다. 21세기 미래 정보화 사회는 이러한 추세를 보다 강화시킬 것이다.

> "1980년 이후 세계시장의 환경을 바꾸어 놓기 시작한 정보통신기술은 산업구조개편에 대한 기존의 이론적 틀뿐 아니라 기술개발정책 및 고용정책의 틀을 패러다임적으로 변화시키고 있다. 정보화사회로 명명되는 이러한 기술동인적인 사회변동과정은 산업사회가 갖고 잇던 중심가치를 주변적 가치로 만들기도 하였으며 역으로 주변적 요인을 핵심기반적 요인으로 전환시키기도 한다. 새로운 정보통신기술과 커뮤니케이션 시스템의 결합은 바로 기술변화가 사회구조를 어떻게 급격히 변화시키고 있는지를 가장 적절히 보여주고 있다. 세계화, 국제화, 개방화라는 새로운 매가트렌즈는 바로 이러한 변화를 정책적 차원에서 흡수한 개념이라 볼 수 있다."(송해룡, 1995: 147)

결국 우리 인간은 협력하고 조화하고 공유하면서 살아남을 수밖에 없는 운명을 가진다. 오늘날 인간의 삶은 독생獨生이 아니고 협력과 협동 그리고 공생과 상생으로 이루어지고 있다.

그러나 오늘날처럼 무한자유경쟁의 치열한 사회에서 우리는 단순히 협력하고 조화하고 공유함으로써 살아남을 수 있는 확률은 보장되지 않는다. 만약 우리가 한 차원 높은 수준으로 서로 협력하고 공유한다면 보다 살아남기 유리한 조직을 가지게 될 것이다. 기러기가 혼자 날을 때 보다 떼를 지어 날아갈 때 30%의 에너지를 아낄 수 있다고 한다. 동료 기러기들의 날개짓이 서로서로에게 부력으로 작용하기 때문이다. 또한 기러기는 V자로 나를 때 크게 울면서 나르는데, 이는 서로 격려하고 응원하는 것이라고 한다(켄 블랜차드·셀든 보울즈, 2001: 141). 이렇게 하여 기러기는 긴 여행을 할 수 있게 된다. 마투라나와 바렐라에 의하면, 생명은 원래 '자기갱신 시스템'이다. 인간은 누구든지 항상 자기 갱신更新할 수 있는 잠재력을 가지고 있다. 이제 남은 것은 주변 환경과의 끊임없는 대화와 교류를 통해서 상호 갱신할 수 있는 방안을 모색하는 일이다. 주변 환경과의 대화와 교류를 통해서 가능한 한 상호 갱신할 수 있는 기회를 많이 취득함으로써, 우리는 아우토포이에시스self-making로 존재하는 생명시스템의 범위를 계속 확장시켜 나갈 수 있을 것이다.

> "마투라나와 바렐라의 오토포이에시스autopoiesis라는 개념은 생명이 스스로를 만들어내는 과정으로서의 생명활동의 의미를 다시 사고하도록 만들어준다. 그런 의미에서 자기생산을 위한 생명활동이 갖고 있는 자율성을 응시할 수 있게 한다. 생태중심주의가 주장하는 '연결망이 우선이다'라는 식의 주장과 달리, 마투라나와 바렐라는 개체중심주의의 '개체적 자율성이 우선이다'라는 사상을 우리를 인도한다."(신승철, 2015: 71)

결국 공생하고 공진화하는 인간에 의해 만들어지는 문화文化 역시 공생과 공진화의 과정 속에서 스스로를 창조되고 계승 발전된다고 할 수 있다. 즉, 인간이 창조하는 문화는 누군가의 독단이나 천재성에 의해 이루어지는 것이 아니라, 모든 인간들의 공생과 공진화의 산물이라고 할 수 있다. 또한 인간과 문화창조의 관계는 공생과 공진화의 관계 속에 들어있다. 따라서 인간과 인간 간의 공생과 공진화 그리고 문화와 문화 간의 공생과 공진화의 과정에 주목해야 하는 이유는 우리에게 문화해석을 요구하게 한다.

(6) 자연성

독일의 대문호이자 낭만주의자 괴테Wolfgang von Goethe(1764-1832)는 자연을 하나의 조화롭고 거대한 생명으로 보았다. 생명이 있는 한 자연이 있고 자연이 있는 한 생명은 영원하다. 또한 인간은 자연의 일부이다. 그는 프랑스의 백과사전학파인 홀바흐P.H.T Holbach가 『자연의 시스템Système de la Nature』에서 옹호한 물질적-기계론적 설명을 거부하였다(Manizer, 1997: 83). 여기서 홀바흐는 생명이 마치 식물의 변형 또는 인간의 영적 성숙같이 유기적으로 자연스럽게 그리고 조화롭게 발전한다고 믿었다(Mainzer, 1997: 84). 칸트 역시 괴테처럼 자연을 "합목적적인 존재"로 간주하면서 당시 기계론적 과학지식의 불충분성에 대하여 논박했다. 이렇게 괴테와 칸트의 기계론적

이성주의에 대한 비판과 함께 19세기 초 독일에서 낭만주의 자연철학이 시작된다(Mainzer, 1997: 84).[36] 또한 지구를 거대한 전체로 보는 훔볼트 형제 Wilhelm von Humboldt & Alexander von Humboldt는 지구 전체를 하나로 통합시키는 힘으로 "대기大氣, air"를 꼽았다. 이러한 역사적 맥락에서 현대생태학자 러브록은 지구상의 생명들이 대기를 만들뿐 아니라 그것을 조절하기도 한다는 사실을 인식했다. 대기는 생명과 생명을 연결시켜주고 생명의 관계를 지속시켜 준다. 베이트슨은 생명의 본질을 "관계關係, relation"로 이해하였다. 즉, 생물학적 형태는 부분들로 이루어지는 것이 아니라 관계에 의해 구성된다. 자연도 관계이다. 결국 살아있는 자연에서 생명은 기계처럼 서로를 "위해서" 기능하는 것이 아니고, 서로에 "의해서" 존재하는 관계로 보아야 한다는 것이다.

여기서 주목할 것은 관계로 형성되는 "자연에는 위-아래가 없다"는 사실이다. 자연에서는 오로지 수평관계만이 존재할 뿐이다. 물, 나무, 돌, 바람, 구름에는 서열이 없다. 가치 면에서도 동등하다. 자연에 서열이 없다는 사실은 생명과 생명 간에도 서열이 없다는 것을 뜻한다. 한마디로 본래 생명에게 관계는 '수평적 관계'만을 의미한다. 수직적 관계는 후천적이며 인위적이다. 또한 자연은 그 자체로서는 좋고 나쁨이 없으며, 그렇다고 평화롭다거나 반대로 투쟁적이지도 않다(Mainzer, 1997: 320). 따라서 자연에서는 어떤 생명이 다른 생명을 지배하지 않는다. 생태계의 먹이사슬을 서열관계나 지배관계로 설명하거나 투쟁적으로 이해하고 있다면 이는 잘못된 해석이다. 먹이사슬은 생태계를 유지하기 위해 존재한다. 예를 들어, 호랑이가 없는 정글에는 평화가 올 것 같지만 정 반대 현상이 나타난다. 약자가 강자를 대신하는 것이다. 빠진 곳은 반드시 다른 세력으로 채워지는 것이 자연이다. 자연생태계의 먹이사슬은 이렇게 유지된다.

한편, 종래의 과학이론으로부터 표층생태학shallow ecology에 이르기까지 인간은 늘 자연을 개척하는 우월한 존재로 나타났다. 아주 오래전에 베이컨 Francis Bacon(1561-1616)이 "아는 것이 힘knowledge is power"라고 했을 때, 자연

---

[36] 이것이 바로 기계주의에 반하여 생성된 유기론적 패러다임의 르네상스였다.

에 대한 지식을 알면 알수록 자연을 개척하고 지배하는 힘이 생긴다는 뜻이었다. 당시까지 인간은 자연의 주인이며 지배자였으며 중심이었다. 이렇게 인간과 자연을 대립관계 또는 대치관계로 보았던 표층생태학의 시각도 "인간 중심적 사고ego-centrism"임에 틀림없다. 그러나 심층생태학이 시작되면서 자연의 중심은 인간이 아니고, "생명" 그 자체라는 사실이 밝혀지기 시작했다. 심층생태학deep-ecology의 시조 격인 노르웨이의 철학자 나에스Arne Naess (1912-2009)에 의하면, 인간은 자연의 중심도 주변도 아니며 모든 생명 중의 하나이며 다른 생명과 마찬가지로 자연의 일부일 뿐이다. 여기서 생명의 원리는 대립이 아닌 협동이고 상호작용이다.[37] 이러한 생명중심적 사고는 탈중심적 사고와도 통한다(박이문, 1990: 205).

오늘날 우리 인간은 자연의 평등 관계라는 생명의 법칙을 크게 위반하고 있다. 여성에 대한 남성의 지배, 못 가진 자에 대한 가진 자의 지배, 사용주의 노동자에 대한 지배 같은 서열 및 지배 관계는 생명의 원리를 거역한다. 생명의 원리에 어긋남은 삶도 아니고 생명도 아니고 곧 죽음이다. 문화 역시 마찬가지이다. 수직적 관계의 문화는 늘 불안하고, 수평적 관계를 핵심으로 하는 문화만이 살아남는다. 특히 남성 중심의 가부장적 문화는 현대사회에서 가장 심각한 위험요소로 남아 있다. 여성학자 페이트만Carole Pateman는 자신의 저서인 『남과 여 은폐된 성적 계약』(2001)에서 근대 자유주의의 시민사상의 토대인 사회계약론은 남성 중심의 가부장적 질서를 극히 당연시함으로써 사회문제의 해결을 외면하고 있다고 강변한다. 그는 "남성 지배와 여성 복종"의 전통적 가부장제 문화 속에서 자유롭게 계약하는 개인들이란 실제로 남성들만을 의미하고 있으며 특히 여성에 관한 성적 계약은 남성에 대한 여성의 예속 관계의 계약일 뿐이라고 주장한다. 겉으로 볼 때 사회계약은 자유를 전제하고 있지만 결혼계약, 고용계약, 매춘계약, 대리모계약 등에 은폐된 여성의 남성 예속성은 결코 남녀 간의 불평등을 재생산하는 허울 좋은 자유계약일 뿐이다. 이러한 은폐된 성적 계약 하에서 남녀 간의 평등이나 진정한 인간의 자유는 없다. 지금까지 중심으로 군림해온 남성으

---

[37] 동양사상에서는 "세속의 대립을 넘어서는 것"과 "대립자 간의 부단한 상호작용"을 득오得悟의 필수조건으로 가르쳤다.

로부터의 탈피, 즉 탈脫중심적 사고가 요청되는 대목이다.

미국의 여성심리학자인 체슬러Phyllis Chesler는 자신의 저서『여성과 광기 Woman and Madness』(1997)에서 남성중심의 집단 코드로 짜인 우리의 남성사회를 모방하는 여성도 희생양이 되고 만다는 사실을 지적하고 있다. 예들들어, 전통적으로 성모 마리아의 이미지를 강요당해온 여자들은 성적-지적 독립성을 고수하려 불감증·편집증·히스테리·거식증·폭식증·님포마니아(색광) 마녀, 님포마니아 등으로 잔인하게 매도당해 왔으며, 이들은 급기야 정신병자라는 이름으로 정신병원에 수용되는 신세가 되기도 한다. 또한 미국의 사회심리학자 캐롤 타브리스는 자신의 저서『여성과 남성이 다르지도 똑같지도 않은 이유』(2005)에서 아테네 최초의 소피스트 프로타고라스가 말한 "만물의 척도는 인간이 아니라 남자"였다고 비난한다.

생태학은 남성과 여성을 동등한 수평관계로 파악하고 있다. 정해진 중심이 없다. 따라서 탈脫중심적이다. 그럼에도 불구하고 우리 인류의 역사는 남성중심의 문화를 추구해 옴으로써 여성을 지배의 대상으로 전락시켰다. 인위적으로 수직적 관계구조가 성립되는 것이다. 이제 미래사회에서는 위상이 역전될 조짐도 없지 않다. 원칙적으로 남성이나 여성이나 모두 자연의 한 부분이다. 우리에게 주어진 자연은 결코 위계관계나 대립관계로 현상하는 것이 아니고, 상호 의존적이고 상호 관련적이며 상호 동등한 수평적 네트워크 관계인 것이다. 이러한 해석을 생태학자 카프라는 "위계hierarchy에서 연결망network으로" 생명현상 연구가 패러다임 전환을 하고 있다고 설명한다. 이렇게 본다면, 생태학적 관점에서 인간은 상호연결망 속에 살아갈 때 비로소 온전한 인간이 된다.

결국 생태학적으로 자연성이라는 본성을 가지고 살아가는 인간에 의해 창조되는 문화文化 역시 자연성의 차원에서 스스로 창조되고 창발적으로 진화한다. 따라서 특히 문화해석은 인간의 구체적인 자연적 속성인 '수평적 관계, 상호연결성, 연결망' 등에 주목할 필요가 있다. 이럴 경우 문화는 '제2의 자연'이라는 도식은 재해석될 수 있다. 즉, 제2의 자연이란 문화가 자연과 배치된다는 것이 아니라, 비록 일시적으로 자연을 벗어나서 인위적이고 의도적인 문화(또는 문명 포함)로 재탄생하지만, 궁극적으로는 온전한 문화

- 또는 생태학적 문화 - 는 '자연스러움'에 걸맞는 문화로 성숙될 때 비로소 가능하다. 따라서 '제2의 자연'으로서의 문화가 다시 자연스러운 문화로 회귀하는 - 또는 회귀해야 하는 - 과정은 (문화)해석의 대상이다. 왜냐하면 인위적이고 목적지향적인 제2의 자연으로서의 문화를 통하여 우리는 온전한 삶을 이해할 수는 없기 때문이다. 다시 말하면, 인간은 문화의 창조자이며 변형자이지만, 동시에 자연의 일부분이며 자연적 존재이다(이한구, 1995: 226).

(7) 전체성

생명을 전체로 보는 시각은 바이스Paul Weiss(1901-2002) 같은 생물학자들로부터 시작된다. 생명을 시스템으로 본 생화학자 헨더슨Lawrence Joseph Henderson(1978-1942)은 생명의 시스템을 부분과 부분간의 관계에서 본질적 특성을 알 수 있는 통합된 전체로 파악했다. 또한 생명의 시스템은 구성성분(부분)의 관점에서 보면 전체이지만, 그보다 큰 전체全體에 대해서는 부분部分이 된다. 그러나 생명시스템 속에서 부분과 부분, 전체와 부분은 관계로 이루어져 있는데, 이러한 관계를 해석함으로써 전체로서의 생명시스템은 알려지게 된다. 물론 여기서 관계는 수평적 관계이다.

우리 사회에서 전체와 부분의 관계는 종종 왜곡된다. 이를테면 과거 전체주의 정치체제totalism에서는 국가가 그 구성원인 국민의 자율성을 제약했다. 즉, 국가는 전체이고 국민은 부분이다. 이 과정에서 개인들은 비인격화되고 인간성은 박탈된다. 파시스트 사회에서도 국민은 마치 유기체와 같이 기능한다. 부분과 부분은 관계가 아니고 전체를 위한 기능이다. 예나 지금이나 독재자들은 사회를 유기체에 비유하기 좋아한다. 오로지 유기체의 구조는 기능적 부분으로 분류될 뿐이다. 그러나 유기체에서도 사실은 전체가 부분의 단순한 모임이나 집합이 아니다. 왜냐하면 전체는 부분이 결코 가질 수 없는 전체만의 특성을 가지고 있기 때문이다. 따라서 부분의 합으로 전체를 설명할 수 없다. 예를 들어, 설탕의 단맛은 구성 요소인 탄소, 산소, 수소의 성분으로 설명되지 않는다. 생물체의 경우는 더 더욱 그렇다. 대표적으로 인간을 세포의 단순 합으로 이해하는 것은 곤란하다. 한마디로 물리적으로나 이론적으로나 분리 고립된 요소로 나누어질 때 전체의 특성은 모두 사라진다. 따라서 전체는 부분의 단순한 합이 아니다. 또한 부분과 전체의 성격도 판이하다.

생기론을 대표하는 독일의 발생학자 드리쉬Hans Driesch(1867-1941)는 기계론적 생물학에 반대하고 전체론사고Holism를 하는 다른 생물학파들과 함께 전체성 개념에 접근한다(Weyl, 2000: 270). 그는 자신의 유명한 '성게실험'을 통하여 전체성 이론을 정립한다. 성게의 배아세포 두 개 중에서 하나만 살리면 반쪽짜리 성게로 태어나지 않는다. 반쪽 배아세포에서 태어난 성게도 온전하다. 다만 크기가 작을 뿐이다. 성게의 알은 자신의 일부만으로도 전체를 재생시킨다. 전체가 먼저이다. 이는 인간에게도 적용된다. 눈, 코, 입 생김새로 그의 인간 됨됨이를 설명할 수 없다. 인간임을 알기 위해서는 가치관, 세계관, 인간성이라는 전체가 먼저이다. 전체로 파악되는 생명이 진정한 생명이다. 이러한 논리 역시 종종 인간사회에서는 오해를 초래한다. 전체주의자들이나 국수주의자들은 대개 국가나 왕이 국민보다 먼저라는 해석을 한다. 그러나 국민의 관점에서는 항상 국민이 먼저이다. 생태학자들은 국가와 국민은 공생적 관계라고 하면서 보다 과학적인 태도로 접근한다. 즉, 생태학에서 전체entity란 국가와 국민의 공생적 관계에서 발생하는 인간의 삶이다. 따라서 삶이 먼저이며 전체인 것이다. 이렇게 본다면 생태계에서의 전체는 생명이며 관계로 형성되는 생명이 항상 먼저인 것이다. 생물학에서의 이러한 전체성 개념은 이미 약간의 어조를 달리하면서 버틀란피Bertalanffy, 헬데인J. S. Haldane, 마이어A. Meyer, 알버데스Alberdes, 웩스퀼Uexkull, 볼터렉Wiltereck 등에 의해서도 대변되어 왔다(Weyl, 2000: 271).

데카르트의 분석적-분리적-분할적 사고에 의하면 전체의 움직임은 부분들의 특성을 통해 이해된다. 고전역학에서는 아직도 부분의 특성과 움직임이 전체를 결정한다. 그러나 하이젠베르크Werner Heisenberg(1901-1976)의 양자역학에서는 전체가 부분의 움직임을 결정한다. 게슈탈트 심리학자 베르트하이머Max Wertheimer(1880-1943)와 쾰러Wolfgang Köhler(1887-1967)는 전체를 환원 불가능한 것으로 본다. 전체는 어떠한 소립자로도 분석될 수 없으며 소립자의 합으로 전체는 환원되지 않는다. 또한 생명현상으로서의 전체는 '의미意味, meaning'를 가지는 전체이다. 생명을 전체로서 이해할 때 우리는 함부로 다른 생명을 토막 내지 않을 것이다. 왜냐하면 다른 생명이 죽는 것은 곧 나의 생명 고리가 끊기는 것을 의미하기 때문이다.

1969년 아폴로 9호에 타고 지구 궤도에서 달착륙선을 시험하고 있었던 러스티 슈바이카르트라는 우주 비행사는 한 리더십 프로그램에 참석하여 다음과 같이 강연한 적이 있다.

> "지구는 우리 각자가 나눌 수 없는 존재이듯이 나눌 수 없는 전체이다. 자연(우리들을 포함해서)은 전체 속의 부분들로 이루어져 있지 않다. 그것은 '전체 속의 전체'로 이루어져 있다. 국경을 포함한 모든 경계는 근본적으로 임의적인 것이다. 우리가 경계를 만들었지만 아이러니컬하게도 우리 자신이 그 속에 갇혀 버렸다.... 우주에서 바라 본 지구의 모습은 마치 태어나고 있는 아기를 보는 것과 같았다."(피터 센게: 1996: 492-493)

결국 전체와 부분이라는 것은 전체와 (또 다른 작은) 전체 아니면 전체와 "부분적 전체pars totalis"(권영택, 1992: 136)로 이해될 필요가 있는 셈이다. 따라서 인간에게 전체와 부분의 관계는 전체와 전체라는 대등한 관계로 존재한다. 이렇게 본다면, 인간은 어른이나 어린 아이나 똑똑한 사람이나 바보 같은 사람이나 모두 다 동일한 '전체'라는 본질을 가지고 존재하는 동일성(또는 보편성)을 가지고 있다고 할 수 있다. 한마디로 개별적 사물현상은 단 하나인 전체 속에서만 옳게 인식된다(박이문, 1995: 319).

문화文化 역시 이러한 차원에서 창조되고 계승 발전된다고 해석될 수 있어야 한다. 왜냐하면 문화는 부분으로서의 남성이나 성인들에 의해서만이 아니라 청소년, 아동, 유아, 여성 등 모든 연령과 성별의 인간이라는 전체에 의해서 창조되고 계승 발전되는 것이기 때문이다. 아울러 문화는 창조되는 순간 그 자체가 이미 전체의 형상Gestalt를 가지고 있다. 왜냐하면 인간은 누구나 태어나는 순간 부분이 아니라 이미 전체성을 내포하고 있기 때문이다. 즉, 인간의 이러한 전체성은 문화 창조의 과정에서 그대로 반영된다고 할 수 있다. 문화해석은 인간의 전체성에 대한 이해를 목표한다. 즉, 인간의 전체성에 대한 이해가 삶에 대한 해석을 요청하는 것처럼, 전체성으로서의 인간이 만들어내는 문화(또는 문화적 전체성) 역시 해석의 대상이 될 수밖에 없다.

3. 생태학적 문화이해

1) 문화적 엔트로피와 문화소멸

인간을 위시한 모든 생명체가 언젠가는 죽을 수밖에 없다면, 인간에 의해 창조되고 전승되는 문화 역시 소멸의 운명을 가질 수밖에 없다. 시스템이론에 의하면 엔트로피entropy[38]의 발생 때문이며, 문화시스템 역시 엔트로피가 최대치에 도달한 시점에서 소멸한다.

본래 엔트로피 이론의 역사는 현대물리학에서 열역학 이론의 탄생과 맥을 함께 한다. 열역학 이론은 열의 정체가 무엇인가? 하는 의문으로부터 출발한다. 17세기에 베이컨, 보일, 뉴턴 등 기계적 철학의 영향으로 열의 본질 역시 물질입자의 운동으로 보았다. 18세기 들면서 열을 칼로릭caloric라는 무게 없는 물질입자로 간주하는 "칼로릭 이론"이 탄생했다. 그러나 마찰열摩擦熱의 발생으로 칼로릭이 빠져 나올 때 무한으로 빠져나올 수가 없는데도 불구하고 마찰열은 지속된다는 이론적 모순이 발견됨으로써 칼로릭 이론에 의문이 제기되었다.

그럼에도 불구하고 칼로릭 이론은 현대 열역학 이론의 성립에 지대한 공

---

[38] 행동하고 유지하고 변화를 일으킬 수 있는 시스템의 능력을 의미하는 에너지는 시스템이 유지될 수 있게 하는 일종의 정보나 자원(물질)이다. 우리는 시스템 내부 또는 시스템 외부와의 상호작용이 증가함으로써 시스템 내에 에너지의 양이 증가하는 현상을 상승작용synergy이라고 하며 이는 시스템이 힘들을 연합할 때 일어난다. 이와는 반대로 우리는 시스템이 소멸하거나 무질서해지고 비조직화되는 과정을 엔트로피entropy라고 한다. 원래 물리학적 용어인 엔트로피는 '무질서의 정도'를 의미하는데, 이는 결국 시스템의 영원성을 불가능하게 하는 '소멸하는 에너지'로서 '소멸하는 성향'으로 해석된다.

헌을 하였다. 실제로 푸리에Joseph Fourier(1768-1830)는 칼로릭 이론에 기초하여 열전달 이론의 수학적 시스템까지 세웠다(김영식·임경순, 2002: 195). 또한 카르노Sadi Carnot(1796-1832)는 1824년 자신의 논문 「열의 운동에 관한 고찰Rèflexions sur la puissqnce motrice de feu」에서 열기관의 열효율 문제를 해석했다. 즉, 물이 높은 곳에서 낮은 곳으로 이동하면서 일을 하듯이 열 곧 칼로릭도 높은 온도에서 낮은 온도로 이동하면서 일을 하게 된다는 생각에서 출발한 그의 이론은 "카르노의 원리"(1824)로 발전하게 된다(Mainzer, 1997: 85). 카르노의 사후인 1840년부터 세간에 알려지기 시작한 이 원리에 의하면, 열기관의 열효율은 그 열기관의 작동물질에 관계없이 그 열기관을 구성하는 두 온도만의 함수가 된다.

한편, 카르노의 원리와 무관하게 1830년부터는 열에 대한 칼로릭 이론이 쇠퇴하게 된다. 이런 와중에 과학자들 사이에서는 열이 역학적 에너지뿐만 아니라 화학적 에너지와 똑같은 물리적 양에 해당되고 서로 변환도 될 수 있다는 생각을 하게 된다. 여기에는 18세기 말부터 독일을 중심으로 퍼져 나갔던 자연철학의 영향이 컸다(김영식·임경순, 2002: 196). 자연철학은 당시 영국과 프랑스 중심의 계몽주의 사조가 지나치게 기계주의적-실험적-수학적 자연관을 강조한 나머지 자연으로부터 생명, 신비함, 통일성, 감성 등을 빼앗아 버린 데 대한 반발로 나타난 사상적 흐름을 말한다. 자연철학 주의자들은 특히 자연세계의 통일성을 강조했고, 기계적 자연관이 자연을 조각내고 분해해서 그 통일성을 보지 못함을 비난했다(김영식·임경순, 2002: 197).

독일 자연철학의 대표자격인 쉘링Friedrich Schelling(1775-1854)은 인간이 결코 기계일 수 없으며 생명체는 자연세계의 통일성을 내재하고 있다고 주장했다(Weyl, 2000: 270). 또한 그는 조직화와 재생산이 생명의 주요한 특성이라고 가정하는 "생명에 관한 과학"을 설계했다(Mainzer, 1997: 84). 그는 자연현상은 통일성으로 존재하지만, 때에 따라서 전기, 자기, 빛, 소리, 열, 화학 및 역학현상 등 다양한 형태로 나타난다고 생각했다. 이러한 쉘링의 자연철학적 사고에 편승하여 마이어Robert Mayer(1814-1878), 헬름홀츠Hermann Helmholz(1821-1894) 그리고 주울James P. Joule(1818-1889) 등 세 사람은 「에너지 보존의 원리」, 즉 「열역학 제1법칙」을 발견해 내었다. 「열역학 제1법칙」에 의하면 에너지는 절대로 새로 창조되거나 파괴되지 않는다(Manizer, 1997: 85). 이들은 모두 각기 자신의 전공분야에서 제각기 다른 실험을 하였지만 결론은 같았다. 당시 의사였던 마이어는 동물의 혈액 색깔이 다른 이유를 추적하다가 결국 열대인의 혈액이 더 붉은 것에 대한 이유를 "열熱, heat" 때문이라고 설명했다. 또한 유명한 물리학자이며 생리학자였던 헬름홀츠는 에너지보존의 법칙에 수학적으로 접근했다. 에너지가 창조되지도 파괴되지도 않고 형태변화만 한다면, 우리의 몸도 에너지가 여기서 저기로 변화되는 메커니즘의 고안물이지 특별한 정신적 힘이라든지 영혼은 의미가 없다고 하면서 이를 화학적 작용으로 설명했다(Mainzer, 1997: 120). 마지막으로 주울은 같은 열을 내는 각종 에너지를 재는 실험을 통하여 역학적 에너지(일), 화학에너지, 전기에너지가 열과 치환될 수 있다는 사실을 밝혀냈다. 이렇게 하여 마이어, 헬름홀츠, 주울은 열과 일이 서로 같은 종류의 양이고 서로 변환되며 그 합은 보존된다는 이른바 「열역학 제1법칙」[39], 즉 「에너지 총량 불변의 법칙」을 탄생시킬 수 있는 실험에 성공했다. 한마디로 에너지가 자연 속에서 항상 일정하게 진행되는 기계적 작업, 전기적 에너지 또는 화학적 변화에도 불구하고, 닫힌 시스템 속에서 총 에너지는 불변으로 유지된다(Mainzer, 1997: 85). 이로써 새로운 열의 영역으로 등장했던 칼로릭의 개념은 더 이상 가치가 없는 것처럼 여겨졌다.

그러나 1847년 칼로릭 개념의 완성자격인 카르노의 논문을 다시 검토하던 클라우지우스Rudolph Clausius(1822-1888)와 톰슨William Thomson(1824-1907)은 주울의 생각에 분명한 모순이 있음을 발견했다. 우선 클라우지우스는 열과 일의 합이 보존된다는 주울의 결론을 받아들이면서도, "열은 반드시 높은 온도에서 낮은 온도로만 흐르며 열기관의 열효율도 두 온도에만 관계된다"는 소위 "카르노의 원리"를 입증해 냈다. 만약 온도차의 구별이 없이 마이어, 헬름홀츠, 주울의 생각대로 에너지의 변환만 강조한다면 낮은 온도

---

[39] 물론 에너지 제1법칙은 복수 발견으로서 마이어Robert Mayer(1814-1878), 헤르만 헬름홀츠Hermann Helmholtz(1821-1894), 제임스 P. 줄James P. Jule(1818-1889) 세 사람을 발견자로 든다(김영식 · 임경순, 2002: 197).

에서 높은 온도로 열이 이동하는 것도 가능해진다. 바로 이 부분이 모순인 것이다. 또한 톰슨 역시 주변에서 자연현상에 아무 변화도 없이 물체가 주위로부터 열을 흡수하여 일로 바꾸는 것이 불가능하다는 사실을 토대로 카르노의 원리를 다시 한번 입증해 냈다(Weyl, 2000: 179). 이렇게 하여 「열역학 제2법칙」이 탄생한 것이다. 이 법칙에 의하면, 아무런 다른 변화 없이 열이 낮은 온도에서 높은 온도로 흐를 수 없으며, 주위로부터 열을 흡수해서 그대로(낮은 온도로 내보내지 않고) 일로 바꿀 수는 없다. 다시 말해서 '모종의 에너지의 희생 없이' 자연에서는 물리적, 화학적, 생물학적 또는 정보적 변형을 포함하는 어떤 과정도 일어날 수 없다(Mainzer, 1997: 85).

결국 「열역학 제1법칙」이 일과 열을 포함한 제반 자연현상의 변화에서 역학의 총합은 반드시 보존된다는 양적 관계의 규정이었다면, 「열역학 제2법칙」은 열의 변화의 방향을 제한한 셈이다. 즉, 열은 반드시 높은 온도에서 낮은 온도로만 흐르고, 일은 열로 바뀔 수는 있지만 반대로 열은 일로 바뀔 수 없다는 것이 열역학 제2법칙이다. 그러나 열역학 제1, 제2법칙에 대하여 "법칙의 보편성과 규칙성"이라는 문제에서 항상 불안하게 생각했던 클라우지우스는 법칙을 보다 완전하고 보편적으로 정리하기 위해 수학적으로 표현하고자 했다. 바로 이 과정에서 1865년 그는 "엔트로피entropy"의 개념을 (재)발견해 내게 된다. 다시 말하면, 물리적 진화의 맥락에서 열역학 제2법칙의 근본적 중요성은 진화 또는 전이를 위한 그리스어인 엔트로피아라는 전문용어를 차용한 클라지우스에 의해 추인된 셈이다(Mainzer, 1997: 85).

구체적으로 클라우지우스가 엔트로피의 개념을 발견하게 된 동기는 1852년 톰슨이 발표한 짧막한 논문의 「에너지의 낭비dissipation of energy」라는 부분에 주목하면서 가능했다. 지표면의 열이 서서히 식어 가는 현상을 목격한 톰슨은 우리 일상과 자연에서는 반드시 에너지의 낭비 과정이 생겨나게 된다고 주장했다. 왜냐하면 일로부터 열의 생성, 열의 전도conduction 그리고 열의 복사radiation 등 세 가지 비가역적 과정이 필연적이기 때문이다. 결국 그는 현재 물질세계에는 역학적 에너지가 낭비되고 있다고 결론을 짓는다. 톰슨의 연구결과를 토대로 클라우지우스는 1865년 발표한 자신의 논문 「우주의 두 가지 기본 법칙들」에서, 첫째, 우주의 에너지는 일정하며, 둘째, 우주의 엔트로피는 항상 증가한다는 주장을 했다. 즉, 우주의 모든 변화를 통해서 항상 보존되는 것이 "에너지"인 반면, 이런 변화가 방향성을 나타내 주면서 항상 증가하는 양이 "엔트로피"인 것이다(김영식·임경순, 2002: 200). 역으로 말하면, 엔트로피 법칙 속에서 자연과정은 반드시 비가역적이며 항상 엔트로피는 증가할 뿐이다(Weyl, 2000: 247).

그러나 클라우지우스에 의해 처음 제시된 엔트로피의 개념은 오랜 시간 동안 일반에게도 쉽게 받아질 수 없었으며, 과학자들 사이에서는 많은 오해도 불러 일으켰다. 또한 비가역적 과정에 대한 엔트로피의 변화를 정확히 수학적으로 계산해 내는 일도 클라우지우스에게는 어려운 문제였다. 15년 동안의 노력에도 불구하고 클라우지우스 자신도 기껏해야 이를 미분의 양으로만 계산하는데 만족했다. 결국 엔트로피의 계산은 확률確率에 의존하여 근사치로만 가능했던 것이다. 이러한 한계는 이미 존재할 수밖에 없었다. 왜냐하면 열역학 제2법칙은 애초부터 수학적 추론이나 이론적 증명을 통해 얻어진 결론이 아니었으며 오로지 경험적 사실에 기인한 것이었기 때문이다. 따라서 엔트로피, 즉 "에너지의 손실"은 극히 미미해서 경험상으로 관측이 거의 불가능한 영역이기 때문에 정확하게 수학적으로 계산해 내는 것은 불가능한 것이다. 다만 우리는 "열이 높은 온도에서 낮은 온도로 흐르는 것은 그 방향으로 변화가 일어날 확률이 지극히 높은 것이며, 엔트로피가 증가하는 방향에서 일어나는 모든 변화는 그러한 변화의 확률이 지극히 높은 것"이라고 말할 수 있을 뿐이다. 한마디로 엔트로피가 발생하는 바람에 에너지의 흐름은 높은 곳에서 낮은 곳으로만 가능하다. 따라서 상태에 대한 엔트로피는 그 상태에 대한 확률의 척도가 된다(김영식·임경순, 2002: 202).

그런데 이러한 엔트로피에 대한 확률적 계산은 실제로 볼츠만Ludwig Boltzmann(1844-1906)에게서 가능했다(Mainzer, 1997: 86). 그는 엔트로피를 $[k*\log D]$라는 표현으로 정의했는데, 여기서 D는 무질서의 척도이며 k는 $32,983*10^{-24}cal/^0C$로 우주 상수를 의미한다(Weyl, 2000: 258). 결국 클라우지우스의 시대에는 엔트로피가 물리학적으로도 어떤 의미를 가지고 있는가에 대하여 대답하는 것도 쉬운 일은 아니었다. 그러나 볼츠만의 연구결과를 통해 엔트로피가 무질서의 척도로 알려지면서 엔트로피에 대한 연구는 가속도를 얻게 된다.

볼츠만은 모든 시스템이 고체 상태에서보다 기체 상태에서 보다 무질서하며, 기체 상태에서 분자배열의 확률은 높아지고 고체 상태에서는 상대적으로 낮아진다는 사실을 알아냈다.[40] 또한 기체 상태에서 분자들은 시간이 흘러감에 따라 질서 있는 배열에서 점점 무질서한 상태로 변한다는 사실도 알아냈다. 이러한 원리는 카드놀이에서 카드 패를 계속 섞으면 섞을수록 카드 배열이 질서에서 무질서로 바꾸어 가는 이치와 같다. 질서 상태에서 무질서 상태로 이전하는 것은 완전히 수리적으로 계량화될 수 없다. 단지 확률로만 계산될 수 있다. 예를 들어, 연속 패로 잘 정리된 카드를 두 번 섞은 다음에 연속 패가 나올 수 있는 것은 확률일 뿐이다. 따라서 엔트로피의 물리량은 확률로만 계산이 가능하다. 특히 증가할 수밖에 없는 엔트로피는 질서 있는 배열에서 무질서한 배열로 진행되는 물리량에 해당되기 때문에 확률로만 계산될 수 있다.

이제 기체의 무질서한 분자배열과의 관계가 밝혀지고 특히 일종의 물리량인 엔트로피의 존재가 인식되면서, 열역학 이론은 물리학의 새로운 연구분야로 떠올랐다. 그동안 주로 화학자, 의사, 기술자들 그리고 자연철학주의자들이나 갖가지 실험을 하던 사람들의 경험적 지식의 종합에 지나지 않던 열에 관한 지식이 이론적 기초를 갖추게 되고, 시스템화·수학화된 하나의 과학분야가 된 것이다(김영식·임경순, 2002: 204). 이로써 18세기까지 화학분야로 간주되었던 열역학의 분야들은 빛, 전기, 자기, 소리, 기체 등의 관계와 함께 연구됨으로써 물리학 영역으로 편입되기 시작했다. 특히 볼츠만은 생물학 진화이론을 19세기 열역학과 화학으로 치환시키고자 했던 최초의 과학자가 되었다(Mainzer, 1997: 87).

---

[40] 볼츠만에 의하면, 살아있는 유기체는 닫힌 시스템의 제2법칙을 어기지 않는 환경과의 교환 속에 있는 열려진 흩어지는 시스템이다(Mainzer, 1997: 5; 79). 그러나 볼츠만의 열역학은 생명의 기원에 대해 결정적으로 설명하지 못했다(Mainzer, 1997: 89). 이러한 의미에서 우리는 볼츠만의 주장을 다윈의 진화론과 같은 맥락으로 이해한다. 구체적으로 볼츠만의 열역학 제2법칙에 대한 통계적 해석은 다윈의 진화론과 대치되지 않는다(Mainzer, 1997: 89).

원칙적으로 시스템은 투입과 전환과정을 통해서 산출output로 이어진다. 산출産出은 과업목표가 달성되어 산출되는 경우, 오로지 시스템의 유지라는 목표를 달성한 경우 그리고 아무 결과도 없이 그냥 소모로 끝나버리는 경우로 나뉠 수 있다(Chess & Norlin, 1988: 83). 우선 과업목표를 달성한 산출은 업무 종결을 의미한다. 또한 유지목표를 달성한 산출은 일단 시스템 간의 관계성을 확보한 상황을 의미한다. 예를 들면, 구성원들의 접촉으로 이루어지는 대인관계와 이에 대한 지식과 기술은 유지목표의 산출이라고 할 수 있다. 그러나 과업목표 산출과 유지목표 산출을 추구하지만 어떠한 결과도 내지 못하고 오로지 자원의 비효과적, 비효율적, 혹은 부적절한 사용으로 끝나는 경우를 우리는 소모라고 한다. 이 상황에서는 더 이상 무엇인가를 할 수 없게 된다. 이른바 시스템이 소모적 탈진burnout 상태에 빠져드는 셈이다. 그러나 소모消耗도 산출이다. 중요한 것은 이러한 산출이 다시 시스템의 투입으로 피드백還流, feedback된다는 사실이다(Meyer, 1983: 43-44). 왜냐하면 열린 시스템에서 산출은 그것으로 완전히 종결되는 것이 아니기 때문이다. 즉, 산출output이란 시스템 내에서 변형된 에너지를 환경으로 방출하는 것을 의미한다. 그러나 이는 단순한 방출로 끝나는 것이 아니고 피드백을 통하여 다시 시스템 내부로 투입된다(Meyer, 1983: 45).

그런데 이러한 피드백으로 인하여 시스템은 평형으로 유지되기도 하지만 일대 혼란에 빠지기도 한다. 특히 혼란의 경우 시스템 내에 긴장이 발생하지만, 바로 이러한 긴장으로 인하여 오히려 에너지의 흐름은 보다 활성화된다. 평형의 상태에서도 곧 시스템은 상호 인자간의 역할 갈등으로 인하여 창조적 긴장이 발생한다.

피드백은 부적 환류negative feedback와 정적 환류positive feedback로 나뉜다. 시스템의 항상성을 유지시키고 변화를 극소화하면서 시스템 자체를 유지시키는 것을 부적 피드백不的 還流이라고 한다. 부적 피드백은 시스템 내에서 극소 필요량만을 변화시키기 때문에 시스템은 유지만 된다. 즉, 부적 피드백은 시스템이 목표에 도달하기 어려운 상황에서 행동 수정을 위해 기다리도록 하는 조종의 역할을 한다. 이에 반하여 정적 피드백正的 還流은 시스템이 목표와 관련하여 적절하게 행동하고 있다는 사실을 주지시킴으로써 계속 촉진하는 역할을 한다. 한마디로 부적 피드백은 '자기 규제적'이고 정적 피드백은 '자기 지시적'이다(Janchill, 1969: 78). 이렇게 시스템은 피드백을 통해서 때로는 자기 규제적으로 때로는 자기 지시적으로 "투입-전환-산출의 과정"을 주도하게 되는 것이다.

산출이 고갈되면 생명시스템은 중단된다. 특히 살아남을 궁리에 부적합한 대안이 산출되면 생명은 끝난다. 또한 살아남을 궁리가 권력투쟁이나 권력쟁취의 목적으로 과장되어도 생명은 끝이 난다. 오로지 살아남겠다는 목적으로 스스로 자기제작autopoiesis하고 '자율성'[41]을 근간으로 하는 생명에너지가 고갈되는 산출은 결국 재투입으로 이어지지 않는다. 이때 생명은 더 이상 순환되지 않는다. 물론 여기서는 피드백도 없으며 리사이클링도 없다.

그러나 시스템은 대안代案을 찾으면서 살아남는다. 왜냐하면 시스템이란 원래부터 소멸하려는 엔트로피 경향을 상쇄시킬 수 있는 에너지의 전환이 요청되기 때문이다. 사회시스템은 대안을 마련함으로써 시스템의 소멸 속성인 엔트로피를 최대한 방지할 수 있다. 문화시스템 역시 마찬가지이다. 고리타분한 문화는 새 시대에 맞는 문화시스템으로 대체될 때 다시 안정된다. 대안은 시스템이 살아남을 수 있는 자극이며 생명에너지이다. 물론 대안이라는 생명에너지가 고갈되면 시스템은 소멸된다. 시스템 이론에 의하면, 시스템의 생존원리는 항상성을 기반으로 하는 안정으로의 피드백 과정과 변화(성장)를 통하여 네거티브 엔트로피negative entropy를 생성해야만 살아남을 수 있다.

한편, 시스템 내에서의 변화, 즉 성장은 내적-외적 자극을 통해 이루어진다. 기계시스템이 중단되지 않도록 우리는 기름칠을 하거나 청소를 해 주거

---

[41] "환경이 열악해도 생명은 완전히 다른 내부환경으로서의 영토를 구축하고 외부환경에 맞설 수 있는 자율성을 갖고 있다. 그러나 마치 환경과의 상호작용이 가장 결정적인 것처럼 판단되는 경우가 종종있다. 그것은 인과관계가 아니라 상관관계의 측면에서 바라보는 것이 쉬울 것이다. 그러나 생명현상에 대해서 무시하거나 배제하는 합리주의는 환경결정론에 따라 도식화하고 평면화시켜서 판단하는 경우가 있다. 그런 의미에서 환경결정론의 반대편에는 생명권과 생명의 자율성에 대한 논의가 있다고 할 수 있다."(신승철, 2015: 70)

나 아니면 부품을 바꾸어 끼워준다. 생명시스템이 중단되지 않도록 우리는 각종 영향을 보급하거나 영향주사를 맞거나 비타민, 호르몬 등 약물복용을 한다. 아니면 수술을 통하여 각종 조직과 장기를 새 것으로 바꾸어 주거나 수혈을 한다. 모두가 엔트로피의 발생을 만회하기 위한 대안들이다. 이른바 네거티브 엔트로피인 셈이다. 즉, 이러한 의료 활동들은 모두 생명시스템이 네거티브 엔트로피로서 작용할 수 있도록 하여 생명의 변화와 성장을 촉진하는 내외적 자극에 해당된다. 물론 우리의 몸 내부에서도 가능한 한 엔트로피의 발생을 억제하거나 지체시키는 자체 방어 및 자체 치료의 생리 기제들이 면역체계라는 이름으로 작용한다. 따라서 면역체계가 부실하면 네가티브 엔트로피의 기능도 부실해진다.

결국 시스템으로서의 문화, 즉 문화시스템의 재구성 내지 새로운 문화시스템의 탄생을 위한 전환의 과정에서는 네거티브 엔트로피negative entropy, 즉 네겐트로피negentropy의 투입은 필수적이다. 왜냐하면 인간은 살아남기 위해 문화를 창조하기 때문이다. 만약 그렇지 못하다면 문화는 엔트로피의 증가로 인하여 언젠가는 해체되고 소멸하게 된다. 문화해석은 바로 이러한 엔트로피의 증가과정과 이로 인한 소멸과정에서 예외가 될 수 없는 문화과정에 주목할 수밖에 없다. 아울러 문화해석은 대안적 문화마련을 위한 궁극적인 네겐트로피를 투입할 수 있도록 하는 '문화교육(학)'의 가능성과 전망에 학문적 토대(또는 아리아드네의 실타래: Thread of Ariadne)로 작용할 수 있게 한다.

2) 문화의 호메오스타시스

(1) 시스템으로서의 문화과정

오스트리아의 생물시스템학자 버틀란피Ludwig von Bertalanffy(1901-1972)에 의하면, 시스템이란 독특한 방식으로 상호작용하고 상호 의존하는 부분들로 구성된 전체, 즉 부분들 간의 관계를 맺고 있는 일련의 총체를 말한다(Bertalanffy, 1990). 시스템은 한편으로는 '균형balance' 상태를 유지하면서, 다른 한편으로는 지속적으로 '변화change'를 추구한다. 따라서 시스템은 완전히 변화만 한다고 해도 존재할 수 없으며, 완전히 현상유지만 한다고 해도 존재할 수 없다. 한편으로는 변화하면서 다른 한편으로는 균형을 찾아야 한다. 이러한 시스템의 이중적 성격은 시스템의 역동적 특성에서 유래한다. 달리 말하면, 시스템 내에는 성장, 개혁 그리고 변화를 만들려는 '자기 지시적 과정'이 있을 뿐만 아니라,[42] 시스템 내부의 규칙과 가치를 보존하고 '안정성stability'를 유지하려는 '자기 수정의 과정'도 존재한다(김동배·권중돈: 1999: 424). 우리는 전자를 시스템의 '구조변화속성'이라고 하고, 후자를 시스템의 '구조유지속성'이라고 한다. 결국 생명시스템은 "구조유지적 속성"과 "구조변화적 속성" 때문에 가능하다. 그러나 만약 생명에게서 시스템의 이중적 속성이 무시되거나 기능하지 않는다면, 생명시스템은 중지된다. 이미 우리 사회는 냉전의 시대를 마감하면서 극좌極左도 무의미하고 극우極右도 무의미하다는 사실을 경험하고 있다. 변화와 균형이 동시적으로 이루어질 때 시스템의 생명성은 보장된다. 개인도 마찬가지이다. 한편에서는 끊임없이 변화 혁신해야 하지만, 다른 한편에서는 균형을 찾아야 한다.

예로부터 동양사상의 핵심은 중도中道사상이었으며 중용의 원리가 최고의 삶의 원리였다. 많음도 해로우며 적음도 해롭다. 프랑크푸르트 비판사상가들도 인간의 기본 욕망을 벗어난 잘못된 욕구, 즉 "허위 욕구"를 가장 경계해야 할 적으로 여겼으며, 인간의 이성이 본질(또는 객관성)을 벗어나 과도한 이성, 즉 도구적 이성으로 변화할 때 역사적으로 인류최대의 문제가 발생했음을 지적한 바 있다. 합리合理, rational를 가장한 '합리화合理化'가 되는 셈이다. 모든 것은 과하면 탈이 난다. 간단히 말해서 많이 먹으면 배탈이 나는 법이며 꼬리가 길면 잡히는 법이다. 시스템 속에서 카오스(혼란, 무질서)가 너무 오래 지속되고 강화되어서, 안정성으로의 피드백, 즉 균형을 찾지 못한다면 시스템은 정지되고 만다. 왜냐하면 구조유지적 속성인 항상성, 즉 호메오스타시스homeostasis의 문제가 해결되지 않기 때문이다. 결국 시스

---

[42] 독일의 사회학자 루만Niklas Luhmann(1927-1998)은 바로 "자기지시적 과정"에 대한 연구가 시스템이론의 패러다임 전환을 선도한다고 하면서, 시스템이 소유하고 있는 "자기지시적 과정"의 능력 때문에 각 시스템들은 "스스로를 창조하는 시스템들autopoietische Systeme"이 된다고 주장한다(Luhmann, 1996: 24).

템의 생명성은 변화와 유지라는 상반된 두 가지 특성을 모두 한 몸에 지니고 있을 때, 그리고 이로부터 역동성力動性이 발생할 때 가능한 셈이 된다.

항상성恒常性, 즉 호에오스타시스homeostasis의 개념을 처음 사용한 사람은 미국의 생리학자 캐논Walter Bradford Cannon(1871-1945)이다. 그에게서 생물시스템의 항상성은 단순한 균형을 의미하지 않는다(Cannon, 1939: 32). 시스템은 지속적 변화의 상태에 놓여있지만 동시에 '역동적 균형dynamic equilibrium'를 유지하려는 특성을 가지고 있다. 따라서 항상성이란 시스템이 균형상태를 위협받았을 때 이를 회복하려는 '동역학적 성향'을 말한다. 원래 모든 생명시스템은 균형을 되찾기 위한 본능을 가지고 있다. 즉, 살아있고 파괴되지 않은 정상적 시스템은 외부 시스템으로부터 어떤 에너지의 투입 없이도 자체적으로 균형 상태를 유지할 수 있다. 예를 들어, 우리가 옆으로 쓰러지지 않는 것은 달팽이관 속의 전정기관이 스스로 균형을 회복해주려는 성질을 가지고 있기 때문이며, 몸에 세균이 침입하면 모든 조직과 세포들은 긴장하여 세균을 물리치려고 협력한다. 물론 시스템은 균형을 잃고 일시적으로 불안정한 상태에 빠질 수도 있다. 카오스, 즉 혼란과 무질서 상태가 그것이다. 특히 시스템이 성장하고 발전하는 가운데에서 이러한 불안정한 상태는 종종 발생한다.[43] 그러나 시스템은 곧 안정 상태stability를 향해 본능적으로 움직인다. 여기서 시스템의 균형인 안정 상태는 환경과의 에너지 교환관계를 통하여 이루어진다. 예를 들어, 동물의 조직들은 몸의 색깔을 변화시킨다거나 가시를 세우거나 독을 뿜거나 하면서 주변 환경이 예상치 못하게 변화할 때 융통성 있는 방법으로 대처할 수 있다(Mainzer, 1997: 106).

균형equilibrium는 안정상태stability를 의미하지만 반드시 그 자체는 아니다. 균형이란 다소 특별한 적응력이 요구되는 정적인 평형을 나타내는 말로써 시스템의 구조변화를 야기하지는 않는다. 그러나 안정상태는 종전의 구조와 근본적으로 다른 새로운 구조에서도 찾을 수 있다(Anderson and Carter, 1984: 45). 1977년 노벨 화학상 수상자인 벨기에의 물리학자 프리고진Ilya

---

[43] 미국의 심리학자 에릭슨Erik H. Erikson(1902-1994)은 이를 이러한 상태를 "위기"로 이해하고 있다.

Romanovich Prigogine(1917-2003)에 의하면, 에너지의 흐름으로부터 야기되는 열평형으로부터의 이탈은 카오스가 되는 것이 아니고, '흩어지는 자기조직화의 모형'을 만든다고 설명한다(Mainzer, 1997; 97). 모든 시스템은 무질서 chaos로 나타나는 동시에 바로 다시 질서cosmos, 즉 안정상태로 돌아가고자 한다. 물론 시스템의 속성인 균형, 항상성, 안정 상태는 경계境界, border의 개방 정도에 따라 조금씩 뜻을 달리한다. 간단히 말하면, 닫힌 시스템이라도 내부적으로 균형을 가질 수 있다. 예를 들어, 폐쇄적 관료조직은 현상 유지를 가장 바람직한 상태로 여긴 채 다른 조직체나 집단과 교류가 거의 없지만 그 시스템 내에서는 균형을 유지할 수 있다. 또한 고정된 구조를 가지고 주변 환경과 상호작용을 하지 않는 닫힌 시스템은 제한된 상호작용만으로도 이루어진다. 균형은 닫힌 시스템에도 존재한다. 그러나 그러한 균형으로 닫힌 시스템이 항구적으로 유지될 수 있을 것인지는 질적 차원의 문제임과 동시에 시간적 한계성의 문제에 봉착하게 된다.

한편, 호메오스타시스, 즉 항상성恒常性은 '열린 시스템open system'를 전제한다. 항상성은 환경과 지속적인 상호교환을 하는 시스템에 존재한다. 물론 그 결과는 안정적이지만 정적인 균형은 아니다. 따라서 항상성은 '역동적 균형dynamic balance'라고 할 수 있다. 예를 들어, 우리 몸은 외부환경에 급격한 변화가 일어나도 체내의 자동조절 장치가 작동하므로 안정된 상태가 유지된다. 다시 말해서 외부 기온이 변해도 인체의 조절 메커니즘인 발한發汗, 수분함유 향, 소름 등이 정상체온을 유지하기 위해 작용하기 때문에 체온은 크게 변하지 않는다. 즉, 정상상태의 생명체들은 항상성 조절장치homeostatic regulatory device를 통해 내외의 많은 변화들에 따라 야기되는 결과에 대해 완충작용을 한다(리처드 르원틴, 1998/ 김병수 옮김, 2001: 132). 이와 같은 균형을 유지하려는 자동적 경향이 항상성이다. 그러나 항상성의 상태에서도 시스템의 구조는 크게 달라지지 않는다. 왜냐하면 시스템 속에서는 각 성원들이 분화된 역할을 담당함으로도 시스템을 유지할 수 있기 때문이다. 이러한 현상은 특별히 '역할시스템'의 출현으로 이해될 수 있다. 그러나 이러한 역할시스템에서는 항상 '긴장관계tension'가 유발된다. 이른바 '역할 갈등'이 그것이다. 따라서 시스템 내부에는 항상 구조적 긴장상태가 존재하는 것이다. 그러나 생명에게 긴장은 자연스러운 속성이며 본질이다.

특히 모든 시스템은 시간의 흐름에 따라 "복잡한 적응시스템CAS: Complex Adaptive System"[44]으로 발전하기 때문에 주변 환경 또는 주변시스템과 상호 작용하는 과정에서 시스템 속에서는 늘 긴장이 발생한다. 즉, 적응시스템에서 긴장은 불가피하다. 또한 시스템이 환경과 상호 작용하면서 시스템이 진화할 때에도 긴장은 필연적이다. 열린 시스템일수록 긴장관계는 보다 심하며 이러한 긴장의 결과로 시스템은 보다 역동적으로 변한다. 여기서 중요한 사실은 긴장tension가 변화를 일으키는 원천이 된다는 사실이다. 또한 변화를 통하여 시스템은 긴장을 다시 완화시킨다. 이는 비가 오고 천둥이 친 다음에 날씨가 개고, 도가 넘쳐 흥분하다가 흥분이 가라앉으면 진정상태가 오는 것과 마찬가지이다. 따라서 긴장과 해소의 과정이 거듭되면서 삶은 변화, 성장 그리고 발전하는 셈이다. 물론 긴장은 파괴적으로 나타나기도 한다. 따라서 시스템이론에서는 긴장 그 자체에 대하여는 긍정적이거나 부정적 가치를 부여할 수 없다. 그러나 중요한 것은 긴장이 시스템의 변화, 성장 그리고 혁신에 관계한다는 사실이다. 한마디로 시스템 내의 긴장은 역동적 속성의 원천일 수 있다. 그런데 원칙적으로 긴장은 주변 환경과의 개방적 상호관계에서 자극된다. 특히 역할시스템의 상태에서 긴장이 가장 활성화된다. 그렇다면 이러한 긴장관계를 보다 구체적으로 해석할 수 있는 경로는 무엇일까? 바로 "긴장관계란 개방적 에너지의 흐름"이라고 대답할 수 있을 것이다.

일반적으로 시스템system는 투입input, 전환throughout, 산출output 그리고 피드백루프feedback loop로 이루어진다. 또한 시스템은 역동성dynamics으로 유지 발전된다. 따라서 시스템이 살아있는 한 '투입-전환-산출-피드백'의 과정이 지속적으로 이루어진다. 시스템의 소멸은 이러한 과정이 멈추는 것을 말한다. 결국 시스템은 투입-전환-산출 그리고 피드백feedback의 과정에서 발생하

---

[44] 복잡적응계CAS라는 용어는 미국 생태학연구의 본거지인 산타페 연구소Santafe Institute의 전매특허용어이기도 하다. 이에 대한 구체적 연구는 존 홀런드J. H. Holland 의 『숨겨진 질서Hidden Order』(1995)가 대표적이다. <존 홀런드, 1995/ 김희봉 옮김, 2001: 23쪽 참고>

는 '역동성'을 통하여 생명을 얻고 유지 발전시킬 수 있다. 또한 시스템은 역동성 덕분으로 '구조structure'를 형성한다. 반대로 시스템은 구조 형성으로 역동성을 보장한다. 결국 시스템은 구조 형성과 역동성의 순환관계 속에서 생명을 보장받는다.

시스템 자체의 생존을 보장하고 성장 변화해 가기 위해서는 시스템 내부 및 외부와의 지속적인 '정보교환'과 '물질 및 에너지의 교환'이 이루어져야 한다. 이러한 시스템 내·외부와의 정보. 물질 그리고 에너지의 교환을 가장 적절히 설명해 주는 개념이 바로 "투입-전환-산출-피드백"이라는 생명과정인 셈이다. 여기서 생명과정은 시스템이 외부로부터 정보나 물질 그리고 에너지를 받아들여 필요로 하는 자원을 만들어내는 생명력 창출의 과정을 말한다. 구체적으로 투입input이란 시스템이 환경으로부터 에너지, 자원, 정보 등을 받아들이는 과정이다. 일반적으로 시스템은 생물적, 심리적, 사회적 생존과 성장을 위해 주변 환경으로부터 적절한 투입을 허용한다. 일단 주변 환경으로부터의 투입이 이루어지면 시스템은 에너지를 자신의 과업과 유지의 목적을 위해 형태를 변경시키게 된다.[45] 우리는 이러한 형태변경의 과정을 전환throughput이라고 부른다. 시스템이 에너지를 재조직화하는 전환과정을 시작하게 되면 외부의 주변 환경과의 반응은 보다 가속화된다. 전환은 과업과 관련되고 아울러 유지와 관련되어 발생하며 재구조화 과정에서 외부환경과 부단히 상호 작용한다(Chess & Norlin, 1988: 99). 이러한 재구조화 과정은 시스템에서 투입이 산출로 이어지는 과정에서 나타나는 일련의 순서가 된다. 예를 들어, 사회시스템은 역할, 준비, 가치화 작업, 시간 계획, 예산 편성, 계획안 작성, 공간 배치 및 주변 다른 시스템들과의 협조 관계 등 진행 순서와 과정을 내재하고 있다. 물론 이러한 과정에서는 상호작용이 본질적이다.

여기서 우리가 주목할 것은, 과연 무슨 목적을 위해서 생명시스템 속에서 "전환"이 이루어져야 하는가 하는 문제이다. 전환은 생명시스템의 운명을 좌우한다. 만약 그 목적이 "권력"이라면, 이성이 '도구적-수단적 이성'으로

---

[45] 고대 이래로, 살아있는 시스템은 어떤 목적과 과업에 봉사하는 것으로 가정되었다(Mainzer, 1997: 103).

타락하는 것처럼 권력을 목적으로 하는 전환으로 우리의 생명은 타락하게 된다. 생명의 타락은 곧 죽음을 의미한다. 삶에서 투입-전환-산출-피드백 루프가 생명시스템으로 항상성을 유지하기 위해서는 전환의 목적은 오로지 "생명" 그 자체가 되어야 한다. 우리 인류가 태초부터 살아남기 위해 발버둥을 치면서 문화를 창조하며 살아남았듯이, 우리 인간의 본래 목적은 "살아남겠다"는 것뿐이다.

역사적으로 우리는 도구적-수단적 이성의 작용으로 사회시스템들을 공멸의 시스템으로 전락시켜 온 사실을 알고 있다. 살아남기 위해 창조한 역사적 사회시스템들이 이제 우리를 죽이고 있는 것이다. 권력을 향한 이성의 타락 때문이었다. 문화위기, 문화붕괴를 야기하는 문화시스템 역시 마찬가지이다. 하버마스에게 문화위기는 문화적 권력투쟁의 산물이다. 그러나 우리의 생명시스템은 원래 권력이나 어떤 힘도 오용하지 않는다. 왜냐하면 생명은 권력을 추구하다가 죽음시스템으로 바뀐다는 사실을 이미 알고 있기 때문이다. 예를 들어, 세포는 절대 권력을 가지지 않는다. 또한 위장은 허파보다 권력적이지 않다. 만약 위胃가 장腸보다 권력을 많이 가지고 있다면 우리는 위산과다로 사망하게 된다. 만약 간이 뇌보다 권력이 많다면, 아마 간은 뇌의 명령에 따라 해독하지 않을 것이다. 식도가 위보다 권력이 많다면 때에 따라서 음식물을 내려 보내지 않을 것이다. 그러면 생명은 끝난다. 사회적으로 권력투쟁으로 인하여 우리 인류에게 역사적 사회시스템이 엉망이 된 것처럼 인체 내에서도 권력투쟁이 벌어진다면 우리의 생명은 끝나고 만다. 결국 권력투쟁으로 일그러져 온 우리 인간의 역사적 사회시스템은 잘못된 것이다. 인위적이고 조작적이다. 심지어 불공정한 경쟁을 통하여 불법, 비법, 무원칙, 비합리, 불합리 등으로 진행되는 경쟁-지배의 시스템은 보다 혼란스럽다. 하여간 생명은 본질적으로 다른 권력을 목적으로 생명에너지를 전환시키지 않는다. 오로지 살려는 의지will, intention가 있을 뿐이다. 생명은 죽을 때까지 죽지 않으려고 한다. 이제 우리 인간들은 일그러진 사회시스템들이 낳은 공멸에의 위기 앞에서 진정한 생명에의 원리를 성찰해야 한다. 인류의 공멸 앞에서 살아남을 사람은 아무도 없다.

결국 전환은 "생명에너지로의 전환"을 말한다. 우리가 음식물을 투입하면 그것이 생명의 에너지고 전환되고 생명의 원동력이 산출됨으로써 생명에의 희망이 재투입된다. 결국 투입-전환-산출-피드백이라는 생명시스템의 본래적 도식에서 투입된 것이 생명에너지로 전환됨으로써 생명은 열린 시스템으로 계속 현상할 수 있다. 열린 시스템이란 피드백의 순환과정을 가진 리사이클링再生, re-cycling 시스템으로서 단순한 투입-산출로는 시스템의 항상성을 보장할 수 없다. 생명은 고갈된 에너지가 아니고 생명으로 산출되어야지 다시 생명으로 투입될 수 있다. 어떤 문제나 과제가 우리의 사고 영역에 투입되면 그것이 입력된 그대로 산출되는 것이 아니고 반드시 목적 달성을 지향하는 "생명에너지"로 전환되어 산출되어야 한다는 사실이다. 왜냐하면 생명시스템의 목적은 바로 "살아남겠다"는 목적뿐이기 때문이다. 살아남기 위해서 인간들은 투입된 지식과 정보 그리고 물질과 에너지를 최대한 활용해야 할 것이다. 전환을 통해 산출된 결과들이 생명에너지로 재투입되면서 생명은 되살아난다.

한마디로 생명(시스템)은 투입-전환-산출-피드배이라는 리사이클링의 열린 시스템이 되는 것이다. 따라서 생명으로서의 인간이 창조하고 구속되는 문화文化는 리사이클링의 열린시스템으로 생명성을 획득해야 한다. 만약 그렇지 못하면 시스템으로서의 문화해체文化解體와 문화소멸은 자명하다. 즉, 닫힌 시스템으로서의 문화는 붕괴될 수밖에 없다. 따라서 문화접변을 통한 문화변동 그리고 문화적 다양성 등은 문화가 일린 시스템으로 작동함으로써 문화가 살아남는 대표적인 방식이다. 물론 이때 문화접변을 통한 문화변동은 전체적으로 아니면 동시적으로 이루어지는 것은 아니다. 마치 문화의 이동과 변동은 낙지의 움직임처럼 문화의 중심축이 먼저 움직이면서 다른 지체가 따라가는 방식으로 이루어진다.

"문화의 움직임은 낙지의 그것과 같다... 부분들이 동시에 부드럽게 조화를 맞추어 움직이거나 전체가 한꺼번에 집단적 움직임을 나타내는 것이 아니라, 이때는 이것이, 저때는 저것이 따로따로 움직이다가 그것이 쌓여서 일정한 방향으로 변화한다는 것이다.... 그러나 만일 그러한 움직임이 문화체계 중에서도 대체로 서로가 밀접하게 연결되어 사회적으로 중요한 어떤 부분에서 일어날 경우, 그것의 추진력은 매우 큰 것이 될 것이라는 예측은 그리 틀린 것은 아닐 것이다.”(클리퍼스 기어츠, 1973/ 문옥표 옮김, 2009: 478)

그런데 중요한 것은 우리의 문화가 과연 '생명시스템의 원리'에 맞추어서 이루어지고 있는가 하는 질문이다. 이러한 질문은 인간이라는 생명시스템에 의해서 창조되고 인간을 구속하는 문화에 대한 이해를 위한 문화해석의 근거가 된다. 즉, 투입-전환-산출-피드백의 리사이클링 과정을 생명의 원리로 하고 있는 시스템과정 속에서 창조되고 소멸되는 문화는 반드시 해석의 대상이다.

(2) 열린 시스템과 문화의 역동성

1940년대에 일반시스템이론general system theory을 창시한 오스트리아 출신 미국의 생물학자 폰 버틀란피Ludwig von Bertalanffy(1901-1972)는 살아있는 세계가 끊임없이 복잡성을 증대시키는 방향으로 전개된다는 다윈의 진화론적 견해와 엔진이 점차 느려져서 점차 지구는 무질서한 방향으로 전개된다는 카르노와 볼츠만의 견해는 완전히 실제 현실과 다르다고 생각했다. 즉, 우주와 지구는 계속해서 진화한다는 사실은 이에 대한 반증이다. 버틀란피는 이러한 반증, 즉 실제와의 상반적 딜레마를 해결하기 위해 자신의 일반시스템이론을 시작한다. 특히 볼츠만에 의해 주창된 열역학 제2법칙, 즉 소위 엔트로피entropy 이론에 의하면, 역학적 에너지의 일부는 항상 흩어져서 열로 바뀌고 이 에너지는 완전히 역학적 에너지로 환원될 수 없기 때문에 지구라는 기계는 점차 느려지다가 결국 정지할 수밖에 없다는 것이었다. 그러나 지구는 아직 정지하지 않고 있으며 정지의 증후도 아직은 없다. 결국 이러한 볼츠만의 법칙에 의구심을 풀지 못하던 버틀란피는 결론적으로 볼츠만의 법칙은 '닫힌 시스템'에서만 가능한 이야기이라고 일축하게 된다.

실제로 열역학 제2법칙에서 밝혀낸 엔트로피는 항상 증가하려는 경향이 있으며 어떤 경우에는 그의 최대치에도 도달하겠지만, 이는 반드시 닫힌 시스템 속에서만 그렇다는 사실이 많은 연구결과에서 밝혀지고 있다

(Mainzer, 1997: 65). 결국 많은 과학자들에게 열역학 제1, 제2법칙은 모든 자연에 중요한 조건이지만 자연에 일반적으로 적용될 수 있는 조건은 아니며 특히 닫히고 고립된 시스템 속에서 발생하는 에너지의 교환일 뿐이라고 인식되기에 이르렀다(Mainzer, 1997: 90). 이렇게 본다면 열역학 법칙은 반드시 틀린 법칙이라고 볼 수 없지만, 마치 뉴턴 역학체계의 한계에서 나타난 것처럼 법칙의 적용범위는 고립된 미시 하위 시스템, 우주시스템 또는 실험실의 준비된 조건에만 만족하고 다양한 변수를 가진 우리의 실생활 전반에 적용되기에는 경험적 한계를 가지고 있는 것이라고 할 수 있다(Mainzer, 1997: 91).

이러한 맥락에서 버틀란피는 생물의 경우 "열린 시스템open system" 속에 살고 있기 때문에 카르노와 볼츠만의 법칙이 적용되지 않는다고 주장할 수 있었다. 다시 말해서, 지구상의 생물은 모두 열린 시스템으로 생존하고 있다. 왜냐하면 모든 시스템은 시스템 주변에 외부 환경을 가지고 있기 때문이다(Prigogine, 1961: 15). 열린 시스템은 외부 환경으로 또는 환경으로부터 에너지 또는 물질의 이동과 연계되어 있기 때문에 엔트로피 생산을 위한 내부적 원천도 있지만 외부적 원천도 가지고 있다(Mainzer, 1997: 91). 따라서 생물체에서 물질은 끊임없이 외부환경으로 흘러나오기도 하고 반대로 외부환경으로부터 에너지를 유입시키기도 하는 것이다. 결국 지구 생물계는 카르노와 볼츠만의 주장처럼 열역학적 완전평형상태로 귀착하고 마는 닫힌 시스템과는 달리 열린 시스템으로 존속하게 되며, 열린 시스템은 지속적인 흐름과 변화로 특징지어지는 정상상태 속에서 평형과는 거리가 먼 방식으로 스스로를 유지하게 된다(프리쵸프 카프라, 1996/ 김용정·김동광 역, 1999: 74). 어빈 슈뢰딩어Erwin Schrödinger는 이러한 생명의 흐름이 에너지의 흐름으로 가능해지며, 이로써 열역학 평형으로부터 멀리 벗어나는 것을 허락하는 최초의 조건이 만들어진다고 보았다(Mainzer, 1997: 97).

1940년대에 발표된 버틀란피의 일반시스템이론은 열역학의 확장에 필요한 수학적 방법을 찾아내지 못해 별 주목을 받지 못하였다. 그러나 1970년대에 프리고진Ilya Prigogine가 이를 수학적으로 입증함으로써 버틀란피의 일반시스템이론을 새로운 과학이론으로 다듬어 주었다.[46] 이로써 버틀란피의 일반시스템이론은 "열린 시스템 이론open system theory"로 완전히 해석되었으며, 시스템 사고를 중요한 과학적 운동으로 수립할 수 있게 되었다(프리쵸프 카프라, 1996/ 김용정·김동광 역, 1999: 71-72).

생태학자 카프라Frijof Capra는 버틀란피의 일반시스템이론을 다음과 같이 평가하고 있다.

> "버틀란피는 자신의 예상이 실현되는 것을 보지 못했다. 그리고 그가 상상했던 전체성의 일반과학은 정식화되지 못했을 수도 있었다. 그러나 그가 1972년에 세상을 떠난 후 20년 동안 생명, 정신 그리고 의식에 대한 시스템의 개념들이 등장해서 분야간의 경계를 뛰어 넘고, 형식적으로 분리되어 왔던 여러 연구분야를 하나로 통합시킬 수 있다는 가능성을 높여 주었다. 생명에 대한 새로운 개념이 일반시스템이론보다는 사이버네틱스에 보다 분명한 뿌리를 내리고 있지만, 그 사상은 분명 버틀란피가 과학에 도입시킨 사고방식과 개념들에 큰 빛을 지고 있다."(프리쵸프 카프라, 1996/ 김용정·김동광 역, 1999: 76)

1943년 버틀란피는 생물의 구조가 에너지와 자원의 지속적인 흐름에 의존한다는 사실을 강조하기 위해서 생물구조를 열린 시스템이라고 불렀다(프리쵸프 카프라, 1996/ 김용정·김동광 역, 1999: 234). 전체로서의 열린 시스템은 부분들 그리고 환경과 지속적인 관계를 맺음으로써 비교적 안정된 상호작용의 형태를 띤다. 그러나 만약 에너지와 물질의 유입이 중단될 때 물리적-화학적 시스템들은 그들의 구조를 잃게 된다(Mainzer, 1997: 103). 예를 들어, 열린 시스템인 사회는 조직화된 행동능력을 가진 구성원들과 상호작용하고 상호 의존하는 구조로 형성된다. 이러한 과정에서 사회는 유지 발전하게 되는데, 여기서는 각 성원들에게 분화된 역할이 중요하며 이로써 시스템은 자신만의 독특한 특성을 지니게 된다.

---

46 즉, 프리고진은 버틀란피 이론의 핵심개념인 "신진대사과정에서의 자기조절능력"에 주목하면서, "자기조직화"와 "흩어지는 구조"에 대한 이론적 틀을 구축해 내었다. 특히 흩어지는 구조들은 열린 시스템에 의해 유지되는데 여기서 에너지의 분산과 소비가 이루어진다.<Mainzer, 1997: 91 참고>

일반시스템이론에서 다루는 시스템은 다양한 수준으로 발생한다. 즉, 인간의 정신기능을 만들어내는 뇌 세포 조직의 신경시스템으로부터 시작해서 사회 구성원들 간의 상호작용의 유형으로 가능한 모든 시스템에 이르기까지 그 수준은 매우 다양하다. 이와 같이 하나의 총체로서 기능하는 시스템은 다른 시스템의 하위시스템인 동시에 또 다른 시스템의 상위시스템이 될 수 있다. 예를 들어, 생물의 장기臟器는 신체의 하위시스템이며, 동시에 조직의 상위시스템이 된다. 시스템은 부분들 간의 지속적인 상호교환 활동에 의해 조직화되는데, 부분들 간의 반복적인 상호교환의 과정에서 시스템 내의 구성요소들 간에 역할이 분화되고 하위시스템 및 상위시스템과 위계질서가 형성된다. 유지와 존속 그리고 발전을 위해 시스템은 상위시스템에 의존할 수밖에 없으며 자신의 하위시스템에게는 방향을 제시하게 된다.

이렇게 상위시스템과 하위시스템이 시스템 내에서 공존하면서도 특정 시스템만의 고유성을 유지할 수 있는 것은 시스템이 바로 "경계境界"를 가지고 있기 때문이다. 시스템이 가지고 있는 경계선은 주변환경과 구별짓는 시스템 주변의 '상상적 테두리' 또는 '점선點線'이라고 할 수 있다(김동배·권중돈, 1999: 423). 즉, 경계란 시스템을 외부환경으로부터 구분하는 일종의 테두리를 의미한다(Chetkow-Yanoov, 1992: 19). 이를테면 인간의 피부와 나무의 껍질 그리고 모든 '세포막'은 '경계'에 해당한다.

> "생태주의는 살아있는 연결망 속에서 상호작용하는 생태계의 피드백에 대해서 주목한다. 여기에 덧붙여 생명에 대한 논의는 개체적 자율성에 대해서 주목하면서... 환경과의 섭동작용 속에서 어떤 변화가 생길 것인지를 결정하는 것은 생물의 내부구조이다. 물론 환경이 영향을 주는 측면이 없는 것은 아니지만, 생명이 환경과 구분되는 작업적 폐쇄성을 갖고 있다는 점이 중요하다. 세포를 예를 들지만, 세포막을 통해서 외부환경과 구분되는 내부환경을 갖고 있다는 점을 알 수 있다."(신승철, 2015: 69)

그러나 사회시스템의 '경계'는 눈으로 보거나 만질 수 없다. 그래서 우리는 사회시스템을 기계적-물리적 시스템이나 자연-생명시스템과 비교하여 이론적 시스템이라고 부른다. 그러나 물론 사회시스템에서도 경계는 그 시스템을 구성하는 사람들이 서로서로에 대해 그리고 외부사람에 대해 행동할 때 분명히 나타난다. 이때 경계는 적어도 일부로만 침투할 수 있다. 또한 경계를 통해 조직은 에너지와 정보 전달을 할 수 있다. 물론 사회시스템의 경우 경계선의 속성은 개념적이고 임의적일 수 있다.

그러나 경계는 분명히 시스템 내적 구성 성분과 외적 구성성분을 구분하고 있으며 주변 환경과도 금을 긋고 있다. 생명시스템의 세포막은 확실하고 실제적인 경계로 대표적이다. 물론 중요한 것은 경계선으로의 침투 기능성이나 정도차일 것이다. 우리 사회의 경계선 역시 점선과 어망漁網 그리고 반투막半透膜에 비유될 수 있다. 하여간 세포부터 인간의 삶까지 정도 차는 있어도 시스템이 열려 있다는 사실이다. 물론 이는 상대적 개념일 수도 있다. 그러나 시스템과 환경 사이의 경계가 정확한 윤곽을 가질 수 있는 근거는 시스템의 원소들 간의 관계 강도가 원소가 아닌 대상이나 변수들 사이의 상호관계 강도보다 강하기 때문이다(피오트르 츠톰까, 1979/ 조재순·김선미 옮김, 1995: 83).

열린 시스템은 시스템 내에서의 자유로운 정보교환과 자원교환을 허용한다. 이는 주변환경으로부터 또는 주변환경으로 자유로운 "에너지가 흐른다"는 사실을 인정하는 것이다. 생물의 세포막 사이에서는 항상 에너지의 흐름이 존재한다. 이런 의미에서 우리는 시스템의 기본 "재료"를 에너지로 간주할 수 있다(Anderson/ Carter, 1984: 29) 반대로 닫힌 시스템은 주변 환경과 고립되어 있다.[47] 즉, 경계선이 폐쇄적일수록 시스템은 경계선 내부에서만 작동한다. 이는 컴퓨터상에서 온라인on-line과 오프라인off-line의 차이와 같으며, 인터넷internet과 인트라넷intranet 간의 차이와 같다. 닫힌 시스템은 융통성이 없으며 분화가 이루어지지 않으며 열린 시스템에 비해 전파속도와 범위가 제한된다.

우리가 열린 시스템open system과 닫힌 시스템closed system의 개념을 설명하

---

[47] 소련의 사회학자 아파나세프Afanasyev에 의하면, 이 세상에 고립된 전체는 없다(피오트르 츠톰까, 1979/ 조재순·김선미 옮김, 1995: 84쪽 재인용). 따라서 닫힌 시스템은 전체성을 추구할 수 없다.

려면 앞에서 설명한 "경계의 개념"에 대한 정확한 이해를 필요로 한다. 일반적으로 시스템은 경계를 넘는 에너지나 정보의 교환을 용납할 수도 있고 용납하지 않을 수도 있다. 열린 시스템은 반투과성의 경계를 가지므로 경계가 상대적으로 느슨해지면서 에너지, 정보, 자원을 다른 시스템들과 교환한다. 반면 닫힌 시스템은 다른 시스템들과 상호작용하지 않으므로 다른 시스템으로부터 투입도 없고 산출도 없다. 시스템이 폐쇄적이면 시간이 지나면서 모든 요소들이 비슷해지기 시작하여 결과적으로 조직과 효과적인 기능의 상실이 초래되는 무질서, 즉 엔트로피의 속성이 나타나게 된다(Compton & Calaway, 1989: 125).

사회가 성장하고 발달하려면 상호 작용하는 다른 시스템으로부터의 유입에 열려 있어야 한다. 건전한 시스템은 반투과성의 경계를 가지며 이 경계를 잘 유지하는 나름의 방식을 갖고 있다. 간단히 말하면, 생명체에서 물질대사라는 근본적 생명현상을 가진 열린 시스템은 외부로부터 부적 엔트로피negative entropy를 도입함으로써 정상적인 생명현상을 유지하면서 엔트로피의 증가를 피할 수 있다(Bertalanffy, 1990: 73). 그러나 닫힌 시스템에서는 엔트로피의 증가로 인하여 질서는 계속 파괴될 뿐이다.[48] 이러한 현상은 생명현상의 기본 원리이기도 하다.

> "모든 생명체는 끊임없이 외부로부터 물질과 에너지를 공급받고 노폐물을 외부로 배설한다. 그러나 닫힌 체계에서는 외부로부터 물질과 에너지를 공급받을 수 없고, 외부로 노폐물을 배출할 수도 없다. 따라서 닫힌 체계에서 생명을 유지하기 위해서는 먹는 것 못지않게 배설물을 처리하는 게 중요하다. 생태계가 지속가능할 수 있는 것은 한 종種의 노폐물은 다른 종의 먹이가 되기 때문이다. 그리고 생태계의 순환적 원리에 따르면 살았던 전통적 농경사회에서는 농업부산물뿐만 아니라 인분마저도 거름으로 사용하거나 가축의 사료로 사용하였기 때문에 쓰레기 문제라든지 환경오염 문제는 없었다."(윤용택, 2007: 220)

---

[48] 고전적 물리학은 환경으로부터 격리된 이러한 닫힌 시스템을 다루고 있으며(Bertalanffy, 1990: 71), 사이버네틱스 모형은 정보에 대하여는 개방적이되 엔트로피 이동에 대해서는 폐쇄적이다(Bertalanffy, 1990: 140).

이러한 생명현상의 기본 원리가 무시되는 순간 우리는 환경파괴에 직면하게 되고 환경파괴로 인해 우리의 생명도 사멸하게 된다.

결국 생명체는 에너지의 이전현상으로 생명을 유지하게 된다. 열린 시스템은 에너지가 부족할 때마다 필요한 에너지를 주변으로부터 얻기 위하여 주변시스템과 접촉한다. 반대로 에너지가 남아돌면 주변으로 방출한다. 주변 세계에 접근함으로써 시스템은 자신의 생존과 성장 그리고 안정화에 필요한 에너지를 획득할 수 있게 된다. 한마디로 열린 시스템은 물질과 에너지의 유입과 산출을 지속시킴으로써 계속 열린 시스템으로 존속하게 된다. 이로써 모든 열린 시스템은 성장과 변화 그리고 동시에 스스로를 유지할 수 있는 능력을 가지게 되는 셈이다. 열린 시스템은 융통성 있는 경계선을 가지고 있으며, 외부환경과 활발한 에너지의 교환 덕분에 안정된 상태를 유지한다. 이렇게 본다면 개방은 시스템의 생존에서 필수적 요소가 된다. 이런 근거에서 사회학자 버클리Buckley는 '개방의 정도차'가 있을 뿐이지 살아있는 모든 생명체는 '열린 시스템'이라고 주장했다(Buckley, 1967: 46). 그는 적응시스템일수록 시스템간의 상호교환을 유지하기 위하여 유연성과 환경에 대한 반응 정도가 높은 복잡한 시스템이라고 한다. 상대적으로 개방의 정도가 높은 시스템은 변화하는 환경에 대처할 수 있는 다양한 반응 양식을 갖출 수밖에 없다. 또한 열린 시스템은 주변 환경을 성공적으로 지각하고 이를 유지할 수 있는 선별 능력을 가지고 있다. 구체적으로 열린 시스템으로서의 생명시스템은 변화하는 환경에 대해서 자기규제와 동시에 자기 적응할 수 있는 가능성을 가지고 있는 복합시스템이다(Mainzer, 1997: 77). 이러한 맥락에서 마틴과 오코너는 시스템의 기본구조를 '항상성, 조직, 공간, 경계, 상호작용'이라는 특성으로 설명한다(Martin & O'Corner, 1989: 37-38).

일반적으로 우리 인간들은 모두 살아있는 한 그리고 살아가고자 하는 한 반드시 시스템에 속하여 살게 된다. 아니면 시스템을 구성하면서 또한 그 구성원으로서 존재한다. 사회적 존재로서 태어나는 우리 인간들은 사회시스템 속에서 일정기간 동안 항구적으로 존속하며, 그 안에서 서로 관계를 맺으면서 조직화하고, 삶의 행동반경으로서 어떠한 공간과 장소를 점유하게 된다. 또한 우리는 사회시스템 속에서 자기 구성원과 다른 구성원을 경계로 구분하면서 정보와 자료를 여과시키거나 차단시키는 역할을 하며, 다른 한편으로는 관계망 속에서 상호의존적으로 상호작용하면서 상호영향권 속에서 삶을 영위하게 된다. 루만의 <사회시스템> 이론은 이에 대해서 자세하게 설명하고 있다.

"마치 생태계가 보이지 않는 관계망에 따라 자율적으로 움직이는 것처럼 사회도 각각의 자율성에 따라 시스템의 형태로 작동될 것이라는 사유도 가능한 것이다. 이런 사유는 기능분화된 사회가 자동화된 관료시스템으로 향할 것인가 아니면 기능분화에 따라 자율적인 사회시스템으로 바뀔 것인가에 대한 논쟁을 촉발한다. 이러한 점이 루만과 하버마스의 핵심적인 논쟁의 지점이기도 했다. 마투라나와 바렐라가 언급한 개체단위 세포가 연합해서 만들어낸 메타세포체에 대한 논의는 루만의 시스템이론에 영감을 준 것은 분명한 것 같다. 그러나 그것이 자율성의 영역인지 아니면 자동성의 영역인지에 대한 사회에 대한 논의는 더 숙고할 필요가 있다."(신승철, 2015: 59)

이런 맥락에서 본다면, 인간이 창조하고 계승 발전시켜 온 문화시스템 역시 열린 시스템의 관점에서 파악되어야 한다. 즉, 하나의 문화는 특정한 문화권 속에 살고 있는 구성원들인 개인과 개인 간, 사회와 사회 간 그리고 국가와 국가 간의 역동적 상호영향권 속에 있다고 할 수 있다. 문화의 상호교류와 문화접변은 거역할 수 없다. 왜냐하면 열린 시스템 속에 존재하는 인간이 창조한 문화 역시 열린 시스템일 수밖에 없기 때문이다. 닫힌 시스템으로서의 문화는 '고립孤立'이다. 고립된 문화는 언젠가 고사故事하고 만다. 이는 닫힌 시스템의 운명이다. 조선 말 대원군의 쇄국고립은 대표적이다.

따라서 이제 우리는 열린 시스템의 관점으로부터 문화해석과 문화이해 그리고 문화교육의 본질에 접근할 필요가 있다. 즉, 하나의 문화시스템은 다른 문화와 열린 시스템의 특성인 '반투막半透膜'의 경계를 통하여 물질과 에너지 그리고 정보를 다른 문화(권)과 상호교환하면서 상호작용하고 상호의존하면서 유지 발전되고 있다. 즉, 타 문화와의 문화접변文化接變과 이를 통한 문화변동文化變動은 상존현상이다. 이러한 문화접변과 문화변동이 일어나면서 일시적으로 한 문화는 혼란상태를 경험하기도 하지만 다시금 안정상태로 회귀한다. 이때 문화는 이전과는 다른 '새로운 모습'으로 나타난다. 열린 시스템의 특성인 '문화의 항상성'이 존재하기 때문이다. 이러한 현상이 우리에게는 한편으로는 새로운 문화의 재탄생으로 보이기도 하고, 다른 한편으로는 일시적으로 혼란상태와 무질서 상태가 되었던 문화가 다시 돌아오는 것으로 보이기도 한다.

하여간 새로운 문화의 (재)창조이다. 물론 문화적 혼란과 무질서가 영속될 경우에는 문화는 사멸한다. 열린 시스템이 닫힌 시스템으로 변환되는 셈이다. 이미 인류의 역사상에 이러한 문화소멸도 수없이 발생했다. 대표적으로 아테네 문명, 마야 문명, 아틀란티스의 문명 등 이런저런 이유로 역사 속으로 사라진 무수한 문화유산들은 이를 대변하기에 충분하다.[49]

(3) 생명시스템의 자기조직화와 문화의 재구조화

1970년대와 1980년대는 생명을 살아 움직이는 하나의 '시스템'으로 파악해 보기 위한 "자기조직화 현상"을 연구하는 과학자들이 폭주했던 시대였다. 벨기에의 프리고진Ilya Prigogine(1917-2003), 독일의 하켄Hermann Haken와 아이겐Manfred Eigen, 영국의 제임스 러브록James Ephraim Lovelock, 미국의 마굴리스Lynn Margulis(1938-2011), 칠레의 마투라나Humberto Maturana와 프란시스코 바렐라Francisco Varela 등에 의해 생물의 '자기조직화 현상'에 대한 연구는 정교해졌다(프리쵸프 카프라, 1996/ 김용정·김동광 역, 1999: 120). 심지어 이들은 나중에 통일된 생태학적 시스템 이론의 탄생 가능성에 발판을 구축한 장본인들이기도 하다.

이들의 결론에 의하면, 첫째, 생물체의 '자기조직화 과정' 속에서 새로운 행동양식이 창조되며, 둘째, 자기조직화는 평형상태가 아닌 비평형 상태에

---

[49] 역사적으로 문화의 멸망은 민족의 멸망과는 맥을 같이한다. 왜냐하면 문화는 곧 민족의 혼을 담지하고 있기 때문이다. 그런데 중요한 점은 문화를 잃어버리면 민족혼과 민족의 창조력을 잃어버리게 된다는 사실이다. 또한 문화가 없는 민족은 정체성도 주체성도 가질 수 없다.<최연구, 2012: 12-13>

서 이루어지며, 셋째, 자기조직화가 이루어지기 위해서는 시스템을 통한 에너지와 물질의 일정한 흐름이 필요하기 때문에 반드시 열린 시스템open system로 가능하며, 넷째, 자기조직화 과정 속에서 시스템의 구성요소들은 비선형적으로 연결됨으로써 "인과적으로 연결된 구성요소들의 순환적 배열"(프리쵸프 카프라, 1996/ 김용정·김동광 역, 1999: 84)인 "피드백 루프"[50]를 가능하게 한다. 생태계의 피드백 루프는 영양분이 지속적으로 재생되는 경로를 말한다(프리쵸프 카프라, 1996/ 김용정·김동광 역, 1999: 391). 이러한 생명의 자기조직화 원리는 이미 아리스토텔레스가 엔텔레키entelechy의 개념을 사용했을 때부터 인식되기 시작했다. 그에 의하면, 생명은 외부로부터 움직임이 촉발되는 무생물과 달리 자기 움직임의 특성에 의해 규정되었다(Mainzer, 1997: 81).

한편, 제임스 글리크James Gleik는 자신의 저서 『카오스. 현대 과학의 대혁명』(1987)에서 조금만 관찰해 보면 카오스는 우리 주변 모든 곳에 존재한다고 설명한다.

> "한 줄기 담배연기가 공중으로 올라가다가 거칠게 소용돌이치며 흐트러진다. 깃발은 바람 속에서 앞뒤로 펄럭인다. 물이 똑똑 떨어지는 수도꼭지에서 처음에는 물방울이 일정한 패턴으로 떨어지다가 갑자기 제멋대로 떨어지게 된다. 카오스는 날씨, 항공기의 비행, 고속도로에 무리를 지어 몰려 있는 차들의 행렬, 지하 송유관을 흐르는 석유의 흐름 속에서 나타난다."
> (제임스 글리크, 1987/ 박배식·성하운 옮김, 1993: 15)

생명의 시작도 카오스chaos, 무질서, 혼돈에서 비롯된다. 헤로도토스의 신통기에도 태초에 카오스가 있었으며, 카오스 신이 최초의 신이다. 무질서, 즉 카오스에서 코스모스의 질서로 이동하는 과정이 생명과정이며, 생명은 살아 있는 동안 카오스와 코스모스 사이에서 진동한다.

---

[50] 실제로 거의 박테리아가 탄생한 시점부터, 박테리아는 최초의 피드백 루프를 수립했으며, 그 루프는 결국 생물과 환경이 밀접하게 결합된 시스템을 낳았다(프리쵸프 카프라, 1996/ 김용정·김동광 역, 1999: 312).

모든 카오스는 '분기점分岐點'에서 형성된다. 분기점이란 진자운동振子運動에 비유하면 '임계점臨界點'에 해당된다. 즉, 운동에너지가 0이 되고 위치에너지가 100이 되는 곳이 분기점이며 여기서 방향이 꺾인다. 생명과 자연의 모든 움직임에는 이러한 임계점을 의미하는 분기점이 반드시 존재한다. 그런데 진자운동은 분기점에서 반드시 "오차"가 발생한다. 바로 그 오차로 인하여 카오스 현상이 나타나는 것이다. 그러면 임계점과 분기점의 오차는 왜 일어나는 것일까? 이는 마치 소리의 경우에 잡음이나 간섭이 개입되고, 물결과 전류의 경우에 마찰이나 저항이 발생하는 이치와 같다. 물론 공기의 저항이 가장 유력하다. 따라서 이러한 간섭현상으로 인하여 움직임은 점차 불확실한 방향으로 움직이게 된다. 그러나 과거 뉴턴 물리학에서는 이러한 마찰이나 간섭의 영향은 거의 무시되었고 중요한 것으로 간주되지도 않았다(프리쵸프 카프라, 1996/ 김용정·김동광 역, 1999: 245).

이제 중요한 것은 바로 이러한 오차로 인한 불확정성 속에 창조력이 숨어 있다는 사실이다. 이렇게 본다면 '카오스'는 '창조적 카오스'이다. 즉, 카오스를 통하여 코스모스가 탄생하기 때문이다.

특히 자기조직화 하는 생명시스템의 비선형적 패턴의 움직임을 비선형 방정식이라는 수학으로 계산해 내는데 성공함으로써 노벨 물리학상을 수상하게 된 러시아 태생의 벨기에의 화학자이며 물리학자인 프리고진Ilya Prigogine는 소위 "흩어지는 구조dissipative structure"[51]를 발견하였다. 그는 이를 수학적으로도 계산해 낼 수도 있었다.[52] 흩어지는 구조란 평형상태와 거리가 먼 "불안정 속의 안정 구조"로서 생명체가 스스로 자신의 생명을 유지하는 기반이다(Prigogine/ Stengers, 1984). 또한 흩어지는 구조는 비가역적이다(Mainzer, 1997: 68). 생명체는 흩어지는 구조 덕분으로 새로운 방향으로 진화하는 것도 가능해진다. 예를 들어, 욕조에서 물이 빠져나갈 때 물은 쉽

---

[51] 흩어지는 구조는 복잡계의 근본 개념이다(Manizer, 1997: 68). 또한 열린 시스템은 프리고진에 의해 흩어지는 구조로 명명된 에너지의 분산과 소비에 의한 구조를 유지한다(Mainzer, 1997: 91).

[52] 흩어지는 구조에 대한 수학 이론은 비선형적 진화방정식과 함께 생성과 소멸을 반복하는 자연의 지상세계에 대한 아리스토텔레스의 모델을 위한 틀을 제공하는 듯하다(Mainzer, 1997: 91-92).

없이 소용돌이(불안정성)를 통해 욕조 밖으로 빠져나가지만, 나선과 좁은 깔때기 모양으로 우리에게 친숙한 그 특징적인 형태는 괄목할 만큼 안정적으로 유지된다(프리쵸프 카프라, 1996/ 김용정·김동광 역, 1999: 223). 처음 수도꼭지를 틀었을 때 물은 규칙적인 흐름을 보이지만 꼭지를 세게 틀면 물줄기는 예측할 수 없는 파동을 일으키며 사방으로 흩어져 내린다. 수도꼭지를 좀 더 열어 놓음으로써, 즉 초기의 상황 조건을 변화시킴으로써 결과는 다른 엄청난 파장을 만들어내는 것이다. 작은 조건 변화로 인하여 결과가 달라지는 것은 '흩어지는 구조'가 내재하고 있기 때문이다. 그러나 흩어지는 구조 역시 하나의 '질서 구조'로서, 곧 '안정된 상태'로 회복된다. 즉, 물은 소용돌이 안쪽의 물 표면에서 처음에는 고도로 복잡한 비선형 구조들, 즉 파문, 파도, 역류 등이 생성되지만, 결국 물을 배수구로 끌어들이는 중력, 안쪽으로 몰려드는 물의 압력 그리고 바깥쪽으로 작용하는 원심력이 서로 균형을 이루면서 안정된 상태에 도달하게 되는 것이다(프리쵸프 카프라, 1996/ 김용정·김동광 역, 1999: 225). 한마디로, 프리고진의 '흩어지는 구조'는 '무질서의 바다에 떠 있는 질서의 섬'인 것이다(프리쵸프 카프라, 1996/ 김용정·김동광 역, 1999: 250). 다시 말해서, 배수구로 빠져나가는 물의 흐름에서 나타나는 모습은 겉으로는 카오스chaos, 혼돈, 무질서로 나타나지만 실제로는 고도로 조직화된 질서 구조인 것이다.

생물의 경우도 생존양식의 차원에서 마찬가지이다. 즉, 생물이 살아가기 위해서는 에너지와 물질의 흐름이 필수적인데, 이러한 흐름이 증가하면 흩어지는 구조는 새로운 불안정성을 거치면서 스스로를 복잡성이 증가된 새로운 구조로 변환된다(프리쵸프 카프라, 1996/ 김용정·김동광 역, 1999: 125). 오히려 물리적이고 화학적인 시스템들은 에너지와 물질의 유입이 중단되면 바로 구조를 잃게 되지만, 생물시스템은 상대적으로 보다 오랫동안 구조를 유지할 수 있다. 따라서 무생물시스템보다 생물시스템이 유지적 안정구조와 흩어지는 불안한 구조를 보다 조직적이고 지속적으로 결합시킬 수 있게 된다(Mainzer, 1997: 103).

프리고진은 불확실성의 카오스 현상이 바로 전체 구조를 새롭게 창조해내는 원천이라고 주장한다. 그의 "흩어지는 구조"는 이렇게 하여 모든 생명에 항상 불확정성이며 비선형성으로 존재하는 것이다. 따라서 흩어지는 구조에 의해 생성되는 카오스는 창조를 위한 과정이며, 카오스가 없는 창조는 불가능하다. 물론 창조 없는 생명은 없다. 따라서 프리고진에게서 흩어지는 구조와 불확정성은 창조와 같은 의미를 가지는 개념으로 그의 이론의 핵심이다. 한마디로 창조를 위해 생명체는 일단 흔들려야 한다. 특히 복잡계에 대한 인식론적 전환은 비선형적인 복잡한 세계 속에서 발생하는 카오스를 보호해 주며, 결국 이러한 카오스를 시너지효과를 내포한 창조적 가능성으로 전용할 수 있는 기회를 만들어준다(Mainzer, 1997: 13). 이렇게 본다면, 창조란 "요동을 통한 질서"(프리쵸프 카프라, 1996/ 김용정·김동광 역, 1999: 253)를 의미한다. 예를 들어, 식물은 요동치면서 흩어지는 카오스 구조의 분자 집합체로 생성되는 복잡계이지만 질서의 복잡계이다(Mainzer, 1997: 87). 이로써 생명은 자기창조하면서 생명을 유지할 수 있는 것이다. 이미 오래전에 아리스토텔레스는 생명을 동식물들로 하여금 자신의 최종 형태로 전개시키는 동력을 엔텔레키entelechy로 해석했는데, 이것은 바로 자기조직화의 힘을 의미한다(Mainzer, 1997: 5; 81).

결국 자연 현상의 이치와 원리를 전 생물에게 적용하여 연구하기 시작한 프리고진은 생물계 전체에 걸쳐 카오스가 분명히 형성되지만 그 카오스는 새로운 질서로 변환된다는 결론을 얻게 된다(프리쵸프 카프라, 1996/ 김용정·김동광 역, 1999: 251). 역학적 소립자 시스템 속에서도 질서와 무질서는 번갈아 나타나는 도식이다(Volkamer/ Streicher/ Walton, 1996: 111). 즉, 혼돈(카오스)처럼 보이지만 비선형 방정식으로 기술될 수 있는 복잡한 시스템이 바로 카오스이며 카오스로부터 새로운 생명이 탄생한다. 고전물리학에서는 엔트로피의 증가로 생명에의 진화는 언젠가 멈추고 말 것이라는 결론을 내린 적이 있다. 그러나 진화론에서는 생물이 항상 질서와 복잡성을 증가시키는 방향으로 진화한다는 관점을 유지한 바 있다. 이렇게 본다면, 두 가지 관점은 해결하기 힘든 과학적 모순을 가지게 된다. 프리고진은 자기창조의 능력을 가진 생명현상을 밝혀줌으로써 고전 과학의 모순을 극복시키고 조화롭게 해석해 주는 결과를 낳게 된 셈이다.

프리고진의 과학은 오스트리아의 물리학자 얀치Erich Jantsch(1929-1980)에 계승된다. 얀치는 자신의 저서 『자기조직하는 우주Self-Organizing Universe』 (1980)에서 프리고진의 흩어지는 구조에 대하여 자세히 소개하면서 이 우주의 생명 시스템 속에는 비평형 상태에서 가능하며, 비선형적으로 이해 가능한 자기조직화의 패러다임이 공통으로 수용되어 있다고 주장한다. 즉, 비평형시스템은 그들 환경과 에너지 및 물질을 교환하고 열평형과 거리가 먼 상태에서 그리고 지엽적으로 최소화된 엔트로피 상태에서 일정한 기간을 스스로 유지하도록 한다(Mainzer, 1997: 91). 따라서 생물은 생명을 유지하기 위해서 평형이 아닌 비평형으로 유지되어야 한다. 이를 위해서는 시스템이 반드시 열린 시스템으로 존재해야 한다. 또한 여기서 이러한 비평형구조는 선형구조가 아닌 복잡성 구조로 이루어진다는 사실이 중요하다. 이러한 비평형, 비선형 복잡성 구조에 대한 연구는 물리학에서도 같은 결과를 초래하게 된다.

실증적으로 독일 물리학자 하켄Hermann Haken의 레이저 물리학은 빛의 간섭성이 극대화되는 레이저 광선의 원리 위에서 기초된다(Mainzer, 1997: 4). 레이저는 외부의 에너지의 유동에 의존하면서 그들 구조와 조직화를 유지하는 액체, 구름 등과 같은 흩어지는 무생물 시스템이다(Mainzer, 1999: 91). 여기서 레이저광의 높은 간섭성은 레이저에 들어 있는 개별원자들로부터 방출되는 빛의 조정에 의해 이루어진다. 이처럼 간섭성 또는 질서의 자연발생적인 창발創發, emergency의 결과로 나타나는 조절된 방출이 바로 자기조직화 과정이며, 그 과정을 설명하기 위해서는 비선형 이론의 필요하다(프리쵸프 카프라, 1996/ 김용정·김동광 역, 1999: 125). 또한 레이저 광선은 열적 평형과 거리가 멀며 흩어지는(비가역적인) 자기조직에 의한 가시적 세계의 질서가 출현되는 대표적 사례가 된다(Mainzer, 1997: 66). 특히 비선형 이론으로 설명한 하켄의 레이저 이론은 오늘날 고전물리학과 양자물리학, 평형현상과 비평형 현상, 상相의 전이와 자기조직화, 일상적인 동역학과 카오스적 동역학 사이를 연결시키는 교량의 위치에 서 있다는 평가를 받고 있다(Graham, 1987). 즉, 그가 정립한 방정식은 비선형 방정식으로서 뉴턴 시대의 선형방정식과는 판이한 것이었다(Mainzer, 1997: 68).

물론 뉴턴의 운동방정식은 선형이나 비선형 현상에 모두 적용할 수 있었다. 그러나 당시 과학자들은 선형방정식으로 모든 것을 해결하기를 원했기 때문에 비선형 방정식의 가능성이 얼마든지 열려 있었음에도 불구하고 패러다임의 전환은 이루어지지 않았다. 예를 들어, 물이나 공기 같은 난류에서 나타나는 카오스 현상은 선형방정식으로 풀기에 어려움이 존재한다. 이럴 경우 과학자들은 비선형방정식에 몰입하여야 함에도 불구하고 작은 진동, 작은 파동, 작은 온도변화 등으로 치환하여 근사치로 계산하면서 끝까지 선형방정식에 의존했다. 19세기 뉴턴 시대와 그 후 20세기도 대부분을 우리는 선형 세계에 살았다고 할 수 있다(Stuart, 1989: 83). 선형이론에서는 "전체가 오로지 부분의 합"이라는 기계론적 총합만을 의미할 뿐이다(Mainzer, 1997: 283).

이미 프리고진은 흩어지는 구조가 스스로를 열과 에너지의 평형상태와 먼 상태로 유지된다고 했다. 또한 그는 흩어지는 구조가 일련의 분기과정을 통해서 평형상태에서 점점 멀어질 수 있다고도 하였다. 심지어 그는 이러한 관계를 모두 통계적 확률로 계산해 냈다. 이를 우리는 프리고진의 "비선형방정식nonlinear equation"이라고 한다. 그런데 여기서 주목할 것은 그가 엔트로피 이론을 바탕으로 자신의 이론을 구축했다는 사실이다. 사실 프리고진은 엔트로피로 인하여 지구상에서 생명현상이 끝날 것이라는 소위 "카르노Carnot의 열역학 법칙"(1824)에 의문을 가지고 연구를 시작했다.

그러나 그는 우선 카르노처럼 엔트로피의 양을 계산함으로써 흩어지는 구조의 정도를 계산하려고 했다. 어찌 보면 이는 모순적이기도 하다. 그러나 모순은 없다. 왜냐하면 프리고진은 엔트로피의 무질서 양과 질서와의 관계를 새로운 수학으로 풀어내었기 때문이다. 구체적으로 그는 열역학 제2법칙과 마찬가지로 시스템의 총 엔트로피는 계속 증가하지만, 이는 무질서의 균일한 증가가 아니며 모든 생물계에서 질서와 무질서는 항상 동시에 함께 창조된다는 사실을 인식했던 것이다(프리쵸프 카프라, 1996/ 김용정·김동광 역, 1999: 250). 그에 의하면, 고체와 기체는 함께 창조된다. 심지어 이들은 상호 교환된다. 이로써 과학은 이제 생물시스템과 무생물시스템을 하나로 결합시킬 수 있었으며, 이제 더 이상 지구상의 암석, 동물 그리고 식물을 별개의 고립된 실체로 생각할 수 없게 되었다(프리쵸프 카프라, 1996/ 김용정·김동광 역, 1999: 145). 생물에게서의 무질서는 무생물에서 질서로 창조된다. 그 역도 마찬가지이다. 무질서한 기체가 액체가 되고 또 고도의 질서인 고체가 된다. 아울러 고체는 다시 기체가 된다. 물과 얼음과 수증기의 관계는 모든 일상에 적용된다. 심지어 영국의 생태학자 슈테판 하딩Stephen Harding(1808-1891)은 모든 생물들이 바위에서 나와 바위로 돌아간다고도 했다(Harding, 1994: 12). 이러한 의미에서 소련의 사회학자 아파나세프Afanasyev는 "이 세상에 고립된 전체는 없다"(피오트르 츠톰까, 1979/ 조재순·김선미 옮김, 1995: 84쪽 재인용)고 선언한다. 이러한 관계를 설명하는 프리고진의 비선형 방정식은 정량적定量的이기보다는 정성적定性的이라고 할 수 있다.

이제 정량적 차원에서만 이루어지던 수학 세계가 정성적 차원을 포괄하면서 이른바 복잡성수학mathematics of complexity이 시작되었다. 복잡성의 수학이란 동역학 시스템 이론dynamical systems theory, 시스템 동역학, 복잡 동역학com0lex dynamics 또는 비선형 동역학nonlinear dynamics 등으로 불린다(프리쵸프 카프라, 1996/ 김용정·김동광 역, 1999: 156). 특히 정성적 복잡성수학의 본질이라고 할 수 있는 동역학적 시스템이론의 기본 개념은 프랑스의 물리학자이며 수학자인 푸앙카레Jules Henri Poincarè(1854-1912)에 의해 도입되었다(Mainzer, 1997: 32). 그에 의해 시작된 동역학적 시스템이론은 비선형 현상들의 완전한 복잡성을 다룰 수 있게 해 준 최초의 수학으로 간주된다(프리쵸프 카프라, 1996/ 김용정·김동광 역, 1999: 168). 그에 의하면, 뉴턴이 주장하는 우주 기계도 완전히 계산될 수 있을 만큼 유지되고 결정되어 있는 태엽이 아니다. 오히려 모든 우주의 실체들은 상호 작용함으로써 카오스의 궤도를 만들어내기 때문에 비선형적으로 존재한다(Mainzer, 1997: 2). 이러한 푸앙카레의 발견이 있은 지 60년 후 콜모고로프A. N. Kolmogorov(1954)와 아놀드V. I. Arnold(1963) 그리고 모저J. K. Moser는 소위 KAM 공리를 입증했다.

> "고전 역학에서 단계적 공간으로 존재하는 우주 궤도는 이제 완전히 규정적이지도 않고 비규정적이지도 않으며 오로지 선택된 초기 상태에 매우 민감하게 의존할 뿐이다. 따라서 우주 공간에서는 어떠한 작은 요동이라도 카오스의 전개를 야기할 수 있다."(Mainzer, 1997: 2).

따라서 모저는 KAM 공리를 통하여 카오스의 세계가 수학적으로 그려질 수 있음을 확인했다. 이미 푸앙카레는 고전물리수학의 대가인 라플라스와 는 달리 수학에 최초로 그림像을 도입시킨 사람이다. 이를 우리는 소위 푸앙 카레의 "시각적 수학"이라고 부른다. 그런데 이는 유클리드의 기하학과 다 른 비非유클리드 기하학의 일종으로서 새로운 종류의 기하학, 즉 위상기하 학topology이라 불리는 패턴과 관계의 기하학이었다(프리쵸프 카프라, 1996/ 김용정·김동광 역, 1999: 174). 유클리드 기하학에 의하면, 평행선 밖에 있 는 한 점을 통과하며 그 평행선과 평행이 되도록 그릴 수 있는 직선은 단 하나이지만 비유클리드 기하학에 따르면 그런 직선은 하나 이상이다(장파, 1994/ 유중하외 옮김, 2000: 23). 비유클리드 기하학에서는 삼각형이 변형되 어 직사각형이 될 수 있고, 직사각형은 정사각형으로 정사각형은 다시 원으 로 그리고 원은 원뿔로 그리고 구로 자유자재로 변형될 수 있다. 이러한 의미에서 우리는 이를 "고무판 기하학rubber sheet geometry"이라고 부르기도 한다.

비유클리드 기하학의 원리는 위상기하학의 탄생에 기여한다. 위상기하학 은 도형의 변형 속에서 변화하지 않는 부분을 찾아내어 이의 특성을 다루는 기하학을 말한다. 예를 들어, 선과 선의 교점, 도넛의 구멍 등은 변화하지 않는 부분이다. 물론 불변하는 패턴도 위상기하학의 중요한 연구대상이다. 푸앙카레의 "기묘한 끌개strange attractor 이론"은 바로 이러한 위상기하학의 결정판이라고 할 수 있다. 기묘한 끌개 속에서는 모든 것이 카오스로 진행 되는 것 같지만, 실제로는 항상 "반복되는 패턴과 관계"가 분명하게 존재한 다. 다시 말해서 기묘한 끌개는 임의적인 데이터를 분명한 시각적 형태로 변환시켜 준다(프리쵸프 카프라, 1996/ 김용정·김동광 역, 1999: 183). 이 렇게 하여 끌개는 전체적 상황을 창조하는 것이다(데이비드 호킨스, 2000: 195).

1925년 로트카Lotka와 볼테라Volterra는 아드리아 해의 어부들의 상식적 어장 분석에서 힌트를 얻어 자신의 비선형적 동역학 모델을 고안해 냈다(Mainzer, 1997: 107).

"20세기 초 어부들은 포획자 어류와 먹이 어류간의 상관관계에 대한 확실한 패턴을 이해하고 있었다. 포획자 어류가 많아지면 먹이 어류는 급격하게 줄어들지만 이어서 포획자 어류도 감소하게 된다. 왜냐하면 먹이가 줄어들었기 때문이다. 이제 다시 포획자 수가 줄어든 어장에 먹이 어류가 점점 늘어나게 되면서 다시 포획자 어류도 늘어나게 된다. 포획자 어류가 늘어나면서 다시 먹이 어류는 줄어들면서 먹이사슬의 역동적 순환관계가 숫자로 그리고 동적 순환도로 표현될 수 있게 된다."(Mainzer, 1997: 108-109)

한마디로 위상기하학의 연구 대상은 '불규칙적 카오스'이다. 이 때문에 기하학의 해법은 종전의 분석적 해법, 즉 공식 수학에 비해 복잡하고 시간도 엄청 소요된다. 또한 결과 역시 "불분명한 근사치"로만 가능하기 때문에 한동안 과학자들 사이에서는 관심 밖으로 밀려났다. 오히려 막스 프랑크의 양자발견과 아인슈타인의 상대성 이론이 당시 물리학자들뿐만 아니라 수학자들의 관심을 끌기에 충분했다. 그러나 물체의 카오스 현상 속에서 "질서 있는 패턴"이 발견되고 있으며, 컴퓨터의 발전으로 인하여 위상기하학의 진가가 인정되는 상황이 연출되고 있다. 이에 대하여 『의식혁명』(2000)의 저자인 데이비드 호킨스David R. Hawkins는 다음과 같이 설명하고 있다.

"혼돈(카오스)이란 의미 없어 보이는 자료들(예를 들어 점들)의 집적으로, 그 안에서 어떠한 조직적인 패턴도 발견할 수 없는 상태를 뜻한다. 그러나 컴퓨터 공학의 발달로 말미암아 전혀 무의미하게 흩어져 있는 것처럼 보이는 무질서한 것들도 컴퓨터 분석을 통해 내적인 질서의 패턴을 발견하기에 이르렀다. 부조리하게 보이는 것들도 내적인 질서를 갖고 있다는 것이다. 이러한 분석으로 8자가 여러 겹으로 겹친 형태의 일정한 패턴이 나타났고, 기하학적 형상의 그래픽이 만들어졌다. 결국 현대 과학자들은 이제껏 신비주의자들이 수세기에 걸쳐 주장해 왔던 대로, 우주는 조화롭고 잘 조직되어 있으며 여기에는 하나의 패턴이 있을 뿐이라는 사실을 인정하게 된 셈이다. 비선형 동역학은 이 우주에는 어떠한 혼돈도 존재하지 않는다는 것을 증명했다."(데이비드 호킨스; 2000: 132)

이제 과학자들은 컴퓨터의 도움으로 카오스 현상과 연관된 복잡한 비선형 방정식들을 풀 수 있게 되었으며, 외면상의 카오스 이면에 숨어 있는 질서秩序를 발견할 수도 있게 되었다(프리쵸프 카프라, 1996/ 김용정 · 김동광 역, 1999: 177).

한편, 현대 열역학이론의 뿌리 역시 카오스 이론에 있다. 이미 언급한대로 1960년대 초 미국의 기상학자 로렌츠Eduard Norton Lorenz(1917-2008)는 카오스 현상을 나비효과butterfly effect로 설명해 냈다(Volkamer/ Streicher/ Walton, 1996: 109). 그는 "중국 베이징에서 나비 한 마리가 퍼덕이면, 미국 멕시코 만에 허리케인 태풍이 분다"고 했다. 즉, 자연현상은 서로 연결되어 영향을 미치기 때문에 그 결과는 장기 예측이 어렵다는 것이다. 이러한 로렌츠의 발견은 당시 과학자 사회에 엄청난 충격파를 몰고 왔다(프리쵸프 카프라, 1996/ 김용정 · 김동광 역, 1999: 183). 드디어 로렌츠는 내재적이고 외부적인 동요에 의한 무질서 행위를 유발할 수 있는 비선형 동역학 모델을 제안했다(Mainzer, 1997: 271). 이를 기반으로 그는 1963년 소위 "로렌츠 끌개"라는 "기묘한 끌개strange attractor"의 모형을 발견해 냈다(Mainzer, 1997: 59). 이 모형은 특정한 기후현상의 실제 표현일 뿐 아니라, 단순한 일련의 작은 사건이 엄청나게 복잡한 움직임을 일으킬 수 있음을 보여주는 비선형 방정식의 사례에 불과하다(Mainzer, 1997: 4).

> "이상한 끌개는 저기압과 고기압이 교차될 때 기압골 사이에 일종의 끌개 유형의 그림이 그려지는 구도를 그리는 것이다.... 이상한 끌개는 무질서로 보이는 영역에 어떤 동역학이나 사회학적인 역동적인 구도가 그려진다는 점을 잘 설명하고 있는 구도를 보여준다. 여기서 '1+1=2'라는 함수론적인 방식으로 설명되는 질서는 공동체, 생태계, 네트워크를 전혀 설명할 수 없는 개념이다. (이를테면) 공동체에서의 정동, 욕망, 사랑의 순환은 경우의 수에 따르는 확률론적 질서를 갖는다. 그것들의 역동성이 어떤 그림을 그리는지를 보여주기 위해서는 비합리주의적이라고 여겼던 독특한 구도를 그려낼 필요가 있는 것이다."(신승철, 2015: 174)

그런데 이러한 비선형 현상은 우리가 예상하는 것보다 훨씬 큰 정도로 무생물 세계를 지배하고 있을 뿐 아니라 살아있는 시스템들의 '연결망 패턴'의 필수적인 한 측면을 이루고 있다(프리쵸프 카프라, 1996/ 김용정·김동광 역, 1999: 168). 칠레의 신경학자 마투라나Humberto Maturana는 순환조직을 모든 살아있는 시스템의 기본조직이라는 가설을 세우면서 순환조직으로 이루어진 '연결망 패턴'이 바로 생명의 조직이라고 결론을 내렸다(Maturana, Humberto/ Varela, Francisco, 1980: 163). 이는 우리의 역사시대를 관통해 온 시대정신으로서 플라톤 이후, 데카르트, 베이컨 그리고 뉴턴으로까지 이어지는 육체와 정신의 이분법을 단호하게 부정한 셈이 된다.[53] 물론 이미 근대 과학의 이분법 사고는 베이트슨Gregory Bateson(1904-1980)의 "물질 없는 정신은 존재하지 않는다"는 명제에 의해 간단하게 거부되었다(그레고리 베이트슨, 메리 캐서린 베이트슨, 1993). 즉, 육체와 정신은 분리될 수 없고 서로 연결된 망 속에 존재하는 하나의 통일체이다. 또한 이러한 연결망의 순환 속에서 생명은 자기 조직하고 또한 자기 지시도 하고 심지어 자기 복제도 하면서 계속 진화하는 것이다. 살아있는 시스템들은 에너지와 물질의 지속적인 흐름에 대해 열려 있다(프리쵸프 카프라, 1996/ 김용정·김동광 역, 1999: 286). 즉, 살아있는 세포는 그를 통해 에너지의 흐름이 이루어지는 열린 시스템이 되는 것이다(Mainzer, 1997: 97).

한편, 비평형 및 비선형 이론과 비선형 사고에의 요청은 오늘날 현대이론 물리학에서도 복잡계이론complex systems theory을 획기적으로 발전시키는 계기를 만들어 주기도 했다. 보다 중요한 것은 복잡계에서는 어떠한 것도 원인 하나로만 환원되지 않는다는 사실이다. 마이클 베히Michael J. Behe는 자신의 저서『다윈의 블랙박스』(2001)에서 이러한 현상을 "환원불가능한 복잡성"이라고 명명했다. 이렇게 본다면, 과학은 이제 생태계의 일원인 인간 역시 이러한 비평형, 비선형, 복잡계 속에 살면서 사고방식 역시 복잡계 속에서

---

[53] 이미 중세시대에 아리스토텔레스의 엔텔레키 개념을 기반으로 초기 생태학을 시작한 것으로 평가되는 알버르투스 마그누스Albertus Magnus는 모든 유기체의 육체와 영혼은 하나이며 모든 유기체를 환경과 뗄 수 없는 연관성 속에 들어 있는 유기적 전체로 간주했다. 또한 그는 인간 역시 그들의 자연환경과 조화롭게 살아갈 수밖에 없으며 건강한 인간의 영혼은 건강한 환경(건강한 공기, 기후, 식물, 동물)에 의존한다고 생각했다. <Mainzer, 1997: 82>

비선형으로 사고할 수밖에 없다는 결론을 내리고 있다. 반대로 복잡계 이론은 우리에게 생태학적 시스템의 비선형적 인과성을 분석할 수 있도록 해준다(Mainzer, 1997: 6). 이로써 데카르트 및 뉴턴의 이분법적 선형구조와 선형 시스템 속에서 가능한 환원론적이고 기계론적인 사고에 대하여 의문이 폭증하게 된다.

> "생명활동은 대부분 자율적인 활동으로 구성되어 있다. 데카르트는 신체와 동물을 경멸하면서 어떤 틀만 주면 자동적으로 움직인다는 생각을 갖고 있었다. 자율주의와 자동주의(구조주의)는 철학에서 가장 대비되는 사상이다."(신승철, 2015: 72)

한편, 노벨상 수상자인 독일 막스프랑크 연구소Max-Planck-Institut의 생화학자 아이겐Manfred Eigen은 진화론을 규명하기 위해 비선형 이론을 끌어 들였다. 그동안 다윈주의자들은 생물이 임의적인 돌연변이와 자연선택이라는 "우연"의 의해 "분자적 카오스"에서 탄생했다는 주장을 해 왔다. 이러한 의미에서 프랑스의 현대생물학자 자크 모노Jacques Monod(1910-1976)는 "우연성"이 모든 혁신의 근원이며, 생물권에서 일어나는 모든 창조의 근원이라고 주장했다(프리쵸프 카프라, 1982: 114). 아주 오래전에 밀턴John Milton(1608-1674)은 자신의 저서『실락원』(1667)에서, "카오스의 심판관이 군림하며 문제를 더욱더 복잡하게 만들고 있지만, 그의 곁에 앉아 있는 더 높은 심판관인 '우연'이 모든 걸 지배한다"고 하면서 우연과 카오스 간의 관계를 은유한 바 있다. 그러나 마굴리스는 우연에 의한 카오스로 지구가 생성되었다는 주장은 지구의 나이에 견주어 볼 때 논리적으로 맞지 않는다고 주장한다(Margulis, 1995: 20). 즉, 분자적 카오스의 활동 속도로는 지금까지 추정되는 지구 나이와 비교하여 보면 단순한 세포도 진화될 수 있는 시간이 아니라는 결론이 나온 것이다. 따라서 마굴리스는 신新다윈주의가 시대에 뒤떨어진 환원주의적 개념을 가지고 있으며 적절치 못한 수학을 도입함으로써 진화이론을 구성하는 미생물학, 세포생물학, 생화학 그리고 미생물 생태학에 대한 지식을 결여하고 있다고 공격했다(Margulis, 1995: 23).

그러나 다윈의 학설을 믿는 아이겐은 분명 이러한 진화 과정에서 분자적 카오스가 획기적으로 가속화된 시점과 이를 가능하게 한 촉매가 있을 것이라는 가설을 세우고 실험에 돌입했다. 다시 말해서 그는 생물의 진화과정에는 소위 "초사이클의 과정"이 가능했을 것으로 추측했던 것이다(Mainzer, 1997: 95). 구체적으로 그는 "효소"가 바로 촉매의 역할을 할 수 있었을 것이라고 생각했다. 이러한 맥락에서 그는 소위 촉매반응실험을 시작했던 것이다. 특히 아이겐은 유생분자biomolecules의 전생물학적 진화를 분석했으며 이를 모의 실험했다(Mainzer, 1997: 6). 그랬더니 결과는 대성공으로서 촉매반응 속에서는 평형과는 거리가 먼 생화학적 시스템들, 즉 에너지 흐름에 노출되는 시스템들 속에서 서로 다른 촉매반응이 한데 결합해 닫힌 루프를 포함할 수 있는 복잡한 연결망을 형성한다는 사실을 발견했다(프리쵸프 카프라, 1996/ 김용정 · 김동광 역, 1999: 130).

이렇게 탄생하는 초사이클은 대단히 안정적일 뿐 아니라 자기복제도 가능하고 심지어 복제 오류도 수정할 수 있는 구조가 된다. 바로 이러한 화학적 초사이클이 생물시스템의 뿌리가 되며, "아직 살아있다고 말할 수는 없지만"[54] 자기조직화 시스템이라고 할 수 있다(프리쵸프 카프라, 1996/ 김용정 · 김동광 역, 1999: 132). 즉, 아이겐의 초사이클은 자기조직하고 자기복제하며 진화한다(프리쵸프 카프라, 1996/ 김용정 · 김동광 역, 1999: 133). 이러한 자기조직과 자기복제의 현상은 비선형 시스템에서도 발견된 것이다.

심지어 비선형 시스템은 자기 강화적 피드백 과정들에 영향을 받는다. 왜냐하면 선형시스템에서는 작은 변화들이 작은 영향을 낳고 큰 변화가 큰 영향이나 수많은 작은 변화들의 총합을 낳지만, 비선형 시스템에서는 작은 변화가 극적인 영향을 일으킬 수 있기 때문이다(프리쵸프 카프라, 1996/ 김용정 · 김동광 역, 1999: 170). 이러한 이치는 카오스 이론에서 카오스는 생명과는 무관할 정도로 실체가 없는 곳으로부터도 생명이 창발적으로 만들어질 수 있다는 논리와 통한다. 물론 카오스 속에는 생명을 창조할 수 있는

---

[54] 이러한 의미에서 생태학자들은 생명은 생물뿐만 아니라 무생물의 영역으로까지 연장될 수 있다고 파악하고 있으며 생물시스템과 무생물시스템을 구분할 수 없다고 주장한다(프리쵸프 카프라, 1996/ 김용정 · 김동광 역, 1999: 133).

질서 있는 안정 구조와 패턴이 존재한다. 이제 아이겐에게서는 카오스를 통해서 자기조직하지 못하고 자기창조하지 못하는 생명은 더 이상 생명이 아니다. 이렇게 하여 생명은 모두 자기조직과 자기창조를 통해서 생존하게 되는 것이다(Mainzer, 1997: 80).

특히 마투라나와 바렐라에 의하면, 생명시스템은 인지시스템cognition system이다. 1970년부터 마투라나는 그의 제자이며 동료인 바렐라와 함께 자기 조직하는 살아있는 시스템은 아우토포이에시스autopoiesis라는 자발성, 즉 "자기제작의 능력"[55]을 가지고 있다는 사실을 주장하면서 인지에 대한 시스템 이론을 정립하였다Maturana, Humberto/ Varela, Francisco, 1980). 이를 우리는 "산티아고 이론Santiago theory"이라고 부른다. 산티아고 이론에서는 앎의 과정으로서 인지cognition와 생명과정이 동일시된다. 이는 사고과정으로서의 인지라는 개념을 넘어서 지각, 감정, 행동을 포함한 생명의 전 과정을 포괄한다. 따라서 산티아고 이론에서는 정신과 물질은 더 이상 두 개의 다른 범주에 속하지 않으며, 생명이라는 동일한 현상의 다른 차원 또는 상이한 측면으로 간주된다(프리쵸프 카프라, 1996/ 김용정·김동광 역, 1999: 231). 그런데 중요한 것은 모든 생명이 주변을 인지하면서 살아가는 이유는 관계망 속에 들어 있기 때문이다. 즉, 자신과 적의 관계, 자신과 동료의 관계 등 보이지 않는 관계망 속에서 살아남아야 하기 때문에 생명체는 자신의 생명을 지키기 위해서 어쩔 수 없이 인지할 수밖에 없다. 따라서 만약에 주변을 인지하지 못한다면 그 생명체는 관계망에서 제외된다. 관계망에서의 제외는 생명의 단절이다. 즉, 생명체에게 인지능력은 생명을 지키는 수단이며 동시에 목적이기도 하다.

> "마투라나와 바렐라의 자기생산의 철학은 사회과학자, 기술자, 생물학자, 철학자들을 고무시켰고, 성장을 위한 개발이 아닌 공동체 발전과 자율적 사회시스템을 통한 자기생산이라는 시각을 확보하게 해 주는 효과를 가졌다."(신승철, 2015: 60)

---

[55] 박테리아 세포는 자연에서 발견되는 가장 단순한 자기제작하는 시스템이다(프리쵸프 카프라, 1996/ 김용정·김동광 역, 1999: 274).

이미 19세기 말 볼츠만Ludwig Bolzman(1844-1906)은 외부의 인상에 대한 인지과정으로 나타나는 원시 유기조직의 감각은 특별한 신경조직과 시각, 청각, 느낌, 운동 기관의 발전으로 이어진다고 보았다(Mainzer, 1997: 88). 따라서 정신과 물질은 서로 상반되고 분리된 영역이 아니라, 과정과 구조 또는 패턴과 구조로서 상호의존성을 가지고 있다고 할 수 있다.

또한 마투라나와 바렐라는 시스템을 구성요소 간의 관련으로 보면서 자신들의 관심이 구조라기보다는 "조직organization"이라고 강조했다. 이들에게서 조직은 생산과정의 연결망이다. 그리고 생물의 전체 연결망은 스스로를 조직한다. 즉, 자기 조직하는 생명체는 연결망으로 존재하는 것이다. 이들에 의해 주창된 소위 "연결망 조직이론"은 대기화학자인 러브록James Ephraim Lovelock에 의해서 행성지구 자체가 '자기조직하는 시스템'이라는 주장을 하도록 한다.[56]

결국 인간은 '자기조직화의 과정'을 통하여 살아가고 성장(완성)을 향해 움직인다. 또한 인간은 이러한 '자기조직화의 과정' 속에서 문화를 창조한다. 따라서 문화는 수없는 자기조직화의 과정 속에서 해체되고 변형되고 수정 보완되기도 하면서 마침내 새로운 모습으로 생성된다. 이를 우리는 이미 위에서 창발創發이라고 했다. 창발의 과정을 통하여 문화는 항상 새로운 형상으로 재생되고 재탄생된다. 따라서 자기조직화는 해체이며 동시에 재창조이다. 이러한 맥락에서 본다면, 문화는 늘 해석되고 재해석될 수밖에 없다. 왜냐하면 문화는 잠시도 쉬지 않고 자기조직화하는 과정에서 구태를 갱신하면서 새롭게 탈바꿈되기 때문이다. 이러한 문화과정은 문화가 살아남는 길이기도 하다.

한편, 인간에 의해 창조되고 계승 발전되는 문화시스템 역시 자기조직화 시스템이라고 할 수 있다. 따라서 문화는 자기조직하고 자기제작하면서, 즉 아우토포이에시스autopoiesis의 과정을 통하여 ― 창발적으로 ― 새로운 문화

---

[56] 러브록은 "지구는 살아있다"는 "가이아Gaia의 가설"을 과학적으로 입증하려고 했다. 그는 지구상의 대기 성분은 오로지 생명시스템으로부터 발전하는 것이 아니고 무생물시스템을 포함하는 전 지구의 생태시스템에 의해 제어된다고 믿었다(Mainzer, 1997; 107).

구조로 재탄생되는 것이다. 따라서 우리는 문화를 새롭게 해석하고 재해석할 수 있을 때 비로소 문화에 대한 본질적인 이해에 도달할 수 있게 된다. 이것이 바로 문화해석이 요청되는 이유이다. 또한 우리는 문화해석과 문화교육을 위해서 아우토포이에시스의 관점으로 해석할 수 있어야 한다. 물론 이를 위해서는 엔트로피의 증가에 의한 문화소멸을 최대한 지연시킬 수 있는 네겐트로피의 투입이 전제된다. 문화의 아우토포이에시스를 위한 문화적 네겐트로피는 과연 무엇이 되어야 할까? 하는 질문은 문화해석의 과정뿐만 아니라 문화교육의 방법론을 제시할 수 있다. 결국 우리는 문화해석 및 문화이해 그리고 바람직한 문화교육의 가능성을 찾아내기 위해서는 이렇게 창발하면서 새로운 균형을 찾아가는 문화과정에 과학적으로 접근할수 있어야 한다. 과연 문화는 어떻게 창조되고 무엇이 왜 계승 발전될 수밖에 없는지에 대한 심도있는 이해는 바람직한 문화교육의 성립조건으로서의 문화해석의 학문적 전망을 가능하게 할 것이다.

3) 문화의 패턴과 프랙털 구조

인간과 생태계의 모든 생명은 자기 스스로를 자기가 조직하면서 살아가기 때문에 주어진 환경과의 관계와 연관 속에서 하나의 '패턴pattern'를 만들면서 생명을 영위한다. 이런 의미에서 위너는 우리에게 지속되는 것은 물질이 아니라 패턴이라고 주장했다(Wiener, 1950: 96). 다시 말해서, 모든 생명은 주변과 적절하게 대응하면서 적절하게 판단하고 결정하면서 스스로 패턴으로 살아남는 것이지 기계적이고 합리적인 일차원적 세계에만 존재하는 물질이 아니다.

칠레의 신경학자 마투라나Humberto Maturana는 이러한 패턴을 '연결망 패턴'이라고 명명한다. 그는 순환조직을 모든 살아있는 시스템의 기본조직은 순환조직으로 이루어진 '연결망 패턴'이며, 이것이 바로 생명의 조직이라고 주장했다(Maturana, Humberto/ Varela, Francisco, 1980: 163). 이렇게 본다면 인간이 창조하고 전수하는 문화 역시 패턴 그것도 연결망 패턴으로 살아남는다. 결국 이렇게 본다면 문화해석은 연결망으로서의 '문화 패턴'[57]에 대한 해석이며, 궁극적으로 문화해석은 문화패턴의 이해를 통하여 문화의 본질을 규명하는 것을 목표한다.

분자생물학자들은 소수 유전자의 정확한 구조에 대해서는 알고 있었지만, 유전자들이 그 생물의 발생과정에서 어떻게 서로 소통疏通하고 협동하는지에 대해서는 거의 아무 것도 알지 못했다(프리쵸프 카프라, 1996/ 김용정·김동광 역, 1999: 111). 그러나 지속적인 연구를 통하여 유전자 간의 소통과 협동은 하나의 관계형성으로 이루어지는데, 바로 이러한 관계형성의 근거는 자기조직을 주도하는 '패턴pattern'에 의해 결정된다는 사실이 밝혀지게 되었다. 이를테면, 생물은 세포와 세포, 분자와 분자, 즉 요소들 간의 관계형성을 통한 패턴으로 생명유지가 가능하며, 생명을 해부할 때 패턴이 파괴됨으로써 생명은 죽음을 맞게 된다. 다시 말하면, 세포 하나하나는 완전히 죽을 때 생명이 끊기는 것이 아니고, 관계 형성, 즉 패턴이 와해됨으로써 생명체는 죽는 것이다. 따라서 엄밀히 말해서 자연사自然死는 모든 세포의 완전히 죽음으로써 죽는 것을 말하는 것인데 이는 불가능하다. 다시 말하면, 생명은 죽은 다음에 세포가 썩는 것이지 세포가 모두 다 썩은 다음에 죽는 것이 아니다. 결국 생명의 죽음은 세포와 세포간의 관계형성, 즉 패턴의 단절로 이루어진다. 반대로 패턴의 연속성을 통해서 생명은 자신의 생명을 영속한다. 따라서 모든 생물은 원자와 분자로 구성되는 것이 사실이지만, 이는 생명이 없는 물질적 원자와 분자의 합일뿐 아니라 비물질적이고 환원 불가능한 패턴을 가지고 있다고 할 수 있다(프리쵸프 카프라, 1996/ 김용정·김동광 역, 1999: 116).

생태학生態學, ecology가 아니더라고 인간은 처음부터 인간과 인간 그리고

---

[57] 문화 패턴은 그 자신을 사회적, 심리적 실재에 맞게 만드는 동시에 사회적, 심리적 실재를 자신들에게 맞게 만드는 동시에 사회적, 심리적 실재를 자신들에게 맞게 만드는 과정을 통하여 사회적, 심리적 실제의 의미, 즉 객관적 개념 형식을 부여한다(클리퍼드 기어츠, 1973/ 문옥표 옮김, 2009: 118). 따라서 문화 패턴 － 종교적, 심리적, 미학적, 과학적, 이데올로기적 패턴 － 은 '프로그램들'이다. 유전학적 체계가 유기적 과정을 조작해가면서 형판 같은 것을 제공하듯이, 이러한 프로그램들은 사회적, 심리적 과정을 조직해가면서 형판 또는 청사진을 제공한다(클리퍼드 기어츠, 1973/ 문옥표 옮김, 2009: 258).

인간과 자연 간 '관계'를 맺으면서 살아 왔으며, 관계를 통하여 문화와 문명을 끊임없이 발전시켜 왔다. 이렇게 본다면, 문화와 문명 역시 인간과 인간 관계의 산물이다.

> "고대 그리스 시대의 신화나 문학에도 인간의 오만과 지나친 욕망으로 인해 자연 파괴의 문제가 지적되었고, 인간과 자연만물은 유기적 관계로 서로 연결되어 있다는 생태적 인식을 포함하고 있었다. 서양의 생태주의가 주목하는 동양의 고전에도 생태적 인식이 근간을 이룬다. 특히 노자가 도덕경에서 강조하는 무위사상과 욕망의 절제, 안빈낙도의 삶은 자연과 인간의 조화로운 공존을 위한 지혜를 담고 있다."(김용민, 2014: 40)

우리는 증권시장에서 증시의 오름과 내림을 예측하기 힘들다고 한다. 그러나 증권투자에 성공하는 사람들은 패턴으로 증시를 이해한다. 오를 때가 있으면 떨어질 때가 있다는 리듬의 패턴을 이해하면서 투자를 결정하고 매각을 추진한다. 10년 주기로 같은 유형의 독감 바이러스가 찾아오는 것을 예측한 의학계에서는 정확한 독감예방주사를 놓을 수 있다. 만약 이러한 발견이 없었다면, 우리는 수십 년 전 2천 수백만 명이 몰사한 스페인 형 독감 바이러스의 침입에 항상 떨고 있어야 한다. 한때 중국에서 발생한 살인적 독감인 사스SAS, 오래 역사를 가진 홍콩 독감의 패턴을 알지 못하기 때문에 우리는 올 겨울에도 사스와 독감의 공포에서 벗어나기 힘들다. 반면 우리 인류는 봄, 여름, 가을, 겨울에 따라 기후의 패턴을 알게 된 이래로 경작culture할 수 있었고 이로써 우리 인류는 문화와 문명을 크게 발달시킬 수 있었다.

또한 세계 도처에서 유수한 역사와 전통을 가지고 항상 성황으로 실시되고 있는 패션쇼fashion show에 가면 봄에는 여름 컬렉션을 하고, 여름에는 겨울 컬렉션을 한다. 미래를 전망하고 예측하는 것이다. 물론 올 가을 유행을 예견하지만 그렇게 안 되는 경우도 있다. 그러나 그렇게 되는 경향이 더 많다. 왜냐하면 상업적으로 미래를 조작하기도 하기 때문이다. 지금까지 일반적으로 의류 업계에서는 상업적으로 그런 물건들을 중심으로 만들어 대중조작을 하기도 한다. 대중사회의 진면목이기도 하다.

그러나 오늘날 패션은 소비자의 취향에 따라 양상이 크게 달라지고 있다. 소비자들의 알 권리와 선택의 폭이 넓어지고 탈脫대중화의 개성이 강해지면서 의류업계가 패션을 선도하고 패션을 조작할 수 있는 여지는 점차 줄어들고 있다. 패션은 이제 가상의 세계를 창조하는 방향으로 진전되고 있다. 숨겨진 가상과 숨겨진 추상의 세계가 구체적인 패션으로 나타나면서 우리의 사고 영역도 무한정으로 뻗어 나간다. 그런데 재미있는 것은 반드시 패션은 순환된다는 사실이다. 복고풍retro-mania이라는 말이 바로 그것이다. 물론 약간의 변형이나 강조가 이루어지면서 복고풍은 반드시 찾아온다. 패턴이 순환되는 것이다. 이는 일종의 '프랙털fractal'로 파악될 수 있다.

1950년대 말 만델브로Benoit B. Mandelbrot(1924-2010)는 하늘에 떠 있는 구름을 보고 이를 기하학적으로 표현할 방법이 없을까 하면서 고민했다(Madelbrot, 1977). 이것이 바로 프랙털 기하학의 시작이었다. 프랙털fratal이란 "부서지다"라는 뜻을 지닌 쁘랑제르frangere라는 라틴어 동사에서 유래한 "프락투스fractus"의 변형으로 만델브로가 만든 조어이다(제임스 글리크, 1987/ 박배식 · 성하운 옮김, 1993: 122). 구름은 원이나 삼각형 아니면 사각형 같은 소위 기하학적 언어로 표현할 수 없다. 다시 말해서, 우리 주변에는 구름이나 해변 같은 불규칙하고 복잡한 형태들이 많은데, 종래의 유클리드 기하학으로는 도저히 이를 분석하고 표현해 낼 수가 없었다. 그러나 놀라운 일은 이러한 복잡한 형태들을 가진 형상들에게서도 반드시 "반복적인 패턴"이 발견된다는 사실이다. 만델브로는 이를 "자기유사성"의 현상으로 설명한다. 길거리에 널린 돌 조각은 산을 꼭 닮았으며, 강의 삼각주, 나뭇가지의 분기, 혈관의 반복적이 가지치기 등은 놀라운 유사성의 패턴을 보여준다(프리쵸프 카프라, 1996/ 김용정 · 김동광 역, 1999: 189). 그러나 1970년대 중반까지도 만델브로는 자신의 "프랙털 기하학"과 "카오스 이론" 사이의 유사성을 알지 못했다.

그러나 잘 따져보니까 카오스 이론과 프랙털 기하학은 서로 다른 시간과 공간에서 시작되었지만, 같은 현상에 대한 과학연구의 일치로 나타났다. 결국 고전과학으로는 도저히 설명하지 못하는 영역들이 하나 하나 발견되면서, 과학은 이제 새로운 패러다임 형성을 향해 달려가고 있었다. 제임스 글리크는 이러한 의미에서 카오스 이론이 과학의 경계선을 붕괴시키고 있다고 쓰고 있다(제임스 글리크, 1987/ 박배식·성하운 옮김, 1993: 15).

카오스 이론과 프랙털 기하학은 과학과 수학의 세계에서 "양으로부터 질로의 전환"에 가속도를 붙여 주었다. 이제 특정 시간에 카오스 시스템 변수들의 값을 예측하기는 불가능하지만, 시스템 움직임의 질적 특성은 예측할 수 있게 되었다(Peitgen, 1986: 16). 예를 들면, 해안선은 들쭉날쭉하기 때문에 해안선의 정확한 길이는 알 수 없지만, 프랙털 기하학을 응용한다면 동일한 '패턴'으로 형성되는 해안선의 평균 요철을 계산해 낼 수 있다. 또한 구겨진 종이는 면보다 많은 공간을 차지하지만 구보다는 작은 공간을 가지게 된다. 이러한 현상은 우리 주변에서 얼마든지 발견할 수 있는 복잡한 현상들이다. 이를 우리는 "프랙털 차원"이라고 부른다. 예를 들어, 위에서 언급한 로렌츠의 "기묘한 끌개"는 카오스로 형성되지만, 프랙털 차원($D \approx 2.06 \pm 0.01$)을 가지고 있는 것으로 밝혀짐으로써 계산 가능한 영역으로 된다(Mainzer, 1997: 59). 이에 대하여 데이비드 호킨스는 로렌츠 끌개가 가지는 프랙털 차원의 패턴은 나비의 날개와 같이 나타난다고 설명하고 있다.

"'끌개'란 겉보기에는 무의미해 보이는 방대한 자료들 속에서 나타나는 하나의 동일한 패턴에 주어진 이름이다. 부조리하게 보이는 만물의 현상 속에는 조화가 숨어 있다는 것이다. 이러한 재적 조화는 로렌츠Lorenz가 장기간에 걸친 날씨의 변화를 컴퓨터 그래픽으로 나타내는 연구를 하던 중 처음으로 발견한 것이다. 그가 발견한 끌개 패턴은 '로렌츠 나비'라는 이름으로 알려져 있다. 다른 형태의 끌개는 다른 이름으로 불릴 수 있다. '이상한 끌개stranger attractor'라 불리는 끌개도 그중의 하나이다."(데이비드 호킨스, 2000: 42).

하여간 이제 우리는 프랙털 기하학을 가지고 현상의 복잡성을 표현해 낼 수 있게 되었다. 이는 반복의 과정과 패턴에 대한 분석으로 가능한데, 여기서 결정적인 역할을 하는 것이 바로 복소수complex number의 개념이다. 이로써 카오스 이론과 프랙털 기하학을 연결시키는 수학적 공통점이 생성된 셈이다. 이제 남은 일은 합리적인 시간에 정확한 형상을 얻기 위해서는 아주 빠른 속도의 컴퓨터가 개발되어 프랙털 윤곽선과 패턴을 세밀하게 보여주고 이를 계산해 내는 일이다.

그러나 만델브로는 우리가 카오스에 대하여 연구하는 의미는 우리를 둘러싸고 있는 우주 속에서 단순한 규칙을 발견하기 위함이고, 이러한 노력은 항상 복잡한 실재를 단순하게 설명하는데 있다고 주장한다(Peitgen, Heinz-Otto, and Hartmut Jurgens, Dietmar Saupe, and C. Zahlten, 1990). 이제 수학은 요소와 대상에 대한 양적 측정을 넘어서 사물과 사물 그리고 현상과 현상간의 "관계 및 패턴"에 대해서도 계산해 낼 수 있는 복잡성수학의 세계에서 생명력이 보다 강화될 것이다. 물리학과 수학 그리고 생태학에서 밝혀지는 복잡계에 대한 이해의 노력은 오늘날 복잡계 속에 살고 있는 인간의 사고 영역에 새로운 사고패러다임이 열리고 있다는 사실을 암시한다. 이로써 우리는 생태학적 패러다임을 인식하게 된다.

이미 물리학자 페러데이Michael Faraday(1791-1867)가 에너지 총량의 법칙을 발견함으로써 우리가 살고 있는 공간에서 모든 것은 형태 변화만 되는 것이지 본질의 변화는 이루어지고 있는 것이 아니라는 사실이 확인되었다. 노장사상에서도 "도는 순환의 도"이다. 주역에서는 극이 없으며, 태극은 무극無極이다. 모든 것이 돌고 돈다. 다만 "언제" 그것이 다시 돌아오는가의 문제는 남아 있다. 불교에서는 대상이 하나의 사건과 행위이지 실체나 사물이 아니다. 중국사상은 근본적인 실체로의 환원을 추구하지 않으며 실체들의 상호관계에 보다 주목한다. 우주에서 현상하는 사물들도 물질적 실체가 아니라 흘러가는 도의 일시적 단계로 이해한다. 동양에서 모든 대상들은 현대이론물리학자들에게서처럼 우주적 흐름에서의 '작용作用'일 뿐이다. 작용으로 나타났다가 작용의 부재로 인하여 사라진다. 작용이 있는 한 생명은 있는 것이며 작용이 멈추는 곳에서 생명은 죽는 것이다. 여기서 작용은 상호작용으로서 관계와 관계망을 형성한다. 이때 발생하는 관계망은 연결망이며 연결망 패턴을 가진다고 할 수 있다.

그런데 동양에서 모든 현상을 결정한 실재는 유형이 아닌 무형無形이며 유有가 아닌 공空이며 허虛이다. 물론 여기서 공空은 단순한 무無가 아니다. 즉, 무無는 도道, 무無, 이理, 기氣가 일체화된 정체적整體的 우주관으로 제기된다(장파, 1994/ 유중하 외 옮김, 2000: 39). 한마디로 무無의 중요성은 "천하 만물은 모두 유에서 생기는데, 유는 무에서 생긴다天下萬物皆生于有, 有生于無"는 노자의 말에서 나타난다(老子, 40장). 이는 현대물리학에서 밝혀낸 진공의 개념과도 일치한다.[58] 즉, 아원자 세계를 구성하는 원자는 진공상태로 존재하지만 진공이란 완전히 비어 있는 상태가 아니고 무수한 입자들을 함유하고 있는 상태이다. 장場 이론에서 말하는 물리적 진공 역시 아무 것도 없는 것이 아니라 소립자 세계가 모든 형상으로 나타날 가능성으로 꽉 차 있다. 오히려 이들은 물상의 본질이며 생명의 원천이기도 하다.

불교에서 공은 허로서 유有의 창조를 가능하게 하며, 도교에서 무한한 창조의 원동력으로서 보이지 않는 도를 상정한다. 즉, 도가에서 도는 무無이며 천지만물은 유有이다(馮友蘭, 1944/ 郭信煥 편역, 1985: 79). 관자는 우주를 창조하는 천도天道는 공이며 무형이라고 가르치며, 노자는 도를 비어 있는 그릇에 비유하면서 모든 것을 담을 수 있는 가능성으로 파악한다. 즉, 유에서 유가 나오는 것이 아니고 무에서 유가 창조되는 셈이다. 풍우란은 도에서 만물의 생성되는 과정을 다음과 같이 묘사하고 있다.

"일체의 만물을 낳은 것이 없으므로 이른바 道는 霧이라는 의미의 無와 같다. 도가 무이므로 '道가 만물을 낳는다'라는 명제는 곧 만물이 각기 自生한다는 뜻을 지닌다. 또 '만물이 모두 道로부터 얻은 바가 있다'는 말도 만물이 스스로 생겼다는 뜻이다. 大宗師편의 註에 "道는 無能하다. 道에서 얻었다는 말은 스스로 얻었을 따름임을 밝힌 것에 지나지 않는다. 무릇 얻었다는 것은 밖으로 도에 힘입은 바도 없고, 안으로 자기로부터 말미암지도 않은 결국 自得·獨化이다."(馮友蘭, 1944/ 郭信煥 편역, 1985: 161)

---

[58] 그러나 현대이론물리학이 탄생하기 전까지 서구에서는 유가 근본이 되어 유에서 실체에 이른다. 그러나 중국에서는 무가 근본이며, 무에서 유로 나아간다(장파, 1994/ 유중하외 옮김, 2000: 46). 서구에서도 이미 철학자 헤겔은 자신의 변증법을 통해서 무에서 유가 생길 수 있으며 유에서도 무가 생길 수 있다고 가르쳤다(장파, 1994/ 유중하외 옮김, 2000: 47).

이러한 논리는 기독교에서도 비슷하다. 어둠 속에서 빛이 생겨났으며, 만물이 죽는 겨울 다음에 생명이 나오는 봄이 있다. 아라비아 상인들에 의해 0零, 즉 수학에서 무無가 발견되면서 마이너스의 세계가 창조되었다. 이렇게 무와 공 그리고 허는 무한한 창조의 가능성을 지닌다. 그런데 여기서 중요한 사실은 무에서 유로 창조되면서 물질의 양면성은 부단히 모습을 바꾸게 된다는 사실이다. 한마디로 "색즉시공 공즉시색色卽是空 空卽是色"이다. 이는 대승불교의 경전인 『반야심경般若心經』의 중심 테마로서 형태가 있는 색色도 시간이 지나면 공無에 불과하다는 뜻이다. 즉, 형체는 있다가도 없어지고 없다가도 생겨난다. 한마디로 색은 공이며 공은 색이다. 장재는 태허太虛가 기로 가득 차 있기 때문에 실제로 무는 존재하지 않는다고 가르친다. 서양의 현대물리학에서도 가상적 소립자 세계의 진공은 "살아있는 허"가 된다. 허로부터 새로운 형태가 창조된다. 따라서 색과 공의 관계는 상호 배타적인 대립의 상태가 아니며 실재의 양면성으로 상호공존하며 협력적이다. 이러한 논리는 현대이론물리학에서 보어Niels Henric David Bohr(1885-1962)가 자신의 양자역학에서 밝혀낸 "상보성이론complementarity theory"과도 일치한다. 또한 불교에서는 "일즉다 다즉일一卽多 多卽一"이라고 가르친다. "하나가 전체이며 모두가 전체"라는 뜻을 가진다. 이는 서구의 카오스 이론의 핵을 구성하는 '프랙털 도형fractal figure'의 의미와 같다. 프랙털 도형은 전체 속의 한 부분인데, 한 부분이 전체의 형상을 가진다. 전체의 형상은 패턴으로 나타난다. 패턴을 내재하는 부분은 전체 속에서 다른 부분들과 그리고 전체와 상호공존하면서 또 다른 전체를 이룬다. 전체와 부분이 모두 연결망에 들어 있는 것이다.

고대 그리스부터 시작된 근본물질에 대한 물음은 자연과학의 발전에 결정적 동인이었다. 많은 사람들을 역사를 두고 근본물질에 대하여 추적해 왔다. 드디어 현대물리학에서는 근본물질이 입자가 아니라 "에너지energy"라고 대답하기에 이르렀다. 그러나 동양사상에서는 이미 근본물체의 정체를 알고 있었다. 표현은 달랐어도 근본물질은 에너지, 즉 기氣였으며 이것이 만물의 기반基盤이다. 결국 동양의 기 사상은 서양의 양자장 이론과 일치한다. 그러나 동양에서 우주의 만물은 에너지의 변화와 변용을 통해서 '일시적 형상'으로 나타날 뿐이다. 심지어 모든 현상은 환상에 불과하기도 하다. 아직 양자장 이론에서는 자신 있게 여기까지 나아가지는 않는다. 다만 양자의 극소 미립자세계에서는 그렇게 보고 있다. 아니면 서양에서는 여전히 실험과 조작에 의존하고 예리한 수학적 공리에 보다 의존하면서 문제를 풀어내려고 한다. 그러나 동양에서는 현상의 본질이 인간의 모든 개념과 관념을 초월하기 때문에 실험에 의존할 수는 없다. 오로지 직관直觀을 통한 통찰만이 유일한 진리탐구의 방법이 된다. 이는 순수한 관찰로부터 참여로의 진행을 의미하기도 한다.

오늘날 서구에서는 양자이론이 나오면서 '참여參與, participation, engagement'의 의미가 강조되고 있다. 즉, 20세기 들어 시작된 양자론 연구에서는 연구자를 관찰자의 개념에서 '참여자'로 대치시킴으로써 모든 것이 '상대적'이라는 사실을 밝혀내고 있다. 그러나 이미 동양사상에서는 애초부터 개인이 전체에 참여하는 것이 삶의 핵심임을 가르쳐 왔다. 여기서는 주체와 객체가 분리되지 않으며, 육체와 정신이 분할되지 않는다. 자연과 인간도 한 몸이다. 따라서 전체와 부분이 융합하고 전체성 속으로 용해된다. 아인슈타인 Albert Einstein(1879-1955)이 시작한 이래로 아원자(소립자, 미립자) 세계를 파고드는 양자이론에서 장場 개념 출현한 이후로 서구의 현대이론물리학자들은 장을 통일시키려는 통일장統一場, unified field이론과 초끈이론super-string theory에 주력하고 있다. 아마 이러한 이론들이 완성되면 불교의 법신이나 브라만의 범汎 사상과 만나게 될지도 모른다.

이렇게 본다면, 인간이 창조하고 인간에 의해 계승 발전되는 문화시스템역시 불안정, 불균형, 불규칙으로 야기되는 혼돈(카오스)의 과정을 거쳐서 새로운 역동성 덕분에 새로운 패턴으로 창조될 수 있다는 사실이다. 따라서 새로운 문화탄생 및 발달에 결정적인 문화의 호메오스타시스 과정을 잘 파악하기 위해서는 문화시스템의 성립과정에서 필연적으로 발생하는 문화구조의 프랙털 현상에 과학적으로 접근할 수 있어야 한다. 한마디로 문화 속에서 프랙털 구조, 즉 규칙성이 존재한다.

"문화의 잡다한 형식들을 벗겨내게 되면 사회조직체의 구조적이고 가능적인 규칙성을 찾아낼 수 있다. 그 껍질을 차례대로 벗겨내면 그것을 지탱하고 가능하게 하는 기층의 심리적 요인 - '기본적 욕구' 혹은 그것과 비슷한 것 - 을 찾아낼 수 있다. 심리적 요인들을 벗겨내면 우리에게는 인간 삶의 전체적인 구성물인 생물학적 - 해부학적, 생리학적, 신경학적 - 기초들이 남겨진다."(클리퍼드 기어츠, 1973/ 문옥표 옮김, 2009: 56)

결국 모든 것이 연결망 패턴으로 구조화되는 문화시스템 속에서 살고 있는 우리가 문화이해를 위해 문화를 해석하고 문화의 본질을 규명해 나가기 위해서는 문화 패턴과 문화 패턴 속에 만들어지며 문화 패턴을 가능하게 하는 '문화의 프랙털 구조'에 주목할 필요가 있다.

"문화 패턴들 - 유의미한 상징으로 조직된 체계 - 에 의해서 방향이 결정되지 않은 인간행동은 실제로 통제할 수 없는 맹목적 행동과 감정 폭발로 인한 대혼돈일 뿐이며, 그것으로 인해서 인간의 경험은 거의 형태가 없어져 버리게 된다. 문화는 그러한 패턴들의 축적된 총체로서, 인간 존재의 단순한 장식물이 아니라 그 특수성의 기초이자 본질적 조건이다."(클리퍼드 기어츠, 1973/ 문옥표 옮김, 2009: 66)

윌리엄 보스트William M. Boast와 벤자민 마틴Benjamin Martin은 자신들의 저서 『변화와 대가들』(1997)에서 오늘날 성공하는데 중요한 요건은 하우투how-to가 아니라 후투who-to라고 하고 오로지 패턴을 아는 자만이 승리할 것이라고 말한다. 이렇게 본다면, 패턴 사고를 통하여 우리는 전체를 해석해낼 수 있고 전체를 해석하는 해석학 사고를 통해서 우리는 문화해석에 접근할 수밖에 없다.

"인간의 선천적인 (즉 유전자적으로 프로그램된) 반응능력의 극단적인 일반성, 확산성 그리고 다양성은 인간이 문화 패턴의 도움 없이는 기능적으로 불완전하다는 것을 의미한다.... 경험의 세계를 그려내고 설명하기를 호소하는 사물을 설명하기 위한 인간의 설명 장치, 즉 수용된 문화 패턴(상식, 과학, 철학적 사색, 신화)의 복합이 되풀이하여 작용하지 않게 되면 인간은 깊은 근심에 빠지게 되는 경향이 있다."(클리퍼스 기어츠, 1973/ 문옥표 옮김, 2009: 125-127)

보어의 상보성 이론과 생태학의 핵심인 재생 개념, 동양사상의 도道 사상 그리고 프리드리히 니체의 "영원한 회귀"의 개념은 모든 것은 연결되어 있으며 이를 이해하기 위해서는 연결망 패턴을 파악하는 것이 중요하다는 점을 시사하고 있다. 여기서 연결망은 전체를 의미하며 부분은 이러한 연결망이 패턴을 가지는데, 그것이 곧 전체, 즉 형태Gestalt인 것이다. 왜냐하면 우리는 생태계에 살고 있기 때문이다. 즉, 생태계는 일정한 지역에 살고 있는 생물organism과 이를 둘러싸고 있으면서 유기체와 상호작용을 하는 물리적 환경(무기체) 전체를 의미한다(이관춘, 2011: 427). 따라서 우리 인간이 생태계를 벗어나지 않는 이상 우리는 전체 속에서 살아가는 부분인 셈이다.

여기서 중요한 것은 전체가 항상 먼저라는 점이다. 예를 들어, 코끼리를 반으로 쪼갠다고 두 마리의 작은 코끼리가 되진 않는다(피터 센게, 1996: 93). 왜냐하면 생명체에는 통합성이 있으며 특성은 전체에 의해 좌우되기 때문이다. 현대이론물리학은 바로 이러한 사실을 입증하고 있다. 베르트하이머Max Wertheimer와 볼프강 쾰러Wolfgang Köhler(1887-1967)를 필두로 한 게슈탈트Gestalt 심리학자들도 환원 불가능한 전체의 존재를 인식의 핵심적 특성으로 보았으며, 의미 있는 조직된 전체는 부분들에 존재하지 않는 특성을 드러낸다고 주장했다(프리쵸프 카프라, 1996/ 김용정 · 김동광, 1999: 52). 결국 부분들은 전체의 필요에 따라 역할을 하고 종합적이고 통일적으로 조종되고 움직이기도 한다. 즉, 전체의 결정에 따라 부분들이 움직이는 것이다.

사실 "전체가 부분에 앞선다"는 사실은 이미 학문적으로는 오래전에 철학의 한 영역이며 철학하는 방법으로 발전한 '해석학hermeneutics'의 발견이기도 했다. 현대이론물리학자인 하이젠베르크Werner Heisenberg(1901-1976)는 부분에서 전체로의 개념적 전환을 개념적 혁명이라고 부르면서 자신의 자서전을 『부분과 전체』라는 제목으로 출판했다. 고전역학에서는 부분의 특성과 움직임이 전체를 결정하지만, 양자역학에서는 전체가 부분의 움직임을 결정한다는 사실도 밝혀냈다(프리쵸프 카프라, 1996/ 김용정·김동광, 1999: 51). 과거 뉴턴의 기계론적 자연관에서는 유기체의 부분들이 전체를 결정했다. 각각의 부분들이 제 역할과 기능을 수행해 낸다면 전체 역시 제대로 기능하는 것이다.

그러나 실제로 전체의 기능은 부분의 역할과 기능으로만 모두 설명될 수 있는 것은 아니다. 전체는 부분들의 기능과 역할 이외에도 부분들 간의 역동적 상호 작용 및 상호 의존 관계를 잘 파악할 때 비로소 알려질 수 있다. 따라서 이러한 관계가 바로 연결망 패턴의 개념으로 파악될 수 있는 셈이다. 즉, 관계로 연결된 망이 바로 부분과 전체의 관계를 규정한다. 그런데 이러한 관계로서의 연결망 패턴은 선형적인 조직에서는 잘 알 수 없다. 그러나 비선형 현상은 우리가 예상하는 것보다 훨씬 큰 정도로 무생물 세계를 지배하고 있을 뿐 아니라 살아있는 시스템들의 연결망 패턴의 필수적인 한 측면을 이루고 있다(프리쵸프 카프라, 1996/ 김용정·김동광 역, 1999: 168). 왜냐하면 생명의 연결망은 개체적 자율성과 상보적이기 때문이다(신승철, 2015: 73). 즉, 연결망은 개체들의 자율성으로 인하여 복잡한 연결망으로 창발되며, 연결망은 생태학적 관계망으로서 개체적 자율성을 촉진시킨다.

한마디로 삶은 패턴Pattern이다. 그러나 복잡성 패턴이다. 왜냐하면 우리는 복잡한 세상에 살고 있기 때문이다. 따라서 모든 것이 복잡하게 얽혀 있기 때문에 이를 풀어내어 해석하는 일도 쉽지 않다. 우리가 사회개혁을 외치지만 오랜 시간동안 쌓여 온 기득권 세력들의 이합집산과 이들 간의 얽히고설킨 관계를 따져 보면 모든 것이 어렵다. 모든 기득권 세력을 해체하여야 사회개혁은 가능하다고 할 수 이는데, 이는 쉽지 않다. 마찬가지로 우리의 삶을 구성하는 모든 사실과 현상들을 제대로 이해하는 것은 영원한 과제이다. 몇몇 가닥을 푼다고 해서 사회문제가 해결되는 것은 아니다. 현대이론물리학에서 복잡계이론은 이러한 현실을 잘 반영해 주고 있다. 그럼에도 불구하고 우리는 인간의 삶을 전체적으로 해석해 내고 이러한 해석 속에서 사고할 수 있기를 기대한다. 왜냐하면 전체를 이해하지 못하는 삶은 일그러진 삶이며, 전체를 파악할 수 없는 사고로는 항상 실수와 시행착오를 연발할 수밖에 없기 때문이다. 홀로스 사고를 추구하는 것은 항구적 과제라고는 하지만 조금씩 접근해 볼 필요는 있다. 그렇지 않으면 우리의 삶은 점점 피폐해질 수밖에 없으며 의미를 잃게 된다. 이는 개인이나 사회나 다 마찬가지이다.

프랙털 기하학fractal geography을 시작한 만델브로는 영국의 해안선이 비슷한 패턴pattern으로 이어지고 있다는 사실을 알게 되면서, 해안선도 계산하는 것이 가능하다고 확신했다. 프랙털은 패턴의 계산이다. 따라서 프랙털 사고는 패턴 사고라고 할 수 있다.

프랙털fractal이라는 개념은 전체구조가 세부구조 속에서 반복되는 현상을 의미하는 것으로 만델브로가 프랙털 기하학을 시작한데서 비롯된다. 그는 생명의 창조적 무질서를 프랙털 기하학으로 풀어내고 있다. 한마디로 그는 모든 사물의 세부구조 속에는 이미 전체의 모습이 들어 있다는 사실에 주목한다. 이를 우리는 "자기유사성"의 발견이라고 하고, 이를 통해서 전체를 해석해 낼 수 있다. 이를테면, 산기슭의 돌멩이는 산의 모습을 지니고 있다. 나무의 나이테는 산의 등고선을 닮았다. 이렇게 모든 사물들은 자신이 속해 있는 커다란 상위시스템을 그대로 내포하고 있다. 유클리드 기하학에서 계산해 내기 어려운 것이 비유클리드 기하학에서 계산되더니, 프랙털 기하학에서는 보다 복잡하고 카오스에 가까운 도형도 그려진다. 우리 인간의 삶과 우주의 모양이 보다 복잡한 것으로 밝혀지면서 프랙털 수학의 가치는 보다 커진다.

육안으로는 잘 관찰되지 않는 프랙털 세상을 드려다 보면 비슷한 모양이 끊임없이 반복되고 있다. 우주도 마찬가지이다. 소립자 원자의 세계는 우주의 거대 세계와 유사하다. 따라서 우리의 가시세계를 벗어난 소립자 미시세계와 거대세계의 연구가 현대이론물리학에서 만나는 것이다. 빅뱅으로 태어난 우주가 전개되는 양상과 세포 분열로 성장하는 인간의 모습도 유사하다.

해석학의 궁극적 목표는 "이해understand"이다. 왜냐하면 삶은 본질적으로 상징성과 의미성을 내포하고 있기 때문이다. 문화도 마찬가지이다. 따라서 문화해석은 문화적 상징성과 의미성을 이해함으로써 문화의 진면목을 파악하기 위함이다. 예를 들어, 국기國旗는 헝겊 조각에 불과하다. 그러나 국기 앞에서 우리는 충성을 맹세하고 전쟁터에 나가 죽음을 마다하지 않는다. 그 힘은 상징과 의미에서 나온다(데이비드 호킨스, 2000: 175). 이러한 의미 전이현상은 문화에 내재된 문화적 상징체계 때문에 발생한다.

> "다양한 종류의 문화적 상징체계는 사회적, 심리적 과정을 조직화하는 형판으로서 외재적 정보자원이기 때문에 특별한 종류의 정보가 부족한 상황, 즉 행동이나 사고, 감정을 유도하는 제도화된 지표가 약하거나 결여된 상황에서 결정적인 역할을 한다."(클리퍼드 기어츠, 1973/ 문옥표 옮김, 2009: 259-260)

해석학에서는 삶의 의미를 무의식적으로나마 체험하는 것으로부터 시작하면서 점차 구체적 체험이 표현되고 이해되는 지속적 순환과정을 거치게 된다. 문화 체험 역시 문화적 상징체계를 체험하면서 문화적 상징을 통해 전달되는 문화 의미를 해석해 내는 기반을 제공한다. 비코와 슐라이에르마허의 해석학적 전통을 이어 받은 딜타이Wilhelm Dilthey(1833-1911)는 이러한 순환과정을 '해석학적 순환'이라고 하였다. 한마디로 해석학적 순환 과정을 거치지 않고 삶은 자신에게 뿐만 아니라 남들에게도 이해될 수 없다. 문화해석 역시 마찬가지이다. 문화해석을 위한 해석학적 순환은 문화해석의 구체적인 방법이다.

제III부

·

문화교육의 성립조건
문화해석학

제9장

문화교육의 학문적 기초

1. 문화철학과 문화과학 그리고 정신과학

1) 문화철학에서 문화과학으로

문화와 철학, 문화철학文化哲學은 철학哲學의 한 부류이다. 원칙적으로 철학의 대상은 '인간' 또는 '삶'이다. 인간이 무엇인가? 이는 인식론적-존재론적 질문이다. 또한 인간은 어떻게 살고 있으며 어떻게 살아야 하나? 이는 가치론적 질문이다. 이러한 질문에 대답하려다 보면, 결국은 진리眞理의 문제 아니면 창조주 신神과도 만난다. 인간은 어떻게 지구상에 나타났을까? 신은 어떻게 인간을 창조했을까? 아니면 이는 과학적 질문과도 연결된다. 무엇보다도 '진화론進化論'이 대표적이다. 인간은 어떻게 진화한 것일까? 앞으로 인간은 또 어떻게 진화할 것인가? 하여간 철학은 인간 그리고 인간의 삶에 직접적이다.[1]

최소한 서양에서는 플라톤 이후 동양에서는 노장사상 이후 인간의 삶에 대한 질문을 던지면서 시작된 철학의 역사는 '인간이 무엇이고. 또 무엇이어야 하는가'에 대한 일말의 언질을 줄 수 있었다. 물론 철학 연구의 흐름과 사회적-역사적 상황에 따라서, 그리고 그때그때 나타난 철학자 각자의 관점

---

[1] 사실 문화철학자들은 인간에게는 보편적이고 내재적인 선험성이 있다는 믿음을 전제로 논의를 개진했다(크리스 젠크스, 1993/ 김윤용 옮김, 1996: 67).

이나 시각, 관심, 가치관, 세계관, 인간관, 목표 그리고 접근 방법 등이 다를 수밖에 없었다. 그래서 철학적 귀결도 제각각일 수밖에 없다. 그럼에도 불구하고 인간에게 철학은 모든 학문의 토대가 되어 왔다. 따라서 문화에 대한 철학, 즉 문화철학은 문화연구에서 학문적 기초를 제공한다.

그렇다면 문화철학의 대상은 무엇일까? 당연히 '문화文化'다. 아니 문화이며 동시에 '인간人間'이다. 왜냐하면 철학이 인간을 대상으로 하기 때문이다. 그렇다면 문화와 인간의 관계는 무엇인가? 이미 우리는 지금까지 문화와 인간의 관계를 규명해 왔다. 즉, 인간은 문화를 창조하고 문화에 구속된다. 여기서 구속은 속박이지만 반드시 부정적이지는 않다. 구속은 삶의 기준이라고도 할 수 있다. 삶의 기준을 지키면 인간의 삶은 안정적인 것이고 삶의 기준을 잃으면 그것은 일탈이고 위험하다. 이렇게 본다면, 인간과 문화는 동전의 앞뒷면이 된다. 그렇다면 굳이 문화철학 또는 문화와 철학이라는 말이 필요치 않을까? 문화를 연구하나 인간 자체를 직접 연구하나 그게 그것 아닌가. 모두가 철학의 부류가 아닌가? 즉, 굳이 문화철학이라고 하지 않아도 되지 않을까? 따지고 보면 인간의 삶에서 문화 아닌 것이 어디 있는가? 문화예술부터 시작하여, 음식문화, 노래문화, 지하철문화, 화장실문화, 길거리문화 등 매사에 문화를 붙이면 말이 되지 않는가? 문화인으로 산다는 것과 인간으로 산다는 것이 별 차이는 없을 듯하다. 하여간 이렇게 본다면, 문화철학은 철학의 일종이며 그냥 철학과 다르지 않다. 물론 문화철학은 '문화'에 대한 철학적 접근으로서, 인간 자체보다는 '문화'를 일차적으로 연구의 대상으로 삼는다.

"문화철학에서는 문화가 어떠한 원리와 어떠한 방법론을 취하는가를 문제 삼는다. 왜냐하면 문화철학은 문화의 발전법칙과 문화의 담지자, 그리고 문화의 의미와 본질을 밝히려 하기 때문이다. 동시에 문화철학은 문화발전의 참된 의미가 무엇이고, 문화가치의 형성은 어떠한가를 인류 역사의 전체 연관성에서 찾으려는 문화철학 그 이상까지를 목적으로 한다."(백승균, 2014: 63-64)

문화는 인간이 만들어내고 그 속에 구속이 된다고 했다. 그렇다면 인간과 문화는 결코 동전의 앞뒷면으로 딱 붙어 있는 것이 아니다. 인간이 문화를 만들어내는 과정과 시간적 간격 그리고 공간이 별도로 존재할 것이고, 그 문화가 만들어져서 인간을 다시 구속하는 데에도 시간과 공간이 존재하고 이는 지역마다 역사적으로 매우 다를 수 있으며 심지어는 그 과정에서 예기치 않은 돌발 상황이 발생할 수도 있다.

> "말하자면 문화는 시공간적 거리를 두고 파악되는 어떤 것, 항상 부정확할지라도 그 대상성 속에서 파악되는 어떤 것으로 나타난다."(랄프 콘너스만, 2003/ 이상엽 옮김, 2006: 23)

바로 이러한 근거에서 문화철학은 단순히 철학이 아니다. 즉, 인간이 무엇인가, 인간은 무엇이어야 하는가 하는 인간에 대한 직접적인 물음을 가지고 시작하는 것이 철학이라면, 문화철학은 문화라는 '매개체medea', 즉 인간과 인간 사이의 '매개로서의 문화'에 대한 철학적 질문이다. 다시 말하면 인간은 문화를 만들어내고 그 문화에 구속되지만, 인간과 문화 사이의 간격 gap은 엄청날 수 있다. 이럴 경우 '문화라는 삶의 매개체'에 대한 철학적 접근이 바로 문화철학이다. 따라서 문화철학과 철학을 동일시할 수 있는 근거는 '인간이 무엇이며, 무엇이어야 하는가'의 질문을 '문화라는 매개체'에 대한 접근을 통하여 풀어 볼 수 있다고 할 때에 한한다. 그러나 인간과 문화와의 간격이 문제시될 때에는 인간을 문화라는 매개체를 통해서도 알 수 있다는 논리는 결코 통하지 않는다.

구체적으로 말하면, 인간은 문화를 만들어내고 그 문화에 구속될 수밖에 없는 존재라고 할 때, 문화를 만들어내는 사람과 그 문화에 구속되어 사는 사람이 반드시 일치하지 않는다. 이를테면, 선조先祖가 만들어 낸 문화가 후손들을 구속한다고 할 때, 이러한 구속의 관계는 반드시 바람직한 것이 아닐 수도 있다. 물론 선조들이 만든 문화는 삶의 기준이기 때문에 후손들이 이러한 문화를 잘 전승하여 삶의 기준을 지킬 수 있다면 삶은 안정된다. 이럴 경우 삶은 매우 질서화되는 것이다. 그러나 반대로 선조들이 만든 문화에 적폐가 심하여 이러한 문화는 전승하기 곤란하거나 아니면 오히려 이러한 문화는 폐지하는 것이 마땅하다고 하면 그 문화는 더 이상 문화가 아니다. 이러한 일이 발생하는 이유는 바로 문화의 속성인 '가치의 현실화'의 문제가 늘 숨어있기 때문이다.

이미 우리는 위에서 - 알프레드 크뢰버의 정의에 근거하여 - 문화의 3대 속성으로서, 첫째, 역사성, 질서화 그리고 가치의 현실화를 꼽아 왔다. 결국 선조가 만들어 낸 문화가 전승될 이유가 없거나 전승되어서는 안 되는 적폐로 판정되어 폐기처분되는 경우는 '더 이상 가치의 현실화'에 문제가 있기 때문이다. 즉, 가치의 현실화가 되는 문화는 계속해서 살아남고, 가치의 현실화가 안되는 문화는 폐기처분되어야 한다. 그러나 현실에서는 모든 것이 쉽지 않다. 분명 가치의 현실화가 되는 문화도 파기되기도 하고, 가치의 현실화가 안되는 데도 불구하고 계속해서 살아남는 문화가 존재한다. 이럴 경우 우리의 삶은 비극이다. 물론 '모종의 보이지 않는 힘'에 의해서다. 이때 '모종의 보이지 않는 힘'은 '사회적'이다. 왜냐하면 문화文化는 사회社會라는 개념과 불가분의 관계를 가지기 때문이다.

> "사회와 문화는 사회문화 현실 자체의 양날과 같은 관계를 맺으며 상호작용하고 두 힘의 균형이 변할 수는 있지만, 양자가 모두 역사 과정에 능동적으로 작용한다. 문화는 공동생활과 인간 활동을 조절하는 자연적 기재가 인간에게 퇴화한 까닭에 그 결함을 보충하기 위해 사회에 필요하고, 반면 사회는 문화가 실현되고 발전할 수 있는 배경이 된다."(모이세이 카간, 1996/ 이혜승 옮김, 2009: 50)

물론 사회는 '기능과 역할'로 결정되고, 문화는 '상징象徵, symbol과 의미意味, meaning'로 결정된다는 면에서는 큰 차이를 가진다.

> "일상어였던 '문화'는 18세기에 철학 개념으로 통용되기 시작했다. 그 까닭은 인간 활동이 무엇이며, 어떻게 이루어지는지, 또 문화가 인간 자신에게 어떻게 반영되는지를 총체적으로 정의할 필요가 있기 때문이었다. 그렇다고 해서 윤리 문화, 체육 문화, 생산과 조직 문화, 물질과 정신문화와

같이 여러 구체적인 문화현상들이 의미 없다는 말이 아니다. 중요한 사실은 이 모든 현상들 뒤에 전체를 아우르고, 동물의 행동과 인간의 활동을 구분하며, 인간적인 '의미意味'를 부여하는 무엇가가 있다는 점이다."(모이세이 카간, 1996/ 이혜승 옮김, 2009: 32-33)

그러나 어느 사회도 기능과 역할을 해 내기 위해서 나름의 문화를 가지고 있으며 문화 역시 사회적 기능이나 역할을 통하여 문화임을 나타낸다. 따라서 문화는 다분히 사회적이다. 이를테면, 태극기는 한국 사회를 통합시키는 상징과 의미를 가진 문화적 산물이다. 물론 태극기를 그리기 위해서는 화선지나 붓, 그리고 벼루가 필요하겠지만 태극기로서 그려지고 난 다음에 결속이라는 문화적 상징과 의미가 내포된다. 반대로 전 세계에 파급되고 있는 한류韓流는 상징과 의미를 통하여 사회적 기능과 역할을 촉진시키기도 한다. 전 세계 사람들에서 한국의 문화상품이 팔러 나가는 이유이기도 하다.
물론 문화와 사회를 이항대립으로 볼 수는 없다.

"문화론은 존재의 특수한 하위 체계인 문화로 '나아갈 때', 문화를 비자연적이고 반 자연적인 영역뿐 아니라 사회적, 인간적 측면들과 변증법적으로 상호작용하는 '초자연적' 존재라는 특별한 측면이... 문화의 본질과 현존, 혹은 불변적 가변적 속성은 변증법적 관계를 맺고 있다."(모이세이 카간, 1996/ 이혜승 옮김, 2009: 34-35)

그러나 문화는 사회적일 뿐만 아니라 '개인적' 차원이다. 문화철학은 바로 후자에 보다 주목한다. 과연 인간이 무엇이고 무엇이어야 하는가에 답하기 위해서 우리가 사회적 차원에서의 문화 개념만으로는 부족하다. 아니 심지어는 잘못될 수 있다. 이를테면 문화상품이 전 세계에 팔린다고 해서 우리 문화의 우수성이 입증되는 것인가? 문화상품, 문화산업이 팔리는 것과 문화라는 매개체를 통하여 인간 또는 삶의 존재성과 당위성을 알아낼 수 있는 문제는 근본적으로 다른 차원이다. 문화상품, 문화산업에 대해서 어떤 사람들은 긍정적으로 보지만, 혹자는 매우 비판적이다. 왜 그럴까? 바로 문화라는 개념을 사회적 차원에서만 보는가, 아니면 개인적 차원에서도 보고 있는가 하는 관점의 차이이다. 철학자 특히 문화철학자들의 관심은 전자보다는 후자에 속한다. 즉, 문화철학자들은 분명 철학자이다. 따라서 이들의 관심은 여느 철학자들과 마찬가지로 '인간은 무엇이며 무엇이어야 하는가' 즉, '인간의 존재성과 당위성'이다. 한마디로 문화철학은 문화를 통하여 인간을 이해하고자 한다. 즉,-이들은 인간을 문화라는 '매개체'를 통하여 (간접적으로) 이해하고자 하는 방법을 택한 것일 뿐이지 철학의 범주를 벗어난 것은 아니다. 왜냐하면 인간 또는 인간의 삶을 직접적으로 이해하는 것이 너무 어렵기 때문이다.

구체적인 이유는 명백하다. 지금까지 일반철학이 인간을 직접 이해하고자 노력해 왔지만 많은 성과를 냈음에도 불구하고 철학은 구체적이고 현실성이 약한 사변적이라는 도그마에 빠지고 말았다. 달리 말하면, 철학은 지나치게 '주관적'이라는 것이다. 객관성과 정확성을 담보하는 과학의 시대에 어쩌면 이러한 비판은 정당한지도 모른다. 결국 이러한 주관성의 문제가 철학의 영역에서도 한계로 작용하기 시작하면서 - 물론 순수철학 내지 일반철학에서는 주관성의 한계를 인정하지 않고 있지만 - 여러 관점에서 철학을 객관적으로 풀어보자는 노력들이 일어났다. 대표적인 것이 분석철학分析哲學, analysis philosophy이었다. 논리실증주의의 탄생 역시 그것이었다. 그런데 또 다른 맥락에서 시도된 철학의 부류가 있었는데, 그것이 바로 문화철학이었다.

문화철학은 일반철학 내지 순수철학의 주관적 성격에 대한 취약성을 극복하기 위해서 '객관object'을 세우기로 했다. 객관이 바로 '문화culture'였던 것이다. 즉, 인간이 창조한 문화는 인간의 객관적 산물이다. 문화철학자이며 문화교육학자인 슈프랑어Eduard Spranger(1882-1963)는 문화를 "객관적 정신의 소산"으로 보았으며, 여기서의 '객관Das Objekte'은 '초개인적인 것Das Uberindividuelle'이라고 규정했다. 즉, 개인은 주관이고 객관은 초개인적 차원이다: "객관정신은 철학, 예술, 경제, 법 그리고 종교 등의 문화를 의미하는 것으로, 그것은 개인의 정신에 있어서 주관적 가치체험을 객관화한 초개인적인 것이다."(Spranger, 1950: 43)

"문화의 세계는 통상 객관적 정신objektiver Geist으로 표현하기도 한다. 객관적 정신이라는 말을 철학적 개념으로 사용하기 시작한 사람은 물론 헤겔이다. 헤겔의 객관적 정신은 주관적 정신과 절대적 정신 사이에 존재하는 영역이었고, 예술, 종교, 철학은 객관적 정신이 아니라 절대적 정신의 영역에 속하는 것이었다. 그렇지만 딜타이 이후 객관적 정신은 예술과 종교 및 철학까지도 포함하는 문화의 전 영역을 가리키기에 이르렀다."(이한구, 1995: 229)

물론 슈프랑어는 더 나아가 역사적으로 주어진 문화를 객관적 정신 내지 객관화 정신으로 간주하고 그것의 영원한 법칙을 찾아내는 데 주력했다 (Eisermann, 1983: 494). 이렇게 본다면, 문화는 역사 속에서 발생하기 때문에 삶을 이해하기 위해서는 정신의 객관물인 문화를 역사적으로 해석해 내는 일은 필연적이다. 즉, 객관적 산물인 문화를 연구한다면 아마도 인간을 '객관적으로' 들여다 볼 수 있는 가능성이 높아진다는 생각이었다.

"문화는 실증적으로 주어진 것의 총체로서 이해될 수 있다. 다시 말해 문화는 사물의 법칙과 규칙의 일정한 영역 – 이것들이 생활형식을 구체화하고, 이 생활형식에 정보를 준다 – 으로서 이해될 수 있다. 문화는 그 전체가 외적으로 지각되는 것이 아님에도 불구하고 '객관화된' 어떤 것으로 나타난다."(랄프 콘너스만, 2003/ 이상엽 옮김, 2006: 23)

이제 문화는 인간을 연구하기 위한 '객관'으로서 철학의 대상이 된다. 문화철학은 이렇게 탄생했다.

"동물의 행동이 이미 프로그램화되어 있고 생물학적으로 유전된다면, 인간의 활동은 유전된 본능뿐 아니라 인간 외부에 존재하는 정신적·물질적 대상의 습득 및 타인과의 의사소통을 통해 이루어진다는 면에서 그 차이가 있다. 즉, 인간 활동의 산물은 인간 외부의 존재로 대상화되고, 그 산물은 세대에서 세대로 전달되며, 인간은 그 대상물에 담긴 '문화'를 습득하는 동시에 창조하는 주체로 거듭난다. 다시 말해서, 문화는 대상화와 의사소통 활동에서 드러나는 인간의 자질, 인간의 활동 방식, 그리고 인간의 외부에 존재하는 인간의 모든 창조물을 아우르며, 인간을 창조의 주체로 만드는 동시에, 역으로 그 창조물을 통해 인간을 형성하는 사회적 유전 기제인 것이다."(모이세이 카간, 1996/ 이혜승 옮김, 2009: 9-10)

그러나 문화에 대한 철학적 접근은 시간이 가면서 오히려 소수 연구자의 손으로 넘어가게 되었다.

"철학에서는 비교적 늦은 17~18세기에 문화의 본질을 다루기 시작했다. 푸펜도르프(1632-1694), 비코(1668-1744), 홀바흐(1723-1780-), 헤르더(1744-1830), 칸트(1724-1803)의 저작이 이에 해당된다. 인간은 이성과 의지, 창조력이 있는 존재, '도구를 만드는 동물'로 정의되었으며, 인류의 역사는 대상 활동의 다양한 형태 ─ 수작업과 언어부터 시와 유희에 이르기까지 ─ 에 의거한 자가 발전으로 간주되었다. 이후 유럽 철학에서 문화론의 향방을 결정한 것은 존재, 세계, 현실이 자연과 문화의 이원적 구성체라는 의식이었다. 그래서 철학은 자연 철학 부류의 존재론, 그리고 정신의 왕국, 인간 세계, 윤리, 종교, 미 등 다양한 의식형태 전반을 아우르는 문화론으로 나뉠 수밖에 없었다. 그러나 분석 정신(철학)이 19세기 학계를 주도함에 따라 문화는 총체적으로도, 복잡계로도 고찰되지 않았다. 문화는 다수의 구체적이고 독자적인 현상들로 연구되었고, 문화철학은 종교 철학, 윤리학, 미학, 언어철학, 인식론, 가치론, 인류학과 같은 개별 분과로 와해되었다. 실증주의의 영향 아래서 문화학은 더욱 협소해지고, 경험과 역사를 다루는 분야는 변화했다. 그로 인해 문화철학은 철학적 성찰의 영역에서 완전히 벗어나 민족지학, 고고학, 예술학, 기술의 역사 등과 유착되면서 세부 학문으로 갈라져 나갔다. 헤겔 이후 문화를 단일한 관점에서 아우르고, 문화의 구조와 기능, 발전 법칙을 파악하려는 시도는 점차 드물어지는 것으로 보인다. 문화의 본질 자체와 불변하는 특질은 무수한 현상으로 분해되고 그 형태는 더욱 모호해지며, 포착할 수 없게 되었다."(모이세이 카간, 1996/ 이혜승 옮김, 2009: 18-19)

급기야 1983년 토론토에서 "철학과 문화"라는 주제로 열린 제17차 세계 철학자대회에서는 "문화에 대한 통일된 견해가 없다"는 선언을 하게 되었는데, 그 이유로는 '문화에 접근하는 통일된 방법론'이 부재하기 때문이라는 결론이었다.

그러나 문화철학이 일반철학계로부터 외면을 받게 된 보다 근본적인 이유는 '객관성'을 추구한다는 사실 때문이다: "문화는 개인과 사회세계 사이의 관계를 결정한다."(랄프 코너스만, 2003/ 이상엽 옮김, 2006: 24) 사실 당시에 객관성이라는 개념은 자연과학의 전유물이었다. 즉, 과학의 생명은 객관성이다. 그런데 철학이 과학이 추구하는 객관성을 연구의 대상으로 한다는 것은 어불성설이었다. 심지어 자연과학의 사회적 지배에 대해서도 강한 거부감을 가지고 있었던 철학계에서 객관성을 철학의 대상으로 한다는 것은 용납되는 일도 아니었다. 물론 철학에서도 객관의 문제를 도외시하는 것은 아니다. 삶은 '객관적'일 때 가장 바람직할 수 있다는 점은, 자연과학의 세계에서나 철학 심지어 문학의 세계에서도 거부하지 못할 영역이다. 왜냐하면 객관적이지 못한 삶은 항상 불안하고 시행착오의 연속일 뿐이기 때문이다. 특히 철학자들에게는 객관성만을 추구하다보면 주관은 과연 어디에 위치해야 하는지가 항상 의문이었다. 결국 이들은 '주관과 주관의 사이', 즉 간주관間主觀, inter-subjectivity 또는 상호주관相互主觀이라는 개념을 사용하게 된다.

> "객관성이라는 기준과 관련하여 사람이 완전히 객관적일 수 없다는 주장이 강하게 제시되어 왔다. 설령 연구자가 개인적인 편견을 최대한 배제한다고 해도 자기가 속한 시대나 사회의 가치에 영향을 받는다. 그리고 좀더 철학적으로 말하면, 인간이 자신의 정신의 개입없이 외적 대상을 완전히 '있는 그대로' 인식하는 것은 불가능하다는 것이다. 이것은 사회과학의 경우 두드러지지만, 자연과학의 경우도 마찬가지이다. 그래서 객관성이라는 말 대신 '상호주관성intersubjectivity'이라는 말을 사용한다. 과학에서는 설령 연구자가 어떤 요인들의 영향을 받아 대상을 완전히 객관적으로 인식하지 못하더라도, 이 요인들이 그 연구자만에게 독특하게 적용하는 것이 아니라 모든 연구자에게 똑같이 작용하는 것이라면 그의 연구는 객관적인 것으로 받아들인다."(김승현 외, 1997: 459)

그럼에도 불구하고 문화를 (삶)의 객관으로 상정하고 이러한 객관을 연구의 대상으로 하는 문화철학은 이단으로 몰릴 수밖에 없었다. 물론 문화철학이 철학의 세계에서 외면을 받게 된 보다 근본적인 이유는 또 있다. 즉, 문화철학은 인식론적이 아니라 존재론적이라는 사실이다.

> "문화철학은 대상을 지각할 때, 마치 대상이 말을 걸어오고 있는 것처럼, 마치 대상이 하나의 증인인 것처럼, 마치 대상이 어떤 알고 있는 것을 말하는 것처럼 대상을 지각한다. 물론 이것은 문화의 전체 영역이 은유의 모델을 따라 작동할 경우에만 가능할 것이다."(랄프 콘너스만, 2003/ 이상엽 옮김, 2006: 18)

특히 19세기까지 철학은 인식론적으로 극단을 치달아 왔다. 심지어 철학은 인식론과 동일시될 정도로 인식론적 사유는 곧 철학적 사유로 간주되었다. 그러나 당시 인식론적으로 발전된 학문이 또 있었다. 바로 자연과학이었다.

데카르트와 베이컨 이후 철학과 자연과학은 마치 경주를 하듯 진리탐구에 매진해 왔다. 그러나 자연과학과 철학은 인식론이라는 큰 범주 하에서는 별 다를 것이 없었다. 결국 자연과학도 인간이 인식하는 대로 관찰하고 실험하여 사실fact의 원리와 체계를 구하는 것이고, 철학 역시 자신이 인식한 대로 생각하면서 논리를 전개하여 궁극적으로는 삶의 근본 원리를 구하는 것이다. 다만 다른 것은 대상이 사실규명이냐 아니면 진리탐구(삶의 근본 원리)냐 하는 것과 이에 접근하는 방법이다. 다시 주목해야 할 점은 철학 못지않게 당시의 자연과학은 인식론적 차원에 지배되고 있었다는 사실이다. 이를 우리는 '자연주의 인식론'이라고 한다.

자연주의 인식론epistemology naturalized은 19세기 이후 계몽주의 과학의 발달과 함께, 실증주의 사회학의 창시자로 불리는 콩트August Comte(1798-1857)를 위시하여, 생리학자 베르나르Claude Bernard(1813-1878), 수리경제학자 쿠르노Antoine-Augustin Cournot(1801-1877) 등에 의해 시작되었다. 19세기 말 당시 진화론, 상대성 이론, 양자역학 등이 탄생하면서, 지식의 세계에서는 지금까지 별 의심도 없이 수용되었던 규범들을 '과학적 합리성'에 의해 재검토할 것을 요구했다. 이제 형이상학적 이성 대신 과학적 이성을 요청되기 시작한 것이다. 실증주의는 바로 이러한 사회적 요청에 가장 확실한 근거를 제시했다.

콩트는 자신의 저서『실증철학강의Cours de philosophie positive』에서 인간 지식의 역사는 신학적 단계에서 형이상학적 단계로 그리고 실증적 단계로 발전되었다고 주장하였다. 이제 실제의 증거가 없는 지식은 지식이 아니라는 주장이다. 따라서 철학도 실증적이지 못한 철학은 진정한 철학이 아니며, 전통적인 사회와 달리 현대사회에서는 실증적인 지식만이 유효하다. 특히 어렸을 때부터 '사회문제'에 관심이 많았던 콩트는 과거 신학적-신화적 단계의 철학지식이나 형이상학적 단계의 철학적 지식으로 당시 프랑스 사회가 당면했던 문제들은 해결할 수 없다는 생각에 직면한다. 한마디로 당시 지식이 무용지물인 셈이다. 특히 오랫동안 지식의 여왕 자리를 독차지하고 있었던 철학적 지식은 형이상학적 지식으로서 ― 콩트에 의하면 ― 이는 더 이상 쓸모없는 지식만을 생산한다. 즉, 형이상학적 지식은 '사변적 지식'으로서 현실 사회에는 아무 도움도 안 되고 실현 불가능한 머릿속 지식만을 산출할 뿐이다.

사실 콩트는 당시 과학주의에 경도된 계몽주의자들과 사귀면서 경험과학에 익숙해졌는데, 특히 영국 경험주의자들인 흄David Hume과 버클리Ch. Buckley의 영향을 많이 받았다. 철학도 이성주의보다는 경험주의 철학이 타당하다. 아울러 칸트의 합리주의에 의존하면서 철학의 사회적 기여에 대해서 고민하다가 그는 마침내 사회주의를 창시한 생시몽(Claude-Henri de Rouvroy, comte de Saint-Simon, 1760-1825)을 접하게 된다. 이로써 콩트의 독자적인 '실증주의 철학'이 탄생하게 된다. 그의 실증주의 철학은 엄밀히 말하면 사회철학의 성격을 가지고 있다. 그러나 그의 실증주의는 자연과학의 영역을 함께 수용하고 있다.

"생 시몽의 사회학적인 인식을 발전시켜서 포괄적인 사회학 체계를 세운 사람은 콩트였다. 그 역시 경험적 자료를 수집하거나 이론을 검증하기 위한 실험적 방법을 거부하고 직관과 선험적 방법에 의존하였다. 이러한 방법을 사회문제에 적용하면 자연과학에서와 같은 확실한 결과를 얻을 수 있고, 이에 의해 정치사회적 갈등의 원인인 의견의 차이를 불식시킬 수 있다고 생각하였다. 나아가 과학적 기초 위에 철학을 정립할 수 있다는 주장이다. 이런 '실증철학'에 의하면, 자연현상과 사회현상을 포함하는 모든 현상은 불변의 자연법칙에 의해서 움직이며, 인간과 사회에 대한 연구의 목적은 인류문명의 진화법칙을 찾는 데 있다. 이것은 정치나 경제의 역사탐구가 아니라, 인간의 지적 역사, 즉 자신과 세계에 대한 인식의 변화에 관한 기본법칙을 의미한다."(김승현 외, 1997: 87)

결국 철학과 자연과학의 중간지대에 그의 실증주의 사회철학이 있는 것이며, 그의 실증주의는 사회학을 넘어서 철학(인문학)과 자연과학을 포괄하고 있다. 이런 면에서 본다면 실증주의는 모든 학문세계를 관통하는 지식관이라고 할 수 있다. 자연주의 인식론은 바로 실증주의를 가능하게 해 준 장본인이다. 반대로 실증주의의 탄생은 자연주의 인식론에게 가장 확실한 빌미를 줄 수 있었다.

'자연주의 인식론'이라는 용어는 1969년 콰인Willard Van Orman Quine(1908-2000)의 논문 「자연주의 인식론Epistemology Naturalized in *Ontological Relativity and Other Essays*」(New York: Columbia University Press: 69-90)에서 처음 사용되었다. 그는 여기서 역사적 전통을 가진 인식론은 단일한 관점에서 언급할 수 없을 정도로 매우 다양하고 복잡한 양상으로 발전하고 있다고 주장한다. 한마디로 자연과학도 '인식론적'이라는 주장이다. 전통적으로 지식의 탄생은 인식론에서 비롯되었다. 인식론이 곧 지식론이다. 따라서 인식론과 무관하면 그것은 일단 지식의 범주에서 제외된다. 만약 자연과학이 인식론의 범주에서 벗어난다면 아무리 훌륭한 지식이 과학적 실험을 통하여 산출되었다고 해도 지식으로서의 위상을 인정받기 힘들다. 과거에는 신화적 지식, 즉 믿음이 인식의 요람이었다고 한다면, 철학이 지배하던 시대에는 형이상학이 인식론의 전당이었다. 이제 자연과학이 그 자리를 차지하게 되었다는 논리이다. 결국 이제는 자연과학적 지식의 인식認識, episteme이 탄생하는 곳이며 그곳이 바로 인식론epistemology의 전당이 되고 말았다. 한마디로 이제 인식의 전당, 즉 인식론의 자리를 자연과학이 철학을 밀어내고 차지한 셈이다. 이제 철학적 지식보다는 과학적 지식이 더 가치가 높다. 이는 철학이 지식의 탄생에서 역사의 뒷마당으로 사라지는 결정적인 이유이기도 하다. 바로 이러한 과정에서 실증주의의 역할이 지대하였다. 반대로 실증주의는 자연주의 인식론이 지식의 전당으로서 자리매김을 하는 데 결정적인 기여를 한다. 이로써 자연주의 인식론은 오늘날 과학적 인식론을 주장할 수 있는 근거를 제공할 수 있었다. 과학이 이 세상을 지배하는 지금 우리는 이제 인식론이라고 하면 철학적 인식론 대신 '과학적 인식론scientific epistemology'을 의심없이 받아들이고 있다. 즉, 이렇게 하여 오늘날 과학적 지식이 최고의 지식이 된 것이다. 이제는 반드시 실증實證이 되는 지식만이 진정한 지식이다. 과학적 지식이 지식의 대명사가 되었다. 한마디로 과거 지식의 제왕이었던 철학 즉 인식론이 그의 자리를 자연과학에 넘겨주게 된 것이다. 즉 철학에서 성숙된 '인식론'은 자연과학에 의해 정복되고 말았다.

정리하자면, 자연주의 인식론은 역사적으로 크게 3단계로 구분된다. 첫째, 과학의 세기, 즉 근대近代이다. 자연과학이 눈에 띄게 발달하기 전인 근대 이전에는 철학이 형이상학이었으며 그것이 바로 인식론의 뿌리였다. 특히 플라톤에 의해 시작된 전통적 인식론은 형이상학적 관점에서 지식을 바라보는 것만이 인식이었다. 한마디로 '이성적 인식'만이 앎을 정당하게 한다. 따라서 플라톤에게서 "개념" 역시 감각의 세계가 아니고 인식론의 차원에서만 가능하다. 즉, 개념이란 오로지 관념과 논리에서만 가능한 것이지 우리가 감각적으로 경험할 수는 없다. 플라톤에게 개념은 실재實在의 원인이다. 인간은 아름다움이라는 개념을 인식할 수 있는 존재이기 때문에 "아름다운 여인"이라는 개념은 얼마든지 가능하다. 마찬가지로 이데아의 개념은 경험적 존재가 아니라 존재자의 논리적 토대일 뿐이다. 따라서 이데아가 인식 가능한 존재의 개념이기 때문에, 이데아를 추구하는 세계가 가능하게 되는 것이다. 결국 이데아는 전체로서의 논리적 토대일 뿐만 아니라 모든 세계를 존재하도록 하는 원인이 된다. 바로 이러한 존재의 근거와 존재의 원인을 제공하는 세계를 플라톤은 파이데이그마paradeigma라고 불렀다. 오늘날 이는 토마스 쿤Thomas Kuhn이 과학세계의 전회적 사건을 설명한 패러다임

paradigm의 어원으로서, 원래 실재할 수 있는 존재의 원인 근거를 설명하는 세계를 의미한다.

> "쿤은 『과학혁명의 구조』라는 책에서 과학이 점진적으로 발전하는 것이 아니라 과학혁명을 통해 단절적으로 발전한다고 주장했다. 그는 과학이 대부분의 사람이 받아들이는 기본틀을 가지고 있을 때 이를 정상과학 normal science의 시기라고 불렀다. 그리고 정상과학의 시기에 과학자들이 받아들이는 인식의 기본틀을 패러다임paradigm이라고 불렀다.... 패러다임 의 변화는 과학자들이 세계를 보는 기본시작 자체를 변화시킨다. 왜냐하면 패러다임은 과학자들에게 세계를 보는 일종의 지도역할을 하며, 사람들은 패러다임을 통해 이론, 방법, 도구 등을 모두 배우기 때문이다.... 즉, 과학 자들은 '아무 선입견 없이' 객관적 사실을 탐구하는 것이 아니라, 특정한 패러다임 내에서 연구한다는 것이다. 관찰이나 측정도 순수한 경험에서 유도되는 것이 아니라 패러다임에 의해 결정된다."(김승현 외, 1997: 464-466)

이렇게 본다면 플라톤의 이데아는 목적론적 개념이 된다. 즉, 실재하는 세계의 원인을 추구하다 보면 그 원인은 결국 목적telos이 되는 셈이다 (Mainzer, 1997: 5). 결국 목적은 본질의 세계이며 목적을 추구하는 세계는 현상의 세계가 된다. 따라서 플라톤에게는 항상 두 개의 세계가 별개로 존 재하게 되는 것이다. 즉, 플라톤은 세계를 이데아의 세계와 현실세계로 양분 했다(장파, 1994/ 유중하 외 옮김, 2000: 71). 두 개의 다른 세계를 다른 말로 하면, 이데아의 세계와 감각적 대상의 세계가 된다. 이데아의 세계는 보편적 이고 완전하며 영원하다. 또한 불변의 세계이며 부동의 세계이다. 반면 감각 의 세계는 일시적이며 항상 불안하게 움직이며 다양한 형태로 존재한다. 아름다움은 영원한 불변의 개념이지만 아름다운 여자는 무수하게 많으며 일시적이다.

그러나 아리스토텔레스가 자연학을 시작하면서 전통적인 인식론의 개념 이 조금씩 변화하기 시작했다. 즉, '감각적 인식'도 인식론의 중요한 요인으 로 간주되면서 자연관찰과 자연경험이 지식의 정당성 구성에 한 몫을 하게 된다. 자연과학적 지식 역시 인식에 의해 이루어진다는 사실이 인정되기 시작한 것이다. 다른 말로 하면, 철학과 자연과학 사이에 인식론적 입장의 차이가 발생하게 된 셈이다. 갈릴레이의 실험과학을 기점으로 과학의 세기가 시작되면서 과학의 방법은 새로운 인식론으로 등장하게 된다. 따라서 근대는 자연주의 인식론의 태동기에 해당된다.

이때부터 철학은 자연과학과 대립각을 형성하게 된다. 무엇보다도 진리의 문제에서 자연과학의 방법에는 한계가 있다는 사실을 인식하면서 철학은 점점 더 형이상학의 영역에 집착하게 되었다. 특히 데카르트, 스피노자 등의 합리주의 철학자들과 로크, 버클리, 흄 같은 경험철학자 그리고 이를 종합한 칸트의 철학적 입장은 자연과학과 맞서면서 진리추구를 위한 철학과 형이상학의 의미를 부각시키려고 했지만, 오히려 자연과학에 인식론의 새로운 자리를 내주는 결과를 초래하고 만 것이다. 즉, 이들 철학자들은 자연과학에서 배제하는 초자연적이고 비합리적인 것들을 옹호하고 정당화하였지만, 결과적으로는 자연과학적인 방법을 도입하는 상황을 연출하게 된다. 이로써 자연과학은 전통적인 형이상학이 추구해 온 인식론의 한계에 정당하고 합리적으로 쉽게 파고들 수 있었다. 특히 증거(실증)와 근거에 입각한 과학주의는 애매모호함을 극복하지 못하는 형이상학적 인식론의 자리에 쉽게 안착할 수 있었다.

그러나 역사적으로 인식의 전당이 신화였건 종교였건 철학이었건 여전히 답변되지 않은 질문이 있다. 즉, 진정한 지식이 무엇인가? 하는 것을 묻는 인식론의 항구적인 과제는 '정당성justification'의 문제였다. 한마디로 '정당한 지식'이 무엇인가에 대해서는 신화적 인식론도 형이상학적 인식론도 대답하지 못했다. 주지하는 대로 플라톤이 지식이란 "정당화된 진실한 믿음 Justified True Belief"이라고 정의했을 때에도 '진실한 믿음'의 개념도 명확하지는 않다. 무엇이 진실한 믿음인지? 니의 믿음이 진실한 것인지, 그의 믿음이 진실한 것인지? 우리 집단의 믿음이 진실한 것인지, 아니면 다른 집단의 믿음이 진실한 믿음인지? 누가 진실성의 기준인가? 이런 연유에서 맹신盲信, 광신狂信의 개념도 탄생한다. 더 나아가서 종교적으로 이단異端의 문제도 마찬가지이다. 결국 믿음의 문제가 이단의 문제까지 간다면, 정당성의 문제로 귀결된다. 그러나 실제로 인식 내지 지식의 정당성 문제는 더욱더 불명료하다. 실제로 역사상 진실한 믿음에 대한 논의는 중세 1000여 년 동안 소위 '신존재증명'의 논쟁을 통해서도 무수한 세월을 보내 왔다. 특히 아리스토텔레스의 삼단논법에서 시작된 <논리학>은 이에 큰 기여를 했다. 이런 의미에서 중세는 '아리스토텔레스논쟁'의 시대라고 하기도 한다. 결국 이단의 문제가 정당성의 문제로 귀결되면서 결국 인식론은 정당성의 문제로 집약된다. 따라서 인식론에서도 인식의 정당성 내지 지식의 정당성이 지식탄생의 관건이 된다.2 한마디로 지식의 진실성 내지 진리성을 물은 인식론의 문제는 곧 지식의 정당성 문제이다. 이렇게 본다면, 자연주의 인식론, 즉 과학적 인식론 역시 인식론의 여왕 자리를 차지하기 위해서는 정당성의 질문을 피해갈 수 없다. 오늘날 우리가 쉽게 접하는 자연과학적 지식은 과연 정당한 지식인가? 즉, 과학은 '지식의 정당성'을 보장할 수 있는 지식을 산출하고 있는가?

물론 과학적 인식론은 지식의 정당성을 지식의 객관성과 동일시하고 있다. 그러나 과연 객관적 지식이 정당한 지식인가? 정당성이란 어쩌면 가치개념이며 규범개념일 수 있다. 따라서 가치중립value-neutral과 가치배제value-free를 전제하는 과학의 세계에서 지식은 객관적 지식이면 충분하다는 논리는 설득력이 충분하다. 그러나 과학적 지식은 지속적으로 번복되고 있다. 새로운 증거가 나타나면 과거의 지식은 폐기되고 새로운 지식이 지식으로 남는다. 포퍼Karl Popper(1902-1994)의 "반증주의falsifiability"가 바로 대표적이다.

"과학적 지식이나 이론은 결국 외적으로 경험되는 사실을 있는 그대로 반영하는 것이고, 어떤 과학이론이 타당한가 여부는 경험적 사실과 일치하는가 아닌가에 따라 판된되어야 한다는 점을 가장 강력하게 주장한 것이 논리실증주의logical positivism이다. 이들은 과학을 검증할 수 있는 명제에 기초해야 한다고 말했다. (그러나) 논리실증주의는 곧 여러 가지 비판과 수정에 직면하게 된다. 이 중에서 중요한 것으로 포퍼의 비판 및 수정을 들 수

---

2 이에 대해서는 본인의 저서 『지식의 탄생(2016)』에서 자세히 다루고 있다.

있다. 포퍼는 무엇보다도 사실에 대한 관찰에 의거하여 귀납적 논리에 의해 일반화된 명제에 이룰 수 있다는 생각을 비판한다. 포퍼에 의하면, 아무리 많은 흰 백조를 관찰했다고 하더라도 '모든 백조는 희다'라는 일반화에 이를 수 없다.... 그러나 (모든) 백조가 흰색이 아닐 수도 있다.... 포퍼가 대신 제시한 기준은 반증反證 가능성이다. 즉, 과학성 또는 의미 있음의 기준은 특정한 이론이 반증가능한가 여부이다.... 그리고 반증가능한 명제는 반증될 때까지 잠정적으로 옳은 것으로 받아들여진다. 그러나 그것이 검증된 것은 아니므로 완벽한 진리는 아니다. 포퍼에 의하면 바로 이것이 과학의 특성이다. 즉, 과학은 완벽한 진리를 발견할 수 없으며, 반증절차를 통해 점차 진보해 갈 뿐이다."(김승현 외, 1997: 461-463)

즉, 과학적 지식은 아무리 과학적이라도 그것이 곧 영원한 진리를 말하는 것은 아니다. 입증(검증) 여하에 따라서 늘 달라질 수 있다. 따라서 영원한 진리의 지식을 추구하는 인식론의 자리에 자연주의 인식론에 근거한 과학적 인식론이 자리매김을 하기 위해서는 '객관적 지식' 내지 '객관성'의 개념에 안주해서는 안 된다. 물론 과학적 지식도 영원한 진리를 추구한다. 뉴턴의 만유인력의 법칙이나 코페르니쿠스의 지동설은 자연과학이 발견한 지식이지만 영원한 진리에 해당된다.[3] 따라서 자연주의 인식론이나 과학적 인식론이 인식론의 명제를 충족시키기 위해서는 전통적 인식론의 미해결 과제인 지식의 정당성에 관한 질문을 결코 피해갈 수는 없다.

"무엇보다도 가장 큰 인식의 변화는 천문학에서 나타났는데, 이는 1,400여 년간 내려온 프톨레마이오스Klaudios Ptolemaios의 지구중심 우주체계에 대한 설명을 대신할 코페르니쿠스Nicolaus Copernicus의 지동설이다. 이러한 설명 하에서 인간은 우주의 중심인 지구 위의 존엄한 존재가 아니라 여러 개의 둥근 혹성 중의 하나에 불안스럽게 매달린 존재에 불과하였다. 이러한 설명이 처음에는 가톨릭에 의해서 비교적 자유스럽게 읽혀졌으나 16세기말 종교개혁에 대한 반응으로 이를 이단시하기에 이르렀다. 이러한 분위

---

3 "근대 역학의 형성에 있어서 뉴턴이 해낸 가장 커다란 기여는 순간적인 힘의 개념에 바탕을 둔 운동법칙을 통해 만유인력처럼 계속적으로 작용하는 힘의 효과를 취급할 수 있게 해 주었다는 데 있다."(김영식·임경순, 2002: 97)

기에서 지동설의 타당성을 주장하는 갈릴레이Galileo Galilei와 교회의 충돌은 과학의 영역을 신학으로부터 구별짓는데 큰 역할을 하였다. 그는 객관적 관찰과 합리적 이론적 분석을 중시하여 실험과 수학의 중요성을 역설하였는데, 그보다 더 중요했던 그의 역할은 과학을 종교로부터 구분하고 세속화하는데 기여했다는 사실이다."(김승현 외, 1997: 5)

바로 이러한 점에서 문화철학은 당시의 주류였던 인식론적 차원을 따르지 않고 존재론적 차원을 선택하게 됨으로써 당시의 철학계에서도 외면받는 신세가 된 셈이다. 왜냐하면 당시 철학에서 존재론은 이미 잊혀진 영역이며 심지어 존재론을 언급하면 – 부정적인 의미에서 – '사변적 사유' 또는 세상에 쓸모없는 '철학적 이상주의'의 범주로 몰렸기 때문이다. 심지어, 즉 철학적 이상주의가 내세우는 합리성 역시 문화가 스스로를 정당화하는 진리내용을 갖고 있다는 문화철학의 명제를 거부했다.

이제 문화철학은 살아남기 위해서 인간학人間學, Anthropologie과 조우하게 된다. 왜냐하면 "문화는 결핍존재의 창조물로서 인간이 만들어 놓은 제2의 자연"(Gehlen, 1962: 83; 34)이기 때문이었다. 물론 존재론적 차원은 여전히 고수되었다. 그러면서도 문화철학은 문화를 '객관' 내지 '객관정신의 산물'로 간주하는 관점을 포기할 수 없었다. 즉, '객관으로서의 문화'는 문화철학의 연구대상이며 목표로 남아 있을 수밖에 없게 된 셈이다. 이렇게 되다보니 자연스럽게 문화철학은 '과학성' 내지 '과학적 성격학'scientific characteristics에 접근할 수밖에 없었다.

결국 '문화과학'文化科學, Kulturwissenschaft이라는 개념이 탄생한 것이다. 즉, 문화과학이란 문자 그대로 '문화에 대한 과학적 연구' 또는 "문화의 세계를 탐구하는 과학"(이한구, 1995: 230)을 의미한다. 그러나 문화과학은 '자연과학'과 구별될 필요가 있었다. 왜냐하면 당시 과학은 철학이 아니고 이들은 극단적인 대립 상태에 있었기 때문이다. 그럼에도 불구하고 칸트 철학을 계승하는 소위 네오-칸트주의Neo-Kantism에 속하는 일군의 학자들 사이에서 문화과학이라는 개념에 긍정적인 사람들이 나타났다. 대표적인 사람들이 바로 베버Max Weber(1864-1920), 랑케Johannes Ranke(1836-1916), 빈델반트

Wilhelm Windelband(1848-1915), 리케르트Heinrich Rickert(1863-1936) 등과 같은 소위 서남학파들이었다.

> "이렇게 일반적으로 통용되고 인정받은 명칭이 없다는 것은 혹시 명확히 규정된 개념이 없기 때문이 아닌가하는 질문을 암시한다. 따라서 나는 비자연과학적인 경험적 학문 분과들이 공히 갖는 관심, 과제, 방법을 규정할 수 있으며, 동시에 자연연구자가 공히 갖는 관심, 과제, 방법과 확연히 구분해 줄 수 있는 개념을 발전시키는 것을 앞으로의 서술의 목표로 정했다. 나는 문화과학이라는 말이 이런 개념을 가장 잘 나타낸다고 믿고 있다. 따라서 다음의 질문을 제기하려고 한다. 문화과학은 무엇이고 이것은 자연연구와 어떤 관계가 있는가?"(하인리히 리케르트, 1926/ 이상엽 옮김, 2004: 29)

그러나 문화는 위에서 본 것처럼 정태적인 것이 아니라 동태적이다. 즉, 문화는 표면상으로는 정지된 것 같지만 내용상으로는 살아있는 생물처럼 끊임없이 움직이는 속성을 가지고 있다. 따라서 문화를 객관으로 간주한다는 논리에는 문제가 있다. 이렇게 본다면 오히려 문화는 주관적이다. 왜냐하면 문화는 주관적 존재인 인간이 만들어내기 때문이다. 물론 인간 한사람이 문화를 만들어내는 것은 아니다. 즉, 다수 인간들의 합작품이 문화로 현상할 것이다. 물론 한 사람이 문화를 창조할 수도 있을 것이다. 그는 아마 조물주를 닮았을 정도로 탁월할 수 있다. 그러나 일반적으로 문화는 다수의 합작으로 현상될 것이다. 그렇다면 과연 문화를 객관이라고 할 수 있는 것일까? 물론 다수는 주관을 떠나 객관에 가깝게 있다고 할 수 있다. 그러나 다수가 객관은 아니다. 따라서 이는 '객관'이라기보다는 '객관화客觀化, objectification'라고 하는 것이 타당하다. 즉, 다수에 의해서 무엇인가가 점점 주관을 떠나서 객관적으로 되어가고 있는 것이다. 그렇지만 완전한 객관은 아니다. 따라서 훗설, 하이데거, 가다머 같은 철학자들은 이는 주관과 주관, 즉 많은 주관이 모여서 형성되는 '간-주관' 또는 상호주관inter-subjectivity이라고 명명했던 것이다. 이는 철학자들이 과학자들처럼 '객관'이라는 개념을 사용하고 싶지 않기도 했지만, 엄밀히 말하면 인간 세상에서 완전한 객관은 현실적으로 불가능하기 때문에 주관과 주관의 모임으로 객관의 세계에 접근할 수 있음을 알린 셈이다.

> "객관성을 주장하는 것 자체가 하나의 이데올로기라고 볼 수 있다. 이것을 사실로 받아들이게 될 때, 과학자들은 자기들이 지각의 한계를 설정하는 어떤 특정의 패러다임의 제한 하에서 활동하고 있다는 것을 인정하게 된다. 이와 같이 우리는 주관성으로부터 완전히 자유로울 수 없다는 점을 …. 명백히 인식하고 긍정한다. 그러나 개개인의 주관성에 만족하는 것이 아니라, 스크리븐(Scriven, 1972: 127)의 표현을 빌려서 말하자면 계발된 주관주의enlightened form of subjectivism를 통하여 다수가 합의점에 이를 수 있는 「상호주관성」intersubjectivity을 강조한다."(이종각, 1997: 140)

한편, 슈프랑거에 의하면 '문화는 모든 인간 정신의 산물'이다. 이렇게 본다면 인간의 정신은 객관 내지 '객관화'를 가능하게 하는 영역이 된다. 이미 헤겔은 정신을 주관정신, 객관정신 그리고 절대정신으로 구분했으며, 이러한 정신세계는 변증법적으로 발전하면서 절대정신의 세계까지 상승하게 되는데 그게 바로 '국가國家'라고 규정했다. 이는 헤겔이 살았던 절대국가시대에 걸맞는 철학적 논리이기도 했다. 그러나 현실적으로 국가가 그렇게 이성적이지도 이상적이지도 않다는 사실이 인식되면서 헤겔의 절대국가주의 철학은 사변적 관념론으로 간주되고 말았는데, 중요한 것은 절대정신의 영역도 운명을 함께하고 말았다. 따라서 정신의 문제 역시 철학의 차원에서는 쉽지 이해되기 어려운 난관에 봉착하게 된다.

2) 문화과학에서 정신과학으로

문화교육(학)을 정립하기 위해서 문화철학과 문화과학의 토대 위에 정신과학을 끌어 들인 학자는 바로 슈프랑어Eduard Spranger(1882-1983)이다. 특히 슈프랑어는 스승 딜타이Wilhelm Dilthey(1833-1905)의 '정신과학Geistewissenschaften'을 계승하면서, 문화철학과 문화과학의 토대 위에서 문화교육(학)을 설계했다. 물론 딜타이는 헤겔의 <정신현상학Geistesphänomenologie>을 이어 받으면서 특히 '정신의 문제'를 객관적으로 탐구하고자 했다. 즉, 정신의 문제를 이해하기 위해서 '과학성'이 요청된 것이다. 이를 위해 딜타이는 우선 인간 정신의 문제를 심리(학)적으로 풀어갈 생각을 했다. 왜냐하면 심리학은 인간에 관한 과학의 영역이었기 때문이다. 그러나 딜타이가 최초로 고안한 심리학은 '이해의 심리학Verstehenspsychologie'이었다. 이는 심리학이 일반적으로 심리현상을 생리학적으로 설명하는 것으로 끝나는 것이 아니라, 심리현상을 "이해하는 방법"으로 접근할 필요가 있다는 점을 부각시키면서 나왔다. 딜타이는 정신이 만약 객관 내지 객관화될 수 있는 영역이라면 정신을 대상으로 하는 학문, 즉 '정신의 과학Wissenschaft des Geistes'이라는 개념도 가능할 것이라는 가설을 세우게 된다. 이른바 "정신과학精神科學"의 탄생이 그것이다. '정신과학Geisteswissensachten'이란 인간의 정신을 과학적으로 연구한다는 의미도 있지만, 정신은 이미 우리 인간의 삶의 '객관적 영역'으로서 이를 과학적으로 연구하는 것은 얼마든지 가능하다는 의미이기도 하였다. 따라서 그는 '이해의 심리학'을 <정신과학적 심리학Geisteswissenschaftliche Psychologie>이라고 명명하고, 이를 정신과학의 (연구)방법론으로 도입했다.

> "철학에서는 전문 과학을 구분할 때 심리적 존재의 특성이 무엇보다 중요하다는 기본 사상이 매우 자명한 것으로 받아들여지고 있다. 예컨대 딜타이의 예처럼 탁월한 역사적 감각의 결과로 기본의 심리학이 특히 정신과학을 정초하는데 무용하다는 것이 명백해진 경우에도 마찬가지이다. 딜타이의 경우도 '심리학'을 새롭게 창안할 것을 요청했다."(하인리히 리케르트, 1826/ 이상엽 옮김, 2004: 46)

이로써 정신과학은 뿌리는 철학이지만 열매는 과학science, Wissenschaft이라는 형태를 가지면서 철학과 과학이 손을 잡는 특이한 형국이 되고 말았다. 정확한 표현은 땅에는 철학이 뿌리를 내리고 있지만 열매는 과학적이다. 이제 전통 철학자들은 딜타이의 정신과학에 대해서 거세게 비판하고 반론을 제기하였다. 반면 딜타이의 생각에 동조하고 심지어 정신과학을 철학의 또 다른 부류로 수립하려는 소위 '딜타이 학파'의 탄생으로 이어지기도 했다. 전자에 의하면, 당시 과학의 지배와 과학이라는 개념에 저항하던 철학의 세계에 과학이라는 용어 자체가 붙는 것부터가 이해할 수 없는 노릇이었다. 반면 후자, 즉 딜타이의 생각을 추종하던 딜타이학파들은 철학 역시 삶을 '객관적으로' 이해해 보자는 것에는 논리적으로 결코 잘못된 것이 없다는 입장이었다.

우선 딜타이는 인간의 마음을 '심리心理, Psyche'와 '정신情神, Geist'으로 구분했다. 이는 칸트가 육체와 정신 또는 자연과 정신을 계속 구분하였던 방식과 결코 다르지 않다.

> "문화철학자들은 모두 칸트의 문제틀 안에서 작업하고 있다.... 칸트 철학은 언 듯 보기에 도저히 화해할 수 없을 것 같은 '도덕'과 '과학'이라는 대립 쌍에 대한 논의를 정립하고 기획했다. 이 두 기본 요소는 인간 존재에 대한 상호 배타적인 개념들을 만들어 낸다. 요컨대 인간은 한편으로는 순수한 관념적 존재이고, 다른 한편으로는 구체적이고 실천적인 존재이다. 칸트의 사유 체계에서 찾아 볼 수 있는 이러한 근본적 이원론은 '정신적인 것'과 '육체적인 것' 사이의 끊임없는 분립 발현된다. 정신적인 것은 인간 존재가 관념적임을 말해 주는데, 이는 헤겔의 선험적 이상주의에서 결실을 맺은 모든 독일 관념철학의 정신Geist에 대한 주요 공식이다. 반면에 육체적인 것은 인간 존재가 자연과 같은 성격을 갖는다는 것을 의미하며, 이는 인간이 세계에서 경험적 존재라는 것을 말한다. 실증주의 철학들이 주목하는 바도 바로 이러한 경험적 존재로서의 인간 특성이다. 칸트철학의 이원론은... '문화과학'과 '자연과학'의 담론 지형을 명확히 구분지었던 것을 통해 재구성되었다. 가장 중요한 문제틀인 문화과학과 자연과학 담론 사이의 구분은 칸트의 보다 확장된 맥락, 즉 '선험적 종합지식synthetic a priori truths'이라는 개념 앞에 놓인다."(크리스 젠크스, 1993/ 김윤용 옮김, 1996: 68)

즉, 정신과 육체, 자연과 정신이라는 이분법으로 시작된 철학적 사유가 마침내 칸트에게서 하나로 종합된다. 딜타이에게서도 양상은 유사하다. 즉, 딜타이에게 심리는 '영혼Seele'의 영역에서 가능한 마음의 세계를 의미한다.

반면 정신은 영혼의 정화를 통해 얻어진 다시 말해서 영혼의 주관성으로부터 탈피하여 객관의 세계로 올라선 마음의 세계를 말한다. 따라서 정신의 수준에서 나오는 마음은 주관적이 아니라 객관적이며, 이러한 객관적인 정신이 만들어 낸 '문화'는 객관적 또는 초개인적이고 절대적인 것이다. 왜냐하면 문화란 (주관을 넘어서 이미 객관적인) 정신의 산물이기 때문이다. 즉, 인류의 정신생활이 총체적으로 객관화된 것을 우리는 문화라고 한다(이규호, 2005: 58).

"정신에는 세 가지가 있는데, 그것은 객관적 정신·주관적 정신·절대적 정신이 그것이다. 첫째, 객관적 정신은 과학·예술·경제·법률·종교 등의 문화로, 이것은 개인정신의 주관적 가치경험을 객관화한 것으로 역사적·사회적으로 존속하며, 동시에 그것은 정신과학의 연구대상이 된다. 둘째, 주관적 정신은 객관적 문화를 이해하고 구성하는 개인의 정신으로 초개인적인 의미를 갖는 정신적 업적을 만들어내도록 움직이고 있는 자아활동이다. 셋째, 절대적 정신은 객관적·주관적 정신의 대립을 통일하여 교섭을 가능케 하는 정신으로, 이를 규범적 정신이라고 부른다. 그는 또 절대적 정신은 초개인적·역사적으로 타당하다는 가치 자체이며, 주관적 정신과 객관적 정신을 다 같이 끌고 가는 것이라고 하였다. 이와 같이 그의 사상의 중심점은 문화철학의 이론에 기반을 두고 있으며, 또 객관문화는 주관의 정신으로부터 산출되는 것이므로, 문화를 지배하는 가치원리는 동시에 주관의 정신으로부터 산출되는 것이므로, 문화를 지배하는 가치원리는 동시에 주관의 정신구조를 지배하는 원리라고 생각한다."(손인수, 2000: 287-288)

그러나 딜타이는 문화란 보이거나 만질 수 있기도 하지만 보이지도 않고 만질 수도 없기 때문에 '문화'라는 정태적인 용어 대신에 '문화적 시스템 kulturelle Systeme'라는 개념을 선호했다. 문화를 정신의 객관적 산물로 규정하면서 문화가 마치 특별한 형태를 가지고 있는 것처럼 과감하게 설명하기 시작한 사람은 바로 딜타이 학파의 대표적인 정신과학자였던 슈프랑어 Eduard Sprangr(1882-1963)였다. 그 역시 자신의 고유한 정신과학을 정초하기 위해서 딜타이의 <정신과학적 심리학>, 즉 <이해의 심리학>을 계승하면서 정신과학의 맥을 이어갔다. 결국 딜타이에 의해 시작된 <정신과학적 교육학 Geisteswissenschaftliche Pädagogik>은 딜타이-슈프랑거에 의해서 완성되었다고 할 수 있다. 정신과학Geisteswissenschaften이란 말 그대로 정신현상에 대한 과학적 이해인데, 이는 궁극적으로"삶의 이해"를 목표한다. 따라서 정신과학적 교육학은 "삶의 이해"에 기초한 교육과학이론을 말한다.

정리하자면, 문화에 대한 철학적 접근은 자연과학의 전유물인 '객관' 내지 '객관성'을 내포하는 문화를 연구의 대상으로 한다는 이유로 수많은 파란을 경험하고 심지어 철학의 세계에서 배척을 당하면서 객관의 문제를 포기할 수 없었다. 이로써 '문화철학'은 '문화과학'으로 그리고 '정신과학'과 '정신과학적 심리학'으로 발전하면서, 문화에 대한 학문적 연구는 '정신과학'의 범주 속에 남겨지게 되었다.[4] 물론 이때 <정신과학적 심리학>은 <정신과학의 연구방법론>으로 작용하며, 베버의 경우는 자신만의 독자적인 방법론, 즉 <사회과학방법론>을 수립하면서 '사회과학의 개념'을 보다 명확하게 하는 데 기여했다. 이로써 문화와 교육의 관계를 학문적으로 접근한 <문화교육학Kulturpädagogik>은 바로 이러한 학문적 계승과 비판 속에서 탄생하게 된다.

2. 문화와 교육: 문화교육학의 태동

이종각(1997)은 교육과 문화와의 일반적 관계를 다음과 같이 정리하고 있다: "첫째, 교육의 기능은 문화전승(혁신 포함)이다. 둘째, 문화는 교육목표의 내용의 자원이며, 선택된 문화를 가르치는 학교는 문화의 전달과 통제

---

[4] 물론 이때 <정신과학적 심리학>은 <정신과학의 연구방법론>으로 작용하였으며, 칸트와 딜타이를 계승하면서 <문화과학>을 정립하는데 중요한 역할을 한 막스 베버의 경우는 이로부터 또 다른 자신만의 독자적인 방법론, 즉 <사회과학의 연구방법론>을 수립하면서 <사회과학Sozialwissenschaft>의 개념을 보다 명확하게 하는데 기여했다.

기관으로서 기능을 하게 된다. 셋째, 인간의 학습은 본질적으로 문화적인 것이다.... 넷째, 문화는 인성 형성의 중요 요인이다. 다섯째, 교육은 문화통합의 기능을 수행한다. 그러나 상황에 따라서는 문화갈등의 장소가 되기도 한다. 여섯째, 교육체제와 현상은 문화적 분석의 대상이 된다. 교육제도의 발명도 인간이 변화하는 환경에 적응하기 위한 능력 습득을 위한 발명품이다. 따라서 교육체제는 그 자체가 문화적 분석의 주요 대상이다. 일곱째, 문화의 혁신과 변화에 대해서도 교육이 영향을 미친다."(이종각, 1997: 7)

독일의 교육학자 슈프랑어Eduard Spranger(1882-1963)에 의하면, "교육은 문화의 번식작용"이다. 따라서 그에 의하면 교육을 연구하는 교육敎育學, pedagogy학은 "문화교육학Kulturpädagogik"이어야 한다.[5] 문화교육학은 1920년대에 ≪교육Die Erziehung≫이라는 잡지Journal를 중심으로 모인 리트Th. Litt, 슈프랑어, 그리고 노올H. Nohl, 플리트너W. Flitner 등이 대표하는 교육학의 이론을 말한다. 특히 슈프랑어는 대표적이다.

> "문화교육학은 19세기 말엽부터 20세기에 걸쳐 실증과학 · 유물사관 · 대중매체 등이 인간의 역사와 정신을 기계적 · 결정론적으로 해석함으로써, 인간의 도덕적 자율성과 문화적 창조성을 거부하는 상황을 배경으로 한다. E. Spranger는 인간성의 이념을 개인의 영혼을 규제하고 지도하는 모든 규범의 본질로 규정하고, 이 인간성의 이념을 객관적인 정신, 즉 문화에 기초해서 확대시켜야 한다고 주장했다.... 문화주의 교육철학, 즉 문화교육학의 대표자인 E. Spranger의 주저는 ≪문화와 교육Kulture und Erziehung≫인데, 그는 정신생활의 개념을 기초적 출발점으로 하고, 문화를 중심개념으로 교육학설을 전개하고 있다. 그는 가치를 추구하는 정신이 모든 실제의 근본이요. 물질계 또는 자연계는 정신적 의미의 운반자에 불과하다고 본다."(손인수, 2000: 287)

한마디로 슈프랑어의 의도는 교육실제의 전체를 정신생활, 즉 '정신적 삶geistiges Leben'에 대한 포괄적인 전체조망Gesamtschau을 통해 파악하는 것이었

---

[5] 문화교육학은 당시 인간의 발전과 교육을 다만 심리학적으로만 관찰하고 있었던 종래의 교육학에 비하면 진일보한 교육학이라고 할 수 있다(이규호, 2005: 58).

다(Eisermann, 1964: 112).

사실 문화와 교육과의 관계는 문화와 도야陶冶, Bildung와의 관계로 거슬러 올라간다. 원래 도야란 원래 문학적 표현이었다. 즉, 교육이 제도로서 정립되지 않고 교육이라는 개념도 확실하지가 않던 시절에는 인간을 인간됨으로 완성해 가는 과정은 주로 시나 소설 등 문학영역이 맡고 있었다. 즉, 인간은 소설 등 문학을 접하면서 내적으로 성장하면서 소위 '자기교육 내지 자기도야Selbstbildung, self-education' 할 수 있었다.

> "시문학을 통해서 젊은 사람들은 스스로 세계와 자연과 인생을 바라보고 느끼고 하는 것을 배운다. 다시 말하면, 그가 시문학을 읽고 그것을 이해하는 만큼, 그만큼 그의 정서는 자라나게 된다. 그의 삶은 시문학이 그에게 보여주는 이상형에 따라서 형성된다. 그는 시문학과의 접촉을 통해서 전혀 다른 사람이 된다. 그 시문학으로부터 받는 영향이 없었던들 완전하게 자라나지 못했음이 분명한 그의 숨은 소질들이 개발된다.... 이와 같이 객관적인 문화와의 접촉을 통해서 우리의 사람됨이 이루어져 간다는 것이다."
> (이규호, 2005: 58-59)

그러나 교육이 사회적으로 제도화되고 많은 사람들을 대상으로 행해지면서 인간의 자기도야 역시 주로 교육의 전당, 즉 학교에서 이루어질 수 있을 것으로 간주되었다. 이로써 문화의 개념 역시 적극적인 차원으로 전개되기 시작했다.

> "문화로 인해 인간은 다른 종들과 존재론적으로 구별되지만, 문화를 당연하게 생각해서는 안 된다. 개인 의지와 무관하게 일상생활을 종용하는 것은 문화가 아니라, 도야의 성취와 병행하는 것으로 설명할 수 있는 문명의 역사이다. 문화와 문명은 두 번 다시 혼동되어서는 안 된다. 문화는 파괴적인 대중 소비사회와 산업화의 추세에 맞서 싸우는 대항력이 된다."(크리스 젠크스, 1993/ 김윤용 옮김, 1996: 33)

한마디로 개인의 도야는 객관적으로 주어져 있는 문화를 섭취함으로써 이루어질 수 있다는 것이다(이규호, 2005: 58).

> "객관적인 문화 속에 담겨 있는 의미 내용과 가치체계의 섭취를 통해서만 우리의 주관적인 인간성은 그 가능성을 완전히 실현하고 발전할 수 있다는 것이다."(이규호, 2005: 58)

바로 이러한 점에서 문화교육(학)은 새로운 전기를 맞이하게 된다. 즉, 문화는 정태적이거나 보수적이고 수구적인 차원도 엄연한 사실이지만, 문화는 동태적으로 변화하기 때문에 늘 무엇인가와 부딪히기도 하고 파괴적으로 작용할 수도 있는 것이다. 특히 문화교육학은 바로 이러한 차원, 즉 적극적이고 능동적인 차원에서 보다 궁극적인 의미를 갖게 되는 것이다.

> "그리고 교육은 각개 주관의 마음에 문화 또는 가치의 수용성과 창조 능력과를 개발시키는 작용이므로 교육의 연구는 한편으로는 문화의 구조 및 내용을, 다른 면으로는 정신의 구조 및 특성의 연구를 기초로 해야 한다고 했다. 이와 같이 Spranger는 문화철학과 인격 및 개성의 심리학의 기초 위에 그의 교육학을 이론화하였다."(손인수, 2000: 288)

그러나 문화교육학이 능동적이고 적극적인 차원이라는 점은 현실에 대한 비판으로서 종결되는 것이 아니라 항상 변증법적 과정 속에서 새로운 발전을 모색한다는 사실이다. 한마디로 문화교육학은 문화철학이나 문화과학 그리고 정신과학과는 달리 다분히 '교육(학)적'이다.

> "문화주의 교육철학, 즉 문화교육학은 당대의 문화현실에 대한 비판적인 안목에서 분석연구를 진행하며, 초시간적으로 보편타당한 교육을 부정한다. 교육은 다양한 문화적·역사적 상황 속에서 진행되는 것으로 이해되기 때문에 그들 간의 대립적인 여러 계기들을 변증법적으로 발전시켜가는 것이 교육학의 역할이라고 규정한다."(손인수, 2000: 288-289)

문화교육학의 정립을 위해서 슈프랑거는 우선 방법적으로 구분되는 6개의 문화영역에 일치하는 6개의 '삶의 형식들Lebensformen'을 일치시키고 있는데, 이들 문화영역들은 인간의 정신현상을 옳게 파악하고 이해하기 위한 수단으로 제시된다. 여기서 여섯 개의 문화영역과 삶의 형식들은 모두 현실적으로는 가능하지 않은 이상理想적 분류일 뿐이지만, 삶의 영역으로서의 문화영역을 들여다보는 렌즈 또는 격자창의 역할을 한다.

> "문화교육학의 사상은 철학적으로 하나의 특수한 인간관에 근거하고 있다. 곧 인간은 '역사적 존재'라는 것이다. 인간의 본질의 역사성을 말한다. 인간이란 고정적인 불변의 본질을 가지고 있는 것이 아니고... 인간은 역사의 흐름 속에서 문화창조를 통해서 스스로의 본질을 이룩해 가고 변화시켜 간다. 교육적인 관점에서 중요한 것은 우리가 인간의 불변의 본능이라 천성이라고 생각하는 것까지 사실은 문화적이고 교육적인 작용에 의해서 형성된 것이라는 것이다.... 문화교육학의 이러한 이론은 인간의 정신적인 의식구조와 객관적인 문화의 기본구조가 동일한 경향의 것이라는 사상에 근거한다"(이규호, 2005: 59-60)

그러나 보다 중요한 것은 여섯 개의 문화영역과 삶의 형식들은 의미 및 가치와 관련된다는 점이다.

> "우리는 교육을 그 사회적인 측면에서 관찰해서 '문화의 전승'이라고 했고, 개인적인 측면에서 관찰해서 인간의 자립을 위해 '성장'시키는 것이라고 했는데, 문화교육(학)은 이 두 측면들을 포괄적으로 관찰할 수 있다. 그와 동시에 인간이 성장과 발전은 그 육체적인 또는 심리적인 형식구조에 있어서 뿐만 아니라, 의미관련과 가치관련의 내용에 있어서 다룰 수 있는 장점을 가졌다.... 슈프랑거는 개인의 정신과 전체 문화 속에 작용하고 있는 의미구조가 똑같은 것이라는 전제에서 출발한다. 경제, 정치, 사회, 과학, 예술, 종교의 모든 문화영역들은 인간의 정신적인 의식구조 속에 있는 의미방향들과 대응관계에 있다는 것이다. 이 여러 의미 방향들 중에 어느 하나가 지배적인 힘을 갖게 되면, 그 영향 아래서 그 사람의 정신의 전체 가치 체계가 결정된다. 이렇게 해서 어떤 사람은 경제인이되고, 어떤 사람은 과학자가 되고, 어떤 사람은 종교인이 된다.... 그러므로 인간이 문

화의 모든 영역들과 접촉하게 되면 그 모든 영역들과 대응관계에 있는 그
의 의식구조 속의 의미 방향들이 계발되게 된다."(이규호, 2005: 58-60)

그런데 슈프랑어는 정신과 문화는 모두 '의미관련Sinnzusammenhang'을 통
해서 '구조Struktur'를 형성한다는 사실에 착안한다(Eisermann, 1964: 117). 따
라서 슈프랑어는 구조분석을 통해 인간의 정신과 정신의 산물인 문화를 이
해하고자 했다. 구체적으로 슈프랑거는 우선 삶의 구조분석 특히 정신행위
의 법칙적 구조분석을 시작하면서 '인격人格'을 형성하게 되는 이상적 개성
의 삶의 유형들을 밝혀내고 있다. 다음으로 그는 삶에 선천적으로 들어 있
는 '가치구조'를 분석해 냄으로써 "문화에서 삶"으로, 그리고 "삶에서 문화
로", 즉 정신과학의 분석적 방법과 종합적 방법을 함께 사용하고 있다. 다시
말해서 문화현상을 이해하고 역사과정에서의 문화에 대한 개인의 위치를
인식하고 궁극적으로는 보다 높은 자아형성의 길을 모색하기 위해서 한편
으로는 얽혀 있는 정신의 구조를 하나하나 분석적으로 풀어내고, 다른 한편
으로는 다시 얽혀 있는 전체, 즉 정신의 총구조로부터 시작하고 있다. 그는
분석적이고 종합적인 방법, 즉 그의 독특한 정신과학 및 정신과학적 심리학
의 방법을 추구하고 함으로써 삶의 형식들의 보편적 이해에 도움을 주려고
하고 있다.

문화교육학은 학문적 뿌리는 문화철학과 문화과학 그리고 정신과학이다.
또한 문화교육학에 가장 중요한 발판을 놓은 학자는 딜타이라고 한다면,
문화교육학을 완성한 사람은 슈프랑어라고 할 수 있다. 이들의 공통 영역은
'정신과학'이다. 이들은 정신과학을 학문으로써 정립하기 위해서 연구방법
론을 적용했다. 위에서 이미 거론된 것처럼 딜타이는 <정신과학적 심리학>
이라는 자신의 고안을 새로운 학문 영역이자 동시에 <정신과학 및 정신과
학적 교육학의 연구방법론>으로 도입했다. 딜타이의 제자로서 대표적인 딜
타이 학파의 교육학자인 슈프랑어는 그의 <정신과학적 심리학>, 즉 <이해
의 심리학>을 비판적으로 계승 발전시키면서 이를 그만의 고유한 <정신과
학적 교육학의 연구방법론>으로 수립했다.

"교육학을 위한 '이해의 심리학'의 중요성은 그것이 형식심리학처럼 정신적인 가치 내용을 외면하지 아니하고 바로 그 가치 내용과 의미 관련을 통해서 인간의 정신적인 생활을 객관적인 문화와의 관련 알서 밝히려는 데 있다."(이규호, 2005: 60-61)

그러나 두 방법론의 차이는 딜타이의 경우는 전통적인 철학의 연구방법론으로 발전되어 온 변증법을 토대로 해석학을 끌어 들이면서 정신과학적 심리학을 전개해 나갔다면, 슈프랑어의 경우는 정신과학적 심리학을 고유한 연구방법론으로 승화시키다 보니까 상대적으로 해석학을 방법론으로 차용하는 일에 있어서 소홀했다고 할 수 있다. 그러다 보니까 슈프랑어의 문화교육학은 "문화해석Heremneutik der Kultur"이라는 차원에서 많은 한계를 낳게 된 셈이다. 따라서 이는 본 연구의 필요성과 목적과도 직접적인 관련이 있다고 할 수 있다.

한편, 딜타이가 정신과학의 방법론으로서 <정신과학적 심리학>을 도입했을 때, 리케르트 는 딜타이의 정신과학은 심리학적 과정에 관심을 잘못 제시했다고 비판하면서 대신 <문화과학>이라는 용어를 애용했다(The Encyclopedia of Philosophy, Vol. 3: 276). 왜냐하면 정신의 문제를 다루는 학문은 심리학적 접근으로만 과학성이 보장되는 것은 아니라는 주장이다. 그러나 리케르트가 수립한 문화과학의 개념에는 방법론적 접근이 불명확하다.

"문화과학이라는 이라는 말을 학문적 용어로 정착시킨 리케르트에 위하면, 일체의 문화사상에는 인간에 의해 승인된 어떤 가치가 구체화되어 있으며, 이 가치 때문에 그것이 생겨나든가 혹은 보호되든가 하는 것이다. 그러므로 문화란 가치의 표현 이외에 다른 것이 아니다. 가치가 없는 문화현상이란 존재할 수가 없다. 말하자면, 문화는 원래 주어진 자연을 인간이 필요한 가치에 따라 형성한 것이다.... 문화란 일반적으로 타당한 것으로 승인된 가치나 또는 그 가치에 의해서 구성된 의미형상이 부착되어 있는 그런 실재물의 총체가 된다. 그렇지만 초역사적인 가치의 선험적 타당성과 그 가치에 의해서 이루어진 의미 형상을 문화의 세계로 규정하는 리케르트의 주장은 지나치게 당위성을 강조함으로써 이상적 문화만을 문화로 볼 위험성을 내포하고 있다. 현실적인 삶의 관점에서 본다면, 문화세계에 대한 딜타이의 규정이 더욱 타당해 보인다. 삶의 철학자인 딜타이에 있어서 문화의 세계는 곧 삶의 세계이며, 정신이 구체적으로 나타난 세계이다. 문화적 현상들이 가치와 연결되어 있다는 것은 딜타이도 인정한다. 그렇지만 딜타이에 있어서 '그러한 가치는 선험적 가치가 아니라, 생활 속의 가치이다. 이러한 가치는 선험적으로 우리에게 주어지는 것이 아니라, 역사적인 삶 자체의 경험에 대한 번성에서 이루어진 결과물이다."(이한구, 1995: 228-229)

따라서 딜타이에게는 문화과학 내지 정신과학이 과학성을 확보하기 위해서는 심리학적 접근이 요청된다고 본 것이다. 물론 이는 헤르바르트가 교육학의 목적은 윤리학에, 방법론은 심리학에 두어야 한다는 명제의 계승이기도 하다. 이런 맥락에서 딜타이는 자신의 정신과학 내지 정신과학적 교육학의 목적을 달성하기 위해서 정신과학적 심리학을 방법론으로 제시했던 것이다.

"리케르트가 문화과학을 이야기하고, 딜타이가 정신과학을 거론했을 때, 그들은 모두 자연과학과는 다른 과학, 즉 오늘날의 인문사회과학 일반을 염두에 두고 있다. 그 후 학문의 발달에 따라 인문과학과 사회과학마저 분화된 지금 이들은 다시 묶어 문화과학이란 명칭을 부여하는 것은 아무런 의미가 없을 것으로 판단된다. 우리의 정치나 경제, 사회와는 다른 문화적 측면을 이야기하며, 정치사나 경제사와는 별도로 문화사를 쓴다. 사회학의 여러 분야 중에 문화사회학이 있으며, 인류학 중에 문화인류학이, 그리고 인문지리학의 한 분과로서 문화지리학이 있다. 그러므로 이런 학문들을 통칭해서 '문화과학'이라고 부르는 것은 합당하리라 생각된다. 물론 이런 여러 분과학문들에 있어서도 '문화'는 꼭 동일한 의미를 갖는 것은 아니다. 그렇지만 이들은 한데 묶을 테두리가 전혀 없는 것으로 보이지는 않는다. 이점과 관련하여 문화사회학자들이 내린 문화에 대한 규정들은 우리에게 큰 시사를 준다…. 중요한 것은 '상징'이라는 단어이다…. 문화사회학자들이 다룬 중심적인 대상들이 문학을 비롯한 예술들, 학문들, 종교

와 관련된 현상들이었던 것은 이 때문이다."(이한구, 1995: 230-231)

이러한 맥락에서 본 연구는 다음 장chapter부터 딜타이의 <정신과학>에 토대를 둔 <정신과학적 교육학>이라는 개념이 슈프랑어에게 <문화교육학> 으로 계승 발전되는 과정에서 발생한 수많은 이론적 논쟁들을 연구방법론 의 적용 문제 중심으로 논하고자 한다. 특히 문화교육학을 수립하려던 슈프 랑어의 문제의식은 문화이념을 전통철학적 관점에서 규범적이고 기치론적 으로 볼 것인가, 아니면 현대적 관점에서 문화이념을 경험적으로 볼 것인가 하는 고민에서 비롯되었다. 모렐리Mark D. Morelli는 이러한 고민거리를 다음 과 같이 정리했다.

"전통적인 문화 이념의 연구는 상이한 두 가지로 나누어 볼 수 있다. 그 하나는 고전적 가치론적 이해이고, 다른 하나는 경험적 대상적 이해이다. 전자는 문화모형을 구성하는 관계들의 불편부당한 탐구를 위한 방법으로 사용하기에는 너무나 단정적이고, 후자는 너무 막연하고 너무나 불확정적 이다."(Morelli, 1984: 2)

즉, 고전적 문화이념은 규범적이고 가치론적인 반면, 현대적 문화이념은 대체로 경험적이고 상대적이다.

"고전적인 문화이론은 보편적이고 영구적인 하나의 통일된 문화만이 있다 는 견해를 반영하는 것이었다. 이러한 고전적인 문화이념은 근세 이후 경 험적이고 과학적인 문화연구에 의해 설 자리를 잃게 되었다. 그러나 경험 적인 문화연구는 문화상대주의에 빠지고 종래에는 문화의 탈가치론을 주 장하기도 하고, 심지어는 반윤리적인 문화의 자유방임주의로 전락하게 되 었다. 아무런 규범도 거부하고 있는 현대문화는 몰락의 비운을 맞게 되었 다. 그 결과 문화의 본질의 이해는 '보편성'을 문제 삼는 철학자들의 관심 에서부터 멀어지게 되었다"(진교훈, 1995: 251)

바로 이러한 고민거리를 일찌감치 해결해 보고자 하면서 자신만의 독특한 철학적 관점을 세우고 방법론적으로 접근했던 학자가 바로 슈프랑어였다. 즉, 그는 문화교육의 정당성을 위한 보편성을 확보하면서 동시에 문화이해를 경험과학적으로 접근하려고 했다.

따라서 다음 장부터는 슈프랑어와 노올, 프리트너, 리트 등 소위 '딜타이학파'와의 논쟁, 슈프랑어와 문화사회학을 대표하는 막스 베버와의 논쟁 그리고 공감대 형성 등 심도 깊은 논쟁과정을 살펴보면서 "문화교육의 조건"으로서의 <문화해석을 위한 학문, 즉 문화해석학>을 추적해 보고자 한다. 특히 슈바이처Albert Schweizer와의 많은 서신교환은 슈프랑어에게 문화연구에 깊은 자극을 주었다.

> "19세기 중엽 이후 철학은 문화에 대해서 거의 철학적 사고를 하지 않았으며, 반성을 하지 않았다. 이러한 사실이 오늘날 문화위기와 문화몰락을 촉진하게 되었다."(Schweizer, 1923: 1-2)

더 나아가 본 연구는 슈프랑어의 <문화교육학>의 한계를 수정 보완하여 새로운 가능성과 전망을 얻는 기회도 제공하고자 한다. 물론 문화교육학의 성립을 위한 (연구)방법론은 <정신과학적 심리학>과 <해석학>이다. 그럼에도 불구하고 해석학과 정신과학적 심리학이 상보적이고 상호교호적인 관계에 들어 있을 때 <문화해석학>은 가능하며, 이로써 <문화교육론>이 학문으로서의 <문화교육학>으로 전환될 가능성이 전망된다. 즉, 문화교육(학)의 성립조건은 <문화해석학>이다.

제10장
해석학과 문화

1. 문화의 해석학

1) "문화"의 근거: 삶生

인간은 "문화를 창조하는 동물"이다. 즉, 문화는 '역사歷史'를 통해서 인간에 의해서만 만들어지고 인간만이 문화를 가진다. 혹자는 동물도 문화를 가진다고 한다. 이렇게 주장하는 사람들은 주로 동물학자들이거나 아니면 전생에 동물이었던 사람들일 것이다. 하여간 인간은 문화를 창조하는 능력 때문에 인간이 된다. 그런데 우리 인간은 자신이 창조한 문화에 구속된다.[6] 따라서 인간은 문화를 창조하고 그 문화에 구속되는 "문화적 동물zoon cultus"이다. 여기서 중요한 것은 인간의 문화창조와 문화구속이 역사의 흐름 속에서 끊임없이 순환된다는 사실이다. 다시 말하면, 인간과 문화는 상호 순환적으로 영향을 주고받는 뗄 수 없는 변증법적 관계에 들어 있다는 사실이다.

문화철학자이며 문화교육학자인 슈프랑어Eduard Spranger(1882-1963)에 의하면, "문화는 인간정신의 모든 산물"이다. 즉, 인간이 문화를 창조한다고 할 때, 결국 인간의 정신이 문화를 창조한다는 것이다. 그런데 인간이 만들어 낸 문화는 무엇인가를 "상징象徵"하고 이러한 상징을 통하여 무엇인가를

---

[6] 인간의 사고기능은 보편적이지만, 사고 내용은 문화구속적이라는 것이 인류학자들의 공통된 시각이다(이종각, 1997: 656).

"의미意味"한다. 슈나이더(1968)에 의하면, 문화는 상징과 의미의 체계이다. 결국 우리가 문화를 창조한다는 것은 "상징과 의미"를 창조해 낸다는 것이다. 이러한 맥락에서 레비-스트로스는 문화를 인간정신의 누적적 창조물인 공유된 상징체계로 간주한다(이종각, 1997: 605).

따라서 문화의 속성은 '해석학적'이다. 왜냐하면 문화는 상징과 의미를 가지고 있기에 현상 그대로 수용할 수 없기 때문이다. 이해도 안 된다. 즉, 상징과 의미는 해석의 대상이며 문화적 상징과 의미에 대한 저마다의 해석을 통해서 우리는 비로소 문화이해에 도달할 수 있다. 이런 의미에서 문화는 문화를 연구하는 문화학자의 수만큼 존재한다는 말도 생겼다.

> "문화인류학자 크뤼버Alfred Kroeber와 클록혼Clyde Kluckhohn은 그들이 공저
> 『문화: 개념과 정의의 한 비판적인 검토』(1952)에서 문화에 내려진 무려
> 150개의 상이한 정의들을 검토한 끝에 결론적으로 자신들의 정의에 도달
> 했지만, 그것마져 사회과학계에 남겨진 하나의 추가적 추가적인 정의로
> 끝나고 만 것으로 보인다."(김문환, 1999: 3)

따라서 문화는 해석학적으로 접근하지 않는다면 문화의 본질을 파악해 낼 수가 없다.

이제 정신의 산물로서 창조된 문화는 "해석解釋, interpretation"의 대상이다. 왜냐하면 문화가 내포하는 상징과 의미는 해석이 되어야만 이해가 되기 때문이다. 사실 문화를 해석하고 이해하는 일은 궁극적으로 인간이 무엇인가를 이해하는 일과 만난다. 왜냐하면 인간이 문화를 만들고 문화에 구속되기 때문이다. 그러나 인간을 직접 이해한다는 것은 결코 쉽지 않다. 왜냐하면 인간이란 매우 복합적이고 생동적이기 때문이다. 이런 의미에서 슈프랑어는 인간의 '정신情神을 해석'하고자 했던 것이다. 그는 문화를 창조하고 문화에 구속되는 '정신'을 해석함으로써 삶의 이해를 복표하는 "정신과학Geistenwissenschaft"을 추구했다. 왜냐하면 어차피 문화는 역사의 흐름 속에서 발생하기 때문에 삶을 이해하기 위해서는 '정신의 객관물인 문화'를 역사적으로 해석해 내는 일은 필연적이기 때문이다. 더 나아가 그는 역사적으로

주어진 문화를 객관적 정신 내지 객관화 정신으로 간주하고 그것의 영원한 법칙을 찾아내는 데 주력했다(Eiser, 1983: 494). 왜냐하면 문화는 역사의 흐름 속에서 만들어지지만, 일단 만들어진 문화는 비역사적이며 초역사적이기 때문이다(질 들뢰즈, 1962/ 이경신 옮김, 1998: 246). 따라서 그에게는 정신의 이해는 문화를 이해하는 척도이며 문화를 이해하는 것은 삶을 이해하는 궁극적인 목표를 가진다.

그러나 여기서 간과해서는 안 되는 것은 삶의 이해와 문화의 이해 그리고 정신의 이해는 상호순환적이며 동전의 앞뒷면처럼 뗄레야 뗄 수가 없는 유기적인 관계라는 점이다. 쉽게 말하면 그는 삶을 이해하고 싶지만 삶을 보편적 내지 객관적으로 - 훗설, 하이데거, 가다머의 개념으로 말하면 "상호주관적"으로 - 이해하기 어렵기 때문에 보편 내지 객관으로 주어지는 문화를 이해함으로써 역으로 삶의 본질을 파악해 내고자 했다. 여기서 문화는 인간의 정신이 만들어 낸 보편성이며 객관성으로 전제된다. 그런데 문화는 정신의 산물이다. 따라서 문화를 만들어내는 '정신精神, Geist'은 보편성이며 객관성이 되는 것이다. 다시 말하면, 우리는 직접적으로 인간의 삶을 보편적이고 객관적으로 파악해 낼 수 없다. 그러나 문화라는 '객관물'을 매개로 이해하려고 한다면, 우리는 삶의 본질에 객관적이고 보편적인 차원에서 접근할 수 있다. 그 매개체가 바로 정신인데, 여기서 정신은 삶이라는 주관과 문화라는 객관을 매개하는 역할을 하게 되는 셈이다. 따라서 우리는 정신의 정체나 본질을 이해하게 된다면, 삶을 보편적이고 객관적으로 파악할 수 있다. 왜냐하면 우리의 삶이란 주관과 객관 그리고 보편과 특수가 복합적이고 복잡하게 얽혀 움직이는 신비스러움을 가지고 있기 때문이다.

그렇다면 우리는 왜 삶을 보편적이고 객관적으로 파악해야 하는 것일까? 만약 우리가 삶의 보편성과 객관성을 파악하지 못한다면, 우리는 더 이상 삶 그 자체를 이해할 수가 없다. 이해없는 삶은 오해 투성이로 남게 된다. 그렇게 된다면 우리는 남들을 전혀 이해할 수 없다. 이해 없이 오해로 가득 찬 세상살이는 온통 혼란이고 무질서이고 심지어 아수라장일 뿐이다. 이렇게 된다면 우리는 서로 함께 어울려서 살아가기가 어렵다. 집안에서도 작은 오해가 형제간, 부부간, 고부간의 갈등을 조장하면서 급기야 가정은 파국으로 치닫게 될 것이며, 국가나 민족으로 범위가 커지게 되면 오직 전쟁이나 살상만이 난무하게 될 것이다. 한 개인 또는 가정 간의 오해를 불식시키는 일도 국가와 사회 그리고 민족 간의 오해를 불식시키는 일도 결국은 모두 이해의 문제이며 더 나아가 평화를 향한 움직임이라고 할 수 있다. 이는 인류의 탄생 이후 지금까지 온 인류가 갈망하지만 지금도 여전히 개인과 개인 간의 오해와 갈등 그리고 싸움부터 국가, 사회, 민족 간의 오해로 비롯된 갈등과 반복 그리고 이로 인한 대결, 전쟁과 싸움은 여전히 해결되지 못하는 과제로 남아 있다. 세계평화가 서로 이해하지 못함으로부터 깨지고 있는 셈이다. 이러한 이유에서도 우리는 삶을 이해할 필요가 있다. 그런데 이러한 이해의 척도는 바로 보편성과 객관성이다. 이해가 보편적이고 객관적이지 못하다면 그것은 이해가 아니라 오해이다. 궁극적으로 내가 누군지도 이해할 수 없게 된다. 삶이 어려워지는 것이다. 따라서 삶의 이해는 삶을 보편적이고 객관적으로 해석할 수 있을 때 비로소 가능하다.

약 3000여 년 전 기하학의 창시자라고 불리는 피타고라스는 제자들을 끌고 그리스 남쪽 시칠리아 섬에 정착한다. 그가 기하학을 숫자로 표시하게 된 동기는 인간의 "영혼靈魂, soul"에 집착한 결과였다. 그는 인간에게 삶을 가능하게 하는 것은 영혼이며 '영혼은 불멸한다'고 선언했다. 소위 '영혼불멸설靈魂不滅設'이 그것이다. 영혼이 불멸하는 한 인간은 죽어도 죽는 것이 아니다. 영혼은 구천으로 올라가서 육체가 없어도 삶은 영원히 지속된다. 훗날 플라톤은 이러한 피타고라스의 '영혼불멸설'에 영향을 받아서 인간에게 육체는 한 갓 껍데기에 불과하고 영혼만이 삶의 본질로 간주했다. 그러나 영혼불멸에 확신을 가진 피타고라스의 고민은, 그렇다면 이러한 영혼불멸설을 어떻게 뭇 사람들에게 확신시켜 줄 수 있을 것인가 하는 질문이었다. 고민 끝에 그는 영혼이 존재한다는 사실을 밝혀주면 되고, 그러한 영혼이 영원히 죽지 않는다는 사실을 알게 하면 된다고 생각했다.

우선 그는 우리 인간이 영혼을 스스로 맑게 정화淨化할 수 있다고 믿었다. 이것이 그의 유명한 '영혼정화설靈魂淨化設'이다. 우리의 영혼이 정화된 증거는 바로 '이성理性'이었다. 즉, 영혼을 맑게 정화하면 그것은 '이성'이 된다. 그러나 피타고라스에 의하면, 영혼은 매우 주관적이고 산만하고 심지어

는 혼잡스럽다. 따라서 우리는 영혼을 알 수가 없는 것이다. 결국 우리는
영혼을 매개로는 어떠한 것도 이해할 수가 없다. 남의 영혼을 알지 못하니
까 우리는 남이 무엇을 생각하는지를 알아낼 도리가 없다. 그러나 우리는
때에 따라서 그와의 대화를 통하여 아니면 만남 등을 통하여 그의 마음을
좀 알아내거나 짐작할 수가 있다. 그이 영혼을 파악하게 되는 셈이다. 달리
말하면, 어느 정도 그의 영혼이 정화되어서 다소 보편화되고 객관화되었기
때문이다. 주관적이고 산만하고 혼잡하던 영혼이 조금씩 정화되면서 보편
과 객관의 영역으로 나온 셈이다. 이때 우리는 그의 영혼을 조금씩 파악하
게 된다.

바로 이러한 논리가 약3000년 후에 슈프랑어에게 이어진 것이다. 그에게
영혼의 정화는 이제 '정신Geist'으로 나타나고, 이러한 정신의 산물이 바로
문화로 현상하게 되는 것이다. 이때 중요한 것은 영혼이 우리에게 삶을 가
능하게 하고 삶을 지속시키는 본체라는 점이다. 한마디로 삶은 영혼과 동일
체이다. 결국 우리는 정화된 영혼으로서의 정신을 해석할 수 있다면, 우리는
삶과 문화의 연결고리를 통하여 궁극적으로 삶의 본질을 파악할 수 있게
된다. 그러나 만약 정신을 해석해 내지 못한다면 우리는 삶의 본질 파악을
실패하게 된다.

2) 해석학: 문화이해의 방법[7]

해석학解釋學, 즉 '헤르메노이틱Hermeneutik'의 어원을 알려주는 헤르메스
Hermes는 희랍 신화에 나오는 신神으로서, 다른 신神들의 메시지를 인간에게
전해주는 소위 전령傳令이었다(Ebeling, 1959: 244). 여기서 헤르메스는 신
의 메시지에 특별히 주석을 달아야 할 경우에는 이를 쉬운 의미로 바꾸어
주는 해석자로 활약하였다(Bleicher, 1980: 11). 그의 사명은 해석하는 일
hermeneùein이었다. 이로써 그는 해석의 과정에 개입하게 된다(Danner, 1998:
33). 결국 이렇게 본다면 해석학은 헤르메스의 해석행위에 대한 이론화 작

---

[7] 이 부분은 본인의 논문 "해석학적 연구의 논리"(교육학연구의 논리, 2006)의 연구
결과를 토대로 문화이해의 방법으로 연구의 범위를 확장시켰다.

업이다.

헤르메스의 구체적 역할은 신의 말씀이 품고 있는 '의미에 대한 해석'이다. 이러한 해석은 인간과 인간 간의 언어에 가지는 의미에 대한 해석으로 전이된다. 의미를 이해하지 못하면 오해가 뒤따른다. 이러한 오해를 피하기 위해 우리는 서로의 언어(또는 기록)를 잘 해석해 내야 한다(Ebeling, 1959: 243). 이제 언어는 해석의 매개체가 된다.[8] 이러한 의미에서 H.-G. 가다머(1960)는 '언어는 해석이 그 안에서 완성되는 일반적인 매개물이며 해석의 성취방식은 해석'이라고 정의했다(Gadamer, 1960: 366).

그러나 우리는 언어를 통하여 상대가 의도하고 의미하는 것을 완전히 이해할 수는 없다. 그 이유는 무엇일까?

> "그것은 두 가지 이유 때문이다. 첫째, 언어는 알레고리아allegoria, 즉 다른 의미를 지시하는(풍유하는) 알레고리일 수 있다. 언어는 그 스스로 말하는 것과 다른 것을 말할 수 있다. 둘째, 인간의 언어는 상징적 기호semainon의 일부일 수 있다."(김상환, 2000: 163)

이해의 문제는 행동에 있어서도 대동소이하다. 행동의 상징과 의미가 불분명하기 때문이다. 그 이유는 무엇일까? 바로 "인간은 역사적 존재"(Dilthey, GS VII: 351)이기 때문이다. 역사적 존재라는 뜻은 서로 살아 온 역사가 다르기 때문에, 내가 완전하게 남을 알 수는 없다는 말이다. 즉, 나의 개성 있는 인식주체는 언제나 이미 나와 상이한 역사적 경험과 인식의 작품인 너와 나의 삶의 표현을 잘못 이해할 수 있다(오인탁, 1990: 222).

따라서 우리는 서로간의 언어와 행동을 이해할 필요가 있다. 왜냐하면 오해는 항상 위험하기 때문이다. 이해함이 곧 삶이다.[9] 그런데 이해는 온전한 해석으로부터만 가능하다. 해석은 원칙적으로 이해를 목적으로 하며, 이해로 귀착되는 과정이다(Betti, 1972: 11). 이렇게 본다면 해석학Hermeneutik은

---

[8] 이해란 자기의 객관화 형식을 통해서 인식될 수 있는 정신의 의미에 대한 재인식 Wiedererkennen이자 재구성Nachkonstruieren이다(Betti, 1972: 12).

[9] 인간의 삶과 이해는 분리될 수 없다(윤평중, 2000: 334). 해석의 완성은 인간의 완성, 성숙의 끝이다(김상환, 2000: 343).

"이해Verstehen, understand"에 대한 연구이며, 특히 텍스트에 대한 이해의 과업이다(Palmer, 1962: 8). 또한 해석학은 "해석의 기술τέχνη ἑρμηνευτική : téchne hermeneutiké"이다(Danner 1998: 57). 결국 이해의 술Kunst des Verstehens이 해석Auslegung이다. 아울러 해석학은 의미의 해석에 관한 이론 또는 철학으로 정의된다(Bleicher, 1980: 1). 예를 들면, '그 말의 의미가 무엇일까?'하는 물음은 해석학적 물음이다(Klafki, 1971: 142). 마지막으로 해석학은 '비판의 기능'도 충실히 수행할 수 있어야 한다. 왜냐하면 해석을 하다보면 비판이 요구될 때도 있기 때문이다. 결국 해석학이란 이해의 현상, 그 요소, 구조, 유형 및 그 가정 등을 연구하는 이론적-철학적 학문이며, 또한 이의 방법과 방법적 적용이 가능한 응용해석학의 모든 영역을 포괄한다(Diemer, 1977: 15).

> "해석학은 이해의 학문이라 할 수 있다. 여기에는 두 가지 의미를 내포하고 있다. 해석학은 텍스트를 이해하는 방법으로서 이해의 방식을 해명하는 학문이라는 의미와 동시에 이해의 본질에 대하여 묻는 이해 자체를 해명하는 학문이라는 이중구조를 가지고 있다. 해석학은 텍스트를 방법적으로 해명하는 이해의 방식으로 정립되든지, 존재 자체의 해명을 위한 현존재의 '자기이해'의 학으로써 혹은 '자기비판'의 학으로서 정립되든가이다."(최신일, 1999: 16)

교육학은 응용해석학의 영역으로서 '해석학적 교육학hermeneutische Pädagogik'이다. 해석학적 교육학은 제반 교육현상을 이해하는 데에 있어서 해석학적 방법을 차용한다. 볼프강 클라프키W. Klafki에 의하면, 해석학적 방법이란 텍스트의 의미를 간주관적으로 검증 가능한 형태로 드러내고 이를 해명하는 탐구의 방법이다(Klafki, 1971: 126). 특히 해석학을 연구의 방법적 논리로서 적극 수용하는 교육(철)학은 빌헬름 딜타이W. Dilthey에 의해 정초되고 그의 후학들에 의해 계승 발전된 '정신과학적 교육학Geisteswissenschafliche Pädagogik'의 영역에서 뚜렷하게 전개된다. 물론 딜타이에게 이해는 원칙적으로 '인간적인 것 (정신적인 것), 즉 행위, 언어적 형상 그리고 비언어적 형상'모두에 지향된다(Danner, 1994: 39). 그럼에도 불구하고 정신과학적 교육학은 "문헌적 텍스트Schriftliche Text의 해석으로만 해석학적 적용을 제한하여 왔다"(Danner, 1994: 57)는 비판을 받는다. 원칙적으로 해석학은 이해의 차원에서 볼 때 문헌적 텍스트 해석과 이해에만 그쳐서는 안 되고, 보다 넓은 의미에서 인간과 인간의 산물들과의 관계 해석에 보다 주력해야 한다(Diemer, 1977: 146). 왜냐하면 삶이나 교육은 어느 순간에 정지되거나 완성되어 있는 것이 아니라, 끊임없이 역동적으로 그리고 복합적으로 진행되기 때문이다.

> "... 정신과학적 교육학이 지금까지 지나치게 역사적 (문헌적) 텍스트들의 해석에만 치중해 왔음은 대단히 놀라운 사실이다. 사실상 정신과학적 교육학은 해석학적 탐구의 의미에서 이 시대의 교육적 실재라는 교육현실의 해석에는 대단히 등한시해 왔다. 만약 정신과학적 교육학이 이러한 두 지평의 과제를 – (문헌적) 텍스트 해석과 교육실제(교육현실)의 해석 – 함께 다루어 왔더라면 정신과학적 교육학은 그 인식 이론과 방법론과 교육실천에 있어서 훨씬 더 괄목할만한 발전을 하였을 것이다."(오인탁, 1990: 226)

원래 해석학의 대상으로서의 텍스트text는 해석학의 연구 대상을 총칭한다. 이는 크게 '문헌으로 기록된 텍스트'와 '삶이라는 역동성의 텍스트'로 나뉜다. 다시 말하면, 해석학은 본래 문헌적 텍스트와 비非문헌적 텍스트에 대한 해석을 모두 포함한다. 특히 교육학적 차원에서는 교육사, 교육고전, 교육적 기록 등 문헌文獻 또는 文字言語으로 정리된 텍스트의 해석과 교육적 삶, 즉 교육실제 또는 교육현실Erziehungswirklichkeit이라는 비非문헌적 텍스트에 대한 해석과 이해가 해석학적 과제가 된다.[10]

역사적으로 본다면, 해석학은 "방법"이면서 동시에 "철학" 그리고 "비판"의 역할과 기능을 발전시켜 왔다. 특히 해석학을 방법론으로 발전시킨 학자

---

[10] 교육현실의 해석학적 연구의 영역은 역사적 텍스트들에 대한 해석학적 성과에 비교하여 볼 때 아직은 불충분하게 조명되어 있다(Wulf, 1983: 31).

는 정신과학의 창시자이며 정신과학적 교육학을 잉태시킨 빌헬름 딜타이W. Dilthey다. 그러나 하이데거M. Heidegger와 가다머H.-G. Gadamer는 정신과학적 방법론으로서 해석학의 범주를 축소시킨 딜타이를 비판했다. 특히 가다머는 딜타이의 대리인 격인 에밀리오 베티Emilio Betti[11]와의 논쟁을 통하여 '철학으로서의 해석학'으로 해석학을 복귀시키고자 했다.[12] 그러나 이러한 가다머의 관점은 하버마스Habermas와 아펠Apel 등에 의해서 또 다시 비판을 받게 된다. 특히 하버마스에 의하면 가다머의 해석학적 철학은 이데올로기 비판을 간과하고 있다는 주장이다.[13] 그러나 본 연구는 일단 '방법론으로서의 해석학'으로 연구의 범위를 제한한다.

(1) 고대해석학

해석학의 어원은 그리스어 ἑρμηνειν이다. 이 단어는 플라톤의 저서 『에피노미스Epinomis』에 처음 나오는데, 신의 뜻을 헤아려 부연 설명하는 것을 뜻한다. 아리스토텔레스의 『오르가논Organon』에서도 이와 비슷한 ἑρμηνειας

---

[11] 딜타이에 충실하면서 오로지 해석학을 "정신과학의 일반방법론"으로만 규정한 대표적인 학자는 이탈리아의 법학자 에밀리오 베티Emilio Betti이다. 이에 대한 그의 대표적인 저서는 『Die Hermeneutik als Allgemeine Methodik der Geisteswissenschaften』(1962, Tübingen)로서, 이는 강독 여기서 그는 해석학적 유산이 유럽은 물론이고 발상지인 독일 땅에서조차도 점차 사라지고 있는 사실과 낭만주의 전통과의 연속성도 붕괴되고 있는 현실에 대하여 안타까움을 토로했다(Betti, 1967).

[12] 이 논쟁의 과정은 Betti(1954)-Gadamer(1960)-Betti(1962)-Gadamer의 과정으로 진행되었다(Bleicher, 1980: 260). 본 논문에서는 이들 논쟁을 더 이상 다루지 않는다. 왜냐하면 가다머는 정신과학이라는 용어 자체부터 문제시함으로써 해석학과 정신과학을 연계시키는 것 자체에 무리가 따른다는 입장이었다. 이는 딜타이와 베티, 미슈 등이 해석학을 인식론적 차원에서 차용한 것과는 대조적으로 하이데거는 현상학에서 그리고 가다머는 존재론의 관점에서 보고 있기 때문이다. 특히 가다머는 해석학을 철학(존재론적 해석학, 해석학적 철학, 철학적 해석학)으로서 다시 복권시키는 데에 앞장섰다. 이를 위해서는 딜타이의 인식론적 차원이 장애가 될 수밖에 없었다. 본 연구는 주제로서 '정신과학적 해석학'에 그 범위가 제한된다.

[13] 이 논쟁은 Gadamer(1960)-Habermas(1970)-Gadamer(1971)-Habermas(1971)-Gadamer(1971)-Habermas(1971)-Gadamer(1975)의 과정으로 진행되었다(Bleicher, 1980: 260) 본 연구에서는 이들 간의 논쟁에 대해서도 더 이상 다루지 않는다. 물론 연구 주제의 한계 때문이다.

라는 용어가 나오는데, 이는 논리적 문법의 기술을 의미한다.

오늘날의 의미에서 해석학이라는 단어의 기원은 일반적으로 "해석하다"로 번역되는 그리스어의 동사형인 헤르메네웨인hermeneuein과 "해석"이라는 명사형인 헤르메네이아hermenneia이다(Palmer, 1969: 12). 여기서 헤르메네웨인은, 첫째, 말하다to say, 표현하다to express, 진술하다to assert -, 즉 공표하다 announcing, 둘째, 설명하다to exprain, 셋째, 번역하다translate라는 의미를 갖는다 (Palmer, 1969: 14-32). '헤르메네웨인'과 '헤르메네이아'라는 단어는 고대 플라톤, 아리스토텔레스를 위시하여, 크세노폰, 플루타르크, 에우리피데스, 에피쿠로스, 루크레티우스 등 당시 많은 작가들의 글에서도 나타나고 있다.

고대해석학은 문예해석literary interpretation과 문헌학또는 古文書學으로 시작되었다. 문예해석은 호모Homer와 같은 시인들의 글귀를 "암송하고"[14] 이에 대한 주석註釋, 부연설명 또는 해설과 비평으로 이루어졌다. 이러한 주석이 한편으로는 수사학rhetoric으로, 다른 한편으로는 시학poetics이 발전되었다. 그러나 이러한 주석과 해설은 대부분 자의적-주관적으로 이루어졌기 때문에, 청중들에게는 객관적 공감대를 형성하기 어려웠다. 심지어 수사학과 시학은 청중들을 감동시켜 마음을 움직이려는 의도에 너무 집착되는 바람에, 오히려 참-거짓의 문제마저 도외시하고 말았다(Palmer, 1969: 21).[15] 따라서 사람들은 문헌을 보다 객관적으로 해석하고 싶은 욕망에 따라서 '원전대로의 검증'을 주장하기 시작했다. 이렇게 하여 "원전검증textual verification"(Bleicher,

---

[14] 당시 사람들은 시인 호모를 신들에 의해 영감을 받은 자로 간주했다. 따라서 호모는 헤르메스 신과 마찬가지로 신의 메시지를 전달해 주는 매개자의 역할을 하기도 했다. 밀턴에 의하면, 호머는 신이 인간에게로 향하는 여러 가지 길을 정당해 주는 해석자였다. 플라톤의 대화편 『이온Ion』에서 어떤 젊은 해석가가 호모를 암송하고 그는 억양의 변화를 통하여 호머를 표현하고 심지어는 미묘한 부분까지 설명하면서 해석하고 있는데, 이는 호모자신이 이해하고 깨닫고 있었던 것보다 더 잘 의미를 전달하고 있다(Palmer, 1969: 15).

[15] 이러한 의미에서 특히 아리스토텔레스는 자신의 저서 『해석에 관하여Peri hermeneias - De interpretatione』에서 수사학과 시학을 해석론의 범주에서 제외시켰다(Palmer, 1969: 20-21). 그는 여기서 해석을 언명enuciation으로 간주하였다. 이러한 언명은 사물과 사실로 다가가서 진리를 구체적으로 진술하는 것이기 때문에, 이러한 과정에서 목적telos이 정서를 동요시키고(시학), 정치적 행위를 이야기하는 것(수사학)이 아니라 사실에 대한 이해를 진술하는 것이다(Palmer, 1969: 22).

1980: 11)이 이루어지기 시작한 것이다.

일반적으로 당시의 원전검증은 주로 원전原典에 사용된 언어들, 즉 어휘, 문장, 문법 등에 대한 논의와 검토로 이루어졌다. 원전검증의 과정에서 원전 text의 본래 의미는 스스로를 명확하게 하기 위해서 주석 같은 부연 설명을 필요로 했다. 반대로 어떤 구절은 심하게 논박 당하거나 삭제되기도 했다. 특히 문예해석에서 집중적으로 다룬 원전검증은 나중에 문헌학文獻學을 탄생시키는 계기를 마련해 준다. 이러한 과정에서 문헌학은 권위 있는 고전 및 문학작품을 번역하는 데에서 나타나는 해석상의 문제에 보다 체계적으로 관여하게 되었다.

고대 그리스 시대부터 시작된 이러한 문예해석과 문헌학적 주석기법들은 '고전문헌으로 돌아가려던' 르네상스와 인문주의자들에게 계승되면서, 서서히 '원전의 해석을 위한 방법론'으로 자리매김을 해 나갔다. 특히 고전문학을 재해석함으로써 인문학을 완성하고자 했던 르네상스시대의 인문주의자들에게 객관적인 고전(원전)해석의 방법은 절실했다. 따라서 이들은 전체적 맥락으로부터 문헌의 한 구절구절을 해석해 보는 원전검증의 방식을 문헌해석의 원칙으로 채택했던 것이다. 이로써 개별적인 부분들(어휘, 문장, 문법 등)은 반드시 '전체(텍스트)와의 맥락(의미 관련)으로부터' (재)검토되어야 한다는 '해석학의 원리'가 성립되기 시작했다. 물론 이러한 문헌학적 해석방법은 '세속적 차원profane dimension'에 국한되었다. 바로 이러한 문헌학적 해석의 전통이 뵈크A. Boeckh에 의해 '문헌학적 해석학'으로 계승될 수 있었다.

(2) 성서해석학

문헌 해석에 대한 인간의 욕구가 보다 구체적으로 적용된 시기는 종교개혁과 함께 비롯되었다. 이른바 성서해석학biblical hermeneutics의 출현이 그것이다. 물론 성서해석학의 출발은 아우구스티누스S. Augustin로 거슬러 올라갈 수 있다. 당시 사람들에게는 신의 말씀을 담고 있는 성경의 구절을 어떻게 해석하느냐에 따라서 신앙의 방향과 목표가 달라졌다. 심지어 해석상의 차이로 인하여 종교적 운명까지도 달라졌다. 특히 종교개혁의 선봉인 마르틴 루터Martin Luther목사의 충실한 추종자였던 마티우스 플라시우스Matthias Flacius는 성서聖書에서 두드러지게 눈에 뜨이는 애매모호한 부분들을 해석함으로써 구교舊教의 교리에 맞서게 된다. 즉, 그는 또 다른 해석(학)의 가능성을 열어 놓음으로써, 구교의 전통을 고수하고자 하는 트리덴타인 교회Tridentine Church의 도그마적 입장에 반대하는 결과를 초래하게 되었다(Bleicer, 1980: 12).

초기 개신교도들은 구교에서 숨기고 있었던 성서의 실체를 '전체적으로' 파악하는 일에 관심을 가지게 된다. 숨겨진 교리를 파헤치기 위해 이들은 성서聖書의 모든 구절에 정확한 주석을 다는 작업부터 시작하였다. 그런데 이러한 성서 주석의 과정에서도 '전체 속에서 부분을 이해'한다는 해석학적 원리가 차용된 것이다. 즉, 해석학은 신성의 해석에서 시작하고 신성의 복원에서 완성되어야 한다(김상환, 2000: 161). 이로써 성서해석학의 전통이 수립되기 시작했다. 신의 말씀에 대한 제대로 '해석解釋하는 일'은 신의 말씀을 '전체적으로' 이해하는 것이다. 즉, 고대 그리스 신화에서 전령의 신神이었던 헤르메스의 눈과 입을 가지고 사람들은 기독교의 유일신인 신의 말씀을 "성경(신약)"이라는 전체, 즉 텍스트 속에서 새롭게 이해하려고 했다.[16]

플라시우스가 제시한 성서 해석의 절차는 구체적으로 다음과 같다(Bleicher, 1980: 12):

첫째, 문법적으로 해석해야 하고,

둘째, 기독성에 대한 실제적인 생생한 체험에 의해 형성된 맥락에 대하여 참고해야 하며,

셋째, 무엇보다도 전체의 의도와 형식의 빛 속에서 한 구절구절을 숙고해야 한다.

---

[16] 가톨릭의 입장에서 보면, 이는 반反교리적인 행동이며 동시에 반反교회적인 사건이라고 할 수 있다.

성서 주석의 작업이 '기독성Christentum'이라는 전체성의 맥락에서 해석될 수 있다는 사실은 삶을 오로지 성전聖典, sacred texts에 의지하고 있었던 당시의 모든 사람들에게 매력적인 일이 아닐 수 없었다. 특히 윤리적-교육적 관심은 이러한 성서 주석 및 해석을 통하여 보다 명확한 목표 과제로 수용되었다. 당시의 추세는 각 교파가 나름대로 해석의 규칙체계를 적극적으로 발전시키는 것이었다. 따라서 가톨릭교회도 예외가 될 수는 없었다. 즉, 어떤 종교와 교파라도 신의 말씀 전체로부터 말씀 한 구절구절을 파악하는 방식, 즉 "전체 속에서 부분을 이해한다"는 해석학의 원리를 피해나갈 수는 없었던 것이다.

교회와 해석학자들이 성서해석학에 커다란 관심을 가지면서 해석학의 전통은 보다 굳건해지기 시작했다. 1654년 단하우어J. C. Dannhauer에 의해 쓰여진 『성서 주석의 방법으로서의 성서해석학Hermeneutica sacra sive methodus exponendarun sacrarum litterarum』[17]이라는 책은 "해석학"이라는 제목을 가진 세계 최초의 문헌으로 기록되어 있다(Ebeling, 1959: 243). 여기서는 해석학이 '해설로서의 주석'과 구별되고 있는데, 이 책이 나온 이후로 이 용어는 점점 더 빈번하게 사용되었다. 특히 독일에서는 지금까지 성서해석의 문제를 결정했던 구교가 권위를 상실하면서 프로테스탄트 계파의 목사들에게 새로운 성서 주석과 해석의 매뉴얼들은 커다란 도움을 줄 수 있었다(Palmer, 1969: 34). 그런데 여기서 중요한 사실은 이미 성서해석학의 전통은 처음부터 실제적 해설actual commentary인 주석exegesis과, 주석을 지배하는 규칙, 방법 및 이론으로서의 해석학이 구분되어 있었다는 사실이다(Palmer, 1969: 34). 물론 이렇게 '해석학'이란 용어와 개념적 의미는 비록 17세기부터 본격적으로 사용되어 왔지만, 실질적으로 내용 면으로 본다면 원본주석의 기능과 해석

---

[17] 1645년 단하우어Dannhauer는 그의 책 『성서해석학Hermeneutica sacra sive methodus exponendarum sacrarum litterarum』에서 "해석학"의 개념을 처음으로 사용했다. 여기서 그는 해석학을 세 가지 조류로 분류하고 있다. 이는 오늘날 고전적 해석학으로 불린다: 첫째, 좁은 의미에서 텍스트 해석과 관계하는 문헌사적 해석학(Homer의 Odyssee가 어떻게 이해되는가?), 둘째, 신학적-성서 해석학(구약과 신약이 어떻게 해석되어야 하는가?), 그리고 셋째, 법률적 해석학(구체적 사례에서 법률의 해석과 적용은 어떻게 이루어지는 가?)이 그것들이다(H, G, Gadamer, Hermeneutik, Sp. 1062).

의 제반이론들은 - 종교적, 문학적, 법률적이든 - 고대 심지어 구약성서의 시대까지 거슬러 올라갈 수 있다(Palmer, 1969: 35). 예를 들어, 에벨링 Ebeling의 논문들에서 보면, 모세의 율법을 해석하기 위한 규준들이 당시에도 널리 알려져 있었음을 알 수 있다(Palmer, 1969: 35).

> "(에벨링에 의하면) 최초의 이해의 현상은 언어에 대한 이해가 아니라, 언어를 통한 이해이다. 그러므로 말이란 것은 이해의 대상이 아니라 이해를 가능하게 하고 중재하는 무엇이다. 따라서 말 자체는 개인의 단순한 표현이라기보다는 두 사람을 필요로 하는 어떤 메시지로서, 자기의 본질을 통하여 경험에 호소하고 경험에 이르게 되는 상호교섭으로서의 해석학적 기능을 가지게 된다. 이런 관점에서 본다면, 해석학의 대상은 말 사건word event이라고 할 수 있다. 왜냐하면 이해는 상호교섭이 어떤 것을 기반으로 하여 일어날 때 가능하기 때문이다. 이해의 매개로서 해석학은 이해 가능성의 조건들, 즉 말의 본질을 사유해 내고자 애써야 한다. 이해 이론으로서 해석학은 말의 이론이어야 한다.... 희랍어에 의거하여 에벨링은 해석학을 로고스Logos의 이론으로 본다. 왜냐하면 사물과 인식하는 주체 안에서 살고 있는 로고스는 이해 가능성의 조건이기 때문이다. 따라서 그의 신학적 해석학은 "신의 말씀의 이론"으로 정의된다."(Betti, 1972: 36-37)

이러한 해석학의 확대 과정은 점차 문헌학자 아스트Ast와 볼프Friedrich August Wolf의 문헌해석에 이어서 신학자 슐라이어마허Friedrich Schleiermacher의 '텍스트 해석학'으로 계승되면서, 결국 '일반(문헌)해석학'과 '특수(성서)해석학'은 하나의 해석학 체계로 병합되기 시작한다. 이로써 고전적 해석학의 전통은 보다 체계적 틀로 접근될 수 있는 계기를 얻게 된다.

(3) 법률해석학

인간에 대한 신과 하늘의 통치가 인간의 손으로 위임되면서, 재판권 Jurisdiction도 이양되었다. 하늘의 섭리로 대변되던 규율, 규칙, 윤리, 도덕, 규범 등이 하늘(신)의 섭리로 수용되었다. 이는 차츰 인간들이 신에 의한 재판권의 위임으로 제정되는 "법"이라는 통합된 질서 규범으로 확립된다.

법에 대한 관심은 특히 재판의 과정에서 사건이 법리해석法理解釋에 근거하여 처리되도록 하였다. 과연 이 재판은 어떠한 법적 근거에서 이루어지고 있는가? 정의로운 재판은 어떠한 법적 규정이 적용될 때 가능한가? 한마디로, 재판의 모든 절차와 재판권의 행사는 모두 법리해석에 근거하여야 했다. 이제 법의 규정과 재판권의 행사는 유일신 사상의 중세 기독교에서 보다 확실한 근거가 된다. 교회들은 교구教區 단위로 성서에 나타난 신의 법, 즉 교리教理에 근거하여 성서를 해석하는 일에 앞을 다투었다. 아울러 교회는 이를 근거로 통치하고 재판할 수 있는 제도적 기반을 갖추어 나가게 된다. 다시 말하면, 신의 법을 교회의 법으로 일반화(전환)하는 과정이 교리에 입각하여 이루어진 것이다. 즉, 법률의 일반성을 가진 특정한 경우를 조정하는 작업은 필연적으로 교리적인 전제 하에서 진행된다(Bleicher, 1980: 13). 하늘과 신의 교리는 일정한 해석의 기준에 따라 법률로 제정된다. 결국 정의로운 재판과정에 대한 시민들의 관심은 시민법市民法의 제정까지 강요했다. 역사적으로 볼 때, 중세 이후 유럽에서 시도된 각종 시민혁명들의 결과로 제정된 시민법들의 제정과 적용은 법률해석의 논리에 가장 유효한 해석의 규준을 제시해 준 사건이라고 할 수 있었다.

그런데 법률 해석에서 가장 중요한 것은 '이해의 현실성'과 '해석의 실천성'이었다. 이해의 현실성이라는 규준은 해석자가 사상과 법 등의 발생을 재구성하여 변화된 상황에도 적합한 형식으로 적응시켜야 하는 필요성을 강조하며, 해석의 실천성은 해석의 과제에서 일어나는 문제들이 다시 그 결과들의 적용과 밀접하게 연결되어야 한다는 것을 의미한다(Bleicher, 1980: 13). 다시 말해서, 법률은 한번 해석되고 제정되었다고 그것으로 모든 것이 끝나는 것은 아니다. 오히려 법률의 제정과 적용에서 모든 당사자들이 현실적으로 이해할 수 있어야 하며, 아울러 해석 결과가 현장에 적용되어 타당한 결과를 낼 수 있어야 한다. 결국 합리적인 법률의 제정과 적용을 위해서 '법리의 해석'은 계속 순환적으로 보충되고 보완되어야 하는 것이다. 여기서 법률 해석학은 서서히 '해석학적 순환'의 과제를 처음으로 인식할 수 있게 된다.[18]

(4) 슐라이어마허의 일반해석학

① 언어해석학 : 낭만주의적 전통

슐라이어마허Friedrich Erst Daniel Schleiermacher(1768-1834)의 해석학은 칸트의 선험철학과 레싱Lessing, 헤르더Herder, 쉘링Schelling, 슐레겔Schlegel 등에 의해 주도된 낭만주의(또는 역사주의)에 근거하고 있다. 그는 칸트의 선험철학으로부터 '법칙성'의 개념을 배웠다. 아울러 그는 역사주의로부터 역사의 과정에서 발생하는 모든 개체성과 전체성 사이의 관계에 대하여 보다 명확히 개입하게 되었다.[19] 즉, 그는 먼저 칸트에게서는 윤리시스템과 확고한 선험적 원리들을, 반대로 헤르더에게서는 개별적 표현 속에 있는 실제적 역사세계를 이성적으로 보았다(Scholtz, 1995: 69). 그러나 그는 칸트와 헤르더에게서 첨예하게 대립하는 특징적 입장을 조정하고 결합할 수 있는 이론을 구축하고자 했다.[20] 이러한 고민 속에서 드디어 그는 피히테Fichte의 '활동적 자아' 개념에 크게 자극을 받게 되었다. 결국 그는 우리의 모든 사유가 활동적이며 유기적으로 발전하고 있는 주체의 통일성에 관련되어야 한다는 해석학적 법칙을 발견하게 된다. 이로써 그는 낭만주의 해석학의 초안자가 된다.[21]

슐라이어마허에 의하면, 해석학에 있어서 전제되어야 할 것은 '언어'이며, 모든 것은 '언어' 속 에서 최초로 발견된다(Schleiermacher, Manuskript 1: 8). 따라서 슐라이어마허 해석학의 과제는 언어의 해석이었다(이규호, 1979: 246). 구체적으로 그의 언어해석은 문법적 해석grammatical interpretation

---

[18] 해석은 구조적으로 닫혀질 수 없고 종결될 수 없다(김상환, 2000: 171).

[19] 슐라이어마허는 해석학에서 의미관련, 즉 전체성에 대한 요구를 처음 제시한 바 있다. 그에 의하면, 한 작품의 개별적인 요소들과 전체의 통일성 사이의 해석학적 상호관계를 강조했는데, 이 상호관계는 작품이 개별적인 부분들의 총화에서 생겨나는 통일성이나 개개의 부분이 전체에 대해서 획득하는 의미에 따라서 명료하게 해명되는 것처럼 해석할 수 있도록 해 준다(Betti, 1972: 15-16).

[20] 그러나 칸트도 이성과 역사 사이에 다리를 놓으려고 노력한 흔적이 역력한데, 그의 종교철학은 이러한 중재노력의 결과였다고 할 수 있다(Scholtz, 1995: 69).

[21] 슐라이어마허에 의해 시작된 낭만주의 해석학은 "개체성과 전체성 사이의 관계에 대하여 초점"을 두고 있다(Bleicher, 1980: 14).

과 심리적 해석psychological interpretation으로 구성된다(Bleicher, 1980: 14). 문법적 해석을 위하여 그는 모든 것이 저자와 독자 간에 공유하는 언어를 해석해야 하며, 아울러 모든 언어(또는 단어)의 의미는 주변의 언어들과 직접 연관되어 의미 해석되어야 한다는 원칙을 기반으로 44개의 해석 기준을 마련하였다. 또한 그는 심리적 해석을 위해서는 저자의 전체적 삶 안에서 발생하는 사상적 발현을 중시하면서 언어 사용을 해석하도록 주문했다. 다시 말하면, 그는 해석학이 사유의 내적 형성과정, 즉 심리적 과정까지 다루어야 한다는 것이었다. 왜냐하면 그에게 "언어는 사유의 통로"였기 때문이다. 슐라이어마허는 이 사유의 내적 형성과정을 다음과 같은 순서로 설명한다.

> "첫째로 핵심판단Keimentschluss의 발견 곧 사유의 방향과 핵심의 성립이다. 그다음이 그 핵심판단의 객관적 실현으로서의 구성의 이해, 마지막으로 이 구성의 과정적 실현으로서의 성찰Meditation의 이해이다. 사유는 이렇게 내적으로 형성된다. 이렇게 형성된 사유는 다시 후속적인 발전을 위해서 다른 사유와 결합된다. 이해의 이러한 분석을 그는 심리적 해석Psychologische Auslegung이라고 한다."(이규호, 1979: 248)

이러한 의미에서 우리는 슐라이어마허의 해석학을 '체계적 해석학systematische Hermeneutik'이라고 부른다. 이로써 그는 이해의 프로세스를 처음으로 구체적인 일상 언어의 해석과 결부시켰다. 이것은 그의 해석학적 성과를 탁월한 학문으로 인정받게 한 근거이기도 하다.

슐라이어마허는 이렇게 자신이 체계화한 규준들을 적용함으로써 텍스트에 대한 보다 체계적인 이해가 가능할 것으로 확신했다. 이는 "이해의 언어성"의 강조한 낭만주의자였던 헤르더Herder의 영향이었다고 할 수 있다.[22] 아울러 슐라이어마허는 이러한 체계적 해석을 통하여 '해석자는 저자가 스스로를 이해하는 것보다 그를 더 잘 이해할 수 있다'고 했다(Bollnow, 1968:

---

[22] 역사학파historical school는 목적론적 역사에 대한 헤겔식의 선험적 구성을 거부하면서 등장했으며(Gadamer, 1960: 188), 이의 대지주는 헤르더였다. 헤르더는 진리와 사실의 가치와 의미를 각 시대의 역사에 귀속시켰다. 이러한 헤르더의 역사관은 나중에 딜타이의 "신 앞에서는 모든 것이 동일하다"는 언어로 표현될 수 있었다.

250). 왜냐하면 해석자는 해석하기 이전에 이미 자신만이 경험한 역사적 지식과 언어적 지식을 가지고 있기 때문이다.

슐라이어마허가 "독자가 저자보다 더 잘 이해할 수 있다"는 주장을 하게 된 것은 피히테Fichte의 "영혼seele" 개념을 이해하면서 가능했다. 피히테에게 영혼은 무의식의 세계를 의미하는데, 무의식의 영혼이 의식이 되어 바깥으로 빠져 나올 때 우리는 잠재의식마저 이해할 수 있다. 한마디로, 저자의 영혼, 즉 저자의 무의식無意識은 독자들의 해석에 의해서 의식意識의 세계로 나온다. 바로 이러한 과정에서, 즉 저자의 무의식이 의식으로 들어 날 때, 독자는 저자보다 더 잘 이해할 수 있는 것이다(Dilthey, XIV: 707). 일반적으로 낭만주의자들은 무의식을 직관으로 가능한 그리고 전혀 오류가 없는 세계로 보았다. 이러한 의미에서 슐라이어마허는 ─ 만약 우리가 해석을 통하여 무의식의 세계를 의식의 세계로 드러나게 할 수 있다면 ─ 해석이 완성된 삶의 이해를 위한 기술이 될 수 있다고 확신하였다. 결국 이렇게 하여 슐라이어마허는 그가 예감적인 것이라고 보았던 심리적 해석으로서 문법적 주석을 보완했던 것이다(Bleicher, 1980: 15).

② 방법론적 고찰

해석학의 역사에서 최초로 '인식론적인 고찰'을 방법론적 논의 가운데로 포함시키려고 했던 사람이 바로 슐라이어마허이다(Bleicher, 1980: 13). 그는 먼저 해석학을 해석법Auslegungslehre이라고 하면서, 성서나 기타 고전들의 가장 정당한 이해를 위한 방법을 연구하는 것이라고 생각했다(이규호, 1979: 245). 물론 슐라이어마허의 작품에서 나타난 해석의 기술은 고대 희랍적 사유에 근원을 두고 있다(Bleicher, 1980: 2). 그러나 고전적 해석학은 말 그대로 해석학의 뿌리지만 해석학적 절차의 한계와 타당성이 입증되는 이론적 틀을 충분히 규명할 수는 없다. 결국 해석학은 슐라이어마허를 기점으로 '방법론으로서 새로운 차원'의 형태를 갖추게 되었다고 할 수 있다.

슐라이어마허는 방법론으로서의 해석학을 성서교리해석에 토대를 두었다. 그러나 해석학의 실제 적용에 대한 그의 관심은 차츰 '일반해석학

allgemeine Hermeneutik'의 근거마련에 집중되었다. 이로써 그는 일반해석학의 초안자가 되는데, 이는 그의 해석학이 – 신학이 아닌 – 철학적 관심의 대상이 되는 중요한 이유이기도 하다(Scholtz, 1995: 198). 일반해석학은 성서와 같은 특정한 권위를 부여받은 책에다 적용하는 특수한 방법론의 사용을 허락하지 않는다(Bleicher, 1980: 15). 이는 일반해석학이 특수해석학의 영역을 대신하거나 아니면 불필요한 것으로 제외한다고 이해해서는 안 되며, 오히려 일반해석학이 '과학적 기초'를 획득하는 것을 의미한다(Scholtz, 1995: 198). 결국 그는 일반해석학의 추구를 통하여 해석의 방법들을 객관화하고 체계화함으로써 현대 해석학의 기초를 세워나갔다. 그러나 물론 그의 일반해석학 속에는 신학적 특수해석학의 근본모습들도 정주되어 있다(Scholtz, 1995: 198). 따라서 그의 일반해석학은 특수를 포괄하는 일반성을 지향한다.

③ '해석학적 순환'의 요청

슐라이어마허는 이해의 과정을 과학적으로 분석하고 그 가능성과 한계를 탐구한 최초의 해석학자라고 할 수 있다. 해석학을 과학으로 정초하고자 했던 노력은 이미 문헌학자 아스트(1808)와 볼프Wolff에 의해 시도된 바 있다(Bleicher, 1980: 13). 특히 볼프는 해석학을 "기호들의 의미를 알려주는 규칙들에 관한 과학"(Bleicher, 1980: 260)으로 정의했다.

슐라이어마허에게서 이해는 '창조적 재구성'이다. 따라서 해석학은 과학인 동시에 예술이며, 본래의 창조행위, 즉 '어떻게 그것이 실제로 그럴 수 있었는가' 하는 문제를 재구성하려는 열망이다(Bleicher, 1980: 15). 그에 의하면, 해석자는 가능한 한 저자의 정신적-영혼적 수준을 포괄하는 지적 수준에 접근해야 한다(Bleicher, 1980: 15). 또한 그는 시대와 지역에 따라 떨어져 있는 사람들 사이에서도 해석의 질적 수준이 유지되어야 한다고 생각했다. 이는 성공적인 상호작용interaction을 통하여 우리가 일반적인 인간 본성을 이해할 수 있다는 그의 확신으로부터 비롯된다. 즉, 다른 사람의 관점에서 사물을 바라봄으로써 다른 사람을 이해하는 것은 자신의 내부에서 정신적 프로세스를 강화시키고 강조하는 것이다(Bleicher, 1980: 16).

한편, 슐라이어마허의 '해석학적 순환'의 요청은 언어 의미의 통일성을 추구하는 프로세스에서 나타난다.[23] 이에 대하여 키머레H. Kimmerle는 다음과 같이 언급하고 있다.

> "모든 낱말은 하나의 보편적인 의미영역을 가지고 있다. 그런데 이 의미영역은 그대로 발견되는 것이 아니고 그 낱말의 여러 가지 사용 경우들에 의해서 나타나게 된다.... 이러한 낱말의 의미영역은 낱말의 본질적인 통일성이다. 이러한 본질적인 통일성이 합리적으로 파악되지 않는 것 때문에 구체적인 해석의 과정에 있어서 해석자는 어려운 순환Zirkel에 빠지게 된다. 말하자면 언어의 의미는 하나하나의 경우들에 의해서 그 전체적인 의미영역을 이해하게 된다. 또한 그 언어가 구체적으로 사용된 하나하나의 경우의 의미는 다시 그 전체적인 의미영역을 통해서 비로소 이해되는 것이다. 그런데 슐라이어마허에 의하면 우리는 이러한 순환을 다음과 같이 극복할 수 있다는 것이다. 하나의 낱말이 구체적으로 사용되어 있을 때, 그 낱말이 들어 있는 문장 전체에서 그리고 그 낱말이 사용된 알려져 있는 다른 경우들과의 비교를 통해서 우선 그의 보편적인 의미영역을 획정해 보는 것이다. 이렇게 해서 획정된 의미영역을 해석의 출발점으로 해서 이를 통해서 특수한 경우들이 파악되어야 한다는 것이다. 모든 언어의 의미에 있어서 언제나 그 언어의 보편적인 의미와 특수한 의미가 상호의존하게 되는데, 이것을 슐라이어마허는 의미개성Bedeutungsindividualität이라고 한다. 그에 의하면, 이러한 보편적 의미와 특수한 의미의 상호의존을 변증법의 원리에 의해서 정리, 혹은 그의 말대로 구성Konstruieren 하는 것, 그것이 이해라는 것이다.... 그런 근거에서 슐라이어마허는 내가 구성할 수 없는 것은 아무 것도 나는 이해하지 못한다고 했다. 따라서 이해한다는 것은 스스로 구성한다는 것이다."(이규호, 1979: 246-247)

---

[23] 슐라이어마허는 하나의 텍스트 또는 여러 상이한 텍스트 해석의 상호교호적인 경과로 드러나는 순환의 측면을 해석학적 순환이라고 파악하면서, 텍스트 전체의 단일성과 개체 부분의 구성요소들 간에 이루어지는 교호관계에 주목하였다(오인탁, 1990: 269-270).

결국 슐라이어마허에게 언어의 이해는 보편성과 특수성의 통일을 (재)구성하는 것이다. 그런데 이해는 항상 동시에 오해를 의미한다(백승영, 2000: 122). 왜냐하면 일반성의 추구라는 성향 때문에 언어는 개별적 인간의 체험의 다양함과 차이를 표현할 수 없기 때문이다. 따라서 '해석학적 순환'은 이해를 위한 필수적 과정이 된다.[24]

이로써 슐라이어마허의 해석학은 고전적 해석학에서와는 달리 과학으로서 가능성을 위한 획을 그어냈다고 할 수 있다. 그럼에도 불구하고 그의 해석학은 처음부터 한계를 안고 출발하고 있다. 이에 대하여 키멀레H. Kimmerle는 자신의 저서 『슐라이어마허의 해석학FR. D. E. Schleiermacher Hermeneutik』(1958)에서 다음과 같이 지적하고 있다.

"그러나 슐라이어마허의 해석학에 대한 기본사상에 의하면, 해석학적인 방법들은 결코 이해해야 할 대상의 역사적인 특수성을 다룰 수는 없다는 것이다. 그는 보편적으로 파악한 이해의 프로세스는 그 대상의 특수한 역사적인 제약에서 자유로워야 한다는 것이다. 슐라이어마허는 말하기를 '우리는 항상 직접적인 독자가 되어서 그 뜻을 이해해야 한다'(Manuskript 1: 4)고 주장한다. 이해해야 할 대상에 대한 역사적 지식들은 그에 의하면 직접 이해과정과는 상관이 없다. 그는 이해의 대상은 하나의 자율적인 과정으로서 그 자체의 보편적인 법칙을 갖고 있다고 생각했다. 그는 대상의 역사적인 관련들에 대한 지식이 바로 이해의 프로세스 자체에 속한다는 것을 인정하지 않았으며 그러한 역사적인 지식들이 이해를 위해서 결정적

---

[24] "즉, 언어를 통해서 우리는 대상 세계를 잘못 그려내고 있는 것이다. 그러므로 언어는 더 이상 실재 세계에 대한 적합한 표현수단도 아니고, 이해와 의사소통을 위해 보편적이고 타당한 수단도 아니다. 그렇지만 그 유용성 때문에 우리 인간은 그것을 스스로 만들어내고 또 사용할 수밖에 없다. 인간은 어떤 오류 없는 이상 언어를 만들어 낼 필요도 없고, 또 만들 수도 없다. 왜냐하면 일상 언어의 오류성은 인간의 필요 때문에 요청되고, 인간은 자신이 필연적으로 갖는 관점성으로 인해 실제적인 관심을 배제한 이상 언어를 만들 수 없기 때문이다."(백승영, 2000: 122) 따라서 언어가 있는 곳에서는 반드시 해석이 필요하다. 왜냐하면 해석이란 "언어를 의심하는 방법"(김상환, 2000: 163)이기 때문이다. 이렇게 본다면, 해석학적 순환은 사용된 언어를 계속해서 의심하게 함으로써 궁극적으로는 진정한 이해로 도달하게 하는 해석의 필수 과정이자 방법이 된다.

인 역할을 한다는 것을 알지 못했다. 또한 슐라이어마허의 해석학을 위해서 특징적인 것은 그는 이해의 현상만을 주목하고 그 이해된 것의 표현 Darstellung은 문제 삼지 않았다는 것이다. 그는 이해를 하나의 자율적인 현상으로 파악하려고 함으로써 이해와 표현의 관계를 분리시켰다. 그런 연유로 여기서는 역사적인 거리가 무시되고 과거의 사실에 전적으로 몰두하게 된다. 따라서 참다운 이해의 본질적 사실, 인간은 그의 상황에서 결코 분리될 수 없다는 사실, 인간은 그의 상황 속에서만 이해하려는 대상에 접근할 수 있다는 사실이 망각되었다.”(이규호, 1979: 245-246에서 재인용)

한마디로 슐라이어마허의 해석학은 역사와 역사성에 대한 인식은 충분했지만, 역사적 차원의 정신Geist보다는 이성Vernuft에 비중을 둔 체계철학(체계적 인식론 또는 윤리학)으로의 경향성을 보다 더 견지했다고 할 수 있다.[25] 구체적으로 역사적인 삶의 체험이 표현으로 이어지는 과정에서 역사성보다는 전체성에 보다 중점을 두었으며, 그럼에도 불구하고 이러한 역사적 개체성과 전체성과의 의미관련에 개입되는 정신의 객관성 또는 객관정신의 문제가 소홀하게 다루어졌다. 바로 이러한 문제에 관심을 갖고 정신의 과학성을 파악함으로써 이해를 완성하려고 했던 사람이 빌헬름 폰 딜타이였던 것이다. 딜타이는 주관적-역사적 체험이 (객관적) 표현으로 이어지는 과정에서 전체성이라는 우산 하에서 드러나는 정신의 객관성이야말로 ‘정신의 과학성’(정신과학)에 정당성을 부여할 수 있을 것으로 믿었던 것이다.

(5) 딜타이의 정신과학적 해석학

① 정신과학과 해석학

---

[25] 슐라이어마허는 <정신>이라는 개념 사용 대신에 대부분 <이성>이라는 개념을 사용했다(Scholtz, 1995: 68). 그에게서 아직 ‘정신과학’이란 용어 사용은 없으며, 윤리학을 “정신의 과학Wissenschaft der Geist” 또는 이성과학Vernunftwissenschaft으로 전용하고, 또 다른 곳에서는(“Ueber den Begriff des hoechsten Guts. 1. Abb,” 1827) “정신의 생동성에 관한 과학Wissenschaft von den Lebensthasetigkeiten des Geistes”이라는 개념을 사용하고 있다. 그는 자신의 논문 “Ueber den Umfang des Begriffs der Kunst in Bezug auf die Theorie derselben”(1831)에서 “정신에 관한 과학”을 “이성과학”으로 동일시했다(Schleiermacher, 1831: 183).

뉴턴 과학을 시대정신의 모델로 삼은 칸트의 순수이성비판은 계몽주의의 시대적 한계였던 '이성=과학의 만능'이라는 등식을 극복하기 위한 중요한 시도이기는 하지만 결정적으로 논리와 윤리를 분열시킨 철학이 되고 말았다.[26] 그러나 역사이성은 순수이성을 포괄한다(Bleicher, 1980: 19). 빌헬름 딜타이Wilhelm Dilthey(1833-1911)의 "역사이성비판"[27]은 '칸트의 순수이성비판에 대한 비판'이다. 딜타이는 칸트가 감정과 행위에 대한 욕구를 무시함으로써 '자아라는 전체'를 고려하지 못했다고 비판하였다. 한마디로 칸트의 맹점은 — 딜타이에 의하면 — 삶에 대한 비역사적 접근방법에 있다. 논리와 윤리의 칸트적 분열에도 불구하고 이론과 실천을 재결합시키려는 딜타이의 시도는 과학의 개념을 확장시키는 것으로 과학에 새로운 인식론적 근거를 마련해 주는 것이다(Bleicher, 1980: 22).

딜타이는 보편타당한 지식이 정신(삶)의 영역에서 개념화된 현상들과 내적 체험으로부터 과학이라는 경로를 통하여 도출될 수 있다고 생각했다. 즉, 체험은 극히 주관적이며 협소하지만, 그러한 체험을 객관적으로 이해함으로써 우리는 삶(정신)을 이해할 수 있게 된다. 딜타이는 말한다: "이해는 체험을 전제한다. 그러나 이해는 체험의 협소함과 주관성으로부터 전체와 일반의 영역 안으로 들어갈 때 비로소 삶의 경험이 된다"(Dilthey, GS VII, 1968: 143) 달리 말하면, 주관적 체험은 객관적으로 표현되고 이해될 때 진정한(객관적) 경험이 된다. 삶은 이미 과거가 체험된 삶이다. 따라서 우리는

---

[26] 플라톤은 철학의 과제를 지식을 통하여 삶의 행위를 인도하는 것으로 보았고, 소크라테스처럼 논리와 윤리를 불가능한 것으로 간주했다. 이와 같은 이론과 실천의 소박한 통일은, 근대 철학에서 질서 정연한 논리와 주관적인 윤리 사이의 분열로 대체 되었다. 특히 논리와 윤리의 분열은 이성의 영역이 극대화된 근대 과학의 산파였던 갈릴레오와 파스칼에 의해 대표된다. 칸트 철학 역시 이러한 범주를 벗어나지 못함으로써 논리와 윤리의 분열을 촉진시켰다(Bleicher, 1980: 21).

[27] 칸트의 『순수이성비판』을 보완하기 위하여 "역사 이성"의 비판을 시도해야 하는 필요성은 하나의 사건 속에서 철학과 과학, 형이상학과 인식론, 신념과 지식, 로고스와 에로스, 순수이성과 실천이성, 체계적 철학과 삶의 철학, 논리학과 역사 사이의 그것으로 다양하게 묘사되는 이원론을 양산해 내는 근대 철학 속의 긴장들로부터 생성되었다(Bleicher, 1980: 20). 구체적으로 1883년 딜타이의 글 "정신과학 입문Einleitung in Die Geisteswissencahften(GS. Bd. 1)"은 인간과 인간 스스로 만들어 낸 역사와 사회를 파악하는 인간의 인식능력에 대한 비판을 다룬 역사이성비판이다.

일단 (주관적으로) 체험된 삶에 의존해서 (객관적으로) 이해한다. 이러한 근거에서 딜타이에게는 '체험Erlebnis'이 삶의 최소단위가 된다.[28] 결국 주관적 체험을 (객관적으로) 이해하는 학문이 바로 정신과학이다. 따라서 정신과학은 인간의 체험을 해석하는 과제를 떠맡게 된다. 왜냐하면 인간의 '주관적 체험'이 궁극적으로는 '객관적으로 이해'되어야 하기 때문이다.

딜타이는 정신의 활동을 보다 잘 해석하고 이해하기 위하여, 한편으로는 헤겔의 역사이성에, 다른 한편으로는 칸트의 오성에 의존하고 있다. 딜타이는 칸트로부터 형이상학적 추론에 대한 이론을, 헤겔로부터는 역사에 관한 그의 관심, 즉 '사유의 역사성'이라는 관점을 수용했다(Bleicher, 1980: 19). 물론 딜타이는 세계정신이 자기 자신으로 복귀한다는 헤겔의 목적론적-신학적 가정은 거부한다. 또한 딜타이는 칸트의 선험적 진술 대신 우리가 행동하고 생각하는 조건에 대한 심리학적-역사학적 연구를 선택했고, 칸트의 "선험적 자아"를 "경험적 자아의 전체성"으로 대치했다(Bleicher, 1980: 20).

한편, 삶의 철학Lebensphilosophie은 딜타이로 하여금 이미 '자연과학'으로부터 인간과학, 즉 '정신과학'을 구별해야 하는 결정적 단서를 제공했다.[29] 왜

---

[28] 딜타이의 체험 개념은 드로이젠의 해석학 이론으로부터 나온다. 드로이젠의 해석학은 "체험의 이론"과 "재구성의 이론"으로 구성된다(Bleicher, 1980: 18). 우선 헤겔에게서 작용을 받은 체험의 이론에서 드로이젠은 "내적 체험의 과정들을 표현해 보려는 인간의 욕구"에 대하여 논하고 있다. 어떤 사람이 자신의 내적 체험 과정을 표현할 때, 이는 이를 지각하는 다른 사람의 마음에 투사된다. 이때 표현하는 사람과 지각하는 사람 사이에서는 공유하는 감정이 형성될 수 있으며, 이러한 과정은 계속해서 반복될 수도 있다. 궁극적으로 체험자와 체험자의 표현을 지각하는 사람은 서로 무엇인가를 공유함으로써 마침내 '절대적 전체성'이라는 개념에 도달하게 된다. 한편 재구성이론에서는 표현을 지각함으로써 자신의 내적 재생산을 이루어 낼 수 있는 방법을 다루고 있다. 이러한 드로이젠의 구상을 구체화시킨 사람이 바로 딜타이Wilhelm Dilthey였다. 딜타이는 "역사과학"(또는 문화과학: 빈델반트, 리커르트)이라는 용어 대신 "정신과학Geisteswissenschaften"이라는 용어를 대체시켰다. 이로써 딜타이는 정신과학의 창시자가 된다.

[29] 16-17세기부터 갈릴레이, 케플러 등은 수학적 방법을 동원함으로써 자연과학에서 객관적 타당성을 입증하고 검증하는 체계를 세웠다. 이로써 근대 자연과학의 틀이 형성되는데, 이러한 자연과학의 방법론은 그 후 모든 학문의 방법론으로 군림하면서 학문세계를 지배하게 되었다. 이러한 상황에서 데카르트와 스피노자의 철학적 사유도 영향을 받게 됨으로써 인간의 정신세계에 대한 분석 역시 자연과학적 방법에 주도될 수밖에 없었다. 이러한 경향은 결국 칸트의 철학적 집대성에서

냐하면 인간의 삶을 구성하는 정신세계는 자연의 질서와는 다른 인과 목적론적 관련을 형성하고 있기 때문이다(Dilthey, GS IX: 179).

딜타이의 정신과학은 접근방법에 따라서 체계론system theory과 구조론 structure theory으로 양분된다. 전자는 사회의 외적 조직에 관한 이론으로서 문화체계와 사회조직체계 사이에 존재하는 객관정신의 영역을 다루고 있으며,[30] 후자는 개인의 내적인 삶에서 의미를 포함하고 있는 정신구조Struktur des Geistes의 중요성을 강조한다.[31] 또한 그의 정신과학은 '체계적 정신과학'과 '역사적 정신과학'으로 구분된다. 전자는 객관화의 지속을 위한 어떤 형식Formen을 취하도록 요청되는 삶의 과정에 중점을 두며, 후자는 역동적인 인간의 행위 또는 그러한 행동의 구조에 대한 이해Verstehen에 관련된다. 왜냐하면 역사적 존재로 태어나는 인간의 삶은 역사 속에서 쉴 사이 없이 흐르는 가운데에서 자신을 표현함으로써 '형식'으로 객관화되기 때문이다. 이러한 객관화의 형식을 지속적으로 파괴하면서 삶은 확대된다. 한마디로, 인간의 삶은 끊임없이 흐르는 가운데 자신을 표현함으로써 형식Form으로 객관화되고 또한 이 형식을 깨고 확대해 가는 '역사적 존재'이다(Dilthey, GS VII: 351). 따라서 딜타이에게 "삶은 곧 역사"(Dilthey, GS VII: 291)가 되는 것이다. 달리 말하면, 인간은 역사 속에서만 존재하고, 역사 속에서만 인식한다(Dilthey, GS V: 279). 이러한 과정은 주관적 체험이 객관정신의 도움으로 객관적으로 표현되었다가 다시 그것이 주관적으로 (추)체험되는 경로와 일치한다. 결국 삶은 부단한 자기형성을 계속하기 위하여 '주관화-객관화의 관계'의 지속적인 긴장관계로 존재한다. 그러나 여기서 형식은 삶을 단순히 설명하는 도식이라기보다는 삶 자체의 형식이다.[32] 다시 말하면 '형식form'

도 계속적으로 작용하게 되는데, 바로 이러한 문제의식으로부터 딜타이는 인간, 역사, 사회를 다루는 정신과학의 복원작업 — 또는 정신과학의 체계화작업 — 을 자연과학의 그것과는 다른 방법으로 시도할 계획을 하게 되었다.

[30] 딜타이는 무화를 객관정신의 영역으로 규병하고 있는데, 이것은 삶의 양식, 교제의 형식들에서 한 사회가 형성되는 목적의 관계, 다시 말해서 인륜, 법, 국가, 종교, 예술, 과학, 철학 등에까지 이른다(W. 딜타이, 2002: 45).

[31] 딜타이는 자신의 "정신과학적 심리학Geisteswissensschaftliche Psychologie"에서 구조주의 심리이론을 정초했는데, 이는 슈프랑어에 의해 — 비록 관점의 차이는 인정되지만 — 계승되었다.

은 삶을 해석하는 기준이 아니라 삶으로부터 형성되면서 동시에 삶을 파악하도록 하는 소위 '구조관련의 개념'이다. 이러한 맥락에서 딜타이는 '삶은 삶 자체에서 스스로 파악되고 이해된다'(Dilthey, GS VII: 136)고 한다. 왜냐하면 삶은 역사적이기 때문이다(Dilthey, GS VII: 291). 이러한 의미에서 삶은 역사이다. 즉, 삶은 역사 속에서 성장하기도 하고 파멸하기도 하면서 끝없이 역사 속에서 삶은 스스로 전개된다.

삶이 역사라는 것은 '삶의 범주가 곧 역사의 범주'(Dilthey, GS VII: 362)라는 뜻이다.[33] 따라서 우리는 역사의 범주를 해석함으로써 삶을 이해할 수 있게 된다. 딜타이는 말한다: "인간은 역사 안에서만 인식될 수 있다. 인간은 결코 성찰을 통해 인식될 수 없다."(Dilthey, GS V: 279) 달리 말하면, 역사의 이해에서 인간은 스스로를 이해한다(Bultmann, 1958: 139). 한마디로 인간은 오로지 역사해석으로부터면 자신 인식이 도달할 수 있다. 이로써 딜타이는 이해의 목표에 도달하기 위해 '해석학'에 의존하게 되는 것이다.[34]

---

[32] 이미 딜타이는 실제적인 이해 과정과의 관련을 통하여 해석학적 지식의 가능성을 전제하고 인식론에 해석학적 통찰을 적용함으로써 메타과학을 실현하고자 했다. 이로써 '정신과학의 인식론적-논리적-방법론적 토대'(Johach, 1987: 182)가 계획된다. 이를 위해 딜타이는 우선 "삶의 범주"를 해석의 틀로 사용했다. 딜타이를 계승한 슈프랑어는 해석의 틀로 작용하는 삶의 범주를 구체적인 삶의 형식들Lebensformen로 범주화시키고 이를 "객관적인" 이해를 가능하게 하는 사고의 틀로 전용한다. 형식이란 수많은 지각 가능한 요소들이 상호 관련되어 있는 동질적인 구조, 그리고 자기가 만들어 낸 또는 자기 안에 구현된 정신의 특성을 보유하는데 적합한 동질적인 구조라는 넓은 의미에서 이해되어야 한다(Betti, 1972: 8).

[33] 비코G. B. Vico에 의하면, 인간이 스스로 역사를 만들기 때문에 역사를 이해할 수 있다(Bleicher, 1980: 16). 즉, 자연에는 역사가 없다. 역사는 오로지 자유롭게 선택하고 결단하여 책임질 수 있는 인간에 의해서만 가능하다. 따라서 어떤 사건이 역사적이려면, 그 사건은 인간과 관련되어 있어야 한다(오인탁, 1990: 48). 이러한 의미에서 딜타이는 "인간의 삶을 역사"(Dilthey, GS VII: 291)로 보았다.

[34] 딜타이는 우리의 모든 정신활동에는 주석註釋이 필요하다고 보았다. 왜냐하면 정신행위 및 활동은 매우 복잡하여 쉽게 이해하기가 어렵기 때문이다. 이는 희랍 신화에 나오는 헤르메스 신들이 신이 메시지를 전달할 때 오해와 전달자의 자의성을 피하기 위해서 꼭 주석을 달았던 사실과 맥락을 같이한다. 이때 헤르메스 신들은 신의 언어를 아마 나중에 명료화나 아니면 나중에 부가적인 주석을 필요로 하더라도 하여간 일단 이해하기 쉽고 의미있는 것으로 바꾸어 놓는 해석자로 행동한다(Bleicher, 1980: 11). 따라서 딜타이가 추구했던 주석작업은 해석학이 된다. 해석의 과정이 점점 자체적으로 해석의 규칙들과 법칙들을 갖추게 되면서 효

이해를 위해 우리는 역사성을 끌고 가는 삶의 역사적 흔적 자체를 해석할 수밖에 없다. 이러한 역사적 삶의 해석은 결국 삶(정신)을 객관적으로 파악하게 하는 과학적 접근, 즉 정신과학을 가능하게 한다. 이러한 의미에서 딜타이의 정신과학은 "역사적 정신과학historische Geisteswissenschaften"이 되며, 해석학은 정신과학의 방법론이 된다.

> "딜타이가 해석학을 정신과학의 방법론적 기초라고 보았으며, 이해를 정신과학의 구성적인 방법으로 파악하였다. 그리하여 슐라이어마허가 '이해의 예술론'으로 구상한 해석학이 딜타이의 노력을 통하여 정신과학의 방법론으로 발전하였다."(오인탁, 1990: 144)

즉, 19세기 말 "정신과학들Geisteswissenschaften"[35]이라는 용어와 개념을 "학문적으로 재창조하고 재구성한"[36] 딜타이는 "해석학적 방법"의 도움으로

율적인 해석이 이루어 질뿐만 아니라, 해석의 결과들은 자의성과 주관적인 요소들로부터 일반적인 타당성을 획득할 수 있게 된다. 여기서 이해를 도와주기 위한 지식의 명증성을 위해서 체계화된 해석의 기법Kunst이 요청된다. 이러한 해석기법이 바로 해석의 방법이며, 이러한 기술에 대한 이론Kunstlehre이 바로 '해석학 이론'으로 발전된다. 즉, 해석학은 처음부터 인식론적 입장에서 논하여진 것이 아니고 방법론의 문제로 나타났던 것이다(이규호, 1979: 241-242).

[35] A. Diemer는 "정신과학"이라는 용어는 1789년 「누가 계몽가인가?Wer sind die Aufklaerer?」(작자미상)라는 논문에서 처음으로 나타났다고 한다. 또한 이 용어는 Schelling 학파에 속하는 W. J. A, Werber의 논문인 「자연과 문화사이의 평생선, 자연시스템과 정신철학Der Parallelismus zwischen Natur und Kultur, Ein System der Natur und Geistesphilosophie」(1824)에서도 등장하고 있다. 특히 1847년 E.A.E. Calinich는 자신의 논문 「김나지움, 레알슐레 그리고 고등교육기관 또는 자기학습을 위한 철학적 기초지식Philosophische Propaedeutik fuer Gymnasien. Realschlen und hoehere Bildungsanstalten sowie zum Selbstunterricht」에서 자연과학적 방법과 정신과학적 방법을 구분하고 있으며, Schiel은 J. St. Mill의『논리학』에 나오는 "moral science"를 정신과학으로 번역하고 있다.<오인탁, 1990: 143쪽에서 발췌 인용함> 그러나 이러한 논문들에서 나타난 "정신과학"은 아직 학문적으로 다듬어진 개념은 아니었다.

[36] 19세기 말경 독일에서는 정신과학의 방법적 특이성, 즉 자연과학들의 방법과는 다른 독자적인 것을 찾아내려고 하는 움직임이 일어났다. 빈델반트Windelband는 1894년 그의 하이델베르크Heidelberg 대학 총장 취임연설에서 아주 인상적인 표현으로 모든 과학들은 법칙적 과학die nomothetische Wissenschat과 개성적 과학die idiograohische Wissenschaft으로 나누었다. 자연과학이 보편적인 법칙을 발견하려고 하

"정신과학"을 완성할 수 있을 것이라는 확신을 가지고 있었던 것이다.[37] 왜냐하면 과학이란 — 자연과학이건 정신과학이건 — 반드시 가설을 입증하기 위한 적절한 "방법Methode"을 가지고 있어야 하기 때문이다. 해석학 역시 과학science인 동시에 기술art이다(Bleicher, 1980: 15).

② 정신과학적 방법론으로서의 해석학[38]

가. 설명과 이해

딜타이에게 '설명'은 실증주의자들에 의해서 '역사적 학문들historische Disziplinen'에 응용된 자연과학적 인식의 방법이다. 반대로 '이해'는, 첫째, 직관과 통찰의 방법, 둘째, 역사 및 사회현상의 일회적 사건을 인식하는 방법, 셋째, 감성적 직관에 논리적 사고과정도 포함되는 통합적 방법, 넷째, 타인에 대한 주관적 공감의 방법, 다섯째, 나의 체험과 타의 체험간의 내적 연관성을 인식하고, 이를 추체험하여 재구성하는 방법을 말한다. 결국 딜타이에게 자연과학적 방법인 '설명'과 정신과학적 방법인 '이해'는 대립관계로 나타난다.[39]

는데 대하여 역사과학은 일회적인 것the Einmalige의 특수성을 표현하려고 한다. 빈델반트와 함께 신칸트주의의 서남학파에 속하는 리케르트Rickert는 이와 같은 빈델반트의 사상을 이어받아 인문과학의 이름을 문화과학文化科學이라고 부를 것을 제안했다. 이러한 문화과학이라는 이름은 곧 딜타이로 말미암아 정신과학이라는 이름으로 대체되었다.<이규호, 1979: 240-241 참고>

[37] 딜타이는 자신의 논문 『정신과학 입문Einleitung in die Geisteswissenschaften』(1888)에서 자연과학과 달리 정신과학은 사적·사회적 현상을 대상으로 하는 모든 과학들을 의미한다고 했다. 또한 여기서 그는 해석학을 정신과학의 방법론적 기초라고 보았으며, 이해를 정신과학의 구성적인 방법으로 파악했다. 그리하여 슐라이어마허가 "이해의 예술론"으로 구상한 해석학이 딜타이의 노력을 통하여 정신과학의 방법론으로 발전했다(오인탁, 1990: 144).

[38] 딜타이는 해석학을 정신과학의 방법론적 기초라고 보았으며, 이해를 정신과학의 구성적인 방법으로 파악하였다(오인탁, 1990: 144). 따라서 우리는 '정신과학의 구성적 방법'으로서의 '이해'를 토대로 히여 '이해에 기반을 둔 실천' 특히 '교육실천'의 가능성을 얻게 된다.

[39] 딜타이에 의해서 '정신과학적 방법'으로 수용된 해석학은 자신의 방법적인 고유성에 대한 주장과 함께 정신과학적 방법의 정당성을 회복하기 위하여, 당시 자연과학적 연구방법의 차용으로 정신과학의 영역에서도 득세하고 있었던 영국의 경험주의와 프랑스의 실증주의에 대해서 비판의 끈을 놓지 않았다(Bollnow, 1982: 117).

즉, 그는 자연과학에 대한 정신과학의 독자성을 증명하려는 의도를 가지고 두 과학을 현저하게 대립시키며(『정신과학서설Einleitung in die Geisteswissenschaften』(1883)), 이것들의 대상과 방법을 원칙적으로 구분했다(한국철학사상연구회 편, 1989: 300).

> "'자연'은 항상 우리와는 낯선 것으로 인간과 간격을 두고 마주 서 있다. 우리는 그러한 자연에 대해서 한 눈으로 개괄할 수 있도록 그리고 지배가 가능하도록 하기 위해서 보편타당한 (인과)법칙을 확립하려고 한다. 그 법칙의 도움으로 아직 알려지지 않은 모든 현상을 우리는 그 법칙의 기초 위로 환원함으로써 '설명'하려고 한다. 반면 '정신'은 인간에 의해 만들어진 세계로서 우리와 마주 서 있는 것이 아니라 인간의 내부로부터 완전히 투영된다. 우리는 그것의 모든 지체肢體들의 내적 관계를 '의미관련의 구조' 안에서 '이해'한다."(Bollnow, 1981: 121)

한마디로 자연은 인과법칙 속에서 우리에게 나타나고, 인간의 삶과 정신현상은 ─ 주로 역사와 문화 속에 투영되어 있지만 ─ '의미관련Sinnzusammenhang'을 통하여 우리에게 다가온다(Danner, 1994: 27). 즉, 이해란 외부에서 감각적으로 주어진 기호로부터 하나의 내면적인 것, 즉 의미를 인식하는 과정이다(Dilthey, GS V: 318).

결국, 이러한 맥락에서 딜타이는 "자연은 설명하고 정신생활은 이해한다"(Dilthey, GS V: 144)고 선언한다. 이로써 그는 정신과학의 방법적 독자성을 주장하고 나선다.[40] 이제 '설명'이 자연현상의 제반원리를 일반화하는

---

[40] 당시 사회과학의 영역에도 연구방법은 빠른 속도로 발전하고 있었다. 이를테면 프랑스와 영국에서 시작된 '실증주의positivism'가 바로 그것이었다(박순영, 1978: 101). 특히 자신의 저서 『실증철학의 과정Cours de philosophie positive 6 Bde.』(1830-1842)에서 꽁트August Comte(1798-1857)에 의해 구체화된 철학적 연구방법론으로서의 실증주의적 접근은 자연과학의 방법을 정신과학에 적용하는 것도 가능하지 않다는 암시로 작용했다. 또한 1866년 브렌타노Franz Brentano(1838-1917)는 자신의 교수자격논문에서 "철학의 참된 방법은 자연과학의 그것과 다를 수 없다"(Brentano, 1929: 36)는 선언을 함으로써 정신과학에 자연과학적 방법을 도입 적용하는 경향이 고조되기 시작했다. 이러한 관련 속에서 ─ 즉 방법론 연구에 치우쳐 있던 당시 학계의 조류에 편승하여 ─ 딜타이의 방법론적 시도가 이루어

법칙정립의 방법이라면, '이해'는 개개의 것을 역사적이고 유일회적인 것으로 파악하는 개성個性기술적 방법이다.[41] 역사 속에서 발생하는 정신현상은 모두 상대적이고 또한 유한有限하기 때문에, 개별사건들은 저마다 '개성'을 가진다. 이들이 모여서 역사는 개별적 다양성을 가지게 된다. 그러나 이러한 개별적 다양성은 개별적으로 분석될 수 있는 것이 아니다. 왜냐하면 이러한 개성들은 역사라는 흐르는 전체 속에서 서서히 드러날 수밖에 없기 때문이

지게 된 것이다. 그러나 딜타이의 방법은 실증주의와 자연과학적 방법의 적용이라는 차원과는 판이했다. 왜냐하면 자연현상을 하나의 보편타당한 법칙 속에서 설명하는 것과 복잡하고 다양한 인간의 삶과 정신 현상을 설명하는 것은 차원이 다르기 때문이다. 자연법칙은 '규칙적 반복성'을 전제한다. 그리고 검증될 수 있다. 반면 인간이 만들어내는, 즉 삶으로부터 드러나는 표현들인 역사와 문화는 '특수성'과 '유일무이한 일회적 현상으로서' 규칙적으로 반복되는 자연현상과 다르며 검증될 수도 없다. 한마디로 자연법칙은 반복적이지만, 역사는 일회적이다. 이는 마치 봄에 꽃이 피고 겨울에 떨어지는 자연의 법칙처럼 인간의 삶도 항상 똑같이 반복되는 것은 아니라는 뜻이다. 따라서 인간의 삶과 정신 현상을 연구하는데 있어서는 같은 규칙이나 법칙을 적용할 수도 없다. 또한 이러한 규칙이나 법칙을 적용한다고 해도 모든 삶이 관찰되고 설명될 수 있는 것은 아니다. 삶에서 무수히 부딪히는 '돌발 상황'이나 '돌출 행동'은 모두 우리 인간의 삶이 규칙적·법칙적으로 설명될 수 없음을 알려준다. 물론 자연현상에서도 돌연변이가 있다. 그러나 이 역시 어떤 법칙이나 규칙을 가지고 설명된다. 다시 말하면, 우리는 자연현상을 모두 인과원칙(또는 인과법칙)에 따라 설명하면 되지만, 인간은 사회를 형성하고 그 안에서 사회의 한 주체로서 역동적으로 현상하기 때문에, 어떤 단일법칙으로 그의 개별행동을 파악할 수 없다. 심지어 역사는 각 개별사건들이 특수성을 띠고 있기 때문에 보편적인 자연법칙으로 이들을 파악할 수 없다. 역사는 불가역성, 비非반복성 그리고 일회성으로 해명되어야 한다. 이렇게 본다면, 보편타당한 법칙을 지향하는 자연과학의 방법으로 인간의 삶을 설명한다는 것은 인간의 삶과 정신현상을 축소 왜곡하게 된다. 바로 이러한 점에서 정신과학의 특수성과 고유성이 주어지는 것이다. 이러한 연유로 딜타이는 '방법론적 독단론' 또는 '방법론적 단일주의'를 비판하였다. 즉, 당시 자연과학적 방법 또는 자연과학적 방법의 응용만이 － 즉 실증주의 및 경험주의 등 － 학문연구의 방법으로 인정되고 있었던 현실에 대한 딜타이의 거부였다. 이러한 딜타이의 노력으로 우리는 비로소 학문에서의 '방법론적 개방성' － 즉 자연과학적 방법론 이외에도 다른 방법론이 있을 수 있다는 사실 － 을 취득할 수 있었다고 평가한다.

[41] 딜타이는 역사적 정신과학의 핵심인 '이해의 방법'을 통하여 사회과학의 연구 영역에도 새로운 차원을 열어주게 되었다. 구체적으로 딜타이에 의해 제시된 이해의 방법은 과학주의적 접근 방법의 개념적 망을 통하여 빨려들어 가거나, 아니면 그러한 접근 방법으로 환원되었던 대상의 부분들을 구성하는 의미의 범주에 의해 인도되고 있다(Bleicher, 1980: 26).

다. 따라서 역사적이기 때문에 유(唯)일회적일 수밖에 없는 인간(삶)은 설명될 수 없다. 정신은 이해될 뿐이다. 따라서 정신의 이해를 위해 정신과학은 해석학의 도움을 요청하게 되는 것이다.

이로써 슐라이어마허 이후 약 50여 년 동안 해석학은 신학과 문헌학에 연관된 해석의 새로운 체계에서 새로운 과학, 즉 정신과학들Geisteswissenschaften의 방법론으로 발전했다(Bleicher, 1980: 16). 즉, 해석학 개념은 자연과학으로부터 정신과학을 독립시키는 도구로써 새로운 활동성을 얻게 되었다(Scholtz, 1995: 9). 이로써 모든 것을 이해하기 위한 전제 조건을 마련해 준다는 종전 해석학의 주장은 역사적 사건들의 방법적인 재구성에 있어서 객관성의 보호막으로 전환되었고 - 정신과 정신적 표현들의 영역으로 - 실증주의자들의 침입이 거절당할 수 있는 토대를 마련해 주게 되었다(Bleicher, 1980: 16).

설명과 이해의 본질적 차이는 현실에 나타나는 사물, 사실 그리고 과정 등이 어떤 다른 '의미'를 가질 수 있다는 사실에 기인한다(Danner, 1994: 16). 다시 말하면, 모든 삶의 현상이 모두 같은 의미를 가지고 있는 것은 아니라는 사실이다. 예를 들어 우리의 몸짓은 손과 팔 그리고 근육의 움직임, 에너지의 사용 등의 역학관계가 물리적-기계적 또는 해부학적으로 설명될 수 있다. 그러나 그 몸짓이나 제스처의 '의미'는 사람에 따라서 그리고 시공간의 상황과 맥락에 따라서 모두 다를 수 있다. 따라서 그 의미는 설명의 대상이 아니라, 이해될 수밖에 없는 것이다. 물론 밀물과 썰물 그리고 지구와 달의 인력관계 같은 자연현상들은 자연의 법칙에 따라서 기계적으로 '설명'될 수 있다(Danner, 1994: 15). 그러나 그 안에서 살고 있는 우리의 삶은 동서고금을 막론하고 제각각 다른 의미를 담고 있다. 어떤 사람들은 달을 향한 자신의 기원에 소중한 의미를 담고 있을 것이며, 어떤 사람에게 이런 일들은 별 의미가 없다. 자연에 내 던져져 있는 자연과학적으로 분석될 수 있으며, 무게, 범위, 낙하속도, 화학구조에 대해서 측정과 설명이 가능하다. 그러나 그 돌에 부여하는 의미는 모두 다르다. 또한 모차르트나 베토벤의 음악을 악보, 멜로디, 템포 등으로 사람들에게 일률적으로 설명할 수는 있지만, 그 음악이 가지는 의미는 사람마다 모두 다르다. 바로 이러한 의미와 역사적-공간적 의미관련이 이해의 대상인 것이다.

이해는 어떤 것을 어떤 것(인간적인 것)으로 인식하고 동시에 그의 의미를 파악하는 것인데 반해, 설명은 사실을 원인으로부터 추론하는 것이다(Danner, 1994: 19). 즉, 원칙으로부터 주어진 것은 추론하는 것이 설명이다. 따라서 딜타이는 인간의 삶은 결코 설명으로 충분하지 않으며, 반드시 이해에 의해서만 해명될 수 있다는 주장을 하게 되는 것이다. 학교에서 말썽을 피우는 아이의 행동이 도식적-기계적으로 설명될 수는 있지만, 아이의 행동의 의미와 의미관련을 이해하는 것은 쉽지 않다. 만약 우리는 아이가 하는 행동의 의미를 오점 없이 완전히 해석해 낼 수 있을 때, 아이의 삶을 오해 없이 완전히 이해하는 것이다. 이러한 이해 위에서 비로소 우리는 제대로 된 교육을 행할 수 있다.[42] 따라서 정신과학의 목표는 삶의 의미를 이해하는 것이다. 물론 이러한 이해는 삶이 표현하는 의미를 하나하나 해석하는 과정을 통해서 발생한다. 따라서 이러한 차원, 즉 의미를 이해하는 것이 해석학적 과제가 된다(Danner, 1994: 28).

나. 초보적 차원의 이해와 고차원의 이해

위에서 본 것처럼, 해석학적 이해는 한마디로 '의미이해'이다(Danner, 1994: 32). 우리는 심리학적 감정이입 또는 타자에게의 자기몰입만으로는 해석학적 이해를 완성할 수 없다. 물론 이들 역시 이해방법의 특수한 사례임에 분명하다. 그러나 감정이입이나 동감 같은 심리학적 차원에서 완전한 이해가 끝나는 것은 아니다.

딜타이는 '초보적 차원의 이해'와 '고차원의 이해'를 구분하였다(Danner, 1994: 36). 초보적 차원의 이해는 개별적 표현을 하나하나 이해하는 것이며,

---

[42] 딜타이는 "오르지 삶의 목적으로부터만 교육이 연역되는데, 이러한 삶의 목적을 윤리학은 보편타당하게 규정할 수 없다"(Dilthey, GS.VI: 57))고 하면서, 윤리학에 목표를 두고 심리학에 방법을 의존하고 있던 전통적 교육학, 특히 헤르바르트의 규범교육학을 비판하면서 정신과학적 교육학으로의 전환을 요구했다. 교육의 의미와 목표는 그 역사로부터만 인식될 수 있으며, 윤리와 도덕은 단지 부분적인 인식만을 제공할 뿐이다(Dilthey, GS.IX: 178).

고차원의 이해는 전체와의 관련 속에서 개별적 체험을 이해하는 것을 말한다. 따라서 전자는 '심리학적 이해'이며, 후자는 '의미-이해'를 말한다.

우선 "초보적 차원의 이해"[43]는 의식적으로 이해하려는 노력이 없이도 모종의 사실이해와 함께 발생한다. 예를 들어, 교사는 아동의 웃음을 직접 그 자체로서 그리고 기쁨의 표현으로서 지각할 수 있다. 그러나 어떤 특정한 아동이 항상 다시 웃고 이 때문에 교사에게 그가 비정상적으로 보여 지기 시작한다면, 교사는 가능한 한 아동의 웃음 이면에 숨어있는 근거를 파악하고자 할 것이고 이 아동의 웃음이 주는 의미를 진지하게 이해해 보려고 할 것이다. 교사는 우선 아동의 부모에 대해서 알고 싶어 할 것이고 또한 그가 자란 환경 및 교우 관계, 성격, 취미, 형제관계, 가정생활 그리고 집안의 내력 등에 대해서 알아보려고 할 것이다.

고차원의 이해는 초보적 이해 위로 증축되며 개별적 아니면 일반적인 삶의 관련성을 제도해 낸다. 그러나 이해의 과정은 고차원의 이해에서나 초보적 차원의 이해에서나 원칙적으로 같다(Danner, 1944: 37). 물론 해석학의 최종 목표는 고차원의 이해이며 이러한 이해야 말로 해석(학)의 중심이다. 그럼에도 불구하고 고차원의 이해는 초보적 차원의 이해를 토대로 한다. 그런데 초보적 차원의 이해에서는 의미의 우연성이 작용할 수 있지만, 이로써 고차원의 이해가 보장되는 것은 아니다. 또한 고차원의 이해는 주관성내지 주관적 감정이입에 의해 좌우될 수 없다. 따라서 딜타이에게는 "지속적으로 고정되는 삶의 외현(객관물)"이 중요하게 되는 것이다. 즉, 고차원의 이해가 해석학의 핵심이고 고차원의 이해를 이루기 위해서는 가능한 한 우리는 의도적으로 삶의 외현(표현)을 고정시킬 – 우연적으로 날아가지 않도록 – 필요가 있다. 아니면 순간순간에 고정적으로 표현되는 삶의 외현을 해석의 대상으로 붙잡는 것이다. 특히 '기록된 증거물'이나 '역사적 기록' 등은 중요한 해석의 대상이며 고차원적 이해를 가능하게 해 준다(Danner, 1994: 38). 이것들이 이해의 대상으로서의 '객관objektives'이 되는 것이다.[44]

---

[43] 딜타이는 초보적 차원의 이해를 다시 초보적 심리학적 이해(감정이입)과 초보적 의미-이해(몸짓의 파악, 단어 의미의 이해)로 구분했다(Danner, 1994: 38).

[44] 이러한 딜타이의 생각은 특히 하이데거와 가다머 등 존재론적 사상가들에 의해서

딜타이는 이해가 초보적 차원에서 고차원으로 전이될 수 있는 근거를 '간주관적 상호 이해'의 가능성 속에서 찾고 있다. 즉, 나와 타자간의 이해가 이루어진다면 간주간적인 상호이해가 가능해진다. 그렇다면 이러한 간주관적 상호이해의 근거는 무엇인가? 그것을 딜타이는 '공통의 기질Kongenialitaet, congeniality' 또는 간단하게 '공통성'이라고 한다(Danner, 1994: 68). 이러한 공통성의 기반 위에서 나는 타자의 삶과 삶의 표현을 이해할 수 있는 것이다. 물론 이러한 공통의 기질은 우리 인간의 삶이 본질적으로 공통성이라는 자양분으로부터 생성된다는 딜타이의 삶의 개념으로부터 도출된다. 딜타이의 삶의 개념은 다음과 같이 3가지 차원으로 이해된다(Bollnow, 1980: 43-44):

"1. 삶은 개개인의 개인적 현존만이 아니라, 보다 근원적으로 본다면 인간을 구속하는 삶의 공통성을 의미한다.
2. 삶은 고립된 주체가 아니라, 자아와 세계를 공통으로 포괄하는 관계의 전체성을 의미한다.
3. 삶은 형태 없이 흘러가는 무엇이 아니라, 역사 과정에서 스스로 펼쳐지는 삶의 전체적 질서이다."

그런데 이러한 삶의 공통적 기질은 오로지 역사적이며 사회 문화적 형성으로 가능하다. 또한 이는 반드시 '의미Sinn, meaning'의 차원일 수밖에 없다. 따라서 여기서는 의미관련Sinnzusammenhang이 중요하다. 예를 들어, '언어'는 대표적인 공통의 기질이며 공통성이다. 우리는 언어를 매개로 서로 공통의 기질이 통한다는 것을 알게 되며 이를 매개로 의사소통을 하며 자신을 표현한다. 물론 언어는 그때마다 그리고 화자의 의도에 따라 '의미'가 다르게 전달될 수도 있다. 그럼에도 불구하고 공통성은 표현을 이해하는데 있어서

실증주의, 객관주의로 비판을 받는 빌미를 허용하게 된다. 실제로 딜타이는 심리학적 분석 내지 '통계적 방법'(Dilthey, GS IX: 179)을 결국은 사적-사회적 작용관련을 함께 조직적으로 연결하는 해석학적 작업을 통하여 정신과학의 과제를 발전시켰다.

결정적이다. 왜냐하면 이러한 공통성 안에서 이해는 개별적 이해의 주관성이 전체적인 상호이해의 방향으로 확대되어 가기 때문이다. 이러한 의미에서 딜타이는 "이해가 세계를 열어준다"(Dilthey, GS VII: 205)고 한다.

그런데 이러한 공통성 안에서 우리는 정신의 객관적 산물(또는 정신의 객관화)을 이해하게 된다.[45] 이를 딜타이는 "객관정신objektiver Geist"의 덕분이라고 한다. 딜타이의 객관정신은 헤겔이 이성으로부터 추론하는 객관정신이 아니라, 삶의 공통성 안에서의 구조관련에서 생성된다. 즉, 객관정신이란 개인과 개인 사이에서 존재하는 공통의 기질이 주관적 감각 세계에서 빠져 나와서 객관화된 형식들을 말한다(Dilthey, GS VII: 208). 이러한 객관정신은 표현된 것들을 객관적으로 이해할 수 있도록 하는 근거가 된다.

불트만은 절대적이고 궁극적인 지식이라는 관점에서 본다면 역사적 지식의 객관성은 성취될 수 없다고 보았다(Bultmann, 1958: 136). 이러한 주장은 해석학적 과제란 영원히 완성될 수 없다는 뜻이다. 왜냐하면 이해의 현실성에 항상 의존하고 있는 해석의 과제는, 사실상 해결되어 완수된 것으로 간주할 수 없기 때문이다.

> "모든 해석은 처음에는 납득되는 것 같지만, 확실하게 해석이 완성되었다고는 하기는 어렵다. 해석학적 과제가 결코 완성될 수 없다는 사실은, 원전이나 작품 그리고 기록에 숨어있는 의미가 항상 삶을 통하여 다시 탄생하며, 재생의 고리 속에서 항상 새롭게 변형되어 가고 있기 때문이다. 그렇지만 이러한 사실은 객관화된 의미 내용이 다른 사람의 창조적 힘이 객관화되는 것을 부인하는 것은 아니다. 해석자는 자의적인 방법이 아니라 통제 가능한 지침들의 도움을 가지고 다른 사람의 창조적 힘을 객관화시킬 수 있다. 왜냐하면 다른 사람의 정신은 직접 자기가 말을 걸어오는 것이 아니라, 정신적 힘이 부여된 변형된 매개물을 통하여 시간과 공간을 초월하여 우리에게 말을 걸어오기 때문이다. 이로서 그 매개체는 우리가 작품의 의미에 접근할 수 있도록 해 준다."(Betti, 1972: 28)

---

[45] 따라서 딜타이는 해석학을 텍스트들의 예술적 해석의 학문으로서 정신적 객관화들 전체를 이해하는 학문의 하나로 파악했다(오인탁, 1990: 223).

이렇게 본다면, 모든 개별자들의 주관적 의식 속에는 이미 초개인적인 것이 들어 있다. 바로 이러한 초개인적인 것이 객관적 표현과 객관정신을 가질 수 있도록 하는 근거이다. 따라서 다양한 개별자들의 주관들은 결국은 동질적인 것, 즉 객관화된 공통적 기질로 합쳐질 수 있다. 예를 들면, 예술, 법률, 종교 등은 공통성의 통합으로서 주관의 모임으로 인하여 객관이 된 것들이다. 그러나 오히려 개인은 이들에 의해서 통제되고 제재되기도 한다. 왜냐하면 이들은 이미 "객관"으로 표현된 것들이기 때문이다. 그럼에도 불구하고 이러한 객관적 표현들은 삶의 제 문제들을 중재함으로써 서로의 삶을 해석하고 이해하게 하는 준거가 될 수 있다. 간주관성이 발휘되는 것이다. 다시 말하면 이러한 객관적 표현들은 객관정신의 발로이며 아울러 다시 새로운 객관정신을 형성한다. 따라서 우리는 이러한 객관정신 안에서 나와 이웃의 관계, 나와 정치, 나와 경제, 나와 환경 등 나와 세계의 관계를 간주관적으로 이해하게 된다. 이때 이해하는 주관은 타자로의 몰입Hineinversetzen을 이루게 되는데, 여기서 이러한 객관적 표현에 대한 추체험Nachleben이 가능해지는 것이다(Dilthey, GS VII: 215).

다. 체험과 추체험

딜타이에게 삶은 현실을 초월하는 형이상학적 원리에 따라 이루어지지 않는다. 그렇다고 삶은 백지상태도 아니다. 오히려 삶은 '언제나 이미immer schon' 역사 속에 던져져 있다. 또한 삶은 쉴 사이 없이 움직인다. 딜타이는 말한다: "우리의 인식은 삶의 배후까지 도달할 수 없다."(Dilthey, GS VIII: 184) 즉, 삶은 인식될 수 있는 것이 아니라 오로지 체험될 수 있을 뿐이다. 우리는 체험에 의해 드러난 것만을 파악할 수 있으며, 삶은 현실에서 체험된 삶으로 제한된다(Dilthey, GS VII: 334).

이로써 딜타이에게서 삶의 최소단위는 개별적(주관적) 체험Erlebnis이 된다. 이러한 개별(적) 체험은 이미 소여된 대상들과 주관과의 구조적 통일에서 비롯된다. 심리학적으로 말하면 체험은 내적 지각과 외적 지각의 통일을 말한다(Dilthey, GS V: 211). 따라서 딜타이의 해석학에서는 어떠한 소여도 체험되지 못하면 존재하지 않는 것이다. 달리 말하면, 체험은 현실을 소유하는 방법이다. 즉, 체험은 나에게 모든 현실이 알려지는 결정적인 방식이다 (Dilthey, GS VI: 21). 이러한 의미에서 딜타이에게 체험은 삶에 접근하는 유일한 인식방법이다(Dilthey, GS VI: 313). 그러나 이러한 개별체험은 전체와 분리되거나 파편적인 것이 아니라 항상 전체와 관련되어 있다. 왜냐하면 역사성 속에서 모든 개별적 체험은 전체와 의미관련으로 구조관련 되어 있기 때문이다. 이러한 구조관련 속에서 개별체험은 부분으로부터 전체로 확장될 수 있다.

결국 딜타이의 해석학에게서는 (주관적) 체험이 해석되는 것이다. 왜냐하면 궁극적인 삶에 대한 이해는 체험에 근거하기 때문이다. 또한 체험은 삶을 이해하는 수단이며 삶의 범주 중 하나이다(이규호, 1979: 249). 이런 의미에서 '체험'은 이해의 중요한 전제조건이 된다.

> "체험으로 이루어지는 삶은 수수께끼이며, 어떤 필연성이나 법칙성도 가지지 않는 탐구 불가능한 비합리적 사건의 흐름이다. 삶에서는 모든 것이 절대적으로 일회적이며 반복될 수 없기 때문에, 오성에 의해서는 파악되지 않으며 직관적으로 '이해'될 수 있을 뿐이다."(한국철학사상연구회편, 1989: 300)

딜타이는 우리가 경험하거나 체험할 수 있는 것만 알 수 있다고 한다. 따라서 삶을 초월하는 것은 체험의 대상이 아니기 때문에 이해의 대상에서 제외된다. 이렇게 본다면 딜타이의 삶은 형이상학적 삶과 무관하며 극히 현실적이며 실용적이기까지 하다. 물론 형이상학적 차원이라고 하더라도 체험이 가능하면 이는 삶이 되며 이해의 대상이 된다. 예를 들어, 신이 존재하는가? 혹은 아닌가? 하는 의구심은 형이상학적 문제일 수 있다. 그러나 우리가 살면서 신을 체험하면 신은 우리와 함께 존재하는 것이다. 물론 신을 체험하지 못하면 이는 형이상학적 차원에 그대로 있는 것이다. 따라서 딜타이에게 신에 대한 전통적인 해석도 이러한 범주에 따른다. 물론 체험하는 정도에 따라서 신의 존재도 제한된다. 그러나 제한된 체험은 — 딜타이에 의하면 - 분절되고 단속斷續되어 나타난다고 하더라도 그것이 파편이나 부분으로 남는 것이 아니라 항상 전체와 관련되어 있다(Dilthey, GS VII: 140). 따라서 이러한 체험은 다양성으로 나타나지만 결국은 전체적으로 통일적 의미구조 속에서 의미구조관련으로 나타나게 되는 것이다. 한마디로, 개별체험 또는 개별적 부분들은 전체와의 관련 속에서만 발생하며 전체적 관련 속에서만 이해가 가능해진다.[46] 그리고 딜타이는 부분으로부터 전체로 확장되는 정신과학의 과제를 작용관련Wirkungszusammenhang의 이해라는 해석학적 방법으로 전개하여 나갔다. 왜냐하면 전체와 부분의 관계는 통합된 의미에 구속된 상호작용의 관련이기 때문이다. 딜타이는 이러한 전체와 부분간의 상호작용을 "인간의 항존적 관계양식"(Dilthey, GS V: 60)이라고 부른다. 이렇게 해석학은 부분(주관)과 전체(객관)와의 분리되지 않는 관계를 다룬다.

한편, 체험은 '표현'으로 이어진다. 즉, 체험이 표현이 되고 그러한 표현이 이해로 되는 것이다. 예를 들면, 우리에게 과거는 체험된 삶이다. 그리고 역사의 과정으로서 현상하는 삶은 과거라는 시간적 정체성으로부터 벗어나서 과거의 의미를 현재라는 기점에서 되새길 수 있는 기회를 마련하게 된다. 아울러 현재의 의미는 또 다시 미래를 향해 나아간다.[47] 이러한 과정에서 해석이 요청된다. 여기서 해석의 매개체Mittelglied가 바로 표현인 것이다. 그러나 딜타이에 의하면, 체험은 표현되고 표현은 새롭게 체험되어 결국 체험과 표현은 완전히 하나가 된다(Dilthey, 1919: 236). 그리고 독자는 텍스트에 대한 자신의 "이해"에 맞추어 "표현"을 보충한다(Palmer, 1969: 17).

---

[46] 이로써 해석학에서는 전체-부분의 관계를 해석하고 이해한다는 명백해진다. 여기서 전체는 시공을 초월한 가상이나 형이상학의 세계가 아니고 인간이 그 안에서 실제로 서로서로 관련이 되고 의미로운 관계를 맺고 있는 하나의 단일한 세계 einheitliche Welt, 즉 삶의 전체가 된다. 에밀리오 베티에 의하면, 개별적이 요소들로부터 전체의 의미를 읽어낼 수 있고, 그 개별적인 요소 자체가 하나의 부분으로서 구성하고 있는 포괄적이며 철저한 전체와 관련하여 이해될 수 있다(Betti, 1972: 16). 한단어의 의미·강도·뉘앙스는 그 단어가 언급된 의미연관과 관련하여 파악될 수 있듯이, 즉 말의 유기적인 구성과 확증성의 상호적인 연관성에 관련됨으로써만 이해될 수 있는 것이다(Betti, 1972: 16).

[47] 푸코에 의하면, 해석이란 역사적 미래를 개방하는 것이다(김상환, 2000: 199)

딜타이에 의하면, 표현과 이해의 관계는 표현이 먼저 있고, 이해가 뒤 따르는 것이 아니고 표현과 이해는 동시적이고 직접적이다(이규호, 1979: 254). 한마디로 딜타이 해석학의 본질은 표현과 이해 그리고 체험은 직접적인 관계에 들어 있는 것이다. 체험은 일단 이해의 조건으로서 그것만으로도 충분할 수 있다. 그러나 개별체험이 보다 완숙한 이해로 가기 위해서 우리는 그러한 체험이 표현되는 순간을 포착할 필요가 있다. 왜냐하면 끊임없이 흘러가는 역사 과정을 체험만 하는 것으로는 우리가 결코 이해의 기회를 만들기는 곤란하다. 따라서 표현은 순간적이겠지만 ― 아니면 이를 가상이라고 하여도 ― 애써 표현된 것을 잡아 놓고 이를 해석의 대상으로 설정하는 것이다. 그 순간이 시간적 흐름으로 본다면 바로 오늘이다. 과거의 의미가 오늘이라는 시점에서 표현된다고 가정하지만 과거-현재-미래는 의미의 흐름이며 표현된 어떤 의미가 이해되는가 하는 것은 전적으로 해석자에게 달려 있다. 하여간 해석자가 해석함으로써 비로소 이해의 기회가 열리게 된다. 만약 해석의 기회가 주어지지 않는다면, 이해의 기회도 영원히 없는 것이다.

또한 표현을 대상화하는 해석을 통하여 이해는 객관으로 될 수 있는 기회를 얻게 된다. 왜냐하면 체험의 표현 자체가 우선 주관을 떠나 이미 (잠정적) '객관'으로 ― 비록 잠정적 객관이지만 ― 현시되기 때문이다. 그런데 잠정적인 객관을 궁극적으로는 점점 더 객관적인 상으로 뚜렷하게 인식하기 위해서 우리는 '추체험'의 과정에 들게 된다. 예를 들어, 문학작품은 작가의 체험이 표현된 것이다. 그런데 문학작품을 이해하는 것은 그 작가를 (추)체험하는 것이다. 왜냐하면 작가의 체험이 문학작품(객관)으로 표현되었기 때문이다. 작가는 삶의 심연 속에 감추어졌던 것을 형상화함으로써 자신의 체험을 형식화한 것이며, 이는 표현으로서 ― 임시적으로라도 ― '객관성'[48]을 가지게 된다. 이러한 객관성을 독자는 다시 체험함으로써, 즉 '추체

---

[48] 작가는 자신의 작품을 언어로 기록함으로써 '객관'을 내 놓지만, 해석자에게는 아직 잠정적 객관이다. 이러한 객관이 완전한 객관이 되고 이러한 객관을 매개로 작품을 완전히 이해하기 위해서는 작품에 대한 지속적인 추체험이 요청되는 것이다. 이러한 근거에서 (완전한)이해를 위한 지속적인 해석학적 순환의 과정은 정당

험'함으로써 우리는 작가가 표현했던 것을 보다 객관적으로 해석할 수 있게 된다. 이렇게 하여 얻어지는 해석은 보다 새로운 객관화 속에서 보다 생산적이며 창조적으로 발전하게 된다.

결국 표현과 이해는 또 다시 추체험Nacherleben의 가능성 때문에 생산적이고 창조적인 이해로 열린다. 즉, 체험-표현-이해라는 해석학적 도식은 영원히 순환하는 것으로서, 체험이 이해되고 또 다시 체험되고 그것이 또 다시 이해됨으로써 이해는 점점 더 선명해진다. 이는 '전前이해Vorverstaendnis'가 이해로 가는 과정과 그대로 일치한다.[49] 즉, 체험-표현-이해의 해석학적 도식은 순환과정을 통하여 처음에 뿌옇던(덜 객관적이던) 이해(전이해)를 보다 명확한(보다 객관적인) 이해(이해)로 나아가도록 하는 것이다.[50]

"텍스트 해석의 경우 해석자는 언제나 일정한 전이해Vorverstaendnis로부터 출발하기 때문에, 저자의 전이해, 저자와 텍스트에 대한 해석자의 전이해를 해석자는 방법적인 통로 자체로 삼지 않으면 안 된다. 이러한 개별 해석자에 있어서 텍스트와 전이해의 순환이 개인적 무의미성에 머물러 있지

하다.

[49] 해석이란 이해에 도달하려는 목적을 지닌 활동이다. 또한 이해는 해석의 과정에서 성취된다. 그러나 해석하기 전에 이미 우리는 무엇인가를 미리 선취하고先取, Vorgriff, 선시하고先視, Vorsicht, 선소유하고先所有, Vorhabe 있다. 이를 불트만은 전이해全理解, Vorbegriff라고 불렀다. 슐라이에르마허 이래로 지금까지 의미의 이해의 과정에서 개인적이고 주체적인 동기는 결코 배제되어서는 안 된다는 인식이 해석학적 인식의 논리에서 지극히 자명한 것으로 인정되고 있다(오인탁, 1990: 222). 즉, 모든 해석학자들은 대상에 접근할 때 이미 그 대상에 관한 전이해preunderstanding를 가지고 있기 때문에 중립적인 마음의 자세에서 출발할 수 없다. 따라서 이해의 실존성을 토대로 하는 해석학적 순환은 "전이해"로부터 시작될 수밖에 없다. 따라서 인식의 논리에서 인식하는 주체의 고유한 인식관심과 전이해는 바른 인식의 장애물이 아니라 필연적 조건이 된다는 말이다(오인탁, 1990: 222).

[50] 이러한 의미에서 하이데거는 이해의 역사성, 즉 해석과정의 역사적 제약성을 해석학의 원리로 끌어올리기 위해 이해의 전구조를 사용하며, 이 사실을 통하여 그는 선입견을 '이해의 조건'으로 보아야 하는 역설을 낳게 된다(Betti, 1972: 39). 이렇게 본다면, 해석자는 항상 선입견을 가지게 마련인데, 참된 선입견과 그릇된 선입견을 가르는 것이 해석학의 과제이다(Betti, 1972: 40). 가다머는 선입견이 밖으로 드러나도록 부축이는 것을 전통과의 만남이라고 표현하였다(Gadamer, 1960: 33).

않기 위해서는 다시금 부분과 전체의 해석학적 순환이 요청된다. 부분에서 전체로 접근해 들어가고 여기서 얻은 전체의 이해를 통하여 부분을 다시 새롭게 이해하며 이렇게 하여 부분과 전체를 통합하고 체계화하는 정신으로 검토하고 확인하는 방법이다."(오인탁, 1990: 63)

이러한 의미에서 우리는 작가보다 더 잘 이해할 수 있게 되는 것이다.[51] 딜타이는 말한다:

> "해석학은 저자와 독자 사이를 매개하는 작품 속에 표현된 삶의 창조적 에너지를 '객관화'하는 것으로부터 시작된다. 이 창조적 에너지는 의미와 가치들에 의한 중재를 요구한다. 따라서 해석은 그 중재를 통한 추체험이며 재구성Nachbildung이다."(Dilthey, GS VII: 215)

그러나 딜타이에겐 삶의 표현에서 추후적으로 체험하는 '감정 이입'이 항상 문제였다(오인탁, 1990: 224). 왜냐하면 경험적 차원에서 이루어지는 모든 체험들은 객관적 의식과 표현으로 재생산될 때 비로소 주관성을 벗어날 수 있기 때문이다.[52] 결국 경험이 주관성(부분)을 벗어난다는 사실은 객관성(전체)의 취득을 향해 일보 전진하는 것을 의미하며, 이는 - 특히 해석학적 순환을 통하여 - 지속적으로 객관성에 가깝게 다가가는 조건이다.

그러나 여기서 딜타이의 '체험'을 구성하는 '경험'과 실증주의와 경험주의의 '경험'은 차원이 다르다. 실증주의는 하나의 절단된 그리고 처음부터 인간의 정신생활에 대한 생물학적이고 물리적인 이해를 통해 변조된 경험을 토대로 하고 있다(이규호, 1980: 80). 그러나 이러한 경험은 '특수한 조건의 경험'일 뿐이다. 따라서 이로써 삶의 경험을 모두 대변하기는 어렵다. 어떠한 특수한 조건 하에서의 경험으로 모든 경험을 일반화시킬 수는 없는

---

51 본래 의미란 저서 속으로 들어가서 해석할 수 있는 것이 아니라 저서에서 이끌어 낼 수 있는 것을 말한다(Betti, 1972: 14). 따라서 의미란 자의적인 행위로 또한 어느 정도 부정한 방식으로 의미충족형식에서 추론되는 것이 아니라, 오히려 그 의미는 마땅히 그 형식에서 유래되어 나와야 하는 것이다(Ebenda).
52 바로 이러한 추체험의 구조에 주관과 객관 사이를 매개하는 해석학적 순환의 의미가 있으며, 해석학적 개념 형성의 방법론이 근거하고 있다(오인탁, 1990: 224).

노릇이다. 따라서 삶의 경험은 단속적인 것이 아니라 끊임없이 지속되는 역사적 경험일 뿐이다. 바로 이러한 경험이 딜타이에게 중요하다. 따라서 딜타이는 자연과학, 실증주의 그리고 경험주의에서 말하는 경험의 한계성에 대하여 지적하면서 정신과학적으로 경험을 해명할 수 있어야 한다는 주장을 하게 되는 것이다. 이러한 차원에서의 경험이 바로 딜타이에게는 체험이라는 삶의 최소단위로부터 연유하게 되는 것이다. 아울러 이러한 체험이 객관화될 때 표현이 되는 것이고 이러한 (객관적) 표현을 통하여 우리는 궁극적으로 삶을 전체적으로 이해하게 된다.

2. 해석학적 문화: '정신과학적 해석학'에 대한 평가를 토대로

1) 메타과학과 객관성의 문제

미쉬Misch에 의하면, 딜타이는 삶의 철학을 '삶에 의미를 부여하는 정신적인 내용들의 과학'으로 정의하면서, 이를 "메타과학meta-science"으로 승화시키려고 했다(Bleicher, 1980: 22). 즉, 딜타이가 실제적인 이해 과정과의 관련을 통해서 해석학적 지식의 가능성을 결정한 것은, 인식론에 해석학적 통찰을 적용함으로써 메타과학을 실현하고자 했던 것이라고 할 수 있다(Bleicher, 1980: 23). 그러나 이러한 측면에서 객관성의 문제를 섣불리 취급함으로써, 딜타이는 그 자신의 의도 — 즉 인간에 관한 비非과학주의적 연구로서의 정신과학을 구축하려는 의도 — 뒤로 떨어져 나간 듯하며 또한 높은 수준의 반성에서도 멀어진 것 같이 보인다(Bleicher, 1980: 24). 이에 대하여 조셉 블라이허는 다음과 같이 설명을 하고 있다.

"딜타이의 해석학적 기술의 도움으로 해독되는 역사적 객관화를 '주어진 것'으로 간주하면서, 딜타이는 해석자와 원전의 관계를 주체/주체의 관계성에 대한 자기의 성격 규정을 정당화하는데 실패하고 반대로 이를 습관화된 주체/객체의 관계로 정형화시켜 놓았다. 타인의 정신적 표현들을 연구하는데 있어서 어느 정도 객관성을 보장해 주는 대가로 '역사의식'으로부터 '역사적 체험'이나 '해석학적 의식'으로 진전할 수는 없는 것이다. 다시 말해서 딜타이는 과거에 대하여 비판적 간격을 가져야 할 필요성과 가치를 강조하는데 너무 관여했으며, 이러한 일에서 객관적인 지위를 보장 하려고 애를 쓴 것이다. 딜타이는 이러한 태도는 딜타이를 계몽주의의 후 손으로 그리고 데카르트적 전통을 따르는 것으로 보이도록 한다. 그러나 이러한 사실은 역사적 '객관'에의 도전이 해석자의 개념과 가치를 메울지 도 모른다는 사실을 간과하도록 하며, 그의 사고의 토대와 매개체로서의 전통과 언어에 빚을 지고 있다는 것을 실현시키는 주체가 머물고 있는 자 기반성의 필연성, 즉 가다머와 리꾀르가 각각 귀속성Zugehoehrigkeit이라고 부르는 '해석학적 경험'을 인식하게 되는 자기 성찰의 필요성에 대하여 무지하게 남아 있도록 한다.... 가다머는 생의 철학과 지식에 대한 과학주 의적 개념 사이의 갈등에서 딜타이가 후자의 입장을 택한 것으로 본다. 하버마스는 객체가 생의 철학에 이미 유래된 것을 보고 있다. 즉, 삶의 철 학의 원리는 "자연과학의 이상인 객관성의 추구를 정신과학으로 옮겨 놓 으려는 점을 허용하고 있는 듯"하다. 어떠한 경우에도 "딜타이의 메타과 학"은 데카르트적 전제를 벗어나지 못했고 따라서 해석학적 인지를 이끌 어 나가는 데에 둔 메타과학의 관심을 정당하게 다룰 수 없게 되었다는 점은 명백하다. 그러나 그의 메타과학이 과학주의적 한계성에 머무르게 되었을지라도, 방법론적인 면에서 딜타이의 통찰은 큰 가치가 있는 것이 고, 유례없는 성과를 거둔 것으로 판명된 점은 분명한 사실이다. 물론 딜타 이의 메타과학은 삶의 철학과 과학적 객관성에 대한 그의 두 가지 관심사 를 조화롭게 통일시키지 못했다. 그렇지만 이 점이 그가 이러한 차원에서 도달했던 통찰들, 특히 인간과 사회의 역사성 그리고 지식의 역사성과 빗 나가지는 않고 있다."(Bleicher, 1980: 24)

결국 이해의 인식론이며 동시에 방법론으로서의 해석학 이론은 20세기의 전환기에 딜타이에 의해서 한걸음 더 진전되었다(Bleicher, 1980: 2). 딜타이 는 칸트의 『순수이성비판』에서 제시된 선례에 따라서 역사적 지식의 가능 성의 조건들에 대한 선험적 탐구를 시도하려는 "역사 이성 비판"의 맥락에 서 이해의 인식론으로서의 해석학 이론을 다루었다. 그러나 그 방법론적 측면에 있어서는 '삶이 삶을 만나는 곳'에 주체-객체 관계가 존재한다는 법례에서나 적합한 인지의 양식으로서의 이해방법을 특수하게 사용한 것을 나타내는 경우 다시 말하면 언어적으로 고정된 문서linguistically fixed documents에 대한 해석으로만 협소하게 제한되고 말았다(Bleicher, 1980: 2). 이제 삶의 객관화나 "정신의 객관화geistige Objektivationen"에 대한 개인의 지식이 일반적 타당성을 어떻게 얻을 수 있는가 하는 문제는 다음의 질문인데, 이는 어느 정도로 아직도 딜타이가 해석학적 혹은 상호교섭적 지식에 관한 과학주의적 생각 안에 머물러 있는지에 대한 증거가 된다(Bleicher, 1980: 23).

2) 인식론적 객관성의 문제

딜타이는 극단적인 주관론이라고 할 수 있는 철학 또는 형이상학과 극단적인 객관론적 자연과학 사이에 정신과학을 '또 다른 영역의 과학'으로 정립하고자 시도했다고 할 수 있다. 이러한 과정에서 그는 정신과학의 방법론으로서 해석학을 도입 적용하였는데, 이러한 해석학은 어쩔 수 없이 과학과 마찬가지로 객관성이라는 개념을 지향할 수밖에 없었던 것이다. 따라서 딜타이의 해석학은 그러나 일반적으로 딜타이의 해석학은 ─ 본인의 의도와는 무관하게 ─ 전통적인 인식론, 즉 데카르트의 '고기토 명cogito ergo sum제'를 계승 발전시킨 꼴이 되었다고 지적된다. 왜냐하면 고기토 명제로부터 객관성의 영역이 확보될 수 있기 때문이다. 전통적 인식론에서는 아르키메데스의 점이라고 하는 '자아' ─ 더 정확하게 말하면 데카르트의 자아 ─ 의 인식에 따라서 대상이 결정된다. 물론 이는 근세 인식론을 정초하고 주도한 합리론의 입장으로 인식의 기점을 의식의 자명성으로 설정하고 있다(Bollnow, 1979: 14).

또한 인식론의 쌍두마차 격이었던 경험론 역시 '감성적 지각'을 인식의 기점으로 삼았다. 이러한 인식론의 특징은 인식의 주체와 대상을 격리시킨다는 점이다. 심지어 합리론과 경험론은 이성과 감성의 분리를 확고히 해내고 말았다. 칸트는 이러한 분리를 다시 통합시키기 위해서 관념론을 완성시킨다. 그러나 인식론에 대한 칸트의 통합시키는 관념론적 작업도 결국은 인식체계에 대한 자연과학적 태도로 일관한다. 따라서 이러한 인식론적 조류에 기초하여 자연을 인식의 대상으로 간주하고 이를 연구하는 자연과학은 인간(주체)의 인식에 따라 모든 자연(대상)을 '객관적으로' 관찰하고 실험하고 설명할 수 있을 것으로 가정한다.

그러나 자아의 인식에 따라서 대상이 결정되기 때문에 이렇게 연구된 대상은 대상 자체가 본래 가지고 있는 진리라고 단정할 수 없다. 즉, 진정한 진리는 주관의 인식에 의해서만 알려지는 것이 아니다. 물론 자연과학에서는 자아가 객관적으로 된다면 인식하는 대상도 객관적일 것이라는 가설인데, 이는 자아중심 또는 인식중심의 과학의 한계를 스스로 나타내는 것이다. 딜타이 역시 이러한 인식론적 착점을 그대로 가지고 있었다. 즉, 자아에 의한 인식을 방법론적으로 '정신에 관한 과학(정신과학)'에 도입하려고 했던 것이다. 즉, 딜타이는 방법적 차원으로 자연과학과 정신과학을 구분하려고 했지만, 그가 주장하는 이해나 설명은 모두 인식론적 차원의 한계를 그대로 가지고 있다. 즉, 이해하든 설명하든 주체는 항상 '나', 즉 '자아' 또는 '의식'이다. 또한 둘 다 인식하는 '나'와 '자아'가 객관적일 수 있다면, 대상은 자연적으로 나에게 '객관'으로 다가온다는 논리이다. 과연 그럴까? 물론 딜타이의 정신과학에서는 인식하는 자아가 데카르트나 칸트에게서의 경우처럼 독립적으로 갈고 닦는다고 해서 객관적이거나 순수하게 된다는 것은 부정한다. 따라서 딜타이는 주체와 객체의 상호연관성을 중요시함으로써 의미관련 Sinnzusammenhang이라는 상관관계 속에서 주체와 객체가 관련되고 이로써 해석학적 순환으로 주체가 보다 객관화될 수 있음을 강조한다.

그럼에도 불구하고 이해의 주체는 명확하게 '자아'의 영역으로 주어진다. 결국 이해하는 주체가 자아인 이상 이는 인식론적 차원에 머물 수밖에 없으며 방법적 차원이 중요하게 된다. 이럴 경우 이해의 방법이 자연과학의 그것과는 다르다고 할지라도 결국 딜타이의 이해는 주체가 대상을 인식하는 차원을 벗어나지 못한다. 그러나 딜타이는 나중에 가다머(H.-G. Gadamer, 1900-2002)에 의해서 또 다른 실증주의자라고 비판된다. 왜냐하면 딜타이는 정신과학을 신칸트주의적 실증주의의 입장에서 '인식론적'으로 정초하려고 시도했기 때문이다(한국철학사상연구회편, 300). 구체적으로 오로지 "객관성"을 추구하는 자연과학을 비판하면서 결국 딜타이 역시 (정신의) 객관성을 파악하려고 주력해 왔다. 물론 딜타이는 당시 경험론과 합리론에서 정초되고 발전된 인식론적 문제의 한계에 봉착하여 이를 '인식의 근저를 흐르는 것이 무엇일까?'에 대한 의문으로 극복해 보려고 했지만 결국은 인식론의 커다란 테두리를 벗어날 수는 없었다. 한마디로 딜타이의 이해는 자연과학의 인식과 결코 다르지 않다. 특히 정신과학이 과학성을 빌미로 객관성을 추구하는 이상 인식(이해)하는 주체가 ― 해석학적 순환을 통하여 ― 객관적이 될 수 있다는 가설은 객관성에 지나치게 집착함으로써 결코 주객을 구분할 수 없는 존재본질의 영역에 대한 책임을 회피하고 있는 것은 아닐까? 객관성과 과학성에 대한 딜타이의 집착은 자연과학과는 다른 차원의 방법으로서 '이해'를 구해 냈지만, 결국은 자아가 '객관적으로 인식함으로써' 시작될 수밖에 없는 과학 자체의 한계성을 벗어날 수는 없었다. 바로 이러한 문제는 해석학의 연구가 보다 철학적으로 이루어지기 위해서는 인식론으로부터 존재론으로 회귀해야 한다는 주장을 한 하이데거(M. Heidegger, 1889-1976)와 가다머의 의문이기도 하다.

"해석학에서의 이해는 단순히 객관적 대상에 대한 지식을 가지는 인식론을 넘어서 존재론의 입장을 견지하고 있음을 알 수 있다. 가다머에 있어서 이해의 문제가 방법론의 문제에 국한된 인식론의 문제가 아니라 현존재와 현존재가 처해 있는 상황을 다루는 존재론의 문제임을 알게 된 것은 전적으로 하이데거의 영향이다. 인식론적 문제에 대한 강조가 방법에 대한 강조를 가져 왔고 따라서 철학 혹은 인문과학을 막다른 곤경으로 몰아 부치고 과학지상주의에로의 가능성을 제공하게 되었다. 한편 가다머의 이해의 존재론은 존재가 언어와 시간을 통해서 이해된다는 하이데거의 후기사상과 관련을 맺고 있다. 첫째, 존재의 지평은 곧 시간이라는 하이데거의 입장에 동조하고 있다. 이와 같은 입장은 가다머의 '이해의 역사성'과 관련을 맺고 있다. 둘째, 이해의 '선구조'이다. 이 요소는 '선입견'이라는 개념의 기초가 된다. 가다머가 선입견의 문제에 관심을 두는 것은 그 개념이 계몽주의 전통이 가장 오해한 개념이라고 생각하고 있기 때문에, 그 선입견의 복권을 주장하며 또한 건전한 선입견이 있다는 사실을 인식해야 한다고 주장한다. 셋째, 해석학적 순환의 개념이다. 물론 해석학적 순환의 문제 역시 해결되어야만 한다는 방법론의 문제가 아니라 전통이 움직임을 가지고 있는 상호작용으로 이해되어야 한다고 주장한다. 결국 가다머에 있어서의 이해란 '세계-내-존재'의 근원적인 양태로서, 더 이상 삶을 구성하는 여러 기능들과 대조를 이루거나 그 뒤를 이어 부수적으로 발생하는 어떤 기능이 아니라, 인간 삶 자체의 근원적인 존재방식이라 할 수 있다. 우리 인간은 이해하고 해석하는 존재자로서 세계 속에 '내 던져져'있다. 따라서 이해를 인간 삶의 존재의 문제와 관련시켜 나가고자 할 경우, 우리는 이해 자체를 삶의 풍부하고 충만하고 생생한 그리고 복잡한 차원에서 이해하려고 노력해야 할 것이다. 이와 같은 의미에서 이해의 해석학은 존재론적 의미를 가지고 있다고 할 수 있다."(최신일, 1999: 17-18)

특히 "언어"를 대표적인 정신의 산물이자 "정신의 객관화"로 간주하면서 객관적 정신의 가능성을 제시하는 딜타이와 그의 후학들(특히 슈프랑어)과는 달리, 가다머에게 정신은 영원히 주관을 벗어날 수 없다. 다만 해석자와 해석 대상이 지평horizont과 지평의 융합을 통하여 주객이 스스로 하나의 통합된 형상으로 명확해질 뿐이다.

"지평융합은 해석학적 상황 안에서 전승의 지평과 해석자의 지평 나의 지평과 너의 지평 그리고 과거의 지평과 현재의 지평이 어떤 새로운 경험 지평으로 매개되어 가는 역동적 과정일 뿐이다.... 지평융합을 통해서 우리 자신의 지평은 풍부해진다. 이런 의미에서 다른 형태의 삶과 지평으로부터 배우는 것은 동시에 우리 자신을 이해하는 것이 된다.... 지평융합으로서의 이해에 있어서 우리가 도달하는 결론은 우리가 이해의 역사성에 대한 자각이다. 이것은 우리가 전승을 이해함에 있어 우리가 우리의 현재적 상황에서 전승이 우리에게 말하는 것을 들을 수 있어야 한다는 것인데, 이것이 적용-Anwendung, appropriation의 계기를 통해서 구체적으로 수행된다."(최신일, 1999: 27-28)

3) 설명-이해의 문제

딜타이에 의한 설명-이해의 이분법에 대한 문제는 1921년 그의 제자 미쉬

Georg Misch에 의해 처음으로 제기되었다. 그는 이러한 딜타이의 이분법이 '소박한 인식론적 자세'(Misch, 1947: 51)라고 비판하면서, 이 두 방법은 사실상 모든 과학에서 함께 관여하고 있다고 보았다. 따라서 그는 "정신과학도 설명을 포기할 수 없고, 자연과학도 이해하지 않으면 불가능하다"(Bollow, 1979: 124)고 선언함으로써 설명과 이해는 분리될 수 없는 방법임을 명백히 했다. F. 보르노 역시 우리의 정신이 직관적으로 이해하지 못할 돌발적인 상황은 설명이 필요하며, 반대로 자연현상 역시 설명 이외에 이해되어야 할 영역이 존재한다고 보았다(Bollnow, 1979: 125).

예를 들어 뉴턴의 만유인력법칙은 설명될 수 있지만, 아인슈타인의 중력장이론, 즉 '우주에는 생성하려는 경향을 가진 에너지의 장이 이미 존재한다'는 공리는 설명을 넘어서는 이해의 영역이다. 딜타이에게 이해의 방법은 직관의 방법이다(박순영, 113). 따라서 우리는 직관적으로 그의 중력장이론을 이해할 수밖에 없다. 한마디로 이해는 인과관계로 설명된 각 요소들을 '의식세계에 넘겨줌으로써' 의미관련 및 작용관련까지 직관하도록 하는 것이며, 설명은 도무지 이해될 수 없는 부분에서 인과관계의 요소들을 논리적으로 끌어들여서 사실의 자초지종自初至終을 분명하게 하는 것이다. 결국 설명과 이해는 - 그것이 인간관계든 의미관련이든 - 둘 다 '관계성' 또는 '관련성', 즉 맥락context에 관여한다. 그렇다면 굳이 설명과 이해가 방법적 차원으로 분리될 필요가 없게 된다는 것이 이들의 입장이다. 또한 이해는 설명을 포괄적으로 수용해야 하며, 설명 역시 이해를 요청해야 한다. 따라서 설명과 이해를 마치 다른 차원인 것으로 분리해 내고, 특히 '이해의 방법', 즉 해석학을 정신과학의 방법으로 차용한 딜타이의 이해는 본래의 성격에 제한성을 갖게 된다는 평가를 받게 된다.

한편, 이해의 영역이 이렇게 제한될 수 없다는 생각은 또 다른 차원에서도 비판을 받게 된다. 즉, 하이데거와 그의 제자 가다머에 의한 딜타이 해석학의 문제점에 대한 릴레이식 고발이 그것이다. 이들에 의하면, 이해는 인간에게 '삶의 원현상'이며 '동본원적'이다. 즉, 삶 자체가 이해인 것이다. 이해 없는 삶은 불가능하며, 삶은 이해될 때에 진정한 삶이다. 따라서 정신과학적 방법논리로 인하여 스스로 제한되어 버린 딜타이에 의한 '이해'는 너무나 편협하기 짝이 없다. 이것은 바로 딜타이 해석학의 인식론적 한계라고 할 수 있다. 결국 하이데거Martin Heidegger와 가다머Hans Georg Gadamer에게 이해의 문제는 '존재론ontology' 또는 '기초존재론으로 회귀foundational-ontological turn' 할 수밖에 없는 계기를 마련해 준다(Langewand, 2001: 145). 물론 이는 해석학이 20세기 초에 훗설Edmund Husserl의 호소인 "사물 자체로의 회귀"라는 구호를 따르는 것이다(Langewand, 2001: 147).

4) 존재론적 차원

(1) 하이데거와 가다머의 관점

원칙적으로 문헌적 해석학은 해석학의 역사적 전승인 문헌해석을 그대도 계승한다. 따라서 문헌적 해석학은 해석자로 하여금 "저자의 의도를 가장 잘 이해하는 것"을 목표한다. 더 나아가 해석학은 전이해, 해석학적 순환, 이데올로기비판 등의 개념을 통하여 "저자보다 더 잘 이해할 수 있다"는 것도 가능한 전망으로 규명하고자 한다. 우리가 "저자의 의도를 가장 잘 이해하는 것"을 목표하는 것이 해석학의 인식론적 차원이라고 한다면, "저자보다 더 잘 이해할 수 있다는 가능성을 제시한 것"은 해석학의 존재론적 차원의 공과라고 할 수 있다.

하이데거와 가다머는 딜타이와 그의 변호인 베티Emilio Betti가 정신과학을 너무나 방법론적 차원에서만 접근하는 것에 대해서 경계를 표했다(Gallagher, 1992: 9). 이는 가다머와 베티의 논쟁에서도 확연히 드러난다. 특히 딜타이의 대명제인 "자연은 설명하고 정신현상은 이해한다"는 대목부터 이들에게는 수용될 수 없는 심각한 문제가 아닐 수 없었다. 즉, 우리의 삶이 어떤 것은 설명만 되어야 하고 어떤 것은 이해만 되어야 한다는 이분법적 사고는 딜타이의 인식론적인 오류라고 보았다. 실제로 많은 후학들에 의해서 딜타이는 정신과학과 자연과학의 구별을 지나치게 '대상'에 두었다는 비판을 받는다. 결국 대상을 너무 집중하다 보니까 딜타이는 인식론적 오류에 빠질 수밖에 없었던 것이다. 이렇게 본다면 이해는 범위가 오히려 축소된다. 즉, 이해는 정신과학의 영역으로만 제한된다.

삶의 철학에 대한 연구가 진전함에 따라 인간의 삶 자체가 해석학적이라는 것을 발견된다(이규호, 1979: 241). 그럼에도 불구하고, 이해의 범위가 축소되는 것에 못마땅한 하이더거와 가다머는 자신의 저서들을 통하여 이해의 범주를 삶의 전체로 확장시키는 작업을 시작했다. 하이데거는 자신의 저서 『존재와 시간Sein und Zeit』에서 '이해와 삶은 동본원적'(1949, 134)이라고 하였으며, 가다머는 그의 저서 『진리와 방법Wahrheit und Methode』(1960)에서 '이해'를 '삶의 원현상'으로 인식했다.

> "이해라는 현상 및 이해된 것의 올바른 해석이라는 현상은 정신과학적 방법론의 고유한 문제만은 아니다. 오래전부터 신학적 해석학과 법학적 해석학에도 있었다.... 텍스트의 이해와 해석은 학문의 관심사일 뿐만 아니라, 명백히 인간의 세계 경험 전체에 속한다. 해석학적 현상은 원래 방법의 문제가 결코 아니다.... 그러나 여기서도 인식과 진리는 중요하다. 즉, 전승의 이해에서는 텍스트만 이해되는 것이 아니라, 통찰(인식)도 획득되고 진리도 인정된다."(한스-게오르크 가다머, 1960/ 이길우 외 옮김, 2000: 19-20)

즉, 삶의 진리에는 방법적으로 접근될 수 없는 영역들이 얼마든지 가능하다. 한마디로, 삶에는 방법만으로는 검증될 수 없는 진리가 존재한다. 방법은 단지 '통제 가능한 과정들을 통한 조건적 지식과 정보'를 확보하는데 기여할 뿐이다. 따라서 삶의 해석을 통한 이해를 방법론적 차원에만 국한하는 것에는 편협한 것이 근본적으로 문제가 있다는 것이 하이데거와 가다머의 생각이다. 특히 이러한 가다머의 입장은 딜타이의 정신과학적 객관주의와 상대주의를 변호한 에밀리오 베티E. Betti와의 논쟁에서 잘 드러나 있다.[53]

(2) 해석학의 존재론적 회귀

① 이해의 선구조 - 전이해

---

[53] 이 논쟁의 과정은 Betti(1954)-Gadamer(1960)-Betti(1962)-Gadamer의 과정으로 진행되었다(Bleicher, 1980: 260).

인간은 정신현상만을 이해하는 것이 아니라 자연현상도 그리고 그밖에 모든 삶의 현상을 이해한다. 이해하지 않고 설명으로 종료되는 그러한 삶의 현상은 아직 온전한 삶이 아니며 진리는 더 더욱 아니다. 만약 넓은 의미로 교육현상이 삶의 현상이라고 한다면, 교육현상 역시 이해의 존재론적 차원에 있어야 한다.

가다머는 '삶이 스스로 생기生起, geschehen한다'고 말한다. 즉, 삶은 누군가가 인식하기 이전에 이미 스스로 발생發生하는 것이다. 현대이론물리학의 언어로 바꾼다면, 삶(에너지)은 '발생하려는 경향'이다. 즉, 삶은 본래부터 에너지 상태로 — 아직 형체로 생성되지 않았다고 하더라도 — 이미 있는 것이기 때문에 언젠가는 — 어떤 조건에 의해서 — 물상(형체, 물체)으로 발생할 수 있는 것이다. 이러한 "생기존재론Geschenenontologie"은 프리드리히 니체로부터 시작되었다. 니체는 전통적인 인식론을 비판하면서 그의 해석학을 시작했다. 특히 그의 원근법 또는 "관점주의Perspectivismus"에서는 인식의 원근관계와 관점의 다양성으로 인식의 기점이나 인식의 기준이 없음을 자명하게 밝혀 놓았다. 즉, 인식은 하나의 관점일 뿐이며 인식의 원근 정도에 따라서 인식대상도 모두 달리 나타난다. 니체는 인식은 본질적으로 다양하고 주관적이기 때문에 그 자체로서도 객관적이라고 할 수 없다. 따라서 이러한 기준으로 본다면, 자연과학이나 정신과학이 인식과 인식론적 이해의 방법에 의존하여 '객관성'이나 '보편성'을 추구한다는 것은 논리적으로도 모순이다. 어떻게 주관적 인식으로 객관성을 규명해 낸다는 것인가?

따라서 인간에게 가능한 것은 어렴풋이 이미 주어진 존재가 있음을 — 설령 인식이 되지 않더라도 — 인정하는 일 뿐이다. 그리고 나서 이러한 존재가 — 그것이 발생하려는 경향이라도 하더라도 — '점차 명확하게 밝혀지는 과정'을 기다릴 수밖에 없는 것이다. 이미 "세계-내-존재"로 현상하는 현존재Dasein가 스스로 말하는 것처럼 세계라는 존재도 스스로 말한다. 무엇인가 스스로 말하는 세계존재를 현존재의 관점에서 '이렇다' 또는 '저렇다'라고 파악할 수는 없는 것이다. 존재는 스스로 말하고 스스로 현상하는 것이지, 자아의 인식이나 이해의 방식에 따라서 결정되는 것이 아니다. 만약 인식이나 이해가 존재를 결정한다면 결코 진리는 없는 것이며, 설령 있다고 해도 상대적 진리만이 존재한다. 따라서 딜타이에게서 강하게 나타나는 진리의 상대성 또는 지식의 상대성만 가지고 우리는 존재본질(진리)에 접근할 수는 없다.

결국 우리는 존재가 스스로 말하고 우리에게 은밀히 접근하고 있다는 사실을 인정해야 한다. 이럴 경우에 진리는 우리에게 은밀히 다가올 수 있을 것이다. 따라서 이러한 존재를 인정해야 하기 때문에 우리는 "전이해Vorverstä ndnis"의 개념을 수용할 수밖에 없다. 실제로 우리의 삶은 전이해, 즉 지금까지 삶의 모든 경험에 의한 이해를 토대로 이해한다. 매사에 전이해前理解가 언제나 작용하고 있는 것이다. 이러한 전이해는 선입견과 같은 어렴풋한 것이다. 그것은 이미 경험을 통하여 얻은 영감도 포함된다. 따라서 해석학은 해석학적 과정을 토하여 이러한 '전이해'를 분석하고 해석하여서 결국은 '이해'를 가능하도록 만드는 것이다. 하이데거는 "이해한 새로운 지식의 획득이 아니라 이미 이해되어 있는 세계(전이해의 세계)가 해석되는 것"이며 아울러 세계가 그 무엇으로서 드러나는 것"(Heidegger, 1949: 148)이라고 했다. 한마디로 세계는 스스로 개방되는 것이며 해석은 이러한 개방성에 접근하는 것이다. 하이데거는 또 말한다: "모든 이해는 언제나 어떠한 대상, 어떠한 존재자와 구체적으로 만나기 전에 이해하고자 하는 자의 삶 속에 언제나 이미 '무엇을 무엇으로서' 미리 이해(전이해)하고 있다."(Heidegger, 1949: 148) 따라서 인간은 누구나 할 것 없이 이미 어떠한 전제에 사로잡혀 있다. 이러한 의미에서 전이해는 선입견先入見과도 다르지 않다.

전이해前理解라는 개념은 원래 불트만의 개념이다. 하이데거의 기초존재론Fundamentale Ontologie에 의하면, 이러한 전이해는 미리 가지는 것이기 때문에 선소유先所有: Vorhabe라고 할 수 있으며, 미리 보는 것이기 때문에 선견先見: Vorsicht, 미리 파악하는 것이기 때문에 선취先取: Vorgriff라는 용어로 대치할 수 있다. 또한 '이해의 선구조先構造: Vorstruktur'도 같은 개념이다.

그런데 인식론적 차원에서는 이러한 전이해가 바로 아르키메데스의 기점이다. 그리고 이러한 전이해는 해석학적 순환을 거쳐서 이해의 과정으로 돌입하게 된다. 그러나 만약 그렇다면 아르키메데스의 기점은 왜 필요한 것인가? 하는 의문이 생긴다. 전통적 인식론의 차원에서는 이러한 기점이 반드시 중요하다. 왜냐하면 인식의 주체는 의심할 여지가 없는 '자아'이기 때문이다. 그러나 이미 존재론에서는 자아의 독자성이나 자아의 확고함을 인정하지 않는다. 왜냐하면 세계-내-존재로서의 현존재는 말그대로 '존재Sein'이며 동시에 '거기에 현재 있는 것Da'이기 때문이다. 따라서 다른 존재와 마찬가지로 거기에 있다고 해서 반드시 그것이 인식주체나 이해주체가 되어야 한다는 법은 없다. 특히 순환을 의미하는 원환圓環 위에는 기점이 없다. 즉, 원환 위의 모든 점이 기점이 될 수 있으며, 반대로 모든 점은 기점이 되지 않을 수 있으며 그럴 필요도 없다. 원환 위에서 언제 시작하든 − 마치 뫼비우스의 끈처럼 − 계속 돌고 돌다보면 존재의 윤곽이 보다 명확해진다는 사실만을 인정하면 된다. 이미 해석학에서 − 인식론적 차원이든 존재론적 차원이든 − 해석학적 순환의 원리가 이해의 원리로 밝혀졌다. 인식론적 차원과 존재론적 차원의 문제는 인식의 기점에 비중을 두느냐 아니면 '순환의 원리'의 원리에 비중을 두느냐의 차이에 달려 있다. 물론 해석학의 존재론적 차원은 후자의 경우이다.

한편, 가다머는 이러한 전이해를 지평이라는 "지평Horizont"이라는 개념으로 대치했다. 따라서 지평은 전이해와 마찬가지로 부분이 아니라 전체이다. 비록 그것이 아직은 뿌옇고 오류가 있을지라도 전이해와 지평은 점차 명확해져야 할 전체이다. 또한 그는 "지평융합Horizont-Verschmelzung"이라는 개념도 함께 사용하면서 자신의 존재론적 해석학을 정교하게 다듬었다. 즉, 가다머에서 전이해는 나와 세계가 공유하는 '지평'이며, 그러한 지평이 '세계-나 사이'에서 해석학적 순환을 통해 융합됨으로써 나는 점점 진리(존재) 속으로 함몰된다. 반대로 진리(존재)는 나에게 은밀히 다가올 수 있는 것이다. 다시 말하면, 모든 존재자들은 언제나 이미 같은 지평에 들어 있으며, 그 지평은 역사적 전통을 통하여 형성되는 것이다(Gadamer, 1975: 254). 다만 모든 지평은 서로 눈높이와 모양새가 다를 뿐이다. 가다머는 이를 서로 다른 '상황situation'이라고 한다. 다양한 상황에 피투彼投되어 있는 이러한 지평들이 서로 융합되면서 이해는 어떤 개인의 주관적 행위라기보다는 과거와 현재가 끊임없이 융해되어 가고 있는 전통 안에서 자기 스스로 정립된다. 과거는 현재 안에서 의미를 드러낸다. 가다머가 주장하는 "작용사Wirkungsgeschichte 또는 영향사"의 의미는 바로 여기에 있다. 즉, 작용사는 지평융합을 가능하게 하는 원동력이며 이러한 작용사의 맥락 위에서 해석자도 자신이 처한 고유한 상황situation을 알게 된다. 다시 말하면, 작용사가 해석자의 배후에서 모든 가치를 결정한다. 따라서 모든 삶은 모두 역사의 흐름 속에서 드러나는 작용사라는 지평과 해석학적 순환을 통하여 자연스럽게 융합됨으로써 스스로 이해로 드러날 수 있는 것이다.

"가다머가 관심을 가지고 있는 역사는 단지 과거사에 불과한 것이 아니라 현재에도 영향을 미치고 있는 역사이기 때문에 그것을 영향사Wirkungsgeschicte라고 부른다. 따라서 가다머에 있어서의 해석학적 과제란 역사를 작용사로 의식하고 이러한 영향사적 연관에서 전승된 것을 이해하는 것이다. 그리고 이런 영향사적 의식은 헤겔 철학에서처럼 역사 속에서 변증법적으로 고양된 절대 의식이 아니라 유한한 의식이므로 한계를 가지고 있기 때문에 해석학적 상황으로 설명한다. 가다머는 '해석학적 상황'이라는 개념을 우리가 이해해야 할 전승과 직면해서 우리가 스스로 처해 있는 상황이라고 설명하고 역사적 존재로서 인간이 가지고 있는 한계성을 상황이라는 개념과 아울러 그 개념 속에 속하는 '지평'이라는 개념을 사용하여 해석학적으로 설명한다. 텍스트와 우리가 상호 작용하고 있다는 영향사적 의식은 우리가 언제나 그러한 자기 인식의 도상에 있으며 자기 인식은 타자와의 대화적인 상호작용을 통해서 성취된다고 할 수 있다. 이렇게 영향사적 의식을 성취하는 것을 가다머는 '지평융합'이라고 한다."(최신일, 1999: 27-28)

이렇게 본다면, 전이해Vor-Verständnis의 개념은 우리가 회피하거가 극복해야 할 개념이 아니다. 오히려 우리가 전이해를 적극 수용함으로써 진정한 이해의 길로 들어설 수 있는 절호의 기회를 얻게 된다.

② 존재론적 순환구조와 해석학적 반성

하이데거에게 인간은 "세계-내-존재In-der-Welt-Sein"로서 이미 그가 살고 있는 세계 속에 존재론적으로 기투Entwurf 되어 있다(Heidegger, 1949: 134).

즉, 인간은 인식주체로서의 자아가 아니라, 현존재Da-Sein, 즉 그냥 거기에 피투되어geworfen 있는 존재일 뿐이다. 따라서 인간은 삶이라는 세계(환경) 내에서 주체와 객체(대상)로 분리될 수 없다. 한마디로 인간과 세계(환경)는 한 몸이다. 세계 내에 이미 던져져 있고 세계와 하나인 현존재는 세계와 서로 개방적이며 유기적인 관계로 서로서로 삶의 근원을 공유하고 있다. 따라서 누가 누구를 객관적으로 인식하는 것이 아니라 - 또는 스스로 객관적이 되어서 대상을 인식하는 것이 아니라 - 서로서로 이탈되거나 대립되고 격리될 수 없을 정도로 구조적으로 완전한 불가분不可分으로 얽혀 있을 뿐이다.

이러한 상황에서는 전통적인 인식론에서 주장하듯이 자아가 독립적으로 대상과 간격을 유지하면서 대상을 인식하는 것이 원천적으로 불가능하다. 따라서 데카르트가 주장하는 보편적이고 절대적인 인식의 출발점은 없다. 즉, 삶이 어디에서 시작하고 어디에서 종료되는지에 대한 인식이 처음부터 가능한 일이 아니다. 인식하고 이해하기 이전에 이미 삶은 '스스로' 있는 것이다. 그리고 그것이 스스로 개방되는 것이다. 또한 여기에서는 순수한 대상도 가능하지 않다. 따라서 대상 자체를 향한 해석도 불가능하다. 따라서 객관적 인식이라는 말도 가능한 말이 아니다. 왜냐하면 인식주체인 자아는 영원히 주관적 차원이기 때문이다. 이러한 의미에서 가다머는 객관적 인식을 가정하는 자연과학의 대립으로서 정신과학을 주장한 딜타이 역시 똑같은 과학주의적 객관주의의 오류에 빠지고 말았다고 주장했다.

해석학의 존재론적 차원에서는 삶이 이해의 방법으로 알려지는 것이 아니라 삶 자체가 '이해'이다. 즉, 이해 없는 삶은 결코 불가능하며, 삶이 있는 한 이해는 항상 병행하고 공존한다. 따라서 이해는 딜타이의 경우처럼 방법론적으로 제한될 필요가 없다. 오히려 보다 더 확장되어야 하며 심지어 보다 확장될 수밖에 없다. 왜냐하면 삶은 이해됨으로써 스스로 뿌옇게 모습을 드러내는 것이며, 그렇게 스스로 드러난 뿌연 모습이 다시 이해됨으로써 - 해석학적으로 순환됨으로써 - 점점 더 명확해지는 것이다. 이것이 바로 인식론적 차원으로부터 존재론적 차원으로 전환된 "해석학적 순환의 원리"이다.

존재론적 해석학에서 이해는 '이미 어렴풋이 무엇으로서 감지되어 있던' 것이 점차 '명백해지는 것'일 뿐이다. 해석은 바로 존재가 스스로 명백해지는 순환의 과정에 개입한다. 다시 말하면, 해석의 과정을 통하여 존재는 명백하게 드러날 수 있다. 이렇게 본다면 해석의 임무는 전혀 모르던 것을 새롭게 밝혀내는 것이 아니라, 이미 있는 것의 존재가 개방開放되는 것이며 개방하는 것으로의 접근을 통해서 – 해석을 통하여 – 존재는 보다 분명하게 밝혀지는 일이다. 이것이 바로 이해인데, 이는 해석학적 순환을 통해서만 가능하다. 그런데 중요한 것은 인식론적 차원에서는 "해석학적 순환 hermeneutische Zirkel"이 원형으로의 반복적 순환만을 의미하지만, 존재론적 차원에서는 "해석학적 나선형hermeneutische Spirale"이 된다. 즉, 단순하게 원환으로 반복되는 것이 아니라 '존재론적 순환Heidegger'이나 '지평융합Gadamer'을 통하여 이해는 해석학적 순환 속에서 역사적으로 보다 확장되고 심화될 수 있다.

물론 이들에게도 해석학적 순환에서 중심 매개체는 언어이다. 하이데거에 의하면, "언어는 존재의 집"이다. 가다머에게서도 언어는 그의 해석학적 철학에서 핵심 개념이다. 즉, 가다머에게 언어는 세계와 나, 나와 대상 간의 이해를 위한 단순한 매개물이 아니라, 언어 그 자체가 바로 존재양식이다. 따라서 언어의 세계지평도 가능해진다. 이러한 언어적 세계지평 안에 인식의 대상도 이미 둘러 싸여 있는 것이다. 따라서 인식은 이미 존재양식 속에 포괄되기 때문에 존재의 지평과 별개로 작용할 수 없다. 또한 이해는 소여된 것에 대한 반영이 아니라 이미 총체적 언어 안에 들어가 있다. 즉, 언어와 이해는 '해석학적 순환'의 구조 속에 얽혀 들어간다. 이러한 의미에서 언어는 존재의 집이 되는 것이며, 아울러 존재(언어)와 존재(이해)간의 지평이 융합하고 서로 용해되는 과정에서 '존재론적 순환구조'가 발생하는 것이다. 이해는 스스로 드러나는 것이다.

> "가다머는 나와 너, 인격과 인격의 변증법적 긴장을 통해서 이루어지는 만남은 언어를 통해서 이루어지고, 이러한 해석학적 수행방식을 '대화'라고 말한다. 대화는 물음의 구조를 가지고 있다. 물론 여기서의 대화는 단순

히 앎을 목적으로 하는 수단적 행위가 아니라 인간의 부정성과 유한성과 결부되어 있는 이해의 역사적 경험방식이다. 소크라테스의 경우에서처럼, 묻는 것이 답하는 것보다 어렵다. 물음과 대답의 대화를 통해서만 해석자의 유한성을 변증법적 운동을 통해 무한한 경험지평으로 매개시켜 나가는 의미에서 해석학적 경험의 본질을 알 수 있게 된다. 만일 대화가 오직 주체성의 활동일 뿐이고 의사소통의 수단으로만 수행된다면 이것은 대화의 형식을 갖춘 독백에 불과하다. 이러한 문답의 대화는 단지 유한자의 무한한 경험의 경험만이 아니라 바로 '언어로 이해되는 존재'를 드러내는 진리 경험이다. 그러한 대화를 통해서 전승의 진리, 해석자의 삶의 진리가 문답의 변증법 안에 투명해져 가는 것이다. 즉, 물음과 대답의 대화의 과정 안에 들어서서 자신인 바의 존재자로서 존재할 수 있도록 해 주는 것이다. 하이데거가 언어가 말을 한다고 한 것처럼, 가다머에 있어서는 대화가 대화를 하는 것이다. 다시 말하면 대화는 대화로서 생기한다."(최신일, 1999: 30)

결국 존재存在, Sein, Being는 스스로 말을 한다. 스스로 말을 하는 모든 존재들이 같은 지평 위에서 융합할 때 비로소 이해는 저절로 자연스럽게 발생한다. 이로써 "해석학적 반성hermeneutische Reflektion"도 가능해지는 것이다. 특히 가다머는 해석학적 반성을 통하여 해석학을 정신과학의 방법론으로만 제한시킨 딜타이와 베티에 맞서서 해석학을 다시 정신과학을 포괄하는 철학의 영역으로 회귀시키고자 하였다. 이러한 의미에서 우리는 가다머의 해석학을 "철학적 해석학"이라고 부른다. 즉, 그에게는 철학 자체가 해석학인 것이다. 이러한 근거에서 가다머는 "해석학적 반성"을 요청하고 있다. 즉, 해석학은 - 가다머에 의하면 - 인식론적 차원에서 존재론적 차원으로 회귀되어야 해석학적 반성이 시작될 수 있다.

5) 비판론적 차원

(1) 인식과 관심

해석학의 비판론적 차원은 가다머Gadamer와 하버마스J. Habermas[54] 사이에 이루어진 해석학 논쟁에서 비롯된다. 여기서 하버마스는 기존의 해석학 이론이나 해석학적 철학이 근거하고 있는 관념론적 - 특히 가다머 해석학의 존재론적 회귀에 의한 - 전제를 비판하였다(Bleicher, 1980: 5). 이 논쟁을 통하여 하버마스는 해석학의 방법론적이며 객관적인 접근 방법을 실천적 지식과 결합시킴으로써 "비판적 해석학"의 틀을 만들게 된다(Gallagher, 1992: 239). 이로써 하버마스의 관점은 프랑크푸르트 비판학파 및 "마르크스주의의 유물론적 해석학"[55]과 "일말의 공감대"[56]를 형성하는 결과도 얻을 수 있게 된다.

구체적으로 하버마스는 가다머 해석학의 핵심개념인 "전통"과 "전이해"에 대하여 비판한다. 한마디로 하버마스는 가다머가 그가 애지중지했던 개념들인 전통과 전이해에 대해서 너무나 순진하게 접근하였다는 생각이다. 다시 말하면, 우리 역사에서 전승된 전통이나 이미 이해된다는 전이해는 정말로 진실하고 진솔한 것이며, 결코 비판의 여지가 없는 영역이란 말인가?

우선 하버마스는 우리에게 미리 선취되어 있는 모든 선입견들은 그것이 해석의 도식 속에서 이해를 위해 순환되기 이전에 처음부터 비판의 대상이 되어야 한다는 것이다. 왜냐하면 모든 이해가 전혀 걸러지지 않은 주관성과 자의성의 범주에서 헤어나지 못하기 때문이다. 이러한 맥락에서 하버마스는 가다머에게는 - 그는 해석학적 반성을 주장하지만 - 원천적으로 해석

---

[54] 이 논쟁은 Gadamer(1960) - Habermas(1970) - Gadamer(1971) - Habermas(1971) - Gadamer(1971) - Habermas(1971) - Gadamer(1975)의 과정으로 진행되었다 (Bleicher, 1980: 260)

[55] 현실의 신비화에 대하여 구체적인 현실을 맞서 세우려는 마르크스의 방법은 그러한 신비화를 일으킨 물질적 조건을 규명함으로써 이데올로기 비판의 패러다임을 제공한다. 예를 들어, 잔드퀼러Sandkuehler의 유물론 해석학materialistic hermeneutics은 비판을 지적 현상의 발생에 관한 재구성으로 보며, 의미에 대한 일체의 해석을 '관념론적'으로 간주한다. 반면 로렌저Lorenzer의 유물론적 해석학은 비록 의미가 추출되는 구체적인 사회-역사적 토대에 더욱 큰 강조점을 두더라도, 아펠과 하버마스처럼 비판을 본질적으로 자기반성적인 것과 해방적인 것으로 본다. 이러한 이론가들은 정신분석학을 해석학적 접근방법과 설명적 접근방법을 변증법적으로 접합시키는 해방과학emancipatory science의 모델로 삼고 있다.<cf. Bleicher, 1980: 4>

[56] 그러나 마르크스주의자들이 주장한 '이데올로기 비판'의 패러다임은 아펠과 하버마스에 의해 발전된 비판적 해석학과는 또 다른 해석학적 문제를 유발하면서 비판적 해석학 내에서도 또 다른 부류로 취급되고 있다(Bleicher, 1980: 4).

학적 반성이 불가능하다고 보았다. 즉, 하버마스에 의하면, 가다머가 주장하는 해석학적 철학은 지평이나 전이해의 개념을 통하여 전통이나 권위를 복원시킴으로써 반성의 기능을 약화시켰다고 지적한다. 또한 그는 가다머가 해석학을 너무 지나치게 존재론적으로만 끌고 가는 바람에 방법의 문제를 근거없이 축소시키고 말았다고 비판한다.

하버마스와 가다머의 해석학적 논쟁의 주 이슈는, 첫째, 과학에서의 해석학의 위치, 둘째, 전통과 선입견에 대한 반성, 셋째, 언어중심주의에 대한 비판 등이었다. 이러한 이슈들은 가다머의 철학적 해석학이 간과했다고 판단되는 문제들이었다. 그러나 서로 차원을 달리하는 양자간의 논쟁은 서로 간의 일치된 결론이나 타협 또는 일말의 그러한 가능성도 남기지 못하고 종결되고 말았다. 왜냐하면 이들의 비판적 시각은 존재론적 차원이라기보다는 오히려 인식론적-비판적 차원 ― 또는 인식비판 또는 인식관심의 차원 ― 에서 시작하고 있으며, 또한 하버마스는 인간이해를 오로지 '사회적 차원'으로만 국한하고 있었기 때문이다. 즉, 분명한 인식대상으로서 '사회'가 유일한 인식관심으로 부각되는 셈이다. 그럼에도 불구하고 하버마스, 아펠, 리꾀르의 주장들은 비판론적 차원의 해석학의 가능성에 단초를 제시한 사건임에 분명하다(Gallagher, 1992: 11).

우선 논쟁의 첫 번째 이슈는 '이해'에서 이데올로기 비판이 가능한가?[57] 하는 질문으로 귀결된다. 즉, 해석을 통해서 또는 해석학적-존재론적 순환의 과정 속에서 이해가 성숙될 때 이해는 어쩔 수 없이 존재가 가지고 있는 이데올로기까지를 포함할 수밖에 없을 것인데, 그렇다면 이데올로기는 전혀 비판의 여지가 없는 것인가? 즉, 이데올로기 역시 하나의 존재로서 지평융합이 될 수 있다면 도대체 이데올로기 비판은 ― 정확히 말하면, '부정적 이데올로기'의 비판은 ― 언제 가능한 것인가? 하버마스는 '방법'을 철저히 배제하고자 하는 가다머의 논리 속에서 이데올로기 비판의 여지를 마련한다는 것은 불가능하다고 보았다.

하버마스는 전통의 작용이 자연과학의 영역에서도 작용한다는 가다머의

---

[57] 이데올로기 비판의 이슈를 가장 심도있게 끌고 간 사람은 리꾀르였다.

생각에는 전적으로 동의한다. 그러나 전통의 작용과 작용적 얽힘을 핑계로 자연과 개별 자연현상을 대상으로 하여 이와 거리와 간격을 유지하면서 접근하는 자연과학의 연구방법을 거부할 자격은 없다. 즉, 간격을 두고 대상을 관찰해야만 비판도 반성도 가능한 것이지, 대상과 하나가 되어 융합되고 몰입되어서는 결코 비판과 반성의 기회가 주어지지 않는다는 것이 하버마스의 생각이다. 여기에 대해서 가다머는 방법을 비판하는 것이 아니라 방법은 이미 존재의 개시開始또는 개방開放과 함께 서서히 '드러나는' 것으로서, 존재와 존재 사이의 공유토대인 지평과 지평융합의 과정에서 이미 존재는 방법을 초월하고 있다. 그 과정에서 방법도 필요하다면 - 해석자의 관점에 따라서 - 서서히 알려질 수 있을 뿐이라는 대응이었다. 또한 가다머는 해석학의 사명이 바로 지금까지 지속되어 온 방법론적 교조주의에 대한 반성의 학學이기 때문에 별도의 이데올로기 비판은 필요치 않다고 응수했다. 설령 이데올로기 비판이 필요하더라도 존재론적 차원에서는 이미 이해가 이데올로기비판을 포괄하고 있는 것이다. 즉, 가다머의 존재론적 해석학에서는 이해의 비판가능성이 해석학적 순환 속에 내포된다. 그러나 하버마스는 가다머의 존재론적 속에서는 처음부터 비판이 불가능하다고 본다. 한마디로 가다머는 이해의 비판가능성도 존재론적 해석학적 순환을 통하여 가능하다고 보았지만, 하버마스는 그것만으로는 비판이 원천적으로 봉쇄되어 있다고 주장하였다. 즉, 하버마스는 해석학적 순환에서는 이전의 전이해가 또 다른 전이해로 전이될 뿐이기 때문에 비판이 개입할 수 있는 여지가 원천적으로 봉쇄되어 있다는 것이다. 만약 완전히 왜곡이 없는 이상적 상태에서 전이해가 전이된다면 이는 가능할 것인데, 그러한 상태가 바로 하버마스에게는 '이상적 담화의 상황'이다. 따라서 이상적 상황과 조건을 만들기 위한 반성과 비판의 기회가 항상 주어져야 하는 것이다. 그러나 가다머는 이러한 하버마스의 논리를 '추상적 명제'로 일축한다. 왜냐하면 이상적 상황 자체를 추구한다는 것은 그야말로 비현실적이고 이상적일 수밖에 없기 때문이다.

두 번째 이슈는 가다머가 전통의 개념과 선입견의 개념을 복원시킴으로써 이들의 권위가 너무 높아져서 오히려 진정한 반성의 힘을 약화시켰다는 하버마스의 가다머 비판에서 비롯된다. 즉, 철학적 해석학은 전통과 선입견을 무비판적으로 수용하게 함으로써 해석학의 반성 능력을 완전히 상실했다. 구체적으로 하버마스는 경제적-정치적 이데올로기에 대한 비판 없이 전통과 선입견을 그대로 수용하자는 가다머의 논리는 도저히 수용될 수 없음을 분명히 했다. 특히 이러한 외적 요인들은 삶에 직접적-간접적으로 작용을 미치기 때문에 삶을 구속하고 지배하는 주도적 이데올로기나 사회의 지배구조는 반드시 비판의 대상이 되어야 한다. 왜냐하면 이러한 주체적 삶의 외적 요인들로 인하여 '갈등'이 발생하기 때문이다. 의사소통의 왜곡이나 불일치로 인한 갈등 또는 역으로 갈등으로 인하여 발생하는 의사소통의 왜곡은 삶에 있어서 이해를 왜곡시킨다. 왜곡된 의사소통은 오해를 불러일으키고 오해는 새로운 갈등을 유발한다. 이러한 오해와 갈등 그리고 의사소통의 왜곡이라는 악순환의 도식 속에서 비판과 반성없이 삶의 이해는 결코 불가능해진다. 따라서 하버마스는 전통 안에서 이데올로기적인 요소들을 비판할 수 있는 보편적 해석학, 즉 '메타이론적인 해석학적 반성'을 주장하였다. 구체적으로 하버마스는 우리의 전이해 속에 은연중에 자리잡고 있을 가능성이 높은 부정적 이데올로기적 요인들을 비판하기 위해서, '이상적 커뮤니케이션의 상황'과 반성에 대한 반성을 가능하게 하는 메타이론적 해석학을 주장했다.

이에 대해서 가다머는 이해와 의사소통은 궁극적으로 대화의 공통체이며 사회의 공존양식을 추구하는 것인데, 어떠한 경험이라도 이러한 공동체에서 제외되지 않는다고 하면서 하버마스의 의사소통의 공동체에 대해서 별다른 이의를 제기하지는 않는다. 그러나 이러한 공동체 역시 존재자로서 스스로 발생하는 것이지 의도적인 의사소통의 반성적 실천이나 아니면 ─ 하버마스가 시도한 ─ 정신분석학적 경험과학적 모델을 통하여 계급사회의 집단들이 지니는 자기기만을 비판할 수 있다는 논리를 거절한다. 왜냐하면 프로이트의 정신분석학은 자연과학적 방법을 그대로 차용하고 있기 때문에 다시 해석학에 노출되어야 하는 진부한 인식론적 논리일 뿐이기 때문이다. 또한 가다머는 하버마스가 요청하는 메타이론적 해석학은 오히려 객관주의에 빠질 위험이 크다고 하면서 하버마스의 비판적 관점이 전통적 인식론의 회의주의 수준을 벗어나지 못하는 것이라고 비판한다. 즉, 메타이론이 비판의 기점으로서 작용해야 한다면, 이는 아르키메데스의 기점을 찾았던 데카르트와 무엇이 다를 것인가? 또한 가다머는 완전한 반성을 꿈꾸는 메타이론적 해석학이야말로 추상 그자체가 아닌가? 하고 반문한다.

세 번째 이슈로 하버마스는 가다머의 언어중심주의가 언어분석철학과 같은 맥락의 범언어주의의 오류를 그대로 되풀이하고 있다고 비판하였다. 즉, 하버마스는 우리가 인간의 사회적 행위를 이해하기 위해서는 언어이해만으로는 부족하며, 언어로 매개되는 '노동'과 '사회적 지배' 등 또 다른 변수들이 고려되어야 한다고 주장했다. 특히 그는 생산양식의 변화가 언어적 세계관을 지배하고 재구성한다고 보았다. 이를테면, 노동자의 언어와 지배자의 언어는 전혀 다르다. 가난한 가정의 자녀가 쓰는 언어와 부유한 가정의 자녀가 쓰는 언어는 다른 세계이다. 그러나 가다머는 존재론적 차원에서 스스로 개방되는 언어의 세계는 보편적 언어로서 이러한 다양하고 차별화된 언어세계 및 언어적 반성행위까지 모두 포괄한다고 방어한다. 즉, 언어는 이해의 매개체가 될 수 있으며 심지어 이해의 대상이 될 수도 있지만, 이러한 범주를 넘어서 언어는 우리를 살게 하는 존재의 집이며 세계 지평의 원천이다. 하버마스 역시 언어의 개방성에 대해서는 부정하지는 않는다. 따라서 이에 대한 지속적인 논의는 더 이상 진행되지 못하였다.

결국 이해에서 인식관심Erkennis und Interesse을 가장 커다란 요소로 보았던 하버마스와 가다머의 논쟁은 서로 평행선을 긋는 상태로 결판이 났다. 그야말로 이러한 논쟁은 서로의 인식관심의 차이로부터 완전히 다른 이야기로 일관될 수밖에 없었다. 다만 논쟁의 결과 이들 간에는 대응개념들이 남게 되었는데, 이를테면 가다머의 '이해의 전구조'는 하버마스에게 '관심Interesse'으로, 가다머의 '오해Missverständnis'는 하버마스에게 '이데올로기'로, 가다머에게 '대화의 존재론적 해석학의 과제'가 하버마스에게는 '담화의 이상적 상황'으로 대치되었다. 물론 이는 내용상으로 완전히 같은 의미는 아니지만, 각자의 입장에 따른 논쟁의 취지 상 같은 맥락에서 언급된 개념들이다. 따라서 이들 개념들 간의 의미간격의 정도는 논쟁이 평행선을 긋고 지나간 정도와 간격을 의미할 것이다.

(2) 이데올로기 비판으로서의 해석학

하버마스에게 삶은 이데올로기의 집합소이다. 특히 하버마스에게 비판의 대상인 이데올로기는 이해의 전구조 속에 내재되어 있을지도 모르는 모든 부정적이고 억압적인 요소와 허위적 현실, 사회적 불의, 물신화, 불필요한 지배, 소외, 갈등 등을 포괄하고 있다. 따라서 하버마스는 이데올로기 비판을 통해서 삶을 정화할 수 있고 삶을 제대로 이해하고 해석할 수 있다고 생각했다. 이런 의미에서 비판적 해석학은 해방적-참여적emanziparorisch 해석학이라고 할 수 있다.

한마디로 하버마스에게는 삶의 해석을 위해서 우선 삶에 대한 완전한 비판의 과정이 중요하다. 이러한 맥락에서 하버마스는 현실을 왜곡된 의사소통의 장으로 보고 대신 '이상적 커뮤니케이션'을 상황을 상정하고 이를 해석해 내는 '메타이론으로서의 해석학'을 주장한다. 그런데 이러한 하버마스의 메타이론은 다른 류의 메타이론과 마찬가지로 ― 비록 그것이 잠정적이라고 할지라도 ― 초월적인 규제이념을 전제하고 있다. 이러한 규제이념 하에서는 문화, 역사, 전통 같은 시간적 흐름들은 상대적으로 약화된다. 하버마스와 가다머의 논쟁을 중재하려고 했던 리꾀르Paul Ricoeur는 해석학에서 이데올로기비판의 가능성에 대한 문제가 이 논쟁의 핵심문제이자 결정적 갈림길로 파악했다. 그는 이 둘을 중재하기 위해서는 하버마스가 이데올로기의 개념을 수정하고 보다 확대해 줄 것을 요청했으며, 가다머에게는 인식론적 방법의 수용을 요청했다. 한마디로 그는 존재론적 문제와 인식론적 문제 사이에 존재하는 변증법적 국면을 발견했다(Bollnow, 1982a: 282). 따라서 이데올로기와 비판의 문제는 이러한 변증법적 차원에서 이해될 수밖에 없다. 예를 들어 존재론적 차원에서는 텍스트와 해석자가 서로 소속관계에 들어 있지만, 이들은 서로 상대적 자율성도 획득하고 있다.

결국 이들 사이에서 변증법적 관계는 피해갈 수 없다. 왜냐하면 소속관계와 상대적 자율성 사이에서는 어쩔 수 없는 "거리화Distnazierung"와 "거리Distanz"가 존재하기 때문이다. 이러한 거리화와 거리는 비판의 가능성을 열어준다. 만약 존재론적 해석학에서 이데올로기 비판이 가능하다면, 그것은

'자기이해'와 다름없다. 왜냐하면 존재론적 차원의 해석학에서는 비판이라는 개념을 별도로 사용하지 않기 때문이다.

> "(해석학에서) 이해의 과정은 해석자의 자기 존재이해로 귀착되는 총체적 과정이라 할 수 있다. 다시 말하면, 자기 존재에 대한 이해가 없이는 대상 혹은 세계에 대한 이해는 불가능하고 동시에 타자나 대상을 이해하지 않고는 자기와 세계를 이해할 수 없다."(최신일, 1999: 17)

그런데 존재론적 차원에서의 자기이해는 이미 현상하는 거리를 해석해 냄으로써 스스로 메우게 되는 변증법적 국면을 함유하게 된다. 또한 이때 "거리"와 "거리화"의 개념은 "전이해"로부터 "이해"로 ─ 자기비판과 자기반성을 통해서 ─ 전이하는 과정을 의미하기도 한다. 이렇게 본다면 리꾀르에게서 이데올로기와 이데올로기 비판의 개념은 존재론적인 차원과 인식론적 차원을 모두 섭렵하는 포괄개념이 된다. 그에 의하면, 이데올로기는 본래 긍정적인 면과 부정적인 면을 함께 가지고 있다. 따라서 이데올로기의 부정적 속성 때문에 비판이 필요하다. 그런데 일단 인식주체와 사회 또는 다른 인식대상들을 구별해 놓고 보는 인식론적 차원에서는 비판의 과정을 명시해야 하지만, ─ 리꾀르에 의하면 ─ 존재론적 차원에서는 굳이 그것이 비판의 개념을 사용하지 않더라도 이미 해석학적 과정 속에서 비판의 개념이 녹아 있다는 것이다. 특히 존재론적 차원에서는 이데올로기의 부정적 속성은 "지평융합"의 과정에서 자연스럽게 주체화되지 못한다. 왜냐하면 주체화란 이미 부정적 속성을 솎아내는 일종의 정화작용을 함께 하고 있기 때문이다. 다만 인식론적 차원에서는 비판을 통해 이를 가속화시키는 것뿐이고, 존재론적 차원에서는 세계-내-존재로서의 본질이라는 범주 속에서 스스로 정화될 뿐이다.

그럼에도 불구하고 존재론적 차원에서 완전한 비판은 불분명하다. 따라서 변증법적 과정의 수용을 통해서만 존재론적 차원의 해석학은 완전한 비판의 개념을 획득할 수 있다. 결국 해석학이 '역동적이고 복합적인 삶을 이해하는 것'을 목표하는 해석학으로서의 역할과 기능을 해내기 위해서는 어쩔 수 없이 변증법과의 조우를 피해갈 수는 없다고 할 수 있다. 그럼에도 불구하고 존재론에서는 이데올로기 자체도 존재로 보기 때문에 인식론적 차원에서 발전해 온 비판의 개념이 그대로 적용될 수 있는지는 여전히 의문으로 남게 된다. 중요한 것은 해석학에서 비판의 개념에 대한 논의를 통하여 해석학의 비판론적 차원이 고려될 수 있다는 사실이다.[58] 따라서 우리가 해석학을 보수적이거나 심지어 체제유지적 학문의 성격을 가지고 있다고 단정할 수는 없다. 즉, 전이해가 이해로 전이할 때 비판은 그것이 존재 내재적이든 아니면 순전히 인식론적이든 해석학이 전개되는 과정에서 분명히 작용하고 있다고 할 수 있다.

6) 해석의 확장: 문화해석

문화는 해석학적이다. 왜냐하면 문화는 상징과 의미를 가지고 있기 때문이다. 사회는 이러한 문화의 속성 때문에 사회적 응집력을 발휘한다. 다양한 상징과 의미를 가진 문화는 늘 해석의 대상이다. 한국의 태극기와 미국의 성조기가 가지는 상징성과 의미는 전혀 다르다. 또한 태극기와 성조기를 바라보는 국민 개개인의 해석도 천차만별이다. 어떤 사람은 태극기와 성조기를 애국심의 상징이자 자신의 삶을 가능하게 하는 의미로 받아들이지만, 어떤 사람에게 태극기나 성조기는 그냥 천 조각일 뿐이다. 따라서 문화는 보는 사람에 따라서 전혀 다르게 이해된다. 그럼에도 불구하고 문화는 상징과 의미를 통하여 사회적 응집력을 발휘함으로써, 우리가 사회공동체의 일원임을 인식하게 한다. 이렇게 문화는 공동체의 일원으로서 개인이 살아갈 수 있는 근거를 마련해 준다. 그러나 문제는 이러한 문화가 하나의 상징 똑같은 의미를 나타내지 못한다는 데에 존재한다.

"문화는 명백히 속박, 편견, 편협함의 장소일 뿐만 아니라 시야를 확장하는 장소이기도 하다. 다시 말해 우리가 편견에서 벗어나 배울 준비가 되어

---

[58] 딜타이의 인식론적 해석학과 하버마스의 인식비판론적 해석학은 **둘 다** "메타이론"을 상정함으로써 이미 이론-실제-초이론라는 변증법적 도식을 상정하고 있다.

있고 호기심을 갖고 있는 경우라면, 문화는 우리의 경직된 고정된 이원론과 세계 지각의 독단적인 이원론이 깨져 극복되는 장소이기도 하다.”(랄프 콘너스만, 2003/ 이상엽 옮김, 2006: 29-30)

　문화는 객관이다. 물론 잠정적 객관이다. 우리는 객관을 통해서 상대방을 이해한다고 했다. 따라서 우리는 문화라는 (잠정적) 객관을 통해서 상대방을 이해한다. 상대방을 이해한다는 것은 공동체의 삶을 확인하는 행위이다. 공동체의 구성원들을 직접 이해하기 어렵기 때문에 우리는 이들이 구성하고 있으며 삶의 응집력을 발휘하고 있는 문화를 이해한다. 그러나 문화는 다의적이다. 상징하는 것이 다르기 때문에 의미도 다르다. 따라서 문화를 이해하기 위해서 우리는 반드시 문화를 해석하는 과정을 가져야 한다. 따라서 문화는 곧 ‘해석학적 문화’이다. 문화를 해석한다는 것은 삶을 이해하고자 함이다. 객관으로서의 문화를 이해하는 것은 개개인의 삶을 객관적으로 이해하는 것이다. 문화에 대한 객관적인 이해는 공동체 구성원으로서의 개개인의 삶을 이해하는 것이다. 개개인을 이해하는 것은 곧 공동체의 삶을 이해하는 것이다. 따라서 문화를 이해하는 것은 공동체의 삶 그리고 그 속에 살고 있는 개인의 삶을 이해하는 통로가 된다.

　결국 문화는 이해의 기준, 즉 (잠정적) 객관으로 작용한다. 달리 말하면, 문화는 사회적 행동을 하게 하는 기준이기도 하고 또 그것을 해석하는 기준이기도 하다(이종각, 1997: 129). 따라서 잠정적 객관으로서의 문화는 끊임없는 해석의 과정을 통하여 온전한 객관으로까지 나아가야 한다. 지속적이고 항구적인 해석과정이 요청되는 이유이다. 여기서 잠정적 객관은 해석학자들에게는 선이해先理解와 통한다고 할 수 있다.

　　“선이해는 고정되어 있는 불변의 것이 아니라 끊임없는 반성적 작업과 자기해명이 필요한 것이다. 문화에 대한 해석 역시 역사적 지평 속에서 끊임없는 자기 해석과 반성이 필요한 작업이다. 그러므로 문화에 대한 개방적 태도를 취하는 것은 타문화를 이해하는 ‘열린 선이해’적 태도를 의미할 수 있다.”(김종헌, 2003: 42)

아울러 우리는 문화를 지속적으로 해석하는 과정에서 우리는 삶을 이해하게 된다. 왜냐하면 '인간이 무엇인가?'라는 물음과 '문화란 무엇인가'라는 물음과 동일한 근원을 지니고 있기 때문이다(김종헌, 2003: 37). 이렇게 본다면, 문화를 해석하는 일은 곧 삶을 해석하고 이를 토대로 삶을 이해하는 일이 된다.

> "우리는 낯선 것이 우리를 위협하는 이러한 생활세계의 주변부에서는 활발하게 해석행위를 해야만 한다. 해석행위는 이 상황에서 우리를 돕고 우리를 이 상황에서 다음 상황으로, 또 그다음 상황으로 계속하여 안내한다. 해석한다는 것은 상황·사태·대상을 간단히 말해 세계를 어느 정도는 선택적으로 어느 정도는 과감하게 어느 정도는 의식적으로 해석하는 것을 뜻한다. 해석의 실천이 목표로 삼는 것은 의미의 확장이 아니다. 해석의 실천은 끊임없는 새로운 시도 속에서 지속성을 획득하는 하나의 사건으로서 실현되는 것이다."(랄프 콘너스만, 2003/ 이상엽 옮김, 2006: 21)

결국 문화는 해석을 통해서만 서서히 그 본질을 드러낸다. 따라서 삶도 문화해석을 통해서만 그의 본질이 알려지게 된다.

3. 문화해석의 목표: 삶의 이해 - 슈프랑어의 『삶의 형식들』을 중심으로

독일의 교육철학자 에듀아르트 슈프랑어Eduard Spranger(1882-1963)는 평생 동안 777권의 논문을 썼으며, 4권의 단행본을 펴냈다. 그중 하나가 바로 『삶의 형식들Lebensformen』이다. <정신과학적 심리학과 인격의 윤리학>이라는 부제가 붙은 이 책은 마치 헤르바르트W. F. Herbart가 목표는 윤리학에 두고, 방법은 심리학에 의존할 때 진정한 교육학의 학문성이 보장된다는 교육과학의 논리와도 맥을 같이한다. 그러나 슈프랑어는 전통적인 헤르바르트의 규범교육학적 상상력을 거부한다. 즉, 헤르바르트가 주장한 방법적 차원에서의 (자연과학적) 심리학 대신 "정신과학적 심리학Geisteswissenschaftliche Psychologie"을, 전통적으로 신학적 토대 위에 서 있었던 윤리학 대신 "인격적 차원의 윤리학"[59]을 삶의 목표 또는 교육목표로 내세움으로써 전혀 새로운 영역인 딜타이W. Dilthey의 "정신과학적 교육학Geisteswissenschaftliche Pädagogik"을 계승 발전시킨다.

> "딜타이가 이미 1880년대에 '기술적이고 분석적인 심리학에 대한 이념'이라는 그의 논문에서 발전시킨 근본 명제들과 사상들은 슈프랑어의 보다 명료하고 체계적이며 또한 통일된 정신 속에서 형태(전체)를 획득했다. 그런데 이는 학교현실에서도 어쩌면 좀 더 가까이 서 있었고 당시 교사 세대들에게 도야과제의 극복을 위한 정신적인 수단을 보다 잘 제공할 수 있었다."(Bollnow, 1964: 99)

정신과학Geisteswissenschaften이란 말 그대로 '정신현상에 대한 과학적 이해'인데, 이는 궁극적으로"삶의 이해"를 목표한다. 여기서 삶의 이해란 삶을 '의미충만한sinnvoll' 것으로 파악하는 것을 말한다. 왜냐하면 이해란 무엇인가를 의미충만한 것으로 파악하는 것이기 때문이다(Spranger, 1974: 69). 따라서 정신과학적 교육학은 "삶의 이해"에 기초한 교육과학이론을 말한다. 슈프랑어에게 이해Verstehen는 다음과 같이 규정된다.

> "모든 기술적이고 서술적이며 법칙형성적인 정신과학의 독특한 인식수단으로 표현될 수 있는 이해Verstehen는, 일반적으로 육체적인 것의 영적인 해석으로 규정된다. 이는 마치 우리의 고유한 영적 상태들과 그것의 물리적인 표현형식 내지 생산물 간의 관련성과 유사한데 이에 근거하고 있다"(Spranger, 1918: 1)

---

[59] 슈프랑어의 『삶의 형식들』은 집단도덕과 개인윤리간의 관계에 대한 도덕철학적 질문 같은 테마를 다루는 가운데 쓰여진 작품이다(Meyer, 1982: 49). 이 책 속에서 슈프랑어는 개인과 유효한 도덕 사이의 긍정적 갈등을 도덕의 진보를 위한 지렛대로 만든다(Meyer, 1982: 50).

한마디로 이해란 단순한 인식에 따르지 않고 총체적인 주관-객관-관련 속에 있는 의미있는 것으로서 삶의 관련의 지체를 파악하는 것을 의미한다 (Spranger, 1974: 70). 그런데 이해의 근거는 '정신'이다. 왜냐하면 정신은 주관적인 영혼과 달리 주관을 벗어나서 객관적 영역으로 들어가는 입문으로부터 현상하기 때문이다. 즉, 우리는 정신이라는 객관을 통해서 비로소 우리자신에 대한 이해를 시작한다(Spranger, 1974: 65). 왜냐하면 정신은 이해가능성의 매개체이기 때문이다(Spranger, 1974: 67).

슈프랑어가 완성한 <정신과학적 심리학>은 우리 인간이 자신을 객관적으로 이해하는 길을 제시하는 방법적 접근인데, 인간이 주관적인 자기 자신을 직접 이해하기가 어렵기 때문에 객관으로 현상하는 '정신Geist' 내지 정신의 산물을 이해의 매개체로 활용하는 것을 목표한다.

> "정신과학적 심리학은 초개인적-정신적인 형상들(경제, 사회, 과학 등과 같은 객관물 또는 문화 영역들)이 개별주체 속의 심리적 과정들과 성향들과의 관련성을 고찰하는 것을 추적한다."(Spranger, 1974: 3)

이렇게 본다면, 정신과학적 심리학을 토대로 '삶 내지 정신의 이해'를 최종적으로 목표하는 슈프랑어의 저서『삶의 형식들』은 그의 정신과학 및 정신과학적 교육학 그리고 더 나아가서는 문화철학 및 문화교육학의 수립을 위한 기초토대이론으로 작용한다.

> "슈프랑어의 사고는 정신적 삶 전체를 포괄한다. 이는 개인적인 세계의 영역만이 아니라 문화 일반의 전체적 내용을 말한다. 문화에 대한 그의 연구에서도 그는 개인과 객관적 정신 그리고 인격과의 관계로부터 시작한다. 문화철학자로서도 그는 우리시대의 문화적 문제에 대한 모든 쟁론에서 위상을 차지하고 있다. 여기서도 그의 관점은 문화를 만들어내고 그로부터 교육, 사회, 국가 등이 유추되어야 하는 윤리적이고 형이상학적 힘들에 대한 질문에 지향되어 있다. 그 속에서 그는 문화와 그의 현상에 대한 자연적 이해와 생물적 이해를 구분한다. 이를 넘어 그가 가르치는 모든 것은 정신적 삶의 유지와 번영을 위해 책임이 있는 인격의 에토스에 의해 지탱된다.

문화는 대중화의 위험성을 지키는 형상화에 대해 의미를 부여하고 의무를 전달하는 것이다. 만약 이러한 의식적이고 체험하는 개인이 없다면 아마 문화는 사멸할 것이다. 모든 것은 지금 여기에 살고 있는 개인에게 달려있다."(Louvaris, 1964: 45)

슈프랑어에게 궁극적으로 영원한 것은 (정신적인) 힘들, 즉 정신력Geisteskraft이며 이러한 힘들은 영원히 새로워진다(Bollnow, 1964: 98).

"(슈프랑어에게) 정신은 모든 높은 힘들, 창조적인 모든 것 그리고 모험하는 것 그리고 인간에게 잠재하는 신으로부터의 불티이다. 그는 스스로를 정신에 의무적이며 책임있는 것으로 느꼈으며 모든 진심을 가지고 다른 사람들에게 그러한 책임으로 불러내려 했다."(Daur, 1964: 240)

이러한 맥락에서 슈프랑어는 정신적인 것, 즉 형이상학적인 것을 근본적으로 차단하면서 교육학을 세우려는 사람들은 교육의 원현상을 아직도 모르고 있는 것이라고 주장한다(Eisermann, 1964: 116).

한편, 슈프랑어에게 역사인식은 "역사 의미에 대한 인식"을 말한다(이상오, 2002: 93). 당시 슈프랑어가 가장 심각하게 고민했던 사실은 인류가 점점 '삶의 의미Sinn des Lebens'를 잃어가고 있다는 사실이었다.[60] 문화적 위기의 심각성에 대한 고찰은 그로 하여금 "의미 위기Sinnkrise"를 선언하도록 했다. 결국 슈프랑어는 의미 위기를 극복하기 위해서 우리가 초개인적-역사적 내용인 '문화文化, Kultur'를 의식하는 것이 중요하다고 주장한다. 특히 우리의 삶에서 의미 있는 내용들은 항상 역사로부터 의식으로 표현되고, 현재이 시점에서 도래하는 현실의식은 예외 없이 의미 있는 내용 위에서만 스스로 구축된다.

"인간은 자연적인 환경Umwelt에만 살지 않고 변형되고 어느 정도 변형된 제2의 자연인 '문화' 속에 산다. 이 속에서 필연적인 지식과 숙련성은 더

---

60 삶의 의미에 대한 질문은 철학의 탄생지점이다(Spranger, 1974: 69).

이상 유전에 의한 자연적인 소질이 아니고 주변 환경Umgebung에 의해 중재되어야 한다."(Bollnow, 1983: 27)

슈프랑어는 자신의 저서 『삶의 형식들』을 통하여 이상적理想的 "삶의 유형Lebenstypus"에 대한 인간형을 분석하는 "개성심리학" 또는 "이해심리학"을 정초함으로써 당시 심리학 논쟁에서 "이해적 방법Verstehensmethode"에 기준을 제시하고자 했다. 그는 이 책의 개정판 서문에서 "정신의 현상을 옳게 파악하기 위해서는 삶의 관련을 꿰뚫고 있는 합리적인 선을 긋는 것이 중요하다"고 쓰고 있다. 구체적으로 이를 위해 슈프랑어는 방법적으로 구분되는 6개의 문화영역에 일치하는 6개의 삶의 형식들을 일치시키고 있는데, 이들은 인간의 정신현상을 옳게 파악하고 이해하기 위한 하나의 수단으로 제시된다.

"합리적-구조적rational-konstruktive 기본자세가 바로 그것이며 이는 서문에서도 분명히 언급되고 있다. 정신적인 현상들을 구조적으로 올바르게 보기 위해서는 삶의 관련을 통한 합리적 기준선을 긋는 것이 중요하다. 이를 위한 수단은 잘 알려진 6개의 삶의 유형들인데, 이는 6개의 커다란 문화영역과 일치한다. 즉, 이론적 인간, 미적 인간, 경제적 인간, 사회적 인간, 힘의 인간 그리고 종교적 인간이 그것이다. 슈프랑어는 모든 인간들에게 이러한 기본방향 중의 하나가 지배적이고 그다음에 이의 주변으로 다른 유형과 의미있는 결합조직Gefüge, 즉 이해할 수 있는 구조Struktur가 함께 얽힌다는 사실로부터 시작했다. "(Bollnow, 1983: 20)

즉, 정신적인 삶의 각 단면에는 비록 동일한 강도는 아닐지라도 모든 정신적인 기본 방향들이 내포되어 있다. 다시 말하면 모든 정신적 총체적 행위는 분석하는 시각에 모든 측면을 보여주는데, 그 곳으로 정신 자체는 분화될 수 있다(Eisermann, 1964: 115).

그러나 여섯 개의 문화영역과 삶의 형식들은 모두 현실적으로는 가능하지 않은 이상적 분류일 뿐이다. 이는 오로지 삶의 영역으로서의 문화영역을 들여다보는 렌즈 또는 격자창의 역할을 한다. 이는 마치 우리 눈에 빛은 무색으로 보이지만 프리즘Prism을 통과할 때 7가지 무지개색으로 분화되는 이치와 동일하다. 우리는 빛을 전체적으로는 인식하기는 어렵지만, 분화된 7가지 무지개색을 기준으로 인식하면 빛의 속성을 알 수 있다. 슈프랑어에 의하면, 모든 유실하고 지속적인 학문적 원칙들은 단순하고 명료하다 (Eisermann, 1964: 115).

따라서 현실에서의 인격은 – 슈프랑어에 의하면 – 이러한 문화 및 삶의 영역들 중 하나가 가장 지배적이며, 그 주변으로 다른 영역들이 의미있는 골격Gefüge, 즉 파악 가능한 구조로 끼어든다. 간단히 말하면, 슈프랑어가 제시하는 '삶의 형식들'이라는 유형론Typology은 실제에는 불가능하고 극히 이상적이고 현실에서는 실현불가능할 수 있지만, 각각의 이상적 유형들은 삶의 이해를 위한 (반성적 성찰)의 준거로 작용한다(이상오, 2002: 100).

> "(그러나) 우리가 유형론을 어떻게 시간이 그것을 완전히 야기했는지 하는 것만 보게 된다면 우리는 삶의 형식의 의미를 파악하지 못한다. 따라서 결정적인 것은 이러한 유형론에 체계적인 단초로서 근거하고 있는 개별적 영혼과 객관적 문화의 관련성이다. 이는 마치 그것들이 플라톤적인 국가구조(전체)의 근저에 머무는 것처럼 단순히 영혼과 전체 문화 간의 일치를 말하는 것이 아니다. 왜냐하면 영혼은 슈프랑어에게 있어서 단순히 내부로부터만 펼쳐지는 것이 아니고 그것은 문화영역의 의미관련 속으로 깊이 자리매김을 하는 동안 문화영역이 다시금 자라나는 인간의 영혼 속에서 구현되는 동안 확장되기 때문이다. 따라서 여기서 체계적인 토대가 만들어지는데 그것이 바로 교육학의 깊은 근거지움을 가능하게 한다. 이는 슈프랑어가 노올과 리트와의 밀접한 결합 속에서 고안한 것이며 이는 문화교육학이라는 적합한 칭호와 아무 밀접해 있는 영역이다."(Bollnow, 1964L 100)

구체적으로 "삶의 형식들"이란 인간의 삶을 객관정신의 소산인 '문화를 매개'로 이해하고자 하는 통찰이다(Reble, 1982: 107). 왜냐하면 우리는 궁극적으로 정신이나 삶을 이해해야 하는데, 이것들을 직접적으로 파악하는 것은 불가능하기 때문이다.

"문화의 역사는 슈프랑어에게 초개인적인 객관적 가치들의 총합으로서 정신의 산물이다. 모든 개인들은 포괄적인 의미심장한 관련의 지체로서 이해되어야 한다. 그리고 모든 현상하는 것 이면에는 질서가 존재한다."(Müller, 1964: 195)

왜냐하면 문화는 물리적이면서 동시에 심리적인 산물이기 때문이다.

"문화는 그의 존재 면에서 확실히 객관적이고 물리적인 것과 결부되어 있다.... 예를 들면 모든 과거는 그것이 단 한순간이라도 살아있는 인간의 기질에 작용하지 않는 한 물리적 표현에 의해서만 존재한다. 유품으로서의 모든 책들, 사진들, 동상, 건축물, 기계들, 모든 기구들, 작품들, 경제재들 등이 여기에 해당된다.... (그러나) 플라톤의 철학은 볼 수 있는 인쇄체를 가진 종이와는 다른 어떤 것이다.... 책은 그것이 읽혀지는 순간 물리적인 졸음으로부터 깨어난다.... 탑은 누군가가 거기에 기도하는 순간 더 이상 돌무더기가 아니다.... 이로써 문화는 심미적인 실존이 되는 것이다." (Spranger, 1918: 6)

결국 우리는 인간의 정신이 만들어내고 그에 구속되어 살고 있는 문화를 이해함으로써 정신과 삶의 이해에 간접적으로 접근할 수 있을 뿐이다. 다만 주의해야 할 것은 이해의 대상으로서의 문화란 결코 고정적이거나 정태적이지 않다는 점이다. 문화는 동태적으로 늘 움직인다. 그러나 우리는 이렇게 항상 움직이는 문화를 이해할 재간이 없다. 따라서 우리는 일단 문화를 고정화된 것으로 간주하고 이를 우리의 정신을 통해서 파악해 보고자 하는 것이다. 바로 이러한 관점이 슈프랑어의 논리였다.

이를 위해 슈프랑어는 우선 문화적 삶의 보편적 구조 특히 개별 문화 영역들의 구조에 대한 보편적 구조분석을 시도한다(Reble, 1982: 107). 왜냐하면 슈프랑어에 의하면, 객관적 사실의 이해 조건은 "정신적 관련, 즉 구조" (이상오, 2002: 93)이기 때문이다. 즉, 문화는 늘 움직이지만 '문화'를 가능하게 하는 '구조Struktur'는 그것이 구체적으로 무엇인지는 알려지지 않는다고 해도 가정할 수는 있다. 왜냐하면 세상에 구조(뼈대)가 없는 실체는 존재하지 않기 때문이다. 결국 슈프랑어에 의하면, 삶의 본질은 정신이고 정신의 본질은 체험이며 체험의 본질은 구조인데, 구조는 가치실행에서 주어진 초개인적·초역사적인 보편타당성을 띠고 있다. 슈프랑어는 이러한 구조의 이상을 '삶의 형식'으로 간주했다(稲毛金七, 1941: 448). 구체적으로 슈프랑어는 우선 삶의 구조분석 특히 정신행위의 법칙적 구조분석을 시작하면서 인격을 형성하게 되는 이상적 개성의 삶의 유형들을 밝혀내고 있다.

> "문화란 부분적으로는 물질적인 부분적으로는 정신적인 성격을 가진 역사적으로 되어진 가치형상들의 총개념으로 이해될 수 있다. 이는 때로는 살아있는 인류집단에 의해 사회적으로 옮겨지고, 즉 이해되고 가치화되고 이상적으로 계속 형성된다. 짧게 말하면, 문화는 초개인적으로 의미있는 가치관련 및 의미관련인데, 이는 실제로 되어지고 따라서 실제 사회에서 모티브를 제공하는 작용관련으로 살아있다. 문화는 항상 초개인적인 의미와 작용관련인데, 이의 개별적 측면은 그러나 어느 정도는 다층적인 문화사회를 만드는 그때그때 살아있고 체험하는 주체들로부터 독립되어 있다. 더 나아가서 문화의 고유한 삶과 따라서 그의 성장과 번영은 와해된 의미형상 자체에 해당되지 않고 그때 실제로 살아 잇는 문화보지자와 초개인적인 문화상태와 의미내용과의 관련에 기인한다"(Roessler, 1964: 62-63)

다음으로 그는 삶에 선천적으로 들어 있는 가치구조를 분석해 냄으로써 "문화에서 삶"으로, 그리고 "삶에서 문화로", 즉 정신과학의 분석적 방법과 종합적 방법을 함께 사용하고 있다. 다시 말해서 문화현상을 이해하고 역사과정에서의 문화에 대한 개인의 위치를 인식하고 궁극적으로는 보다 높은 자아형성의 길을 모색하기 위해서 한편으로는 얽혀 있는 정신의 구조를 하나하나 분석적으로 풀어내고, 다른 한편으로는 다시 얽혀 있는 전체, 즉 정신의 총구조로부터 시작하고 있다. 그는 분석적이고 종합적인 방법, 즉 그의 독특한 정신과학 및 정신과학적 심리학의 방법을 추구하고 함으로써 문화구조이해를 매개로 하여 삶의 형식들의 보편적 이해에 도움을 주려고 하고 있다.

한편, 원칙적으로 심리학은 윤리적 가치 판단을 내릴 권한을 가지고 있지 않다. 또한 가능성도 없다. 따라서 슈프랑어는 삶의 가치내용에서 나타나는 윤리적인 것을 규범적 당위형식으로 인식하고자 했다. 딜타이가 삶을 이해하기 위해서 필연적으로 "체험당위"를 주장했다면, 슈프랑어는 오히려 "당위체험"을 주장했다고 할 수 있다(이상오, 2002: 99). 왜냐하면 슈프랑어는 딜타이처럼 존재와 당위 사이에서 논리적·인식적 관련이 아닌 경험적 관련을 택했기 때문이다. 즉, 가장 내부적인 것 속에서는 인식하는 이성이 활동하는 것이 아니고, (종교적으로, 형이상학적으로) 숨어있는 관련성에 대한 말로 표현하기 어려운 체험이 활동하기 때문이다(Louvaris, 1964: 44).

> "슈프랑어는 영혼적-정신적 개체의 완전한 내성으로부터 시작하면서 보다 높은 어떤 것을 위한 끊임없는 동경으로부터 그리고 무조건적인 당위의 사건으로부터 시작했다."(Louvaris, 1964: 55)

따라서 슈프랑어가 제시하는 이상적 삶의 유형들은 객관영역에 놓이는 합리적인 격자창에 따라 실제Wirklichkeit를 모사하는 것이 아니고 정돈기능만을 갖게 된다. 즉, 그는 "인간이 무엇일 수 있는가? 하는 것은 역사만이 말해준다"는 딜타이의 역사주의적 이해 방식을 따르지만, 슈프랑어는 "인간이 무엇이어야 하는가? 하는 것도 역사만이 알려 준다"는 사실을 실천적으로 해석하는 데 주력함으로써, 딜타이의 처음부터 역사주의에서 필연적으로 나타나는 상대주의를 극복하려 했다.

> "역사주의는 인간의 모든 지식을 상대화해 버렸다. 하나의 문화적인 전통속에 갇혀 있는 사람은 그 문화의 전승에서 얻은 모든 지식을 단순하게 절대적인 것으로 믿을 수가 있었다.... 문화적인 전통이 다르면 윤리, 도덕, 종교, 예술, 세계관뿐만 아니라 모든 규범들도 상대적으로 변화한다.... 그러나 이러한 상대적인 지식은 행동을 결정하는 인격의 힘이 될 수가 없다. 나의 지식이 일정한 문화적인 전통과 특수한 역사적인 상황에 제약된 것이기 때문에 상대적인 것에 불과하다는 것을 알면 나는 그 지식을 토대로 담대하게 나의 행동을 결단할 수가 없게 된다."(이규호, 2005: 7)

이 때문에 슈프랑어는 칸트의 전통을 이어 받은 트뢸체에 접근한다. 트뢸체는 역사를 움직이는 주관적 의식구조에서 시작했다. 그는 헤겔의 개념인 절대Absolutheit, 즉 신의 영역이라는 기점에 도달하지만, 트뢸체에게서는 절대에로 인도하는 기점이 헤겔과 달리 개인의 검증적 '양심의 소리'였다. 바로 슈프랑어는 절대기점에 한해서는 이러한 트뢸체의 견해를 추종한다.

> "슈프랑어는 양심을 스스로 자아를 통제하면서 인식하는 자아, 모든 종류의 규범에 대한 적극적 수용, 올바른 길로 삶을 인도하는 내적 규제자, 형이상학적 출처를 말하는 개인의 심층내부에 있는 목소리, 형이상학적 개시의 원천으로 표현한다."(Meyer, 1983: 53)

심리학적-역사적 방법으로 시작한 트뢸체는 그 문제를 의무척도일반에 대한 물음으로 확장하여 종교철학을 추구했다. 이와 관련하여 슈프랑어는 "역사적 문화과정에서의 윤리학"(이상오, 2002: 78)에 접근함으로써, 역사의식에 기초한 문화철학과 문화교육학의 기틀을 마련하게 된다. 왜냐하면 인간의 윤리문제는 대표적인 문화과정이며 윤리에 대한 접근은 문화이해의 핵심이며 아울러 인간의 정신과 삶의 이해를 위한 길을 제시할 수 있기 때문이다.

> "슈프랑어가 철학자들에게 인간의 개체성의 비밀 속으로 스스로 짜여 들어가는 것뿐만 아니라 그들 스스로 문화철학으로 확장하는 것을 의무로 만들었을 때, 그 이유는 개인의 중심에 양심良心, Gewissen과 분리될 수 없는 정신이 있다는 사실을 알고 있었기 때문인데, 이는 그가 (20세기 초부터 심각해진) 서양문화와 세계 문화일반의 운명에 대한 집단적 우려의 상황에서 철학적 사유를 미래를 위한 책임으로부터 면제하려는 의도가 아니었기 때문이다"(Kudzsus, 1964: 89)

다만 주의해야 할 것은 슈프랑어에게 윤리의 문제는 규범교육학 내지 규범윤리학에서 제시하는 것처럼 정적이고 고정적인 것이 아니고 항상 동적으로 움직이는 과정에서 다루어진다. 문화가 동적인 것처럼 윤리 역시 동적이다. 다만 학문의 연구대상으로서의 문화와 윤리 역시 일단 고정적이고 정적인 것으로 가정된다. 더 정확히 말하면, 문화와 윤리를 가능하게 하는 '구조'가 고정적이고 정적인 것으로 가정되는 것이다. 연구의 가설로서 상정되는 '구조'에 대한 이해는 궁극적으로 역동적인 정신과 삶의 이해를 위한 지표로 작용하는 셈이다.

1) '정신'의 철학적 이해

인간의 삶을 이해하는 것은 곧 인간의 '정신Der Geist'을 이해하는 것이다. 따라서 슈프랑어는 정신을 이해하기 위한 학문적 방법을 알아내려고 했다. 이미 자연을 학문적으로 파악하기 위해 자연과학은 자연과학의 방법으로 관찰, 실험, 조작(실험) 등의 방법론을 세우고 있던 시기에 정신의 본질을 파악하기 위해서도 방법론이 필요하다는 인식 때문이었다. 이러한 인식은 그의 스승이었던 딜타이로부터 시작되었다. 딜타이는 "자연은 설명하고 정신은 이해한다"는 유명한 말을 하면서, 자연과학이 자연현상을 '설명'해 내기 위한 고유한 방법을 고안하여 사용하고 있다면, 정신과학은 정신현상을 '이해'하기 위한 방법을 고안해야 한다고 하면서 '정신과학적 방법론'을 역설하였다. 이를 계승한 슈프랑어 역시 정신을 학문(과학)적으로 이해하기 위해서는 딜타이의 정신과학적 방법론이 필요하다는 역설을 지지 계승하였다. 그러나 딜타이의 방법과 슈프랑어의 방법은 매우 다르게 전개되었다. 왜냐하면 이해를 위한 명확성의 문제가 남아 있었기 때문이다.

> "(당시) 딜타이의 (역사해석학적) 생각은 (그의 제자와 후학들에게) 깊숙이 파고들고 있었다. 그러나 항상 새로운 문제가 슈프랑어에게는 고민거리였다. 어떠한 공식화에서도 그는 마지막 해법(명확성)을 찾을 수 없었다.... 슈프랑어는 완전히 다른 길을 갔다. 그는 (딜타이 해석학에서 나타나는) 끊임없이 파낼 수 없는 어둠 속에 있는 자신을 두려워했다. 그는 확실한 정점, 즉 명확한 체험을 구하고자 했다. 그는 결여된 딜타이의 명확성을 비판하고 그의 불명확성을 예리한 개념적 파악을 통하여 극복하고자 했다. 이로써 그는 오로지 딜타이의 제자로서만이 아니라 딜타이의 완성자로서

불명확한 현실을 명확한 곳으로 끌고 나가려고 했다."(Bollnow, 1983: 35)

우선 슈프랑어는 경험과학經驗科學, empirische Wissenschaft에서 실체實體, Substanz는 절대적으로 견고한 것 또는 불변적인 것이 아니고, 시간 속에서 상대적으로 견고한 추세를 사변적으로 가정하는 단일 법칙 내지 법칙의 총 개념이라고 설명한다. 이는 딜타이의 전제와 다르다. 딜타이는 '삶이 역사'라는 전제 하에서 삶에서 어떠한 것도 견고하거나 고정된 것은 없으며 삶은 역사의 흐름 속에서 일회적이고 단속적이며 우연적이라고 보았다.

그러나 슈프랑어는 아리스토텔레스 이후 정립된 '실체의 개념'을 버리지 않았다. 그에 의하면 실체개념은 시간 속에서 동일한 정신적 주관의 행동이 과학적으로 파악될 수 있다는 전제이다. 그것이 슈프랑어가 추구한 '정신과학적 방법론'의 가정이었다. 즉, 슈프랑어에게 정신과학은 물론 방법적인 차원을 가지고 있지만, 아울러 분명한 세계관적 전제를 하고 있었다(Arnold, 1964: 201). 이러한 의미에서 슈프랑어의 정신과학은 '가치철학Wertphilosophie'의 연장선이라고 할 수 있다.

슈프랑어는 이러한 가정에 의해서만 정신적 주관은 본질Wesen로 규정되고, 정신적 주관의 다양한 행동양식은 '본질과 결합됨Wesenverknüpfungen'으로 해석될 수 있다고 주장한다. 결국 정신적 주관 안에서 '법칙적 행동'이 전제될 때 비로소 그것은 '인식認識, Erkennen'의 대상이 된다. 자연을 연구 대상으로 하는 자연과학은 자연현상에 대한 법칙을 전제한다. 마찬가지로 정신과학에서도 연구 대상으로서의 정신현상에 대한 법칙이 전제된다. 즉, 인간의 정신생활을 영위함에 있어서도 정신세계를 형성하는 법칙은 가정될 수 있다. 만약 정신세계가 무無규칙적이고 우연한 무질서와 혼돈 투성이라고 한다면, 다시 말해 그 세계가 보편적인 정신의 본질 및 정신의 본질관련으로 환원될 수 없다면, 과학적 성격학Charakterogie은 완전히 포기될 수밖에 없다. 왜냐하면 과학이란 무전제적인 것이 아니고, 이론적이면서 동시에 초이론적인 전제를 갖기 때문이다.

"정신세계는 역시 정신구조로 구성된다. 이는 가치들에 의해 실행되는데 법칙성에 따르는데, 진정하거나 타당하고 객관성을 향유하는 한 정신세계는 다양한 해석으로부터 의미를 얻고 영원한 규범을 나타난다. 슈프랑어는 정신세계를 커다란 멜로디에 비유한다. 그것의 주요 모티브는 다양한 가치 유형들과 가치방향들을 만드는데 다른 말로 하면 그것은 모든 세분화된 부분들로부터 인식될 수 있는 형성된 전체인데, 이는 음향의 변화를 통해 유랑이 가능하며 마침내 은밀한 의미법칙을 따른다. 이에 따라 슈프랑어는 자신의 과제를 정신적 삶의 주요 모티브를 찾아내는 노력, 즉 그것을 정체성 있는 반복 그리고 변형 그리고 그 속에서의 연결과 반동을 추구하는 것으로 간주했다."(Louvaris, 1964: 42)

우리는 이러한 법칙적 측면을 체계적으로 고찰할 수 있다. 그런데 인간의 내면은 실제로 객관적 형상(대상)들과 관련된다.

"우리는 무엇보다도 대상적으로 지향된 행위를 하면서 살아간다: 우리는 끊임없는 목표관련, 즉 우리가 그곳에 이입되어 있으며 다양하게 얽힌 영혼외적이고 영혼초월적인 인식의미와 가치의미 속에서 대상 질서Gegenstandordnung에 대한 지식으로 살아간다."(Spranger, 1974: 5)

달리 말하면, 인간의 영혼적 내면세계는 사실 외부와의 연결 속에서 정신으로 발동하며 또한 그 정신을 통한 행위도 시시각각으로 변화한다. 왜냐하면 인간은 비록 주관적이지만 객관적인 접촉을 통해서만 비로소 인간됨이 이루어지기 때문이다. 그런데 슈프랑어에 의하면, 이러한 객관적 형상들(또는 대상들)은 세 가지 의미에서 객관적이라고 할 수 있다. 첫째, 그것들은 물리적 형상(기존체)에 고착되어 있기 때문이고, 둘째, 그것들은 매우 많은 개별주관들의 영혼적 협력 및 상호작용에서 기인하기 때문이고, 셋째, 그것들은 의미부여 내지 의미해석에 있어서 초개인적으로 규정될 수 있는 '정신의 법칙'에 의존하고 있기 때문이다.[61]

"정신적인 것의 객관성은 무엇보다도 그것에 대치하고 있으며 그것에 영향

---

[61] 나(I)는 의미부여적 관련들이 충족되는 가운데에 산다(Louvaris, 1964: 39).

을 미치는 개별 자아로부터 구속되지 않는다는 사실에 기인한다. 아울러 그것은 영혼적 삶 속에서도 삼중의 방식으로 드러난다. 즉, 그것은 우선 물리적 객관에 붙어있는데 이는 개별 주체들의 상호작용으로부터 발생하며 초개인적인 특정한 의미 부여나 의미 해석의 법칙에 뿌리를 두고 있다. 소위 개별영혼의 가치론적 소질과 가치실현적 노력의 펼침으로서 나타나는 객관적 의미에서의 이러한 정신적인 것은 의미법칙에 의해 지배되고 객관적 정신, 객관화된 정신 그리고 규범적 정신 등 세 가지로 구분된다. 규범적 정신은 보다 고차원의 포괄적인 규범적 형식법칙 속에 기인하는데, 이에 맞추어 정신의 나머지 존재양식이 변형되고 계속 형성되어야 한다. 덧없이 흘러가는 개별성과 그 위를 덮고 있는 내용간의 이러한 관계는 정신 생활의 구조 속에 있는 고유한 신비이다. 이러한 비밀로 파고드는 수단은 정신적 현상에 적합한 인식방식인데 그것이 바로 '이해'이다."(Louvaris, 1964: 39-40)

한편, 자연은 질서화된 전체로서, 인식행위의 법칙 덕택으로 정신 속에 형성된다. 즉, 우리 인간은 인식능력을 가지고 있기 때문에 자연에 대한 생각할 수 있다. 만약 인식 능력이 없다면 인간과 자연은 전혀 상관없다. 즉, 인식하지 못하면 생각하지도 못한다. 그러나 괴테나 쉘링은 자연 그 자체를 정신으로 본다. 좀 극단적이다. 이들에게 인간은 자연의 일원으로 창조되었다고 보는 것이다.

아낙사고라스에게 있어서 누우스(정신)는 만물의 운동의 근원이며, 동시에 질서의 원리이다. 그에게 자연은 인간의 정신(능)력 때문에 존재한다고 보는 것이다. 즉, 그에게는 자연보다 정신이 먼저이다. 결국 인간은 대상적으로 지향된 행위 속에서 살아간다고 할 수 있다. 대표적인 것이 인식행위인 것이다. 그러나 엄밀히 말하면, 정신세계의 참여 및 정신세계에 대한 지식은 개별주관에 이상적 방침으로서 포괄된 현실의 정신행위나 그들의 생산적인 구상력을 지배하는 정신행위의 법칙에 의존한다. 그러한 법칙에 따라서 우리는 객관적으로 된다. 우리가 또는 우리의 정신이 '객관적으로 된다'는 것은 서로 이해의 가능성이 생긴다는 뜻이다. 왜냐하면 모든 객관적 정신 관련은 현실화된 구조이며, 그것은 정신행위들의 특수한 복합체에서 형성되기 때문이다. 결국 우리는 자아 속에 살아있는 이러한 정신의 법칙적 구조 덕택으로 정신의 산물을 이해하는 것이다. 왜냐하면 정신은 '이해가능성의 매개체'이기 때문이다. 그런데 슈프랑어에 의하면 정신의 근본구조는 선천적으로 형성되어 있다. 선천적 정신의 근본구조 덕분에 우리는 정신행위를 할 수 있다. 여기서 바로 세 번째 의미의 정신적 객관성이 나타난다. 즉, '구조'가 가정되지 않는다면, 어떤 정신행위도 이해할 수 없다. 여기서 구조는 법칙을 파악하게 한다. 왜냐하면 구조는 법칙적으로 되어 있으며 법칙적으로 되어 있다는 사실을 전제할 때 우리는 구조를 비로소 파악해낼 수 있기 때문이다. 슈프랑어는 이 객관의 세 번째 의미를 '비판적-객관적'이라고 부르고, 반면 아직도 정신구조의 법칙으로 회귀하지 못한 단순히 정신적인 것을 주관초월적인 것Transsubjektive과 집합적인 것Kollektive으로 설명한다.

이렇게 삼중적 의미로 거론된 정신적 객관성은 궁극적으로는 객관정신과 규범정신(헤겔의 절대정신)으로 나타난다. 왜냐하면 정신의 타당성은 증거 Evidenz가 아니고 무한히 확장될 수 있는 '힘Kraft', 즉 '정신력Geisteskraft'이기 때문이다(Kudzsus, 1964: 90).

한편, 여기서 객관정신은 역사적-사회적 실제이고, 규범정신은 객관정신 위에 형성된 '이상적 요구'(또는 이데아)로서의 정신이다. 즉, 객관정신은 진실 아니면 거짓의 가치에 내용을 두고 있으며, 사회적으로 제약된 환경 다시 말해 역사적으로 형성된 정신적 삶의 환경을 의미한다. 구체적으로 객관정신은 철학, 예술, 경제, 법 그리고 종교 등의 '문화文化, Kultur'를 의미하는 것으로, 그것은 개인의 정신에 있어서 주관적 가치체험을 객관화한 초개인적인 것이다. 따라서 슈프랑어에게서는 정신적 삶Geistleben이 곧 문화적 삶Kulturleben이다.

"문화적 총관련의 시각에서 보면 문화적 삶이 왜 항상 동시에 정신적 삶을 의미하는지가 명백해진다. 즉, 정신적 삶은 정의될 수 있는 것이 아니라 오로지 함께 이루어지면서 이해된다. 즉, 정신은 오로지 사고되는 무시간적인 형이상학적 원칙인데 이는 시간적인 논쟁 속에서 명백해진다. 따라서 우리는 반대로 정신적인 것은 해석해야만 할 것이라고 말할 수 있다. (그러나) 우리는 오로지 일상생활(문화)로 이입된 인간의 정신, 정신적 삶만을 인식한다."(Roessler, 1964: 65)

한편, 여기서 객관정신이라는 개념은 정신이 객관적으로 이해될 가능성이 있는 정신을 의미한다. 결국 우리 인간의 정신이 객관화된 것이 문화로 나타나고 문화는 객관정신이기 때문에 (직접적) 이해의 대상이 되는 것이다. 다시 말해서 우리 인간은 인간의 정신과 삶을 직접 이해하지 못하기 때문에 정신의 객관화로 이루어진 문화를 이해함으로써 궁극적으로는 정신과 삶을 이해할 수 있게 된다.

그러나 객관정신을 의미하는 객관적 삶의 환경은 인격발달에 촉진적이기도 하지만 장애물로 작용하기도 한다. 따라서 우리 인간의 삶에서는 객관정신만으로는 부족하다. 왜냐하면 객관정신인 문화는 인간의 삶을 이해하는 척도는 될 수 있지만, 인간의 삶이 궁극적으로 무엇이여야 하는가에 대해서는 알려주는 것이 없다. 이러한 한계 때문에 우리는 정신이 규범화된 상황, 즉 '규범정신Normativer Geist'까지를 파악할 필요가 있는 것이다.

"슈프랑어는 규범성을 정신적 삶의 '원현상Urphänomen' 내지 '선험Apriori'으로도 간주한다. 그 속에서 스스로 나타나는 척도Massstäbe는 원칙적으로 그것의 순수한 형상 속에서가 아니라 개개인들에게 시간과 주제에 의존하는 지점으로부터 그때그때 사고의 전망으로서 나타난다. 비로 여기에 잠정적인 것들과 변증적인 것의 특성들이 붙어있다."(Eisermann, Meyer, Röhrs, 1983: 8)

이렇게 본다면, 규범과 윤리가 부재한 인간이해는 반쪽 이해에 불과하다. 즉, 우리 인류의 역사에서 규범과 윤리가 무너진 세상을 살면서 우리는 단 한번도 안심하고 살아오지 못했으며, 앞으로 윤리와 규범이 사라진 세상에서 우리 인간은 단 한순간도 살아남을 수는 없기 때문이다. 이렇게 본다면, 윤리와 도덕을 가능하게 하는 규범정신 또는 정신의 규범성은 인간에게 삶의 본질이라고 할 수 있다.

"도덕의 내용은 공동의 삶을 위해 공통으로 인정된 당위규정의 총개념이다. 우리는 당위의 법칙을 규범이라 부른다. 그것은 우리를 돌보고 지배하는 규범적 정신으로서 스스로 외현된다. 규범의 실천을 위한 법적 질서는 관련기재 이를테면 관리공무원, 검찰, 증인, 판사 그리고 집행기관에 의존하는 반면, 도덕은 오로지 매우 효과적인 수단만을 가지고 있다. 즉, 도덕은 명예를 부여하고 박탈하면서 심혈을 기울이게 한다."(Spranger, 1964: 112)

슈프랑어에 의하면, 또한 규범정신은 주어진 상황 및 상대적으로만 가치있는 상태를 넘어서 순수하고 진정한 가치충만의 방향으로 나타나는 문화윤리적 지시Direktive이다. 즉, 규범정신(절대정신)은 초개인적이며 초역사적으로 타당할 수 있는 가치자체를 말한다. 따라서 객관정신은 실제現實이지만, 규범정신은 실제로 되어져야 하는 것理想이다.

"정신의 규범성은 예를 들면 언어, 도덕, 법, 정치와 학문 속 도처에서 외현되는 올바름의 의식과 방향의식으로서 묘사가능한데, 이로부터 사고와 행위의 척도가 도출된다. 철학적이고 과학적인 사고에 오로지 보다 커다란 개념들의 긴장을 가지고 심증을 털어놓는 규제자와 법칙성이 공통인데, 이는 자의적으로 설정되지도 않거나 아니면 절대화된 것이다."(Eisermann, Meyer, Röhrs, 1983: 8)

결국 우리 인간의 삶에서 정신적 관련은 개인적, 즉 주관적 삶 위에서 형성되지만, 그보다 더 항구적인 초개인적인 관련이라고 할 수 있다. 여기서 초개인적인 정신적 작용관련의 구조에 대한 물음은 보편적(기술적) 정신과학의 토대 위에서 성립된다. 왜냐하면 정신과학은 원칙적으로 '객관정신'에 관한 가르침이기 때문이다. 따라서 정신과학의 과제는 일정한 정신영역의 객관적 의미형상구조에 척도가 되는 '의미법칙'을 추출해 내는 것이다. 왜냐하면 '정신의 법칙'은 '의미의 법칙'이기 때문이다.

물론 정신은 별 의미가 없어도 가동한다. 그러나 우리가 정신이라고 말할 정도라면 그것은 이미 의미의 법칙을 내포한 상태를 말한다. 이를테면, "너제 정신이냐?"라고 한다면, 정신은 어떤 기준 내지 법칙에서 벗어났다는 것을 뜻한다. 물론 이는 말하는 사람의 기준이다. 그러나 만약 듣는 사람이 이 말에 동의한다면, 법칙과 기준에 대해서 묵인하는 것이다. 물론 그렇지 못한 경우도 있다. 그럴 경우는 '왜, 난 제정신인데'라고 반문하거나 저항할 것이다. 이는 듣는 사람의 기준이다. 결국 이러한 불일치는 '의미'의 불일치 현상을 뜻하는 것이다. 그러나 중요한 것은 동의하는 자나 거부하는 자나 모두 자신만의 기준과 법칙이 있다는 사실이다. 즉, 그러한 자기 기준으로부터 벗어나거나 벗어나지 않기 때문에 거부하거나 동의하는 것이다. 한마디로 기준과 법칙의 내용은 서로 달라도 기준과 법칙 그 자체는 모두에게 존재한다는 사실이다. 만약 그런 것이 존재하지 않는다면 거부나 동의 자체도 가능하지 않을 것이다. 한마디로 기준과 법칙이라는 '객관적 차원'(객관성)이 모든 사람들의 정신 속에 공통분모로 존재한다는 것이다.

한편, 객관성의 안목에서 자연과학과 정신과학의 차이점은, 전자는 가치평가영역의 밖에 있지만 후자는 가치평가적 차원이라는 점을 들 수 있다. 사실 정신과학은 자연과학과 윤리학의 중간 정도에 존재한다. 따라서 정신과학은 자연과학의 방법론적 전제와 동시에 윤리학의 '세계관적 전제'에 발을 걸치고 있다고 할 수 있다. 그런데 슈프랑어에게서 세계관이란 단지 사변적인 것만을 의미하는 것이 아니다.

> "세계관은 순수 사상가의 산물이 아니라 삶의 경험, 심리학적 총체성의 구조 그리고 개인의 삶을 이끌어주는 입증하기 어려운 형이상학적 확신으로부터 나온다."(Louvaris, 1964: 17)

따라서 슈프랑어는 규범적 가치법칙들과 규범에 맞는 정신적 가치형상에만 관점을 둔다면, 그것은 보편적 '문화윤리文化倫理'에 대한 추구라고 설명한다. 반대로 그는 그것들이 이상적 규범들과 일치하든가 아니면 벗어나든지 간에 개인의 '의미체험들과 행위들'에 중점을 둔다면, 그것은 '정신과학적 심리학'의 추구가 된다고 한다.

"슈프랑어는 객관적이고 규범적인 정신과 끊임없는 관계 속에 있는 내적 인간으로부터, 그리고 가치들과 당위로부터 그리고 정신적인 것 일반의 실재로부터 시작한다. 이러한 소여성의 탐구를 위해서 그는 새로운 방법, 즉 정신적 세계의 고유성에 일치하는 정신과학적 심리학과 인식방식을 창조했다. 그의 작품은 모든 것을 공동의 중심체로부터 시작하면서 점점 더 넓어지는 정신의 반경으로 확장되고 마침내는 가장 높은 곳에 도달하기 위한 개인의 내적 세계로부터 출발한다."(Louvaris, 1964: 56)

여기서 슈프랑어에게 중요한 것은 이러한 정신과학적 심리학은 정신과학 (문화과학) 없이는 불가능하고, 주관적 체험방식과 해당 개별영혼의 내적 구조로 회귀되지 않고는 결코 성립되지 않는다는 점이다.

2) 정신과학적 심리학의 방법

일반적으로 심리학은 '개별주관'에 관한 과학(학문)이다. 그런데 슈프랑어에 의하면, 모든 개별주관은 저마다 고유한 '영혼Seele'을 가지고 있다. 따라서 슈프랑어는 궁극적으로 개인의 영혼적인 것이 심리학을 비로소 '과학'으로 가능하게 한다는 입장이다. 즉, 과학으로서의 심리학은 인간의 영혼까지 다루어야 한다는 주장이다. 그런데 여기서 중요한 것은 이러한 개별주관들은 객관적 관련으로부터 분리될 수 없다는 사실이다. 따라서 주관과 객관은 항상 상호관련으로 생각될 수 있다. 즉, 인간의 삶에서 주관과 객관은 분리될 수 없다.

"영혼은 기능들의 의미있는 관련으로 간주된다. 그 기능들 속에는 다양한 가치방향이 자기의식의 통합에 의해 상호 관련되어 있다. 이러한 의미관련은 다양한 의미방향을 지시한다. 그 속에서 객관적 정신이 쌓이는 이러한 의미 방향의 발견은 심리학의 고유한 목적을 만들어낸다."(Louvaris, 1964: 38)

실험심리학을 창시한 분트Wilhelm Maximilian Wundt(1832-1920)에 의하면,

심리학은 간접경험을 대상으로 하는 물리학, 생리학과는 달리 '직접적인 경험의 학'이다. 분트는 외적 경험영역의 경험과 내적 의미영역의 경험이라는 이분법, 다시 말해 주관과의 관련(주관에 관한 학)을 심리학으로, 객관과의 관련(객관에 관한 학)을 자연과학으로 보는 이분법을 거부한다. 분트는 인간의 의식이란 유한의 정신적 요소mental element로 되어 있다는 '요소주의 심리학'을 추구하는데, 그에 의하면 직접 경험을 얻는 방법은 자기성찰 이외에는 없으며 정신요소는 내성으로 의식을 분석하면 찾을 수 있다는 것이다. 그러나 슈프랑어는 심리학을 두 가지 의미, 즉 역사적-기술적 의미, 비판적-규범적 의미를 갖는 객관적 정신과학과 밀접하게 관련된다고 보았다. 즉, 심리학은 주관적 정신에 관한 과학이지만, 그것의 과제는 상대적으로 고정된 의미형상들과 그것들의 형성을 결정하는 의미법칙에 대해 여러 가지 변화하는 주관의 관점을 이해하고 파악함으로써 그것을 직관하는 것이다. 결국 슈프랑어가 추구하는 전체로서의 심리학은 '정신과학'의 입장을 전제하게 되는 셈이다. '정신과학적 심리학'에 대한 그의 논리는 이로부터 시작된다.

정신과학적으로 전제된 심리학의 형식은 '구조심리학Strukturpsychologie'이다. 물론 이에 대립하는 것이 자연과학적으로 지향된 '요소심리학Psychologie der Elemente'이다. 요소심리학은 개인의 의식 속에서 진행되는 과정들을 분해하고 해부할 수 있는 최종의 성분으로까지 쪼갠다. 왜냐하면 요소의 분해를 통해서 우리는 분석分析해 낼 수 있기 때문이다. 따라서 분해자체는 피할 수 없는 요소심리학의 방법이다. 실제로 우리는 해부와 분해의 심리학 없이는 단순한 자연적 유기조직조차도 파악해 낼 수 없다. 그러나 이러한 물질적 요소들은 영혼의 전제 조건이기는 하지만, 체험의 구성성분은 아니다. 심지어 요소심리학은 - 슈프랑어에 의하면 - 끊임없는 분해와 해부를 통하여 '전체', 즉 영혼적인 것과의 의미있는 관련을 모두 파괴한다는 데에서 그 심리학의 과학적 한계를 가진다. 이러한 심리학의 방법은 개구리의 생체해부와 비교할 수 있다. 개구리를 해부함으로써 우리는 요소를 알아낼 수는 있지만 요소의 기능을 모두 모아도 살아있는 개구리를 설명하지 못한다. 즉, 심리학적 요소들을 종합한다고 해서 우리는 모든 정신적 환경과 관련된 의미충만한 삶의 관련인 영혼전체가 이해할 수는 없는 것이다. 왜냐하면 요소들로부터 합성된 현상들은 관여된 개별 요소들에서는 전혀 관찰될 수 없었던 특성을 가지고 있다.

인간에 있어서도 육체가 물질적 조작들로 구성되지만, 정신내면의 세계도 개별요소들로 구성될 수는 없다. 오히려 '전체全體'가 먼저다. 왜냐하면 인간존재는 부분의 총화總和로 설명할 수 없으며, 전체는 부분의 화和가 아니기 때문이다. 따라서 삶 자체는 그 속에 포함된 모든 부분(요소)들보다 선행한다. '영혼의 전체성'은 의미관련이라는 특성을 가지고 있다. 한마디로 전체로서의 삶은 항상 어떤 특정한 의미를 가지고 있다. 이를테면 우리는 얼굴의 근육들을 개별적으로 분석하여 웃는 얼굴, 즉 '미소smile'의 의미를 알아낼 수는 없다. 입술 근처의 어떠한 근육들, 즉 대근육 몇 개, 소근육 몇 개 등이 어떻게 움직이니까 그것들을 모두 모아 놓으면 미소가 되는 것이 아니라, 웃고자 하는 사람의 '마음'이 먼저이다. 여기서 마음은 심리현상이며 이는 곧 '의미意味, Sinn'를 내포한다. 만약 입술 근처의 대근육과 소근육의 요소분석의 종합을 통하여 미소를 설명하면, 그 미소가 아름다운 미소인지 아니면 비아냥인지 또 아니면 가식인지가 정확하지 않다.

결국 '의미'란 생동적인 '주관-객관 관련' 속에서만 나타나는 현상이다. 왜냐하면 외부라는 객관과의 상호관련 내지 상황인식 속에서의 심리적 움직임으로 인하여 마음은 동動하기 때문이다. 즉, 내적 움직임은 내부의 결정으로만 이루어지기보다는 주변이나 환경 등 외부와의 상호연관 속에서 발생한다. 아울러 중요한 것은 '의미'란 항상 '가치관련적'이라는 사실이다. 이를테면 미소를 짓거나 웃는다는 것은 늘 미소짓고 웃는 주체의 '가치'와 관련이 있다. 따라서 이러한 마음을 주도하는 영혼은 현존의 가치들을 경험하는 완전히 친밀한 체험의 장소가 된다.

그러나 개별적 우연성을 지닌 주관적 가치들은 객관적 가치들과 항상 일치하는 것은 아니다. 그 이면에는 비판적-객관적 내지 순수한 가치의 어려움도 남아 있다. 따라서 타당한 가치를 위해서는 '초개인적인 의식'이 구축되어야 한다. 여기서 반성적 가치respektive Werte인 규범Norm이 생겨난다. 규범이란 인간의 삶에 있어서 유효한 경험 내용을 가지고 있으며, 그 내용의 실현이 인간에게 필연적인 과제임을 요청하는 것이다. 그런데 이러한 초개인적인 규범의식은 집단의식이나 사회의식이 아니다. 그것은 개인적인 것에 대해서도 집단적인 것에 대해서도 판단자(평가자)가 되는 객관적 법칙에 의해 인도되는 의식이다. 구체적으로 슈프랑어에게 이는 '개인적 양심'의 영역이다. 슈프랑어에게 '개인적 양심persönliches Gewissen'은 집단도덕kollektive Moral 보다 우선한다. 왜냐하면 그에게 양심은 인간 현존의 실존적 근본 현상인데, 그것은 다른 윤리적인 또는 윤리 이전의 삶의 현상으로부터 도출될 수 있는 것이 아니고 모두가 내성으로부터 아니면 고유한 체험의 확증으로부터 알아내야 하는 것이기 때문이다(Meyer, 1983: 52).

> "집단도덕보다 개인 양심을 우위에 놓는 근거는 양심에 대한 형이상학적 이해에 기인한다. 개인적 윤리와 집단적 도덕의 관계를 위해서는 주관적 정신은 그의 내성으로의 심연으로 들어가는 입구도 가진다. 그곳에서는 규범적인 것이 원천적인 종류로 개방되는데, 여기서 그는 형이상학적으로 결합된 규범성의 원천과 함께 서게 된다."(Meyer, 1983: 51-52)

이러한 규범은 통계적 확실성이나 경험적 객관성으로 스스로 존재하는 규범이 아니라, 그런 것들은 초월하는 규범이기 때문에 주관적 정신의 '선택'과 '결단'을 요구하는 규범일 것이다. 이러한 의미에서 슈프랑어에게 규범정신은 실존적이다(Meyer, 1983: 50).

결국 요소의 심리학이 물리-생물학적 객관지식을 전제로 한다면, 정신과학적 심리학은 원칙적으로 '정신의 객관성' 일반에 대한 지식을 전제로 한다. 또한 슈프랑어가 추구하는 정신과학적 심리학은 특히 '영혼구조라는 전체'로부터 시작한다. 왜냐하면 그에게서 영혼은 구조, 즉 세분화된 전체이며, 그 속에서 모든 부분은 전체에 구속되는데, 이는 마치 다른 면에서 보면 전체의 통합이 개별 기능들의 세분화된 실행에 의존한다는 이치와 다르지 않기 때문이다(Louvaris, 1964: 38). 다시 말하면 영혼은 구조로서 전체를 의미하는데, 이는 내적으로는 모든 부분을 포괄하지만 모든 부분의 실행 없이는 구조로서 또는 전체로서의 영혼은 결코 기능조차 시작하지를 못할 정도로 영혼의 내적 구조 속에서는 부분과 전체가 상호의존적이며 상호얽힘이다.

> "모든 주관은 가치들의 실현에 지향되는데, 그것은 개별적이고 시간구속적인 것을 넘어 선다. 따라서 슈프랑어는 자연과학적으로 제약된 방향의 메커니즘과 물질주의로부터 심리학을 해방시키고자 했는데, 프로이드 심리학 자연주의로부터도 해방되고 싶었다."(Louvaris, 1964: 39)

한편, 영혼구조는 의미적으로 관련되는 주관적 체험들 및 행위들에 관계한다. 그러나 개인의 체험과 행위는 객관적으로 지향될 때 비로소 '의미'를 가지게 된다. 왜냐하면 주관적 의미는 주관적 차원에서만 가능하며 객관적으로 어느 누구도 이에 대해서 공감하지 못할 수 있기 때문이다. 다시 말하면 주관적 의미는 반드시 '객관-타당의 의미관련'의 개인적 특수경우로서 나타나지 않는다면 결코 남들에게 이해될 수 없다. 남들에게 꼭 이해를 시켜야 하는가? 하는 의문이 들겠지만, 의미란 남들에게 이해되지 못하면 더 이상 의미는 통용되지 못한다.

물론 주관적 의미로도 만족할 수는 있다. 그러나 주관적 의미가 자신에게도 진정한 의미인지 검증받기 위해서는 객관적으로 관련될 필요가 있다. 왜냐하면 이해理解란 남들에 대한 이해 또는 남을 이해하는 것도 포함하지만 궁극적으로는 나 자신의 이해이고 나의 삶의 이해이기 때문이다. 남이 나를 이해하고 내가 남을 이해하는 것은 결국 삶을 이해하고자 함인데, 가장 중요하고 기본이 되는 이해는 자기이해일 것이다. 즉, 자기이해를 위해서 우리는 남을 이해하고 남이 나를 어떻게 이해하는가에 대한 궁금증을 가지는 것이다. 따라서 우리는 남을 이해하는 것과 자기자신을 이해하는 것을 분리할 수는 없다. 이러한 맥락에서 부버는 "나-너"를 하나의 쌍雙으로 보았다. 즉, 나와 너는 만남을 통해서 서로 존재를 이해하겠지만, 그 이전에 이미 인간은 "나-너"라는 쌍으로 존재한다. 따라서 나를 이해하는 것은 "나-너"를 동시에 이해해야 가능하다.

"나-너"를 쌍으로 이해하기 위해서는 영혼의 차원에서 가능하다. 즉, 나

의 정신과 너의 정신이 다르고 나의 마음과 너의 마음이 다른 상황에서 이
해가 가능한 것은 원점에서의 이해이다. 원점에서의 이해는 영혼의 영역에
서 가능하다. 그런데 슈프랑어에 의하면 영혼의 구조 속에는 어느 정도 객
관적인 형성법칙이 존재하기 때문에, 그 법칙들은 개별자아를 넘어 타자에
게 이해될 수 있는 의미를 만든다. 일반적으로 구조Struktur란 얼개로서 전체
를 파악하게 하는 틀로 작용한다. 이를테면 건물의 구조를 알면 대략 건물
이 어떻게 된다는 것을 파악할 수 있다. 그러나 구조를 잘 모르면 건물의
모습을 파악해 낼 수가 없다. 즉, 우리가 무엇인가를 알아내고 파악하기 위
해서는 먼저 구조를 파악할 필요가 있다. 그렇지 않으면, 즉 구조가 없거나
구조를 무시하면 무엇인가를 알아낼 방법이 없다.

　결국 무엇인가를 알아내기 위해서는 구조가 선행한다는 것이다. 구조 없
이는 어떤 물도 알아 낼 수 없으며 무엇인가를 파악했다는 것은 구조를 파
악했다는 것과 다름이 없다. 결국 이해의 전제조건은 구조가 된다. 더 정확
히 말하면 구조에 대한 이해가 이해를 위한 발판이다. 따라서 정신을 이해
하기 위해서는 먼저 정신구조를 파악해야 하는데 이의 근거로 슈프랑어는
개인의 영혼구조를 들고 있는 셈이다. 그런데 여기서 영혼구조는 영혼을
파악하는 전제조건이긴 하지만 영혼은 여전히 주관적이다. 그러나 영혼의
구조를 알지 못하면 영혼을 파악하는 것조차가 가능하지 않다. 또한 우리는
영혼구조가 존재한다는 사실을 인식할 때 비로소 정신구조도 존재한다는
사실에 동의하게 된다. 따라서 구조에 대한 이해는 객관적 이해를 하기 위
한 전제조건이며 가정이다. 아마 구조가 먼저 존재할 것이다. 그러나 그러한
구조가 정확히 무엇인지는 알 수 없다. 그렇다고 구조를 무시할 수는 없다.
즉, 구조가 가정될 때 비로소 우리는 '이해'의 가능성을 열어 놓을 수 있다.

　　"슈프랑어에게 '이해'는 고유한 정신과학적 인식방법인데 그것은 분트에게
　　서처럼 영혼의 이입과 혼동되어서는 안 되고 딜타이에게서처럼 단순히 추
　　체험과 혼동되어서도 안 된다. 슈프랑어의 과제는 객관적으로 타당한 인식
　　의 형식 속에 있는 정신적인 관련을 의미충만한 것으로 파악하는데 기인한
　　다. 우리는 오로지 의미충만한 형상, 즉 의미충만한 관련만을 이해한다.

여기서 이해의 인식행위는 개념파악이나 설명과 구분된다."(Louvaris, 1964: 40)

한편, 영혼적인 것(심적인 것)자체는 자기실현이 아니다. 인간에게 영혼은 오로지 자기보존의 체계일 뿐이다. 따라서 영혼은 정신과 구조관련될 때 비로소 초개인적인 의미형성을 만들어 낸다. 슈프랑어는 주관의 영혼적 기능들의 얽힘을 정신적 실행이라 보았는데, 이에 의해 초개인적인 의미, 즉 객관적 의미형성이 이루어진다고 주장한다. 한마디로 영혼요소들은 개별자아에 결속되는데, 그것들은 순수 주관적이고 고립되어 있을 뿐이다. 결코 타인들은 자신들의 표상들, 자신들의 감정들, 자기의 열망들을 내게 완전히 전해 줄 수는 없다. 왜냐하면 그것들은 단지 자아상태 내지 자아기능일 뿐이기 때문이다.

그러나 인간은 자기체험의 의미를 전달할 능력은 가지고 있다. 즉, 그는 언어적으로 고정된 인식행위, 예술작품, 기술적 생산품 같은 객관적인 것을 산출할 수 있다. 그리고 이러한 객관화된 의미에 익숙해진다면, 인간에게는 그러한 의미에 일치된 정신행위가 일어난다. 여기서 정신행위들은 의미부여의 행위이며, 의미이해의 행위가 되는 것이다.[62] 따라서 의미는 정신행위에 의해 고정된다. 이렇게 하여 의미산출적이고 의미체험적인 것으로서 개인영혼은 초개인적인 정신으로까지 도달하게 한다. 또한 정신적인 것을 산출하거나 체험하고 영혼전체를 위해 평가하는 영혼의 법칙적 구조 덕택으로 개별영혼은 정신의 영역에 관여하게 된다. 결국 인간의 영혼은 정신적인 것을 보장하기는 하지만, 오로지 정신만이 영혼을 실행할 수 있게 한다. 한마디로 주관적 영혼은 객관적 정신에 의해서 동적으로 움직이게 된다.

그러나 정신은 영혼과 달리 일정한 법칙에 따라서 작용한다. 어떤 정신이 우월하게 작용하는가에 따라서 정신의 구조도 결정된다. 바로 이것이 심리

---

[62] 이러한 맥락에서 막스 베버의 전통에 따르는 이해의 방법은 "행위자에 대한 행위자 자신의 행동의 의미는 최소한 한 지 방법으로 설명될 수 있다. 즉, 관찰자를 행위자의 상황에 투입시켜서, 관찰자가 그 행위에 어떤 의미를 부여하는가를 확인하는 방법이다."(Magoon, 1977: 660)

학적 연구의 대상이 되는데, 슈프랑어는 이러한 이유로 '정신과학적 심리학'이 가능해진다고 주장한다. 즉, 정신과학적 심리학은 영혼이라는 주관적 영역 대신 정신구조라는 객관적 영역을 다루게 되는 셈이다. 따라서 정신과학적 심리학은 초개인적인 정신적 형상들(예: 경제, 사회, 과학, 종교 등), 즉 규범 내지 규범정신을 개별주관의 과정 및 성향들과의 관련 속에서 고찰하는 연구가 되는 셈이다.

> "슈프랑어는 구조문제를 규범의 관점 아래에서 파악하고 구조통합을 가치법칙의 형성력 아래에 놓는다. 그러나 영혼적 구조관련의 위에 존재하는 규범들은 딜타이의 경우처럼 자아보존의 생물학적 가치 속에서는 더 이상 스스로 창조되지 않고 오히려 그것은 보다 높은 가치질서를 묘사한다."
> (Louvaris, 1964: 38-39)

따라서 슈프랑어는 객관적이고 규범적인 정신의 총구조와 관련하여 인간의 영혼구조일반을 서술하는 것은 '일반 정신과학적 심리학'의 대상이며, 때로는 객관적-규범적 정신의 측면이 나타나는 인격화된 구조들의 유형들은 특수 정신과학적 심리학의 영역으로 분류한다.

결국 슈프랑어는 '우리는 자연은 설명하고 정신적 삶은 이해한다'는 딜타이의 해석학적 명제를 받아들여 그것을 독특한 정신과학적 심리학으로 창조적으로 완성하였다. 다시 말해, 슈프랑어가 추구한 것은 정신과학적-목적론적 의미충만한 전체를 이해하는 심리학인데, 이것은 단지 객관적 정신과의 관련 속에서만 영위될 수 있는 것이다. 이러한 독특한 방법으로 슈프랑어는 교육학의 심리학적 기초를 건설했다고 할 수 있다.

> "슈프랑어는 자신의 정신과학적 교육학에서 문화의 펼침과 성장을 위한 교육자의 책임을 암시하면서 그의 직업에 대한 보다 깊은 이해와 연결시켰고 그의 정신과학적 심리학 속에서 보다 나은 이해를 위한 수단을 그들에게 선사했다."(Bollnow, 1983: 38)

결국 슈프랑어의 정신과학적 심리학은 '이해의 심리학'으로서 특히 그의 정신과학적 교육학 특히 그의 고유한 문화교육학을 이해하고 접근하는 특수한 방법으로서 특별히 고안되었다고 할 수 있다.

"우리는 슈프랑어에게는 무엇보다도 인간이 중요하다는 사실을 언급해야 한다. 물론 자유롭게 그의 정신적 삶을 문화의 삶과 분리할 수 없이 얽혀 있는 인간이다. 그에게 개인은 결코 스스로 자족하는 고립된 것이 아니고 포괄적이고 객관적인 의미관련들에 이입되어 있는 것이다. 이러한 인간을 교육하려는 자는 우선 그를 이해하는 것을 배워야 한다. 그러나 이는 그가 문화적 형상의 의미를 이해하는 것을 전제한다. 그런 다음 거기서부터 그는 개인의 영혼으로 들어가는 것을 발견할 것이다. 따라서 심리학자들에게는 주관적인 것을 객관적인 것에 반해 그의 모든 의미를 대조해야 하는 과제가 자라난다. 그러한 심리학은 근본적으로 오로지 영혼의 과정 내지 육체와 정신의 관련들을 추종하는 다른 모든 것들과 구분된다. 그리고 그것은 영혼적 삶이 기계적인 방식으로 개개의 영혼능력인 사고, 느낌, 의지 등으로부터 요약된다는 요소심리학과 대립한다. 이는 인과적으로 설명하려는 것이 아니고 이해하는 것이다. 그러는 한 이는 이해심리학이다. 이해는 고유한 정신과학적 인식방식인데 이는 객관적으로 타당한 인식의 형식 속에 있는 정신적인 관련들을 의미충만한 것으로 파악하는 것 아니면 다르게 표현하면 정신의 시간적 현상들을 무시간적이고 법칙적인 의미내용으로 소급하는 것이다."(Eisermann, 1964: 111)

3) 정신행위의 이해

우리의 영혼은 모든 개별행위들 및 체험들과 자아를 관련시킴으로써 얻어진다. 그리고 자아Das Ich는 정의될 수 없고 체험될 수만 있다. 왜냐하면 자아는 사실Tatsache이 아니고 하나의 사행事行: Tathandlung이기 때문이다. 즉, 자아란 정지하여 존재하는 것이 아니라 움직일 때 비로소 자아가 발동되고 성장하거나 후퇴하는 것이다. 따라서 자아란 실체는 움직이는 순간 생겨난다.

한편, 정신행위는 여러 상이한 영혼의 기능들로부터 구조적으로 짜여진 자아의 활동이다. 다시 말하면, 자아는 영원한 형성원리에 일치하는 정신행위가 그 속에서 만들어졌을 때에만 실현된다. 이러한 자아의 활동을 통해 자아는 초개인적인 의미를 가진 정신적 실행들을 야기한다. 예를 들어, '판단'은 정신행위이다. 반면 그때 관여된 표상들, 연상들, 재현, 감정들 그리고 지향과정들은 단지 영혼의 기능들일 뿐이다. 그러나 슈프랑어는 영혼이 정신에 참여하는 한 그 자체는 초개인적이 된다고 보았다. 물론 객관적으로 주어진 정신현상들에 붙어 있는 초개인적인 의미는 체험하는 자아를 포괄한다. 즉, 개인의 체험이 초개인적인 의미를 가질 때 정신행위가 일어난다. 여기서 슈프랑어는 행위들과 체험들을 서로 예리하게 구별하지 않는다. 왜냐하면 자발적 또는 의미부여적 행동으로서의 행위에, 의미수용적 또는 의미충족적 행동으로서의 체험이 일치한다고 보았기 때문이다. 또한 모든 행위 속에는 자아에 다시 영향을 미치는 체험 계기들이 존재하고, 동시에 모든 체험 속에는 상호작용하는 행위의 특성이 존재한다.

아울러 슈프랑어는 특수군의 정신행위들이 특수의미를 만들어 낸다고 주장한다. 같은 군의 체험은 이 특수의미를 이해하고 파악한다. 따라서 의미영역은 각각의 행위군과 체험군에 속하는 것이다. 그런데 행위란 그것이 가치실현과 관련하여 탐구될 수 있고, 가치관련으로부터 이해될 수 있을 때 의미를 갖는다. 왜냐하면 의미란 가치관련적이기 때문이다. 결국 초개인적인 의미 역시 초개인적인 가치와 관련된다. 그러나 여기서 '초개인적'이란 집단적collective이 아니고 규범적 차원normative dimension, 즉 '비판적-객관적 차원 critical-objective dimension'이다.

한편, 정신행위들과 체험들 자체는 반드시 평가일 필요는 없다. 예를 들어 인식행위는 평가행위가 아니다. 그러나 실행하는 주관에게는 순수하고 법칙적으로 실행된 인식행위에 가치체험이 들어 있다. 왜냐하면 가치들은 대상들, 개인들, 또는 사실 내용의 어떤 측정도 아니지만, 서술어개념(좋은, 쾌적한, 아름다운, 유용한)에 의해 그들에게 부가된 성질이기 때문이다. 또한 인식이론 역시 가치이론이 아니다. 마찬가지로 미의 기술Technik도 가치이론이 아니다.

그러나 슈프랑어는 인식행위, 미적 체험, 경제적 생산행위는 특수 가치군의 관점 하에 이루어진다고 보았다. 즉, 각각의 모든 개별영역은 그것이 실제행위의 대상이 되는 한 특수한 가치관점에 의해 지배된다. 왜냐하면 실제적인 주관-객관 관계는 가치 특성 아니면 비가치특성에 의해 수반되지만, 이미 정해진 목표는 하나의 가치특성을 갖기 때문이다. 결국 이러한 목표는 가치본질성 때문에 하나의 목표로 된다. 이를테면, 사람은 어떤 행위를 하더라도 이는 특정한 가치와 관련된다. 다시 말하면, 인간은 가치가 없으면 행동하지 않는다. 그리고 각각의 특수군의 가치체험들은 정신적 주관의 총가치체험과 관련된다. 만약 그렇지 않다면 정신적 자아는 아직 어떤 구조 Struktur나 어떤 전체Ganze도 아니며, 서로 무관한 실행들의 단순한 묶음일 뿐이다.

> "개인의 개별구조를 넘어서 슈프랑어는 개별영혼들을 포괄하는 초개인적인 정신의 구조를 구축하고자 했다. 이러한 정신은 헤겔에서처럼 스스로 존재하는 세계정신이 아니고 무엇보다도 가치관련과 의미관련 속에 존재하거나 아니면 정신적 내용을 가진 본질적인 영혼의 얽힘 속에 존재한다. 그러나 그 정신이 바로 문화창조적인데, 이는 동물과 과거라는 시간의 편협성을 넘어서는 것이며 궁극적으로는 (이를테면 종교적으로 본다면) 신성을 통해서만 영혼이 신에 도달하도록 하는 인간에게 내재하는 신성의 찰나적 섬광Funke일 수 있다."(Louvaris, 1964: 39)

결국 슈프랑어에게 개인의 모든 행위들과 체험들은 시간적인 과정에서 이루어지지만 그것들의 내용들은 결코 시간적인 것이 아니며 시간적 제약으로부터 자유로운 초시간적인 것이 된다. 따라서 행위와 체험들을 촉발시키는 가치들은 정신법칙적인 영원한 추세와 역사적으로 변화하는 현실로 구분된다. 즉, 정신의 현상들은 시간적으로 제약되거나 감싸져 있지만, 정신의 내용, 즉 정신의 법칙적 구조는 초시간적이며 시간적 제약으로부터 해방된다. 여기서 정신행위들은 마지막 가치를 실현시킨다. 즉, 순간 속에 영원이 함께 들어 있는 것이다. 따라서 슈프랑어는 행위와 체험의 시간적 현상을 초시간적이며 법칙적인 의미 내용으로 소급시키는 것이 정신 또는 정신행위의 이해라고 부른다.

(1) 개인적 차원

① 인식행위들

대표적인 개인적 차원의 정신행위는 '인식認識, Erkenntniss'이다. 인간의 모든 정신행동은 인식행위로부터 시작된다. 인식하면서 우리는 생각도 하지만, 인간은 인식하는 한 행동한다. 물론 인식하지만 행동하지 않을 수도 있다. 그러나 이럴 경우는 인식행위가 완전히 이루어지지 않았거나 아니면 인식했지만 인식을 외면해 버리는 경우이다. 후자는 자기기만自己欺瞞으로 간주된다. 이를테면 보고도 못 본 척, 안 본척하는 것이 그것이다. 물론 인식을 외면하게 되는 경우 역시 인식의 불완전성 때문이라고 할 수도 있다. 즉, 인식이 아직은 확실하지 않거나 아니면 인식이 자신의 삶을 궁지에 몰아넣을 것을 염려하기 때문이다. 그러나 인간은 참지식episteme을 얻는 한 행동한다. 아직 행동하지 못하거나 행동을 회피하는 이유는 참지식을 인식하지 못했기 때문이다. 다시 말하면, 우리가 아직 참지식을 인식하지 못했다는 것은 인식의 대상, 즉 주어진 소여와 삶의 전체성과의 관련성을 제대로 파악하지 못했다는 것을 의미한다. 따라서 인식이 개인적 차원에서 정신적 행위로 간주되기 위해서는 삶의 '전체성'과의 관련을 이해할 필요가 있다.

이를테면, 어떤 사람에게는 돌이지만, 어떤 사람에게는 보물일 수 있다. 같은 물건이라도 개인에게 삶의 전체성이 다르기 때문에 가치와 의미도 달라진다. 돌은 인식하는 순간 인식의 결과는 달라진다. 이러한 맥락에서 슈프랑어는 인식은 반드시 다른 요소들을 동반하는 것으로 보았다. 즉, 인식은 경제적 차원을 가진다. 인식은 가치와 연결된다는 뜻이다. 아니면 가치 있는 것이 인식된다. 왜냐하면 인식은 인식하는 개인에게 가치와 의미가 함께 작용하기 때문이다. 마찬가지로 인식은 미적 차원을 가진다. 아름다움과 추함이 인식에 동반되기 때문이다. 아름답기 때문에 인식되고 추하기 때문에 인식에서 멀어질 수 있다. 반대의 경우도 가능하다. 심지어 인식하는 순간, "아, 아름답다" 또는 "아, 추하다"라는 감정이 함께 나타난다. 인식이 가치의 문제와 결부되기 때문이다. 마지막으로 인식은 종교적 차원으로 이어지기도 한다. 경건함과 숭고함이 인식하게 만들기도 하고 역으로 인식하면서 경건해지기도 한다. 한마디로 세상에 순수한 인식은 없다. 왜냐하면 모든 인식에는 가치가 수반되기 때문이다. 즉, 우리의 인식과정에는 순수한 인식가치 이외에도 미적 가치, 경제적 가치 그리고 종교적 가치가 함께 동반되는 것이다. 이로써 순수한 인식행위는 삶의 실제에서 다른 영역과 섞일 수 있다. 왜냐하면 이러한 인식행위는 시간적으로 고립되지 않기 때문이다. 따라서 슈프랑어는 '인식행위는 시간을 초월하여 만들어진 의미 내용을 갖는다'고 주장한다. 그것이 인식행위를 정신행위로 전환되는 기점이 된다. 미적 행위, 경제행위, 종교행위 같은 인간의 모든 다른 행위들도 마찬가지이다.

그러나 의미가 달라짐에 따라서 정신행위들은 서로 '경계境界'를 가지게 된다. 경계를 만든 개별의 정신행위들은 결코 다른 것들에 의해 대체될 수 없는 고유한 기능을 한다. 이를테면, 인식행위들이 미적 행위들과 경계를 갖게 되는 것은 '감각적 구체성' 때문이다. 즉, 순수한 인식행위란 감정이나 감각을 배재한 영역, 즉 객관적-이성적 영역에서 그의 고유성을 보장받는다. 또한 인식행위들은 순수하게 대상적인 것을 추구하기 때문에, 객관-주관 관련성을 체험하고 편중적 가치를 부여하는 경제행위들과 구분된다. 아울러 인식행위들은 규정적인 것을 생각하고 동일치 않은 모든 것을 도외시하고 수많은 주어진 것들로부터 제한된 것과 유한한 것을 재단해 내기 때문에 종교적 행위들과도 구분된다. 즉, 인식행위들은 '삶의 가치냐 아니면 비가치이냐'를 고려하지 않고 순수대상의 질서만을 만들어낸다. 특히 인식행위들은 순수인식관심을 추구하는 한 그것은 '가치중립적value-neutral, value-free'이다. 그러나 평가적 체험관련으로부터 대상들을 분리시키는 정도는 개별 과학마다 서로 상이하다.

한편, '평가evaluation'는 정신의 원초족인 기능이다. 즉, 인간은 항상 무엇인가를 평가한다. 이런 의미에서 철학자 니체는 인간을 '평가하는 동물'이라고 규정한 바 있다. 평가란 가치를 매기는 것이다. 우리가 무엇을 인식하는 한 우리는 가치를 매기면서 인식한다. 아니면 바대로 가치가 있기 때문에 인식한다. 그러나 평가는 인식들에 의해서 실행되지는 않지만, 인식행위를 통하여 가능한 이론적 본질 인식 위로 기초될 수는 있다. 따라서 이렇게 본다면, 인식 자체에 의한 평가는 존재하지 않는다고 해도 인식을 기반으로 하는 이론적 토대 위에서 이루어지는 평가는 얼마든지 가능하다고 할 수 있다. 그런데 중요한 것은 평가의 의미는 항상 '가치판단의 형식'으로 이루어진다는 점이다. 왜냐하면 말 그대로 평가란 '가치Value'를 매기는 것이기 때문이다. 따라서 평가 그 자체는 고유한 새로운 기능이라고 할 수 있다. 즉, 질적으로 전혀 다른 가치에 붙어있는 제3의 경우가 바로 순수인식가치로 나타날 수 있는 것이다. 바로 이러한 맥락에서 슈프랑어는 인식가치로부터 순수대상적으로 관련되는 전체를 지향하는 '과학Wissenschaft' 또는 이론Theorie이 발생한다고 주장한다. 다시 말하면 (순수)인식 자체로부터 과학 그리고 이론이 수립되는 것이 아니라, '인식가치'로부터 이론과 과학이 나온다는 것이다. 결국 슈프랑어에 의하면 순수과학이나 순수이론이라고 해도 그것은 인식가치로부터 발생하기 때문에, 어떤 과학이나 이론도 결코 '가치중립value neutral'이나 '가치배제value free'가 아니라는 사실이다.

② 미적 행위들

미적 행위들은 지적으로 완전히 퍼내질 수 없는 것, 즉 감각적-구체적인 것(구상)을 지향한다. 비록 그것이 실제적 또는 공상적으로 산출되는 현상일지라도, 우리는 그 현상과 영혼적으로 동화할 수 있기 때문에, 현상에 대한 인식은 이론으로 '표현'될 수 있다. 물론 표현은 원칙적으로 실제이다. 따라서 인식에 의한 표현은 일종의 간섭현상이라고 할 수 있다. 이렇게 본다면, 미적행위들에는 얼마든지 인식행위가 동반될 수 있다. 또한 미적 인상들은 심리물리적 법칙에 의해서도 제약된다. 특히 심리물리적 상태를 피곤하게 하는 것은 더 이상 아름답지 않다. 심지어 응용의 미는 어느 정도 경제영역으로 떨어진 아름다움이라고 할 수 있다. 이럴 경우 순수하게 미적인 것은 현실적 힘들의 관련으로부터 벗어나서 독자적인 대상성으로 넘어갈 때 비로소 획득된다. 예를 들어 최고 미적인 실체인 인간은 그가 물리적으로 열망되지 않을 때 가장 아름다운 것이다. 또한 미적 체험은 개별적 이미지가 전체적인 삶의 의미와 조화와 균형을 가질 때 큰 섬광을 발하게 된다.

이때 슈프랑어는 미적 체험이 종교적 체험으로 승화되는 것으로 보았다. 이는 칸트가 미적 체험을 취미의 수준으로부터 숭고의 수준으로까지 열어 놓았던 것과 동일하다. 그러나 미적 체험은 전체적인 삶과의 풍부한 관련적 의미를 가질 때 감각적-구체적인 형상을 통하여 숭고의 미까지를 재현시킬 수 있다. 이렇게 본다면, 미적 행위들은 이론적, 경제적, 종교적 의미 영역들에 의해 침범당하기도 한다. 그러나 이들에 의해서 완전히 대치될 수 없으며 그들에 의해서 해석될 수도 없는 부분도 존재한다. 즉, 미적 행위들은 다른 행위들과 엇물리면서도 그만의 고유한 성격을 가진다. 이를테면 구상적 상상의 영역, 순수한 시각 영역 그리고 '인상-표현' 관련의 영역의 파악은 미적 행위의 관점에서만 해석될 수 있다.

③ 경제적 행위들

경제적 행위들 속에는 주관과 객관의 '유용성' 관련이 인정되어 있거나 기초되어 있다. 과학적인 성찰이 이루어지기 전에 우리의 심리물리적인 체계 위에서 물리적 대상들은 우리들에게 편한 것 아니면 불편한 것으로 느껴진다. 이러한 체험성질의 매개를 여러 감각기관이 떠맡는다. 그중 일부는 본능의 형식을 띤다. 여기에는 어떤 지적인 매개도 필요하지 않는다. 또한 대상의 유용성은 미적 감정과 혼동될 수 없는 감정의 통제에 의해 나타난다. 따라서 경제적인 것의 개념은 실제 생물적인 것에 근거한다.

한편, 인식적 실행은 부분적으로 자아보존의 기제Selbsterhaltungsapparat에 기인한다. 거꾸로 말하면, 생리적 삶의 조건 및 모든 자기부양과정의 합리화는 유용성의 과학적 토대화에 한몫을 한다. 이를테면, 하늘에서 천둥과 번개가 치는 순간 우리는 무섭고 두렵지만 인식을 통해서 우리는 천둥과 번개에 관한 과학적 지식을 얻게 됨으로써 자기보존의 기제를 확보하게 된다. 그러나 유용성관련은 인식에 의존하는 지적 능력만으로 다 퍼내지지는 않는다. 왜냐하면 유용성관련(욕구충족) 자체는 물物 세계의 법칙적 관련만을 인식하는 어떤 통찰이 아니고 체험일반이기 때문이다. 이를테면, 욕구, 열망 그리고 본능만족은 이런 주관-객관의 의미결정의 요소들이다. 또한 미적 계기들도 경제적 체험 속으로 함께 얽혀든다. 왜냐하면 미적 계기들은 생물적 단계에서도 내적 구속에 지배적이기 때문이다. 이를테면, 경제적으로 가치 있는 것이 보다 아름답게 보일 수도 있으며, 아름다우니까 경제적으로 가치 있게 느껴질 수 있다. 특히 경제적 행위는 경제적 가치에 크게 의존하고 있다. 따라서 미적행위와 혼합되어 나타나는 경제행위는 현실의 감각적 향유와 소모 속에서 곧 와해될 수 있다. 마지막으로 경제행위를 가능하게 하는 유용성체험은 종교적 측면도 가지고 있다. 즉, 삶을 보존하는 것이 위협받고 문제시될수록 그것은 점점 더 종교적 의미에 접근한다. 종교적 의미가 경제행위를 촉발시킨 것이다. 이를테면, 기업인들이 경제적 부를 추구하는 사람들이 기꺼이 십일조를 바치면서 교회, 성당 그리고 절 등 종교기관을 찾아 참배 드리는 이유는 종교 속에서 유용성관련을 찾았기 때문이다. 그러나 경제적 행위의 진정한 의미는 인간의 욕구충족을 위한 노동(일) 속에 있다. 따라서 경제적 행위 속에서는 삶의 부양과 편안한 삶의 형성을 위해 객관-주관적 유용성 관련은 향유되거나 아니면 창조될 수 있다.

④ 종교적 행위들

종교적 행위들의 본질은 임의의 개별체험과 개인생활의 전체 가치와 관련된다. 최고 가치는 모든 부분적 가치, 즉 하위의 가치들을 거부하는 곳에 존재한다. 따라서 종교적 행위는 인식을 거부한다. 왜냐하면 신은 이론적인 개념이 아니기 때문이다. 종교적 행위는 미적 행동도 거부하는데, 그 이유는 '구체적' 한계 속에서의 형상은 결코 최종적 인식 내용의 표현일 수 없기 때문이다. 마지막으로 종교적 행위는 모든 경제적 판단 역시 거부하는데, 지상의 재화들은 결코 내세의 정신적 재화들의 전단계가 아니기 때문이다. 슈프랑어는 이러한 세계 부정적 행위는 초월적인 신비로 이어진다고 보았다. 그러나 반대로 최고의 인식, 최고의 구상적 표현, 최고 세계생활의 향유 관련성은 그것들이 상호작용을 할 때 종교적 체험과 행동을 기초한다. 슈프랑어는 이러한 것을 내재적 신비라고 한다. 신의 전지全知, Allwissenheit, 전미全美, Allschönheit, 전부全富, Allreichtum이라는 상징들은 종교의 원천이다.

전자의 세계 거부적 신비는 최고의 가치계시로 가는 특수한 길을 모색한다. 그리고 후자는 다른 의미부여의 가치로운 길들을 최종목표로까지 달성한다. 왜냐하면 의미를 부여하는 하위행위들 없이는 어떤 종교적 행위도 나올 수 없기 때문이다. 따라서 그것들과 종교적 행위 사이에는 이중적 관련이 생긴다. 즉, 우선 타 행위들은 모든 부분구조들이 정신의 총행위 구조에 정렬되듯 총의미구조로 포괄되는 제한된 의미구조를 형성한다. 또한 이러한 모든 의미부여의 행위들은 신앙信仰, 즉 기도라는 영혼상태 속에 포함되어 있는 것들이 나중에 객관적으로 형성될 때 발생된다는 이중적인 관계가 생겨난다.

(2) 사회적 차원

개인적 행위들은 본질상 모든 사회적 교호작용이 없다고 할 때에만 가능하다. 그러나 인식적 · 미적 · 경제적 · 종교적 행위는 자기 스스로 행위주체이기도 한 객체들(예: 인격체)에 관련된다. 즉, 우리는 타 주체가 그의 특수상황에서 실행하는 정신행위들을 '의미意味, Sinn'가 있는 것으로 해석함으로써 타인의 삶을 인식한다. 우선 우리가 타자의 영혼의 상태 안으로 이입되었을 때는 타자를 영혼적-미적 현상으로 받아들인다. 또 타자의 노동(일)이 우리의 경제적 목표 체계에 필수적인 것으로 해석된다면, 우리는 타자를 유용한 것으로 체험한다. 끝으로 우리는 타자의 실존과 정신적 현존을 자기 삶의 최종적 의미와 관련지어 본다면, 타자는 종교적 체험의 대상이 된다. 여기서 개인의 독립적 정신행위들이 '사회社會'라는 현상과 일치하는지 하는 문제가 생긴다. 왜냐하면 개인이 소속된 사회는 초개인적인 작용관련이기 때문이다. 즉, 사회집단은 공간과 시간 속에 살아있는 집단으로 작용하는 초개인적인 전체이다. 여기서 개별 영혼을 다른 개별 영혼에 맺어주는 끈 Band, 다시 말해 현실적으로 체험 가능한 사회적 결속의 토대가 나타난다.

따라서 슈프랑어는 "모든 사회형식들은 구성원의 의식 속에서 양면성으로 얽힌 정신행위들에 기인하는데, 그들 중 하나가 다른 하나에 우세하다"고 한다. 즉, 인간은 힘의 행위들과 공감의 행위들, 종속관계와 대등관계에 의해 결합된다. 따라서 전자는 지배와 구속이라는 극한에 의해, 후자는 사랑과 미움이라는 극한에 의해 한계지어진다. 독립적으로 보면, 전자의 행위방향은 '사회적 권력의 체계'가 되고, 후자의 행위는 '공동체 체계'를 만든다. 즉, 개인은 타인의 힘의 체계에 아니면 공감의 끈들에 의해 결속된다. 수용의 측면에서 본다면, 그것은 '구속체험'과 '공감체험'이다.

따라서 슈프랑어는 가치공동체 아니면 가치대립에 의한 결속의식이 내포되지 않는 사회적 행위는 세상에 존재치 않는다고 보았다. 간단히 말하면, 사회 내지 사회적 행위는 가치공동체로 결속되는지 아니면 가치대립으로 유지되든지 반드시 둘 중 하나이다. 즉, 모든 사회는 가치친화적이든 가치대립적이든 둘 중 하나의 형태로 존재한다. 여기서 우선 사회를 결속시키는 힘 또는 권력이란 타인의 가치구조에 대한 자기의 가치내용과 가치의지의 우세를 의미한다. 그런데 힘의 우세의 결과는 비록 간접적일지라도 타인이 동조할 때에만 가능하다. 이럴 경우 (사회)공동체가 형성된다고 할 수 있다. 결국 힘이란 항상 실제적 우세인데, 실제적 지식의 우세로, 경제적 지식의 우세로, 경제적-기술적 우세로(소유관계), 미적 표현과 작용능력의 우세(웅변의 힘)로, 종교적 가치 확증(충만된 힘, 그리스도의 힘)의 우세로 간주된다. 공감共感의 측면에서도 마찬가지이다. 우리는 가치 및 가치결정된 목표 추구 안에 있는 동등지향태同等指向態, Gleichgerictetsein 때문에 타자에게 쏠리는 것을 공감이라 한다. 이를테면 우리는 가치보지자價値保持者, Wertträger, 가치설정자 또는 가치추구자로서의 타자를 사랑한다고 할 때 사회적 공감(대)가 형성된 것이다.

만약 인식가치들 속에서 (사회적) 공동체가 형성된다고 한다면, 그 끈은 신념들, 즉 이론의 추구 내지 수여의 평등성에 기인한다. 그러나 타자가 기술적-경제적 가치설정의 주체로 간주된다면, 경제적 결속태가 공감 행위의 기초가 된다. 한편, 영혼적 차원의 공감의 미적 형식은 에로틱Erotik이라고 할 수 있다. 그리고 종교적 사랑은 삶의 총의미의 토대가 되는 가치, 즉 종교적 가치들의 보지자로서 늘 타자에 지향할 정도로 반드시 이타적이라고 할 수 있다.

그런데 힘(권력)의 측면 위로 사랑의 힘 역시 존재할 수 있다. 왜냐하면 사랑의 정신력은 타자의 가치구조를 결정할 수 있는 개인의 가치형태에 속하기 때문이다. 반대로 사랑의 측면 위로도 힘에의 사랑, 즉 타자의 정신적 위대성과 정신적 강점Stärke으로의 쏠림이 발생할 수 있다. 결국 힘과 사랑의 경계는 사실상 구분하기가 쉽지 않고 상호 교호적이기도 하고 상호 배타적인 배리현상으로 보일 수도 있다.

이상과 같이 슈프랑어는 두 개의 사회유형들은 항상 네 개의 개인적 가치방향들과 엇물려서 나타나는데, 이 중 어떤 하나로 기울면서 그들의 특성이 부각될 수 있다. 즉, 어떤 유형이 보다 지배적인가에 따라서 특성이 달라질 수 있다. 그러나 지배의 행위와 공감의 행위는 어쨌건 타 개인의 체험관련으로 지향된다. 이런 맥락에서 우리는 지배 내지 공감을 사회적 차원으로 보는 것이다. 즉, 지배의 행위와 공감의 행위는 우리가 누군가를 어떻게 지배하고 왜 사랑하는가에 관계없이 객관적 정신 관련에 있어서 항상 타자에 대한 관점, 즉 사회적 관점이다.

4) 정신의 법칙적 성격: 개인적-사회적 차원

슈프랑어는 만약 모든 정신적 관점 속에 '특정의 가치군'이 나타난다면 이것은 규범적으로 관찰될 수 있다고 주장한다. 왜냐하면 가치들로부터 해당 정신영역의 형성에 지시적인 어떤 법칙이 연역될 수 있기 때문이다. 즉, 인간의 정신생활 자체는 그 본질적인 내용에 있어서 순수한 행위법칙을 갖고 있다. 그런데 이러한 정신의 법칙은 슈프랑어에 의하면 단순한 경과법칙이 아니고 '규범법칙normative Gesetzlichkeit'이다. 왜냐하면 정신은 하나의 '목적론적 구조'를 가지고 있기 때문이다.

> "슈프랑어는 인간의 본질, 정신 그리고 그의 규범적 법칙성에 대한 그의 가르침을 통하여 특히 형이상학적인 것 곳에 정박되어 있는 것을 통하여 그리스적-기독교적 정신사의 커다란 전통을 계속 이어갔다."(Louvaris, 1964: 49)

따라서 각각의 정신영역들은 반대로 규범적으로 형성될 때에만 그것의 이상을 충족시키고 또한 내적인 작용관련을 갖는다. 여기서 작용관련은 인과질서가 아니다. 왜냐하면 작용관련은 목적론적이면서 창조적이기 때문이다. 따라서 모든 삶의 영역은 규범법칙이라고 할 수 있다.

> "구체적인 삶의 실제 위에 형성적이고 방향부여적인 힘으로서 무조건적인 타당성, 즉 윤리적 형상으로의 요청인 규범의 영역이 서 있다. 다른 측면에서는 모든 인간에게 가치충만을 추구하는 저돌성이 거주한다. 삶의 원천으로부터 나오는 모든 영혼의 토대 위에는 가치에 대한 역동적인 동경이라는 무한한 충동이 작용하는데 이러한 동경은 삶 자체의 핵심이다. 우리의 윤리적 의무는 윤리적 규범의 실행 아래에서 가치실현을 밀도있게 추구하는 것이며, 이는 모든 영혼이 참여하는 진정한 가치내용과 신성의 척도인 삶의 전체성의 정점 위로 눈총을 지향하는 것이다."(Louvaris, 1964: 43)

이러한 맥락에서 규범법칙은 칸트에게서처럼 하나의 공식Formel이 아니고, 살아있는 본질에 대한 개인의 윤리적 규정이 정신세계 속에서 표현될 때 항상 구성적 요소가 위임될 수 있는 삶의 형식법칙Formgesetz, 즉 이상적 구조Ideale Struktur라고 할 수 있다. 이를테면, 경제의 규범법칙은 최소한의 '힘의 비율의 원리'에, 미적 영역의 법칙은 '형식의 원리'에, 과학의 법칙은 '인과관계의 원리'에, 사회적 힘의 영역의 법칙은 '법적 의지 또는 규율의 지'에, (사회)공동체의 법칙은 '신뢰Treue'에, 마지막으로 종교적 행동의 규범법칙은 '윤리倫理'라는 삶의 총규범에 존재한다.

결론적으로 인간의 모든 개별 행위들은 반드시 합리적인 목표를 규제하는 법칙의 방식으로 제시되는 것은 아니지만, '숨겨진 합리성Eingehüllte Rationalität'을 토대로 이루어진다고 수 있다. 반대로 모든 개별행위 속에는 숨겨진 합리성이 존재하기 때문에 파악될 수 있는 것이다. 만약 개별 행위에 숨겨진 합리성이 내포되지 않는다면 우리는 그 개별행위를 도저히 이해할 수 없다. 아울러 이러한 정신행위는 법칙이나 방침은 아니고 정신행위를 가능하게 하는 '내재적 충동력'으로 작용한다고 할 수 있다.

"모든 삶의 영역은 영역의 특이성을 결정하고 내재적 충동력으로 작용하는 규범법칙을 가진다. 이러한 종류의 법칙성이 오로지 숨겨진 합리성으로만 나타난다고 해도 이는 이러한 영역 속의 행위를 규정한다."(Oelkers, 1982: 256)

(1) 경제법칙

모든 경제적 행위(노동, 일)에는 무의적으로 내재된 법칙이 작용한다. 이러한 법칙이 경제적 의미와 가치를 드러내는 한, 그것은 실제적인 영혼 행동의 단순한 법칙이 아니고, 경제적 사건의 경향을 최종적이고 가장 보편적인 경제적 관점 하에서 규제하는 규범법칙이다. 그러나 그것이 분명히 의식되고 표현될 수는 없다. 분명히 그것은 경제적인 상거래에서 규범으로 작용한다. 그러나 자연이 인식된 규정, 즉 '법칙法則'에 쫓아가지 않듯이, 정신행위의 규범법칙은 이론적으로 표현된 법칙으로 나타나지 않는다. 전체 및 개인의 모든 경제행위를 지배하는 이념은 '유용성의 최대치'이다. 즉, 그 원리는 최대의 이득을 최소의 손실과 함께 달성한다는 규범이다. "경제란 이득과 원가를 조정하는 것"이다. 왜냐하면 최소한의 힘의 비율의 원리는 경제행위 자체의 '내재적 논리' 속에 무표현적이고 무반성적으로 들어 있다.(예: 직선상의 행진은 가장 경제적 행위임) 이러한 정신영역의 비표현적인 논리가 '숨겨진 합리성'이다.

(2) 미적 법칙

예술의 법칙 또는 공상영역의 법칙은 "인상-표현"의 융합법칙이다. 미적으로 중요한 형상의 구조는 예술작품 속에서 조정되어야 하는 두 개의 서로 다른 법칙, 즉 물物의 고유법칙과 영혼의 고유법칙에 좌우된다. 다시 말해, 영혼의 통일원리가 모든 미적인 대상에 적용된다고 할 때 비로소 규범적 의미에서의 완전예술이 존재한다. 물物의 법칙은 정신적 주관이 현상을 어떻게 이해하고 조직하는가 하는 특성일 뿐이다. 그러나 구체적 대상을 완전히 직관하는 영혼을 재현하는 것은 '형식Form'이다. 특히 고전 예술, 즉 클래식classic에는 최고의 실제적 합리성이 들어 있다. 즉, 그 속에는 영혼의 영원한 형식법칙과 객관세계의 형성법칙이 용해되어 있다. 그러나 예술의 규범법칙에 대해서는 더 이상 언급될 수 없는데, 그 이유는 그것이 최고 차원의 '숨겨진 합리성'이기 때문이다. 이러한 합리성은 '대상 질서의 법칙'일 뿐만 아니라, 동시에 '영혼의 법칙'이다. 왜냐하면 양자가 예술 속에 서로서로 용해되기 때문이다. 한마디로 예술은 '사물의 유정화有情化, Beseelung', 즉 사물에 영혼을 불어 넣는 일이다.

(3) 인식법칙

존재의 법칙은 현실적-감각적인 복합성을 띤 다양한 사실에 적용된 인식법칙이다. 인식은 '사실事實, Tatsache'을 '즉자 상태'와 '순수대상질서'로 만들어 낸다. 인식은 모든 시간적-공간적으로 인격화된 현상들을 관념적인 것으로 바꾸는 행위이다. 따라서 모든 인식은 개념과 판단으로 진행된다. 여기서 개념과 판단은 실제 관념적인 성격을 띤다. 그런데 그것들은 인식의 순수법칙에 따라 형성되는 한, 초시간적인 의미를 갖는다. 그러나 그것은 모든 인식행위에서 분명하게 의식되지 않고 '숨겨진 합리성'으로 작용한다. 이를테면, 인식의 영역을 꿰뚫고 있는 법칙은 현상형식 속에 들어있는 '근거명제der Satz vom Grund'이다. 즉, 인식의 이상은 보편적인 원인과 관련있는 개념과 판단의 체계이다. 그러나 인식의 이상은 실제가 사실의 세계에서 보편적 본질과 본질관련으로부터 완전히 유추되지 않는다는 점에서 한계를 갖는다. 도식적으로 말하면, 인식은 관념의 격자창인데, 우리는 그 격자창을 실제 위에서 놓는 셈이다. 인식은 실제를 인과관계로 바꾼다. 그러나 원인과 결과는 실제가 아니고 관념적 규정일 뿐인데, 그 규정 하에서 인간은 구체적인 사실을 인식하고 파악한다. 즉, 인간은 감각세계의 복잡한 과정을 파악하는 것이 아니고, 항상 하나의 보편적인 본질과 타자와의 관련성만을 파악한다. 여기서 타당한 인식은 단일한 사건이 어디서도 보편적(범주적 또는 사상적)이며 궁극적으로는 전체의 대상적 관련 속에 기초하는 원인의 맥락으로 회귀될 때 비로소 성취된다. 결국 인식의 내재적 법칙은 다양한 원인들의 논리적 명제이다. 그러나 인식행위의 목적은 모든 개별명제를 빠짐없이 인과관련 맺게 해주고 또한 나머지 것들과 모순 없이 개념적으로 관련짓게 해주는 논리정연한Geschlossen 관념체계이다.

(4) 힘의 법칙

타자들에게 자기의 평가방향을 각인시켜주는 힘의 의지는 최고의 힘이 확인하는 법칙에 의해 지배된다. 여기서 최고의 힘은 타자에 대한 단순한 정신적 우위가 아니고 계속성과 연관성을 말한다. 진정한 힘의 의지는 결코 변화하는 일시적 기분 내지 자의적인 행위의 형식을 뜻하지 않는다. 즉, 힘에의 의지는 자기 스스로 보편적 규칙에 묶인다. 그러나 규칙의 내용은 힘의 체계에 의해서만 규정되는 것은 아니다. 단지 자율적인 법칙의 보편적 형식만이 힘의 의지에 속한다. 따라서 힘의 의지는 자의가 아니라 일련의 '규칙의지'이다. 즉, 어떤 의지가 끊임없고 가치있는 목표에 의해 정해질 때 그러한 의지는 확고하다고 할 수 있다. 이때 힘의 영역은 '숨겨진 합리성'에 의해 지배된다고 할 수 있다. 물론 이렇게 규제된 힘의 의지는 적어도 행동의 보편적 규칙의 형식을 가지고 있다.

(5) 공감법칙

공동체를 가치 속에서 규제하는 법칙, 즉 사회적 행위의 '숨겨진 합리성'을 슈프랑어는 신뢰Treue라고 한다. 신뢰는 공동체로의 의지이며 또한 심지어는 일시적일 뿐만 아니라 계속적이기도 하며, 가치방향의 불변성에 의해 확고해진 것으로의 의지이다. 따라서 신뢰는 타자 속에서 또는 타자와 더불어 불변적으로 의도된 삶의 가치를 실현시키기 위해 영혼에 끊임없이 쏠리는 것이다. 현실적으로 가치있는 공동목표와의 결합이 중시되는 곳에서는 낮은 형식의 신뢰가 발생한다. 이것을 슈프랑어는 '연대책임Solidarität'이라고 한다. 그러나 사랑이 타자의 본질에, 즉 그의 인격적 가치구조에 관계한다면, 그것이 본질적인 신뢰가 된다. 여기서 신뢰는 주는 사랑, 받는 사랑, 그리고 가치공동체로 구분되는데, 이 모든 사랑의 형식은 본질 및 평가의 공동체 속에서의 영속적인 신뢰형식에 일치된다. 따라서 이렇게 본다면 최고의 공감共感은 사랑이 '숨겨진 합리성'으로 작용할 때 생겨나는 것이다.

(6) 종교법칙

경제적·이론적·미적·정치적·사회적 영역의 규범법칙이 보다 순수하게 발전된다면, 여기서 개인의식을 위한 진정한 가치들이 나온다. 그리고 이것들은 삶의 총가치와 관련된다. 따라서 모든 개별의식 속에 있는 일면적 규범들 내지 정신법칙들의 상호작용은 총규범 속에서 나타난다. 그것은 타인의 정신적 본질인 나에게 요청하는 하나의 요구 및 기대로 나타나거나 또는 진정한 가치의지로 드러난다. 전자는 타율他律이며, 후자는 자율自律이다. 여기서 자율은 표현할 수 있는 보편적 법칙으로 작용하는 것이 아니고, '숨겨진 합리성'으로 작용한다. 정신적 결정을 하는 최초의 감정을 슈프랑어는 '양심良心, Gewissen'이라고 한다. 왜냐하면 양심의 본질은 '순간 속에서 영원das Ewige im Augenblick'을 의식하는 것이기 때문이다.

> "슈프랑거는 영원히 유효한 법칙성과 역사적으로 주어진 지배적 사고 문제의 단계들의 비밀스러운 얽힘을 무엇보다도 양심의 현상, 즉 인간성의 뿌리에 박혀있는 선험적인 것으로 구체화하였다."(Eisermann, Meyer, Röhrs, 1983: 8)

한편, 자유로서 그리고 자율로서의 총규범은 '도덕道德'과 같은 것이다. 규범적이며 최고의 가치를 갖는 도덕규범은, 최고의 가치를 획득하기 위해서는 어떤 가치를 수용해야 하며 행동과 신념에서도 어떤 가치가 규범적으로 수반되어야 하는가를 결정해 준다. 이러한 규범적인 총체험이 종교적 근본 행동으로 이입된다면, 그것은 순수한 종교성을 갖는 셈이다. 여기서 주의해야 하는 것은 슈프랑어에게 종교성은 신학에서 목표하는 것처럼 종교를 해석하는 것이 아니고 인간의 도덕성과 종교성의 문턱까지 연결되는 과정을 묘사하고 있다는 사실이다(Barth, 1964: 146). 따라서 양심Gewissen의 개념은 슈프랑어의 종교성 개념을 이해하는 토대가 된다.[63]

"오로지 윤리적으로 유실한 영혼의 마술Magie der Seele은 기독교적이다. 즉, 특히 양심 안에 그리고 마음의 순수성 안에 그의 기준이 놓여있다는 확신은 도덕주의에 해당된다. 슈프랑어가 중재하고자 했던 것은 기독성의 해석이 아니라 일종의 기독성으로 가는 전학교이다. 이는 말하자면 도야종교의 모습들이라고 할 수 있다."(Bart, 1964: 146)

이렇게 본다면 모든 삶과 그것의 가치는 원하는 것의 관점에서 뿐만 아니라 해야 하는 것의 관점에서 이해된다. 이러한 그의 견해는 "인간은 무조건적인 정신적 당위Sollen에 근거한다"는 칸트의 입장을 전제한다(Meyer, 1982: 53). 그러는 한 도덕은 순수한 종교의 고유한 핵심이다. 물론 도덕과 종교는 일치하지 않는다. 도덕법칙은 개인의 관념과 행동에 지침을 주는 규범인데 반해, 종교는 최고 가치 내용의 이해, 즉 언제나 대상적인 관련으로 지향된다. 그럼에도 불구하고 양자 모두 최고 가치, 즉 궁극적인 것으로서의 지향성志向性이다. 즉, 종교성과 도덕의 상호관련성을 입증하는 정신구조들이 존재한다. 절대絶對 내지 최고 가치가 압도적인 존재경험Seinserfahrung의 형식으로 영혼 속에 이입되지 못할 때, 절대적-전체적 당위의 힘, 즉 내면의 윤리적 계시가 기존의 세계과정에 당위로서 맞설 수 있다. 결국 삶에 대한 종교적 이해는 도덕적 자기 판단인 동시에 도덕적 세계판단이다. 따라서 슈프랑어는 최고의 미美를 최고선最高善, 즉 신神이라 부르고, 그것에게 몰두하는 삶을 '도덕'이라 부른다. 왜냐하면 그러한 삶은 신을 '숨겨진 합리성'으로 보유하기 때문이다.

5) 개성個性, 人格의 이상적 유형론: 특수한 인간형

구체적 본질(엔텔레키, 내적 법칙)에 대한 해석학적 관심은 필연적으로 유형론類型學, Typology, Typenlehren으로서의 확장을 강요한다. 슈프랑어는 "유형Types이란 보편개념의 구체화"라고 말한다. 즉, 실제는 너무 복잡하여 우리가 단순히 그것들을 모사할 수 없기 때문에, 유형은 삶의 이해를 위한

---

63 슈프랑어에게 교육학은 종교적 세계관의 구심점을 피해서는 불가능하다(Arnold, 1964: 202).

보편적 개념이다.

> "이념형ideal type은 현실적 기술이 아니라 개별현상의 본질적 성질을 포함하는 정신적 구성물이다. 이는 사회현상의 이해와 설명을 촉진하는 방법론적인 개념이다. 이념형은 외부의 객관적 실재와 대응하는 것이 아니며 순수형식일 뿐이다. 이를 통해서 비합리적 동기에 의해 영향받는 행위의 이해를 돕고 이념형으로부터 벗어난 행위를 고찰함으로써 진정한 동기를 이해하게 된다."(김승현, 1997: 103)

정신과학적 심리학의 중심 과제는 순수한 인간의 유형을 설정하고 그들의 영혼구조의 관련을 이해하는 데에 있다. 여기서 순수한 기본유형들에는 반드시 관련된 동기화 형식에 대한 관심이 결합된다. 이 동기화는 관련된 특수 에토스Ethos에 접근한다. 따라서 이 모두는 순수심리학적 성격을 띤다. 왜냐하면 규범 자체와 그의 타당성은 심리학적 해석의 대상이 될 수 없다 하더라도, 규범체험들은 항상 심리적 측면을 가지고 있기 때문이다.

그러나 이렇게 분류 구성된 이상적(순수한) 인간의 유형들은 단지 생동적인 개성個性, personality을 해석하는데 방법적인 수단이 될 뿐이다. 왜냐하면 문화담당자인 개성은 유형과 보편성을 띠는데, 유형은 단지 방법개념이며 강조개념이기 때문이다. 즉, 각각의 유형 자체는 세상에 실제로 존재하지 않고 단지 하나의 '구조structure'일 뿐이다. 그러나 그것들은 인간이 접근할 수 있는 내적 연관성을 가지고 있는 '형식Form'으로 나타난다. 왜냐하면 유형론은 결국 역사적 방법과의 결속에서만 나타나기 때문이다. 따라서 관념적으로 설계되고 구조된 그 유형들은 실제의 복잡한 형태의 병렬체계가 소급 관련되는 규칙적 특성만을 갖는다. 다시 말해, 삶에 대면하여 유형은 유일하게 질서잡힌 원리로 되며, 이러한 질서는 어떤 단순한 미적인 것을 넘어 윤리적인 뿌리를 갖게 된다. 또 개성의 유형들은 역사기술과 역동적 삶의 형태를 '각성'시키는 원천 사이에 존재한다. 이러한 유형은 단일과 다양 사이에서 중재하는 유일한 역할을 가지고 있다. 결국 이런 유형들은 개성을 통해 나타나며, 나아가서는 개인에게 어떤 초개인적인 의미를 부여한다.

다음에 나타난 이상적인 개성의 여섯 가지 유형은 가치의 여섯 가지 형식에 의해 결정된다. 그리고 아래의 이상형Idealtypus들은 개별화와 역사화의 과정에 사상적 분리와 이상화를 관련짓는 방법의 시도이다.

"각각의 의미충만한 체험은 모든 의미방향Sinnrichtung을 포함하지만 차별화된 행위 층 속에서 그렇다. 한편으로는 각각의 주요 의미영역을 위해 '해당의 자기입장'이 다른 한편으로는 '대상의 특징적 실존형식'이 제시된다.... 정신적 현존과정 속에 두각을 나타내는 층들의 관통으로부터 삶의 두각이 나타난다. 슈프랑어가 이러한 두각을 개별성의 이상적 기본유형에 대한 자신만의 유형론Typologie으로서 표현한다. 그는 이론적 인간, 경제적 인간, 미적 인간, 사회적 인간, 힘의 인간 그리고 종교적 인간을 구별한다. 따라서 항상 이상형이 묘사되는데, 그 후 이는 현존의 나머지 측면과의 관련 속에서 정해진다. 이는 삶의 형식의 중점은 다른 것을 배제하지 않고 바로 그것을 이입하는 관점에 일치한다. 모든 형식들에 특별한 동기화상태가 일치하지만 모든 것은 내적인 차별화에 고유하다. 이를테면 이론적인 인간에게 삶의 기본양식이 될 수 있는 특정한 관점들로 환원된다. 아울러 각 유형은 부당하게도 유형의 영역을 포괄하는 대립과 경계를 짓는다.(이를테면 이론가에게 있어서는 이론이 중요하지 않는 회의론자가 대립되다) 따라서 '삶의 형식'의 기본 생각은 다음과 같이 요약된다: 슈프랑어는 주관적이고 객관적인 정신의 구조적인 유추로부터 시작하는데, 이는 개별적인 행위들의 가치방향 속에서 나타난다. 각 행위는 정해진 가치로부터 추론되는 특별한 의미부여를 가진다. 이러한 가치는 객관적인 사물영역과 관련이 되는데, 그것은 기본적인 '규범적 법칙'으로부터 각인된다. 특별한 행동들은 이러한 법칙 하에 놓이게 되어 그러나 결국은 유형적 자기입장으로 묘사될 수 있는 개별적 일치가 존재한다. 개별적 유형은 각 행동영역에 일치하고 양자의 협연Zusammenspiel이 삶의 형식을 만든다."(Oelkers, 1982: 256-257)

(1) 이론적 인간형

순수 이론적 인간형은 객관적 인식을 위한 열정만을 가지고 있다. 즉, 인색행위 속에서는 궁극적으로 순수 대상의 본질과 대상질서가 구축된다. 세계는 그에게 보편적 본질의 선형협간扇形峽間: Fachwerk이며, 보편적 구속관계의 체계이다. 자아自我. ego는 진리의 영원한 가치에서 나오는 영원성에 참여한다. 즉, 체험된 것의 모든 내용을 순수 대상적으로 파악하려는 시도는 한 입체적 형상을 하나의 평면 위로 사출시키는 것이다. 그러나 인식행위에는 경제적 행동이 완전히 배제되지는 않는다. 외부의 압력, 육체의 욕구, 모든 정신적 창조의 물질적인 전제 조건은 순수직관에 몰두하는 자들에게도 존재한다. 그러나 그의 목표는 진리이고 거기로 가는 길은 모든 주관적 혼합물로부터 인식을 비판적으로 정화시키는 것이다. 인식을 통하여 보고 생각하고 비판하고 논리적으로 정리한다. 또한 이론가는 미적 순간 역시 차단하지 않는다. 즉, 모든 인식과 사고는 궁극적으로 구상적 표상가능성을 자극하기도 한다. 왜냐하면 표상 없이는 어떤 사고도 나오지 않기 때문이다. 그러나 이론가에게는 엄격한 구속성과 규율성이 특징이다. 엄밀하게 말하면, 이론가는 개인주의자이다. 따라서 순수한 이론가는 사회적으로 지향되지 않는다. 심지어 사회로부터 고립되고 격리된다. 인식하는 자들 인간들과 결합시키는 것은 이타적인 도움의지도 아니며 인간에 대한 미적 기쁨도 아니며 오로지 탐구와 지식의 공동체일 뿐이다. 즉, 진리의 보편타당성만이 그를 타자(사회)와 결합시킨다.

한편, 이론가는 그의 정신적 실행 덕택으로 강한 힘(권력)에 대한 인식을 갖는다. 그러나 그는 그 힘을 사용할 때 모든 특수상황 속에 주어진 경우를 이해하는 구체적 방향은 결여되어 있다. 즉, 이론가의 힘의 감각은 대상없는 힘의 감각이다. 다시 말하면, 이론가는 그의 고유한 힘을 사용할 때에도 특별한 목표나 대상을 염두에 두지 않는다. 사실을 객관적으로 인식하려는 본능적 힘만이 존재한다. 마지막으로 슈프랑어는 종교적 정신자세에 대한 이론가의 두 가지 서로 상이한 입장을 구분한다. 그 하나는 종교일반을 부정하는 실증주의적 유형이다. 이러한 유형은 가치중립적 인식, 즉 사실과 사실의 기능적 관련에만 지향되어 있는 지식을 지향한다. 다른 하나는 종교적 기본 방향, 즉 전체성과 최고 가치로의 방향을 중시한다. 이러한 유형은 최고의 것과 최종적인 것을 인식의 도움을 통하여 만족할 수 있다고 믿으며, 인식의 절대성, 즉 초월적인 것을 포괄할 수 있다고 해석한다. 이것이 형이상학도의 영원한 유형이다.

한편, 이론가는 '원리principle'에 의해 스스로 규정되게끔 동기화한다. 따라서 행동의 보편타당성은 그의 동기화양식이다. 이러한 방식으로 그는 내적 무모순성, 즉 자기 자신과 일치시킨다. 그는 스스로 실제적 논리의 원천이 되려한다(예: 스토이커, 즉 금욕주의). 따라서 충동에 대한 지배력, 행동의 법칙성 그리고 진리 개념 등이 이론적 인간형의 에토스를 만들어낸다. 슈프랑어에 의하면, 모든 인식은 2가지 성분, 즉 '경험적인 것a posteriori'과 '선험적인 것a priori'에 기인한다. 즉, 경험주의자는 그가 경험하는 질료와 결연하고 그것에 대한 충실한 관찰력을 가지고 있다. 이에 반해 선험주의자는 사고행위의 내면법칙으로 시작한다. 즉, 그는 순수 내면적인 구조의 실행으로 개념들을 기초한다.

그러나 유용한 인식관점은 오로지 경험과 개념적 작업과의 관련 속에서만 존재한다. 이것을 칸트는 '비판적 유형'이라고 한다. 즉, 인식은 인식행위의 구조에서 시작하지 않고 그것의 대상의 차이로부터 시작한다. 그런데 실제 현실들의 차이성을 지향하는 인간들이 존재하며 반면에 동일성을 인정하는 타자들이 존재한다. 즉, 삶을 부단한 반성 속에서 풀어내는 인간들이 존재하는 반면, 항상 되풀이되는 근본 모습들이 인식을 통해 삶을 보편법칙적인 관련의 영역 속으로 드러내는 타자들이 존재한다. 그러나 진정한 과학科學의 본질에는 보편성의 경향뿐 아니라 자체로의 경향도 해당된다. 따라서 슈프랑어는 '간주관성間主觀性, Intersubjektivität'을 과학(자연과학뿐 아니라 모든 과학)의 이상으로 규정한다.

한편, 인식은 이론적 창조이면서 동시에 수용Rezeptive이다. 왜냐하면 사상의 모방 역시 어느 정도는 창조이기 때문이다. 또한 순수한 수용은 아무것도 보여주지 못한다. 모든 실제적 사상과 토대는 항상 내적인 활동, 즉 창조적 활동이다. 따라서 새로운 인식방법을 개척하고 엄청난 싸움 가운데서 무인도를 정복하는 이론가는, 기초적 사고 관련 속에서 생각하고 그것에 사로잡혀 있는 타자와 구별된다.

이론적 인간형의 정반대는 이론적 상황에서 나온 '회의론자'들이다. 그러나 그들도 이론적이다. 즉, 회의론은 이론의 이념을 통과하는 것을 전제한다. 따라서 인간은 이론적으로 회의론자일 수 있다. 왜냐하면 회의론은 과학적으로 비판적 근거들을 갖거 있기 때문이다. 시스템으로부터 벗어난 회의론자들은 어떤 의미에서 가장 순수한 자들이다. 왜냐하면 그들은 이론적 인간형들에게 지배적인 현상이기 때문이다.

(2) 경제적 인간형

경제적 인간형은 생산자生産者와 소비자(소비자)로 나타난다. 이를테면, 모든 인간은 노동자이며 동시에 향유자 내지 소비자이다. 일반적으로 경제적 인간형은 오로지 삶의 관련에서 '유용성 가치'에 우선권을 두는 자이다. 우리는 그를 '실천적 인간'으로 본다. 경제적 인간형은 항상 자신의 가치화 가능성Verwertbarkeit 내지 사용가능성Anwertbarkeit에 대해 묻는다. 그는 지식도 이득을 가져다주는 지식만을 추구한다. 여기서 실용주의적 인식이론이 태어난다. 그것은 생물학적인 이득 내지 해로움과 동일시된다(예: 스펜서의 교육학).

한편, 경제의 방법들이 보다 복잡해질수록 경제는 인간들로부터 지적인 설비를 요한다. 그는 사물의 경제적 가치뿐 아니라 인간의 본질도 알고 있다. 즉, 경제적 인간형의 이상적 목표는 '경제적 합리주의'이다. 여기서 인식의 한계는 항상 경제의 한계이다. 유용성은 어쩌면 미美, 즉 아름다움과 직접적인 관련은 없다. 그러나 미적 가치가 경제적 관점 아래로 수렴된다면, 그것은 '사치재'의 개념으로 바뀐다. 물론 처음부터 사치재에 속하는 물건들도 욕망의 절제에 의해서 경제적 필수재로 될 수는 있다. 이렇게 본다면, 순수 경제적 인간형은 이기주의자라고 할 수 있다. 인간은 경제적 동물이라는 말은 인간은 이기심을 본능으로 하고 있다는 의미이다. 한편, 경제적 인간형이 동시대인에게 쏟는 관심은 순수 유용성 관심이 된다. 즉, 그는 그들을 단지 생산, 소비, 교환의 측면에서만 인간을 본다. 결국 경제적 관점이 지배하는 곳에서 인간은 수단으로만 전락하게 되는데, 그에게 인간은 노동의 능력에 따라 자본의 능력에 따라서, 그리고 구매력에 따라서 평가된다. 이들에게 풍요로움이 곧 힘이다. 이렇게 하여 경제적 인간형들은 자연, 즉 질료, 힘, 공간들에 대한 지배와 그것을 극복하기 위한 수단을 발전시키면서 삶을 전개한다.

결국 경제적 인간형은 인간에 의한 인간에 대한 지배를 극히 당연하게 생각한다. 심지어 이들에게 신神은 모든 부Reictum의 주인으로서, 즉 모든 유용한 은물의 기부자로서 간주된다. 따라서 순수 경제적 성격에서 나타나는 목자민족의 신은 농경지의 신, 산악민의 신과는 다르다. 만약 인간이 자신의 경제적 번영을 신의 은총의 상징으로 간주하거나 이 은총을 가시적으로 입증하려 한다면, 그것은 결코 경제적 유형에 속하지 않는다. 왜냐하면 여기서 신의 은총을 소유하려는 동기는 경제적인 동기를 초월하기 때문이다.

한편, 경제적 인간형의 행동은 욕구만족의 동기에 의해 동기화된다. 그 하나는 염려Vorsorge의 유형이고, 또 하나는 상황적 목적Gelegenheitszwecken이다. 전자는 꾸준한 동기이다. 즉, 그것은 영속성, 의지강조, 질서화 그리고 절약을 요구한다. 이에 반해, 후자는 순간적으로 드러나는 삶의 목적에 수단을 선택해야 하는 천부적인 능력을 요구한다. 경제적 인간형의 모순적 현상형식인 노동자와 향락자라는 단어 속에는 이미 윤리적 가치판단이 들어 있다. 결국 경제적 인간형을 동기화시키는 욕구충족의 방향은 스스로 이런 유형의 에토스에 접근하는 셈이다.

아울러 방탕자와 수전노는 경제적 유형의 변종이다. 왜냐하면 그들의 중요한 가치체험은 경제적 영역에 속하기 때문이다. 그러나 이런 영역의 가치들을 완전히 향유하려는 희망 속에서 인간은 경제성의 진정한 의미를 잃는다. 따라서 두 유형은 그들의 순수한 구조로 보면 경제적 인간형의 반대라기보다는 규범 없는 과過충동이다. 그들은 모든 것을 하려 하지만 그때마다 자신의 삶의 의미가 손아귀에서 사라질 뿐이다. 물론 이들에게도 행복한 순간이 있다. 그러나 그것은 극단의 마취적 행복일 뿐이다.

(3) 미적 인간형

미적 영역의 본질은 '형식화된 인상표현'이다. 따라서 미적 인간형의 본질도 '자기의 모든 인상들을 표현으로 형식화하는 것'이다. 미적 행위 속에서는 주관적 체험내용이 대상의 단면 속에서 나타나는데, 마치 그것은 대상의 내용이 주관적 총체험 속으로 이입되는 것과 같다. 두 운동방향의 통일은 '형식Form'이라는 특수현상을 산출한다. 즉, 의미의 통일성과 전체성, 일회성과 완결성은 오로지 '형식'Form에 의해 결정된다.

미적 유형에는 세 가지 형식이 나타난다. 그 하나는 삶의 외적 '인상들'에 극도로 몰입하는 인간이 존재한다. 그는 체험에 굶주려 있지만 내적인 결합력과 형성력이 결여되어 있다. 즉, 그는 '인상주의자impressionist'이다. 한편, 자기들의 내면 속에서 또 자기들의 감각세계 안에서 살면서 모든 인상들을 방지하고 자기들 고유의 소유물에서 나온 인상에 주관적 특징을 부여하는 자는 '표현주의자expressionist'이다. 그들에게는 삶의 대상성, 즉 직관된 것으로서의 객관적인 몰입이 부족하다. 인상과 자기의 내적 세계라는 현존의 두 계기가 구체적 균형을 유지할 때 내면적 형식의 인간, 즉 일체적 성격의 인간이 생긴다(예: 고전적 인간들). 그들에게 내면적 확장은 삶의 인상들의 동화를 통한 '자기도야Selbstbildung'로 이어진다. 이때 그들은 스스로가 형식, 미, 조화, 척도가 된다.

따라서 미적 인간형의 정신구조는 객관적으로 체험된 것과 그의 주관적인 침투 간의 균형을 추구하는 '내적 형식력'에 의존한다. 직관적인 것을 부정하고 보편적 가치의 개념 속에 있는 과학은 미적 인간형의 내적 형식의지에 기여치 못한다. 즉, 순수 미적 인간형에게는 삶의 입체성, 특성, 개성을 찾기 위해 추구하는 단계가 과학적 성격을 띤다. 이럴 경우 미적 인간형에게는 종속행위로서의 이론적 관점이 나타난다. 왜냐하면 과학적 합리화도 형식의 부여이기 때문이다. 이때 그것은 과학적일 뿐 아니라 미적 성격을 띤다고 할 수 있다. 예를 들어 조각 속에는 대칭, 중력, 해부의 법칙이라는 과학이 숨어 있다. 그러나 자연의 영혼과 그 안에 살고 있는 개별영혼 또는 형식들이 단지 감정이입에 의해서만 이해될 수 있기 때문에 우리는 조각을 미의 관점에서 이해하게 된다.

그러나 만약 미적 인간형들이 자기의 현존 에너지를 유용성에 맡긴다면, 삶에 대한 태도를 포기하는 것이다. 물론 도야적이고 향유적인 공상으로 삶을 포괄하는 것은 노동하는 것과 는 다르다. 이때 그는 자신의 광범위한 삶의 위협 덕분으로 생긴 한계 속에서도 제한된 노동자로 남는 것이 아니라 완전한 인간으로 남는다. 또한 경제적 계기 역시 종속행위로서 미적 형성원리 속으로 들어갈 수 있다. 이를테면, 모든 예술 속에는 넓이관계 뿐 아니라 농도척도에 관련되는 수단의 경제학이 존재한다. 이때 모든 상승과 긴장들은 어쨌든 향유적 주제의 심리물리적 역학관계들에 해당된다.

한편, 미적 인간형의 본질은 개성Individualität이기 때문에 사회적 결합 속에서 그것은 특수성과 자기강조를 띤다. 사회적 안목에서 보면, 개인주의가 미적 유형에 해당된다. 그러나 사고의 형식 속에서 미적 계기는 더 현저하게 나타난다. 즉, 인간의 사고는 인상과 표현을 매개로 보다 촉진된다. 인간에게 사고의 매력은 인상 그리고 표현 등과 자유롭고 용이한 접촉에 의해 전개된다는 점이다. 그러나 보다 높은 수준의 미적-사회적 관련 속에서 '에로틱erotic'의 모습이 나타난다. 이때 에로틱은 미적으로 제약된 '사랑의 형식'을 뜻하게 된다. 왜냐하면 사랑은 사회적 관련 속에서 발현되기 때문이다. 물론 자기애, 즉 자기사랑의 경우도 가능하다. 그러나 에로틱은 개인적 차원의 사랑 또는 이기적인 사랑이라기 보다는 타인과의 관련 내지 사회적 관계 속에서 이루어지는 타자와의 사랑, 즉 이타적 사랑을 의미한다.

슈프랑어에 의하면, 미적 삶의 유형으로서의 인간성은 조화의 인간, 즉 '에로틱'에서 완성된다. 플라톤은 『심포지온』에서 철학적 가치문제를 에로스의 개념과 결부지어 해명한 바 있다. 근원적 미는, 우리가 사랑하기에 가치있는 것이 아니라 가치가 있기에 사랑한다. 그런데 (근원적) 가치가 선천적이고 선험적이듯, (근원적) 미美 역시 선천적이며 선험적, 즉 이미 존재하며 이의 생성 소멸도 증감도 없다. 따라서 근원적 미는 인간보다 먼저 존재한다. 즉, 우리 인간이 왈가불가하기 이전에 미는 이미 존재해 왔다.

한편, 미는 개성個性을 의식하는 가운데에서 힘의 감각을 얻게 된다. 그러나 반대로 공명심이 문제가 된다면, 미는 정치적 유형으로 나타난다. 즉, 정치를 최고의 미로 보는 것이다. 따라서 미를 통한 공명심을 바라는 미학자는 정치적 유형이 최대한인 국가國家 역시 미적으로 파악한다. 마지막으로 종교와 미학과의 관계는 더욱 밀착될 수 있다. 이를테면 미적 유형 내지 미적 인간형에게는 '만유신론'이 미적 차원으로 수용될 수 있다. 신은 그에게 최고 질서화되고 형식화된 본질, 즉 세계 안에서 스스로 숨을 쉬는 영혼이며, 우주는 조화의 극치이며 우주 속에서 미는 넓은 '바다'가 된다. 이들에게 종교적 상태는 미와의 조화를 통하여 하나가 되는 것이다. 한 예로 전유정화全有情化, Allbeseelung라는 개념은 미적 인간형이 종교적으로 세계를 이해하는 방식이다.

한편, 미적 유형은 '형식으로서의 의지'에 의해 동기화되기도 한다. 이를테면. 자기 실현, 자기 완성, 자기 향유는 미적 구조를 가진 인간의 목표이다. 따라서 이들은 형식이 없거나 형식과 무관한 행동은 거부한다. 이들에게 인간다움, 즉 인간의 육체 그리고 인간의 영혼은 모두 미의 원형이 된다. 이들에게 예술적 미와 자연적 미는 공히 '형식'으로부터 파생된 개념들일 뿐이다. 그러나 미적 인간형과 실제(현실)와의 관계에서는 많은 차이가 나타날 수 있다. 그러나 사실 실제(현실)는 인간의 특수하게 상상하는 방향이 복잡하게 얽혀서 생겨난 현상이다. 왜냐하면 주어진 사실 이해에 있어서 공간적이고 재생산적인 상상력이 작용하여 생긴 현실이기 때문이다. 즉, 인간의 상상은 체험된 것들 간의 간극을 메워주고 모든 자연현상과의 관련성을 상Bild, image으로 창조하는 능력으로 작용할 수 있기 때문이다.

따라서 미적 인간형은 '현실적 인상주의' 아니면 '이상적 표현주의'의 방식으로 실현된다. 그러나 실제로 양자는 현존의 인상들이 영혼구조를 관통할 때 경험하게 되는 주체의 변형 정도에 따라서만 구분되는 것이지 본질에서는 상이하지 않다. 모두 인간의 사고로부터 나오는 발상이기 때문이다. 마지막으로 낙관주의와 비관주의의 대립은 미학적 유형을 넘어 서 종교적인 영역으로까지 넘어간다. 왜냐하면 종교적 삶의 의미 역시 내적 삶의 형식 속에서 항상 공명하기 때문이다. 삶에서 나타나는 부정적-긍정적 평가의 혼합은 미적 삶의 형식을 결정한다. 왜냐하면 미적 평가의 이면에는 추한 평가가 반드시 수반되기 때문이다. 즉, 아름답지 못하다는 가치 평가는 추하다는 평가를 같이 하는 것이다. 그러나 여기서 미적 인간형의 삶이 메시아의 구원救援 사상과 연결된다면, 종교적 삶의 형식으로 넘어가는 것이다.

(4) 사회적 인간형

사회적 삶의 형식은 타자에게의 가치긍정적 몰입충동과 타자에게의 자기 공감이 지배적 삶의 충동으로 드러나는 곳에서 생긴다. 쉽게 말하면, 내가 완전히 타자와 고립되지 않고 어떤 이유로든 어떤 것으로든 그들과 끈으로 연결될 때 '사회적'이라고 하고 나는 '사회적 인간형'이 된다. 그러나 단순한 동정Mitleid은 정신적인 것이 아니다. 왜냐하면 동정은 아직 객관적이거나 과학적 차원에서 이루어지는 사회적 관계나 정신적 차원이 아니고, 극히 주관적인 차원에서 발생할 수 있기 때문이다. 그것은 반사적이고 즉흥적인 성격을 띠며, 순간적으로 왔다가 사라질 수도 있다. '사랑' 역시 사회적 관계에서 비롯된다고 할 수 있고 심지어 즉흥적일 수도 있지만 오히려 동정보다는 보다 더 사회적 인간형의 속성에 가깝다고 할 수 있다. 이런 맥락에서 슈프랑어는 사랑을 최고로 정화된 영혼 속에 들어있는 '사회적 정신'으로 보았다. 왜냐하면 동정은 사랑처럼 '사회적 주고받음'에서 취약하기 때문이다. 한마디로 동정은 사랑보다 더욱 주관적이다.

사랑은 동정과 달리 객관적이고 규범적인 영역까지 승화된다. 이런 맥락에서 슈프랑어는 사랑을 '삶의 가치에 대한 숨겨진 동경'이라고 규정했다. 즉, 그에 의하면, 사랑이란 오로지 가치의 가능성 내지 잠재성만을 보고 그의 영혼이 타자에게 몰입되는 것이다. 다시 말하면, 사랑이란 본질상 타자에게서 가능한 가치보존자와 가치설정자의 보편성을 발견하고 이런 타자를 포괄하는 가운데에서 자기 본질의 궁극적인 가치를 발견해 내는 것이다. 즉, 최종적으로는 타인을 사랑하면서 궁극적으로는 자신을 사랑하는 '자기애自己愛'의 단계까지 가능하다. 그러나 사랑의 몰두에서 나오는 '자기애' 내지 '자기존중'의 특성은 정치적 유형과 관련되는 공명심을 말하는 것은 아니다. 아울러 자기애는 완전한 사랑 속에서 '개인화'의 울타리를 넘어서는데, 그것은 타자에게 확장된 채 발견되는 '초자아Das Uberich'가 된다. 즉, 사랑의 여로는 우선 사회적 관련을 맺는 타인에의 사랑이 마침내'자기애'가 되고 그 자기애는 개인화나 이기주의적 사랑이 아닌 '초월적 나'에 대한 사랑으로 승화되면서 사랑은 사회적 인간형의 객관적-규범적 차원에 도달한다. 이럴 경우 사랑은 사회적 인간형이 해낼 수 있는 최대치가 되며, 사랑은 비로소 주관적-감정적 차원을 넘어서고 아울러 객관성의 영역인 이론과 지식의 단계마저 벗어나게 된다. 일반적으로 과학은 인간에게 너무 많은 객관과 너무 적은 영혼을 포함한다. 이렇게 본다면, 과학으로 얻어지는 지식은 교만하다고 할 수 있으며, 반면 사랑은 겸손하다고 할 수 있다. 이로써 과학의 대상은 사랑의 정신에 대립하는 계기가 된다.

한편, 원칙적으로 사회적 인간형은 사회적 관계를 만들며 사회적 관계 속에서 살아간다. 그렇다고 사회적 인간형은 모두 이타적일 수는 없다. 왜냐하면 사회적 인간형은 사회적 관계망을 형성하면서 그 속에서 살아가면서 궁극적으로는 '자기부양'을 위해 살아가기 때문이다. 물론 사회적 인간형은 자기포기를 통하여 사회적 인간형으로서 자신을 성숙시키고자 할 수 있다. 이럴 경우 사회적 인간형은 이타적이 될 것이다. 어쩌면 이럴 경우가 진정한 의미에서 사회적 인간형이라고 할 수 있다. 다시 말하면, 사회적 인간형은 자기가 사회에 적응하고 사회에서 영향력을 미치기 위한 삶을 지향하는데, 한편으로는 사회적 관계를 수단으로 결국은 자기보존 내기 자기부양을 위해 활용하기도 하고 다른 한편으로는 남을 위해 희생하는 소위 '자기포기'를 통하여 진정한 사회적 인간형으로 거듭날 수도 있다. 그런데 후자는 기독교적 자비Karitas에 의해만 도달될 정도로 종교적 차원과 엇물린다.

인간적 차원에서 사회적 인간형에게 최고의 가능성은 '사랑' 또는 '우정'의 영역이다. 혹자는 사랑과 우정을 통하여 사회적 인간형을 실현한다. 그러나 이 경우에도 대부분의 사회적 인간형들은 타인의 영혼미를 사랑하는 것이 아니고 단순한 가치 가능성만 있는 불완전한 영혼을 사랑한다고 할 수 있다. 따라서 이점에서 사회적 인간형은 에로티커Erotiker와 구분된다. 물론 사랑과 힘(권력관계)은 서로 배제되지 않는다. 따라서 힘이 있는 곳에 사랑도 있게 마련이다. 그러나 사랑이 있는 곳에 반드시 힘이 있는 것은 아니다. 이런 의미에서 우리는 사회적 인간형을 크게 두 부류로 나눌 수 있는 것이다. 사회적 관계를 형성하고 사회적 관계 속에 있는 사회적 인간형은 진정한 사랑, 즉 영혼적 차원의 사랑이나 우정을 통하여 사회적으로 거듭날 수 있기도 하지만, 사회적 관계 속의 힘을 쟁취하려는 의도로 결국은 자기보존,

자기부양을 위한 이기적 목표를 쟁취하기 위해 사랑과 우정이라는 사회적 관계조차도 수단화 도구화시킬 수 있다. 그러나 원칙적으로 사회적 인간형은 사랑(우정)의 힘 이외에는 아무것도 모른다. 또한 그는 문서화된 보편적 규칙에 근거한 정치적-조직적 법질서와도 무관하다. 단지 사회적 인간형은 그 자체가 사회적 유대감 내지 사회적 끈과 관련되어 있을 뿐이다.

그런데 우리는 여기서 '순수한 사랑'에 대해서 언급하게 된다. 만약 순수한 사랑이 존재한다면 사회적 인간형도 가능한 것이다. 이때 우리는 순수한 사회적 동기가 발생할 수 있다고 본다. 심지어는 영혼적 차원의 사랑 운운하면서 살아있는 타인의 영혼이 사회적 인간형에게 최고의 가치라고도 한다. 그러나 슈프랑어는 서로서로에 지향되어 있는 가치행위는 동시에 자기확장을 내포한다고 한다. 다시 말하면 영혼적 헌신의 모든 행위는 동시에 자아의 향상을 위한 행위일 수밖에 없다. 여기서 사랑, 우정, 헌신, 희생 등 이타적으로 지향된 사랑으로 개방된 사람들은 결국 자기 자신을 풍성하게 한다는 사실이 마치 모순처럼 나타난다. 물론 삶의 중심이 사랑인 인간은 모든 행동을 위한 동기화의 근거는 타자에게의 헌신에서 비롯된다. 이것이 사회의 행동으로부터 자기의 합리적 법칙을 만들어내는 데, 이는 결국 자기 도야의 과정이라고 할 수 있다. 이를테면, 사회봉사를 하면서 사회적 인간형이 되어가는 사람은 사회봉사를 통하여 오히려 자기 스스로가 행복감을 느낀다고 할 때가 있다. 그럴 경우 사회적 인간형에게는 '숨겨진 합리성'이 작용한 것이다.

슈프랑어는 이러한 사실을 믿음True의 차원으로 풀로 있는데, 나의 믿음이 타자에게 자선의 의지를 베풀기 때문이라고 설명한다. 즉, 진정한 사회적 인간형을 가능하게 하는 사랑, 우정, 헌신, 희생 등은 결국 타인에 대한 믿음과 신뢰가 없으면 불가능하다. 따라서 진정한 사회적 인간형을 가능하게 하는 사회적 동기화 현상은 결국 개인적 에토스로서의 헌신적 믿음이라고 할 수 있다. 즉, 진정한 사회적 인간형은 개인의 에토스와 결코 무관하지 않다. 다시 말해서 우리 삶의 사회적 차원은 결국 개인의 차원으로 회귀되는 셈이다. 아니면 사회적 차원 역시 개인의 차원에서 시작하여 사회전반을 거치면서 반성과 성찰 그리고 비판되면서 다시 개인의 차원으로 돌아오게 된다. 이런 의미에서 사회적 인간형 역시 개성indivisuality의 영역이 된다.

한편, 사랑의 반대는 미움이다. 사랑이 타영혼의 가치가능성에의 몰입이라면 미움은 두 가지 본질로 나타난다. 그 하나는 가치가능성(인간)을 외면하는 것이고, 또 하나는 가치적대감으로의 몰입니다. 사랑이 항상 '가치'를 위한 사랑이듯이, 미움 역시 가치긍정으로부터의 배척이다. 즉, 미움의 심리학에도 윤리적 가치판단이 작용한다. 그러나 미움은 본래적인 것이 아니고 사랑의 변종이거나 기만이다. 미움은 실제 분노에서 나오는 미움Ressentimenthass일 뿐이며, 동시에 환멸적 사랑이라고 할 수 있다. 인간은 단지 가치상반 자체를 미워한다. 즉, 그가 타인에게 가치상반을 발견한다면, 그의 기대는 환멸로 바뀐다. 그러나 인간의 적극적 인간적대는 또 다르다. 그것은 권력적 유형의 극한 현상이거나 아니면 가치적 삶의 구조적 병적 증세라고 할 수 있다.

(5) 권력적 인간형

힘(권력)은 타자에게 자기의 가치방향들을 계속 우월한 동기로 설정하는 의지 및 능력이다. 따라서 모든 힘의 관계의 현상들은 어떤 의미에서 정치적이다. 왜냐하면 타자에게의 힘의 작용은 항상 결정의 형식으로 나타나기 때문이다. 물론 권력형 인간은 사회적 인간의 한 유형이다. 권력형 인간에게 인간에 대한 '인식'은 지배를 위한 수단이다. 즉, 인간에 대한 그의 지식은 단순한 이론적 개념 형성이 아니다. 정치적 인간형에게는 이러한 삶의 결정으로 사는 그것이 힘의 체계에 봉사하기만 한다면, 그에게는 그것이 진리이건 아니건 상관없다. 결국 이들에게 목표는 수단을 성스럽게 하며 이들에게는 논증이 중요한 것이 아니고 설득이 중요하다. 또한 과학이나 이론이 아니라 수사학이 권력적 인간형의 스타일이기도 하다. 이들에게 풍부한 유용재도 항상 정치적 수단일 뿐인데, 왜냐하면 자연의 압박과 강제로부터의 자유 때문만이 아니라 그로써 똑같은 동기력이 타자에게 작용하기 때문이다. 이들은 검약과 노동에 의하지 않고도, 외교나 담판 약탈과 강제의 의해 재화를 얻는다. 미적 화려함은 압박과 빈곤으로부터의 자유, 즉 힘의 상징이다(예: 공중예술). 또한 커다란 구상, 즉 세계 구상적 사상은 건설적 환상 없이는 이해되지 않는다. 권력형 인간형은 이러한 사상과 이념을 힘을 통해 실천해 내고 그것에 도취된다. 그러나 권력적 인간형은 영원히 미적-영혼적 경향의 가장 고유한 완성인 내적 형식으로까지 승화되지는 않는다. 항상 피상적이고 보여주기식에 훨씬 의존한다. 즉, 그는 너무 일방적으로 외적인 치장으로만 지향된다.

한편 권력적 인간형은 항상 공동체와의 역학관계 속에 있다. 그러나 공동체와 권력적 인간형과의 관계는 양면성을 가지고 있다. 왜냐하면 인간을 지배한다는 권력적 인간형의 의지와 자신을 위해서 인간을 영혼의 차원으로까지 고무해야 한다는 의지 사이에는 항상 모순이 생기기 때문이다. 따라서 양자는 투쟁과 사랑이라는 극단으로 대립이 첨예화되며, 결코 하나의 동일한 영혼 속에서는 공존하지 못하는 모순을 벗어나지 못하게 된다. 이런 맥락에서 권력적 인간형에게는 결코 극복하지 못하는 삶의 딜레마에 시달린다. 왜냐하면 ― 슈프랑어에 의하면 ― 인간은 본질적으로 육체, 정신 그리고 영혼의 영역 속에서 살고 있기 때문이다.

순수한 정치가는 자기 강조와 자기 성취의 인간이다. 실제로 지배하려는 자는 헌신할 수 없으며, 자신을 단념할 수 없다. 물론 순수한 정치가들에게도 지배하는 가운데에서도 인간적인 관계 이를테면 사랑의 개념도 함께할 수 있다. 그러나 이들의 사랑에 있어서 최고의 힘은 항상 집단권력으로 나타난다. 물론 집단권력에 있어서도 사회적 결속은 존재한다. 즉, 이들 정치가들은 인격적 소지자의 역할과 집단권력의 집행자의 역할을 수행하면서 결국 공동체 정신을 수용하고자 한다. 이를 위해 정치가라는 권력적 인간형은 심지어 동료를 지배하기도 하고 반대로 동료를 위해서 헌신적 행위를 하기도 한다. 이에 반해 사회적으로 기초된 권력의 소유자는 진정한 지도자라고 할 수 있으며, 그는 지배하는 동안이라도 만인에게 행복을 주려고 한다.

여기서 권력적 인간형에게는 사회적 동기와 정치적 동기는 거의 구분되기 어려울 정도로 밀접하게 얽혀있다는 사실이 지적될 필요가 있다. 그러나 어떤 면에서 볼 때 권력적 인간형은 사회적 인간형의 반대가 된다. 권력의 영역이 종교적 행동으로 옮겨진다면, 모든 삶은 힘의 관계와 의지행위의 관점 하에 나타난다. 왜냐하면 사회적 인간형으로서의 권력자들도 타인의 '승인'을 구하기 때문이다. 이들은 자신들이 이끌어가는 타인들과의 공동체와의 일체감을 통하여 타인에게서 승인을 받으려고 한다. 권력적 인간형에게 공동체는 지배공동체이다. 따라서 사회적 인간형에게 상대방은 타인이지만, 권력적 인간형에게 상대방은 피지배인이 된다. 마지막으로 권력적 인간형은 자기의 운명적 구속감을 상징화함으로써 자기의 종교의식을 표현한다. 즉, 권력적 인간형은 정치적 통치자 내지 지배자로서 자신을 신의 심부름꾼으로 간주한다. 그는 자기의 힘을 최고의 절대자로부터 받은 세습사용권(봉토)으로 여긴다. 그러나 민족지도수단으로서의 종교는 더 이상 순수종교가 아니고 정치적 기구이다.

한편, 정치적 유형의 동기화형식은 타자를 능가하려는 의지이다. 왜냐하면 정치는 기회를 이용하고 기회를 창조하려는 기술이기 때문이다. 소위 국가이성은 보편타당성의 원천으로서 숭상되는 이성과는 다르다. 또한 권력적 인간형의 현상형식은 집단적 힘과 법적으로 보장된 요구사항으로 나타나기도 한다. 이러한 관점에서 지배자와 피지배자, 자유인과 구속인이 존재한다. 이들 중에는 힘과 타당성이 이들에게 중심적 삶의 문제를 나타내주는 인간들이 나타난다. 반면 힘의 인간들에 의지해서 사는 인간들도 존재한다. 즉, 권력자들에게는 항상 추종자들이 따라 다니게 마련이다. 따라서 힘의 유형의 형식들에서는 힘의 관계와 구속관계가 자연스럽다. 심지어 이들에게는 순수 물리적으로(연령) 태어난 힘도 작용하고, 순수하게 정신적 (문화적)으로 매개된 힘도 작용한다. 여기에 관습적이고 인습적인 힘도 작용한다.

이러한 힘의 역학 관계 속에서 권력적 인간형은 자신만의 탁월한 지식력 (정보력)을 통하여 남을 지배하고자 한다. 이는 지적 권위를 내세우는 지배유형이다. 이는 의도적 권위로 작용한다. 두 번째로 권력적 인간형은 인격적 권위로 지배하려 한다. 이를테면 카리스마를 가진 지배자의 유형이 이에 해당된다. 그만이 가진 개성과 인성 그리고 특성 등으로 그는 상대를 지배하고자 한다. 이는 종종 미적 귀족주의 내지 도야귀족주의와 관련된다. 또한 권력적 인간형은 부富에 의해 가치를 통하여 지배하고자 한다. 이러한 유형을 우리는 금권정치가라고 한다. 마지막으로 종교적 수단에 의해 지배하려는 자는 성직자 정치와 신권정치의 보편적 유형이라고 할 수 있다.

그러나 세상에는 힘에 대한 증오의 형식도 얼마든지 존재한다. 순수 과학자, 예술가, 종교인 등은 권력적 사회관계를 포기한다. 순수 사회적 인간형역시 정치적 인간형과 맞선다. 또한 환멸적인 힘의 추구에 대해서 적극적으로 저항하는 인간들도 많다. 이들은 '평등' 내지 '형평성'을 주장하는 소위광신적 평등주의자들이다. 즉, 그는 지배자의 권위에 대항하기 위해서 인간의 본질적인 평등을 주장한다. 세상에는 세상과 단절된 엄청난 고립감 속에서 자신의 위대함을 느끼는 체념적 권력인 역시 존재한다. 그런데 이러한유형들과 미적인 자아도취는 쉽게 결합된다. 이렇게 본다면, 권력에의 의지는 인간에게의 커다란 환멸로부터, 불만적 사랑의 동기에서, 넘치는 순수한정신력으로부터, 그리고 주어진 상황을 넘어서 황홀한 이상을 창조하는 미적 환상에서부터 생겨나기도 한다. 결국 니체가 주장하는 '힘에의 의지'는이렇게 보나 저렇게 보나 인간의 본질이고 본능에 해당된다.

(6) 종교적 인간형

우리 인간은 모두 저마다 어떤 '가치價値, value'를 가지고 있으며, 그 가치에 따라 생각하고 가치에 따라 행동한다. 반대로 자신의 가치대로 생각하고행동한다. 가치가 있는 방향으로 우리는 움직인다. 그런데 이러한 서로 다른가치 때문에 인간은 반드시 서로 대립한다. 가치관의 차이 때문에 우리는서로 다른 생각을 하고 서로 다른 행동을 하면서 서로 다른 삶을 살아간다.

그런데 우리 인간은 상호 대립적인 가치체험들과 다양한 가치 표상은 '규범'이라는 개념 속에서 하나의 통일된 가치로 보이기도 한다. 다만 규범 내지 규범적 가치는 집단에 강요에 의하여 강제적이고 인위적으로 만들어지기도 하고, 반대로 스스로 가치들이 서로 부딪히고 깎이면서, 즉 조정되면서형성되기도 한다. 이렇게 본다면, 가치는 천차만별로 다양하게 현상하지만규범적 성격이 내재한다고 할 수 있다. 슈프랑어는 가치의 규범적 성격은

'체험당위'가 아니고 오히려 '당위체험'의 영역으로 보았다. 왜냐하면 가치를 규범으로 체험하는 것이 아니고, 가치는 당위체험 속에서만 규범이 될 수 있기 때문이다. 따라서 가치는 사실 현실적인 것이 아니고, 당위체험 속에서만 알려진다. 즉, 의무적으로 가치를 체험하지 않으면 그것은 진정한 가치가 아닌 것이다. 다시 말하면, 가치를 체험하는 것을 당연시하는 순간 우리는 규범화될 수 있는 가치를 체험하는 것이다.

모든 객관적인 가치들은 특수한 체험성격으로 나타난다. 그러나 개인의 총본질과 총행위에 규범적으로 관련되는 것만이 최고의 가치이다. 또한 개인생활의 총의미와 규범체험의 관련 속에는 윤리적 종교성이 자리잡고 있다. 여기서 최고의 체험가치는 내적 영혼의 산물이기도 하다. 그러나 영혼에 맞서 있는 것, 즉 세계와 운명이 그의 체험 속으로 작용하기 때문에, 삶의 가치는 세계(속세)의 의미에 구속된다. 따라서 인간의 가치적 삶 속에서 영원한 가치본질이 나타날 때, 그것은 계시적 성격을 띤다고 할 수 있다. 이런 의미에서 가체체험은 종교적 개념이다.

칸트는 신神, Gott은 어떤 이론적인 개념이 아니고 종교적으로 체험하는 영혼의 객관적인 상관개념으로 보았다. 즉, 신은 최고 인격적 가치체험의 대상으로 생각되는 객관적 원리이다. 진정한 가치는 사회적 구속에서 나오는 것이 아니고, 사회공동체에 의해 전수되고 만들어지는 가치내용에서 나온다. 따라서 신의 개념은 체험된 궁극적 가치의 내용 속에 근거한다. 여기서 – 슈프랑어에 의하면 – 중요한 체험의 방식은 '영혼보호'라고 할 수 있다. 이러한 맥락에서 슈프랑어는 소크라테스의 '영혼염려'의 개념을 차용한다.

"어느 누구도 신Gott을 진정 외부세계에서 발견할 수는 없다. 신적인 것에 대한 동경은 항상 다각적인 반성과 성찰 속에서만 싹이 튼다. 이는 내성 Innerlichkeit 속에 있는 창조성을 조명하게 한다. (결국) 모든 우리의 운명은 영혼 (즉 가장 깊은 내성), 오로지 영혼 속에서만 그의 비중을 가지고 있다."(Spranger, 1958: 248)

종교적 유형에는 세 가지 현상형식이 존재한다. 즉, 이는 일회적 삶의 총 가치에 긍정적이거나 아니면 부정적 또 아니면 혼합적으로 관련된다. 우선 절대적 삶의 긍정적 종교는 내재적 신비주의이다. 왜냐하면 그것은 삶의 모든 긍정적 가치들 속에서 신성의 싹을 발견하기 때문이다. 그것은 최고의 총가치를 위해 모든 영역을 무한대까지 완성하려 한다. 그러나 한 방향에서 무한까지 전진하려는 제약된 신의 추구자는 삶의 의미를 파악할 수 없다. 예를 들어, 이론가는 궁극적으로 그의 실제적 가치 회피로부터, 미학자는 단순한 환상비상의 한계, 즉 유포리(죽음 직전의 쾌락감) 앞에서 좌절한다. 두 번째로 삶에 긍정적인 신비주의의 반대는 초월적 신비주의이다. 그는 최고의 가치를 극도의 세계(속세)부정의 과정에서 발견된다. 따라서 그는 자기의 휴식처는 애초부터 '천국'이다. 그는 모든 개별영역의 의미를 완전히 죽임으로써 초감각적인 것das Ubersinnliche을 준비한다. 그러나 종교는 위의 두 개의 극단에서 나타나는 일이 거의 없다. 실제로 종교는 두 개의 근본 형식으로 혼합되어 있는데, 이것이 바로 종교의 이중적 성격이다.

종교적 인간형과 다음과 같은 점에서 타 영역과의 경계를 가지고 있다.

① 종교인은 인식의 결과(지식)에서 완전히 피해갈 수 없다. 그러나 지적인 도식은 전체의 가치에 대해 아무것도 모른다. 전체적 가치는 개인의 모든 가치 존중에 의해 인식되는 최고의 것으로 경험되는 가치타당성에 대한 믿음이다. 따라서 지식과 종교의 한계를 긋는 것은 불가능하지만, 근원적인 종교적 유형에 있어서 지식을 종교에 편입시킬 수 있는 세 가지 가능성은 존재한다.

첫째, 우리는 알 수 없기 때문에 믿어야 한다. 중세 교부철학자 아우구스투스에 의하면, 알려면 믿어라.

둘째, 인식과 신앙 간의 숙명적 일치는 지양되어야 한다. 왜냐하면 종교적 확증은 가치확증과 가치요구에서 인식되고, 인식의 확증은 논리적이고 감각적인 명증만을 인식하기 때문이다. 그러나 이러한 유형에 속하는 현대인은 인식의 가치를 어느 정도 견지하려는, 즉 그것의 결과를 종교적 구원의 새로운 원천으로 인정하려는 방법을 추구한다.

셋째, 인식과 종교의식 간을 조정하는 체험은 영혼과 보편타당성의 원리인 '라치오Ratio'의 개념과 일치된다. 라치오의 개념에는 종교적 계기가 내포되어 있다. 그러나 그것이 유한과 무한 사이에 놓은 다리는 너무 좁아서 그것이 특수한 종교인식에 만족되지는 않는다. 즉, 합리적 오성이 가지는 논리의 불충분석은 모순률 속에 있다. 모순은 과학적 사유의 필연적 제약조건이다. 그러나 이것은 사실에 어떤 정보도 제공치 못한다. 왜냐하면 논리와 비논리 또는 궤변은 상황의 변화에 따라서 구분되기 어렵기 때문이다. 이것은 인간 인식의 유한성의 문제에 해당된다고 할 수 있다. 반면, 종교적 논리학은 무한으로부터 시작한다. 따라서 인간에게 가능한 오성인식과 사변적 인식의 완전한 조화는 불가능하다. 즉, 인식이론 역시 궁극적으로는 종교적 근본입장에 종속된다고 할 수 있다. 따라서 슈프랑어에 의하면, 인식과 지식을 근간으로 하는 모든 순수과학에도 종교적 토대는 이미 존재한다고 할 수 있다.

② 경제적 차원의 노동은 신의 소명Beruf, calling으로서, 삶의 보존재들은 신의 은물恩物, Gabe로서 발견된다. 즉, 지상의 재물들은 어떤 완전한 해결능력을 가지고 있지 않다. 따라서 신에게 완전한 결과를 요구하는 경제행동의 형식이 나타날 수 있다. 예로부터 제물은 일종의 신과의 거래관계를 의미하였다. 이러한 경우 우리의 일상사에서는 종교적인 것과 경제적인 것의 구별이 명확하지 않다. 보다 정확히 말하면 제물을 드리는 것이 종교적인지 아니면 경제적인지 그의 동기動機가 불분명하다. 특히 노동의 영역에서 종교적 작용은 중요한데, 그 이유는 세속적 노동이 탈脫영혼의 과정에서 신성한 총가치로 가는 길을 차단하기 때문이다. 즉, 신의 소명으로서의 일과 노동의 개념이 세속적으로 퇴색되면서 노동의 영혼성은 신성으로부터 멀어진다. 실제로 직업의 종교적 가치의 등급화는 동양의 카스트제도에서 분명히 드러난다. 그러나 오늘날 세속적으로 직업관에서 볼 때는 직업의 귀천만 남는다.

③ 예술작품은 삶의 단면만을 나타내지만, 종교적 체험은 개인을 무한과의 관련에서 본다. 예술의 두 번째 한계로 예술은 상상의 대상을 창조한다. 예술가는 세계 중심체험이 아닌 영혼의 반사만을 가지고 있다. 개별적 체험 자체, 즉 단순한 환상 향유에는 항상 궁극적인 것이 결여된다. 따라서 가장 깊은 자연 향유에서도 항상 불만족하고 풀 수 없는 것이 존재한다. 즉, 종교

적 동경이 그것이다. 셋째로 미적인 선택은 삶의 자유로운 무규정적 선택인데, 윤리적-종교적 성격의 선택은 절대적 선택이다. 즉, 우리가 윤리적·절대적으로 선택하지 않으면 우리는 그 순간만 선택하고 다음 순간에는 다른 것을 선택한다. 따라서 신은 침묵하는 내성 속에서만 발견된다.

④ 사랑은 종교적 가치와 가장 밀접하다. 모든 특수한 내용에서는 자유로운 사랑의 형식 속에, 즉 타영혼의 가치가능성으로의 가치긍정적 유형 속에 종교적 계기가 들어 있다. 그러나 사랑에는 항상 고통에 찬 개인화, 즉 자기만족에의 추구가 남아 있다. 반면, 종교인은 삶의 이런 측면에서 분리되고 '신에 대한 사랑' 속에서만 만족을 찾는다. 종교적 사랑은 본질상 '종교적 영혼염려'이다, 그것은 종교적으로 살아있는 것의 공동체를 만든다.

⑤ 국가의 본질은 법의 형식으로 힘이 되고, 힘의 덕분으로 법을 사용한다. 그러나 힘의 추구와 종교성의 이중적 관계는, 종교적으로 체험하는 인간에게 법적으로 조직된 집단의 힘으로서의 국가는 최고의 것이 될 수 없다는 데에 있다. 왜냐하면 국가는 영혼 및 정신을 지배하지 못하기 때문이다.

한편, 삶의 긍정, 부정, 이중적 평가는 일종의 종교적 동기화 형식을 나타낸다. 즉, 인간이 종교를 믿게 되는 이유는 위의 세 가지 때문이다. 이렇게 본다면, 인간의 삶은 종교적이다. 왜냐하면 삶을 긍정하든 부정하든 아니면 긍정도 하고 부정도 하든 결국 인간의 삶은 종교적 차원에서 벗어날 수 없다. 첫째의 것은 '은밀한 행동 속에 있는 선한 인간은 바른 길을 알고 있다'는 감정, 즉 신의 자비에서 기인한다. 두 번째의 것은 제한된 삶의 가치들에 대한 불신임에서 시작한다. 종교적 차원에서는 고행苦行이 근본동기가 된다. 셋째 경우는 그것이 영혼의 어두운 부분이냐 아니면 밝은 부분이냐 하는 심사숙고하는 것으로부터 나타난다. 여기서 모든 삶의 영역의 일회적이고 특수한 에토스가 일치한다. 달리 말하면, 전체로서의 윤리성(총규범)이 항상 종교적 의미에 관련되어 나타난다. 형이상학적으로 말하면, 윤리는 개별본질과 그에게 접근하는 세계의미와의 조화이다. 종교적 상징으로 말한다면, 그것은 신 앞에서의 안락함 또는 신과의 닮음을 말한다. 그러나 특수 종교적으로 지향된 에토스가 나타난다면, 그것은 궁극적인 목표를 '구원救援' 속에 두고 있다. 이때 인간은 신을 향한 개방성, 즉 그릇을 순수하게 보존하면서 신의 은총을 받기를 기다릴 뿐이다.

만약 개인에게 은밀한 부분, 즉 비밀이 존재하지 않는다는, 존재하지 않을 것이다. 가장 고립적인 것과 가장 포괄적인 것이 마치 주관과 객관처럼 종교 속에 대치해 있다. 모든 인간은 세계 의미를 완전히 자기의 고유한 방식으로 경험하고 자기의 특수한 신을 갖는다. 인간은 사변적 탐구욕 때문에, 또는 미적 환상과 욕심 때문에 또 현실적 삶으로의 무모한 몰두, 즉 경제적 이기심 때문에 '무신론적'으로 되기도 한다. 그러나 이질적 종교 내지 이단異端 때문에 오히려 무신론적일 수도 있다. 이를테면, 슈프랑어에 의하면 니체의 무신론은 충동의 종교와 자만적인 인간성만을 추구한다. 그러나 무신론이 곧 무종교를 의미하는 것은 아니다. 왜냐하면 신의 상징은 반드시 종교적 현상에만 속하지 않기 때문이며 모든 인간의 삶에 내재하고 있기 때문이다. 순수한 무신론 속에도 어떤 믿음은 존재한다. 이럴 경우는 최소한 모든 다른 신들을 극복하고 자기의 절대적인 내적인 신에 대한 믿음을 가지고 있다고 할 수 있다.

그러나 유일신은 마귀에게 몸을 맡기는 자를 경계하게 한다. 그런데 유일신 사상에서 경계하는 마귀의 본질은 가치무관심이라기 보다는 오히려 가치전도價値轉倒라고 해야 한다. 이를테면 마귀도 그에게는 믿는 신일 수 있다. 즉, 누군가가 가치가 존재치 않는다고 말한다면, 그때 비로소 무종교가 그의 본질의 전구조를 포괄할 것이다. 그러나 세상에 그러한 인간은 존재하지 않는다. 왜냐하면 인간은 유한자이기 때문에 무한을 동경하는 한 누군가를 믿고자 한다. 이를테면 소크라테스는 자기 영혼의 목소리인 다이모니온 Dimonion이라는 마귀를 믿는다는 이유로 처형당했다. 아폴론이라는 유일신 대신 자기만의 신인 다이몬을 믿는다고 했기 때문에 유일신 사상에 벗어난 셈이다. 유일신 사상은 이단 논쟁을 할 때 마귀를 이단논쟁이 발생하는 근원으로 여긴다. 따라서 우리 인간의 삶에서 가치자체는 결코 눈으로 파악되지는 않으나, 항상 현실의 사실, 결과 또는 인격을 통해서 알려진다. 왜냐하면 가치들 자체는 늘 움직임 속에 있기 때문이다. 달리 말하면, 움직이지 않으면 그것이 가치인지 모르지만 움직이는 순간 우리는 가치가 동動한다. 우리는 반드시 가치가 있는 쪽으로 움직인다. 움직이는 쪽에 가치가 있는 것이다. 그러나 움직이지 않으면 가치는 없는 것이고 가치가 없으면 그쪽으로 움직이지 않는다. 인간은 살아 움직이는 존재이다. 인간이 움직이는 한, 가치는 이미 작용하고 있는 것이다. 반대로 움직이지 않으면 가치가 없는 것이다. 그렇다면 만약 최고의 유일한 가치가 존재한다면, 인간은 그곳을 향해 움직일 것이다. 우리는 가치가 있는 곳으로 움직인다. 우리의 가치가 다양한 이상, 움직이는 방향은 모두 다를 것이다. 그러나 만약 우리 인간을 한 곳으로 움직이게 할 수 있는 가치가 있다면 그 가치는 규범적 가치가 될 것이다. 그러한 가치가 바로 종교적 가치인 것이다. 종교적 인간형은 종교가 제시하는 가치기준에 따라서 인간이 규범적으로 움직이게 할 것이다.

6) 삶의 복잡성

(1) 삶의 윤리성

윤리의 기본현상은 우선 다양하면서도 제한적인 본질로부터 나타난다.

첫째, 특정 윤리체험의 발생지점은 '갈등Konflikt'이다. 즉, 갈등은 윤리적 삶의 맥락 속의 특수현상이 아니고 윤리체험의 전제조건이다.

둘째, 윤리적인 것은 객관(객관적으로 타당한) 가치들의 비교에 기인한다.

셋째, 주관적 가치와 객관적 가치들은 규범적 평가법칙으로 소급된다(당위체험).

결국 가치갈등이 나타날 때 이를 조정하고 극복하려는 가운데에서 보다 높은 가치라고 표현되는 규범적 성격에 윤리적인 것이 현상한다. 따라서 객관적 가치는 가치의 규범적 성격에 의해서 확실히 의식된다고 할 수 있다.

한편, 모든 개별가치군 안에서 주관적 가치와 객관적 가치는 구별된다. 예를 들어, 특정한 경제적 가치체험은 객관적 경제 가치와 일치하지 않는다. 왜냐하면 규범에 맞는 가치와 규범에 어긋나는 가치가 가치군 내부에는 함께 존재하기 때문이다. 의식의 현장에서 사념과 행동에 영향을 주는 주관적 가치체험들이 충돌한다면, 보다 높게 체험되는 가치의 방향 속에서 주관의 결정이 스스로 내려질 수 있다. 이때 주관적 결정은 일련의 규범적 차원에서 이루어진 결정이다. 따라서 가치갈등 속에 '규범적 법칙normative Gesetzlichkeit'

이 지배한다고 할 수 있다. 다시 말해서 구체적 윤리적 규범은 계속 '투쟁'되어야 하는 것이지 어떠한 정해진 체계에서 연역되는 것이 아니다.[64]

> "슈프랑어는 모든 사람들이 새로운 도덕적 가치평가가 사회 또는 일반의식에 의해 수용되기 전에 어떠한 상황 하에서도 오랜 투쟁 후에야 비로소 양심 속에서 사회의 구성원에 의해 완전히 투쟁되어져 왔다는 입장을 발전시켰다."(Meyer, 1982: 50)

양심은 투쟁적이다. 왜냐하면 양심은 항상 갈등관계 속에 들어있기 때문이다. 사실 양심이 무엇인지, 그리고 실제로 인간에게 그것이 있는지 없는지도 모른다. 그러나 우리가 '양심의 가책', '양심이 있냐', '양심적으로 하라' 같은 말들을 거론하는 것을 보면 우리 인간의 삶에서 양심은 존재하는 것이다. 즉, 양심갈등Gewissenkonflikt 속에서 우리는 방황하기도 한다. 그런데 슈프랑어에 의하면 인간은 양심갈등 속에서 자신의 형이상학적 자아와 만난다(Meyer, 1983: 59).

> "양심의 갈등은 보다 높은 자아가 위험에 빠져 있거나 아니면 보다 높은 자아가 되기 위해서는 위험하다는 사실을 알려준다. 동일한 의도는 다음과 같은 표현방식을 가지고 있다. 너 자신에 대한 경애가 중요하다. 보다 높은 자아 앞에서는 너 속에 존재하는 영원한 것이 중요하다"(Meyer, 1983: 60)

따라서 그것의 내용은 개별가치군의 내부에 지배하는 법칙에 의해 규정되지 않고, 여러 상이한 (부분적으로는 모순적인) 높은 가치방향들의 특수한 종합 과정을 필요로 한다. 이런 개인의식을 지배하는 규범법칙이 바로 삶의 가치법칙이다. 또한 윤리적인 것Das Sittliche은 가치있는 내면을 결정하는 세계법칙이기도 하다. 즉, 어떤 하나의 행위가 보편타당한 법칙으로 되기 때문에, 윤리적으로 가치있는 것이 아니고, 그 행위가 윤리적으로 가치있기

---

[64] "슈프랑어의 삶과 그의 창조는 단순한 유용성에 대한 지속적인 투쟁이며, 실증주의와 상대주의에 대한 전쟁 그리고 인간을 불우하게 한 계몽의 지적 일면성에 대한 방어이다."(Louvaris, 1964: 49)

때문에 보편적 법칙으로 나타날 수 있는 것이다.

칸트는 윤리적인 것의 결정적 기준은, 객관적으로 가장 높은 가치방향에서 갈등하는 본능을 능가하는 당위체험Sollenerleben 속에 존재한다고 주장한다. 그에 의하면, 당위란 윤리적인 것의 의지표현이다. 즉, 규범은 가치들을 창조하지는 않지만, 체험의식 속에서 가치의 작용을 조절하고 통제한다. 왜냐하면 규범은 특정한 역할을 수행하는 사람들에게 기대되는 행위를 규정해 주고 있기 때문이다. 결국 윤리의 보편적 본질은 이전의 가치영역을 초월하는 삶의 내용을 나타내는 것이 아니고, 개인에게 '최고의 가치'를 주는 것의 관점에서 이러한 가치들을 조절하고 규제하는 것이다. 그것은 인간이 그것에 지향할 때 인간의 본질 속에서 완성되고 동시에 최고 객관적인 가치로 가는 개인의 방향을 제시하는 것이기도 하다.

한편, 윤리적인 것 일반은 또 다른 삶의 영역을 나타내는 것이 아니고, 단지 모든 영역에 유효할 수도 있고 그렇지 않을 수도 있는 '삶의 형식Lebensformen, Forms of life'이다. 즉, 윤리적인 것 자체는 어떤 세계관이 아니다. 그것은 단지 다음과 같이 개인의 내적 소질로서 그로부터 나타나는 행위의 가치에 관계할 뿐이다.

① '경제적 삶의 형식'에는 공리주의의 윤리체계가 해당된다. 소크라테스에게 가치의 문제는 곧 윤리의 문제였다. 그런데 그의 윤리적 가치개념은 테크네Technē에서 유래된다. 따라서 그의 윤리학은 공리주의의 차원이었다고 할 수 있다. 즉, 그에게는 복리와 도덕이 동일한 개념이었다. 인간이 자신을 위해 타자의 유용성을 고려한다면, '집단적 공리주의'가 나타난다. 집단적 공리주의에서 중요한 역할을 하는 것은 양심Gewissen이다.[65] 여기서 양심은 공동체 속에서 무의식으로 전승되는 사회본능의 합목적성이라고 할 수 있다. 왜냐하면 ─ 슈프랑어에 의하면 ─ 개인적 양심은 도덕의 고유한 원천이기 때문이다(Meyer, 1982: 51).

---

[65] "슈프랑어의 교육과 도야이론에서 무엇보다도 양심은 중심적 의미를 가지는데, 우리는 당연히 그의 교육학을 자유와 양심의 교육학이라고 부른다."(Eisermann, Meyer, Röhrs, 1983: 8)

"개인적 양심은 집단 도덕의 산물이나 반성이 아니다. 그 반대가 옳다, 도덕 자체는 그의 마지막 원천을 원래 인간에게서 우러나오며 사회로부터 중재되지 않는 윤리의식 안에 가지고 있다. 정련된 양심이 모든 가치설정이 나오는 원천이며 그로부터 도덕은 모든 시대를 걸쳐 그의 정화와 높은 도야를 위한 중요한 충동을 수용하여 왔다."(Meyer, 1982: 51)

사실 공리주의에서 타당성의 계기와 평가의 기준은 '유용성utility'에 의해 규정된다.

"칸트에 의해 완성된 근대 이성과 그 근대 이성에 기초한 근대윤리학의 또 다른 흐름은 목적론적 윤리설 또는 공리주의 윤리설이다. 아리스토텔레스의 궁극적 목적으로서의 행복 개념에 기초를 둔 이 윤리적인 흐름은 에피쿠로스학파에 와서 쾌락이라는 개념적 토대를 마련하고, 공식적으로 벤담에 와서 공리주의로 정착한다. 벤담J. Bentham은 원초적인 계약이라는 명제를 거부하면서 법에 대한 복종의 근원을 유용성의 원리에 두어야 한다고 주장한다. '인간의 본성은 쾌락과 고통이라는 두 주인의 지배 하에 놓여 있다'라는 어구로 시작되는 그의 공리주의에 관한 주요 저서에는 개인 이외의 공동체란 허구적 실체에 불과하고, 따라서 윤리의 기본원칙은 개인의 쾌락과 고통에 기초한 유용성의 원리일 수밖에 없다고 하는 강한 주장이 나온다. 쾌락의 양에 치중하는 유용성의 원리를 제시하고 있는 벤담을 부분적으로 비판하면서 질적 공리주의라는 비교적 완성된 형태의 목적론적 윤리설을 보여주는 것은 밀J. S. Mill이다. 그는 자신의 논문 '공리주의'에서 칸트의 선험적 형이상학에 기초한 형식주의적 윤리학을 비판하면서 '최대 행복의 원리'를 그 대안으로 내세운다. 이 원리의 기초는 역시 유용성Utility의 원리인데, 벤담의 경우와 다른 것은 쾌락의 양적인 측면뿐만 아니라 질적인 측면도 고려했다는 점이다. 밀의 공리주의는 자신의 책에서 밝히고 있는 바와 같이 사회적 도덕성의 기본원리로도 유용성의 원리를 제시한다.... 결국 밀에게 있어서 개인윤리와 사회윤리는 하나인 셈이다. 이러한 개인윤리적인 회귀는 벤담의 경우와 다를 바가 없는데, 그 이후에 윤리학적 논의에서도 이러한 환원 내지 회귀가 많이 발견된다. 어찌 되었건 밀에 이르러서 목적론적 윤리설이 완성된 모습을 보여주게 되며, 이 완성은 이후의 영·미 윤리학계를 지배하는 패러다임의 위치를 확보하게 해준다.

동시에 사회적 도덕성의 기본원리가 되면서 사회는 유용성의 원리에 의해 움직여야 한다는 공리주의적 사회윤리를 형성하는 기반이 마련된다."(박병기 편저, 1994: 31)

그러나 슈프랑어는 공리주의적 윤리가 반드시 인간사적 차원에서의 도덕적인 것은 아니라고 강변한다. 왜냐하면 유용성, 즉 경제적 가치는 일정한 범위 내에서 특정한 목적을 위해 절실한 가치이지만 인간의 삶에서 최고의 가치는 아니기 때문인데, 특히 공리주의적 윤리성은 슈프랑어의 주관심사인 '양심Gewissen'의 문제와는 별개의 영역이기 때문이다.

② '이론적 삶의 형식'에는 진리의 윤리가 아닌 보편적 법칙의 윤리가 해당된다. 여기서는 행동의 규율이 윤리적 가치 때문에 일어난다. 즉, 물체의 특수질량이 다르다 해도 지구상에서는 어디서도 중력법칙이 동일하다. 그러나 인식이론 속의 보편적 인과원리는 물리학에서 해결되지 않듯, 그러한 윤리적 형식, 즉 논리만 주는 윤리의 형이상학으로는 윤리의 문제가 해결되지 않는다. 오히려 어떤 가치 내용이 행위의 보편적 원리로 되어야 하는가 하는 것이 중요하다. 법칙성, 합리성, 세계의 지속에서의 인격의 동일성은 윤리학에 속하지만 단지 일부일 뿐이다. 중요한 것은 우리의 인식행위를 규제하는, 즉 인식하고자 하는 의지를 조정하는 최고의 가치가 '규범'으로서 이미 존재한다는 사실이다.

③ 미적 유형에는 내적 형식의 윤리학이 해당된다. 그것의 본질은 체험의 개체성과 보편성으로부터 전체성(내적 전체)으로의 결합이다. 내적 만족과 조화, 카로카가티Kalokagathie, 올바른 중용(아리스토텔레스), 형식과 질료의 미적 조화 내지 이성과 감성의 조화를 추구하는 것이 진정한 윤리의 원리이다. 그러나 그것도 다른 것들 없이는 실행될 수 없다. 즉, 구체적 삶의 형식으로서의 개인과 윤리적 원리의 보편타당성 간에 바람직한 조정이 이루어져야 한다. 그렇지 않으면 미적 충동의 위험한 도덕으로 남는다. 결국 미적 삶의 형식은 위험성을 내포하고 있지만, 삶의 최고 가치인 규범의 작용으로 인하여 숭고한 미적 가치를 유지하게 된다.

④'윤리倫理'는 인간이 고립해 살면 금방 사라져 버릴 사회적 공동생활의

산물이다. 왜냐하면 사회가 지니고 있는 문화적 전통과 그리고 이에 따라서 인간은 윤리적 규범들을 사회화의 과정을 통해 습득하고 내면화하기 때문이다.

> "문화는 사회의 집합적 자산이지만 구성원 각 개인의 개별적인 행동에도 큰 의미를 갖는다. 왜냐하면 문화는 사회구성원의 행동 기초가 되고 또 그 행동에 의미를 부여해 주는 것이기 때문이다. 일반적으로 사회성원이 집합적으로 공유하고 있는 문화는 개인이 성장과정에서 학습과 모방을 통해 이를 내면화하는데 사회과학에서는 이를 사회화socialization 과정으로 설명한다. 사회화는 사회의 구성원이 그 사회의 지배적인 가치체계나 행동양식 ― 주요한 문화적 요소 ― 을 습득해 감으로써 완전한 사회적 성인이 되어가는 과정을 말한다."(김승현 외, 1997: 304))

이렇게 본다면, 유아론唯我論은 완전히 비도덕주의라고 할 수 있다. 또한 이런 맥락에서 동포애와 도덕이 거의 동일시된다는 사실은 기독교의 윤리적 기본입장과도 관련된다. 주지하는 대로 우리 인간에게 사랑과 믿음(충성, 신뢰)은 사회적 인간유형에 속한다. 그런데 진정한 윤리의 원리 역시 그 안에 있다. 타 영혼의 가치 가능성에로의 몰두는 모든 생명의 성스러움에 대한 믿음으로 인해서만 가능하다. 그런데 이러한 믿음은 다분히 종교적이다. 그러나 타자를 위해 하나가 희생되는 세계는 지양止揚되어야 한다. 왜냐하면 모두가 사랑을 위해 자신을 부정하고 내던진다면 삶과 문화는 근절되기 때문이다.

한편, 문화의 원현상은 실재로 꾸준한 의미가 내습되어 있는 주관-객관 관련의 영원한 회귀적 기본형식이다. 즉, 문화는 초개인적인 형상이긴 하지만 동시에 주관적Intraindividuelle 실존이다. 따라서 문화는 주관들에 의해 체험되고 이해되고 평가되고 사용된다. 이런 차원에서 문화는 실존實存한다고 할 수 있다. 왜냐하면 문화라는 객관을 체험하면서 우리는 문화인으로서 살아가기 때문이다. 결국 주관과 문화적 객관세계라는 의미로운 관련은 분명히 문화가 살아있는 장소가 된다. 또한 문화란 객관적 형상들이 주관들 속에서 실현될 수 있는 한 생동적이라고 할 수 있다. 정리하자면, 문화의 실존은 다음 세 방향 속에서의 관계 위에 기인한다.

첫째, 개인들과 의미적 사실 형상들 간의 주관-객관 관계 위에 기인한다.

둘째, 성숙한 문화보지자文化保持者, Kulturträger 간의 간주관적인 관계 위에 기인한다.

셋째, 각 개체의 세대 변화와 발달, 즉 가장 원시적 정신성에서 다소간의 문화충만된 상태 위에 기인한다.

만약 삶의 높은 의미를 촉진하고 풍부하게 하는 사랑이 중지된다면, 그것은 문화건설적인 사랑이 아니며 삶과 문화 일반을 부정하는 초월적 신비가의 '고행적 사랑'일 뿐이다. 그러나 이러한 사랑은 우리 인간의 보편적 삶을 대변하지는 못한다.

⑤ 아리스토텔레스의 의미에서 최고의 에너지, 즉 엔텔레키Entelechy는 윤리적 형식이다. 그는 이미 인간의 자기확장을 생물적인 것에서 정신적인 것으로의 성장으로 이해했다. 니체의 권력에의 의지 역시 윤리학의 순수형식이다. 그것은 정치적 인간의 일면적 유형에 일치한다. 그러나 모든 인간은 내적 자기지배(자율)로서 시작한다. 이것이 진정한 자유로서 인간의 본질이다. 즉, 그것은 최고의 미로 실행해야 하는 것으로의 자유, 즉 최고 상부의 객관적 가치법칙과 가장 고유한 자기 결정 하에 종속되는 윤리적 자유를 말한다. 그러나 사랑의 도덕과 자유의 도덕은 둘 다 단지 형식적 원리들일 뿐이다. 여기에 내용, 즉 최고 가치에의 전환은 다른 곳에서 주어져야 한다. 즉, 내용적 도덕은 인간에게 가능한 사랑과 자유의 영역도 초월한다. 왜냐하면 인간의 사랑과 자유는 내용적으로 하나로 합일되는 것은 아니기 때문이다.

⑥ 종교의 영역에서는 우선 두 형식, 즉 최고 삶의 확장의 윤리학과 최고 삶의 제약의 윤리학이 나타난다. '너는 해야 한다'와 '너는 해서는 안 된다'는 이러한 두 형식은 항상 서로 싸운다. 양자의 질료는 삶이다. 따라서 윤리의 내용은 어디서나 항상 종교적이다. 달리 말하면, 신의 존재는 논리적 사유가 아니라 도덕적 의지에 근거한다. 신은 인간의 윤리의식과 도덕적 권위의 진리를 확증하기 위해 요청되는 것이다. 윤리는 주관의 존재와 행위를

가치 원리의 관점에 따라 결정하는 반면, 윤리의 종교성은 세계 전체와 삶 전체를 모든 유효한 객관적 (나를 초월하는) 관련으로써 최고 규범적 가치로부터 조망한다. 왜냐하면 종교 역시 객관적 형태들 속에서 그의 침전물을 발견하기 때문이다. 결국 인간의 유한성으로부터 비로소 윤리적 관점이 생겨난다. 인간은 유한하기 때문에 어디론가 확장될 필요가 있다. 왜냐하면 한계를 극복함으로써 우리는 살아남을 확률이 높아지기 때문이다. 유한함을 인식하는 순간 우리는 보다 많은 지식을 쌓으려고 하고, 유한함을 느끼는 순간 무엇인가를 채우려고 한다. 그러나 인간은 스스로 무한으로 확장될 수 없기 때문에, 그는 객관적으로 가치에 맞는 의미 속으로 자신을 제한하고 만다. 그는 가능한 갈등 속에서 객관적으로 보다 높은 것을 추구한다. 첫째 경우의 윤리학이 제시적-확장적이며, 둘째 경우가 금지적-제한적 그러나 여과적-상승적이다.

결국 여러 가지 가치들을 체험하려는 인간은 그의 본질적 유한성에서 나오는 갈등 속에 존재한다. 실제 단순하고 복잡한 성격을 띤 이런 갈등 속에서 다른 방향이 대립하는 하나의 가치방향이 의무적 당위의 성격으로 나타난다면, 그 속에서 객관적으로 보다 높은 가치의 서열질서가 알려진다. 따라서 당위근거들은 가치들의 객관적 서열질서 속에서 찾아진다.

> "개별인간은 고립된 것으로 생각되어서는 안되며 역사적으로 형성된 사회적 도덕의 관련 속에서 사료되어야 하는데, 그 속에서 초개인적으로 법칙화된 당위Sollen의 형식이 나타난다."(Olkers, 1982: 254)

한편, 초개인적인 정신적-사회적 힘들의 실제성은 모든 개인을 초월하는 고유한 삶으로 전제된다. 즉, 초개인적인 관련은 개인들 속에 살아있고 영향 주고 그의 의미를 확장시킨다. 왜냐하면 개인적 삶은 즉자인데, 인식론적으로 보면 '자연'처럼 초월적이기 때문이다. 그러나 모든 자연행위는 이해될 수 없으며, 단지 개인의 체험 속에 떨어지는 것만 이해된다. 인간은 내부에 정신의 구성법칙을 가지고 있는데, 그 덕분에 변변치 않은 자료에 의존하여 인간은 자연을 인식한다. 따라서 객관정신, 즉 정신의 상호작용과 공동작용의 역사적-사회적 전체는 객관적 이미지의 의지가 실현되는 개인의식의 행위에 의해서만 파악된다.

그러나 인간이 이런 초개인적인 의미를 목표하는 동안, 즉 오래되고 역사적 과정 속에서 만들어진 객관적-정신적 법칙을 따를 때 개별 영혼 사이에서 초개인적인 것이 스스로 살아난다. 즉, 정신현상의 발화점은 사회질서속에 있지 않고 살아있는 개별영혼 속에 있으며, 그것은 이러한 개별영혼속에서 산출되고 이해되고 영혼이입되는 사실 내용과 의미 내용 속에 있다. 이때 초개인적-규범적 관점과 초개인적-집단적 관점이 결부된다. 즉, 인간에게는 영원한 정신법칙 뿐만 아니라 정신의 공동체가 살아있다.

여기서 집단도덕의 문제가 생긴다. 그러나 집단도덕은 그것의 일반적 가치판단과 규범에도 불구하고 사회구성원으로서의 개인에 지향된다. 즉, 많은 것이 개인에 의해 규범적으로 요구되는데, 그 이유는 그가 개별자가 아니고 사회구성원의 일원이기 때문이다. 바로 이 때문에 집단적 규범이 개인의식 속에서 어떻게 작용하는가 하는 것이 문제이다. 결국 새로운 도덕적 평가는 일단 인격적으로 관철되어야 한다. 그리고 슈프랑어는 사회구성원으로서의 개인의 양심이야말로 바로 이 싸움의 무대로 보고 있다. 사회학적으로 양심자체는 사회적 환경의 기능일 뿐이다. 그러나 양심은 공동사회의 규범에 부합되는 개인의 행동을 결정하는 재판정이라고 할 수 있다. 슈프랑어는 양심의 특징은 5가지로 설명한다.

> "첫 번째 특징: 양심은 항상 선과 악과 관련이 있다.... 두 번째 특징: 양심은 오로지 나 자신에 대하여 판단하고 오로지 나 자신을 동기화하도록 한다.... 세 번째 특징: 양심의 규제기능은 상황관련적이다.... 네 번째 특징: 양심 속에는 심리학적으로 보면 나-분열의 현상이 존재한다.... 다섯 번째 특징: 양심의 과정은 우리가 인식하는 내적 흔들림의 최고 등급에 영향을 미친다"(Meyer, 1983: 53-57)

결국 윤리적 가치판단과 규범의 원천은 개별의식Einzelbewusstsein 내지 개인이다. 왜냐하면 개인個人만이 양심을 가지고 있고 윤리적 의무를 체험하는 유일한 존재이기 때문이다. 따라서 모든 도덕적 가치결정의 발생은 자율自律, 즉 자기 자신 및 타자에 대한 의무에서 내려지는 개인의 양심결정 속에서 이루어진다.

> "모든 양심 속에는 그의 개인적이고 반복이 불가능한 갈등상황에 첨예화되는 새로운 양심요청을 듣고 인지하는 선험적인 소질이 존재한다. 또한 양심에는 일반적인 경험 속에 또는 유효한 도덕적인 세계관 속에 주어진 것과는 다른 원천이 유효하다. 이러한 관점에서 양심 자체는 윤리적 요청의 원천이며 생산기점이라는 사실이 필수적으로 수반된다."(Meyer, 1983: 61)

한편, 슈프랑어는 가치들의 서열질서도 완전히 주어지는 것이 아니고 역사적 정신과정 속에서 점진적으로 쟁취된다고 주장한다.

> "인간은 그의 가슴 속에 세계의 단계질서를 이미 가지고 있다. 그러한 단계영역의 확실성은 우리에게 새로운 별을 향해 승천하도록 한다. 윤리적인 선은 보다 높은 가치의 파악이며 절대적 가치원리의 실현을 추구하는 것이다. 따라서 우리는 그의 실존을 무시간성 속에서 체험하거나 아니면 우리는 영원성을 덧없음으로 들어가는 가운데에서 감지한다. 모든 절대적 가치원리는 선das Gute이며, 완전한 인간적인 발달은 플라톤에게서처럼 가치로 승화된다. 물론 이에 대한 추구는 무조건의 노력을 요구한다. 인간은 변형과 변형을 통하여 상승되면서 자신을 극복해야 하는데, 이는 덧없이 흘러가는 순간에 갇혀 있는 것이 아니라 그의 본질의 실현에 대한 동경, 즉 속세의 그의 정조를 점점 더 높게 형상화하는 것에 대한 동경에 의해 추동되면서 소진되고 다시 생성되어야 한다."(Louvaris, 1964: 44)

결국 이렇게 가치들의 서열질서가 부동적일 수도 연역될 수도 없다는 사실은 비장한 인격의 철학으로 이어진다. 즉, 그것은 개념적이고 개인적인 양심자체를 파악하는 것이 아니고, 객관적 정신생활과 규범정신의 실제화된 단계, 즉 정신법칙에 관여한다.

그러나 중요한 점은 그의 개별규범들이 단계적으로 쟁취되는 것이지 각자가 처음부터 보다 높은 단계를 위해 성숙되고 개방되지는 않는다는 사실이다. 모든 각자는 개인의 양심결정과 삶의 형태의 진지함과 더불어 상승된다. 즉, 순간 속에 영원이 존재한다. 양심 결정은 영혼의 중심을 내포하고 있다. 정상을 예견하는 자는 아직 정상에 있는 것이 아니다. 모두들 속에는 이러한 규범정신이 살아있고 작용한다. 그러나 그것은 남김없이 관철되는 것이 아니고 그곳에 진정한 것과 비진정한 것이, 보다 높은 것과 낮은 것이 서로 싸우는 객관정신의 역사적 형태까지만 도달한다.

> "보다 높은 자아는 신에 개방적이다. 우리는 슈프랑어의 내적 양심과정에 대한 해석이 아마도 칸트적인 자율성Autonomie과 특수한 신학적 해석 사이를 왔다갔다 한다는 사실을 언급해도 된다. 슈프랑어는 그의 말년 작품에서 '신의 이름을 가진 인간성theonome Humanitat'에 대해서 그리고 '신의 이름을 가진 자율성theonome Autonomie'에 대해서 수없이 거론한다. 이는 우리가 양심의 규제 속에서 우리의 내적으로 높은 자아를 통하여 스스로를 우리에게 이해시키려는 신 자신을 만난다는 사실 아니면 우리가 양심결정 속에서 산 앞에 선다는 사실을 의미한다. 그러한 공식화 속에서 양심에 대한 인본적이고 종교적인 해석 사이에 더 이상 구분될 수 없다. 인본적인 해석은 종교적인 것처럼 신의 실존에 대한 믿음을 전제한다."(Meyer, 1983: 62)

결국 슈프랑어는 모든 해석은 종교철학에서가 아니라 신과 인간의 사이에 실존하는 '인격철학'에서 합류한다고 생각한다. 그런데 인격의 발달은 객관적 문화를 통과하는 과정에서 조정되고 형성된다. 왜냐하면 인간은 − 신이 인간을 창조해 낸 것처럼 − (창조하는 신의 이름으로) 문화를 창조해 내고 문화에 구속되는 실존적 존재이기 때문이다. 달리 말하면, 인격은 도야Bildung를 통해 형성된다.

> "슈프랑어는 작용과 반작용, 즉 수용과 요청이라는 살아있는 상호작용 속에 있는 개인의 주관과 객관적 문화에 대해서 언급한다. 도야Bildung는 두

측면으로부터 이해될 수 있으며 이해되어야 한다. 인간의 문화의 본질적인 요소는 세대교체가 결합되는 것인데, 이는 생산과 사멸의 다음 세대로의 문화의 전달과 함께 자연관련 속에 근거한다. 개인은 주관적 문화 속으로 객관적 문화의 환원으로서 파악될 수 있는 인간의 문화의 교육적 성향에 대립해 있다."(Löffelholz, 1983: 233)

한편, 슈프랑어에게 개인의 지배적 가치방향(삶의 형식) 역시 인격형성에 결정적이다. 우선 여기서는 방법적인 특성 속에서 개인의 발전을 순수심리학적으로 해명해 보고 그다음 윤리적 관점을 부여해 본다. 이론적 인간형은 자기의 형성과정을 순수이론적 단계로 소급한다. 그는 모든 개인의 발전을 지적 필요성을 근거로 끌어낸다고 믿는다. 경제적 인간형은 자신의 발전을 새로운 삶의 상황을 지배하는 합목적적인 적응의 결과로 간주한다. 그에게 모든 삶은 영리한 기술공학의 일종이다. 미적 인간형은 자신을 유기적으로 성장된 것으로 본다. 즉, 그는 삶의 인상을 질료로써 내적으로 동화하고 그는 새로운 삶의 관계들을 추구하며 그럼으로써 그의 영혼을 이입시킨다. 사회적 인간형은 인간의 발전을 촉진적 사랑과 우정으로, 즉 주고받음의 깊은 영혼공동체로 소급한다. 정치적 인간형은 자기 자신을 자신의 작품으로 여기고 자유의 행위 결과로 간주한다. 마지막으로 종교적 인간형은 자기형성을 인도해 주는 신의 은총이나 신성을 위해 투쟁해 온 자기영혼의 세계극복적 힘을 느낀다.

그러나 인간의 정신적 형성은 단순하게 흐르는 과정이 아니다. 그것은 좁은 의미에서의 발전일 뿐만 아니라 동시에 윤리적 도야인 것이다. 규범적 힘은 윤리적 규범이 나타날 수 있는 형태, 즉 개인의 양심, 집단도덕, 그리고 이상적 가치체계로서의 가치방향을 속으로 뻗친다. 그러나 이 세 가지 모두 확장적이면서 동시에 제한적인 윤리로서 작용한다. 왜냐하면 이러한 정신적 힘들 사이에는 개인의 영혼이 숙영되어 있기 때문이다. 즉, 영혼 속에는 영혼이상의 그 무엇Mehr-als Seele이 살아있다. 그런데 이것이 없다면 개별영혼은 이해될 수도 파악될 수도 없다. 여기서 체험당위Erlebensollen와 당위체험 Sollenerleben 간의 긴장이 발생한다. 전자는 초개인적인 관점이며 이상적 가치체계 속에 존재한다. 왜냐하면 체험당위가 가능하기 위해서는 우리가 의무적으로 체험해야 하기 때문이다. 이러한 체험당위는 초개인적인 규범이 개인의식 속에서 실현되고 현실적인 힘으로서 작용할 때만 당위체험으로 된다. 왜냐하면 인간은 규범화하는 힘으로서 정신의 이상적 기본방향들(이데아)을 지니고 있기 때문이다.

그러나 개별존재는 초개인적인 특수한 실질적 형태와 단계로 성숙되지 않았거나 그의 모든 충동구조 속에서 높이 정화된 의미내용으로써만 성취되는 요청에 반드시 일치하는 것은 아니다. 왜냐하면 처음의 경우에는 의식적 마찰체험이 들어있지 않으며, 두 번째 경우에는 윤리적 삶의 보편적 특징인 마찰상황으로 되기 때문이다. 따라서 사회준비로서의 교육이 여기에 관여된다. 그러나 두 경우에 있어서 교육은 권위적 규범에 순종하게 하는 것이다. 그것은 집단도덕의 의미에서 교육되어야 할 뿐 아니라, 그를 넘어 이상적 가치체계의 의미 속에서, 즉 궁극적으로 종교적·윤리적 삶의 해석과 고전적 도야내용의 의미에서 교육되어야 한다. 따라서 집단적 및 이상적 힘 양자는 단순히 외부에서 작용할 수 없고, 오히려 모든 교육에서는 개인의 긍정적 가치결정의 중심으로까지 파고들어야 하고 동시에 권위적 당위가 자아의 심연에서 인정되고 따라서 이상으로 승화되는 당위로 되는 내부점을 방출하는 것이 중요하다. 즉, '자율적 당위'가 문제이다. 하르트만N. Hartman은 가치 안에서 체험되는 당위는 정언명령의 성질이 아니라고 보았다. 왜냐하면 그것은 낮은 것에서 높은 것으로 요청된 가치로서 비상을 수행하는 힘을 내포하는 일종의 자아이기 때문이다.

따라서 개인은 윤리적 삶의 전체 속에, 즉 규범(이상) 정신을 방향제시력으로 작용하게 하는 객관정신의 틀 속에 존재할 것이라는 전제가 세워진다. 그들은 보다 높은 가치를 위해 자신을 확장시키거나 제한한다. 인격을 인격이게 하는 것은 가치들이다. 그리고 인격은 행위이다. 이러한 행위는 자유 안에서 가치의 세계를 붙들고 인간을 그 궁극적인 가치에 있어서 인격人格으로 조성해 준다. 쉘러M. Scheler는 '인격은 존재하는 것이 아니라 가치들을 실현시킬 때 형성되는 것'이라고 했다. 따라서 개인의 이상은 다음 네 가지 방향에 의해 결정되고 진정한 사회적 가치의지의 요구 역시 내포된다.

첫째, 확장된 규범은 도야윤리이며, 도야는 영혼구조의 창조이다. 즉, 그것은 그들의 개인적 한계가 의식되는 인격 속에 근거한다. 거기에서 개인의 도야 노력이 생긴다. 인본주의 도야의 이상은 독자적 개성이다. 이러한 개성은 자결의 의미에서 비구속, 가치, 윤리에 대해 스스로 인격화된 목표인데, 한마디로 칸트, 피히테, 훔볼트에게서 그것은 인격Persönlichkeit이었다. 미성숙한 개성에서 성숙한 개성으로 형성되는 것이 개인의 의무체험Pflichterlebnis이다.

둘째, 그러나 도야는 자신에 대한 의무일 뿐만 아니라 사회적 의무이다. 사회적 도야이상과 개인적인 것 간의 싸움으로부터 인간이 개인적인 차원에서 완성할 수 있을 때 보다 더 강한 도야가 완성된다. 개인은 시대적 도야와 긍정적 또는 부정적으로 토론하기 때문에, 그는 개인의 이상 속으로 주변의 정신적 요청을 수용한다. 왜냐하면 도야는 반성과 성찰을 요구하기 때문이다. 즉, 도야하는 동안 개인은 자기 자신이라는 개인에 대해서 뿐만 아니라 사회에 대해서도 '반성과 성찰'을 함으로써 궁극적으로는 자신의 내적 성숙을 도모한다.

셋째. 개인은 원칙적으로 확장될 수 없다. 따라서 개인은 높은 가치를 위해서는 낮은 것을 버려야 한다. 채우려면 비워라. 이러한 사실에서 제한적인 규범이 추론된다. '어떤 것이 되려면 포기하라.' 왜냐하면 우리는 모든 것이 될 수 없기 때문이다. 위대한 사건에서뿐만 아니라 일상생활에서도 우리는 삶을 얻기 위해 포기하는 법을 먼저 배워야 한다. 성숙을 위해 미성숙을 포기해야 하며, 성숙하는 것은 자기 이면에서 자기를 극복하는 것이다. 극기克己란 말이 바로 이에 해당된다. 그러나 이러한 극기는 의무에의 얽힘 없이는, 즉 의무감 없이는 성취되지 않는다. 왜냐하면 고통 없이 인간의 깊이는 없기 때문이다. 이 모두는 인간이 자연의 단순한 맹아로서 인간의 삶의 형식에는 한계가 항상 뒤따른다. 왜냐하면 인간은 유한자로 세상에 나오기 때문이다. 만약 인간이 자신의 유한성을 극복하려고 한다면, 이를 가능하게 하는 여지를 추구해야 한다. 윤리의 영역은 바로 이러한 여지가 될 수 있다.

넷째, 윤리적 인간에게 가장 중요한 제한은 사회적 요구에서 온다. 우리는 '너는 해서는 안 된다'라는 설교조의 말을 듣는데 익숙하게 살아 왔다.

물론 모든 개인들에게 무한한 자유가 허락된다면, 사회적 공동체의 삶은 불가능할지 모른다. 그러나 이러한 사회적인 가치결정을 수용하는 것이 개인의 완성이다. 즉, 개인은 집단의식이 윤리적으로 그의 마음속에 생동적으로 다가올 때 비로소 진정하고 넓은 삶의 가치로써 가득차게 될 것이다. 따라서 집단도덕의 요구가 가지는 한계는 그것에 완전히 순수하고 윤리적인 어떤 가치가 더 이상 도래하지 않는다는 사실이다. 이럴 경우에는 개인과 집단도덕은 상호 별개가 되기 전에 하나가 되어야 한다는 법칙이 준수될 필요가 있다. 왜냐하면 집단도덕이 아무리 합리적이고 정당하다고 하더라도 이를 수용하는 주체는 '개인'이기 때문이다. 이렇게 본다면, 개인이 이를 수용하는 척도가 중요한데, 이것은 과학적으로 연역될 수 없다. 즉, 집단도덕의 수용 여부는 개인의 양심良心이 결정한다. 이러한 의미에서 칸트는 너의 양심이 명하는 대로 행동하는 것이 정언명법이라고 설명한 바 있다.

　그러나 간과할 수 없는 것은 이러한 양심이라도 오로지 개인이 자기 자신만으로 완성되는 것은 아니다. 그것은 최대다수를 위해 역사적으로 형성된 사회적 가치결정을 만나고 그것을 수용할 때 발현된다. 따라서 그것을 넘어 최고의 초시간적인 이상적 가치체계로서 주어지는 윤리적 주성主星, Leitstern이 제시된다. 슈프랑어는 이 모두를 윤리적 싸움의 결과라고 보았다. 다시 말하면, 인간에게 양심의 작용은 늘 흔들릴 수가 있기 때문에 그러한 양심이 다시 제 자리로 돌아와서 제 임무를 발휘하게 하기 위해서는 윤리적 차원의 기준을 알려주는 최고의 빛이 요청된다.

(2) 삶의 본질 이해

① 정신구조의 복합성 - '문화'와의 얽힘

　삶의 일곱 번째 형식인 생명적 인간을 형성하는 '생동적 가치Vitale Werte' 역시 삶 속에 근거한다. 그러나 이런 가치들은 이미 거론된 일차적 가치방향들 속으로 분산되어 존재한다. 그럼에도 불구하고 이러한 생명의 가치에서 나타나는 생명의 원현상의 독자성은 부인할 수 없다. 즉, 생동적 가치가 모든 삶에 분산되어 존재하지만, 생동적 가치 자치는 그만의 고유성을 가지고 있다. 쉘러Max Schelller는 "생동적 가치들은 완전히 독립적인 가치양식이며, 편함과 유용함의 가치들로도 또 정신적인 가치들로도 소급될 수 없다"고 하면서 그 가치만의 고유성을 주장한 바 있다. 즉, 생동적 가치가 지배하는 심리물리적 생명체는 '전체성holism'이라는 고유성을 가지고 있다. 생명을 하나의 전체로서 가능하게 하는 생동적 가치는 생명의 가치로서 일차적으로 우리 인간이 만드는 문화영역과 얽히는데, 대표적인 문화영역은 기술Technik, 법Recht, 교육Erziehung을 들 수 있다.

기술은 인류가 발전해 온 역사를 살펴보면 그것은 호모 엘렉투스에 의한 불의 발명 이래로 기술발전의 역사와 궤를 같이 하면서 야만의 인간이 문명화되었고 할 수 있으며, 공동체의 수호를 위한 법의 발명으로 인하여 야만사회가 문화사회로 발전할 수 있었으며, 인류의 탄생 이래로 알게 모르게 가정에서 사회에서 그리고 나중에는 학교라는 제도 속에서 인간의 야만성을 순치하면서 문화인 내지 교양인 그리고 전문가로 거듭날 수 있도록 해준 사회제도로서의 교육을 꼽을 수 있다. 즉, **위의 세 영역은 인간의 야만성을 문화성으로 옮아가게 함으로써 인류 진화에 가장 핵심적으로 기여한 삶의 영역으로서 "인간은 진정한 인간으로 만드는" 장본인들이라고 할 수 있다.** 따라서 여기서는 인간의 삶 속에 뿌리를 두고 있는 삶의 철학에서 정신적 삶을 규명하는 데 수용했던 생명적 가치개념의 한 단면으로서 일차적 의미 방향을 제시하고 있는 문화동기와 얽혀 있는 객관적 문화영역인 세 가지 정신방향, 즉 기술Technik, 법Recht, 교육Erziehung의 영역을 각각 해명해 보고자 한다. 슈프랑어는 이것들을 인간의 기본적 정신행위들을 발견하는 실마리로 간주한다.

> "슈프랑어는 기술, 교육, 사회, 법 그리고 국가 등을 각각 윤리적-형이상학적 관점으로부터 자연주의, 생물주의 그리고 심리주의와의 대립 속에서 본다. 그가 이러한 정신영역들에 대해서 언급하는 것은 그의 명확성과 깊이에서 놀랍고, 정신적 성향들인 원현상의 인식을 지원한다. 그러나 역사 속에서 무시간성을 만나게 하는 그의 역사철학적인 관찰은 오늘날 이러한 맥락에서 언급되어져 온 모든 것을 능가한다."(Louvaris, 1964: 46)

우선 기술은 경제적 목적에 예속된다. 즉, 인류가 발전시켜 온 기술은 궁극적으로는 모두 먹고 사는 문제인 경제적 목적으로 수렴된다. 특히 좁은 의미의 기술은 경제적 목적들에 예속되는 단순한 '수단의 세계'를 구축한다. 넓은 의미의 기술은 목표에 의해 요청된 수단에 대한 인식이며 거기에 기인하는 실천적 수단선택이라고 할 수 있다. 즉, 기술은 이런 면에서 경제적 인간형에 속한다.

그러나 기술은 이론적 차원에서도 연계된다. 즉, 기술에 대한 과학적 접근이 가능하며 이는 인식론적 차원이기도 하다. 이를테면, 인식의 결과 이론을 만들어내는 과학적 작업을 통하여 기술은 반성과 성찰을 할 수 있게 된다. 또한 법칙적으로 질서화되는 여러 단계의 수단선택을 통하여 기술은 수정되고 보완된다. 이런 면에서는 기술은 이론적 인간형에게도 생동적 가치로서 중요한 테마가 된다. 예술의 영역에 있어서도 기술은 수단이 될 수 있다. 작문기술, 회화기술, 조각기술 심지어 극시에서 중요한 시적 기술 등이 우리 인간에게 생동적 가치로 존재해 왔다. 미적 인간형이 기술영역과 엇물리면서 생명현상을 유지해 왔다는 증거라고 할 수 있다. 마지막으로 종교에서도 기술은 수단화되거나 아니면 상호 얽힘 속에서 새로운 문화창조 및 생명의 유지에 기여해 왔다고 할 수 있다. 왜냐하면 종교는 종교적 표현기능으로 기술적으로 의미된 측면을 가지고 있기 때문이다. 이를테면 종교적 신비주의는 기술적 차원에서 우리의 생동적 삶에 많은 의미를 줄 수 있다. 물론 미신 내지 허구로 끝난 사건이었지만 연금술錬金術은 신비주의적 차원의 (종교적) 믿음을 기술과 결합함으로써 삶에 생명력을 더해 준 역사적 사례라고 할 수 있다. 연금술은 일종의 마술魔術로서 기술의 종교적 전단계 또는 변종이라고 할 수 있다. 종교철학이나 신학에 가까운 실존주의자들은 사회적-정치적 기술의 개념을 사용하면서 철학이라는 영역을 대중에게 일반화시켜 왔다.

한편, 우리는 일반적으로 문화를 기술적으로 이해하는 경향이 있다. 왜냐하면 기술은 항상 작용하는 힘들의 필연Müssen에 근거하는 것이지 당위Sollen에 근거하지는 않기 때문이다. 즉, 필요에 의해서 우리는 기술을 고안해 낸다. 그러나 역사적으로 보면 우리 인류에게 기술은 어떤 목표를 위한 준비였다고 할 수 있다. 왜냐하면 처음에는 필요에 의해서 기술이 만들어지지만 궁극적으로는 무엇인가를 성취해 내기 위해서 기술은 연장된다. 긴 막대기를 사용하여 높은 나뭇가지 위에 열린 밤송이를 따는 인간은 연장된 손으로서의 필요에 의해 기술을 고안했다. 그러나 이러한 필요는 인간이 안전해야 한다는 당위當爲로 발전하면서 오늘날 안전한 사다리를 개발하여 사용할 수 있었다. 이렇게 '안전' 또는 '평화', '행복', '사랑'이라는 거창한 삶의 궁극적 영역이 기술의 영역에 안착하는 순간 우리는 당위로서의 기술까지 언급할 수 있다. 물론 교육의 영역에도 순수 기술적이고 심리 기술적인 정신들이 들이 닥친다. 물론 이건 위험한 괴물이 될 수 있다. 왜냐하면 교육은 인간을 대상으로 하고 인간을 다루는 것이기 때문이다. 이를테면 어떤 기술을 수단으로 하여 인간은 조정하거나 변화시킨다면 순기능을 할 수도 있지만 반대로 역기능 내지 오기능을 할 수도 있다. 오히려 기술은 교육에서 인간의 지능, 인내, 노동력의 결과로 이해될 필요가 있다. 왜냐하면 인간은 봉사적 기능 내지 수단의 기능으로 전락할 수 없으며, 인간은 인간 그 자체가 목적이어야 하기 때문이다. 만약 인간이 기술을 통한 수단이 된다면, 기술자의 유형은 조작자의 유형으로 변한다. 심지어 조작자는 인간을 수단화함으로써 인간을 기계화하고 심지어는 인간을 도구화하는 제국주의적 발상도 가능하다. 따라서 제대로된 기술자는 높게 고양된 정신적 문화를 필요로 한다. 즉, 기술을 통한 인간조작 내지 인간지배 대신 정신력, 창조력 등을 배양하는 인간다운 교육을 통한 기계의 고안과 사용에 기여할 수 있어야 한다.

어떤 의미에서 법도 사회적 기술이다. 왜냐하면 법 자체는 궁극적인 목적이 아니기 때문이다. 법의 목적은 그 자체로는 법적 성격이 아니며, 도구적 차원에서 법은 사회적 이상과 규범에 대한 사회적 긍정일 뿐이다. 즉, 법은 시행 여부에 무관하게 법조문 속에 있는 것으로써 오히려 인류가 만들어내고 그 속에서 살아온 문화가치를 상대화시킨다. 왜냐하면 법은 인간의 삶에서 최소한이지 최대한이 아니기 때문이다. 따라서 모든 사회질서는 법적인 성격이 아니다. 왜냐하면 도덕과 습속은 법의 곁에 있으며 부분적으로는 그것과 얽혀 있을 뿐이기 때문이며, 도덕과 습속으로도 얼마든지 사회와 문화 속에서 우리 인간의 삶을 규제하기에 충분하기 때문이다. 그러나 특별히 법이 필요한 이유는 이러한 도덕과 습속이 모든 이들에게 구체적으로 명확하게 실천되기 어렵기 때문이다.

따라서 우리는 법의 질서가 문화, 습속, 도덕, 윤리 등과 구별되는 고유성을 가지고 있지만 다른 한편으로는 이들과 서로 복잡하게 얽혀 있는 계기들을 발견하게 된다. 즉, 모든 진정한 문화, 즉 국가의 의미는 규범화된 힘의 질서와 법질서의 형태 속에 있는 문화내용의 형식화로서 우리들 속에 살아 있다. 즉 법이란 법적 전문가 집단의 윤리의식에 의해 수용되고 전승된다면 (승인이론), 이때 법은 살아있고 생동적이라고 할 수 있다.

그러나 오늘날 우리의 삶을 지배하는 실정법實定法은 이러한 수용이나 인정을 고려하지도 않으며 가치와 의미를 부여하지도 않으며 오로지 법적 규제로서 작용하는 방식만을 갖고 있다. 따라서 실증적 법질서의 법인간(법형식주의자)과 이상적 법질서의 법인간(법이론주의자)은 구별된다. 물론 양자는 삶 속에서 같은 이미지로 통합이 가능할만큼 서로서로 복잡하게 얽혀 있다. 인간은 법의 이념만을 위해서 또는 법만을 위해서 살아가는 존재가 아니다. 즉, 법인간은 주어진 법질서를 따르고 그 법의 의무를 충족시키는 인간만을 의미하는 것은 아니다. 오히려 자기 스스로를 단순한 법사회의 일부로만 느끼지 않고 법의 보지자로서 그리고 그것에 책임감을 느낄 때 우리는 그는 진정한 법인간이라고 부를 수 있을 것이다. 이때 슈프랑어는 법인간에게 초개인적인 정신이 살아있는 것이라고 보았다. 왜냐하면 한편으로는 그것은 법의식과 개인의 법의무 및 법권리로서의 개인의 주관적 입장이며, 다른 한편으로는 법이란 법질서로서의 객관적 문화형태이기 때문이다. 왜냐하면 초개인적으로 중요한 의미-가치내용으로서의 객관정신은 우리 모두 속에 살아있기 때문이다. 인간은 법이라는 문화를 창조해내고 그에 구속된다. 즉, 법은 집단정신(성원의식과 대표자의식)일뿐만 아니라. 규범정신, 즉 규범에 의해 규정되고 거기서 나온 규범들을 설정하는 정신으로 항상 법은 인간에게 살아있다. 따라서 법의 이념은 단지 윤리적인 것의 총구조의 한 측면일 뿐이다. 다시 말하면, (진정한) 법이란 형식상의 법적 조항만을 의미하는 것이 아니고 삶에서 필연적인 요청要請, Postulat이며 동시에 규범으로 작용해야 한다.

교육 역시 일차적 문화동기들 간의 결합으로 존재한다. 교육은 성격 상 사회적 활동에 속한다. 이를테면 교사는 사회적 인간형에 해당된다. 왜냐하 면 교사는 사랑의 정신없이 또 아직 미숙한 젊은 영혼의 가치 가능성으로의 몰입 없이는 불가능하며 또는 교육 역시 이루어질 수 없기 때문이다. 즉, 모든 교육은 사랑의 풍토Klima 속에서 추구되어야 한다. 여기서 교육적 사랑 은 사랑의 특수 현상형식이다(에로틱과 사랑의 차이)

> "그는 사회적 유형에 해당되는 것은 단순히 사랑 그 자체의 의미가 아니라 모든 긍정적인 가치방향을 그 속에서 펼쳐내기 위한 다른 사람의 영혼의 가치능력에 대한 사랑을 말한다. 따라서 그에 의하면 교육은 타인의 영혼 에 주는 사랑에 의해 옮겨지는 의지, 즉 내부로부터 전체의 가치수용과 가치형성력을 펼치는 의지를 말한다."(Meister, 1964: 33)

그럼에도 불구하고 직접적인 문화창조와 교육 간에는 본질적인 차이가 존재한다. 문화창조의 인간은 그의 주관의 의미충만한 정신행위들을 통해 서 타자에 의해 또 그들에게 이해되고 향유되는 객관적 가치현상을 계속 만들어낸다. 문화창조란 자연에 대립하는 것으로 자연에 작용하여 이를 가 치롭게 만드는 일이다. 문화를 창조하는 그에게는 생동적 움직임이 주관으 로부터 객관으로 이어진다. 이에 반해 교육자는 그 자신이 창조자가 아니라 할지라도 이미 형성된 객관적 정신가치들에 대한 사랑을 실천하는 것으로 충분하다. 그리고 교사는 이런 객관적 가치들을 주관적 영혼적 삶의 체험으 로 다시 바꾸려 노력한다. 즉, 그는 교육을 통하여 객관(문화)으로부터 주관 (개인, 개성)으로의 움직임을 중재한다. 그런데 문화적 삶은 두 개의 똑같이 중요한 그러나 실제로는 상이한 행위, 즉 문화창조와 문화번식Kulturpflanzen 속에서 완성된다. 슈프랑어는 여기서 "문화의 번식을 교육"이라 부른다. 즉, 교육이란 문화의 생명을 성장하는 정신(청소년)에게 작용하여 문화의 번식 을 꾀하는 것이다. 왜냐하면 교육은 문화 전체 속으로 숙영되는 것이 아니고 그것과 함께 성장하기 때문이다. 이를테면 새로이 창조된 문화는 교육이라는 문화번식의 과정을 통하여 윗세대에서 아랫세대로, 이곳에서 저곳으로 또한 과거로부터 미래로 전파될 필요가 있다. 이는 마치 민들레의 홀씨가 만들어진 다음에 바람에 날려 먼 데까지 그리고 지속적으로 전파됨으로써 이식되고 번식되는 이치와 마찬가지이다. 그러나 교육이 자연이 이치와 다른 점은 개인의 영혼의 심연으로 문화창조의 여파가 다시 되돌아간다는 사실이다. 다시 말해 교육에서는 문화창조나 문화번식 보다는 개인의 영혼이 우선적이다. 즉, 아무리 훌륭한 문화가 창조되고 문화전파나 문화번식이 훌륭하게 이루어진다고 해도, 이를 수용하는 주체는 개인의 영혼이다. 따라서 그것은 '문화를 더 잘 번식시키는 것만이 아니고' 타자 속에서 개인적으로 중요한 문화가치의 분만Entbindung 또는 각성Erweckung이다.

> "(슈프랑어에게서 문화번식은) 문화재를 단순히 전달하는 것이나 수동적으로 영혼의 그릇에 지식을 이식하는 것으로는 충분하지가 않다. 오히려 그것은 사람들에게 '생동적으로' 이식되어야 한다. 예를 들어 수학공리는 단순히 학습하도록 하고 그다음 설명하도록 하는 것으로 충분하지 않다. 학습자들로 하여금 그 공리를 이해하도록 해야 한다. 그러나 우리는 마치 물건을 배달하는 것처럼 학생들에게 이해시킬 수는 없는 노릇이다.... 이해는 섬광처럼 갑작스러운 행위에서 발생한다. 슈프랑어는 의미부여적 행위들의 분출이라고 말한다. 이는 강요될 수 없다. 여기서 새로운 개념이 나오는데 '각성'임에 틀림이 없다. 인간에게 잠자는 통찰이 해방되는 것이다. 아니면 소크라테스의 언어로 보면 이는 분만되어야 한다.... 이해력을 일깨우는 것은 교육자에게 보다 깊게 이해된 과제이다.... 각성된다는 것은 우선 특정한 문화재의 이해가 아니고 무엇보다도 인간의 정신적인 힘이 일깨워지는 것이다."(Bollnow, 1983: 27-28)

한마디로 교육을 통한 문화번식文化繁植은 단순한 문화이식, 문화전파를 의미하는 것이 아니라 문화번식을 통한 전승된 문화에 내재된 가치의 이해와 수용 그리고 문화만남을 통한 새로운 가치의 발견을 의미한다고 할 수 있다. 달리 말하면, 교육이 객관적 가치에서 주관적 가치수용과 가치능력으로의 방향을 취한다는 것은, 교육의 과제가 역사적으로 주어진 구세대의 객관적 문화소유를 신세대로 이양하는 것으로만 이해되어선 안 된다. 오히려 주어진 문화를 관통하는 것이 교육에서는 진정한 문화의지를 '각성覺性' 시키기 위한 수단이 되어야 한다는 것이다. 왜냐하면 모든 의무적인 (문화) 교육의 목표는 오로지 총체적인 문화의지Kulturwollen의 수준에만 추진될 수 있기 때문이다(Roessler, 1964: 71).

> "슈프랑어에게 각성 교육의 커다란 전범은 소크라테스의 형상에서 온다. 이는 슈프랑어에게 처음부터 끝까지 고려되었다. 소크라테스의 수수께끼는 항상 작용한다. 그는 우리를 각성한다.... 그는 우리의 실존을 흔들어댄다. 이것은 아테네시절 소크라테스가 각성하고 흔들어 댄 것처럼 오늘날의 교사들의 모습이어야 한다.... 슈프랑어는 소크라테스의 동요하는 무지의 강조를 그의 모든 대화 속에서 해소되지 않는 난문들Aporien로 이해했는데, 여기서는 내적으로 파악되는 결과가 중요한 것이 아니라 인간이 이를 통하여 통찰로 강요되어야 하는 급진적인 흔들어댐이 중요하다."(Bollnow, 1983: 29-30)

결국 교육에서는 주어진 문화의 이해로 감정이입시키는 것만이 중요한 것이 아니다. 왜냐하면 그 경우에 교육은 문화의 단점들과 제약된 장점들과의 기존관계들을 영속화시키는 수단이 될 수 있기 때문이다. 오히려 진정한 교육을 위해서 이것 모두는 계속 형성되는 개인의 영혼 속에서 진정한 가치로의 발전 및 추구하는 의지를 분만 또는 각성시키는 연습재일 뿐이다.

> "우선 객관적 정신의 충만과 숨겨진 삶의 법칙성과의 예감풍부한 접촉만이 인간됨을 가능하게 한다. 따라서 교육은 그의 광범위한 가치내용 속으로 전체적 영혼을 통해 위대함을 관통하게 하여 전체적이고 내적으로 풍부한 인간의 '도야'를 목표해야 한다. 따라서 진정한 교육은 본질적으로 각성이다. 이는 소크라테스 방식으로 분기충천하는 내적 힘들의 '각성', 즉 내부로부터 형성되는 영혼의 총체적 가치수용과 가치형태능력을 펼치는 것을 목표해야 한다."(Louvaris, 1964: 47-48)

따라서 교육에서는 단순한 진리가 위임되어야 하는 것이 아니고, 진리 자체의 의지가 강화되고 각성되어야 한다. 한마디로 삶과 문화의 모든 의미를 전달하는 것이 중요한 것이 아니고, 순수하고 최고의미에 대한 정직한 추구가 성숙한 영혼 속에서 정의된다는 사실이 본질형성으로 지향되는 진정한 문화활동(문화창조, 문화번식)이라고 할 수 있다. 왜냐하면 그것은 주어진 객관정신의 가치충만한 내용들에서 나오지만, 궁극적으로는 주관 속에서의 자발적인 규범정신(윤리적으로 이상적인 문화의지)의 분만 그리고 각성의 기회를 가질 때 비로소 현상할 수 있다. 참고로 개인의 인격Individualität과 정신세계(객관정신과 규범정신) 사이에 가치의 얽힘과 가치충만의 질서들이 존재한다(Lovaris, 1964: 39).

이렇게 본다면, 교육자는 사회적 유형의 변형이라고 할 수 있다. 왜냐하면 교사의 사랑Liebe은 이중적 방향성을 가지고 있기 때문이다. 그것은 형성하는 개인의 영혼과 아직 펼쳐지지 않은 영혼의 가치가능성이다. 그러나 그것은 교육자가 가치가능성으로부터 분만해 내려는 삶의 가치이며, 동시에 이상적인 삶의 가치에도 해당된다. 왜냐하면 이상적 삶의 가치가 부재하다면, 우리는 가치가능성이 어느 방향으로 가야 할지를 알 수 없기 때문이다. 다시 말하면, 교육은 개인이 총가치를 수용하고 가치형성을 해낼 수 있는 능력, 즉 가치이해와 (새로운) 가치창조를 내부로부터 확장해 주는 일이다. 이러한 교육은 오로지 (교사가) '주는 사랑'에 의해서만 가능하며 사랑으로 매개하는 교사의 산출된 의지가 결정적이라고 할 수 있다. 결국 방향을 정위하는 역할은 이성의 몫이다. 이런 면에서 슈프랑어는 페스탈로찌 교육의 핵심인 '사랑'의 개념을 플라톤의 '이성'개념과 결합하면서 그만의 독특한 교육원리를 개척했다고 할 수 있다.

이렇게 본다면, 교육에 대한 슈프랑어의 기본입장은 '교육자의 사랑을 통한 학습자 내면세계의 각성의 원리'가 된다. 왜냐하면 인간의 내면세계, 즉 영혼의 세계가 각성되지 않는다면, 방향없는 또는 방향을 잃은 가치영역도 교육의 대상이 될 수 있기 때문이다.

"슈프랑어는 교육의 중심적 기능을 '정신적 삶의 각성'으로 이해하였다.

각성의 개념은 우리가 지금까지 충분히 고려하기는 않았지만 슈프랑어는 교육학의 새로운 개념으로 이를 끌어들였다. 처음에는 슈프랑어도 각성이라는 개념이 종교적 차원이기 때문에 교육학의 엄밀한 학문성을 추구하였기 때문에 무척 망설였지만 피치못하게 관련된다는 고백과 함께... (그러나) 정확히 말하면 (교육학자 슈프랑어에게) '양심의 각성'이었다." (Bollnow, 1983: 28).

이상에서 본 것처럼 기술, 법, 교육은 일차적 정신동기들과의 얽힘이지만, 또한 객관적 문화영역으로서의 독자성을 갖게 된다. 왜냐하면 역사적으로 이들은 인간을 야만으로부터 문화로 인도한 주체들이기 때문이다. 따라서 이들은 문화 속에서 함께 결합되어 얽히고, 모든 문화영역은 역사적 실제 속에서 분리되지 않고 서로 상대 속으로 자리 이동된다. 즉, 그러나 모든 것의 의미충만한 관련 속에서 비로소 다른 문화의 의미와 교차하여 개인의 체험에 표출된다. 따라서 문화를 체험하거나 창조하는 인간에게 그러한 얽힘이 존재하고 정신적인 모든 것이 그에게 어떻게든 공명하기 때문에, 그는 초개인적인 의미에 관여할 수밖에 없다. 왜냐하면 문화를 수용하는 개인에게 가치와 의미는 저마다 다르고 또한 개인에게도 어떤 가치와 의미가 중요한 것이며 잘못된 것인지를 구별하기 어렵기 때문이다. 그 이유는 바로 문화에 내재하는 초개인적인 차원이 존재하기 때문이라고 할 수 있다. 만약 문화가치나 문화의미에 초개인적인 차원이 존재하지 않는다면, 우리는 이게 맞는지 저것이 맞는지에 대해서 고민할 것조차 없다. 또한 어떤 갈등도 없다. 그러나 우리 인간은 어떤 문화를 접하고 그것을 수용할 때 그의 가치와 의미 때문에 고민하고 갈등하기도 하면서 때로는 방황하기도 한다. 무엇인가 초개인적인 차원이 바로 이러한 고민, 갈등, 번민을 하게 하는 동인이 된다. 따라서 문화에 내포하는 초개인적인 가치와 의미가 무엇인지를 알아낸다면, 우리는 문화만남을 통한 문화수용이 난제가 되지는 않을 것이다.

한편, 우리는 넓은 의미의 문화를 역사적으로 형성하는 가치형태들, 즉 일부는 물질적이고, 일부는 순수하게 정신적 성격을 띠고 그때 살아있는 인간집단에 의해 사회적으로 옮겨지는 가치 형태의 총체적 개념으로 이해한다. 따라서 문화란 인간의 정신적 삶의 총체적으로 객관화된 것을 말한다. 즉, 문화는 실제를 형성하고 현실의 사회 속에 동기설정적 작용관련으로서 살아있으며 초개인적으로 의미있는 가치-의미관련이다.

다시 말하면, 문화란 역사의 경과 속에서 인간 집단 내지 집단구성원 또는 '사회'에 의해 산출되지만, 이들 모두로부터 자유롭게 형성되는 힘으로 나타나는 초개인적 형상이다.

> "문화의 사회에 대한 기능을 요약하는 아래와 같다. ① 문화는 집단 구성원의 의식주 및 생식生殖 등과 같은 생리적 요구를 해결하는 수단을 제공하고, 집단의 존속을 위하여 필요한 일련의 행동유형을 제공한다. ② 문화는 환경에 적응함에 있어서, 집단 구성원의 협동을 확보하기 위한 일련의 규칙을 제공해 준다. ③ 문화는 집단 내부에서 사회적 상호작용의 통로를 제공해 준다. ④ 문화는 2차적 욕구를 창조하여 구성원들에게 그 만족을 위한 사람들의 새로운 활동 영역을 확정해 준다. ⑤ 문화는 사회가 필요로 하는 퍼스낼리티를 형성하는데, 그 기준으로서 필요한 가치를 계속 공급한다."(이종각, 1997: 234)

인간은 문화를 갖고 문화 역시 인간을 갖는다. 따라서 문화란 그의 개별적 측면이 살아있고 여러 상이한 체험 주관에 구속되어 있지만 결국은 개인을 초월하고 심지어는 사회집단도 초월하는 초개인적-초사회적 의미-가치관련이다. 그러나 우리 인간은 일상에서 문화를 단지 개인적인 시각으로만 인식하고 있다. 왜냐하면 인간은 자신의 특수한 체험중심을 갖고 있기 때문이다. 따라서 개인의 체험구조와 행위구조에 의해서 문화는 개인적 조정 Persönliche Gleichung을 통하여 제약되고 통제된다.

그런데 이를테면, 만약 문화가 주관의 행위와 반응들의 다양성이 정신의 객관적(유형적) 구조로만 소급된다면, 이것은 항상 '이론적 합리성'으로 해석된 것이다. 따라서 개인의 영혼구조는 형상들에게 이입시키는 "개념 가능성의 도식"으로만 작용한 것이다. 그러나 만약 영혼구조가 이해 도식 이상이라면, 동일한 주관 속에 두 개의 서로 다른 구조, 즉 개인적 차원과 역사-사회적 차원의 구조가 서로 교차한다고 할 수 있다. 결국 가치들 사이에서 갈등이나 모순을 극복하기 위한 투쟁이 발생할 것이다. 슈프랑어에 의하면, 이러한 가치모순들의 투쟁은 헤겔의 모순의 변증법에 근거하여 발생한다.

> "인간으로서 사상가로서 슈프랑어는 종합Synthese의 인간이었다. 그의 삶과 작품 너머로 헤겔의 자부심 있는 구호가 서있다. '나는 투쟁이다'. 그의 내성 속에는 마음의 저항이 어른거리고 이는 그의 시대에 정신적인 대립으로 작용했으며 마침내 결정을 내렸다. 이러한 투쟁은 매우 고통스러울 수 있지만, (슈프랑어에게는) 약하게 작용한 것이 아니라 명료하고 우렁차게 영향을 미쳤다. 이는 새로움을 위한 창조적 충동으로부터 출산되는데 이는 곧 중도나 타협과는 동일하지 않은 종합이다. 슈프랑어의 작품은 이러한 변증법적 창조과정에서는 매우 적은 장소에서만 관점을 지속하고 있다. (그러나) 그의 확실한 인식, 명확한 판단, 삶의 경험으로부터 나온 지혜 등은 모든 (변증법적) 논쟁의 결과들로서 나온 것들이다."(Eisermann, 1964: 116)

단 여기서는 개념들의 논리적 싸움이 아니고, 가치결정된 구조, 즉 인격의 구조와 역사적-사회적 차원의 두 구조 사이에서 투쟁이 일어나는 것이다. 그러나 슈프랑어는 겉보기에 영혼에서 완전히 비켜 있는 것 역시 완전히 이해 안 되는 것이 아니라고 보았다. 왜냐하면 인간다움Das Menschliche은 단지 관련과 일치로부터만 이해되는 것이 아니고, 삶은 항상 역동적이기 때문에 대비Kontrasten로부터 이해되기 때문이다.

(2) 삶의 역동적 차원

① 정신적 삶의 유형은 항상 역사적 현상 형식들 속에 치장되어 있다. 따라서 그것은 역사적 발달단계에 따라서 변화되고, 역사적 문화환경 Kulturumgebung에 따라서 상응 변화하는데, 그것의 영향이 영원한 유형을 형성하고 그 유형이 문화환경에 다시 영향을 미친다, 예를 들어, 우리는 자연을 파악할 때 자연 전체를 이해하는 것이 아니라 오로지 역사적으로 변화하는 자연을 파악하는 것이다. 이때 자연은 이념의 대상이다. 왜냐하면 우리에

게 알려지는 자연은 자연이라는 물物 그 자체는 아니고 우리의 사념 속에 존재하는 자연이기 때문이다. 또한 인간의 정신 속에 남아 있는 자연은 역사적으로 형성된 것이다. 왜냐하면 인간은 역사적 존재로서 역사적으로 제약된 존재이다. 역사는 흐른다. 따라서 삶도 흐른다. 이런 의미에서 딜타이는 삶을 역사와 동일시했다.

그러나 역사적으로 제약된 유형의 현상형식은 역사의 발달단계를 의미하는 것은 아니다. 따라서 역사 물음은 오히려 '객관'에 대한 물음이다. 왜냐하면 역사는 흐르지만 역사를 주도하는 인간은 오로지 역사흐름에만 편승하지 않는다. 만약 그렇다면 역사가 흐르는 대로 인간도 흘러서 결국 인간이라는 주체는 역사의 주체가 될 수 없다. 따라서 역사의 주체로서의 인간에 대한 질문은 인간의 '영혼적 동일성'에 대한 질문이 된다. 물론 인간의 영혼적 다양성에 대한 질문도 된다.

따라서 슈프랑어는 딜타이나 헤겔과 달리 역사라는 특수한 개념이 초시간적이고 초역사적인 보편개념으로 되는 것은 아니며, 오히려 보편개념에 의해 특수한 다양성이 나오는 것이라고 주장한다. 즉, 역사를 만들고 역사 속에 살아가는 인간은 보편개념이고, 흐르는 역사 속에서 개인에게 수용되는 가치와 의미는 특수성이며 다양성이다. 또한 사회적 상호작용과 인간세계의 이어짐은 역사의 과정 속에 편입된 개인의 의미부여적, 의미충만적 힘을 능가하는 객관적 가치형상을 만들어 낸다. 이를 통해 개인은 공간과 시간 속에서 그의 역사적 입장과 객관적 정신의 힘에 의해 제약된다. 결국 우리는 개인을 교육의 대상으로서 하기 위해서는 '역사적-객관적 개인화'에 주목해야 한다. 역사적-객관적 개인화는 다음 세 가지 입장에서 인정되는데, 첫째, 객관적 문화영역들에서, 둘째, 개인 자체에 내포되어 있는 문화 내용에서, 셋째, 그것이 역사적 시각에 완전히 접근될 수 있는 한 모든 문화들의 발전유형의 안목으로부터 인정된다. 한마디로 역사해석은 문화해석이 될 때 비로소 역사해석은 '역사적 상대화'로 가지 않고 역사적-객관적 해석이 가능해진다.

한편, 정신의 객관화는 인간의 역사과정 속에서 사회적으로 도출되고 개별자아로부터 분리되는 정신적 실행들과 형상들이다. 따라서 정신의 객관화는 정신의 제3의 근본형식이다. 그런데 그것은 살아있는 정신이 아니고 정신적 내용, 정신적 산물, 정신적 작품이다. 그러나 그것들은 수많은 주관들의 의미부여적 행위들의 산물이기도 하다. 따라서 부분의미와 총의미는 다면적 사념에 의해 문화의식의 단계와 역사의식의 단계로 승화되어 온 개별정신 속에서만 다시 체험될 수 있다. 즉, 문화는 개인의 내면에 수용되어 "재주관화"되지 않고 계승 발전되지 않으면 동결되고 경화된다. 소위 박물관에서 먼지만 쌓이고 있는 '박재된 문화'가 바로 그것이다. 문화가 살아있는 개인에게 또 살아있는 자의 모든 사회가 영향을 다시 미치는 한, 거기서는 개인의 규범 위로 문화의 새로운 총괄을 요구하는 윤리적 총규범이 생겨난다. 왜냐하면 규범은 '문화의 가치'에 근거하기 때문이다. 즉, 문화체험의 무대는 사회적으로 구속되고 규정될지언정 개인의 개별영혼이다.

하나의 삶의 형식 속에 있는 문화계기들의 보다 높은 종합을 내부적-외부적으로 요청하는 것도 삶의 윤리적 총규범인 윤리적 요구의 성격을 띠고 있다. 그러나 윤리적 종합, 즉 새로운 통합적 삶의 의미와 문화의미의 창조는 이루어지거나 또는 이뤄지지 않는다. 왜냐하면 우리의 문화체계, 즉 가치체계, 지식체계, 규범체계 등은 완결된 폐쇄적 성격이 아니고, 항상 불완전한 개방적 성격을 갖고 있기 때문이다.

> "문화는 그 자체와 동일한 어떤 하나의 형식으로 표현되는 것이 아니므로 하나의 원리 안에서 그 의미를 찾아내는 것은 무의미하다. 문화란 고정된 것이 아니라 언제나 새로운 것을 자기 스스로에서 흘러나오게 하는 원천이며 새로운 것을 스스로 생산해 내는 뿌리다. 그러므로 문화의 개방성은 인간의 삶의 개방성과 밀접한 연관성을 갖는다. 즉, 인간이 형성되어 가는 존재이듯이, 문화 역시 고정된 '명사적 의미'가 아니라 되어가는 '동사적 의미'를 지닌다."(김종헌, 2003: 42)

따라서 이런 성격의 문화체계는 언제나 창조성을 위한 여지를 남겨 두게 된다. 첫째 경우가 성장이고, 둘째 경우가 몰락이다. 문화의 생존과 성장 몰락은 분리된 의미 형상 자체에 해당하는 것이 아니고, 그때 실제로 살아있는 문화보지자와 그의 초개인적인 문화성분과 의미내용과의 관계로부터 기인한다. 따라서 역사의 발달원리는 사건의 특수한 법칙이 아니라, (항상 만족될 수는 없지만) 당위의 법칙이 된다고 할 수 있다.

모든 인간의 삶은 네 개의 요소들, 즉 맹아Anlage, 내적 발달, 자연적-정신적 환경, 외부적 운명의 의미있는 상호작용으로부터 파악된다. 물론 사변적 고립화에서만 이러한 요소들은 서로 분리되지만, 실제로 그것들은 삶의 전체로 복잡하게 얽힌 삶의 전체에서 개별요소는 분리되지 않는다. **왜냐하면 삶은 주관이면서 동시에 객관이기 때문이다.** 따라서 삶은 삶 자체로부터 해석되어야 한다. 딜타이에 의하면, 삶은 모든 역사적 객관화Objektivationen의 원천일 뿐 아니라, 모든 역사적 발달이 그 속에서 그의 관련과 의미를 갖는 전체이다. 다시 말해 주관은 곧 객관이면서 동시에 주관과 객관은 하나이다. 슈프랑어는 이러한 관계를 '전체적 삶' 또는 '삶의 전체성'이라 보았다.

모든 문화는 법칙적 방법 속에서 서로 발전한다. 그러나 모든 유형화의 위험은 흐르는 역사의 과정 속에서 서로서로 배치되는 뻣뻣한 형상 속으로 해체하는 데에 있다. 예를 들어, 민족들과 민족문화는 하나의 과정에 의해 지배되는 것이 아니고, 그들의 모든 삶의 역사가 추구될 때에만 완전히 이해된다. 즉, 역사 또는 문화는 역사적으로 주어진 가치종합에 기인한다. 따라서 개인의 각 유형들은, 즉 이론적 인간형, 미학적 인간형, 경제적 인간형, 사회적 인간형, 권력적 인간형, 종교적 인간형은 궁극적인 목표가 아니다. 그것은 단지 관점이해를 위한 인식의 도움수단일 뿐이다. 그리고 역사의 미래는 숙명이 아닌 윤리에 결속되어 있다. 왜냐하면 한 민족이 가치 없는 곳에서 살기보단 가치있는 내용 속에서 몰락하기를 더 원하기 때문이다. 이러한 사실은 윤리적 차원에 속한다.

② 타자의 삶과 삶의 표현이 의미있게 결합되지 않는 한, 인간은 타자를 이해하지 못한다. 우리는 타자에게 자기의 주관적 삶의 관련을 잃는다면, 그를 이해할 수 없다. 간단히 말하면, 자신의 주관이 타자에게 객관적으로 전달되지 않는다면 이해될 수 없다. 한마디로 우리는 주관이 아닌 객관을 매개로 남을 이해한다.

그러나 슈프랑어에 의하면 이해는 "자기이식Sichhineinversetzen" 이상이다.

따라서 우리는 인간을 그 자신보다 더 잘 이해하는 것이 가능하다. 왜냐하면 인간은 역사적 존재이기 때문이다. 즉, 우리 인간은 누구나 자신은 무의식적으로 그냥 살아가지만 사실은 시간과 역사의 흐름 속에서 남겨지는 흔적들이 이해의 대상이 된다. 다시 말하면 이해하고자 하는 자의 주변과 역사를 정신적으로 점점 더 깊게 통찰할수록, 우리는 그는 더 잘 이해할 수 있다. 결국 이해는 모든 정신적 재능처럼 원초적인 소질을 전제하기 하지만, 그의 보다 높은 형식들 속에서 이루어진다. 이러한 보다 높은 형식들은 "객관정신"이라고 할 수 있는데 이들은 대부분 도야와 문화의 작품으로 나타난다. 그런데 정신적 삶의 일반이 이해될 수 있는 것이라면, 이는 의미관련으로 소급될 수 있어야 한다. 왜냐하면 '이해'란 주어진 소여를 전체와의 관련 속에서 의미 충만하게 파악하는 것이기 때문이다. 이것이 관철될 수 없다면 법칙적 관련은 설명될 수는 있을지 몰라도, '이해'의 수준까지는 도달하지 못한다. 이렇게 본다면 이해의 요체는 '정신의 가치법칙' 속에 들어있다. 그러나 타자의 주관적 체험관련은 어떤 경우에도 결코 접근되지 못한다. 한마디로 인간은 타자를 '객관' 내지 '객관화Objektivationen'를 근거로만 이해한다.

모든 객관화는 두 가지 측면, 즉 물리적 측면과 정신적 측면을 가지고 있다. 그러나 정신적 삶에 있어서는 물리적 객관성과 정신적 객관성이 서로 밀접하게 뒤섞여 자란다. 우리는 그것을 단지 개념적 고찰로만 구분할 수 있다. 정신의 의미는 질료에 있어서 다양한 성질로 나타난다. 우선 물리적인 것에 붙어있는 가치들은 경제적 가치들(재화, 도구, 교통수단)로 나타난다. 또 다른 의미의 물리적인 것(감각적으로 지각가능한 것)은 오로지 상징만을 나타내거나 아니면 인식을 위한 환기수단Auslösungsmitteln으로 나타난다. 예를 들어, 언어는 의도된 상징이다. 따라서 언어적 이해는 물리적 상징으로부터 정신적 의미를 환기시키는 것이다. 여기서 언어는 문화체계처럼 개인에 의해 창조되는 것은 아니다. 다시 말하면 언어는 결코 주관적이지 않으며 객관적이다. 그러나 언어는 개념형성을 요구한다는 점에서 결코 객관적이라고만 할 수는 없고 그 이상이며 어떤 고유한 것이라고 해야 한다.

"모든 사람들은 그의 언어로부터 내적 문화를 수용한다. 언어는 이미 실행된 정신적 삶이다. 이러한 문화에 동의하거나 그 속으로 이입되는 사람은 이로써 잘 완성된 정신적 삶 속으로 들어간다.... 언어의 삶에 참여하면서 우리는 우리의 지식, 감정세계, 작용범위를 확장한다. 우리는 사실 도야되는 것이다."(Roessler, 1964: 72)

다시 말해서 언어는 객관 이상으로 가치조망적이다. 따라서 그것은 '관념물리적'이해의 특수한 경우라고 할 수 있다.

그러나 이러한 언어적 이해보다 더 넓은 이해의 행위들은 '인격적 이해'와 '사실적 이해'로 존재한다. 그런데 이러한 이해들은 물리적인 것으로부터 정신적인 것으로 움직이는 것을 넘어서 순수 정신적 계기들 간의 관련을 촉발하는 이해의 차원이 된다. 바로 이러한 이해가 바로 정신적인 것의 법칙에 기인한다. 우선 인격적 이해의 기본유형은 개인의 행동과 체험의 의미로운 관련이 그의 정신적 본질의 통일과 전체성 속에서 발견되는 데에서 비롯된다. 그러나 모든 상황변화를 통해 내적 법칙에 따라 지탱되는 꾸준한 지속자를 가정하지 않는다면, 인격적 이해는 결코 생각될 수 없다. 왜냐하면 인간을 이해하는 데에는 그의 엔텔레키 내지 개인적 이념이 존재하기 때문이다. 반면, 사실적 이해는 총인격의 심연에서 퍼내는 이해처럼 완전히 생동적이긴 하지만, 주체로부터 완전히 분리된 정신의 객관화를 그것의 사실 내용에 따라 이해하는 것을 말한다.

그런데 이해의 대상은 개인의 정신의 영원한 개념적 구조와도 다르다. 왜냐하면 인간은 사회적-역사적 과정들의 결과인 객관적 문화관련 속에 숙영되어 있기 때문이다. 즉, 총계Summierung와 상호작용Wechselwirungen, 즉 분화Differenzierung와 총괄Zusammenfassung의 풀지 못할 얽힘이 거기에 기초한다. 그의 모든 체험과 행위 속에서 역사적으로 주어진 객관성에 의해(일상적인 삶이 환경에 의해서처럼) 감싸 있는 인간의 내부구조는 최고로 특수한 것이다. 즉, 인간은 역사의 흐름 속에서 실현되는 가능성으로부터 나오는 본질이다. 따라서 과학적으로 숙고된 이해는 실제 그것이 지향되고 있는 완전한 객관적 관련을 성취하지 못한다. 왜냐하면 인간은 순수하고 절대적인 정신구조를 갖고 있지 않으며, 오로지 역사적-인격적으로 제약된 동시에 역사적 정신객관화의 영향 하에 있는 영혼을 가지고 있기 때문이다. 따라서 그것이 완전히 객관성을 달성하거나 또는 성격상 단순한 주관성 속에서 응고될 수 없기 때문에, 모든 이해는 주관과 객관 위에 제3자, 즉 보다 높은 것을 만들 어낸다는 데에서 의미를 갖는다.

다시 말하면, 이해는 결과가 아니라 주관과 객관을 포괄하는 '과정'으로 서 계속 성숙되어지는 것이다. 그런데 이러한 계속적인 이해의 과정은 자신 만의 고유한 법칙과 함께 전개된다. 그렇지 않으면 우리는 이해하지 못한다. 결국 인간의 정신은 이해의 과정이라는 제3의 고유한 법칙을 이해하고, 자 기 이해와 자기 해방 속에서 점점 더 발전한다. 따라서 슈프랑어는 이러한 법칙을 사건의 법칙이 아니고, 가치실현의 규범법칙이라고 규정했다. 즉, 그에 의하면, 우리 인간에게는 사건의 법칙으로서의 인간 이해는 불가능하 며, 가치를 실현해 가는 규범적 법칙으로서의 인간이해만이 진정한 이해를 충족시킨다. 왜냐하면 이해하는 주체에게 궁극적인 이해는 '자기이해'이며, 이러한 자기이해는 마침내 자기의 '인격형성'에 직접적이기 때문이다.

한편, 모든 역사적 이해 속에는 과거의 현재와 미래가 연결된다. 그러나 이것은 미래가 과거로부터 단순히 원인적으로 이어진다는 것은 아니다. 오 히려 역사의식과 문화체계화 의식은 윤리적인 미래의 과업을 동경한다. 따 라서 객관적 문화와 그것을 전수하는 문화주관 사이에는 간극이 발생한다. 왜냐하면 의무사상이 죽는 곳에 문화가 죽기 때문이다. 따라서 인간은 과거 를 등에 지고 미래를 전망하면서 현재를 결단하는 역사적 존재로서 문화의 전체적인 연관 속에서 생존한다고 할 수 있다. 이러한 형성의지로의 생동적 추진력이 중단된다면, 이해 자체에는 어떤 것도 생동적으로 살아있지도 않 고 유실하지도 않다. 단순한 주관성과 엄격한 객관성 위에서 나오는 제3의 영역은 과거, 현재, 미래를 하나의 고유한 힘을 가지고 포괄하는 '초개인적 인 의미 영역'이다. 마찬가지로 역사의 내용은 이해 속에서 추론된 윤리적 작업에 의해 계속 자라나는 초역사적인 것이다.

리트Th. Litt는 '현재는 과거로부터 역사적으로 이해될 뿐 아니라, 과거 역 시 현재로부터 이해되기도 한다'고 했다. 즉, 이해되어야 하는 것은 근본적 으로 전자도 후자도 아니고 주현상들 속에서 현상되는 '내면적인 것'이다.

현재의 역사적 이해는 과거와 현재의 종합일 뿐만 아니라 미래의 선취적 해석이기도 하다. 헤겔도 '정신의 개인화와 구체화 속에서 스스로 이해되는 것이 정신이다'라고 말했다.

한 인간의 삶을 하나하나 나열하는 것은 충분치 않다. 따라서 우리는 그를 설명할 수 없고 오로지 이해할 수밖에 없다. 왜냐하면 이해란 다양성을 단일성으로 요약하는 합리화의 방법이기 때문이다. 따라서 우리는 그를 이해하기 위해서는 그의 내적 구조법칙 속으로 파고들어 가야 한다. 이를테면 그것과의 관련 속에서 비로소 그의 삶은 "의미"를 갖는다. 왜냐하면 가장 보편적 의미에서 이해는 객관적으로 타당한 인식의 형식 속에서 정신적 관련을 의미롭게 파악하는 것이기 때문이다. 따라서 모든 전기적 연구 biographische Froschung는 궁극적으로 묘사되는 인격의 중심, 형성법칙, 그리고 발달법칙을 지향한다. 이러한 '구조Struktur'에 대한 신념없이 개별적인 것을 수집하는 것은 맹목적이다. 따라서 영혼적 실행들의 실제적 상호관련은 그의 대상에 사고하면서 접근할 때 비로소 밝혀질 수 있다.

그러나 역사적 시대를 통한 단면을 설정한다면, 사회적 구조들은 초개인적인 의미의 형상이 된다. 도식적으로 말하면, 시간의 흐름 속에서 자란 나무의 단면을 자르면 나이테가 선명하게 나타난다. 따라서 우리는 진정한 이해를 위해서는 개인이 그때그때 편입되는 그들의 집단의식이 어떻게 그의 특수한 의식 속에서 작용하고 모든 인간에게 결정적으로 작용하는지 하는 것이 밝혀내야 한다. 또한 살아있는 개인들을 편입시키는 그러한 초개인적인 정신적 구조관련을 이해하고, 그의 고유한 삶의 움직임을 파악하기 위해서 그것은 사회학적인 관점으로 전진해야 하는 보다 넓은 초개인적 관점을 요한다. 즉, 그것은 역사의식을 요한다. 이러한 의미에서 딜타이는 '그 인간이 무엇일 수 있나 하는 것은 역사만이 말해준다'고 주장한 바 있다. 즉, 인간의 자아의식은 역사를 통해서만 가능하다. 그러나 직접적인 개인의 현재의식 속에 내포되어 있는 것을 단순히 분석하는 것만으로는 그에 대한 완전한 이해로 연결되지 않는다. 한마디로 정신적 성격의 삶의 움직임은 그의 근원이 추상적 고유정신 속에서 채색되는 것이 아니고, 역사적으로 형성된 정신의 커다란 바다로부터 찾아진다. 개체는 바다에 있는 하나의 파도일 뿐이다. 현재는 그것이 역사 속에 반영될 때에만 이해된다. 그리고 이해 속에는 현재의 삶이 미래의 의미를 위해 정신적으로 형성된 과거의 내용과 결부된다.

이런 의미에서 슈프랑어는 '모든 정신행위 속에서는 정신의 내용인 전체성이 살아있다는 점'에 주목한다. 모든 의미부여는 의미부여의 다른 기본적인 방향들을 종속적으로 내포하고 그의 지배적 내용에 따라 만곡되어 그 속에 내포된다. 즉, 모든 현존의 성스러움은 초개인적 정신과 의미관련된 개인적 삶의 총의미로부터 떼어낼 수 없다. 따라서 모든 것은 종교적으로 의미가 있으며, 다 퍼내지지 않는 전체의 의미구조와의 얽힘으로부터 재단될 수 있을 뿐이다. 즉, 삶의 모든 개별적 형태는 자체적으로는 단편적이고 불만족하다. 그에게는 궁극성, 즉 '완전성'이 결여된다. 삶의 원천에서 조야하게 생성되는 모든 영혼의 근거 위에는 무한한 충동, 즉 가치에 대한 동적인 동경이 작용하고 이러한 동경은 삶 자체의 핵이며 삶의 충동력이다. 그러나 그곳에는 '요청적 가치의지'가 만족되는 궁극적 형식은 존재치 않는다. 따라서 인간(특히 청소년)은 이러한 가치요청적 내부세계를 만드는 형식부재의 불만(또는 체념) 때문에 문화의 기존 이미지에 대한 부정의 형식을 택한다. 그는 새롭고 다른 문화를 그의 빛과 개성으로 수용한다. 이런 현상때문에 헤겔은 역사가 논리적 모순을 안고 움직일 것이라고 했다. 이런 맥락에서 헤겔은 역사란 변증적 3박자 속에서 계속 전진 발전하는 것이라 했다. 그러나 슈프랑어는 역사란 가치 대립 속에서 "나선형 방향Spiraltendenz"의 방식을 취하는 것이라고 헤겔의 변증법을 수정 보완한다.

따라서 인간(인류)의 가치창조는 가장 깊은 곳에서 완만한 물 흐름Flutrinne이 존재하는 강물에 비유된다. 거기에 그들의 믿음, 그들의 최고가치 그리고 그의 형이상학적인 움직임이 존재한다. 그러나 이러한 정신세계는 개별영혼과 분리된 객관세계에서는 찾아지지 않는다. 왜냐하면 역사와 사회의 이러한 초개인적은 것은 여전히 그의 삶을 개별영혼의 발화점 속에서만 갖고있기 때문이다. 사실 우리는 초개인적인 흐름에 줏대없이 내팽겨쳐지는 자세를 취함으로써 많은 중요한 가치를 잃어 왔다. 따라서 이러한 지상의 그릇을 고유한 것으로 간주하지 않는데 문제가 있다. 랑케Ranke는 피상적인 믿음에 반대하여 "모든 시대는 신에게 직접적이다"라고 주장한다. 즉, 인간의 내면 속에는 하늘의 사다리가 내려져 있고, 그 위로 올라가는 것이 허용되어 있다.

그러나 이러한 승천은 신과의 싸움이기 때문에 모든 각자는 자기의 신과 투쟁해야 한다. 즉, 절대자에로의 유일한 통로는 절대자의 자기생성에 대한 인간의 '인격적 참여'에 있다. 신을 대상으로만 취급하는 것은 우상숭배이다. 그러나 신적인 것에의 참여는 절대자 속에 우리가 스스로 근거지어 있음을 알게 한다. 따라서 신적인 것이 '인격' 속에서 나타나고 개별인격은 영원한 존재의 정신 속에 직접 뿌리박고 있다. 헤겔은 '내가 투쟁'이라고 주장한 바 있다. 따라서 삶의 형태들의 쟁점은 거기에 관여하는 진정한 가치내용과 신성의 정도에 결정된다. 이것이 바로 '양심Das Gewissen'이다. 그리고 양심은 빛이다. 그 빛 속에서 우리는 무한으로부터 유래할 수 있는 것이다. 따라서 양심 속에서 신의 목소리가 들려온다. 왜냐하면 양심의 목소리는 신적 당신Du의 목소리이며, 양심 속에서 우리는 신과 직접 만나기 때문이다 (Meyer, 1983: 59).

> "슈프랑어는 자문한다: 어떻게 양심으로의 교육이 가능할까? 도대체 양심이라는 것은 무엇일까?.... 그는 어떤 절대적인 철학적 이론을 주는 것이 아니라... '양심의 목소리'라고 표현한다.... 절대적인 요청의 경험 속에서 주어지는... 그것은 체험된 절대성의 장소이다. 영혼적 힘의 놀이 속으로 형이상학적 권력들Mächte을 돌파하는 것이 양심 속에 있다."(Bollnow, 1983: 29)

한마디로 수수께끼 같은 인간은 신과 속세 사이에 걸쳐 있으며 양쪽에서 자기의 힘을 끌어오는 주체이다. 그것이 바로 '인격Personality'인 것이다. 그런데 이의 매개체는 바로 정신Geist이다.

> "오로지 정신을 통해서만 신으로 향하는 영혼이 발견된다.... 사후 심판, 저승에서의 칭찬과 형벌에 관한 신화들은 기독성에는 제한이 없다. 그러나

철학은 최소한 여기서 그의 한계에 봉착한다. 이는 양심자체의 떨리는 언어와만 관계하는데 그의 형이상학적 내용에 대해서는 어떤 심오한 사상가도 의심할 수는 없다. 그다음에 오는 것은 우리에게 비밀이다. 그러나 상상은 위험하다. 즉, 양심의 결과는 우리에게 주어진다. 우리는 이를 가지고 투쟁해야 한다."(Eisermann, 1964: 119)

결국 인격은 '주관'에서 시작하여 '객관'을 통과하면서 주관과 객관의 무한한 대립과 갈등 그리고 '절대'를 향한 반성과 성찰의 과정을 통해서 다시 '주관'의 영역으로 돌아오면서 즉 주관-객관의 힘을 끌어오면서 생명의 중심이 된다. 특히 인격은 '결단Entscheidung'의 개념과 통한다. 이는 점진적으로 완성되는 성장과도 다르며, 점진적인 펼침의 개념도 아니다(Bollnow, 1983: 29). 즉, 인간은 결단을 통해서만 오로지 지속적으로 보다 높은 자아가 되며 낮은 자아와 결별한다. 이렇게 본다면 인격은 결과가 아니라 '과정'이 된다. 이러한 인격의 과정은 이해의 과정과 일치하며 우리가 시도하는 인간이해는 곧 그의 인격과정을 의미한다고 할 수 있다. 한마디로 나는 나와 타인을 이해하면서 나의 인격을 성숙시키면서 삶을 객관적으로 살아갈 수 있는 힘을 얻게 한다. 그런데 중요한 것은 슈프랑어에게 인격은 양심, 즉 투쟁하는 양심의 영역이다.

"중요한 것은 개인층Personschicht 내지 자아das Selbst인데 이는 의식형성의 밀고 당김 속에 있는 개체발생 속에서 동시에 노력하는 극복 그리고 갈등의 토대 위에서 하는 생애동안의 내적 작업이 점점 더 형성된다. 이때 자아는 초개인적인 정신, 즉 객관성의 영역에 점점 더 참여한다. 이는 무한한 것과 절대적인 것의 개념뿐만 아니라 단순한 자기보존을 넘어서 정신적이고 도덕적이며 또한 미학적인 의미에서의 진리개념을 의미하는 구속성과 타당성을 획득한다. 그 안에 그것은 양심영역Gewissenssphäre과 동일시되는데, 그로부터 내적 통제가 시작된다. 그래서 우리는 긍정적 과정 속에 있는 개체발생에서 점증하는 정신화Vergeistigung와 관계한다."(Löffelholz, 1982: 236)

주관적 자아는 객관성, 즉 초개인적인 정신에 참여함으로써 절대(예: 도덕)의 영역으로 들어가게 되는데 그것은 바로 인간에게는 양심이 존재하기 때문에 가능한 일인 셈이다.

7) '정신'과 '문화'의 과학적 이해 - 문화해석

(1) "이해Verstehen, understanding"란 정신과학에서 보편적이고 유일한 삶의 인식 및 해석의 독특한 방법이라고 할 수 있다. 아울러 슈프랑어에게서 이해는 주관과 객관을 넘어서는 인간의 존재론적 원현상을 밝혀내는 일이다(송순재, 1980: 18). 또한 그에게 이해의 핵심은 객관성을 구성하는 행위의 현실화이다(Spranger, 1918: GS, VI, 24). 즉 "객관적이지 않은 것을 우리는 결코 이해할 수 없다"는 확신으로 그는 인간의 정신적 삶을 이해하는데 '객관성'을 핵심으로 보았다. 슈프랑어의 이해 방법, 즉 삶의 해석은 크게 '구조론'과 '형식론'으로 구성된다.

우선 슈프랑어의 '구조론構造論'은 딜타이로부터 유래한다. 즉, 잠정적인 개성과 초월적인 내용과의 관계가 정신적 삶의 구조 속에 있는 본질적 신비인데, 그것의 비밀 속으로 파고드는 수단이 바로 '이해'인 셈이다. 그러나 슈프랑어에게서 "이해"란 영혼의 감정이입이 아니며, 그렇다고 분트나 딜타이에게서처럼 추체험Nacherleben과 같은 것도 아니다(Louvaris, 1983: 40). 즉, 슈프랑어에게 이해는 개별영혼의 주관적 존재, 체험 그리고 행동에 대해 충실히 모사된 추체험과 같은 의미가 아닌 것이다. 왜냐하면 추체험으로만 근거된 심리학은 이해심리학이 아닌 '기술 심리학beschreibende psychology'으로 제한될 수 있기 때문이다. 오히려 슈프랑어에게 이해의 과제는 객관적으로 타당한 인식형태 속의 정신적 관련을 의미있는 것으로 파악하는 데에 있다. 만약 슈프랑어에게 추체험의 개념을 적용한다면, 그것은 아마도 '범주적으로 형성되는 추체험'이라고 할 수 있을 것이다(도모금칠, 1941: 450). 왜냐하면 우리 인간은 단지 의미충만한 형상, 즉 의미충만한 관련만을 이해할 수 있기 때문이다. 즉, 슈프랑어의 이해방법은 전체적이며 통일적이다(도모금칠, 1941: 439). 따라서 이해에 대한 인식행위는 '개념과 설명'으로부터도

구별된다. 그것은 내적 관련 속으로 파고들고 항상 어떤 의미를 이해하는데, 그러한 의미는 구성원이 가치 전체 속으로 정돈되는 모든 것에 대한 '가치' 내지 '의미'이다. 결국 정신행위에 의한 정신구조는 그 고유한 법칙에 따라서 정신의 근본법칙을 나타내는데, 이러한 구조의 형식형성으로 삶을 이해될 수 있는 것이다.

슈프랑어의『삶의 형식들』에서는 바로 이 문제가 조직적이고 체계적으로 다루어지고 있다. 우선 슈프랑어는 딜타이의 해석방법인「체험-표현-이해」라는 순환구조, 즉 이해란 단순한 추체험으로 다시 이해될 수 있다는 딜타이의 명제와는 다른 방법을 택한다. 즉, 딜타이에게 체험은 주관을 위해 의미를 갖고 있는 반면, 슈프랑어는 개별주관을 위해 객관적 세계 관련의 궁극적 의미와 객관적 의미영역 및 가치영역을 편입시킴으로써 주관의 체험 개념을 정리한다(Hüschke-Rhein, 1983: 357).

따라서 슈프랑어는 개개인의 개별적 구조, 즉 의미수용적 체험과 의미부여적 행위 간에 역동적으로 파악되는 '의미구조Sinnstruktur'에서 시작한다. 바로 이러한 의미구조가 초개인적인 정신의 구조를 구성하고 있는 것이다. 즉, 그러한 구조 속에는 개별영혼이 이미 잠들고 있다. 그러나 이 정신은 헤겔이 주장하는 스스로 존재하는 세계정신이 아니다. 오히려 그것은 우선 가치 및 의미 관련 속에 또는 영혼과 정신적 내용의 본질적인 관계 속에 존재한다(Louvaris, 1983: 39). 따라서 슈프랑어는 구조문제를 규범의 관점에서 파악하고 구조의 통일을 가치법칙의 관점에서 파악하고, 구조의 통일을 가치법칙의 형성력 아래로 가져다 놓는다. 그러나 딜타이가 말한 것처럼 영혼의 구조관련을 지배하는 규범들은 자기보존의 생물학적 가치 속에서 만들어지는 것이 아니다. 그것은 보다 높은 가치질서Wertordnung를 나타낸다. 왜냐하면 ─ 막스 베버에 의하면 ─ 분명히 인간의 행동 중에는 가치합리적인 행동이 있고, 이 행동들이 윤리적인 행위와 연결되기 때문이다(박병기 편저, 1994: 47).

따라서 슈프랑어의 연구 주제는 목적 속에 있는 정신적 형상에 대한 의미파학을 특수하게 이해하는 것이다(Louvaris, 1983: 41). 이러한 목적을 위해 그는 "범주"를 설정한다. 그러나 범주는 물론 가치관련 속에 있는 개인으로부터 시작하지만, 결국 '초시간적인 원리'로 간주되는 것이다. 그것은 '정신적 객관화geistige Objektivation'와 의미충만한 관련 속에 존재하는 개별영혼을 이해하는데 기여한다(Louvaris, 1983: 41). 또한 그것은 구조화된 정신의 존재 양식 속에 객관적으로 나타나는데, 그 존재양식은 그 자체의 규범적인 법칙성에 의해 지배되고 마치 개별영혼처럼 주관적 정신과의 조직적인 관련 속에 위치한다. 따라서 그것은 실제화된 가치와 그 가치의 '규범요청적인 문화'와의 의미충만한 관련으로 간주된다. 이러한 다양성은 수많은 개별적인 내용을 충분히 축성했다고 하지만, 그것을 전달하는 개별적인 인간, 즉 초개인적인 것에 해당되는 의미법칙에 따라 활동하는 인간을 통해서만 살아남는다(Louvaris, 1983: 41ff.). 이러한 정신세계 역시 '정신구조'로 구성된다. 그것은 올바르고 타당한 그러면서도 객관성을 띤 정신의 법칙성 아래에 존재하는 가치에 의해 이끌린다. 따라서 그러한 정신세계는 그의 특수한 의미를 여러 의미로부터 끌어내고 그로써 영원한 규범을 암시한다(Louvaris, 1983: 42). 이렇게 본다면 슈프랑어 역시 "구조를 통한 이해의 방법"을 경제학, 사회학, 인간한 그리고 심리학에 적용했던 좀바르트W. Sombart, 베버M. Weber, 퇴니스F. Tönnis[66], 트뢸체Troeltsche 등과 같은 부류의 정신과학적 이해 방법을 사용했다고 할 수 있다.

(2) 철학사적으로 '형식Form'이란 범주를 처음으로 체계화시켰던 학자는 I. 칸트이다. 그의 범주론은 존재당위Seinsollenden로부터 시작하는 '선험적 범주론'이다. 슈프랑어의 '형식'은 칸트의 개념에 기인한다. 즉, "정신의 근본구조는 선천적으로 형성되어 있다"는 슈프랑어의 명제는 칸트의 아프리오리a priori 개념으로부터 차용해 왔다고 할 수 있다. 그러나 칸트는 순수 자연

---

[66] 공동체의 문제에 깊은 관심을 보인 퇴니스F. Tönnis에 의하면, 인간의 의지는 본질적인 의지Wesenwille와 인위적인 의지Willkür로 구분된다. 인간은 본질적인 의지 또는 본능적인 의지로 서로간에 의존하면서 공동체를 만들어 함께 살게 되는데, 이때 살아남는 본능을 발휘하는 과정에서 언어를 사용하게 된다. 언어는 공동체를 살아가는데 있어서 필수적인 요구되는 상호 간의 약속이다. 상호대화를 통하여 약속하면서 규범 내지 제도 법 등이 생겨난다. 문화도 이러한 맥락에서 '인위적으로 ' 만들어진다. 이때 공동체를 살아가는 본능이 언어, 규범, 제도, 법, 문화를 발전시키면서 본질적인 의지는 인위적 의지로 발전되는 것이다(Tönnis, 1979: 73).

에 대한 법칙적 지식(필연적이고 보편타당한 지식)을 근거로 하였지만, 슈프랑어는 '문화文化'에 대한 법칙적(필연적이고 보편타당한) 지식과 이해를 근거하였다(Huschke-Rhein, 1983: 364).

딜타이 역시 삶의 범주를 설정하지만 그에게는 삶 자체가 하나의 범주였다. 따라서 딜타이는 삶은 '체험'의 주체이며 동시에 체험의 대상으로서 삶을 이해하는 것은 체험당위로 귀결된다. 그러나 인간의 역동적 삶에서는 '체험당위'가 '당위체험'으로 되어야 한다는 논리가 슈프랑어의 고유한 생각이었다. 이렇게 본다면, 슈프랑어에게 나타나는 범주는 삶에서 '객관화'되어 현시되는 '형식의 범주'를 설정하는 짐멜G. Simmel(1858-1918)의 영향으로 볼 수 있다. 왜냐하면 짐멜은 '형식Form'이란 범주를 삶의 분석의 핵으로 끌어 올렸다고 할 수 있기 때문이다(Frisby, 안준섭 역, 1985: 46).

사실 짐멜은 두 가지 삶의 개념을 규정한다. 하나는 개별적이며 경험적이고 역사적인 변화에 예속된 삶이며, 또 하나는 '보편적 사실'로서 개별적인 삶을 포함하고 있는 '초역사적이고 전체적인 삶'이다(Simmel, 1968: 204). 여기서 그는 역사를 이루는 각각의 개별적 삶은 형식 – 그는 가장 중요한 형식들인 세계형식으로 철학, 예술, 과학, 종교 등의 '문화영역'을 들고 있다 – 을 통해 '초역사적이고 전체적인 삶'에 각인된다고 한다(이주영, 1985: 29-30). 슈프랑어는 삶의 "내용contents"이란 개념으로 이 논리를 보충한다. 그는 인간의 정신행위와 체험은 시간적이지만 그 내용은 '초시간적'이라고 주장한다. 따라서 '형식'은 언제나 무질서한 삶의 충만에 대한 질서잡힌 원리가 된다. 그러나 형식에 의한 질서는 어떤 단순한 미적인 것이 아니고 항상 '윤리적인 뿌리'를 가지고 있다(이주영, 1985: 35). 슈프랑어는 이러한 근거를 삶의 유형들Lebenstypen 속에 나타나는 '동기화유형들'이 항상 '윤리적 에토스'로 발전하기 때문이라고 설명한다. 따라서 슈프랑어의 '삶의 유형론'은 삶의 이해와 해석의 수단이면서, 동시에 '윤리의 규범성에 대한 이해'의 토대가 된다. 또한 이러한 유형론적typological 방법의 배후에는 삶의 '통일적 구조'의 파악에 대한 노력이 들어 있다(활용교육대사전, 1972: 375).

(3) 딜타이는 형이상학적 사고는 정신과학의 기초가 될 수 없다고 보았다 (Dilthey, GS.V: 193). 그는 "실체" 대신 "자기동일성", "본질" 대신 "중심과

주변"이라는 범주를 주장하며, 형이상학의 연역적 방법에 대응하는 '해석학적 방법'을 제시했다. 그러나 슈프랑어는 형이상학에 기초한 '인격의 윤리학'을 추구한다(Rouvaris, 1983: 45). 왜냐하면 인격人格은 형상에 의미를 부여하고 대중화의 위험에 대해 자신을 보호할 의무를 갖고 있기 때문이다.

따라서 의식하고 체험하는 개인Individuum 없이 문화는 죽고 만다. 모든 것은 그때 살아있는 개인에게 달려 있다. 즉, 개인이 체험하지 못하면 문화는 없는 것이며, 문화는 개인에 의해 체험될 때 비로소 삶에 기여하게 된다. 따라서 문화의 본질적인 생명은 그때 살아있는 문화보지자Kulturträger인 개인과 그의 초개인적인 의미내용과의 관련에 근거한다. 그러나 이런 관계는 모든 문화가 최종적 가치확신Wertüberzeugun에 기인하는 것을 의미하는데, 이러한 가치확신에서 우리는 가치를 계속 창조해야 한다. 결국 문화를 체험하는 개인Person이 중요한 것이다. 바로 개인에 의한 이러한 최종적 가치확신이 형이상학적이고,[67] 종교적 성격이라고 할 수 있다. 또한 문화를 체험하는 개인은 인간의 영원성에 대한 인식을 역사적인 것의 중심에다 옮겨다 준다. 왜냐하면 삶의 심오한 형이상학적 깊이는 가치를 체험하고 시험하는 개인적 영혼의 고독 속에서만 드러날 수 있기 때문이다(Roessler, 1964: 71). 따라서 여기에서 문화의 생존과 성장을 위한 보증은 문화를 체험하는 개인에 의해 발생하는 문화적 힘들과 창조적 총의지와의 윤리적-종교적 관련 속에서만 존재한다고 할 수 있다.[68]

> "살아있는 자는 문화를 위해 끊임없이 가치가 있다. 그리고 인간은 역시 윤리적으로 의도하는 본질로서도 결정하는 자이다. 문화의 고유한 삶은 그때 살아있는 문화보지자와 그의 초개인적인 의미내용과의 관련 위에 기

---

[67] 형이상학은 존재로서의 존재의 기본적 특성을 다루는 학이며, 그것의 목적은 제1차적인 원인에 대한 지혜를 얻고자 함이다(윤명로, 1977: 44).

[68] 사실 정신과학을 정초한 딜타이 역시 종교적 문제에 부딪혀서는 "과학으로서의 형이상학은 붕괴되었어도 형이상학의 정조Stimmung는 남아 있다"고 하면서 "삶의 형이상학Meta-Physische이 인격적 경험, 즉 도덕적-종교적 진리로 남는다"고 했다(Dilthey, GS.XIV: 306ff.). 결국 그는 종교적 문제에서는 자기 논리의 모순에 빠지고 말았다.

인한다. 그러나 이러한 관계는 문화가 멸망하지 않도록 하려면 계속 우리가 그로부터 창조해야 하는 마지막 가치확신에 최종 분석된 모든 문화가 기인한다는 것을 뜻한다. 이러한 마지막 확신들은 형이상학적-종교적 성격 그 자체이며, 인간의 영원성에 대한 인식을 역사적인 것으로 들어가는 중간에 가져다 놓는다. 따라서 문화적인 작용과 창조로의 그 힘은 종교적 삶이 만들어내는 바로 그것이다. 즉, 문화의 생존과 성장을 위한 보호는 오로지 각자가 그것의 순위를 암시하는 창조적인 총의지로 문화력Kulturkräfte을 윤리적이고 종교적으로 종합하는 데에 기인한다."(Louvaris, 1964: 45-46)

이러한 맥락에서 볼 때, "가치의 선천성"을 밝혀낸 플라톤의 '가치론價値論'을 체계화시킨 쉘러의 가치윤리학과 슈프랑어의 인격윤리학은 근본적인 차이점을 보여 준다. 구체적으로 쉘러에게 '양심'은 윤리적 통찰이나 윤리적 가치명증의 성격이었지만, 슈프랑어에게 양심은 '모험과 투쟁'의 성격을 가진다.

"우리는 슈프랑어와 막스 쉘러의 논쟁의 결정적 지점을 상기한다. 양심은 조용하고 윤리적인 입장 아니면 윤리적 가치증거가 아니고 모험과 투쟁이다. 투쟁하는 양심의 개념에서는 양심진술의 일의성이 투쟁되어야 한다는 사실이 중요하다. 슈프랑어의 양심체험에 대한 분석에서 그렇게 강하게 드러나는 양심의 실행은 유일한 윤리적인 결정상황에서 이야기하고 그것을 완전히 조명하는 것인데, 이는 너무나 개방적이어서 전부터 의심의 여지가 없는 일의성을 의미한다는 점을 이해할 수 없을 정도이다. 특정한 상황 속에서 기준척도를 부여하는 윤리적인 규범들에 대한 양심적 의심 Gewissenzweifel은 특별히 어려운 결정상태 속에서 특별히 양심시험의 필연적 과정단계를 묘사한다. 수많은 윤리적인 요청들의 경연으로서 아니면 서로 모순적인 의무들의 만남으로서도 양심의심은 어려운 양심갈등으로 승화된다."(Meyer, 1983: 63)

즉, 슈프랑어에 의하면, 양심을 가진 보다 높은 자아는 신에 항상 개방적이며 변증적이기 때문에, 세상의 지배적인 도덕과도 늘 투쟁 중이다.

"슈프랑어는 개인적 양심은 이론적 가치통찰을 통해서 대체되는 것이 아니고 용기와 투쟁으로 이루어진다는 사실을 중요하게 여겼다. 우리는 삶의 투쟁으로 돌파하는 것 없이도 얼마든지 가치근거Wertevidenz를 얻을 수 있다고 믿는다. 여기서 우리는 슈프랑어의 '투쟁하는 양심kämpfendes Gewissen'의 개념과 맞부딪힌다. 이 개념은 헤겔의 개념을 슈프랑어가 넘겨받은 것인데, 정신적 삶의 고유한 법정Instanz이다."(Meyer, 1983: 43)

헤겔은 "형이상학이란 절대로 향하는 유일한 창"이라고 했다. 그러나 슈프랑어는 헤겔이나 하르트만이 추구한 순수한 사유의 형이상학적 방법과는 결별한다(송순재, 1980: 31). 또한 쉘러는 행위의 형이상학을 추구하여 신Gott은 총인격Santperson에 해당된다고 주장하면서, 신은 대상적인 것이 아니라 오로지 작용할 뿐이라고 주장했다(Scheler, 최재화 역, 1982: 164). 이렇게 '규범성의 문제' 또는 '가치타당성의 문제'는 쉘러나 하르트만 같은 신칸트학파의 주요한 문제였다. 그러나 합리론적 도덕주의에 입각한 그들의 해결방법은 다분히 사변적이었다고 할 수 있다(Spranger, 1953, GS.V: 325).

슈프랑어는 이러한 문제를 '문화철학Kulturphilosophy'으로의 역동적 전환으로 해결하려 했다(Spranger, 1953, GS.V: 326). 그는 정신적 삶, 즉 문화의 기반을 직관의 객관적 가능성을 견지하는 형이상학적인 것 속에서 찾았다(Spranger, 김재만 역, 1984:119). 그에 의하면, 철학이란 항상 인간이 창조하고 구속되는 '문화'를 탐구하여야 한다고 주장하면서 **"개인(개성, 인격)-문화"**라는 도식 속에서 형이상학의 논리를 기초로 했다. 이러한 사상은 슐라이어마허의 종교철학적 방법이나 트뢸체의 이상주의적 방법에 밀착되어 있다고 할 수 있다(송순재, 1980: 31). 슈프랑어에 있어서 인간이 창조하고 그에 구속되는'문화'의 원천인 신은 인본주의 신, 즉 사랑 본위의 신이었기에 그에게 있어서 신의 추구는 바로 형이상학이었다고 할 수 있다(稻毛金七, 1941: 442; 446).

"모든 보다 높은 삶과 모든 계속적인 삶의 경험은 지속적인 신의 추구이다. 삶의 경험에 대한 압박 속에서의 긴장끈은 자기 자신에 대한 불만족이다.

이는 우리를 항상 새로이 선동하는 초월이다. 이는 언젠가 우리로 하여금 보다 깊은 자아를 발견하게 한다. 그러나 여기서 머물지 않는다, 우리는 우리의 자아를 극복하는 것을 요구한다.... 삶의 경험은 죽음과 생성의 비밀 속에서 새로운 자아형성, 해체와 새로 태어남이 최고조에 도달한다. 여기에 오로지 영원한 사랑의 신적 요소가 남아 있다."(Eisermann, 1964: 120)

결국 슈프랑어가 추구는 '정신철학Geistesphilosophie'은 정신적 삶의 원리론이다. 그것은 '심리학'과 '정신과학'의 도움으로써, 그러나 비판적-규범적 방법으로써 '문화철학'을 설정하고 '정신생활의 형이상학'으로 이어지게 된다(Eisler, 1983: 493).

(4) 슈프랑어는 처음부터 역사주의의 유령인 '가치의 상대화'를 거부하면서 투쟁했다(Hüschke_Rhein, 1983: 493). 그는 삶에 대한 역사적 이해에서 "현재의 삶은 미래의 의미를 위해 정신적으로 형성된 과거의 내용과 맺어져 있다. 따라서 우리의 모든 삶의 움직임은 단지 실질적인 역사철학의 배경 위에서만 해석할 수 있을 것이다"라고 주장했다(Spranger, 1950: 446). 다시 말해 그는 문화라는 '객관적 힘들'과 가장 밀접한 상호작용 속에 있지 않은 '주관'은 단순한 추상개념으로 보았으며, 이때 역사적 특수성 속에 얽혀져 있는 순수 주관이 아닌 '역사적 주관historisches Ich'을 연구의 착점으로 규정한다. 그러나 그는 역사적 주관도 개별적으로는 추상적 개념일 수 있기 때문에 문화시기의 모든 '역사적 주관들의 총합'만이 충분한 지평이 되어야 한다고 주장한다(Hüschke-Rhein, 1983: 361). 그러나 그는 일단 이러한 역사철학의 방법을 직접적으로 추구하는 것을 보류한다. 심지어 그는 역사적 상대주의를 극복하려면 결코 그 길을 가서는 안 된다고 생각한다(Hüschke-Rhein, 1983: 361). 왜냐하면 역사철학이 비록 개개인의 역사적 삶을 분석해 낸다 하더라도 결국 우리는 그의 심연 속에서 항상 자신을 위해 존재하는 개인(개성, 인격)의 한계 내부에 머물게 되기 때문이다(Eisler, 1983: 494). 즉, 그는 역사적 상대성은 계속해서 역사적 상대성으로 이어진다고 본다(Hüschke-Rhein, 1983: 361).

사실 역사적 상대성에서는 어떤 영원한 것das Ewige이 분석적으로 추론될 가능성은 없다(Hüschke-Rhein, 1983: 362). 따라서 슈프랑어는 작은 삶으로써 커다란 삶의 움직임의 리듬에 편입되거나 아니면 반대 대항하게 하는 '영원한 법칙'을 추구하였다. 그는 역사적으로 주어진 '문화'를 '객관적 정신' 내지 '객관화된 정신objektivierter Geist'[69]으로 간주하고 그것의 '영원한 법칙'을 찾아내는 데 주력했던 것이다(Eisler, 1983: 494). 그는 시간성 위로 정립된 역사주의적 삶의 범주의 상대성을 극복하려 했기 때문에, 결국 그는 '범주' 및 인간에 내습된 정신적 방향의 '무시간성'과 '영원성'(초시간성)을 강조했다(Hüschke-Rhein, 1983: 364).

한편, 역사의식의 문제는 신칸트학파의 가장 커다란 문제였다. 학學: Wissenschaft을 구분하는 데 주관적 문제보다는 '방법method'이 토대가 되어야 한다고 주장하는 빈델반트에 의하면, 자연과학은 보편적 제법칙의 공식화(법칙정립적 과학)를 목적으로 하고, 역사학은 개별적 제사실의 기술(개성기술적 과학)을 목적으로 한다(Collingwood, 이상현 역, 1976: 260). 이미 위에서 언급한 것처럼 여기서 빈델반트는 역사를 '문화과학Kulturwissenschaft'이라는 용어로 대치시켰다(Collingwood, 이상현 역, 1976: 262). 이로써 그는 처음으로 '역사(문화)에 관한 학문'을 '가치론'에 포함시킨 셈이다. 이어서 리케르트 역시 정신과학은 심리학적 과정에의 관심을 잘못 제시한다고 하면서 대신 '문화과학'이라는 용어를 애용했다(The Encyclopedia of Philosophy, Vol. 3: 276).

> "빈델반트와 리케르트 역시 신칸트학파로써 실증주의에 반대했으나, 딜타이와는 달리 자연과학과 인문과학의 주제 자체에 차이가 있다고 보지 않았다. 그들은 두 과학의 차이는 대상에 대한 접근방법의 차이라고 보았다. 빈델반트는 방법론에 의해 자연과학과 인문과학이 나뉠 수 있다고 보며, 이때 과학은 자연과학과 역사과학으로 나뉜다. 자연과학은 현상에 대한 일반화를 추구하고 일반법칙을 찾으려 하는 법칙정립적인 성격을 가지는

---

[69] 슈프랑어에게 '객관화된 정신'이란 가치들이 물질적으로 형태Gestalt, 전체를 얻었을 때를 의미한다(Roessler, 1964: 64).

데 비해, 역사과학은 개개의 특수한 현상을 기술하는 개성기술적個性記述的인 성격을 가진다. 그런데 역사과학이 과거에 일어난 일을 남김없이 연구대상으로 삼는 것은 아니다. 역사과학은 진·선·미·성 등 인간이 추구하는 가치의 관점에서 의의가 있는 일회적이고 개성적인 사실들을 선택한 후, 그것의 맥락을 재현하고 재구성하는 것을 추구한다. 리케르트 역시 자연과학의 기본방법은 일반화하는 방법이고, 문화과학은 개별화하는 방법을 사용한다고 하여 양자를 구별했다."(김승현 외, 1997: 473)

한편, 짐멜은 "역사가가 과거의 사실을 재구성할 수 있는 가능성은 역사가 자신이 정신과 개성을 갖고 있는 하나의 인간이라는 사실"이라는 점에서 가능한 것이라고 주장했다. 이러한 역사의식을 기초로 딜타이는 "삶이란 직접적인 체험을 의미하는 것이지 결코 반성이나 인식으로 알려지는 것은 아니다"라고 주장하게 되었다(Collingwood, 이상현 역, 1976: 269). 따라서 딜타이가 "역사란 심리학에 의해 생각될 때에만 인식이 가능하다"고 주장하였다. 이러한 딜타이의 입장에 의하면, 인간에게 '역사적 인식'은 불가능하며 과학적 인식만이 유일한 종류의 인식이라고 말한 것이나 다름없다. 왜냐하면 딜타이에게 심리학은 역사학이 아니라 자연과학적 원리에 근거를 두고 구성되는 과학이기 때문이다. 따라서 딜타이는 직접적인 경험과 별개인 개별적인 것에 대한 인식은 존재할 수 없다고 하여 '실증주의적 견해'를 받아들였다. 즉, 딜타이는 보편을 인식할 수 있는 유일한 길은 자연과학 또는 자연과학적 제원리를 기반으로 구성되는 과학적 방법을 취하는 것이라고 보았다(Collingwood, 이상현 역, 1976: 270-271). 이러한 맥락에서 딜타이는 '정신과학적 방법'을 주장하게 된다.

그러나 인간은 현재의 직접적인 경험 속에 살고 있는 것이 아니라, 현재에 대한 '자기인식' 속에서만 살아있는 것이다. 이렇게 본다면, 딜타이나 짐멜은 역사적 과거를 죽은 과거로 생각한 셈이다. 즉, 인간(개안)은 역사를 체험할 수 있을 뿐이지, 역사를 인식하는 것은 불가능하다. 왜냐하면 역사는 계속 흐르기 때문이며 삶 역시 역사의 흐름 속에서 역동적이기 때문이다. 즉, 삶이 역사인 것이다. 왜냐하면 양자 모두 쉬지 않고 영원히 흐르기 때문이다. 그러나 일반적으로 과거는 죽은 과거가 아니라 현재 위에 살아남아서 영향을 미친다고 할 수 있다(Collingwood, 이상현 역, 1976: 273). 흐르는 역사가 우리의 삶에 영향을 미치는 한, 우리는 역사를 체험하면서 동시에 '인식'한다고 할 수 있다. 심지어 역사에 대한 비판, 반성, 성찰도 가능하다. 따라서 역사가의 인식은 현재 속에서 과거를 인식하는 것 다시 말해 과거의 경험을 현재에 재생산한다는 의미에서 역사가 자신의 마음을 재인식하는 것을 말한다(Collingwood, 이상현 역, 1976: 273). 심지어 인간은 정신을 가지고 있는 한, 결국 정신은 자신을 인식할 수 있는 것이므로, 그 정신의 생활인 역사과정은 자기인식의 과정이며 자기를 이해하고 자기자신을 비판한 자기자신의 가치를 부여하는 과정이라는 것이 역사적 과정의 특징이다(Collingwood, 이상현 역, 1976: 273). 결국 '역사인식'은 궁극적으로는 '자기인식'이라고 할 수 있다.

결국 딜타이나 짐멜 같은 역사주의자들은 이러한 사실을 간과한 것이다. 즉, 이들은 자연이 과학자의 관찰의 대상이듯, 역사는 역사가의 연구대상으로 보았던 셈이다(Collingwood, 이상현 역, 1976: 274). 그러므로 이러한 역사학파는 역사를 해석하고 이해하고 역사에 가치를 부여하고 역사를 비판하는 과업이 역사 자체에 의해 또 역사 자체를 위해 실시되는 것이 아니고, 역사 밖에 서 있는 역사가에 의해서 행해지는 것이라고 생각했다(Collingwood, 이상현 역, 1976: 274). 따라서 그들이 말하는 삶의 단순한 심리학적 삶이 되어 버렸으며, 비이성적이고 본능적인 삶이 되어 버렸다. 즉, 자연주의에서 탈피하는데 그들의 역사관은 실패하고 말았다(Collingwood, 이상현 역, 1976: 275).

> "슈프랑어의 창조는 단순한 심리주의와 단조로운 실증주의적 경험주의 그리고 인간의 개체성의 유일성과 정신세계의 우위를 거부하는 자연주의로부터 해방된다. 다른 면에서 그는 가치들과 주관주의, 상대주의 그리고 지성주의의 전권지배에 대해 정신의 규범적 법칙성을 위해 그의 탐구와 계시를 가지고 투장했다."(Louvaris, 1964: 57)

결국 슈프랑어는 처음부터 '삶의 역동성'을 인정하여 '경험주의'와 '선험주의'사이에서, 즉 현실과 영원(이상)에 동시에 매달리는 변증법적 방법을 택하였다(Hüschke-Rhein, 1983: 373). 이로써 슈프랑어는 현대의 역사철학자들이 추구하는 역사 속에서의 '자기인식'을 이뤄냄으로써 그들과 맥을 같이 하게 되었다고 할 수 있다. 결국 슈프랑어는 칸트적 명제에 대하여 딜타이적 "표현으로서의 전회"를 삶의 이해방식에 적용하였을 뿐 아니라, 동시에 체험은 결코 체험 자체로써만 이해할 수 있는 것이 아니고 '객관적 범주'의 도움에 의해서만 이해될 수 있다는 주장을 함으로써 딜타이의 상대적 역사관이 가지는 한계를 극복하고자 했다(Hüschke-Rhein, 1983: 374). 왜냐하면 슈프랑어는 삶이란 '객관성'을 통해서만 '이해'될 수 있는데, 딜타이가 나타낸 "표현"에는 객관성이 결여되어 있기 때문에, 완전한 이해가 불가능하다고 주장하여 왔기 때문이다. 다시 말하면, 딜타이의 "표현"은 슈프랑어에게는 "문화"였다. 따라서 슈프랑어에게 문화는 자기인식과 자기이해를 위한 수단으로서 작용하는 (잠정적) 객관성이다.

그러나 여기서 거론되는 객관성은 단순히 인식이론적인 객관성이 아니라 정신의 법칙인 '가치실현의 법칙성'을 내포하는 인식과 이해의 객관성이다(Hüschke-Rhein, 1983: 375). 이것이 바로 슈프랑어가 '역사적 영원성'을 추구하기 위해 시도한 '역사인식의 윤리적 개념'이다. 따라서 슈프랑어는 처음으로 빈델반트가 주장한 "역사학은 윤리학의 부분이다"라는 명제를 그와는 다른 각도에서 입증하고,[70] 역사의식과 윤리의식과의 결속관계를 보다 구체화시키고 체계화시켰다고 할 수 있다. 따라서 슈프랑어는"인간이 무엇인가 하는 것은 역사만이 알려준다"는 딜타이의 명제를, "인간이 무엇이어야 하는가 하는 것도 역사만이 말해준다"는 명제로 바꾸면서 역사의 발달원리는 사건의 특수법칙만이 아니라 '당위의 법칙'임을 입증하려고 했다. 따라서 슈프랑어에 의하면 역사의 미래는 운명이 아닌 마땅히 해야 하는

---

[70] 빈델반트는 단순히 역사가의 가치윤리에 중점을 두지만, 슈프랑어는 처음부터 정신의 구조론에서 나타나는 법칙적 차원을 매개로 하여 규범적 법칙을 추론한 결과 유형론에서 나타나는 윤리의 규범적 법칙을 역사적 삶 속에서 논리적으로 입증했다고 볼 수 있다(Hüschke-Rhein, 1983: 377ff.).

'윤리Ethic'에 결속되어 있다. 여기서 그는 '문화와의 만남'을 통한 '개성(개인)의 문화결단'이 이루어져야 하며, 궁극적으로는 '문화체험'이 각성되어야 한다는 논리를 세워 '문화교육학Kulturpädagogik'의 근거를 체계화시키는 것이다.

> "문화교육학의 목표는 문화의 법칙 아래에 개인의 탈인격적인 굴복이 아니고 문화과정에서 개인의 힘들의 척도에 따라 형성적이고 연결적으로 함께 작용하는 것을 가능하게 하는 개인의 윤리적 자유이다. '살아있는 영혼은 객관정신의 주어진 권력에 의해 짓눌려서는 안된다' 고 슈프랑어는 경고했다. 우리는 그의 교육학이 소위 문화재의 중재에 근거하여 달린다고 믿는다면 근본적으로 그를 오해하는 것이다. 문화교육학의 잘못된 파악은 이러한 오해를 매우 가깝게 했다. 이에 반해서 그는 교육을 도야 내용의 전통 이외에도 개인의 육체적이고 영혼적인 발달 조력으로 이해했다. 특히 내성의 각성이 중요하다. 문화적 내용들의 보존과 수집에 머무는 교육은 박물관의 유리진열장에 문화를 보관하는 것과 비견될지 모른다. 물론 교육이 보존을 포기할 수는 없지만, 그러나 이는 이를 넘어서 갱신해야 하고 심지어 새로움의 창조에도 도전할 수 있어야 한다."(Eisermann, 1964: 110-111)

결국 문화각성이 이루어지는 순간부터 우리는 인격을 확인하는 것이며 이로써 문화교육은 문화를 매개로 하는 (자기)도야를 통한 인간교육 내지 인격교육으로 종결되는 것이다.

슈프랑어는 심리학자로서 그리고 역사학자로서 자신을 회고할 때, "모든 노력을 교육법칙을 발견하는데 쏟아 넣었다"고 고백하고 있다(Spranger, 1925: 23). 즉, 그는 인간 본질, 정신, 그리고 초역사적이고 규범적인 정신의 법칙을 발견함으로써 삶을 올바르게 이해하고, 또한 삶이 지향해야 하는 것을 파악하고, 객관적이고 다양한 삶의 법칙에서 교육법칙을 찾아내려 했다. 한마디로 『삶의 형식들』의 핵심어는 "형태와 형태변화는 삶의 원법칙 Urgesetz이다"라고 볼 수 있는데, 그는 여기서 "선천적 가치론"을 탐구하여 삶의 규범적 법칙을 당위성으로 입증한 셈이며, 나아가서 여기서 교육법칙을 연역해 내려 했다고 할 수 있다. 따라서 그는 교육학을 단순히 경험적 교육과학으로만 본 것이 아니고, 세계관적-규범적인 교육의 철학과 실천적 교육학의 혼합형태로 이해했다(Brenzika, 1978: 250).

결론적으로 말하자면, 슈프랑어의 근본문제는 사회적, 역사적, 문화적 현실을 대상으로 하는 정신과학을 철학적으로 정초하려 했다. 즉, 그의 삶과 그의 창조작업들은 단순히 공리주의에 대한 계속적인 투쟁이었으며, 실증주의와 역사적 상대주의에 대한 논쟁이었으며, 인간을 빈곤하게 하는 계몽주의적 지식일방성에 대한 방어였다(Louvaris, 1983: 49). 즉, 그는 살아있는 삶 내지 실존적인 삶 속에서만 삶의 의미가 개방될 수 있다는 가정을 갖고 그것을 추구했다(Louvaris, 1983: 51). 따라서 슈프랑어의 교육사상은 이러한 열려진 삶의 의미 속에서만 나타나는 교육의 원현상으로서의 삶의 원현상을 밝혀내려고 했다고 볼 수 있다.

제11장
문화의 해석학적 순환

1. 문화만남과 문화체험

인간은 문화를 만나면서 살아간다. 문화를 만나면서 인간은 문화에 순응하기도 하며, 반대로 기존 문화에 저항하기도 한다. 즉, 혹자는 기존 문화에 적응하면서 문화로부터 이탈離脫되지 않으려고 하는 반면, 혹자는 기존 문화를 비판하거나 비난하면서 기존 문화의 개혁을 외친다. 이들은 기존 문화로부터 스스로 일탈逸脫을 시도하기도 한다. 아니면 타인에 의해 문화적 일탈자逸脫者로 규정된다. 그러나 양자 모두 인간의 '문화만남'에 해당된다. 따라서 우리의 삶에서 문화만남은 죽는 날까지 끊임없이 이루어진다고 할 수 있다.

물론 혹자는 기존 문화와 자신의 입장이 부합되든 아니면 상충되든 별 상관을 하지 않고 살아가기도 한다. 소위 사회적으로 은둔을 선택하든지 아니면 스스로 고립되든지 하는 특수한 경우가 이에 해당될 것이다. 이를테면, 소설 속의 로빈슨 크루소처럼 모든 문명사회로부터 스스로 격리하여 외딴 섬에서 홀로 살아간다든지, 아니면 산속으로 들어가서 자연인으로 혼자 산다든지 하는 경우이다. 또한 절에 들어가시 스님이 된다든지 수도원에 들어가서 수녀가 되든지 수사가 되든지 아니면 지리산에 들어가서 혼자 심신수련을 한다든지 하는 경우도 대략 이에 해당된다고 할 수 있다.

그러나 인간은 '사회적 존재'라고 한다면, 인간이 홀로 고립하여 사는 것은 삶의 본질에서 벗어난다고 할 수 있다. 우선 사회적 존재로서의 인간은 법, 규칙, 규율 등을 매개로 공동체의 질서를 수호하고 각종 사회제도를 제정함으로써 생활방식을 통제하고 규합한다. 이때 인간이 자신들의 삶을 위해서, 즉 삶의 편리함, 유익함, 쾌적함, 생산성, 효율성, 합리성 등을 위해서 만들어내는 법, 규칙, 규율 등은 문화 특히 비물질적 차원의 문화文化가 된다. 이렇게 창조되는 문화를 우리 인간은 늘 만나면서 문화에 적응하고 편입하기 위한 행위를 하기도 함으로써 결국은 우리가 만들어 낸 문화에 구속되는 셈이다. 그러나 기존의 문화가 자신의 삶에 불리하거나 불편하거나 불쾌하다고 판단되면 그는 기존의 문화를 거부하면서 문화와는 거리를 두고 행동하게 된다. 이 과정에서 우리는 문화를 체험하게 된다. 왜냐하면 인간은 문화를 만나면서 그 문화에 어떻게 접근해야 하는지에 대해서 생각하기 때문이다.

결국 문화만남은 문화체험으로 이어진다. 또한 반대로 문화란 체험 가능한 주어진 환경에 새롭게 의미를 부여하는 것을 통해서 생겨나기도 한다. 슈프랑어에게 초등학교 단계의 문화체험은 '고향체험'이 가장 적합하다고 주장한다.

> "가정과 학교는 양자가 모두 고향이라는 토대 위에 서있다. 우리가 보았던 것처럼 초등학교의 도야재들이란 특히 초기에는 고향의 의미를 가지고 있는 그러한 것들이다. 고향체험Heimaterlebnis은 마술적 세계관에 가까이서 있는 영혼의 심층에서 나온다. 왜냐하면 ㅡ 나중에 밝혀지겠지만 ㅡ 사물 또는 '사실들'이 영혼의 심층에서 주체의 내적 삶과 완전히 얽혀지고 또한 그로써 삶에 가장 중요한 의미들이 전달되기 때문이다."(Spranger, 1955: 82)

즉, 문화체험은 단순한 사실인식을 넘어서 영혼의 심층에서 이루어지는 내적인 의미과정이라고 할 수 있다. 내적 의미과정 속에서 우리는 영혼적 차원의 진정한 문화를 만나게 된다.

이렇게 본다면, 문화만남과 문화체험은 상호 순환관계에 들어 있다고 할 수 있다. 즉, 문화를 만남으로써 우리는 체험하게 되고 문화를 체험함으로써 우리는 또 다시 문화를 만나게 된다. 이러한 순환관계 속에서 우리 인간과 문화의 관계는 변증법적으로 발전하는 계기를 마련하기도 한다. 하여간 인간과 문화가 뗄 수 없는 관계인 것처럼, 문화만남과 문화체험은 동전의 앞뒷면처럼 불가분의 관계에 들어 있다고 할 수 있다. 한마디로 문화를 만나는 순간 우리는 문화를 체험하는 것이다.

이제 딜타이의 논리에 따르면, 문화체험은 문화표현으로 이어져야 한다. 즉, 우리가 체험한 문화는 표현의 양식으로 이어져야 한다. 문화표현은 크게 두가지 양태로 전개된다. 언어적 표현은 만나고 있는 문화에 대하여 언어적 수단을 통해서 자신의 입장을 표현하는 것이 될 것이고, 비언어적 표현은 몸짓으로부터 시작하여 구체적인 행동으로 표현될 것이다. 그림을 그리거나 음악적으로 표현한다거나 예술적 행위도 이에 해당될 것이다. 법적으로도 표현의 자유는 보장이 되어 있다. 결국 문화만남이 문화체험으로 그리고 문화체험이 문화표현으로 되는 것은 인간에게 삶의 본질이 된다고 할 수 있다.

그러나 우리는 이러한 문화표현에 있어서 그렇게 능숙하지 않다. 우선 우리가 속해 있는 사회체제 내지 사회적 분위기가 개인의 문화표현을 결정한다. 만약 열린사회라면 문화표현은 보다 다양하게 전개될 수 있을 것이다. 이를테면 민주사회에서의 문화표현과 독재사회 내지 전제사회에서의 문화표현은 극명하게 다를 것이다. 민주가정에서의 문화표현과 가부장제 하에서 개인의 문화표현 방식도 매우 다르게 나타날 것이다. 조직에서도 마찬가지이다. 어떠한 조직문화가 지배하는가에 따라서 문화표현 역시 크게 달라질 것이다. 두 번째로는 교육의 한계가 지적될 수 있다. 일반적으로 우리의 교육은 개인의 문화표현을 위해서 많은 시간을 할애해 오지 않았다. 물론 선진국의 경우라도 거의 대동소이하다. 왜냐하면 교육은 동서고금을 막론하고 문화표현에 강조점을 두고 발전하지 않았기 때문이다. 심지어 우리의 교육은 문화만남이나 문화체험에도 인색해 왔다. 물론 우리의 교육이 심하게 왜곡되어 왔기 때문이다. 교과서 중심의 교육은 대표적이다. 물론 교과서는 문화표현의 장소이다. 그러나 교과서에 모여 있는 문화는 선조들이 만들어내고 선조들이 체험했던 문화들이다. 물론 선조들의 문화가 후대에서 전달되고 전수될 필요가 있는 경우도 있겠지만, 교과서에 실린 선조들의 문화가 현실적으로 만나지고 체험되고 표현될 수 있는 여지는 제한적이다. 물론 그럴 경우에도 의미가 있다. 그러나 그것이 '전부'로 와전될 때 문제가 발생하는 것이다.

정리하자면, '인간은 문화를 창조하고, 그 문화에 구속된다.' 즉, 인간은 자신들이 창조한 문화를 만나면서 문화를 해석한다. 문화를 이해하기 위함이다. 인간이 문화를 이해한다는 것은 문화라는 삶의 공간에서 보다 잘 살아가기 위함이다. 다시 말하면, 문화에 적응하고 순응함으로써 삶의 조건을 확보하기 위함이다. 반대로 인간은 자신이 속한 문화를 거부하기도 한다. 문화비판文化批判은 문화의 부정과 거부의 시작이다. 문화를 비판하는 이유는, 첫째, 자신을 구속하고 있는 문화, 즉 문화적 기준이 정당하지 못하다고 여기기 때문이며, 둘째, 지금의 문화를 바꾸어야만 자신이 살아남기에 보다 유리하다고 생각하기 때문이다. 학문적 비판도 해당된다. 일상에서도 문화비판은 흔히 볼 수 있는 일이다. 아니면 문화에 정면으로 도전하면서 탈脫문화행위를 자행하기도 한다. 우리는 이를 문화일탈文化逸脫이라고 한다. 그러나 중요한 것은 이러한 문화비판, 문화거부, 문화저항, 문화일탈은 문화적응 내지 문화순응처럼 모두 예외없이 문화만남을 전제하고 있다는 사실이다.

문화만남은 문화교육의 몫이다. 즉, 문화교육을 통하여 어떠한 문화만남을 가능하게 할 수 있는가? 즉, 문화만남은 우연이든 필연이든 언제든지 발생할 수 있다. 그러나 그러한 문화만남이 정말 제대로 된 만남인지 잘못된 만남인지는 어느 누구도 알 수 없다. 문화교육은 제대로 된 문화만남을 목표한다. 그런데 여기서 '제대로 된'이란 개념이 문제이다.

"교육은 문화의 전달이며, 교육과 문화는 밀접한 관계에 있다. 교육은 곧 「문화와의 만남」이다. 그러나 교육이 문화에 미치는 영향과 문화가 교육에 미치는 영향은 생각보다 훨씬 광범하고 보편적이며 미묘하게 나타난다. 그리고 그러한 영향의 교육적 의미에 관한 해석도 단순하지가 않다."(이종각, 1997: 87)

과연 무엇이 제대로 된 만남인가? 어떻게 문화교육을 통하여 우리는 인간에게 '제대로 된' 문화만남을 주선할 수 있을까? 이러한 질문에 대답하기 위해서 우리는 '문화해석文化解析'을 요청한다. 이렇게 본다면 문화교육의 전제조건은 '문화해석'이다.[71] 왜냐하면 문화는 교사의 중재를 통하여 학생은 문화를 만나게 되고 체험하게 되는데, 이때 문화만남이 문화체험으로 어떻게 이전되는가는 문화해석의 결과에 따라서 달라질 수 있기 때문에 문화교육에서는 문화해석이 결정적이라고 할 수 있기 때문이다.

2. 문화표현과 문화이해

구체적으로 문화표현은 물질문화에 대한 표현과 비물질문화에 대한 표현으로 구분될 수 있다. 주지하는 대로 물질문화는 기술문명의 발달사와 결부되어 창조된 문화영역으로서 과거의 유형문화재와 현대의 기술문명으로써 이에 대한 문화표현은 주로 사실적이고 기술적descriptive인 차원에서 이루어진다. 이를테면 탈춤을 출 때 사용하는 탈바가지에 대해서 관중들은 자신들의 생각을 표현해낼 것이다. 왜 저렇게 생겼을까? 저건 무엇을 의미하는 것일까? 탈춤을 그림으로 표현하기도 하고 음악으로 표현하기도 할 것이다. 탈춤과 탈바가지에 대해서 대화하고 토론하고 심지어는 논쟁도 불사하게 될 것이다. 모두가 문화표현이라고 할 수 있다. 그러나 이러한 문화표현은 문화를 만나고 문화를 체험하는 주체의 문화해석을 전제하고 있다.

"문화는 믿어지는 것이 아니라 이해되는 것이다. 문화의 재현방식은 이와 같이 이미 하나의 우회로Umweg의 모습을 띠고 있다. 문화의 생산뿐만 아니라 문화의 지각도 이 우회로를 실감있게 이해해야만 하고, 우회로를 그

---

[71] 본 연구는 문화해석을 학문적으로 연구하는 것은 '문화해석학文化解釋學'이라는 가설을 가지고 있다. 문화해석학은 해석학에 근거로 두고 있다. 그럼에도 불구하고 문화해석학에 대한 연구는 아직 체계적이지 않다. 특히 문화교육의 성립조건으로서 문화해석학에 대한 연구는 세상에 전무한 실정이다. 이러한 연유로 본 연구가 시도되고 있다.

전체여로에서 걸어가야만 한다. 이 과정에서 문화적인 것das Kulturelle은 수 많은 의미로 현실화된다. 다름 아닌 이러한 산책로Parcours가 해석의 길을 결정하게 된다."(랄프 콘너스만, 2003/ 이상엽 옮김, 2006: 20).

비물질적인 차원의 문화에는 무형문화재를 비롯하여 관습, 습속, 법, 제 도, 규범, 종교, 철학, 이데올로기, 예술 등에 대한 표현이 해당된다.

"문화는 말하자면 순간마다 만들어지는 것이다. 바로 이 때문에 종교, 예 술, 철학, 새롭게 정립된 문화학, 매체, 그리고 그밖에 교육시설, 도서관, 박물관, 기록보관소 등과 같은 수많은 학문과 제도가 문화의 불확실한 구 조를 분석하고 문화의 증거를 입증된 기준에 따라 수집, 평가 활용하는 일을 전문적으로 하게 되는 것이다. 그리고 바로 이러한 제도가 문화의 고유한 차원, 즉 반성의 차원을 함께 만들어낸다. 이로써 문화는 스스로에 대해 사유하고 스스로를 재생산할 수 있게 되는 것이다."(랄프 콘너스만, 2003/ 이상엽 옮김, 2006: 16-17).

따라서 우리는 이러한 문화에 대해서 서로 대화하고 토론하고 논쟁하기 도 할 것이다. 특히 우리의 삶과 직결되어 있는 법과 제도 그리고 규범 등 에 대해서 우리는 시시비비도 할 것이다. 때로는 법과 제도가 잘못되었다 고 성토하기도 하고 거리에 나서 서 데모를 하기도 할 것이다. 불법을 저지 르는 행태에 대해서도 항거할 것이다. 정부를 향한 촛불 집회나 태극기집 회 모두 일종의 문화표현이라고 할 수 있다. 이런 의미에서 문화표현은 존 중될 필요가 있다. 왜냐하면 모두 자신의 삶과 현행 문화 사이의 간극에 대한 인식으로 발생하기 때문이다. 이렇게 본다면, 소위 '문화계 블랙리스 트'의 사례는 문화표현을 강제로 통제하겠다는 반反인본적 발상이라고 할 수 있다.

문화표현의 방식은 크게 언어적 표현과 비非언어적 표현으로 구분될 수 있다. 여기서 언어적 표현verbal expression은 말로 하거나 글로 쓰는 것을 말하 고, 비언어적 표현non-verbal expression은 그림, 음악, 춤, 동작, 제스처 등이 해 당될 것이다. 또한 문화를 체험하면서 그 문화체험은 체험하는 주체에 따라 매우 다르게 표현될 수 있을 것이다. 이를테면, 똑같은 영화를 보고도 서로 다른 감상을 이야기한다면 문화체험을 통한 문화표현이 다른 것이다. 외국인이 한국에 와서 체험하는 문화는 제각각 달리 표현될 수 있다. 한국의 문화를 체험하는 외국인들도 저마다 표현이 상이하다. 우리가 외국에 나가서 낯선 문화를 처음 만나고 체험하면서 이에 대한 표현도 가지각색으로 달라질 수 있다. 같은 문화를 보고도 서로 다르게 표현할 수 있는 것은 어쩌면 지극히 당연한 일이다. 문화체험이 똑같은 표현으로 이어지는 것이 오히려 이상하다.

오늘날 우리의 학교에서도 체험학습의 양이 늘어나면서 각종 문화체험 프로그램들이 학교교육의 현장에 도입되고 있다. 학생들은 저마다 각양각생의 방법으로 자신이 체험한 문화를 표현하기도 한다. 자신이 체험한 문화를 글로 표현하기도 하고 책을 쓰리고 하며 그림으로 표현하기도 한다. 또한 음악으로 표현하기도 하고 춤, 몸동작, 제스처 등으로 표현하기도 한다.

그런데 정신과학적 방법으로서의 해석학을 도입한 딜타이에 의하면, 문화표현은 문화이해로 이어져야 한다. 그러나 현실적으로는 문화체험이 문화표현으로 나오기 위해서는 문화이해가 앞선다. 즉, 우리는 문화체험을 통해서 문화를 우리 나름대로 이해한 것을 표현하는 것이다. 이렇게 본다면, 체험이 표현되고 표현된 것이 이해되는 것은 아니다. 오히려 체험된 것이 이해되고 그것이 표현되는 순서가 맞다.

그러나 우리가 체험하고 우리가 이해한대로 표현한 문화는 진정한 문화의 본질이 아닐 수 있다. 이럴 경우 문화표현이 진정한 문화이해로 이어질 수는 없는 것이다. 그렇다면 문화체험이 문화표현으로 될 때 '진정한' 문화이해가 될 필요가 있다. 그러면 '진정한' 문화이해가 어떻게 가능할까? 누가 '진정한'에 대한 기준을 제시할 수 있을까? 결국 내가 문화체험을 표현하기 위한 기준으로서의 '진정한 문화이해'는 현실적으로 불가능하다. 아마 전지전능한 신이라면 진정한 문화이해의 기준을 제시할 수 있을지 모른다. 그러나 유한자로 태어나는 인간에게 '진정한' 문화이해의 기준을 내놓으라는 요구는 불가능한 일이다. 오히려 진정한 문화이해는 최종의 목적이다. 왜냐하면 진정한 문화이해를 통해서 우리는 타인을 이해할 수 있기 때문이다. 즉,

타인을 직접 이해하기가 어렵다면 우리는 '문화'라는 제3의 객관을 매개로 이해할 수밖에 없다. 이렇게 본다면, 문화이해의 궁극적 목적은 개인이해가 된다. 타인을 이해하기 위해서 우리는 잠정적 객관으로 현상하는 문화를 이해함으로써 객관적 이해에 보다 접근한다.

딜타이는 타인에 대한 직접적인 이해를 추구하면서 자기이해를 목표했다. 그런데 이럴 경우 우리가 타인에 대한 객관적 이해를 보장하기 어렵다. 왜냐하면 이해는 인간행동의 의미, 사회적 상호작용의 맥락, 주관적 상태에 대한 명백한 이해, 주관적 상태와 행동 간의 긴밀한 관계를 강조하기 때문이다(Patton, 1975: 7). 타인에 대한 이해가 객관적이지 못한 상황에서 자기이해는 보다 더 난해하다. 물론 이러한 한계를 극복하기 위해서 딜타이는 '해석학적 순환'이라는 도식을 통하여 "체험-표현-이해-추체험…" 의 순환도식을 제시했다. 체험한 것은 표현되고 표현된 것은 이해되고 그러한 이해를 바탕으로 또 다시 체험되고 이러한 추체험은 또 표현되고 표현된 것은 다시 이해되고 하면서 언젠가는 완전한 이해에 도달하게 된다는 것이다. 이러한 이해는 삶에 대한 이해이고 이러한 삶의 이해는 궁극적으로 자기이해를 가능하게 한다. 그러나 한계는 여전히 주관성이고 주관성의 극복을 통한 객관성, 즉 객관적 이해가 명확하게 보장되지 않는다는 것이다. 딜타이는 결국 영원한 해석학적 순환의 고리를 통해서 우리는 (진정한) 삶의 이해에 도달한다는 것이다. 이러한 도식이 불가피한 이유는 삶은 역사적이며 역동적이라는 점 때문이다.

> "문화란 은유처럼 자기 자신이 아닌 것을 보여주기 위해 자기 자신을 넘어 어떤 다른 것을 지시할 때 나타난다. 이러한 차이Differenz로부터 우리와 관련 있는 것, 즉 관계적 유의미성Bedeutsamkeit이 존재할 수 있는 가능성이 생겨나는 것이다. 그리고 유의미성은 다름이 아니라 살아있는 경험의 실제적인 전제조건이다. 유의미성이 사실Tatsache로부터 문화적 사실Kulturtatsache, fait culturel을 만들어내고, 이 유의미성이 해석Interpretation의 욕구를 불러일으키는 것이다"(랄프 콘너스만, 2003/ 이상엽 옮김, 2006: 19).

그러나 슈프랑어에 의하면, 인간들에 의해 창조된 객관화된 문화라는 객관성을 만나고 체험하면서 우리는 일단 '이해의 객관적 가능성'이라는 문턱에 들어설 수 있다. 물론 문화현상 그 자체가 완전한 객관이라고 할 수는 없지만, 일단 객관성의 가능성이 문화라는 객관물로부터 열린다. 그러면서 문화체험이 문화표현으로 그리고 문화표현이 문화에 대한 이해가 되면서 결국 객관의 가능성은 온전한 객관성을 향하게 된다. 달리 말하면, 우리는 인간에 의해 창조된 문화와의 끊임없는 대화와 소통을 통하여 '문화가 가지는 진정한 객관성'에 보다 접근하게 되며 이로써 우리는 인간이라는 삶을 이해하게 된다는 것이다. 한마디로 문화라는 (잠정적) 객관물을 체험하고 표현하고 이해하는 순환 속에서 우리는 문화를 보다 객관적으로 이해하게 되며, 이로써 우리는 우리의 삶을 보다 객관적으로 이해하게 된다.

삶을 객관적으로 이해한다는 것은 삶에 대한 보편적인 교육이 가능하다는 말이 된다. 문화교육학은 바로 이러한 점에 주목한다. 문화교육이 문화를 번식시키는 교육이라면, 문화적 객관성을 매개로 하는 객관적 교육, 즉 보편타당한 교육이 가능하다는 뜻이다.

그러나 이러한 논리의 한계는 교육이 인간들에 의해 객관화되어 있는 문화를 그대로 전달하는 것으로 종료될 위험이 있다는 것이다. 물론 문화체험이 문화표현이 되고 문화이해 그리고 문화추체험이 형성되는 과정에서 우리는 대화와 소통을 통하여 '문화적 객관성'의 정도를 높일 수는 있다. 그럼에도 불구하고 여전히 남는 질문은 설령 우리가 '문화체험-문화표현-문화이해-문화추체험...'의 순환도식을 통해서 문화이해가 객관적으로 이루어진다고 해도, 우리는 문화부적응자 내지 문화일탈자 심지어 문화비판자들은 결코 이해할 수 없다. 그렇다면 문화교육은 기존 문화에 대한 순응자나 적응자에게만 가능할 정도로 보수적이라고 할 수 있다. 왜냐하면 현재의 실제 문화는 기존 세력이나 기득권층을 대변하기 때문이다.

제12장

문화교육의 해석학

1. 문화재와 도야재

원칙적으로 문화교육은 문화재文化財, Kulturgüter를 도야재陶冶材, Bildungsgüter로 활용한다.

> "계획적인 교육방법에서 문화보지자Kulturträger는 가정의 사랑공동체, 교회의 신앙공동체 그리고 학교의 교육공동체 속에서 문화공동체로 교육되어야 한다. 이는 규범적 또는 규범을 부여하는 내용을 숨기고 있는 문화재의 중재를 통하여 일어난다."(Roessler, 1964: 72)

그러나 궁극적으로 문화교육은 문화재를 매개로 하여 궁극적으로는 학생들로 하여금 '도야Selbst-Bildnug' 또는 '자기교육Selbsterziehung'하도록 하는 것이다.

> "(슈프랑어의 문화교육에서) 문화의지의 개념을 이해한다면, 교육은 항상 오로지 자기교육일 수 있으며, 학교 역시 그의 고유한 교육도움 속에서 활동하기 때문에 교육은 이러한 과제로부터만 그의 구조를 획득한다. 이는 스스로 구조로 만들어지는 자유를 필요로 하는데, 이는 교육과정의 생산적인 지속성을 만들어낸다. 학교는 이런 방식으로 가치결정적인 힘들의 다양성이 결집되는 보다 높은 차별들의 통합을 제시해야 한다."(Roessler, 1964: 75-76)

이를 위해 교사의 임무는 학생들로 하여금 문화를 만나게 하고 문화를 체험하도록 하는 일을 중재하는 것이다. 즉, 문화재를 도야재로 전환시켜 주는 것이다.

> "…도야재에서 만들어진 경험들은 학생의 문화지평을 지속적으로 확장시킬 수 있다. 도야재는 지식과 숙련 때문에 특별도야의 의미에서 신뢰되는 것은 아니고, 오히려 필수적인 문화지식으로 인도되어서 그가 나중에 성숙된 시민으로서 공적 삶에 참여할 수 있는 능력을 가지도록 하는 것이다."(Roessler, 1964: 72)

그러나 이러한 일은 문화교육이 아니라도 일반적으로 교육이 하는 일과 다르지 않다. 심지어 학교에서의 단순한 지식전달교육도 이에 해당된다. 왜냐하면 교과서가 문화재이며 도야재가 되기 때문이다. 즉, 교과서에 기록된 지식은 모두 선조들이 해 놓은 문화재에 해당된다.

> "'문화적으로 능력 있게Kultur-fähig' 만드는 것이 모든 유형의 학교에게 부과된 과제라면, ㅡ 그러나 학교의 모든 과제가 이로써 포괄되는 것은 아니기에 그냥 그렇게 가정을 하자면 ㅡ 또한 우리가 이러한 방향으로 주력해야 한다면, 학교는 학생들을 그들의 시대와 나라에 맞는 공公적인 문화세계Kulturwelt로 인도해야 한다."(Spranger, 1955)

즉, 공적인 문화세계는 곧 도야재로 사용될 수 있다. 그러나 문화재가 도야재로 적용될 수 있는지 없는지에 대한 답은 전문가의 영역이다. 문화재로서의 국정교과서는 국정교과서편찬위원들이 선택한 교재이다.

원칙적으로 교과서의 지식은 '선택된 문화selected culture'이다. 선조들이 경험을 통하여 만들어냈거나 아니면 발견해 낸 지식이 후대에도 전달 계승 발전되는 것이 바람직하다면, 그 지식은 교과서에 선택되어서 전승 발전되는 것이다. 그러나 그럴 가치도 의미도 없는데 교과서에 선택되어 남아 있다면 그 지식에는 문제가 있다. 결국 교과서의 지식은 누가 왜 무슨 근거로 그 지식이 후대에 계승 발전시켜야 할 만큼 가치와 의미가 있다고 선택했는가에 따라서 달라질 수밖에 없다.

이를테면, 국정교과서를 익히면 학생들이 교육되고 도야될 것이라는 전제이다. 그러나 과연 그럴까? 물론 국정교과서의 지식을 이해하고 이러한 지식을 사용하고 유용하게 활용하면서 실생활을 개선하는데 써 먹으면서 심지어는 교과서의 지식을 실천까지 할 수 있는 학생에게는 국정교과서가 도야재로 활용될 수 있다. 그러나 대부분의 학생들이 그렇지 못하다고 한다면, 국정교과서는 도야재로서의 가치와 의미를 상실하게 된다. 왜냐하면 모든 문화재가 반드시 가치가 있다거나 의미가 있다고 단정지을 수는 없기 때문이다. 심지어 학습자인 학생들이 교과서에 실린 지식을 자신의 삶과 무관한 것으로 여긴다면, 교과서는 도야재로서의 가치와 의미를 상실하게 된다. 왜냐하면 인간은 문화세계와의 교류를 통해서도 살지만 자신들만의 고유세계를 가지고 있으며, 우리의 삶에서는 표준화된 문화세계뿐만 아니라 고유세계 역시 가치를 가지고 있기 때문이다.

> "독일문화권에서 개인과 문화의 고유한 관계를 보다 가깝게 접근하기 위해서 슈프랑어는 고유세계를 나타내는 개인의 잠재적 소질과 이러한 소질이 그 안에서 실현되어야 하는 문화관련 사이를 구분했다. 문화행위의 실제 속에서 고유세계와 문화세계의 논쟁은 둘 중 어느 것도 변화되지 않는다는 결과로 이어진다. 이러한 방식으로 '역사'는 수많은 '세계들', 즉 자기실현을 추구하는 고유세계와 이미 역사 곳에서 형성되고 만들어진 포괄적인 문화세계와의 상호만남의 결과로서 완성된다. 따라서 문화세계와 고유세계는 불가분의 방식으로 서로 얽혀있으며 이 두 세계는 엄밀히 말해서 어떤 다른 하나 없이는 결코 생각조차 할 수 없는 관계이다."(Roessler, 1964: 63-64).

우리는 이미 위에서 문화의 속성을 언급하면서, '가치의 현실화'가 되지 못한다면 그것은 문화로서 존속하지 못한다고 언급한 바 있다. 선택된 문화로서의 교과서 지식 역시 마찬가지이다. 가치의 현실화가 되는 지식은 그대로 살아남아서 전승 발전되겠지만, 그렇지 못한 경우에는 그 지식은 언젠가 교과서에서 삭제될 것이다. 그러나 문제는 '가치의 현실화'가 되지 못하기 때문에 이미 현실에서도 가치와 의미를 상실했거나 아니면 더 이상 무가치한 지식이 되어 버린 경우에도 교과서에 남아 있는 지식이 문제가 된다. 심지어 교과서의 지식이 왜곡된 경우에는 보다 심각하다. 한 예로, 일본의 교과서가 왜곡되었다고 주장한다. 그러나 일본은 한국의 교과서가 잘못되었다고 맞불을 놓는다. 과연 이럴 경우 어느 나라의 교과서가 맞는 것인지? 또한 우리는 일제의 강점기에 역사와 지식이 왜곡되었다고 주장한다. 해방 이후에도 군사정권에서 역사와 지식이 왜곡되었다고 한다. 군사정권 하에서는 '광주폭동'으로 서술되던 사회교과서가 정권이 바뀌면서 '광주의거'로 기록되었다. 도대체 어떤 역사지식이 맞는 것인지? 이렇게 교과서 지식의 옳고 그름에 대한 시비, 왜곡문제에 대한 논쟁들은 얼마든지 현실이다.

하여간 이럴 경우 학생들은 교과서의 지식을 대하기가 불편하게 된다. 다만 대학입시에 나올 것을 대비하여 그 지식을 외울 뿐이지 진정한 삶을 위해서 그러한 지식을 추구하지는 않는다. 따라서 대학입시와 무관한 학생들은 그 지식을 외면하게 된다. 이들에게는 이해하기도 어려운 따분하고 이해하기 어려운 지식이 되는 셈이다. 실생활과 무관한 지식이 교과서에 기술되어 있는 이상, 이들은 교과서를 들쳐보기 전에 잠부터 청하게 된다. 고리타분한 것이다. 그래서 오늘날 우리의 교실은 잠자는 아이들로 잠식되어 간다. 교과서의 지식이 자신의 일상과 깊게 연관되어 있거나 이 지식을 써 먹으면 자신의 삶이 보다 윤택해진다면 교과서 앞에서 누가 잠을 자겠는가? 이러한 지식은 몇몇 학생들에게만 유용하다.

그러나 이 역시 대학입시만 없다면 상황은 크게 달라질 것이다. 대학입학 시험에 나올까봐 외울 뿐이다. 이미 우리의 학교에서는 시험에 나오는 것만 가르치고 배운다. 도덕과목에서 100점 맞은 학생의 도덕심이 반드시 가장 높은 것은 아니다. 심지어 이러한 상황에서 학생들에게 교과서가 도야재로 작용한다는 것은 어불성설이다. 때때로 교과서를 개정하는 이유도 바로 여기에 있다. 그러나 교과서 개정으로도 이런 사태를 피하는 데에도 한계가 있다. 왜냐하면 세상은 급격하게 변하는데 교과서 개정은 빨라야 3년-4년 정도에 한번꼴로 이루어진다. 이미 죽은 지식이 되어 버린 지식을 학생들은 무슨 의미인지도 모르고 그저 외우고 또 외울 뿐이다. 그렇다면 교과서는 무용지물인가? 그렇다면 교과서를 모두 없애 버려야 하는 것은 아닌지? 아니면 교과서를 매일매일 개정해야 하나? 도무지 어느 방안도 현실적인 것은 없다. 학교의 딜레마가 아닐 수 없다. 아니면 정말 교과서 없는 학교를 상상하는 것이 맞지 않을까? 모든 교과서를 폐지하는 대신 모든 교과과정을 체험학습으로 바꾸어야 하는 것은 아닌가? 이런 의미에서 루소는 '자연이 교과서'라고 주장하면서 지구상의 모든 책을 불태워버리라고 주장한 바 있다.

그러나 그건 아닌 것 같다. 우선 교과서가 없다면 우리는 무엇을 놓고 가르치고 배운다는 말인가? 학교가 필요없다는 것과 다르지 않다. 물론 현장으로 나가서 체험을 하면서 체험학교로 운영하면 된다. 그러나 체험도 따지고 보면 지식이 없다면 체험다운 체험이 가능할까? 어떤 근거에서 우리는 체험교육을 제대로 할 수 있으며 학생들은 어떤 근거에서 체험학습을 제대로 할 수 있다는 말인가? 체험을 통해 얻는 것도 지식이다. 그러나 주관적인 체험으로 얻은 지식만으로 우리가 이 사회에서 제대로 살아갈 수 있을까? 우리사회에는 공동체 생활에 필요한 지식도 있을 것이며, 모두가 보편적으로 수용해야 하는 객관화된 지식도 필요할 것이다. 또한 선조들에 의해 밝혀진 지식이 우리 삶을 유용하게 하고 윤택하게 할 수도 있을 것이다. 몇십만 년 동안 내려온 천동설天動說의 미신을 지동설地動說의 정설로 바꾸어 놓은 갈릴레이, 코페르니쿠스가 발견한 지식은 인류문명사를 완전히 바꾸어 놓았다. 이것은 분명 선조들로부터 전수된 지식의 힘이다. 그렇다면 과연 우리는 이제 어떻게 해야 하는가? 결국 이러 저러한 고민거리들은 오늘날 도야재로서의 문화재에 대한 생각을 재삼 심각하게 만들게 된다.

다시 말하면, 문화재를 도야재로 작용하게 하기 위한 교육은 어떻게 진행되어야 하는가? 아니면 교육에서 문화재가 도야재가 될 수 있는 구체적인 방안은 무엇인가? 만약 그럴 방안이 없다면 지금이라도 교육은 문화재와 무관하게 진행되면 그만이다. 그러나 선택된 문화재가 전달, 계승, 발전되기 위해서는 교육현장은 이를 도야재로 작용할 수 있도록 하는 구체적인 방안을 모색해야 한다. 그것이 무엇일까? 이렇게 본다면 단순 지식전달 방식은 아닌 것 같다. 왜냐하면 지겹고 이해조차 안 되고 자신의 삶과도 전혀 무관한 것으로 간주되는 고리타분한 교과서의 지식을 무조건 전달하고 외우라고 하는 암기 중심 주입식 교육이 지속되는 한 우리의 교육은 사라지고 말 것이기 때문이다. 이는 오늘날 교육의 문제이기도 하고, 아울러 교육이 반드시 개혁되고 혁신되어야 하는 이유이기도 하다.

원래 동서양을 막론하고 도야는 인간의 품성을 기르고 인격체로서 성장하기 위한 방안으로 교육이라는 말을 사용하기 이전부터 실천되었던 인간 성장의 방식이었다. 그러나 동양과 서양의 도야방법은 약간 상이하였다.

서양에서는 상대방과의 대화dialogue를 통하여 자신을 수양하는 방식을 선호했다. 이를테면 남의 이야기를 들으면서 자신이 잘된 점, 잘못된 점을 상기하면서 이를 고쳐나가는 방식으로 자기를 닦고 정신을 수련하면서 인격을 성숙시켰다. 이른바 남들과의 대화를 통해서 피드백하면서 자신을 가꾸어 나간 셈이다. 대표적인 방법이 변증법辨證法, dialectic이다. 이는 철학에서 특히 학문하는 방법으로도 발전되어 왔다. 반면, 동양에서는 자기와 또 다른 자기와의 대화, 즉 내면의 대화를 통해서 자기수양과 자기수련 또는 참선을 행하면서 스스로 도야를 했다. 수신제가치국평천하修身濟家治國平天下 라든지 선종의 창시자인 달마대사의 면벽구년面壁九年의 방식이 대표적이다. 물론 어떻게 보면 둘 다 모두 변증법적 방식이라고 할 수 있다. 즉, 남들과의 대화나 나와 또 다른 나와의 대화나 모두 대화방식을 통한 변증법적 전개라고 할 수 있으며 서양에서 남들과의 대화를 통해 마지막에는 스스로와의 내면대화로 이어지지 않을 수 없기 때문에 결국은 같은 방식이라고 할 수 있다.

이렇게 본다면 교육의 궁극적인 목적은 교사가 학생들에게 지식이나 기술 또는 진리를 그냥 전수하는 것으로 그치는 것이 아니다. 즉, 교육수요자인 학생이 소정의 교육과정을 통해서 궁극적으로 자극을 받아 스스로 도야함으로써 마침내 (정신적-심적으로) 성장하는 것이 교육의 최종의 목표가 되어야 하는 것이다. 이런 차원에서 문화교육은 의미가 더해진다고 할 수 있다. 즉, 문화교육은 문화재를 매개로 궁극적으로는 학생들이 스스로 '도야'할 수 있는 기회를 제공하는 데에 목적이 있다. 단순히 문화재를 전수시키는 것이 문화교육의 최종 목적은 아니다. 그렇다면 어떻게 문화재를 도야재로 가능하게 할 수 있을 것인가? 바로 교육방법에 문제의 핵심이 들어 있는 것이다. 즉, 단순한 지식전달이나 주입이 아닌 '대화의 방식'을 통할 때 비로소 우리는 문화재가 도야재로 전환될 수 있게 할 수 있다는 사실인 식이다. 그렇다면 누구와의 대화인가? 바로 교육은 문화재와 학생 간의 대화를 주선하는 것이다. 그것이 바로 문화교육이 강조하는 대목이다. 따라서 교사는 학생들로 하여금 어떻게 문화를 만나서 체험하게 하고 체험한 문화를 어떻게 표현하게 한다면, 과연 그들이 문화를 제대로 이해할 것인가에 대해서 고민해야 한다. 아울러 교사는 어떻게 하면 문화이해를 통하여 학생들이 자기도야 내지 자기교육을 해 낼 수 있을지에 대해서 고민해야 한다. 왜냐하면 문화교육은 문화이해에서 종결되는 것이 아니고 문화이해를 통한 교육의 잠재성을 개발해야 하기 때문이다.

결국 문화교육은 문화와 학생 간의 만남을 주선하고 학생들로 하여금 직접 문화를 체험하도록 하고 이를 표현하게 하는 일을 되풀이 해 줄 수 있어야 한다. 이로써 학생들은 자신이 만나고 체험하는 문화를 이해할 수 있다. 즉, 학생들은 교사의 중재로 문화만남과 문화체험을 하게 되고 자신만의 문화를 표현하게 되면서 마침내 문화를 이해하게 된다. 중요한 것은 이러한 과정에서 '문화해석'이 동반된다는 사실이다.

> "문화는 인간의 삶의 체험, 표현, 이해의 '해석학적 순환'을 통해서 발전해 간다. 삶의 표현인 문화는 우리의 삶을 통해서 이해되고, 체험되며 또 다시 표현된다. 문화해석학은 지속적인 삶의 표현들에 대한 체험과 기술적인 이해를 통해서 완성된다."(김종헌, 2003: 39)

이로써 학생들은 서로 대화 소통하고 토론하고 논쟁하면서 스스로 피드백을 받으면서 마침내 스스로 자신을 도야하게 되는 것이다. 이로써 문화교육의 목적인 문화재를 도야재로 옮겨 놓는 일을 해 낼 수 있다.

물론 '선택된 문화재'인 교과서를 매개로 하여도 이러한 방식으로 교과서를 도야제로 환원할 수 있을 것이다. 즉, 교육은 학생들에게 교과서를 만나게 하고 교과서를 체험하게 하고 이에 대해서 분석, 비판, 반성하고 성찰하고 또한 교과서를 접하는 각각의 학생들로 하여금 서로서로 대화, 소통, 토론하게 하고 심지어는 논쟁하도록 함으로써 우리는 선택된 문화재로서의 교과서를 도야재로 활용할 수 있도록 할 수 있을 것이다. 결국 '선택된 문화재'로서의 교과서가 너무 낡았거나 너무 가치의 현실화가 안 된다거나 하는 것보다는 '교육방법'에 문제가 있다고 할 수 있다. 왜냐하면 교과서가 가치의 현실화가 안 된다고 한다면 그러한 교과서의 지식은 학생들에 의해서 대화와 토론 속에서 신랄하게 비판받으면 된다. 그럼에도 불구하고 '선택된 문화재로서의 교과서'의 지식은 누가 왜 무엇 때문에 그 지식을 문화재로 선택하였는가에 대한 의문은 여전히 남게 된다. 왜냐하면 '선택된 문화'라는 미명하에 교과서의 지식은 편협한 시각에 의해 제한된 관계로 일단 보편적 지식의 의미에서 볼 때 편파적이고 파당적일 수밖에 없다. 따라서 제한된 지식의 세계에서 학생들에게 작용되는 도야의 정도 역시 편파적이고 파당적이 될 확률이 높아진다. 이를테면, 80년대 한국현대사 교육은 광주에서 일어난 민중봉기를 '광주사태', '광주폭동'으로 가르치고 배웠다면, 90년대부터는 '광주의거'로 가르치고 배웠다. 5·16 혁명으로 가르치고 배운 세대가 있는가 하면 5·16 쿠데타로 배우고 가르친 세대도 있다. 도대체 어떤 것이 맞고 어떤 것이 틀린 것인가? 결국 주입식 수업, 지식전달식 수업이 문제가 된다. 똑같은 사건이나 사실을 가지고도 서로 대화와 토론의 방식으로 수업을 한다면 아마도 학생들은 많은 피드백과 비판반성 등을 통하여 그나마 자기도야의 길을 걸을 기회가 높아질 것이다.

이러한 맥락에서 문화교육은 가능하면 학생들에게 문화전체 내지 가치의 현실화가 이루어지는 문화자체를 스스로 만나게 하고 직접 체험하게 하면서 마침내 자기도야에 보다 온전히 접근할 수 있는 기회를 제공하기 위한 방법이기도 하다.

2. 문화양심과 문화각성

문화교육은 학생들로 하여금 보다 온전한 문화만남과 문화체험을 주선하며 이를 토대로 문화분석과 문화해석을 함으로써 마침내 자기도야의 길로 접어들 수 있도록 하는 것을 목표한다. 그런데 문제는 어린 학생들이 아무리 서로 대화하고 토론하면서 문화를 만나고 체험한다고 해도 또한 문화체험을 통해 자기도야의 길로 접어든다고 해도 결국 어떤 '기준'에서 '자기도야'를 제대로 할 수 있다는 것인지가 의문으로 남는다. 결국 문화만남과 문화체험의 기준은 무엇인가? 무슨 기준으로 우리는 문화만남, 문화체험, 자기도야를 한다는 것인가? 만약 기준도 없이 문화만남, 문화체험, 자기도야를 한다면 그게 제대로 된다는 것을 누가 보장할 수 있을까? 아무 기준도 없이 대화하고 소통하고 토론한다고 해서 과연 우리가 어떻게 도야해야 한다는 답이 나올 수 있을까? 결국 가치의 상대화가 문제가 된다. 즉, 학생들이 저마다 다른 가치관이나 생각으로 대화, 토론한다고 가정하면, 가치의 다양성은 확인되겠지만 결국 어떻게 도야되는 것이 바람직한지에 대해서는 알 수가 없다.

바로 이러한 한계에 직면하여 문화교육은 만남, 체험, 토론, 대화 그리고 도야의 기준을 제시하고자 하였다. 그것이 바로 '양심'의 영역이었다. 이른바 '문화양심'이다. 왜냐하면 원칙적으로 돌아가야 하는 상급법정Instanz은 지식이나 의무 또는 집단도덕이 아니라 '양심'이기 때문이다(Spranger, 1969, 277).

> "양심이 인간을 그것이 당면한 도덕 속에서 표현을 발견했거나 아니면 발견할 수 있는 것보다 높은 의무 앞으로 세운다는 사실은 양심의 지속적인 우위를 의미한다. 양심은 무조건적인 도덕적 요청을 합법화할 수 있는 유일한 법정이다. 이러한 종류의 요청은 사회의 이름 속에서 아니면 다른 내적 세계의 법정 속에서 들어날 수 없고 오로지 사회를 넘어가는 법적의 이름 속에서만 가능하다. 슈프랑어는 그러한 법정을 철학적 용어로 보다 높은 형이상학적 인간 자아라고... 부른다."(Meyer, 1983: 52)

따라서 문화교육 역시 문화지식으로만 종료되는 것이 아니고 문화양심이 최종의 교육적 목표지점이 된다. 슈프랑에게 문화양심Kulturgewissen은 곧 '가치를 시험wertprüfend'하는 실체이다(Roessler, 1964: 60).

우리는 살면서 양심良心에 대해 말할 경우가 있다. 양심은 선량한 마음을 말한다. 선량한 마음이 뭔가? 하여간 참으로 형이상학적인 차원인 것 같은데, 일상에서도 많이 하는 말이다. 사람이 양심이 있어야지. 저 사람은 양심도 없어. 양심에 맡긴다. 양심적으로 살아라. 양심에 털난 놈. 양심의 가책을 느낄 것이다. 그런데 우리는 양심이 무엇인지, 논리적으로 양심은 어떻게 가능한 것인지? 설명하기가 쉽지 않다. 양심을 본 사람도 없으며 양심을 만져본 사람도 없다. 양심이 무엇인지? 정의할 수가 없다. 그런데 양심을 들먹이는 이유는 누구든지 양심이라는 개념을 알고 있다는 뜻이다. 무엇인지 설명하기는 어렵지만 하여간 양심은 우리 삶에서 최종적인 '기준(점)'으로 작용하고 있다고 할 수 있다.

삶의 기준? 기독교 세계에서는 성경이 진리이고 성경이 삶의 기준이다. 이때 삶의 기준은 분명히 성경 구절에 나와 있기 때문에 설명도 해석도 가능하다. 성경 속에서 기준을 보는 것도 가능하고 심지어 만지는 것도 가능하다. 따라서 성경의 말씀대로 사는 것이 바로 진리이고 기준에 따라서 사는 것이고 그것이 바로 양심적으로 사는 것이다. 그러나 오늘날 우리는 기독교 세계에서만 사는 것이 아니다.

예전에 특히 서구라파는 한동안 기독교 문화 속에서 성장했다. 그때 학교도 가장 왕성했었는데, 그때의 학교를 우리는 미션스쿨mission school이라고 부른다. 미션스쿨의 교과서는 성경이었다. 따라서 교육의 기준도 성경이었다. 그러나 기독교 문화가 점점 약화되면서 성경만이 진리라는 생각도 엷어지고 성경이 삶의 기준이라는 생각도 엷어지기 시작했다. 근대학교가 탄생하면서 과거 미션스쿨의 양식이 그대로 전수되었다. 이제 성경 대신 교과서가 보급되면서 교과서가 성경을 대신하게 되었다. 성경을 배우고 가르치는 대신 교과서를 가르치고 배웠다. 이제 교과서가 삶의 기준이 된 것이다. 심지어 교과서가 진리의 영역에까지 파고들게 되었다.

과거 성경을 진리로 여기고 삶의 기준으로 삼았던 시절에는 성경은 그냥 읽고 외우면 되었다. 왜냐하면 성경 그 자체가 진리이기 때문에 그냥 외우면 우리는 진리대로 사는 것이고 기준대로 사는 것이다. 따라서 교리문답敎理問答, Catechism이 유행이었다. 사제가 묻고 교인은 대답하면 성경에 대한 이해는 끝이다. 한동안 세례도 이런 방식으로 이루어졌다. 교리문답의 방식은 단답형으로 변형되기 시작하였다. 심지어는 일방적인 주입식으로 변모하기도 했다. 이러한 교리문답법이 진정한 교육방법으로 미션스쿨로부터 근대의 일반학교로 전수된 것이다. 결국 근대학교가 탄생하면서 교수학습방법은 전달식, 주입식, 일방적 교수 방법으로 이루어졌다.

물론 미션스쿨에서는 성경이 진리이고 기준이니까 그대로 전수되더라도 문제가 될 소지는 별로 없다. 그러나 일반교육을 담당하는 근대학교에서는 교과서라는 매체를 가지고 교육하고 학습하게 된다. 즉, 성경 대신 교과서가 가르쳐지는데, 문제는 교과서는 성경처럼 진리와 동일시되어서는 안된다는 사실이다. 물론 성경이 진리냐고 반문한다면 그는 무신론자이거나 반신론자라고 할 수 있을지 모른다. 그러나 최소한 기독교 세계에서는 성경이 진리이다. 이는 마치 불교에서는 불경이, 이슬람에서는 코란이 진리인 것이나 다름이 없다. 그러나 학교에서의 교과서는 더 이상 진리가 아니다. 그냥 지식이다. 그런데 지식이 진리인 것처럼 그냥 전달되어야 무방하다는 식으로 교육이 진행되면서 오늘날 지식전달식 수업이 마치 진정한 교육의 방식인 양 되어 버린 것이다.

또한 이러한 지식전달방식을 보다 촉진시키고 이러한 방식을 활용하여 크게 이득을 본 세력이 있었다. 바로 제국주의자들이었다. 제국주의의 역사는 계몽주의의 역사와 함께 하고 공교육의 역사와 함께 한다.

교과서의 지식은 선택된 문화이다. 따라서 교과서를 통해서 지식을 전달하는 교육은 문화, 즉 선택된 문화를 전달하는 것이다. 그렇다면 그러한 문화는 검증될 필요가 있다. 이를테면 잘못된 문화가 선택되어 지식으로 전달되어서는 안된다. 물론 '잘못된 문화'가 무엇인지, 그리고 누가 잘못된 문화라고 판정을 할 것인지는 항상 문제가 되겠지만, 하여간 그것인 제대로 된 문화가 아니라면 교과서에 선택되어서도 안 되고 후대에 전달되어서도 안된다. 그러나 제국주의자들은 자신들의 목적 추구를 위해서 자신들이 선택한 문화를 교과서에 지식으로 담고 이를 전달시켰다. 주입식교육은 대량교육에서 효과적이다. 제국주의자들은 대량으로 학생들에게 획일적인 지식을 전달하는데 주력했다. 다른 문화와의 비교분서 검증도 없이 그냥 자신들이 추구하는 방향에 따라서 '문화'는 재단되었으며 그것이 교과서의 지식으로 옮겨졌다. 물론 제국주의자들은 자신들의 문화가 가장 우수하고 가치가 있다는 의미에서 이를 교과서에 담아 전달하는 방법을 사용했다. 이러한 맥락에서 우리는 '문화양심Kulturgewissen'의 문제를 거론할 수 있다.

문화를 양심적으로 선택하여 교과서에 싣는 것도 문화양심의 영역이라고 할 수 있다. 이러한 문화양심의 개념은 학생들로 하여금 문화를 만나고 체험하면서 생겨나기를 기대할 수도 있다. 또한 문화양심을 갖도록 하기 위해서 우리는 학생들에게 판단 기준을 알게 하고 판단능력을 배양하도록 교육할 수도 있다.

양심은 사전적으로 말하면, 선악을 판단하고 선을 명령하며 악을 물리치는 도덕의식이다. 그러나 행동주의 학자들은 양심을 특정 사회적 자극에 대한 일련의 학습된 반응으로 본다. 양심의 개념을 철학의 영역에서 가장 체계적으로 다룬 철학자는 바로 칸트I. Kant라고 할 수 있다. 그는 교육의 최종 목표도 양심이라고 하면서 도덕교육의 구체적 영역을 제시한 바 있다.

그에 의하면, 양심은 최종적인 심판자이며 이성의 본질이다. 그는 말한다: "나는 둘러싸고 있는 것 중에서 볼수록 감탄을 금할 수 없는 것이 두 가지 있다. 그 하나는 별이 총총 떠 있는 하늘이고, 다른 또 하나는 내 마음속에 늘 살아있는 양심이다. 이를 통해서 나는 내가 살아있다는 것을 느낀다."

양심良心이란 '착한 마음'이라는 뜻으로, 'conscience'는 라틴어에서 유래되었다. 여기서 "con"이란 접두사는 영어로 'with', 혹은 'together'를 말하고, "science"는 "무엇을 알다", "인식한다"는 의미로 무엇을 함께 인식한다는 의미이다. 양심의 그리스어인 '수네이데시스suneidesis'는 라틴어와 비슷한 의미를 가지고 있다. 이 단어 역시 'sun'과 'oida'란 말의 합성어로서 '함께 알다'란 의미이다. 신약시대에도 양심이라는 말은 그리스도인들이 일상생활에서 사용하던 낯설지 않은 용어로서 '어떤 나쁜 행동을 했을 때 느끼게 되는 마음의 고통'을 의미했다. 독일어로 양심은 Gewissen인데, 접두어 Ge는 "함께" 내지 "합"을 의미하며, "wissen"은 "안다", "지식"을 의미한다. 결국 양심이란 '지식의 총합' 내지 함께 안다는 의미로서 모든 지식이 합해지면 양심이 되고, 함께 안다면 양심이 되는 것이다. 그런데 양심은 인간의 내면과 관련된다. 즉, 따라서 양심에 어긋나는 일을 하면 양심의 가책을 느끼게 된다. 그러나 양심은 지식을 기반으로 하고 있다. 따라서 지식이 없으면 양심의 가책을 느끼지도 못한다. 그럼에도 불구하고 단순히 지식이 쌓인다고 양심이 되는 것은 아니다. 양심은 관념의 영역이고 추상의 영역으로서, 즉 마음의 영역이다.

칸트는 이러한 의미에서 양심을 최고의 판단자로 간주한 것이다. 양심은 이성에 근거하지만 이성을 의미하는 것이 아니고, 또한 외부감각으로부터 내부감각을 거쳐 인간에게 지식이 형성되는 과정에서 오성과 이성이 관여하지만 그 오성과 이성으로 인하여 무엇인가가 알려지는 과정은 이미 마음에서 판단한 결과로서 성립된다. 이때 마음의 판단의 최고 판단자가 바로 양심이 된다. 이로써 칸트에게 도덕은 완성된다. 이것이 칸트의 실천철학이고 윤리학이다.

> "근대 이성의 완성자로서의 칸트의 중요성은 소크라테스 정도만 비교 대상이 될만큼 크다고 보는 견해가 오늘날에도 실효성이 있다. 그의 실천철학, 특히 윤리학이 갖고 있는 위대성과 한계를 분석하고 있는 독일의 철학자 회슬레V. Hosle에 의하면, 칸트의 도덕철학 또는 윤리학은 전통적인 윤리학과는 다른 윤리학을 세우고자 하는 계몽주의의 도전을 받아들여서 자연주의적 존재론을 거부하고 종합적인 선험적 전제를 새롭게 제시하면서 완성되었다. 그의 윤리학은 자유와 도덕법을 이성에 기초를 두고 적절하게 연결시키고 있고, 기존의 어떤 윤리이론도 성취하지 못했던 보편주의적 다원성을 보일 수 있을만큼 완성되었다는 점에서 그 위대성이 돋보인다 (박병기 편저, 1994: 29).

따라서 칸트에게 교육의 최고 목표는 도덕교육이다. 그런데 이러한 도덕은 일반교육을 통해서 이루어지는 것이 아니다. 왜냐하면 양심을 교육할 수는 없는 이유는 양심은 인간의 내면이고 추상적인 영역이기 때문이다. 즉, 내면을 교육한다는 것은 곧 '각성'시킬 수밖에 없으며 각성은 수련과 도야를 통해 깨우침을 통해 통찰하도록 하는 것이다. 한마디로 도덕교육의 정점인 양심은 어떤 가르침이나 학습을 통해 가능한 것이 아니라, 스스로 도야

하고 수련하는 과정에서 문득 깨우침을 통하여 각성할 수밖에 없다. 다시 말하면 양심은 잠재영역potential에 있다. 또 달리 말하면 양심은 선험적이다. 따라서 교사는 자극을 줄 수 있을 뿐이다. 즉, 스스로 "잠자는 양심"을 각성하도록 하게 자극하는 것이 교사의 역할이라고 할 수 있다. 여기서 잠자는 양심이란 선험적 영역으로서 조물주가 인간에게 이미 하사한 것으로, 인간이 감각 경험을 통해서 얻을 수 있는 지식의 영역이 아니라 미리 있는 것으로서a priori, 우리가 사실은 자유의지에 따라 생각하고 행동하는 것 같지만 사실은 양심이 명령하는 대로 인식하고 행동하는 것이다. 그러나 우리가 왜 그렇게 생각하고 행동하는지를 우리 스스로도 모르는 것은 아직 자신의 양심의 목소리를 듣지 못하기 때문이다. 즉, 잠자는 양심이 각성되지 못했기 때문에 아무렇게나, 즉 자유의지대로 생각하고 행동하는 것이다. 만약 양심이 선재하지 않고 선험적이지 않다면 우리는 양심의 가책을 느낄 필요가 없다. 인간이 어느 순간에 양심의 가책을 느낀다는 사실은 이미 양심이 우리 내면에 존재하고 있다는 증거이다.

한편, 기독교에서는 양심을 신의 명령의 내면화로 간주하고 있으며, 프로이트나 니체 같은 무신론자들은 양심을 외재적 규제나 억압의 내면화로 보았다.

이렇게 보다면, 문화교육에서 문화양심과 문화각성은 중심 개념이 된다. 즉, 우리는 문화를 만나고 체험하는 과정에서 단순한 지식을 탐구하고 이를 취득하는 것이 아니고 문화만남과 문화체험은 문화양심의 범주 하에서 이루어져야 한다. 따라서 문화양심이란 개념은 인간이 문화를 창조해내고 문화를 전달, 계승, 발전시키는 모든 과정에 양심이라는 범주 하에서 검토되고 비판되고 반성과 성찰되는 기준이 되어야 한다는 의미가 된다.

그러나 이러한 문화양심의 개념은 지나치게 '사변적'이라고 비판받는다. 이는 양심의 개념에 대한 이해와 동일하다. 인간에게 양심이 있는가, 없는가? 설령 양심이 있다고 해도 사람에 따라서 양심이 심판자일 수도 있지만, 양심과 무관하게 사는 사람들이 얼마든지 가능하지 않은가? 양심이 밥 먹여주는가 하고 반문하는 사람들도 우리 주변에는 얼마든지 있다. 이런 면에서 선험적인 영역으로 설명하는 칸트의 양심도 쉽게 비판을 받는다. 아니면 칸트가 주장하는 양심을 현실에서는 전혀 이해하기 어렵다.

따라서 문화교육학은 칸트의 선험철학이나 여느 형이상학에서 다루는 '양심Gewissen'의 문제만으로는 교육의 주제로 하기에는 한계가 있다는 사실 인식에서 출발한다. 한마디로 양심교육이 가능한가? 하는 질문이 그것이다. 과연 양심을 어떻게 교육한다는 것인지? 아니면 양심은 이미 가지고 나오는 것이니까 양심을 각성시키면 된다고 한다. 그러나 양심을 어떻게 각성시킬 수 있는가? 내가 양심의 가책을 느끼면서도 그렇게 할 수밖에 없는 상황에서 양심에 어긋난 일을 한다면, 과연 우리는 어떻게 양심을 교육시킬 수 있다는 말인지? 그렇다면 너무 지나치게 교조적이며 보수적이며 가치추상적이지 않은가?

슈프랑어는 양심교육을 '양심으로의 교육Erziehung zum Gewissen'과 '양심의 교육Erziehung des Gewissens'을 구분한다(Spranger, 1950: 382).

> "전자, 즉 양심으로의 교육은 교육이 내적 자기 통제 기관이 펼쳐질 때 활동하여야 하는 준비에 도움을 주는 것을 의미한다.(이때 모든 사람들에게 잠재적 싹이 전제된다). 자아와 양심의 성장은 정신적인 발달과정인데, 이는 교육학적 척도에 의해 요청될 수 있다. 바로 슈프랑어는 교육자는 보다 높은 자아가 깨어있을 때 함께 작용할 수 있다는 사실에 대해 언급한다. 이러한 교육과제에서는 인간의 보다 높은 자아를 해방하는 것이 중요한데, 이는 젊은 사람들의 고유한 자유가 펼쳐지도록 도우는 것으로서 변화되는 인간의 내적 규제작업을 올바른 길로 가져가거나 아니면 젊은 사람들이 스스로를 해방하도록 하는 것이다. 이에 반하여 후자, 즉 양심의 교육은 내적 자기규제 기관의 정련화, 즉 이미 성장한 양심을 듣기 위한 교육을 의미한다…. 양심의 교육은 우리가 젊은 사람들을 항상 그에게는 이러한 보다 높은 자아를 듣는 것과 그것을 보존하는 것이 중요하다는 점으로 인도한다는 사실에 의해서 그리고 아울러 우리가 힘을 그의 속에서 강화시켜서 이러한 양심의 결정에 맞추어 다루도록 함으로써 완성된다. 양심의 교육의 과제는 젊은 사람들을 자기의 삶을 위한 자기교육, 자기비판 그리고 자기조정에 능력을 갖도록 하는 것을 목표한다. 자립적인 양심으로 깨어있는 인간은 양심의 청취로 자기스스로를 교육하며 그의 양심수

용성을 정련하고 확장한다.... 따라서 양심의 각성은 인간도야의 중심 과제이다. 왜냐하면 그 속에서는 자기 자신으로의 인간의 해방, 즉 그의 고유한 인간성의 완성 내지 결손이 결정적이기 때문이다."(Meyer, 1983: 65)

본 연구의 주제인 '문화교육의 성립조건으로서의 문화해석학'은 본 연구의 가설假設이기도 하다. 가설이 입증된다면 연구는 성립되는 것이다. 즉, 문화교육을 성취하기 위해서는 문화해석학적 접근이 필수적이라는 사실이다.

한마디로 문화교육은 '문화만남과 문화체험' 그리고 '문화표현'을 통해서 '문화이해를' 그리고 '문화추체험'의 지속적인 과정, 즉 '문화체험-문화표현-문화이해-문화추체험...'이라는 문화의 해석학적 순환 과정을 거칠 때 비로소 가능하다. 왜냐하면 문화의 해석학적 순환 과정에서 발생하는 것이 '해석interprete'인데, 바로 이러한 해석을 통하여 인간은 궁극적으로 문화를 이해하게 된다. 결국 인간은 지속적인 문화해석을 통해서 점점 문화의 진면모를 이해하게 되는 데, 이 과정에서 문화교육은 문화를 양심적으로 대해보려는 태도를 가지게 될 수 있다는 전제이다.

처음 학생들은 문화를 만나고 체험하면서 찬사를 보내기도 하고 때로는 비판을 하기도 하면서 자기 나름대로 문화를 '해석'하는 경험을 하게 된다. 그런데 해석의 과정은 학습의 과정과 일치한다(Gallagher, 1992: 12). 학생은 문화해석을 위해 자연스럽게 언젠가는 해석의 기준에 대해서 고민하게 될 수 있다. 문화교육의 교사는 바로 이때 개입을 하면서 기준을 제시하거나 아니면 기준에 대해서 함께 고민하는 계기를 마련하려고 할 수 있다. 학생들에게 어떤 문화를 어떻게 만나게 할 것인가, 또한 무엇을 어떻게 체험하도록 도와줄 것인가 하는 고민은 문화교육에서 교사의 필수적 임무이며 사명이 된다. 이러한 과정에서 일어나는 문화해석은 궁극적으로는 양심의 영역을 건드리게 된다. 즉, 현재의 문화에 대해서 생각하고 분석해 보면서 마침내 비판도 하고 반성과 성찰도 하면서 양심적으로 문화를 보고자 하는 충동이 생겨날 것이다. 이로써 교사는 학생으로 하여금 문화양심에 도달하게 하고 문화양심을 각성시킴으로써 문화의 본질에 보다 접근할 수 있도록 한다. 따라서 유능한 교사의 조건은 학생들로 하여금 스스로 문화해석을 해 낼 수 있는 능력을 가질 수 있도록 하는 것이 된다. 그러나 교사는 문화양심을 가르칠 수 있는 것으로 착각한다. 문화양심은 가르침을 통해서 가능한 것이 아니며 오로지 각성될 수 있을 뿐이다. 즉, 양심이란 선천적이고 선험적이기 때문이다. 따라서 잠자는 양심을 각성시켜서 양심대로 살게 인도하는 것이 양심교육인 것이다. 물론 여기서 양심은 - 슈프랑어의 주장에 의하면 - '투쟁하는 양심'이어야 한다. 이를테면 현재의 문화현상에 대해서 성찰하고 비판하면서 끊임없이 저항하고 투쟁하면서 마침내 잠자는 양심을 일깨워 나가는 것이다.

> "우리는 전후시대에 슈프랑어의 새로운 생각의 동기에 대해서 언급하기 이전에 그가 나치독재 시대와 1945년 이후에도 가르친 것의 연속성에 대해서 지적해야 한다. 민족과 국가를 마지막 윤리방향의 척도로 파악하는 것은 바로 양심없는 동조이며 양심없는 복종이라는 경고의 길로 이어진다.... 시대적 도전에 대한 그의 대답은 양심교육Gewissenserziehung으로써의 교육과 양심구속적인 인간의 교육으로서의 목표달성의 과제에 동감하는 것이다."(Meyer, 1983: 44)

문헌상 최초로 양심교육을 한 사람으로는 소크라테스를 들 수 있다. 소크라테스가 양심을 각성한 방법은 '질문법Befragung'이었다. 그는 저잣거리를 지나가는 사람들에게 끝없이 질문을 해 대었다. 지금으로 말하면 말꼬리 잡는 질문을 해 댄 셈이다. 그래서 소크라테스는 실성한 사람으로 취급받기도 했고 지겨운 사람으로 피함의 대상이 되기도 했다. 소크라테스는 '이 세상을 아무리 둘러보아도 교사다운 교사는 없다'고 말한 바 있다. 물론 이 말은 당시 자신들을 교사로 자처하면서 지식을 팔아먹고 다니는 소피스트들에 대한 비아냥이었다. 그러나 엄밀히 보면 소크라테스는 소피스트와 차별되는 방법으로 교육을 하고자 했던 것이라고 볼 수도 있다. 소크라테스는 '나는 가르친 적이 없다'고 한 적도 있다. 그러나 그는 살아생전에도 당대 최고의 스승으로 간주되고 있었다. 또한 그는 '답은 중요치 않다. 그 답은 언젠가는 달라질 것이니까'라고도 했다. 그렇다면 진정한 교사는 어떤 사람이어야 하나. 제자가 물었다. 그는 말하길 '진정한 교사란 답을 가르쳐 주는 사람이 아니라 예리한 질문을 잘 하는 사람 그리고 그러한 질문을 잘하는 아이를 길러낼 줄 아는 사람'이라고 대답했다. 당시 소피스트들은 남들과의 논쟁에서 이기도 남들을 잘 설득하여 내가 승리하여 잘 살 수 있도록 하는 설득술과 처세술을 가르치면서 부를 획득했다. 그러나 평생 가난에서 벗어나지 못하여 처로부터 매일 혼이 나는 신세를 면하지 못했던 소크라테스는 답을 가르치지 않고 저잣거리를 오가는 사람들에게 늘 이상한 질문만을 해 대었다.

소크라테스는 '교사란 산파와 같은 직업'이라고 했다. 산파란 자신이 아이를 낳는 사람이 아니고 산모가 아이를 건강하게 낳을 수 있도록 도와주는 사람이다. 그는 자신의 어머니가 산파였던 점에서 힌트를 얻어서 교사는 산파産婆; Hebame라고 주장하면서 자신이 추구하는 교육의 방법은 '산파술'처럼 되어야 한다고 했다. 여기서 산모는 진리를 낳는 학생 본인이고 교사는 학생이 진리를 잘 낳도록 '도와주는 사람'이다. 교사는 학생으로 하여금 직접 가르치는 것이 아니라 오로지 그가 배우는 것을 도와주는 수밖에 없다 (Eisermann, 1964: 121). 산모가 엄청나게 힘든 산통을 겪는 상황에서 이런 아이를 낳아라 저런 아이를 낳으라고 주문할 수는 없다. 그래도 어쩔 수 없다. 교사가 직접 애를 낳아 줄 수는 없는 것이다. 그런데 오늘날 우리의 교사들은 진리를 낳으려고 죽을 힘을 다하고 있는 아이들(산모)에게 이런 아이를 낳아라, 저런 아이를 낳으라고 쓸데없는 간섭이나 하고 있다.

이렇게 본다면, 소피스트와 소크라테스의 교육방법은 전혀 다른 차원이다. 그러나 둘 다 교육이다. 때로는 교사가 답을 알려줄 필요도 있다. 그러나 답만 알려준다면 그것은 주입식 교육으로 그칠 것이다. 물론 세상에서 살다 보면 꼭 주입이 되어야 할 지식이나 답도 있을 것이다. 특히 전혀 모르는 부분이나 전혀 새로운 영역에서는 그런 교육방법도 필요할 수 있다. 그러나 질문으로 시작하는 소크라테스의 교육은 전혀 다른 영역을 건드리고 있다. 그의 말에 의하면, 영혼을 보호하고 영혼을 각성시키는 방법이다. 여기서 소크라테스는 영혼의 영역에 바로 양심의 목소리가 들어있다고 본 것이다.

물론 이러한 주장 때문에 소크라테스는 사형을 당했다. 이유인즉 슨 소크라테스는 당시 유일신인 아폴론 신 말고도 자신의 마음속의 신인 다이몬Daimon을 섬겼다는 죄목이었다. 바로 그것은 양심이었던 셈이다.

물론 이러한 역사적 사실은 인류의 비극이기도 하였다. 유일신 사상에 어긋나는 바람에 양심, 즉 영혼의 목소리인 다이몬Daimon이 또 다른 신의 역할을 하는 바람에 소크라테스는 자신의 변호에서도 논리적 모순을 낳게 된 셈이다. 소크라테스는 자신의 진심을 고백하는 과정에서 당시 사회적 기준으로 볼 때 논리적 모순에 봉착하게 된 자신을 알고 미련없이 독배를 마시게 된다.

이제 우리에게 중요한 것은 양심의 문제이다. 결국 양심을 체험하고 각성시키는 교육의 방법은 전혀 다른 방법이어야 한다는 사실이다.

> "슈프랑어의 이론은 인간의 완전히 규정된 체험, 즉 양심체험으로부터 시작한다. 이는 나머지 삶의 경험으로부터 명백하게 인식될 수 있는 기본구조를 통하여 드러난다. 양심체험Gewissenserlebnis은 변화하는 내용을 가지지만 동일한 구조를 가지고 있다."(Meyer, 1983: 52)

소크라테스에게 양심을 체험시키고 각성시키는 것은 '질문' 그것도 '예리한 질문'을 퍼붓는 것으로부터 시작된다는 사실이다. 그러나 오늘날 이러한 질문법은 교육방법으로 전수되지 못했다. 이러한 맥락에서 미국의 유명한 교육학자인 E. H. Wilds는 "만약 소크라테스의 교육방법이 계승되었다면, 인류의 역사는 완전히 달라졌을 것"이라고 말한 바 있다(Willds, 1958). 따라서 양심체험이나 양심각성의 교육 역시 전수되지 못했다. 즉, 양심의 문제는 개인의 문제이지 더 이상 교육의 문제가 아닌 셈이다.

문화교육학은 바로 이러한 점을 매우 안타깝게 지적하고 있다. 결국 문화양심은 학생에 대한 교사들의 예리한 질문에서 각성될 수 있다. 교사는 학생들로 하여금 문화를 만나서 체험하도록 하고 이를 표현하면서 해석하여 마침내 문화의 본 모습을 이해하도록 한다. 또한 교사는 학생들이 문호를 추체험하도록 하고 다시 표현하고 이해하도록 함으로써 문화를 점점 더 잘 이해할 수 있도록 한다. 이러한 과정은 끊임없는 순환의 과정으로 이루어지는데, 이러한 과정을 우리는 해석학적 순환의 과정이라고 한다. 즉, 문화체험이 문화표현으로 그리고 문화이해가 되고 다시 문화추체험이 다시 문화추표현으로 그리고 문화추이해가 지속되는 과정에서 문화해석이 발생하게 된다. 결국 문화해석의 과정이 일어나면서 문화이해가 완성되는데, 이 과정에서 문화해석이 얼마나 제대로 되는가에 따라서 문화이해의 수준도 결정된다. 그렇다면 문화해석이 제대로 이루어지게 하기 위해서는 어떻게 해야하나? 교사가 학생에게 예리한 질문을 통해서 문화양심을 각성시킬 수 있을 때 비로소 문화해석은 제대로 이루어질 수 있다. 왜냐하면 제대로된 문화해석을 위해서는 기준이 명확해야 하는데, 마지막 기준은 바로 양심의 영역이어야 하기 때문이다.

결국 문화해석의 과정에서 도달되는 양심각성은 문화양심의 각성이고 이는 문화책임Kuturverantwortung으로 이어질 수밖에 없다. 한마디로 슈프랑어에게 문화책임은 일련의 삶의 요청으로서 인간은 누구나 윤리적인 힘(능력, 역량, 잠재력)을 가지고 있기 때문에 당연하다.

> "슈프랑어는 기계주의와 야만인으로의 길을 피하기 위한 유일한 수단을 개인의 윤리적 힘들sittliche Kräfte 속에서 보았다. 사람들은 누구나 (인류) 전체를 위한 그의 양심 속에 있음을 스스로를 느낀다. (따라서) 그는 쉴세 없이 새로운 문화책임을 요청했으며 그로부터 태어나는 새로운 교육을 요구했다."(Bollnow, 1964: 95)

문화책임에 대한 의식은 양심에 입각한 문화해석을 가능하게 한다. 이렇게 본다면 문화해석은 문화교육(학)의 성립조건이 된다.

정리하자면, 문화양심과 문화각성의 문제는 방법론의 문제가 된다. 즉, 우리가 지식을 얻기 위해서 단순히 문화를 만나고 체험하는 것이 문화교육이 아니라, 문화를 어떻게 만나고 체험하며 어떻게 잠자는 문화양심을 깨울 수 있는가 하는 문제가 관건이다. 결국 문화교육은 문화가 창조되는 과정부터 전달, 계승, 발전되는 과정까지 비판, 반성과 성찰의 과정을 되풀이할 때 비로소 가능하다. 이러한 과정은 토론과 논쟁의 과정이기도 하다. 궁극적으로 이러한 과정은 문화비판, 문화반성으로 이어지며 이는 마침내 문화책임의 영역을 거론하게 한다. 누가 과연 현재의 문화상황에 책임이 있는 것인가? 또는 우리는 과연 지금의 문화상황에 대해서 어떤 책임을 질 수 있을까? 이러한 의문은 교사가 학생들에게 문화만남부터 어떻게 예리한 질문을 할 수 있는가 하는 역량에 달려 있다고 할 수 있다.

3. 문화책임과 인격도야

오늘날 우리는 문화비판이라는 말을 많이 듣고 산다. 우리 인간이 저질러 놓은 문화가 마음에 안들기 때문이다. 특히 지식인들은 문화비판이라는 말을 자주 하고 싶어 한다. 왜냐하면 우리 인간이 창조해낸 문화는 위험하기 짝이 없으며 문화갈등으로 인한 문화소외 현상 등으로 인하여 우리 인간들은 별로 행복하지 못한 삶을 살아간다고 판단하기 때문이다. 오늘날 우리 현대인들은 그동안 인간들이 만들어 낸 문화의 이기를 충분히 즐기면서도 다른 한편으로는 문화위기 앞에서 신음하고 있다. 결국 지금까지 우리 인류가 만들어 낸 문화는 '필요악'이 된 지 오래이며, 이러한 문화를 창조하고 계승 발전시키면서 살고 있는 인간들은 문화만족과 문화위기라는 딜레마 속에서 이율배반적으로 살고 있는 양면성을 가지게 되었다. 특히 문화위기라는 진퇴양난의 딜레마에 살고 있는 인간들은 "유한자有限者"라는 낙인 앞에서 어쩔 수 없는 한계에 봉착하게 된 셈이다.

그러나 우리 인간이 호모 엘렉투스homo electus 이래로 발전되어 온 인류의 문화 앞에서 문화위기를 고발하고 비판하지만 문화위기를 극복할 수 있는 묘안은 딱히 없다. 왜냐하면 문화위기는 어제 오늘의 문제가 아니고 인류의 탄생과 함께 누적되어 왔기 때문이다. 아무리 비판교육을 한다고 해도 문화 전개양상은 크게 개선되지 않는다. 그렇다면 우리는 이제 어떻게 해야 하는가? 문화가 창조되는 시점부터 재검토할 필요가 있을 뿐이다. 즉, 문화가 어떻게 창조되고 또한 어떻게 전수되는지? 결국 전자는 문화해석의 문제가 되고, 후자는 문화교육의 문제가 된다.

왜 하필이면 이곳에서 그때 그렇게 문화가 만들어지게 되었을까? 역사적이고 사회적인 관점에서 우선 이에 대한 분석이 필요하다. 이러한 문화분석은 문화해석을 가능하게 하고 이러한 문화해석은 문화이해를 가능하게 한다. 물론 이러한 문화해석의 과정 속에는 문화비판, 문화반성, 성찰의 과정도 함께 한다. 특히 문화창조의 메커니즘이 이해되면 우리는 문화교육의 내용과 방법을 알 수 있게 된다. 이때 중요한 점은 위에서 본 것처럼 문화해석을 위해서는 문화양심의 문제가 적용될 필요가 있다는 점이다. 즉, 문화(창조)를 해석하는데 기준이 양심, 즉 문화양심이 되어야 한다는 것이었다. 그렇지 않으면 문화해석의 기준이 모호해진다. 물론 슐라이어마허와 딜타이는 "해석학적 순환"의 도식과정을 통해서 해석은 완성된다고 주장하였다.

그러나 슈프랑어는 해석학적 순환 보다는 '잠자는 양심을 깨우는 것'이 우선이라고 보았다. 특히 문화해석을 위해서는 문화양심의 각성이 우선적 과제이다. 왜냐하면 문화는 인간이 만들어 낸 일차적인 객관물이기 때문이다.

> "슈프랑어의 문화철학은 점점 더 문화병리학Kulturpathologie, 즉 우리 문화의 질병현상에 대한 탐구가 되어 갔다. 그는 심오한 염려를 가지고 이렇게 묻는다 '과연 현대 문화과정은 여전히 인도될 수 있는가?... 그는 우리가 염려만 하고 있을 때 경고자Mahner로 남았다."(Bollnow, 1964: 95)

딜타이는 주관적이고 역동적인 삶을 해석의 대상으로 삼았지만, 슈프랑어는 해석의 대상을 '문화'라는 일차적인 '객관물'로 삼았다. 따라서 딜타이에게 양심은 형이상학적인 또는 초감각적인 영역으로서 연구의 범위를 넘어서지만, 슈프랑어에게 양심은 선험적 영역으로서 모든 판단의 근거가 된다. 즉, 슈프랑어에게는 양심이 지시하는 대로 문화가 객관물로 창조되지 않았다면, 그 문화는 창조부터 문제가 된다. 따라서 다시 창조되어야 한다. 이를 위해서는 '문화해석'이 먼저이다. 왜 그러한 문화가 창조되고 창조될 수밖에 없었는가가 분석, 비판, 반성, 성찰되어야 한다. 결국 이러한 모든 과정이 문화해석의 과정이 되는 셈이다. 또한 이러한 과정에서 문화양심도 각성이 된다. 또한 문화해석은 문화에 대한 학습을 동반한다. 왜냐하면 해석은 학습을 동반하며 학습은 해석을 포함하기 때문이다(Gallagher, 1992: 58). 결국 문화해석과 문화양심의 각성 과정은 순환적인 과정이 된다. 또한 이러한 문화양심의 각성은 '문화책임Kulturverantwortung'으로 이어진다. 문화교육에서 해석학적 순환은 바로 이러한 과정을 뜻한다. 즉, "체험-표현-이해-추체험..."이라는 해석학적 순환과정이 문화교육학에서는 "문화해석-문화양심-문화책임-문화재해석..."이라는 순환 도식으로 전환된다. 물론 이때 문화해석의 과정은 "체험-표현-이해-추체험"의 순환도식 과정을 전제한다.

그런데 중요한 것은 문화교육의 최종목표는 단순히 문화지식을 습득하는 것만이 아니다. 문화를 통해서 궁극적으로는 '인격personality, Charakter'을 도야하는 것이 최종 목표인 것이다. 즉, '인격도야Charakterbildung'는 '문화'라는 '인간의 객관적 창조물'을 매개로 하여 이루어질 때 비로소 가능하다. 왜냐하면 인간과 문화는 불가분의 관계로서 한 몸이기 때문이다. 즉, 인간은 '문화적 존재'이다. 인간이 문화를 창조하고 전수하는 것은 화려한 문화를 만들어서 뽐내고 싶어서가 아니고, 문화창조를 하지 못하면 인간은 살아남을 수가 없는 유한존재이기 때문이다. 문화창조와 문화전수 그리고 문화번식은 인간에게 삶을 위한 절실한 과제이지 결코 허영이나 여유 아니면 공명심의 문제가 아니다. 인간과 문화는 거역할 수 없는 운명이다. 반면, 동물은 문화와 무관하다. 인간만이 문화를 창조할 수 있는 유일한 동물이다. 물론 동물학자나 곤충학자들은 동물과 곤충도 그들만의 문화를 가진다고 주장한다. 설령 그렇다고 해도 이들의 문화는 본능차원을 벗어나지는 못한다. 인간이 창조하는 문화는 동물이나 곤충의 본능문화보다는 오히려 보다 자유롭게 창조되면서 보다 자율적으로 통제되는 운명을 가진다. 따라서 문화위기, 문화비판, 문화양심, 문화각성, 문화성찰, 문화책임 등의 영역을 거론할 필요가 있다. 이러한 개념들이 동물과 곤충의 문화에는 해당되지 않는 영역들이다.

다시 돌아가서 인간과 문화는 한 몸이다. 즉, 인간은 자신들이 창조한 문화를 거울로 삼아 자신을 되돌아 볼 수 있다. 내가 아니면 우리가 또 아니면 우리의 선조들이 창조한 문화를 접하면서 문화양심의 기준에서 분석, 비판,

반성, 성찰해 보면서 문화책임을 느낄 때 인간은 도야된다. 달리 말하면, 문화를 창조하는 인간은 자신들이 만든 문화를 매개로 자기를 이해하면서 자기를 스스로 도야한다. 반대로 우리는 문화해석을 하면서 문화양심의 영역까지 도달하고 마침내 잠자는 문화양심을 건드린다. 이때 문화양심은 문화만남, 문화체험, 문화표현, 문화해석의 기준으로 작용하면서 궁극적으로는 (진정한) 문화이해에 도달하게 한다. 그러니까 잠자는 문화양심을 깨우는 문화각성은 문화이해를 위한 문화해석의 기준점을 마련하기 위함이다. 결국 인간은 자신들이 창조하고 전수하는 문화과정을 통해서 인격도야의 과정을 함께 가지게 되는 셈이다. 왜냐하면 문화해석을 하는 과정에서 우리는 양심의 영역으로 들어가게 되고 양심의 각성을 통해서 마침내 인격이 도야되고 인성이 성장하게 된다.

물론 인간은 어떤 매개물도 없이 그냥 자연스럽게 도야될 수도 있다. 동양에서는 도道를 닦는다고 한다. 도통道通한 사람을 도사道師라고도 한다. 불교에서 말하는 득도, 해탈, 열반 등도 대표적이다. 선종禪宗에서 말하는 참선參禪도 이에 해당된다. 모두 인격을 수련하고 닦는 방법이다. 유가의 수신제가치국평천하도 이에 해당된다. 서양에서도 수도원에서 고행, 수행을 통해서 자기도야한다고 한다. 일반적으로 서양에서는 남들과의 만남과 대화 아니면 '변증법'을 통해서 인격도야에 도달한다. 그러나 문화교육에서는 문화와의 만남과 대화를 통해서 ― 문화와의 변증법적 과정을 통하여 ― 마침내 인격도야가 이루어지는 것이다. 한마디로 인간은 자신들이 창조해 낸 문화를 만나고 체험하고 표현하고 해석하면서 마침내 이해하는 모든 해석학적 순환 과정에서 결국 문화라는 거울 앞에서 자신의 모습을 보게 되는 것이다. 이렇게 본다면 문화교육은 문화를 매개로 문화이해를 목표로 문화해석을 하고 있는 자기를 발견하면서 자기도야와 자기수양의 길을 가게 되는 것이다. 이러한 과정에서 문화교육은 바로 학생 스스로가 자기의 인격을 만드는, 즉 인격도야를 하게 되도록 하는 것을 목표하는 것이다. 왜냐하면 문화교육은 순수철학이 아니고 '교육'이다. 따라서 교육은 학생을 대상으로 하고 학생의 완성을 목표하기 때문에 결국 문화교육은 문화를 교육하는 것에서 그치는 것이 아니라, 학생 개인의 인격도야를 최종 목표로 추구할 수밖에 없다.

"슈프랑어의 모든 설명에서 정신의 투쟁공간을 만드는 곳은 개인Person이다. 물론 조건은 개인이 그의 내부에 있는 영원한 정신력의 발굴 덕분에 보다 높은 내용의 자아가 될 때 그렇다. 수수께끼 같은 존재인 이러한 개인은 형이상학적 심연으로부터만 살아갈 수 있다. 우리는 이러한 인간성의 형이상학적 존재를 특히 형이상학적 당위체험 속에서 만나는데, 그것은 정신적 인격의 투입을 통한 양심의 결정 속에서 그리고 보다 커다란 존재질서의 형상화를 위한 책임감 속에서도 완성된다. 이를 넘어서 개인은 그의 완성에 비밀스러운 세계계획 속에서 함께 작용해야 하는 예감 속에 살아간다."(Louvaris, 1964: 48)

이렇게 본다면, 우리는 문화교육을 주창한 슈프랑어가 "해석학은 우리 인간이 무엇인가에 대한 답을 하는 데에서 그쳐서는 안 되고, 우리 인간이 무엇이어야 하는가에 대한 답도 할 수 있어야 한다"는 지론을 펼쳐갔다는 사실이 이로써 해명된다고 할 수 있다.

에필로그

오늘날 문화비판론자들은 우리가 문화위기에 살고 있다고 진단한다. 사실 위기crisis와 비판critic은 어원이 동일하다(이규호, 2005: 81). 따라서 위기가 있는 곳에 비판이 있다. 물론 위기를 위기로 받아들이지 않으면 위기도 비판도 없다. 이렇게 본다면, 위기는 의식의 문제이다. 따라서 교육은 우선 위기가 위기라는 것을 깨닫게 해 주는 것부터 시작된다. 문화위기를 각성하는 순간 문화비판으로 이어진다. 그리고 문화비판은 문화책임으로 구현될 때 비로소 교육적 의미를 가진다.

> "깨달음(각성)은 언제나 넓은 의미에서의 자기비판을 통한 자아인식이다. 인간의 모든 앎과 참다운 깨달음 그리고 인간의 자아인식은 그의 삶의 자연스러운 흐름과의 대결에서 나타나는 것이다. 위기의 성격을 띤 이러한 대결을 통해서만 인간은 책임있는 명확성에 있어서 자기자신에게 돌아간다. 따라서 앎의 문제는 단순한 인식의 문제만이 아니고 그것은 실존적인 문제이며 윤리적인 문제이다."(이규호, 2005: 83)

따라서 우리의 삶의 의미는 인식만으로는 불가능하며 오로지 이해의 대상이다. 왜냐하면 이해는 단순한 인식과는 다르며 그 이상이기 때문이다(Spranger, 1974: 68).

지금까지 인간은 문화를 창조하고 문화에 구속되면서 자신의 삶을 영위하여 왔다. 이러한 문화창조와 문화적응은 인간이 모두 결핍된 상태로 태어나고 불안전한 상태로 살아가기 때문에 가능했다. 그런데 인간이 만들어낸 문화가 이제는 커다란 위기에 빠졌다고 비판한다. 지금까지 우리는 본 연구를 통해서 역사적-사회적인 문화위기의 상황을 추적해 왔다. 본 연구가 그동안 역사적-사회적으로 추적 진단해 온 것처럼, 우리 인간들은 자신들이 창조해 낸 문화를 때로는 자의적으로 해석하고 이해·적용하는 바람에 문화위기를 자초했다고 할 수 있다. 수많은 역사의 시간 속에서 밝혀진 문화왜곡 그리고 문화를 소유하고 세력화하면서 벌어진 문화권력투쟁 등은 오늘날의 문화위기를 촉발시킨 장본인이라고 할 수 있다.

특히 합리와 이성으로 대변되는 모더니티 문화에 대해서 포스트모던은 '문화해체'를 시도한다. 탈이성과 탈합리의 현대는 지금까지 모던이 만들어 낸 문화를 해체하고 어렴풋이 새로운 문화를 기대하기도 하고 아니면 아예 문화라는 개념 자체에 대해서도 탈출을 시도한다. 이들의 관점은 목표와 방법 그리고 절차는 달라도 지금까지 인류가 만들고 스스로 구속되어 온 '문화'라는 영역 자체가 아주 못마땅하다는 지적이고 반성이라고 할 수 있다. 이들에 의하면, 문화위기는 보다 선명한 듯하다. 이들의 주장이 옳던 그르던 아니면 온화하던 급진적이든 결국 이들의 시각으로부터 '문화해석의 다원주의'는 그의 정당성을 대단한 수준으로 확보할 수 있었다.

이러한 맥락에서 문화해체와 문화재구성의 논의도 활발해질 수 있었으며, 모든 과학적 지식을 토대로 생성된 생태학적 차원에서 문화담론이 크게 활성화되면서 급기에 거시적 사회이슈로 등장한 문화위기의 문제는 위기극복의 처방까지 요구하게 되었다. 이러한 처방 중의 하나가 문화철학 내지 문화교육의 이론과 실천에 대한 주장들이었다고 할 수 있다. 그런데 여기서 문화철학과 문화교육은 문화해석과 동본원적이고 상호순환 교호적이라는 사실이다.

문화철학이나 문화교육학을 통하여 문화위기가 극복되어야 한다는 귀납성은 결국 인위적이거나 당위적 차원만은 아니다. 문화에 대한 철학 내지 문화의 교육은 문화에 대한 해석과 결코 다르지 않다. 물론 본 연구에서는 문화해석학을 문화교육(학)의 성립조건으로 논리전개를 하고 있다. 그럼에도 불구하고 문화의 해석학적 순환을 통해 본다면, 결국 문화해석과 문화철학 그리고 문화교육학은 해석학적 순환의 과정을 통과하면서 보다 윤곽이 선명해지고 있다는 느낌을 지울 수가 없다. 왜냐하면 문화에 대한 해석이 어떻게 되는가에 따라서 현재의 문화는 긍정적으로 보일 수도 있으며 부정적으로 판단될 수도 있다. 또한 해석의 주체인 나는 극히 자의적이다.

일반 해석학자들은 해석학적인 순환을 통해서 해석의 객관성과 보편성을 확보하고자 하였다면, 슈프랑어 같은 문화해석학자들은 '문화'를 인간이 창조해 낸 (잠정적) 객관물로 간주하고 이를 토대로 궁극적인 객관을 추구할 수 있다는 강한 신념을 가지고 있었다고 할 수 있다. 중요한 것은 해석의 객관성과 보편성이다. 그런데 해석학의 다원주의는 방향과 내용 그리고 절차는 달라도 해석의 궁극적인 목표는 '이해'이다. 구체적으로 해석의 목표는 '삶의 이해'이다.

한마디로 일반해석학은 삶을 역사적 흐름으로 보면서 끊임없는 해석학적 순환 과정을 통하여 직접 삶을 이해하고자 했다면, 문화해석학은 삶의 객관적 창조물을 '문화'로 보고 그러한 문화를 매개로 해석함으로써 삶을 이해하고자 했다. 결국 삶의 이해는 동일한 목표지점이다.

그렇다면 이제 문제는 "삶에 대한 이해는 우리의 삶에서 왜 필요한 것인가?"하는 질문으로 귀결된다. 과연 우리가 삶을 왜 이해해야 하는가? 철학으로서의 삶의 이해는 그것이 최종 목적으로서, 궁극적으로는 나를 이해하는 것이고 이러한 자기이해는 결국 삶이 무엇인가? 인간이 무엇인가?에 대한 진리추구의 길로 안내할 것이다. 그럼에도 불구하고 우리는 아직도 '인간이 무엇이고, 삶이 무엇이고, 진리가 무엇인지?에 대하여 여전히 논쟁하고 있다. (정신과학적) 교육학의 방법으로서의 해석학은 교육현장에 대한 해석 그중에서 학생들에 대한 해석을 통하여 학생이해에 도달한다면, 어떻게 학생들을 교육할 수 있을 것인지에 해답을 줄 것으로 기대한다. 그러나 교육학적 적용을 위한 해석학적 귀결은 여전히 학생들을 어떻게 교육해야 하는지에 대한 답을 유보하고 있다. 왜냐하면 학생이 무엇인가, 즉 학생이해는 인간이해와 결코 다르지 않기 때문이다. 물론 '학생'이라는 특정한 범주로 본다면 학생이해는 오히려 인간이해의 특수한 측면이라고 할 수 있지만, 학생이해 역시 인간이해의 커다란 범주에 속한다고 할 수 있다. 즉, 해석학은 인간이해에 직접적이다.

반면, 문화해석과 문화이해를 토대로 궁극적으로는 인간이해를 추구하고자 하는 문화교육학은 '문화'라는 (객관적) 매개물을 통하여 인간이해에 간접적으로 접근한다. 이것은 장점이면서 동시에 한계라고 할 수 있다. 그럼에도 불구하고 '인간이 무엇인가'라는 명제에 직접적으로 접근하는 것이 진리에 접근하는 것과 결코 다르지 않다는 해석학의 한계성도 존재한다. 만약 이러한 한계를 우리가 받아들일 수 있다면, 문화해석을 통한 문화교육학의 성립 역시 결코 도외시될 수 없다. 왜냐하면 문화해석이나 문화교육학의 최종 목표는 문화이해가 아니라 문화이해를 통한 개인의 '자기이해'이기 때문이다. 이러한 자기이해는 문화를 만나 체험하고 표현하고 문화를 이해하는 순환과정에서 이루어진다.

그러나 문화교육학은 문화양심과 문화책임의 각성까지를 목표함으로써 결국은 인격의 수양까지를 범주화하고 있다. 왜냐하면 문화교육학은 자기이해를 통해서 특히 인간은 자신이 이 세상에 던져진 '유한자'라는 사실을 이해할 수 있다면, '자기도야'와 '자기인격'을 추구할 개연성을 열어 놓을 수 있기 때문이다. 물론 이러한 문화교육의 논리는 인간이 무한한 '자기성숙' 내지 '자기결핍보충'을 전제할 때 가능하다. 그러나 자기성숙과 '자기결핍보충'에의 요청이 부재한다면, 문화교육은 어떤 상황에서도 성립되지 않을 것이다. 따라서 문화교육학은 문화해석학을 성립조건으로 가질 수밖에 없으며 또한 성립조건이 당위적 요청으로 될 수밖에 없다. 왜냐하면 문화에 대한 끊임없는 해석은 문화에 대한 (진정한) 이해로 이어지며 이는 결국 자기 자신에 대한 이해를 보다 객관화시키고 보편화시키는데 기여할 것이기 때문이다. 따라서 궁극적으로는 이를 토대로 이루어지는 문화교육은 문화해석, 문화이해를 통해서 인격人格, personality의 도야까지를 목표할 수 있을 것이다. 왜냐하면 문화는 인간에 의해 만들어지고 인간에 의해 비판되고 반성 그리고 마침내 수정되기도 하는 삶의 매개물이기 때문이다. 결국 이러한 논리에 의하면, 문화교육학은 객관성과 보편성을 추구하는 '인격교육학'이 된다. 왜냐하면 문화의 격格은 인간의 격格, 즉 '인격'과 결코 다르지 않기 때문이다. 한마디로 인간은 문화를 통해서 비로소 인간이 된다. 심리학자 에릭 번Eric Burn은 "나는 너로 인한 나다"라는 전제하에서 교류심리학

Transactional Psychology을 완성했으며, 문화인류학자 쿨리Cooley는 "거울자아이론"으로 '인격의 형성과정'을 설명하고 있다. 즉, 인간은 거울에 비친 자신의 모습을 통해서 자기의 본질을 찾아낼 수 있다. 이렇게 본다면 문화교육학에서 인간은 자신이 만들어내는 문화를 통해 투영되는 자신을 접하게 되면서 마침내 자신의 인격까지 가다듬게 되는 존재가 된다. 이런 의미에서 인간은 '문화적 존재'이다.

슈프랑어는『문화와 교육』에서 주관적 정신과 객관적 정신 그리고 절대정신을 구분했다. 그에 의하면, 주관적 정신은 자신의 문화행위의 현실 속에서 인지된 것을 실현하려고 할 때 동일한 목적에 지향된 다른 주관적 정신들의 노력과 충돌하는데, 이때 정신 영역에서는 객관적 정신objektiver Geist이 형성된다(Roessler, 1964: 64).

결국 슈프랑어에게서 객관적 정신은 문화이고, 절대정신은 문화책임, 문화양심을 통해 이루어지는 규범정신이다. 따라서 문화교육은 문화라는 객관적 정신을 매개로 궁극적으로는 문화에 대해서 책임을 질 수 있는 문화양심을 가진 '인격'을 만들어냄으로써 인간의 규범정신을 교육하는 것까지 말한다. 즉, 슈프랑어는 문화교육의 목표는 문화라는 객관을 있는 그대로 전수시키거나 아니면 비판적 태도를 가지는 것만으로 간주한 것이 아니라, 인간이 만들어내는 문화에 대해서 책임질 수 있는 양심적 인간, 즉 규범정신을 가진 '인격'을 도야하는 것이었다.

그런데 중요한 점은 문화라는 객관적 정신을 문화책임, 문화양심의 규범적 정신으로까지 교육시키기 위해서는 반드시 '문화해석'이 전제되어야 한다는 사실이다. 따라서 문화교육의 전제조건은 바로 문화해석이 되는 셈이다. 문화에 대한 제대로 된 해석이 없는 한 문화교육은 불충분하다. 왜냐하면 문화라는 객관은 늘 비판 검토되면서 새롭게 해석될 때 우리는 절대정신으로 갈 수 있다는 변증법적 논리는 문화해석을 위한 기초적인 발걸음이기 때문이다. 문화교육은 학습자들이 현재의 문화를 해석하고 재해석할 수 있을 때 비로소 문화라는 객관적 정신은 변증법적 과정을 통하여 절대정신, 즉 규범정신으로 승화되어가는 과정을 모두 포괄한다. 바로 이러한 승화과정의 핵심요소를 슈프랑어는 문화해석의 과정으로 본 것이며 그러한 문화해석의 과정이 바로 문화교육으로 파악한 것이다. 물론 문화해석은 개인에 의해 이루어진다. 왜냐하면 결국 문화를 수용하는 것은 문화를 체험하고 문화를 검사하고 시험하는 '개인'이기 때문이다.

인간이 살아가는데 '자유Freiheit'가 본성이라고 한다면, 슈프랑어는 오로지 윤리적 자유인 문화양심만이 자유라고 항변하고 있다.

> "문화와 교육과학이 감시하고 가치시험하는 문화양심에 의해 인도될 때 오로지 우리는 우리 역사에서 현재의 의미내용에 일치될 수 있다. 따라서 인간의 윤리적 자유는 소멸되어서는 안 된다. 이는 위기가 항상 난처하고 책임이 항상 보다 포괄적으로 된다고 해도 윤리적 자유는 (항상) 성장해야 한다."(Roessler, 1964: 81)

결국 문화교육이 인간의 자유를 추구하는 최고의 목표를 가지고 있다면 이는 문화양심을 각성하는 교육이며, 이는 인간의 본능인 '자유'를 계속 진작시키는 인간교육이 된다. 이러한 자유自由는 문화해석을 동반하는 문화교육을 통하여 자율自律로 전환된다. 자유가 자율로 전환되는 순간 우리는 삶에 책임을 질 수 있다. 이것은 문화해석에의 자유가 문화책임으로 전환되는 근거이기도 하다. 바로 이러한 과정이 문화교육이 추구하는 도야Bildung의 과정이다. 즉 문화교육은 동양에서 선불교의 '면벽구년面壁九年' 불교의 '득도得道' 아니면 유교의 수신제가修身齊家 또는 인도의 명상이나 요가의 방식으로 이루도록 하는 즉 자기와 또 다른 자기와의 대화를 통한 도야나 수련과는 달리, 교수자가 학습자에게 '문화'를 매개로 문화와의 대화(문화만남, 문화체험)를 하게 함으로써 잠자는 문화양심을 각성시켜서 마침내 문화책임으로 이어질 수밖에 없는 자기도야를 촉진시키는 '인격교육'이 된다. 단, 이러한 자기도야를 추구하는 문화교육에서 교수자나 학습자에게 문화해석은 필수적 전제조건이 된다. 한마디로 문화해석은 문화교육의 질적 수준을 결정한다.

그런데 해석학의 근거는 철학의 뿌리인 변증법이다. 따라서 해석학이 변증법적 근거를 어떻게 적용하였는가에 따라서 철학적-해석학적 입장은 달라진다. 이를테면, 존재론적 해석학자인 가다머와 다른 인식론자들 이를테면 딜타이를 계승한 에밀리오 베티나 비판철학의 거두 하버마스 그리고 현상학자 리꾀르 등과의 역사적 해석학적 논쟁은 이를 반영한다.

슈프랑어의 문화교육론은 헤겔의 변증법과 존재론적 차원을 함께 가지고 발전했다. 그럼에도 불구하고 우리가 이를 인식론적 관점으로 본다거나 아니면 플라톤이나 슐라이어마허 아니면 심지어 마르크스 식의 변증법적 논리로 해석한다면 전혀 의미가 없어진다.

헤겔 변증법의 핵심 개념은 독일어로 "Aufhebung"이라는 개념에 있다. 이의 뜻은 '지양止揚'이다. 정正, these과 반反, anti-these 사이에 존재할 수 있는 모든 모순이 변증법적 관계에서 스스로 지양되어 사라진다는 뜻이다. 그런데 Aufhebung에는 '지향指向'이라는 의미도 있다. 결국 헤겔에서 지양은 지향이다. 정과 반 사이의 모순이 지향되면서 결국은 합syn-these이 된다는 것이다.

결국 이러한 관점은 인식론적으로는 접근하기 어려운 존재론적 차원이다. 따라서 슈프랑어의 문화교육론은 - 딜타이의 인식론적 접근이 아닌 - 헤겔식 변증법에 근거하여 존재론적으로 접근될 수 있어야 한다. 교사는 학습자들에게 문화를 만나고 체험하도록 중재하면서 문화 자체가 내포하고 있는 모순들이 스스로 드러나서 지양됨으로써 마침내 스스로 진정한 문화의 의미가 밖으로 드러난다. 이때 문화양심이 각성될 수 있는데 이는 칸트에게는 선험적 영역이며 헤겔에게서는 절대정신이다. 이제 문화양심을 각성한 개인은 문화책임의 주체가 된다. 개인에게 도야가 이루어진 셈이다. 또한 문화교육을 통해 '문화' 속에 내재된 모든 지식들은 지혜로운 지식으로 거듭날 수 있게 된다. 왜냐하면 각각의 지식들이 내포하고 있는 모순들이 스스로 지양되면서 진정한 지식세계 즉 절대지식으로 지향되는 것이다. 이로써 문화가 내표하는 진정한 의미도 스스로 드러나게 된다. 대화對話가 필요한 것이다. 따라서 문화교육은 교수자가 학습자로 하여금 문화와의 진정한 대화를 매개함으로써 시작된다. 문화와의 만남부터 우리는 문화와의 진정한 - 이를테면 가다머 식의 존재론적 - 대화를 통해서 문화에 내포된 진정한 지식 - 이를테면 지혜로운 지식 - 그리고 문화의 진정한 의미를 해석해 냄으로써 우리는 진정한 문화교육을 실천해 낼 수 있을 것이다.

참고문헌

■ **한국문헌**

강영안(1995). 문화 개념의 철학적 배경. 문화철학, 문화철학회편: 190-222. 서울: 철학과현실사.

고형일 외(2002). 신교육사회학. 서울: 학지사.

권의섭(2001). 니체의 미학적 인간. 한국니체학회편, 니체와 현대의 만남. 197-223. 서울: 세종출판사.

권택영(1992). 포스트모더니즘과 문화. 서울: 문예출판사.

김동배·권중돈(1999). 인간행동이해와 사회복지실천. 서울: 학지사.

김문환(1999). 문화교육론. 서울: 서울대학교 출판부.

김상환(2000). 새로운 해석학의 탄생 1. 니체가 뒤흔든 철학 100년(김상환 외), 147-200, 민음사.

김상환(2000a). 새로운 해석학의 탄생 2. 니체가 뒤흔든 철학 100년(김상환 외), 337-367, 민음사.

김상환(2012). 철학과 인문적 상상력. 헤겔만가. 서울: 문학과지성사.

김승현, 윤홍근, 정이환(1997). 현대의 사회과학. 서울: 박영사.

김영식·임경순(2002). 과학사 신론. 서울: 다산출판사.

김수병(2000). 사이언티픽 퓨처 : 21세기를 디자인하는 과학의 세계. 서울: 한송.

김용민(2014). 문학생태학. 서울: 연세대학교 대학출판문화원.

김욱동(1996). 포스트모더니즘과 포스트구조주의. 서울: 현암사.

김종원(2003). 문화해석과 문화정치. 서울: 철학과 현실사.

김재희 엮음(2000). 깨어나는 여신(에코페미니즘과 생태문명의 비전). 서울: 정신세계사.

김현미(2016). 루시에서 사이보그까지. 처음만나는 문화인류학. 49-73. 서울: 일조각.

박기현(2006). 프랑스 문화와 상상력. 서울: 살림.

박병기 편저(1994). 포스트모던 시대의 사회윤리학. 서울: 인간사랑.

박순영(1968). 빌헬름 딜타이의 삶의 개념. 연세대학교 대학원 석사학위논문.

박이문(1990). 자비의 윤리학. 서울: 철학과 현실사.

박이문(1995). 21세기 문화: 전망과 희망. - 생태학적 문화를 위한 제언- 문화철학.

한국철학회편: 294-322. 서울: 철학과현실사.

박진규(2003). 청소년문화. 서울: 학지사.

백승균(2014). 삶의 철학으로서의 인문학. 사람과 생명 그리고 사회. 서울: 세창출
판사.

백승영(2000). 니체철학, 무엇이 문제인가. 니체가 뒤흔든 철학 100년(김상환 외),
64-143, 서울: 민음사.

백한울(1995). 상품미학과 문화이론. 미술비평연구회 대중시각매체연구분과(엮
음). 11-39. 서울: 눈빛.

손인수(2000). 교육사 교육철학의 이론과 실제. 서울: 도서출판 문음사.

송상호 외(1996). 우리회사 어떻게 조직변화에 성공할 것인가. 서울: 명진출판사.

송순재(1980). Eduard Spranger의 종교철학적 세계관. 감리교 신학대 석사학위논문.

송해룡(1995). 뉴미디어와 문화. 서울: 한울아카데미.

신승철(2015). 철학, 생태에 눈뜨다. 서울: 새문사.

양해림(2007). 생태문화운동과 철학. 생태문화와 철학(한국환경학회 엮음)
165-191. 서울: 도서출판 금정.

오인탁(1969). 교육인간학의 형성조건. 연세대학교 석사학위 (미간행) 청구논문.

오인탁(1990). 현대교육철학. 서울: 서광사.

오인탁·울리히 헤르만(1982). 현대교육철학의 전망, 서울: 교육과학사.

원용진(1996). 대중문화의 패러다임. 서울: 한나래.

윤명로 외(1977). 철학개론. 서울: 서울대 출판부.

윤용택(2007). 제주섬의 전통문화와 생태사상. 생태문화와 철학(한국환경학회 엮
음) 210-244. 서울: 도서출판 금정.

윤평중(1997). 푸코와 하버마스를 넘어서 - 합리성과 사회비판. 서울: 교보문고.

윤평중(2000). 윤리의 역사에 대한 계보학적 아포리즘, 니체가 뒤흔든 철학 100년
(김상환 외), 317-336, 민음사.

이관춘(2011). 호모 키비쿠스. 서울: 학지사.

이규호(1969). 교육과 사상. 서울: 배영사.

이규호(1979). 현대철학의 이해, 서울: 제일출판사, 1979.

이규호(2005). 교육철학. 교육과 사상, 단계 이규호 전집 5. 서울: 연세대학교 출판부.

이규호(2005). 해석학. 단계 이규호 전집 2. 서울: 연세대학교 출판부.

이상오(2002). 위대한 교육사상가들 VI - 슈프랑거. 연세대학교 교육철학연구회
편, 교육과학사.

이상오(2008). 교육해석학. 이론과 적용. 서울: 학지사.

이영두(2000). 문화산업 경영전략. 서울: 삶과꿈.

이인식(2000). 21세기를 지배하는 키워드. 서울: 김영사.

이정춘(2000). 미디어 사회학. 서울: 이진출판사.

이종각(1984). 문화와 교육. 서울: 배영사.

이종각(1997). 교육인류학의 탐색. 서울: 도서출판 하우.

이종하(2007). 아도르노의 문화철학 - 아도르노와 함께, 아도르노를 넘어서- 서울: 철학과 현실사.

이주영(1985). 게오르그 루카치 미학의 윤리성에 대한 연구. 홍익대학원 미학과 석사논문.

이한구(1995). 문화과학과 설명의 논리. 문화철학. 한국철학회편: 223-249. 서울: 철학과현실사.

정기섭(2002). Herman Nohl의 역사-해석학적 교육학에 관한 연구, 한독교육학 연구 제7권 제2호, p. 1-16, 한독교육학회, 2002/10.

정영근(2000). 인간이해와 교육학 - 인간학. 서울: 도서출판 문음사.

정영수(2002). 정신과학적 교육학의 학문적 성격에 관한 연구. 한독교육학 연구 제7권 제2호, p. 17-31, 한독교육학회, 2002/10.

진교훈(1995). 철학적 인간학에서 본 문화의 이념. 문화철학. 한국철학회편: 250-274. 서울: 철학과현실사.

차윤정(2000). 식물은 왜 바흐를 좋아할까. 서울: 중앙M&B.

최성환(2000). "문화 해석과 해석 문화: 합리적-합의적 문화 이해의 해석학적 기초", 문화해석학(한국해석학회 편). 서울: 철학과 현실사.

최신일(1999). 해석학과 구성주의. 구성주의 교육학 13-34. 서울: 교육과학사.

최연구(2012). 문화콘텐츠란 무엇인가. 서울: 살림.

한국철학사상연구회편(1989). 철학대사전, 서울: 동문선.

활용교육대사전(1972). 서울: 신진출판사.

황원영(1998). 교육과 사회비판이론. 합리성과 비판. 서울: 양서원.

馮友蘭(1994). 中國哲學의 精神(원제: 新原道, 1944/ 郭信煥 편역, 1985). 서울: 숭실대학교 출판부.

張波(1994). 동양과 서양, 그리고 미학. 아름다움을 비추는 두 거울을 찾아서(원제: 中西美學與文化情神/ 유중하, 백승도, 이보경, 양태은, 이용재 옮김, 2000). 서울: 푸른숲.

■ 한국 번역서

귄터 볼파르트(1996). 놀이하는 아이, 예술의 신 - 니체(Das spielende kind: Nietzsche: Postvorsokratiker Vorpostmoderner/ 정해창 옮김, 1997). 서울: 담론사.

그레고리 베이트슨, 메리 캐서린 베이트슨(1986). 마음과 물질의 대화(원제: Angels Fear, 1986/ 홍동선 옮김, 1993). 고려원미디어.

데이브 로빈슨(2000). 니체와 포스트모더니즘(Nietzsche and postmodernism/ 박미선 옮김, 2001). 서울: 이제이북스.

데이비드 보더니스(2000). E=mc2(원제: E=mc2/ 김민희 옮김, 2001). 서울: 생각의 나무.

데이비드 호킨스(2000). 의식 혁명(원제: Power vs Force, 1997/ 이종수 옮김, 2000).

데이비드 카플란, 로버트 매너스(1972). 인류학의 문화이론(Culture Theory/ 최협 역, 1994). 서울: 나남출판.

돈 슬레이터(1997). 소비문화와 현대성(Consumer culture and modernity/ 정숙경 옮김, 2000). 서울: 문예출판사.

W. 딜타이(2002). 체험, 표현, 이해(이한우 옮김). 서울: 책세상.

J. E. 러브록(1987). 가이아. 생명체로서의 지구(GAIA. A new look at life on Earth/ 홍욱희 옮김, 1990). 서울: (주)범양사 출판부.

레스리 A. 화이트(1973). 문화의 개념(The Concept of Culture. 이문웅 역, 1996). 서울: 일지사.

리처드 도킨스(2002). 이기적 유전자(원제: The Selfish Gene/ 홍영남 옮김, 2002). 서울: 을유문화사.

리처드 르원틴(1998). 3중 나선, 유전자, 생명체 그리고 환경(원제: Gene, organizmo e ambiente/ 김병수 옮김, 2001). 서울: 잉걸.

린다 허천(1985). 패러디이론(김상구 외 옮김, 1992). 서울: 문예출판사.

마가렛 체니(1999). 니콜라 테슬라(Nicola Teslar/ 이경복 옮김, 1999). 서울: 양문.

H. 마르쿠제(1964). 일차원적 인간. 선진산업사회의 이데올로기 연구(One-Dimensional Man: 박병진 역, 1993). 서울: 한마음사.

마이클 마자르(2000). 트렌드 2005(원제: Global Trends 2005, 1999/ 김승욱 옮김, 2000). 서울: 경영정신.

마이클 베히(2001). 다윈의 블랙박스: 다윈의 진화론은 영원한가?(김창환 외 옮김). 서울: 풀빛.

메트 리들리(1996). 이타적 유전자(원제: The originsofvirtue : human instincts and the evolution of cooperation/ 신좌섭 옮김, 2001). 서울: 사이언스북스.

모이세이 카간(1996). 문화철학(이혜승 옮김, 2009). 서울: 지만지 고전선집.

벤 에거(1992). 비판이론으로서의 문화연구(Cultural Studies as Critical Theory/ 김
해식 역, 1996). 서울: 옥토.

브루스 매즐리시(1993). 네 번째 불연속 - 인간과 기계의 공진화(원제: The fourth
discontinuity - the coevolution of humanes and machine/ 김희봉 옮김, 2001). 사
이언스북스.

랄프 콘너스만(2003). 문화철학이란 무엇인가(Kulturphilosopie zur Einführung, 이
상엽 옮김, 2006). 서울: 북코리아.

사이언 그리피스(2000). 미래는 어떻게 오는가(원제: 30 Great Minds on the Future/
이종인 옮김, 2000). 서울: 가야넷.

아모스 H. 홀리(1950). 인간생태학. 지역공동체이론(원제: Human Ecology. A
Theory of Community Structure/ 홍동식 · 강대기 · 민경희 옮김, 1995). 일지사.

안토니 기든스(1990). 포스트모더니티(원제: The Consequendes of Modernity/ 이윤
희 · 이현희 옮김, 1991). 한국사회학연구소 민영사.

알렌 투랜(1984). 탈산업사회의 사회이론. 행위자의 복귀(Le Retour de l'acteur:
Essai de sociologie, 조형 옮김, 1994). 서울: 이화여자대학교 출판부.

앙리 A. 지루(2000). 디즈니 순수함과 거짓말(원제: The Mouse That Roared: Disney
and the End of Innocence/ 성기완 역, 2001). 아침이슬.

에리히 프롬(1977). 소유냐 삶이냐(To have or to be/ 김진홍 역, 1980). 서울: 홍익사.

앤드류 로스 외(1993). 포스트모던의 문화 · 정치(원제: Universal Abandon? - The
Politics of Postmodernism/ 배병인 외 옮김, 1993). 서울: 민글.

앨리스 해밀턴(1996). 닥터 앨리스 해밀턴(우종민 옮김). 서울: 한울.

에리히 얀치(1980). 자기 조직하는 우주. 새로운 진화 패러다임의 과학적 근거와 인
간적 함축(The Self-Organizing Universe/ 홍동선 옮김, 1989). 서울: (주)범양
사 출판부.

에릭 뉴트(2001). 미래속으로(원제: The Future by Erik Newth/ 박정미 옮김, 2001).
이끌리오.

에릭 홉스봄(2000). 새로운 세기와의 대화(강주헌 옮김). 서울: 끌리오.

에머리 로빈스 외(2001). 미래의 에너지(원제: Voller Energie/ 임성진 옮김, 2001).
서울: 생각의 나무.

요제프 키르쉬너(1976). 에고이스트 트레이닝(Die Kunst, ein Egoist zu sein: Das

Abenteuer, glucklich zu leben, auch wenn es anderen nicht gefallt (Knaur-Taschenbucher), 1976/ 유혜자 옮김, 2001)』유혜자 옮김, 2001). 서울: 해냄.

울리히 벡(1998). 적이 사라진 민주주의(원제: Democracy without Enemies, 1998/ 정일준 역, 2000). 새물결.

유네스코 한국위원회(1987), 문화산업론(Cultural Industries, A Challange for the Future of Culture/ 도정일 역, 1987)

장 피에르 바르니에(2000). 문화의 세계화.((La)Mondialisation de la culture/ 주형일 옮김). 서울: 한울 아카데미.

제니퍼 애커먼(2003). 유전, 운명과 우연의 자연사(원제: Chance in the house of fate/ 진우기 옮김, 2003). 서울: 양문.

제임스 글리크(1987). 카오스. 현대과학의 대혁명(원제: Chaos. Making a new science, 1987/ 박배식·성하원 옮김, 1993). 동문사.

제레미 리프킨(1984), 엔트로피 II. 알게니시대(원제: Algeny/ 김용정 역, 1984). 도서출판 원음사.

제임스 캔턴(2001). 테크노퓨처(Technofutures: How Leading-Edge Technology Will Transform Business in the 21st Century/ 허두형 역, 2001). 서울: 거름.

조셉 블라이허(1983) 현대 해석학, 방법, 철학, 비판으로서의 해석학(Contemporary hermeneutics, Hermeneutics as method, philosophy uand critique, 1980), 권순홍 옮김, 서울: 한마당.

존 밀턴(1667). 실낙원(안덕주 옮김, 1993). 서울: 홍신문화사.

존 홀런드(1995). 숨겨진 질서(원제: Hidden Order/ 김희봉 옮김, 2001). 사이언스북스.

질 들뢰즈(1962). 니체와 철학(원제: Nietzsche et la philosophie/ 이경신 옮김, 1998). 서울: 민음사.

카알 G 융, J. L. 헨더슨, M. L. 폰 프란쯔, A. 야페(1959). 인간과 상징(조승국 역, 1981). 서울: 범조사.

M. 칼리니스쿠(1987). 모더니티의 다섯 얼굴. 모더니티/아방가르드/데카당스/키치/포스트모더니즘(원제: Five Faces of Modernity/ 이영욱, 백한울, 오무석, 백지숙 옮김, 1998). 서울: 시각과 언어.

캐롤 타브리스(2005). 여성과 남성이 다르지도 똑같지도 않은 이유(히스테리아 옮김, 2010). 서울: 또하나의 문화.

캐럴 페이트만(2001). 남과 여 은폐된 성적 계약(이충훈, 유영근 옮김). 서울: 이후.

켄 블랜차드 · 셀든 보울즈(2001). 하이파이브(조천제, 박종안 옮김). 서울: 21세기 북스.

크리스 젠크스(1993). 문화란 무엇인가?(김윤용 옮김, 1996). 서울: 현대미학사.

크리스티안 퀴헬리(2000). 희망의 숲(탁광일 옮김). 서울: 이채.

클로드 리포(2000). 인류의 해저 대모험 : 아리스토텔레스 시대에서 핵잠수함 시대까지(이인철 옮김). 서울: 수수꽃다리.

클리퍼드 기어츠(1973). 문화의 해석(The Interpretation of Culture/ 문옥표 옮김, 2009). 서울: 까치.

톰 하트만(1998). 문명의 마지막 시간들(원제: The Last Hours of Ancient Sunlight: Waking Up to Personal and Global Transformation/ 김옥수 옮김, 1999). 아름드리미디어.

프레드릭 제임슨(1989). 후기 마르크스주의(원제: Late Marxism: Adorno, Or, the Persistence of the Dialectic/ 김유동 역, 2000). 한길사.

프레드릭 제임슨(1999). 대중문화에서의 물화와 유토피아. 21세기 문화 미리보기. 시각성, 성(性), 테크놀로지, 물신주의, 문화 번역과 세계성. 이영철 엮음/ 배한울 외 옮김. 13-40. 서울: 시각과 언어.

프리드리히 H. 텐브룩(1979). 문화사회학의 과제("Die Aufgaben der Kultursoziologie" in: Kölner Zeitschrift für Soziologie und Sozialpsychologie, Sg. 31, 1979: 399-421. 최재현 엮음. 현대 독일사회학의 흐름. 53-95. 서울: 형성사.

프리초프 카프라(1975). 현대물리학과 동양사상(원제: The Tao of Physics/ 이성범 · 김용정 옮김, 1989). 범양사출판부.

프리초프 카프라(1996). 생명의 그물(원제: The Web of Life/ 김용정 · 김동광 옮김, 1999). 서울: ㈜범양사출판부.

피에르마르크 드 비아지.(2000). 종이(김영희 옮김). 서울: 시공사.

피오트르 츠톰까(1979). 체계와 기능(System and Function, 1979/ 조재순 · 김선미 옮김, 1995). 서울: 한울아카데미.

피터 센게(1993). 학습조직의 바이블 피터 센게의 제5경영(원제: The Fifth Discipline, 1993/ 안중호 옮김, 1996). 서울: 세종서적.

필리스 체슬러(1997). 여성과 광기(Woman and Madness, 임옥희 옮김, 2000). 서울: 여성신문사.

하워드 오덤(2000). 시스템 생태학 I-II(원제: Ecological and General Systems: An

Introduction to Systems Ecology/ 박석순 · 강대석 옮김, 2000). 아르케.

하인리히 리케르트(1926). 문화과학과 자연과학(원제: Kulturwissenschaft und Naturwissenschaft/ 이상엽 옮김, 2004). 서울: 책세상.

稻毛金七(1941). 교육철학, 동경: 目黑書店.

馮友蘭(1994). 中國哲學의 精神(원제: 新原道, 1944/ 郭信煥 편역, 1985). 서울: 숭실대학교 출판부.

張波(1994). 東洋과 西洋, 그리고 美學. 아름다움을 비추는 두 거울을 찾아서(中西美學與文化情神/ 유중하, 백승도, 이보경, 양태은, 이용재 옮김, 2000). 서울: 푸른숲.

■ 외국문헌

Adorno, T.(1991). *The Cultural Industry*. London: Routledge.

Alter, R. A.(1978). *Partial Magic: The Novel As Self-Conscious Genre*. University of California Press.

Althusser, L.(1977). *Contradiction and overdetermination for Mars*. London: New Left Books.

Anderson, Perry(1998). *The origins of postmodernity*. London: Verso, Ch.2: "Crystallization".

Anderson, R. E. and Carter, I.(1984). *Human Behavior in the Social Environment*. NY: DIdine.

Baudrillard, J.(1983). *Simulations*. New York: Semitext.

Bauman, Zygmunt(1992). "A Sociological Theory of Postmodermity," in Peter Beiharz el.(ed.) *Between Totalitarianism and Postmodernity*. Cambridge, MA: The MIT Press.

Bears, Alan R.(1967). *Culture in Process*. New York: Holt, Rinehart and Winston.

Benjamin, Walter(1973). The work of art in the age of mechanical reproduction. In *Illuminations*. London: Fontana.

Benjamin, Walter(1982). *Das Passagen-Werk*. hg. von Rolf Tiedemann. Bd. 1. Frankfurt/M.

Benner, D.(1978). *Hauptströmungen der Erziehungswissenschaft. Eine Systematik traditioneller und moderner Theorien*. 2. Auflage, List Verlag München.

Bernstein, J. M.(1994). *The Frankfurt School: critical assessments*, Volume 3,

Taylor & Francis.

Bertalanffy, Ludwig von(1968). *General System Theory*. New York: Braziller.

Betti, Emoilio(1972). *Die Hermeneutik als Allgemeine Methodik der Geisteswissenschaften,* Tübingen: J.C.B. Mohr.

Bleicher, J.(1980). *Contemporary hermeneutics, Hermeneutics as method, philosophy and critique,* London : Routledge & Kegan Paul.

Bohman, J.(1996). Critical theory and democracy. In: Rasmussen, D.(Eds). *The Handbook of Critical Theory.* Oxford: Blackwell.

Bokelmann, H.(1969). Die Bedeutung der 'Geschichte der Pädagogik' im hermeneutischen Verständnis - Zum Problem pädagogischer Theoriebildung. In: *Neue Folge der Ergänzungshefte zur Vierteljahrsschrift für wissenschaftlicher Pädagogik, Heft 10,* Bochum.

Bollnow, O. F.(1966). 현대철학의 전망(이규호 역, 1967). 서울: 법문사.

Bollnow, O. F.(1980). Dilthey. Eine Einführung in seine Philosophie, 4. Auflage, Schaffhausen: Novalis Verlag.

Bollnow, O. F.(1982). "Die Methode der Geisteswissenschaften", *Studien Zur Hermeneutik. Bd.1. Zur Philosophie der Geisteswissenschaften,* Freiburg/ München.

Bollnow, O. F.(1963). "Der Erfahrungsbegriff in der Pädagogik", in: Zeitschrift für Pädagogik, 1963/3.

Bolzmann, L.(1886). *Der zweite Hauptsatz der mechanischen Wärmetheorie.* In: Bolzmann, L.(ed.): Populäre Schriften(1905). 24-46.

Brenzika, W.(1978). *Metatheorie der Erziehung.* München: Ernst Reinhardt Verlag.

Buckley, W.(1967). *Systems and entities.* in: W. Buckley(ed). Sociology and Modern Systems Theory, NJ: Prentice-Hall, 42-46.

Bultmann, R. K.(1958). *Geschichte und Eschatologie,* Tubingen: J.C.B. Mohr (P. Siebeck).

Bühler, Ch.(1962). *Psychologie im Leben unserer Zeit.* Sondergabe, Darmstadt: Droemer Knaur.

Callinicos, A.(1982). *Is there a Future for Marxism?* London: Macmillan.

Cannon, Walter B.(1939). The Wisdom of the Body, New York: WWW. Norton.

Carr, A.(2000). "Critical theory and the management of change in organizations". In:

Journal of Organizational Change Management, 13, 3, 208-220.

Carson, Rachel(1963). *Silent Spring.* New York: Houghton Mifflin Co.

Cassier, E.(1944). 인간론(An Essay on Man/ 최명관 역, 1958). 서울: 민중서관.

Chess, W. A, and Norlin, J. M.(1988). *Human Behavior and The Social Environment.* Boston: Allyn and Bacon.

Chetkow-Yanoov, B.(1992). *Social Work Practice: A Systems Approach.* Binghamton, NY: The Haworth Press, Inc..

Cleve, Ingeborg(1994). Moderne Konsumkultur als pädagogisches Problem im Entstehungsprozeß der Industriegesellschaft. (Zeitschrift) *Lehren und Lernen 1994/Heft 3.*

Collingwood, R. G.(1976). 역사학의 이상(이상현 역). 서울: 백록출판사.

Dahmer, I.(1968). "Theorie und Praxis", in Dahmer, I. und Klafki, W.(Hrsg.) *Geisteswissenschaftliche Pädagogik am Ausgang ihrer Epoche-Erich Weniger,* Weinheim/ Berlin.

Danner, H.(1994). *Methoden geisteswissenscahftlicher Pädagogik: Einführung in Hermeneutik, Pähomenologie und Dialektik,* 3. Aufl. Ernst Reinhard Verlag München/ Basel.

Derrida, J.(1967). Of Grammatology, Part II, Introduction to the Age of Rousseau, section 2, *The Exorbitant Question of Method.*

Derrida, J.(1978). *Writing and Difference.* Chicago: University of Chicago Press.

Desmond, Kathleen K.(2011). *Ideas About Art.* John Wiley & Sons.

Diemer, A.(1977). *Elementakurs Philosophie: Hermeneutik,* Dusseldorf: Econ Verlag.

Dilthey, W.(1919). *Das Erlebnis und die Dichtung. Lessing, Goethe, Novalis, Hoelderlin,* 4. Auflage, Goethingen.

Dilthey, W.(1958). *Die Geistige Welt. Einleitung in die Philosophie des Lebens.(GS V)* Hrsg. von Georg Misch. I Haefte: Abhandlungen zur Poetik, Ethik und Pädagogik. Stuttgart, B.G. Tuebner Verlag.

Dilthey, W.(1971). *Schriften zur Pädagogik.* Besorg von Hans-Hermann Groothhoff und Ulrich Hermann. Ferdinand Schöninh · Parderborn.

Dilthey, W.(1977). *Weltanschaaungslehre. Abhandlungen zur Philosophie der Philosophie. (GS VIII)* Hrsg. von Bernhard Groethuysen, 5. Auflage, Stuttgart,

B.C. Tuebner Verlag.

Dilthey. W.(1978). *Die geistige Welt. Einleitung in die Philosophie des Lebens.* Hrsg. von Georg Misch. II Haefte: Abhandlungen zur Poetik, Ethik und Paedagogik.*(GS VI)* 6. Auflage. Stuttgart, B.C. Tuebner Verlag.

Dilthey, W.(1979). *Der Aufbau der geschichtlichen Welt in den Geistewissenschaften.(GS VII)* Hrsg von Bernhard Groethuyenm 7. Auflage, Stuttgart, B.C. Tuebner Verlag.

Dilthey, W.(1982) *Grundlegung der Wissenschaften vom Menschen, der Gesellschaft und der Geschichte. Ausarbeitungen und Entwürfe zum zweiten Band der Einleitung in die Geisteswissenschaften (ca. 1870-1893).(GS XIX)* Hrsg. von Helmut Johach un Frithjof Rodi, Göttingen und Zuerich: Vandenhoeck & Ruprecht.

Dilthey, W.(1986). *Pädagogik. Geschichte und Grudlinien des Systems.(GS IX)* Neudruck der 4., unveraenderten Auflage 1974, Hrsg. von Otto F. Bollnow, Stuttgart, B.C. Tuebner Verlag.

Dolby, Nadine.(2003). Popular Culture and Democratic Practice. *Harvard Educational Review, Volume73*, Number 3, Fall2003, 258-284.

Ebeling, Gerhard(1968). *The Word of God Tradition,* London: Collins.

Eisermann, Walter(1983). *Zur Wirkungsgeschichte Eduard Sprangers - Dargestellt an Reaktionen Auf seine Rücktrittsgesuche im April 1933.* In: Massstäbe. Perspektiven des Denkens von Eduard Spranger. Hrsg. von Walter Eisermann, Hermann J Meyer, Hermann Röhrs. Düsseldorf: Schwann.

Eisler, R.(1983). *Wörterbuch der Philosophischen Begriffe,* 1927. Berlin: E, S, Mittler & Sohn.

Eisler, Riane(1987). *The Chalice and the Blade.* Harper & Row, San Francisco.

Enzensberger, H.M.(1974), *The Consciousness Industry,* New York: Seabury.

Finlayson, J. G.(2005). *Habermas: a very short introduction.* Oxford: Oxford University Press.

Fink, Eugen(1994). *Philosophie des Geistes.* Konigshausen & Neuman.

Foucault, M.(1975). *Discipline and Punish: The Birth of the Prison*(French: Surveiller et punir: Naissance de la prison). New York: Pantheon.

Flitner, W.(1963). *Systematische Pädagogik,* Breslau.

Gadamer, Hans-Georg(1960). *Wahrheit und Methode, Grundzüge einer philosophischen Hermeneutik,* Tübinger: More.

Gallagher, Shaun(1992). *Hermeneutics and Education.* State University of New York Press.

Geertz. C.(1975). *The Interpretation of Cultures.* London: Hutchinson.

Gehlen, Arnold(1962). Der Mensch. Seine Natur und seine Stellung in der Welt. Frankfurt/a. M. Bonn.

Geuss, R.(1981). *The idea of a critical theory: Habermas and the Frankfurt school.* Cambridge University Press.

Gould, Stephan Jay(1994). Lucy on the Earth in Stasis. *Natural History,* No.9.

Graham, R.(1987). "Contributions of Hermann Haken to Our Understanding of Coherence and Selforganization in Nature," in R, Graham and A. Wunderlin (eds). *Lasers and Synergetics.* Springer, BerlinHarding, Stephan, 1994: Gaia Theory, Schumacher College, Dartington, Devon, England.

Gramsci, Antonio(1916). Sozialismus und Kultur. In: Ders. *Marxismus und Kultur. Ideologie, Alltag, Literatur.* 3. Auflage. Hamburg. 1991. S.24-29.

Habermas, J.(1978). Theorie der kommunikativen Handels Bd.2. *Zur Kritik der funktionalistischen Vernunft.* Augsburg.

Habermas, J.(1987). *The Philosophical Discourse of Modernity. Translated by Frederik Lawrence.* Cambridge: MIT Press.

Hassan, Ihab(1987). *The Postmodern Turn, Essays in Postmodern Theory and Culture.* Ohio University Press.

Heiderger, M.(1949). *Sein und Zeit.* Tübingen. 6 Aufl.

Held, D.(1980). *Introduction to critical theory: Horkheimer to Habermas.* University of California Press.

Horkheimer, M./ Adorno, T.W.(1947/ 1972). *Dialektik der Aufklärung.* Amsterdam.

Horkheimer, M.(1976). Traditional and critical theory. In: Connerton, P.(Eds), *Critical Sociology: Selected Readings.* Harmondsworth: Penguin.

Huizinga, J.(1938/1956). *Homo Ludens. Vom Ursprung der Kultur im Spiel.* Hamburg: Rowohlt Taschenbuch Verlag.

Hüschke-Rhein, B.(1983). *Das Wissenschaftsverständnis in der geisteswissenschaftlichen Pädagogik.* Klett-Cotta.

Ignatow, G. (2009). Cuture and Embodied Cognition: Moral Discourses in Internet Support Groups for Overeaters, in *Social Forces. An International Journalof Social Research Associated with the Southern Sociological Society*, December 2009, Volume 88: Number 2. p. 643-669. The University of Northern Carolina Press.

Jameson, Fredric(1997). *Foreword* to Jean-François Lyotard, *The Postmodern Condition*, Manchester University Press.

Jamin, Jérôme (2014). Cultural Marxism and the Radical Right. In: Shekhovtsov, A.; Jackson, P. *The Post-War Anglo-American Far Right: A Special Relationship of Hate. The Post-War Anglo-American Far Right: A Special Relationship of Hate* (Basingstoke: Palgrave Macmillan). 84-103.

Janchill, M. P.(1969). *Systems concepts in case work theory and practice.* Social Casework, 15(2), 74-82.

Jay, M.(1973). *The Dialectical Imagination. A History of the Frankfurt School and the Institute of Social Research 1923-1950.* London: Heinemann.

Johach, Helmut(1986). Wilhelm Dilthey. Anwendung der Psychologie auf die Pädagogik. Vorlesungsnachschrift (Zwischen 1883 und 1893), in: Frithjof Rodi(Hrsg.): *Dilthey-Jahrbuch für Philosophie und Geschichte der Geisteswissenschaften. Bd. 4/ 1986-1987,* S. 181-222. Vandenhoeck & Ruprecht in Goettingen.

Kant, I.(1971). *Kritik der Urteilskraft.* Ed, G. Lehmann, Reclam: Stuttgart.

Kirschner, J.(1976). *Die Kunst, ein Egoist zu sein: Das Abenteuer, glucklich zu leben, auch wenn es anderen nicht gefallt*(1976/ 유혜자 옮김, 2001), Knaur-Taschenbucher.

Klafki, W.(1971). "Hermeneutische Verfahren in der Erziehungswissenschaft," Erziehungswissenschafte, Bd.3, 126-153. Frankfurt.

Klafki, W.(1971a) "Erziehungswissenschaft als kritisch-konstruktive Theorie: Hermeneutik, Empirie, Ideologikritik", in: Zeitschriften für Pädagogik, 1971a/17.

Kompridis, N.(2006). *Critique and Disclosure: Critical Theory between Past and Future.* MIT Press.

Krauss, Rosalind E.(1986). The Originality of the Avant Garde and Other Modernist

Myths. Publisher: The MIT Press; Reprint edition (July 9, 1986), *Sculpture in the Expanded Field.*

Kuhn, Rick(2007). *Henryk Grossman and the Recovery of Marxism.* Urbana and Chicago: University of Illinois Press.

Lafargue, Paul(1902). 게으를 수 있는 권리(조형준 옮김, 2005). 서울: 새물결.

Langewand, Alfred(2000). Children's rights and education. A hermeneutic approach, in, *Methods in Philosophy of Education,* Frieda Heyting, Dieter Lenzen and John White(ed.) Routedge International Studies in the Philosophy of Education, 143-159. London and New York.

Lawlence, S.(1967). *Science is a way of thinking.* San Francisco: KQED.

Leiss, W.(1976). *The Limits to Satisfaction: An Essay on the Problem of Needs and Commodities.* Toronto: University of Toronto Prsee.

Lind, William S.(2015). The Origins of Political Correctness. *Accuracy in Academia. Accuracy in Academia/Daniel J. Flynn.* Retrieved 8 November 2015.

Louvaris, Nikolaos(1964). "Eduard Sprangers Weltauffassung. Grundlagen Seiner Philosophie", in: Hans Walter Bähr und Hans Wenke(Hrsg.). Eduard Spranger. Sein Werk und Sein Leben. 37-58. Heidelberg: Verlag Quelle & Meyer.

Löffelholz, M.(1982). "Bildung im Jugendalter - Entwicklung der Person als Aneignung der Kultur, in: Eisermann", W,. Meyer, H., Rohrs, H.(Hrsg.): *Massstäbe Perspektiven des Denkens von Eduard Spranger.* Schwann Düsseldorf. S.231-251.

Luhmann, N.(1996). *Soziale Systeme, Grundriss einer allgemeine Theorie.* Frankfurt/a.M: Suhrkamp Taschenbuch Wissenschaft(6th).

Machlup, F.(1966). *The Production and Distribution of Knowledge in the United States.* Princeton University Press.

Mainzer, Klaus(1997). *Thinking in Complexity. The Complex Dynamics of Matter, Mind and Mankind.* Third Revised and Enlarged Edition. Berlin, Heidelberg, New York, etc.: Springer.

Mandelbrot, Benoit(1977). *The Fractal Geometry of Nature.* New York.

Marcuse, H.(1964). *One-Dimensional Man.* Boston: Beacon Press.

Margulis, Lynn(1995), "Gaia Is a Tough Bitch," in John Brockman, *The Third Culture.* Simon & Schuster, New York.

Margulis, Lynn/ Sagan, Dorion(1986/ 1995). *What is Life?* New York: Simon & Schuster.

Martin, P. Y & O'Connor, G. G.(1989). *The Social Environment: Open System Applications.* White Plans, NY: Longman Inc.

Mainzer, Klaus(1997). *Thinking in Complexity. The Complex Dynamics of Matter, Mind and Mankind.* Third Revised and Enlarged Edition. Berlin, Heidelberg, New York, etc.: Springer.

Marshall, Stephany Pace(1997). "Creating Sustainable Learning Communities for the 21st Century," Hesselbein el.(ed.). *The Organization for the Future.* New York: The Drucker Foundation and Jossey-Bass Publishers.

Maturana, Humberto/Varela, Francisco(1980). *Autopoiesis and Cognition.* Holland: D. Riedel, Dortdrecht.

Mazlish, Bruce(1998). *The Uncertain Sciences.* Yale University Press; 1st Edition, 1st Printing edition(November 10, 1998).

McCracken, Grant D.(1988). *Culture and Consumption: New Approaches to the Symbolic Character of Consumer Goods and Activities.* Bloomington: Indiana University Press.

McKendrick, Neil/ Brewer, John/ Plump, J. H.(1982), *The Birth of a Consumer Society: The Commercialization of Eighteenth-Centry England,* Bloomington: Indiana University Press.

Meyer, C. H.(ed)(1983). *Clinical Social Work in the Ecosystems Perspective.* NY: Columbia Universe Press.

Meyer, H. J.(1982). "Der Primat der Gewissens - Die metaphysischen Grundlagen der Gewissenstheorie Eduard Spranger", in: Eisermann, W,. Meyer, H., Rohrs, H.(Hrsg.): *Massstäbe Perspektiven des Denkens von Eduard Spranger.* Schwann Düsseldorf. S.43-74.

Minnicino, M.(1994). Freud and the Frankfurt School (Schiller Institute 1994), part of "Solving the Paradox of Current World History", a conference report published in *Executive Intelligence Review.*

Misch, G.(1947). "Die Idee der Lebensphilosophie in der Geisteswissenschaften," *Vom Lebens- und Gedankenkeis W. Dilthey.* Fruankfurt.

Moravec, Hans P.(1988). *Mind Children: The Future of Robot and Human*

Intelligence. Cambridge, Massachusetts, London, England: Harvard University Press.

Morelli, Mark D.(1984). *Philosophy's Place in Culture.* London, New York, Lanham: University Press of America.

Mukerji, Chandra(1983), *From Graven Images: Patterns of Modern Materialism,* New York: Columbia University Press.

Mura, Andrea (2012). "The Symbolic Function of Transmodernity." *Language and Psychoanalysis. 1(1):* 68-87.

Nietzsche, F.(1872). *Die Geburt der Tragoedie aus dem Geiste der Musik. Unzeitgemaesse Betrachtungen I-IV. Nachgelassene Schriften 1870-1873.* Saemtlich Werke - Kritische Studienausgabe. Herausgegeben von Giorgio Colli und Mazzino Montinari. Duenndruck-Ausgabe. dtv/de Gruyter. 1980(erste Auflage); 1988(2. Auflage).

Nietzsche, Friedrich(1883). Also sprach Zarathustra: Ein Buch für Alle und Keinen, 1883-1885. Berlin, New York: Walter de Gruyter, 1968.

Norberg-Hodge, Helena(1992). 오래된 미래: 라다크로부터 배운다(양희승 옮김, 2007). 서울: 중앙books.

Nohl, H.(1948). *Die Pädagogische Bewegung in Deutschland und ihre Theorie,* 3. Auflage, Frankfurt.

Oelkers, J.(1982). "Lebensformen und Wissensformen: Sprangers Strukturtypologie im Vergleich", in: Eisermann, W,. Meyer, H., Rohrs, H.(Hrsg.): *Massstäbe Perspektiven des Denkens von Eduard Spranger.* Schwann Düsseldorf. S.253-268.

O'Neil, John(1978), The Productive Body: An Essay on the Work of Consumption. *Queen's Quarterly,* 85(2 Summer), 221-230.

Palmer, Richard E.(1969). *Hermeneutics. Interpretation theory in Schleiermacher, Dilthey, Heidegger, and Gadamer,* Evanston [Ill.] : Northwestern University Press.

Pai, Young. (1990). *Cultural Foundation of Education.* NewYork, Oxford, Singapore, Sydney: Maxwell Macmillan International Publishing Group.

Parsons, T.(1959). "An Approach to the Sociology of Knowledge", *Transactions of the Fourth World Congress of Sociology.* Millan and Stressa.

Peitgen, Heinz-Otto(1986). *The Beauty of Fractals*. Berlin: Springer-Verlag.

Peitgen, Heinz-Otto, and Hartmut Jurgens, Dietmar Saupe, and C. Zahlten(1990), "Fractals: An Animated Discussion," VHS/color/63 minutes, Freedman, New York.

Pełczynski, Z. A.(1971). *Hegel's political philosophy—problems and perspectives: a collection of new essays*, CUP Archive.

Philip K. Bock(1979). 현대문화인류학 입문(Modern Cultural Anthropology: An Instruction, Third Edition/ 조병로 역, 2001). 서울: 국학자료원.

Plessner, H.(1965). *Die Stufen des Organischen und des Mensch*. Berlin.

Portmann, A.(1962). *Zoologie und das neue Nild vom Menschen*. Reinbek.

Prigogine, ILya/ Stengers, Isabelle(1984). *Order out of Chaos*. New York: Bantam.

Reble, A.(1982). "Erziehung im Licht der Kulturverantwortung", in: Eisermann, W,. Meyer, H., Rohrs, H.(Hrsg.): *Massstäbe Perspektiven des Denkens von Eduard Spranger*. 105-118. Schwann Düsseldorf.

Roose, H., Stichele, A. V.(2010). Living Room vs. Concert Hall: Patterns of Music Consumption in Flanders, in: *Social Forces. An International Journal of Social Research Associated with the Southern Sociological Society*, Sep.2010, Volum89: Number1: 185-207. The University of North Carolina Press.

Rothacker, Erich(1948/1965). *Probleme der Kulturanthropologie*. Bonn: H. Bouvier.

Scheler, M.(1982). 인간의 지위(최재화 역). 서울: 박영사.

Scholtz, Gunter(1955). *Ethik und Hermeneutik. Schreiermachers Grundlegung der Geistenswissenschaften*, Suhrkamp taschenbuch wissenschaft 1191, Frankfurt/ a. M..

Schramm, K(1960). *Mass Communication*, University of Illinois.

Schroeder, Ralph (2011). The Three Cultures of Postindustrial Societies, in *Sociologica lFocus Quarterly Journal of the North Central Sociological Association*, Feb.2011. Volume 44, Number 1: 1-17, edited and Published at the Department of Sociology and Anthroplogy. University of Haifa, in association with Paradigm Publishers, Boulder, Colorado.

Schweizer, A.(1923). *Verfall und Wiederaufbau der Kultur*. München Kulturphilosophie, I.

Schwidetsky, Georg(1932/1959). *Do you speak Chimpanzee?: An introduction to the study of the speech of animals and of primitive men.* G. Routledge & Sons.

Simmel, G.(1904/1968), "Fashion", *International Quarterly*, 10. 130-155.

Simmer, G.(1968). Die individuelle Gesetz, Philosophische Exkurse - Von Michael Landmann. Frankfurt/a.M.

Soja, E.(1989). *Postmodern Geographies.* London: Verso.

Sperry, R. W.(1964). The Great Cerebral Commisure. *Scientific American* 210, Nr. 1. 42-52.

Spranger, E.(1918): "Zur Theorie des Verstahens und zur giesteswissenschaftlichen Psychologie." In: GS,VI.

Spranger, E.(1950). Grenzen der Menschheit. In: GS, V.

Spranger, Eduard. (1950). *Lebensformen. Geisteswissenschaftliche Psychologie und Ethik der Persönlichkeit.* 8. Ausgabe, Tübingen.

Spranger, E.(1953). "Is der moderne Kulturprozess noch lenkbar?" In: GS. V.

Spranger, E.(1955). Der Eigengeist der Volksschule. Heidelberg: Quelle & Meyer.

Spranger, E.(1964). Menschenleben und Menschheitsfrage. München: Piper Paperback.

Spranger, E.(1973). *Philosophische Pädagogik(GS II).* Hrsg. von Otto Friedrich Bollnow und Gottfried Braeuer, Heidelberg.

Spranger, E.(1974). *Psychologie und Menschenbildung.* Hrsg. von Walter Eiserman. G.S. IV. Max Niemeyer Tübingen.

Spranger, E.(1984). 천부적인 교사(김재만 역). 서울: 배영사.

Strinati, Domimic(1998). *Introduction Theories of Popular Culture.* London and New York: Routledge.

Stuart, Ian(1989). *Does Got Play Dice? Blackwell.* Cambridge, Mass.

Sullivan, Louis(1896). "The Tall Office Building Artistically Considered," published *Lippincott's Magazine (March 1896).*

Thompson, J. M.(1914). "Post-Modernism," *The Hibbert Journal.* Vol XII No. 4, July 1914.

Toynbee, Arnold J.(1939/ 1961). *A study of History,* Volume 5, Oxford University Press.

Tönnis, F.(1979). *Gemeinschaft und Gesellschaft.* Darmstadt.

Tylor, E. B.(1871). *Primitive Culture*. London: J. Murry.

Tylor, E. B.(1958). *The origin of culture*. New York: Harper & Row Pub.

Usher, Robin.(2001). "Lifelong Learning in the Postmodern." In David Aspin, Judith Chapman, Michael Hatton, Tukiko Sawano (Ed.). *International Handbook of Lifelong Learning*. Dordrecht/ Boston/ London: Kluwer Academic Publisher. 165-182.

Uxküll, Jakob von(1909). *Umwelt umd Innenwelt der Tiere*. Springer, Berlin, 1909.

Veblen, Thorstein(1912), *The Theory of Leisure Class,* New York: Macmillan.

Vico, Giambattista(1744). *The new science of Giambattista Vico(*translated from the third edition by Thomas Goddard Bergin and Max Harold Fisch. N.Y.: Cornell University Press.

Volkamer, Klaus/ Streicher, Christoph/ Walton, Ken G.(1996). *Intuition, Kreativität und ganzheitliches Denken*. Heidelberg: Shurkamp.

Vierhaus, R.(1972). Art. Bildung. In: Brunner, Otto/ Conze, Werner/ Koselleck Reinhart(Hrsg.): *Geschichte Grundbegriffe. Historisches Lexikon zur politisch-sozialen Sprache in Deutschland*. Bd.I. Stuttgart, S.508-551.

Weniger, E.(1926). *Die Grundlagen des Geischchtsunterrichts. Untersuchungen zur geistenswissenschaftlichen Pädagogik,* Leipzig/ Berlin, 1926.

Weniger, E.(1953). *Die Eigenstaendigkeit der Erziehungin Theorie und Praxis. Probleme der akademischen Lehrerbildung,* Weinheim 1953.

Weniger, E.(1967). Zur Geistesgeschichte und Soziologie der pädagogischen Fragestellung. Prolegomena zu einer Geschichte der pädagogischen Theorie. In: H. Roehrs(Hrsg.), *Erziehungswissenschaft und Erziehungswirklichkeit,* 2. Auflage, Frankfurt.

Weyl, Hermann(2000). *Philosophie der Mathematik und Naturwissenschaft.* Oldenburg: Scientia Nova. Hrsg. von Reiner Henselmann, Gebhard Kirchgässner, Hans Lenk, Siegwart Lindenberg, Julian Noda-Rümelin, Werber Raub, Thomas Boss.

Wiener, N.(1950). *The Human Use of Human Beings*. Houghton Mifflin, New York.

White, Leslie A.(1959). *The evolution of culture : the development of civilization to the fall of Rome*. New York: McGraw-Hil.l

White, Leslie A.(1973). *The Concept of Culture*. Burgess Publishing Company.

White, Leslie A.(1992). *Ecological Essays.* University of New Mexico Press.

Wiggershaus, Rolf(1987). *Die Frankfurter Schule. Geschichte Theoretische Entwicklung Politische Bedeutung.* München Wien: Carl Hanser Verlag.

Wilds, E. H.(1958). *The Foundation of Modern Education.* New York: Holt, Rinehart and Winston.

Williams, Rosalind H.(1982). *Dream World: Mass Consumption in Late Nineteenth Century France.* Berkeley: University of California Press.

Willis, Paul. (2003). Foot Soldiers of Modernity: The Dialectics of Cultural Consumption and the 21st-Century School. *Harvard Educational Review,* Volume 73, Number 3, Fall 2003, 390-415.

Wulf, Christoph(1983). *Theorien und Konzepte der Erziehungswissenschaft,* Juventa Verlag Münchsen.

찾아보기

문화해석학

문화교육의 조건

1판 1쇄 발행 2019년 4월 30일

지은이 | 이상오
펴낸이 | 김진수
펴낸곳 | 한국문화사
등 록 | 1991년 11월 9일 제2-1276호
주 소 | 서울특별시 성동구 광나루로 130 서울숲 IT캐슬 1310호
전 화 | 02-464-7708
팩 스 | 02-499-0846
이메일 | hkm7708@hanmail.net
웹사이트 | www.hankookmunhwasa.co.kr

ISBN 978-89-6817-761-3 93300

· 이 도서의 국립중앙도서관 출판예정도서목록(CIP)은 서지정보유통지원시스템 홈페이지
(http://seoji.nl.go.kr)와 국가자료공동목록시스템(http://www.nl.go.kr/kolisnet)
에서 이용하실 수 있습니다(CIP제어번호: CIP2019015832).

· 이 책은 2010년도 정부재원(교육과학기술부 학술연구조성사업비)으로 한국연구재단의
지원을 받아 이루어졌음(NRF-2010-361-A00018).